福建洋坑許氏文書（上）

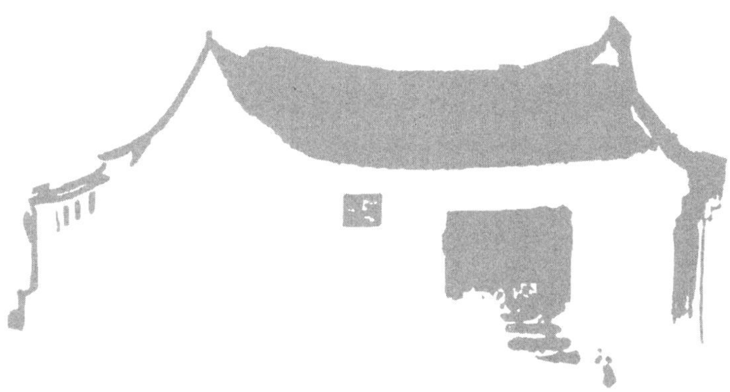

馮學偉　王志民　主編

广西师范大学出版社
GUANGXI NORMAL UNIVERSITY PRESS
·桂林·

圖書在版編目（CIP）數據

福建洋坑許氏文書 ：釋録本 ：全 2 册 / 馮學偉，王志民主編．—桂林：廣西師範大學出版社，2021.10
ISBN 978-7-5598-4363-0

Ⅰ．①福… Ⅱ．①馮… ②王… Ⅲ．①文書檔案－史料－德化縣 Ⅳ．①G279.275.74

中國版本圖書館 CIP 數據核字（2021）第 210614 號

廣西師範大學出版社出版發行
（廣西桂林市五里店路 9 號　郵政編碼：541004
網址：http://www.bbtpress.com）
出版人：黄軒莊
全國新華書店經銷
廣西廣大印務有限責任公司印刷
（桂林市臨桂區秧塘工業園西城大道北側廣西師範大學出版社集團有限公司創意産業園内　郵政編碼：541199）
開本：880 mm ×1 240 mm　1/16
印張：74.25　　插頁：1　　字數：1 188 千字
2021 年 10 月第 1 版　　2021 年 10 月第 1 次印刷
定價：1800.00 元（上下册）

南開大學中央高校基本科研業務費專項資助項目
『福建省洋坑村許氏文書的歸户性研究』的階段性成果

作者簡介

馮學偉，1981年生，山西大同人，法學博士，南開大學法學院副教授，研究領域爲法律史、法律文化，兼及民間契約文書收藏，主持國家社會科學基金青年項目『山西家族契約文書中的法律與秩序研究』，出版專著《明清契約的結構、功能及意義》，在《法制與社會發展》《當代法學》《清華法治論衡》等刊物發表論文十餘篇。

王志民，1977年生，陝西省澄城縣人，法學博士，吉林財經大學副教授，兼任吉林省法治文化建設研究會秘書長，研究領域爲法律史、契約文化，論文《從清代到民國：民間田宅典契研究》曾獲第四屆曾憲義優秀博士論文獎。

文書簡介

福建省德化縣洋坑村地處美湖鄉政府所在地南部，東與赤水鎮吉嶺村交界，西南與洋田村毗鄰，北與小湖村接壤。全村户籍人口以許姓爲主，分聚在祖厝崛、洋坑阪、烏石壟、苦坑壟、上洋、上頭洋、松柏坪、田仔頭、蓋德洋、水筍阪、許坑崙、赤土崙等12個自然村落。洋坑村是福建省第二批省級傳統村落，擁有傳統民居、祠堂（龍源堂）、祭祀儀式等物質形態和非物質形態的文化遺産，承載着中華傳統文化的精華，是農耕文明不可再生的文化遺産，具有較高的文物價值与研究價值。

全村目前在建築、生態等方面的保護力度很大、傳承意識很强，但相關文字載體較少。許氏文書的發現，爲發掘優秀家族文化、民間法律秩序提供了扎實、嚴謹的文本基礎，也大大緩解了村落文化傳承過程中全憑口述的困境和不足。

洋坑許氏源遠流長，元順帝至正末時，許八一從永春縣石鼓村廷敏公支派田中堂遷居德化『揚卿』坑頭溪（今洋坑），芟草鋤荆，造爐鑄器，建龍源堂，爲洋坑許氏始祖。從《垓一公派下家譜》可以看出，洋坑許氏文書主要爲三世祖許均進派下良房斌五公之子孫歷代形成，尤以美五公之垓六公、垓一公派下之子孫的文書更爲集中。故歸户性極强，收來時存放在兩個木箱內，除部分被老鼠噬咬外，其餘都保存完整。即便被老鼠咬過的文書，也衹傷及兩頭空白處，中間大量的文字仍能保留下來。恰是由於被老鼠咬過，小販在收來時，并没有翻動，基本上保留了文書原有的叠放順序，故而整理時能確保文書之間的關聯性，最大限度地保留原始信息。由於文書生成地明確、清晰，也爲田野調查等後續研究提供了方便。這批文書的特點如下：

一、時間跨度較長，從明萬曆十八年（1590）到二十世紀八十年代，將近四百年。

二、數量較成規模，計有散件文書340餘件，民國時期手抄的家譜三本——《歷代支圖》《垓一公派下家譜》《垓六公之寶新派下家譜》，簿册文書十二册——乾隆年間《祭産簿》、嘉慶年間《祭産簿》、光緒五年(1879)所立的《美五公衆數》、同治光緒年間業户實徵册、糧賬等。

三、文書種類豐富，有賣契、送契、送賣契、繳契、添契、添盡足契、對添足契、結實契、繳産關約、推産關約、撈字、兑契、添盡契、借字、退佃字、收字、承字、轉典賣契、合約等。

四、文書關聯性完整保留。由於文書産生的原始家族在保存文書時做了分類，把相關聯的文書叠放在一起保存，且收集、整理前基本保持了原樣，這種没有被破壞的『文書鏈』，不但能夠看出傳統社會裏産權的轉移機制，還爲分析同一産業在一定時期内的流轉情况提供了可能。

需要着重説明的是，此次整理所采用的編排方式無疑是歸户性編排。這種方式最大的優勢就在於能充分挖掘出各相關文書間的彼此聯繫，減少無形信息流失，其所藴含的信息、折射出的氛圍及學術價值較之單個文書將成幾何級數增加，絶不是簡單的總和關係。

但比較之前的以户爲單位的歸户性而言，這批文書整理最大的不同在於不僅歸户，而且幾乎完整保留了同一户文書中的結構單元，即將當時製作、使用者認爲的『關聯文書』放在一起編排，做到了『散件不散』。從目録可以看出，編排順序整體上以時間先後爲序，但優先考慮内容上的關聯性，即每件文書題名下注釋的相關叠放文書。

當然這種關聯性的有無，不能僅僅是因爲古人把它們叠放在一起，古人的叠放順序只是爲我們提供了一個綫索，是否具有關聯性還需要找出確切的依據。經初步研究發現，同一叠放單元的文書基本上都有實質性的關聯，如FYXS001、FYXS002、FYXS003、FYXS004、FYXS005、FYXS006等幾件早期文書和許、林二家歷經的一樁跨越明清兩朝、歷時百年的訟案有關；FYXS076、FYXS077、FYXS078、FYXS079、FYXS080、FYXS081、FYXS082、FYXS083共八件文書是圍繞一處土名爲洪坑的屯田展開的『出典—回贖—再典—繳絶』等一系列交易過程，從乾隆十四年(1749)至乾隆六十年(1795)，共歷時46年；FYXS145—FYXS155共十一件文書都是和許坪使、許坂使、啓蒲有關的借貸文書；FYXS219—FYXS247共二十九件文書之所以叠放在一起，是因爲均與美五公派下之祀産經營有關；等等。

序

馮學偉博士，收藏民間契約文書頗多，並一直孜孜於這方面的研究。由私藏變公用，整理、公佈是一樞機。

學偉博士一直惦念着將自己的收藏分享同道、惠及學林，而不是自己獨佔獨享。他過去已經陸續公佈一些收藏，大多發表於瀋陽師範大學主辦的《法律文化論叢》輯刊。如《湖南省汝城縣沙洲瑶族村朱氏文書》《雲南省馬龍縣猓玀冲李氏文書》《束鹿縣楊家莊張氏文書》《鄭氏文書》等。另有《雲南馬龍縣新發村恭氏文書》，載《中華歷史與傳統文化研究論叢》。

學偉博士也一直在做着民間契約的相關研究。他的博士論文題目爲《明清契約的結構、功能及意義》，讀博期間，即以古代契約爲研究課題。自2010年以來，他以每年1–2篇的頻率，發表有關民間契約研究的論文。內容涉及中國古代契約中的『吉祥語』和『加批語』、契約文書之於古人生活的意義、契約中的地方慣例、契約文書的僞造及防僞與辨僞、契約文書的時序性分類、契約文書的地域性收集、契約的形式特徵及其製作與收藏、傳統契式初探等。其中，許多資料出自他的收藏。個人收藏能與學術研究兩相結合，這是一件難得之事。

而今，學偉博士與志民博士又整理了福建省德化縣洋坑村許氏家族文書，這又是功德無量的事情。學術是天下公器，整理、公佈私藏研究資料，無疑會極大地拓展學術的增量。這是公私兩利之事。我願意看到學偉博士的私藏能够源源不斷地整理、公佈出來，也希望學偉博士的研究，能隨之得到進一步地深入和擴展。

至於該文書的發現、性質、特徵及整理方法與結果等，作者已經在介紹中詳細交待，恕我不贅。是爲序。

霍存福

2020年2月23日

於瀋陽師範大學3U生宅

前言

自2005年入吉林大學讀書以來，我就對契約文書産生了濃厚的興趣，碩士及博士論文選題均與之相關。讀碩期間，我經常翻閲《敦煌契約文書輯校》及《吐魯番出土文書》。其時旁聽恩師霍存福教授法律史的課程，老師在撰寫《再論中國古代契約與國家法的關係》，并隨堂講授。受此文啓發，我寫了《敦煌吐魯番契約中的地方慣例》，後經擴充，完成了碩士論文《中國古代契約中地方慣例的概念研究》。

讀博士期間，我進一步擴充對已出版契約文書資料的收集、閲讀，其中利用最多的就是田濤老師整理的《田藏契約文書粹編》，在驚歎於文書收羅豐富、印刷精美、校刊優良的同時，也萌發了思齊之意。那時我最常關注的網站就是孔夫子舊書網，淘了很多稀見的資料。孔網後來也開發了拍賣功能，我時常光顧，但愧於囊中羞澀，極少出手。其間發現一本非常珍貴的《代筆法門》，也衹能眼睁睁看着流入他人之手，好在我就網上保存的圖片，摘録了其中的大量内容，這些也成爲我博士論文裏唯一没有出處的引文。

大約2008年前後，我終於没忍住，拍下了兩件標有『契明價楚』吉祥語的文書（見圖一、圖二）。至今仍能清楚地記得收到文書的時候是一個初冬的下午，在文九125，我手捧着那兩張薄如蟬翼、字迹優美的契約，内心的那種欣喜、激動、感慨，無法用語言形容——我所感受到的或許正是整理後的文字資料所欠缺的契約靈魂。自那以後，我更加篤定地將契約文書作爲自己的研究方向，文書的收集也意味着節衣縮食的開始。好在那時候文書價格還不高，否則，一個窮博士，每天喝西北風，也收不到幾件。

我对所收集契約文書展開的研究，早期集中在山西。一則我是山西人，二則我漸漸發現學界对徽州、福建等南方的契約文書收集、利用得較多，已蔚爲大觀，但北方的資料相對缺少，收集山西文書有利於拓展史料範圍，畢竟不能以華南研究的結論來概括全中國。

剛開始收集文書時，我看重品相，或者有吉祥語、加批語以及格式新穎的特殊文書。隨着研究的深入，我逐漸意識到文書『同質化』的缺點，也就是『从法制史的觀點来看，衹要知道一個，就可以大體明白其他的了』，遂把目光集中在歸户性文書的收集上。後來慢慢地收集到了幾户比較重要的山西文書，如曹氏文書、任氏文書、郭氏文

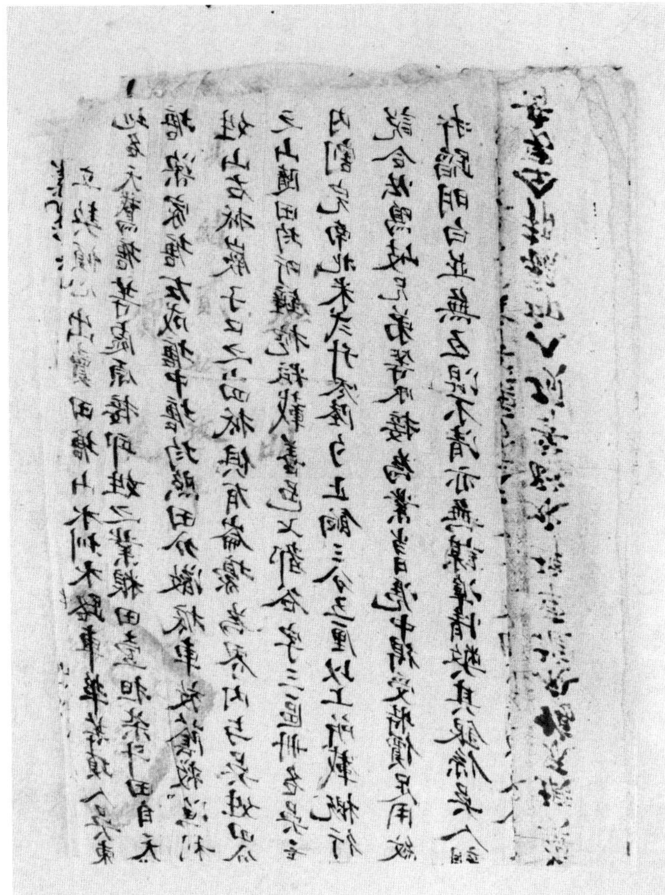

圖一 編者最早收集的兩件文書

書等，并把這些材料部分應用到了博士論文中。

博士畢業後，我到了沈陽師範大學工作。有了工資收入，開始大量地收入山西文書。过了一年，我發現山西文書已無法再收了，因爲那裏的小販『不聽話』，總喜歡自以爲是地把文書分類出售，給歸户造成了極大的困難。任氏文書是我經過七次分批在不同人手中收集而

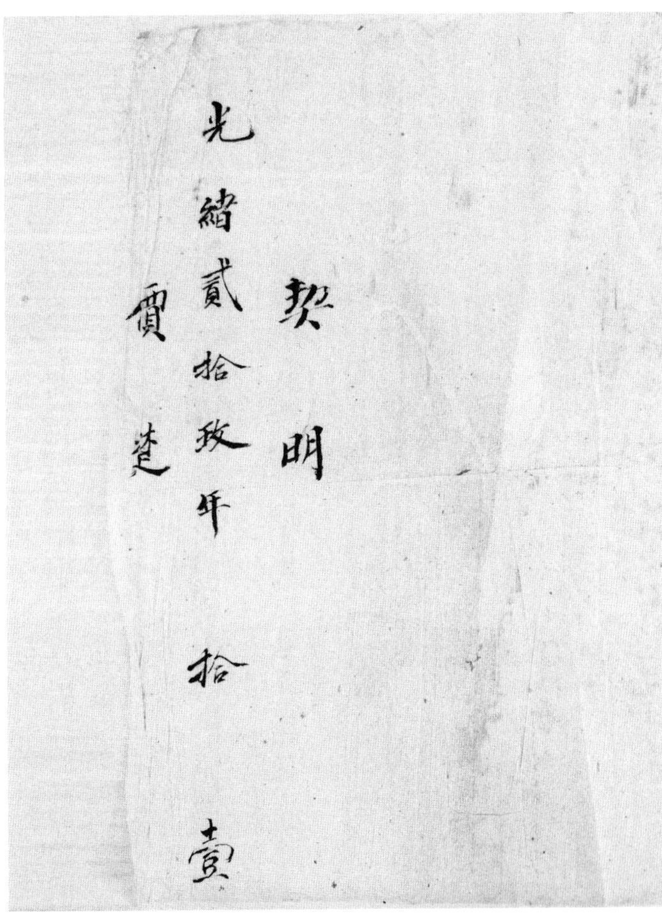

圖二『契明價楚』

成，就是血淚教訓。而在網上漸漸熟悉并非常信任的福建朋友時常發來大量文書，經過溝通後，同意不再翻閱，直接拍照、原箱發貨，還準確地告知我文書的生成地。非常感謝他對學術研究的支持，使我能大量收到德化、大田等地的歸户文書。

本書整理的德化洋坑許氏文書就是福建文書中的一户，歸户性極

强，但被老鼠咬殘（見圖三），出於敝帚自珍的心理，在暫時不能托裱的情况下，我把它保留行款地抄成了七本，厚約5.5cm（見圖四、圖五）。説起抄録，這是我最初整理契約文書的原始方法，山西文書所包括的23户文書也是先抄録完畢，然後録入電腦。這种抄録方式雖然費時費力，但優點是能夠隨時隨地開展，在吉大文九、南五宿舍、沈師旁邊的出租屋、香峪蘭溪、南開教工宿舍……積少成多。

在吉林大學學習期間我結識許多良師益友，王志民博士就是其中之一，他爲人熱誠篤厚，亦志於契約文書的研究，於是決定共同整理文書，由他把我抄好的副本録入電腦并標點，最後，我們共同校對。

2018年，在付士成老師、于語和老師的反復協調下，我調入南開大學工作。洋坑許氏文書散亂的原件也隨我來到津南，由於離北京較近，并得益於北京中檔聯信科技有限公司總經理于紅焱女士的協助，2019年5月，文書纔在北京完成了托裱。拿回津南後，對平整的文書進行拍照也頗費周折，我先是買了俯拍支架，固定數碼相機拍攝，但即便在水平儀的幫助下也很難做到成像四角平整，拍了很大一部分後，只能忍痛放棄。又買了良田高拍儀，可拍A2幅面并解决了平整問題，但總體像素不高，打印出來效果欠佳。無奈再買明基

圖三　洋坑許氏文書原貌

圖四　洋坑許氏文書抄録册

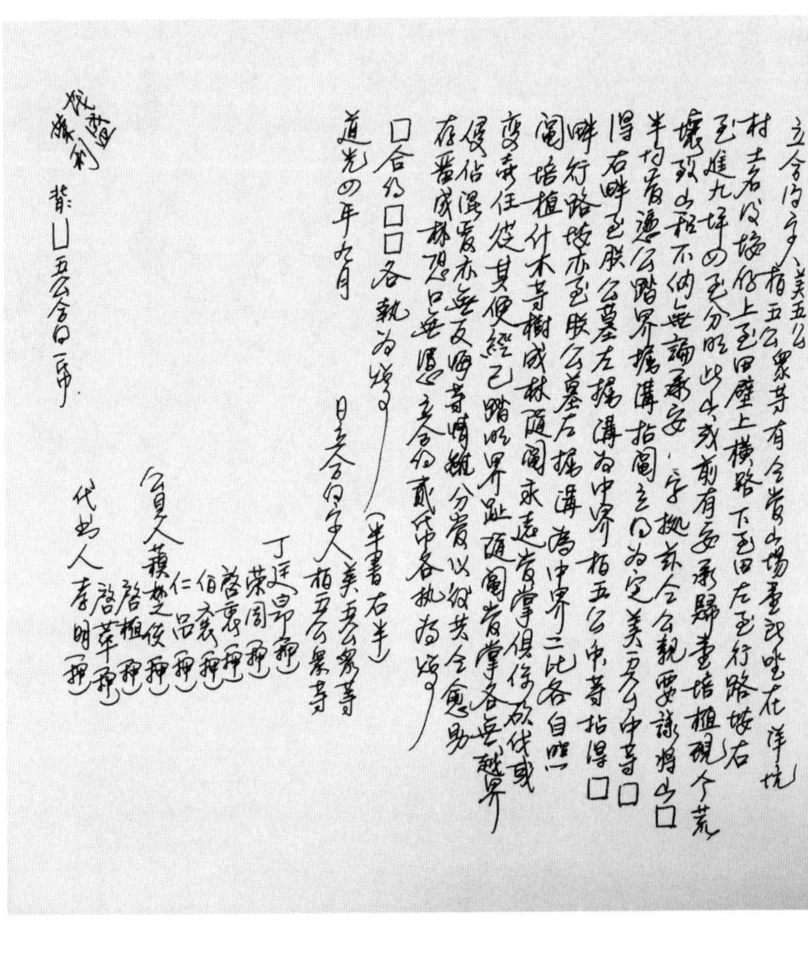

立合約字人美五公、柏五公衆等有合眾山場壹段坐在洋坑
村土名[illegible]仔上至田壁上横路下至田左至行路坡右
至[illegible]九坪四至分明。此山或前有安承歸葬培植現今荒
壞，致山腳不仍，無論承安，今公親要議將山□
半均分。美五公踏界據溝指明立約為定，美五公中等□
得右畔至聯公墓左堀溝為中界，柏五公中等抬得□
畔行路坡亦至聯公墓右堀溝為中界，二比各自照□
閫培植竹木等樹成林，隨閫永遠管掌，俱係各代或
變賣任從其便，經已踏明界址，隨閫管掌，各無越界
侵佔混爭，亦無反悔等情。雖分管以後，共合意[illegible]
存[illegible]成[illegible]恐口無憑，立合約貳紙，各執為照。
□合約□□各執為照（半書右半）
道光四年九月　日立合約字人美五公衆等
柏五公衆等
公見人　丁廷昂（押）　榮周（押）　啓熹（押）　伯袞（押）　仁呂（押）　蘋楚之　啓俊（押）　啓植（押）　啓華（押）
代書人　李明（押）
[illegible]　柴山五公合約一紙

圖五　洋坑許氏文書抄録内頁

M800PLUS掃描儀，600ppi掃描，衹能掃A3幅面，遇到大圖需要分段掃描、電腦拼接。這期間，南開大學法學院碩士研究生崔明軒、李琪、譚天樞、苑鵬飛先後協助我進行文書的掃描和尺寸測量，在此表示感謝。

文書掃描之後，万事具備，只欠東風。2019年在『明清以來的地方檔案與文獻』研究生暑期學校學習期間，多年摯友曲阜師範大學吴佩林教授將書稿推薦給廣西師範大學出版社文獻圖書出版分社社長賓長初老師。後來，賓老師還同廣西師大社總編室肖愛景主任一起來南開磋商出版事宜，劉揚編輯也一遍遍地進行校對、編排，没有他們的多方努力、辛苦推動，本書很難以精良的裝幀、優美的排版呈現給大家，在此向他們表示感謝。

此外，在本書的整理、出版過程中，天津財經大學法學院侯欣一教授，中南財經政法大學陳景良教授、李力教授，河北大學宋史研究中心劉秋根教授，上海交通大學曹樹基教授，南開大學歷史學院余新忠教授、江沛教授、卞利教授，河北省社科院孫繼民教授，遼寧大學歷史學院趙彦昌教授，浙江師範大學李義敏研究員都給予鼓勵和支持，在此一并感謝。

最後，《福建洋坑許氏文書》只是我整理收藏到的幾十户山西、福建文書的初步嘗試，也是我和同道首次整理契約文書，其中缺點和錯誤在所難免，望專家學者批評指正。

馮學偉

2020年6月18日於南開大學法學院

編輯體例

一、本書採用圖文對照的方式進行編輯，既可保存原始文書的整體面貌，也方便讀者查閲或校核。

二、序言與目録全用繁體字。内文繁體字、簡化字、異體字、俗體字等，一律按原圖照録，以求反映文書本身的原始面貌。多數文書在結尾處有挽結，以註釋的形式在頁下標出。

三、脱字、漏字不補，錯字以註釋的形式在頁下標出。

四、漫漶、殘缺者，如可推測，以加框文字表示，無法辨識者，以『□』表示。若殘缺而不知文字狀況、數量之處，用『[』『]』『[ ]』標出，表示該列該文字以下殘、以上殘、兩文字之間殘。若文書前後殘缺，則以『（前殘）』『（後殘）』標出。

五、録文格式爲方便排版，不保留行款。標點契文時，原則上是能斷則斷，以逗號、頓號表示。一個文書義項完成後用句號，整個文書結束用句號。

六、文書按照類别排序，先排族譜，然後是散件文書，之後是簿册。相同類别的文書整體上以年代先後爲序。同時，爲最大限度地保留原始信息，疊在一起的文書，優先組合，並在每件文書標題下方以註釋的方式提示。

七、每件文書都有唯一的編號。族譜以FYXZ表示，即『福建洋坑許氏文書族譜』的漢語拼音縮略；散件文書以FYXS表示，即『福建洋坑許氏文書散件』的漢語拼音縮略；簿册以FYXB表示，即『福建洋坑許氏文書簿册』的漢語拼音縮略。

八、蘇州碼轉換成阿拉伯數字録入，確有必要保留者除外。

目録

上册

下　册

四、賬簿

一、族譜

FYXZ001 歷代支圖001 120×180mm

歷代支圖

溯自太極闢而兩儀生四象分而八卦
出盈宇宙間無非一本之蕃衍第不
探所自來而昭穆于以淆焉志

歷代支派

八公
十一公—七十二—均進—明六—生哥
—聡大—智二—乾旺—慶七—

歷代支圖

溯自太極闢而兩儀生，四象分而八卦出，盈宇宙間無非一本之蕃衍，第不探所自来而昭穆于以溷焉，志歷代支派。

八十一公——七十二——均進——明六——生哥

——聰大——智二——乾旺——慶七——

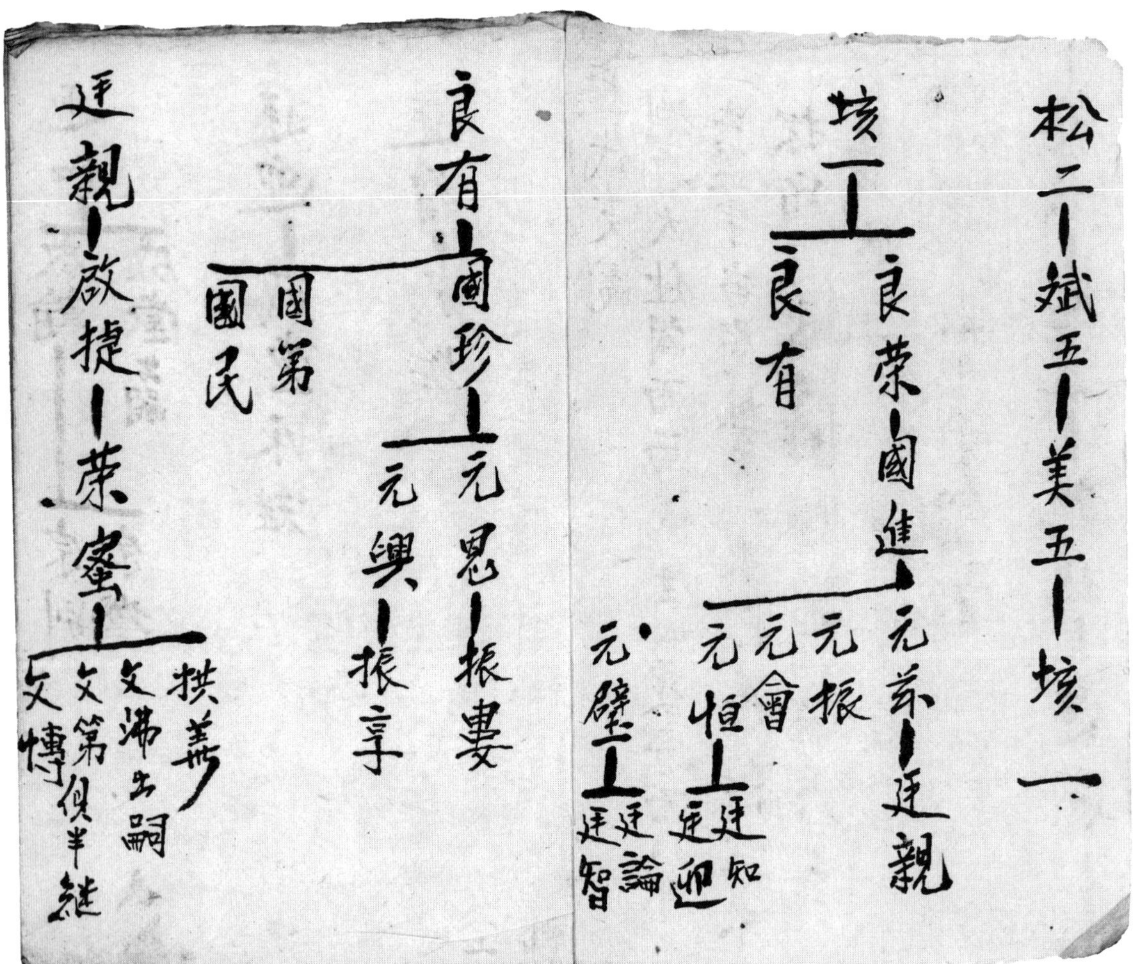

FYXZ001　歷代支圖002　120×180mm

- 松二
  - 斌五
    - 美五
      - 垓一

- 垓一
  - 良荣
    - 國進
      - 元兹
        - 廷親
      - 元振
      - 元會
      - 元恒
        - 廷知
        - 廷迎
  - 良有

- 元璧
  - 廷論
  - 廷智

- 良有
  - 國珍
    - 元恩
      - 振婁
    - 元興
      - 振享
  - 國第
  - 國民

- 廷親
  - 啟捷
    - 荣蜜
      - 拱華
      - 文沸（出嗣）
      - 文第
      - 文博（俱半继）

FYXZ001　歷代支圖003　120×180mm

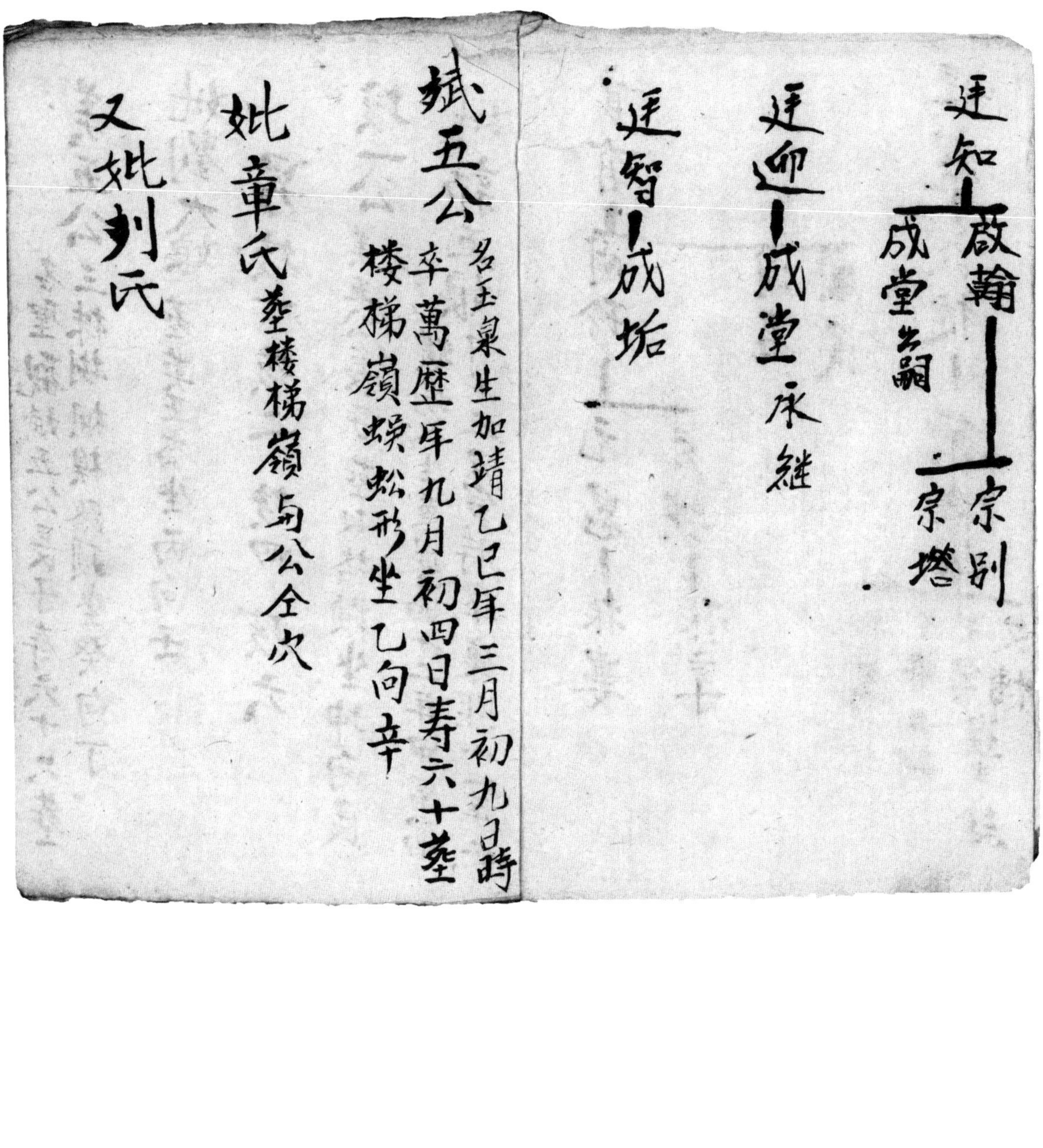
廷知 — 啟翰 — 宗别
成堂 出嗣
宗塔
廷卿 — 成堂 承継
廷智 — 成垢
斌五公 名玉泉生加靖乙巳年三月初九日時
卒萬歷年九月初四日寿六十塟
楼梯嶺蜈蚣形坐乙向辛
妣章氏 塟楼梯嶺与公仝穴
又妣刘氏

廷知——啟翰——宗別
　　　　　　——宗塔
　　——成堂 出嗣

廷迎——成堂 承繼

廷智——成垢

斌五公　名玉泉，生加靖乙巳年三月初九日時，卒萬歷年九月初四日，寿六十，塟楼梯嶺蜈蚣形，坐乙向辛。

妣章氏　塟樓梯嶺，與公仝穴。

又妣刘氏

FYXZ001 歷代支圖004 120×180mm

美五公 名聖觀斌五公長子壽六十六葬一
三株樹楓樸路頂坐癸向丁

妣劉大娘 葬英五嵛坐丙向壬

男垓一 垓二 垓四 垓六

垓一公 美五公長子葬双格頭坐坤向艮
螺坑人生萬曆四十二年甲寅四

妣郭五娘 月十三日寅時卒康熙十一年壬
坐戌向辰

妣陳近娘 生康熙三十四年乙亥十月廿五日
未时卒乾隆十一年二月初五日
巳时寿五十二葬半米塆坐
未向丑

男元茲 元振 元會 元恒 元璧

美五公　名聖觀，斌五公長子，寿六十六，葬
三株楜枫榠路頂，坐癸向丁。

妣劉大娘　葬英五畲，坐丙向壬。

男　垓一　垓二　垓四　垓六

垓一公　美五公長子，葬双格頭，坐坤向艮。

妣郭五娘　螺坑人，生萬曆四十二年甲寅四
月十三日寅時，卒康熙十一年壬

坐戌向辰。

妣陳近娘　生康熙三十四年乙亥十月廿五日
未時，卒乾隆十一年二月初五日
巳時，寿五十二，葬斗米壠，坐
未向丑。

男　元兹　元振　元會　元恒　元璧

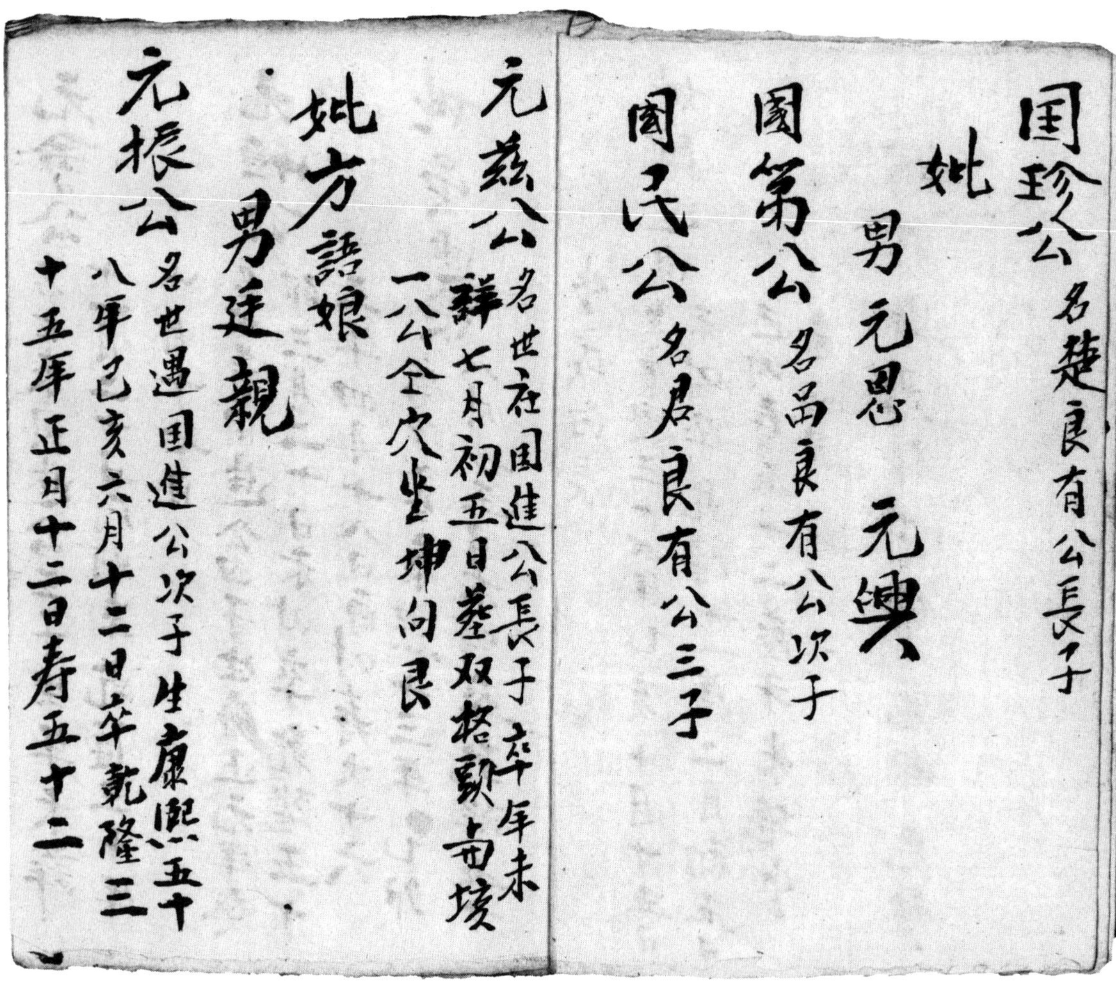

国珍公 名楚良有公長子

妣

男元恩 元興

国第公 名品良有公次子

国民公 名君良有公三子

元慈公 名世在国進公長子卒年未詳七月初五日葬双格頭崗墳一公仝穴坐坤向艮

妣方語娘

男廷親

元振公 名世遇国進公次子生康熙五十八年己亥六月十二日卒乾隆三十五年正月十二日寿五十二

FYXZ001 歷代支圖005 120×180mm

國珍公　名楚，良有公長子。

妣

男　元恩　元興

國第公　名品，良有公次子。

國民公　名君，良有公三子。

元茲公　名世庄，国進公長子，卒年未詳，七月初五日葬双格頭，與玹一公仝穴，坐坤向艮。

妣方語娘

男　廷親

元振公　名世遇，国進公次子，生康熙五十八年己亥六月十二日，卒乾隆三十五年正月十二日，寿五十二。

FYXZ001 歷代支圖006 120×180mm

元會公 名世來因進公三子生年未詳
十一月二十日戌时卒乾隆三十年
十月十七日

元恒公 名世着因進公四子生雍正元年癸
卯三月二十日未时卒乾隆五十
三年四月十八日酉时寿六十六

妣吴連娘 烏坪人生康熙十三年乙卯
八月廿五日未时卒乾隆五十
三年六月廿五日午時寿五十
四查生年係雍正十三年乙卯

男廷知 廷迎

元璧公 名世白因進公五子生雍正十一年
癸未正月十八日巳时卒嘉慶九
年九月初一日酉时寿七十二葬松
柏坪坐巽向乾
架屋一座本鄉田仔頭聚棠堂坐丁

元會公　名世來，国進公三子，生年未詳，
十一月二十日戌时，卒乾隆三十年
十月十七日。

元恒公　名世着，国進公四子，生雍正元年癸
卯三月二十日未时，卒乾隆五十
三年四月十八日酉时，寿六十六。

妣吴連娘　烏坪人，生康熙十三年乙卯
八月廿五日未时，卒乾隆五十
三年六月廿五日午時，寿五十
四，查生年係雍正十三年乙卯。

男　廷知　廷迎

元璧公　名世白，国進公五子，生雍正十一年
癸未正月十八日己时，卒嘉慶九
年九月初一日酉时，寿七十二，葬松
柏坪，坐巽向乾。
架屋一座，本鄉田仔頭，緊紫堂，坐丁

FYXZ001　歷代支圖 007　120×180mm

妣林僅娘永春新溪馬崙人生乾隆
六年辛酉二月初七日丑时
卒乾隆五十三年八月十二日
丑时寿四十八塟田仔頭坐
子向午
男廷論　廷智
元愚公国珍公長子
男振婁

元興公国珍公次子
男振享
廷親公名振棹元兹公之子生乾隆十四年
己巳塟中拱橋頭坐壬向丙
妣林新娘小尤新田尾人
繼妣尤郁娘

妣林僅娘　永春新溪馬崙人，生乾隆六年辛酉二月初七日丑时，卒乾隆五十三年八月十二日丑时，寿四十八，葬田仔頭，坐子向午。

男　廷論　廷智

元恩公　國珍公長子。

男　振婁

元興公　國珍公次子。

男　振享

廷親公　名振棹，元茲公之子，生乾隆十四年己巳，葬中拱橋頭，坐壬向丙。

妣林新娘　小尤新田尾人

繼妣尤郁娘

男啟捷（葬屋一壥本鄉田仔頭
坐子向午仁里堂

廷知公 名振謨元恒公長子生乾隆廿九
年甲申九月初十日卯時壽七
十查卒係道光十三年癸巳

妣蘇尃娘 岩頭人

繼妣張銀娘 南坑人生乾隆四十三年戊
戌三月十三日巳时卒道光
十五年正月十二日午时壽五

十八

男啟輪 成堂 名繼

廷迎公 名振請元恒公次子生乾隆三十七
年壬辰十二月十四日酉時卒道
光元年二月廿一日申時壽五十

葬長壠仔

男成堂 入繼

男　啟捷　架屋一座，本鄉田仔頭，
坐子向午，仁里堂。

廷知公　名振訝，元恒公長子，生乾隆廿九
年甲申九月初十日卯時，壽七
十，查卒係道光十三年癸巳。

妣蘇專娘　岩頭人

繼妣張銀娘　南垵人，生乾隆四十三年戊
戌三月十三日巳时，卒道光
十五年正月十二日午时，壽五
十八。

男　啟翰　成堂 出继

廷迎公　名振請，元恒公次子，生乾隆三十七
年壬辰十二月十四日酉時，卒道
光元年二月廿一日申時，壽五十，
葬长壟仔。

男　成堂 入繼

廷論公 名許元壁公長子
妣鄭聰娘 改適
廷智公 名許元壁公次子生乾隆三十
九年甲午六月十四日未时卒道
光三年五月初一日巳时寿五十
妣林差娘 暗林口人
男成垢
振婁公 元恩公之子
振享公元興公之子
啟提公 名章蘭廷觀公之子架屋一座
於本鄉后苦坑科登壹坐丁向
癸兼午子生乾隆四十五年庚子
三月十五日午时卒道光三十年

廷論公　名評，元璧公長子。

妣鄭聰娘　改適。

廷智公

名計，元璧公次子，生乾隆三十九年甲午六月十四日未时，卒道光三年五月初一日巳时，寿五十。

妣林差娘　暗林口人。

男　成垢

振婁公　元恩公之子。

振享公　元興公之子。

啟捷公

名章簡，廷親公之子，架屋一座於本鄉后苦坑科登堂，坐丁向癸兼午子。生乾隆四十五年庚子三月十五日午时，卒道光三十年

十一月初八日戌时寿七十一葬
山隙崙坐卯向酉
男榮鍪

啟翰公 名成墨廷知公長子 葬於楳
尾山穴坐辛向乙
妣涂八娘 生嘉慶廿一年丙子九月十
八日亥时卒道光廿八年十一月
初五日卯时寿三十三葬於楳
尾与毋夫仝穴
繼妣葉剳娘 生嘉慶十八年癸酉
三月廿大日酉时
男宗別 宗塔

成堂公廷迎公之子

FYXZ001 歷代支圖010 120×180mm

十一月初八日戌时，寿七十一，葬山隙崙，坐卯向酉。

男　荣蜜

啟翰公　名成墨，廷知公長子，葬杉橂尾山穴，坐辛向乙。

妣涂八娘　生嘉慶廿一年丙子九月十八日亥时，卒道光廿八年十一月初五日卯時，寿三十三，葬杉橂尾，與夫仝穴。

繼妣葉剖娘　生嘉慶十八年癸酉三月廿六日酉时。

男　宗別　宗塔

成堂公　廷迎公之子。

成垢公廷智之子

榮鑾公 名宗樴啟提之子 生嘉慶廿
一年丙子八月十一日寅時

妣林罔娘 生道光五年乙酉十月十四日
丑时

男拱華 文沸出継 文第 文博

FYXZ001 歷代支圖011 120×180mm

成垢公　廷智之子。

荣蜜公　名宗機，啟捷之子，生嘉慶廿一年丙子八月十一日寅時。

妣林罔娘　生道光五年乙酉十月十四日丑时。

男　拱華　文沸（出繼）　文第　文博

臨居歆勿吐佑我子孫富貴昌
隆千秋有助尚饗
錫誼福社
維
公历一九五三年歲次癸巳十二臘月
十五日卯时值祭信士許日天君長
房謹以香灼米粿麻鏞金帛之仪

（反開二葉，四面）

臨居歆勿吐，佑我子孫富貴興

隆，千秋有助，尚饗。

錫註福祉

維　　　　　　十二

公历一九五三年歲次癸巳臘月

十五日卯时，值祭信士許日天君長

房，謹以香灼米粿庶饈金帛之仪

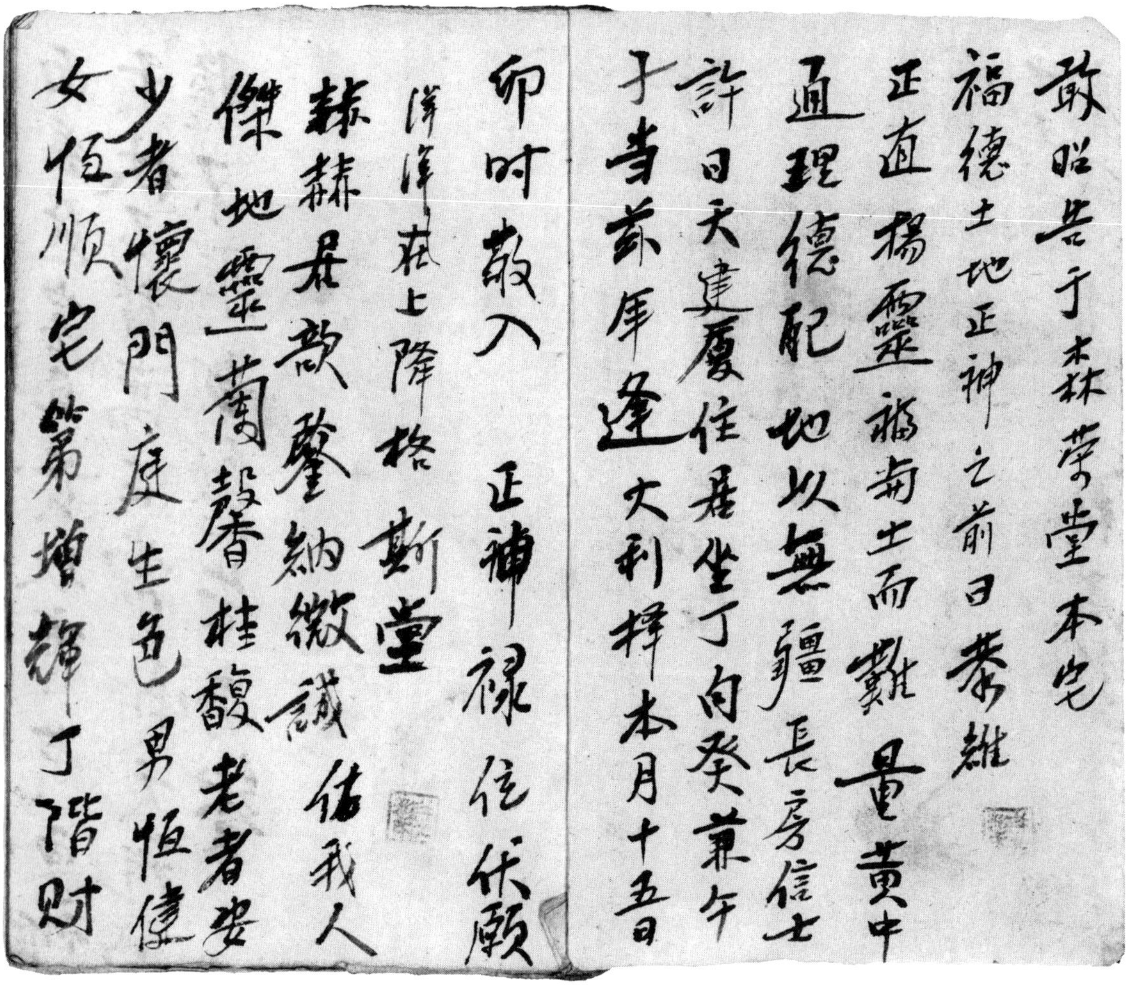

敬昭告于森榮堂本宅
福德土地正神之前曰恭維
正直揚靈福南土而難量黃中
通理德配地以無疆長房信士
許日天建廈住居坐丁向癸兼午
丁未年逢大利擇本月十五日
卯时敬入 正神祿位伏願
洋洋在上降格斯堂
赫赫居歆鑒納微誠佑我人
傑地靈蘭馨桂馥老者安
少者懷門庭生色男恒俊
女恒順宅第增輝丁階財

FYXZ001 歷代支圖013 120×180mm

敢昭告于森荣堂本宅
福德土地正神之前，曰恭維
正直揚靈福與土而難量，黃中
通理，德配地以無疆，長房信士
許日天建廈住居，坐丁向癸，兼午
子，当茲年逢大利择本月十五日

卯时敬入　　正神禄位，伏願
洋洋在上，降格　斯堂。
赫赫居歆，鑒納徵誠，佑我人
傑地靈，蘭馨桂馥，老者安，
少者懷，門庭生色，男恒健，
女恒顺，宅第增輝，丁階财

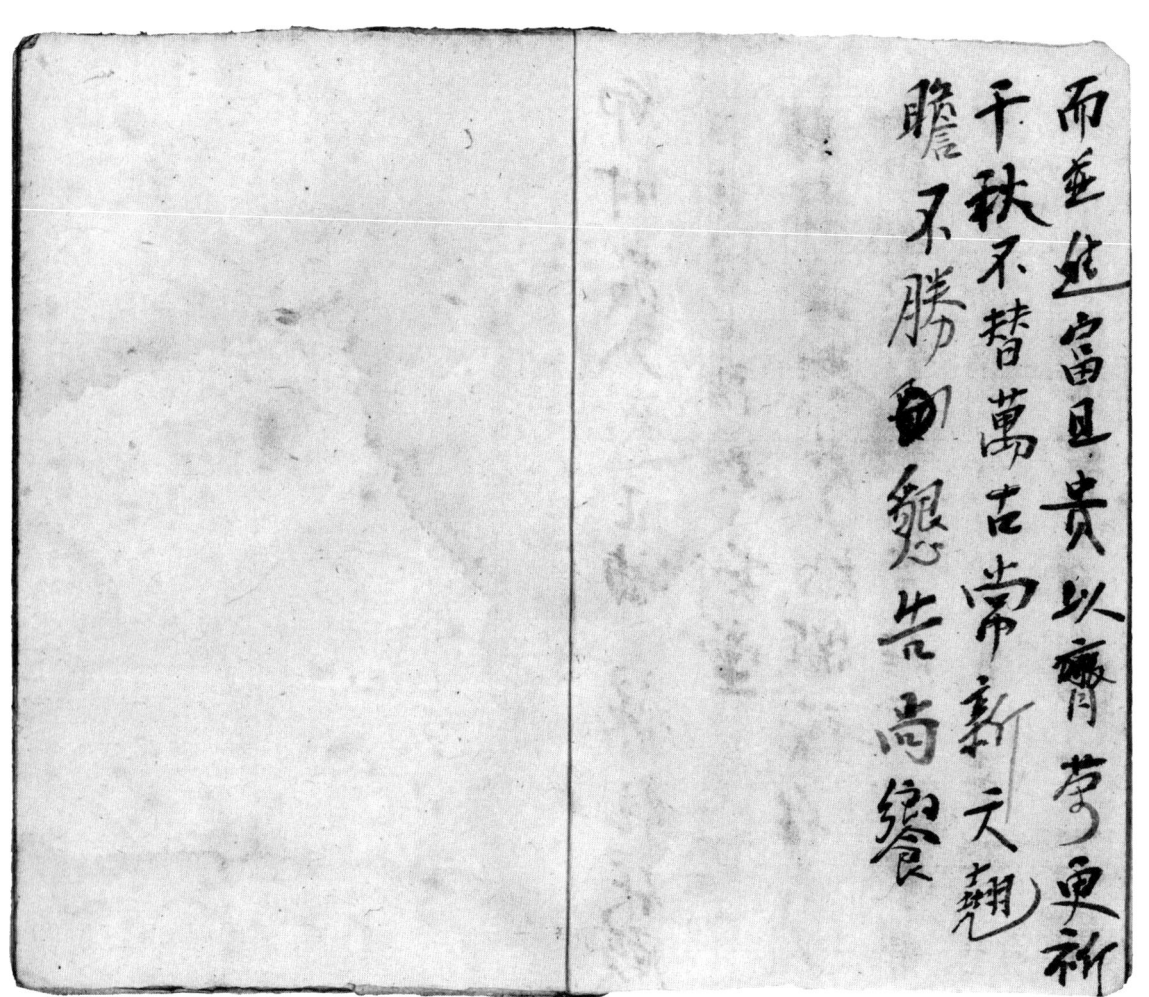

而並進當且貴以齋孝更祈
千秋不替萬古常新天翹
瞻不勝[illegible]懇告尚饗

FYXZ001　歷代支圖 014　120×180mm

而並進，富且贵，以齊荣，更祈
千秋不替，萬古常新。天翹
瞻不勝懇告尚饗。

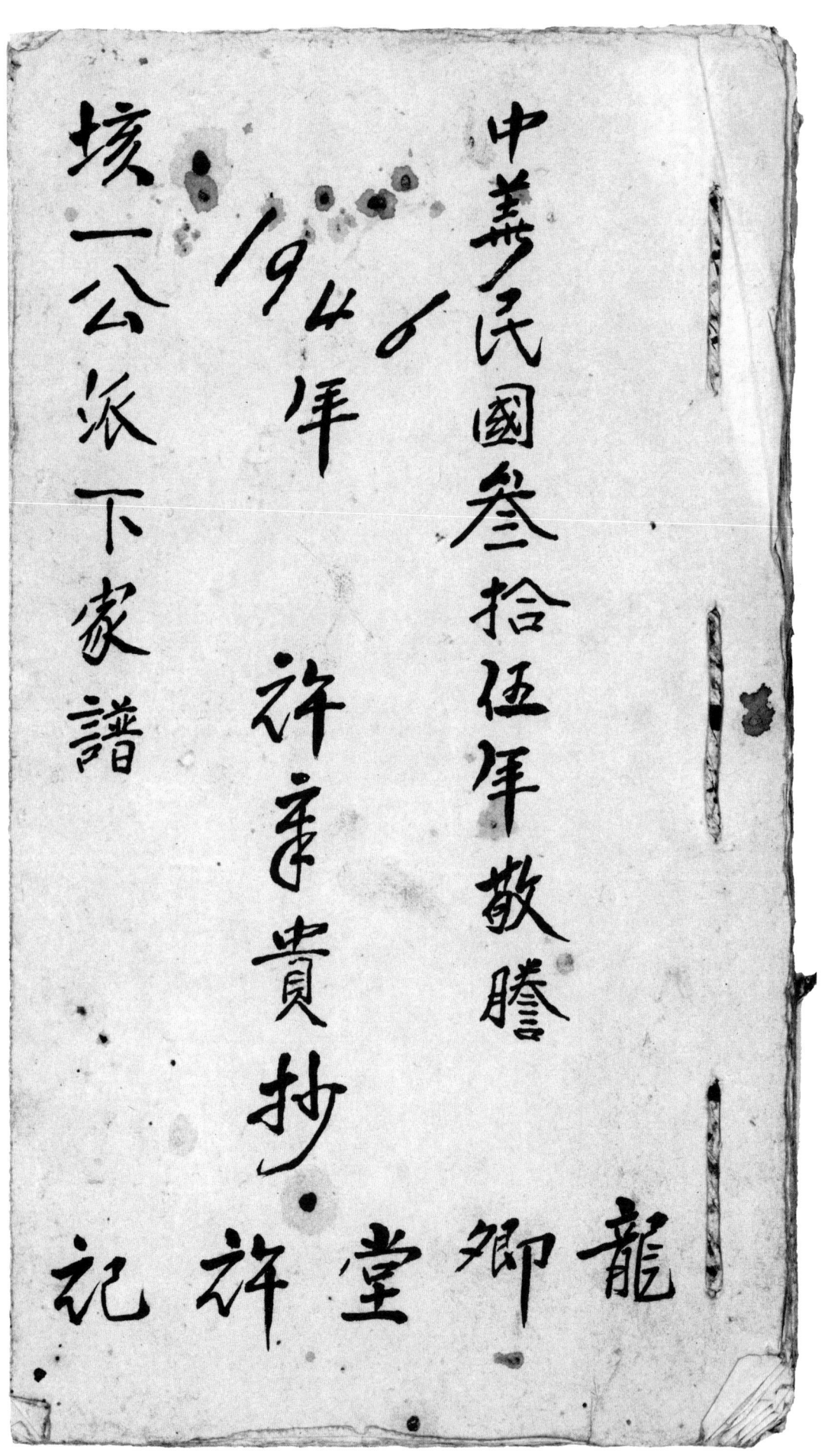

FYXZ002　垓一公派下家譜001　133×238mm

中華民國叁拾伍年敬謄

1946年

許康貴抄

垓一公派下家譜

龍鄉堂許記

中華民國叁拾伍年敬謄

1946年　許章貴抄

垓一公派下家譜

龍卿堂许记

FYXZ002 垓一公派下家譜002 133×238mm

譜者子孫之明鏡也愛祖心
之源泉也亦将龍源三之良
長抄録觀閱而興孝弟之心
流芳百世焉

歷代支圖
溯自太極闢而兩儀生四象分而八卦出盈宇
宙間無非一本之蕃衍第不探所自来而
昭穆于以溷焉志歷代支派

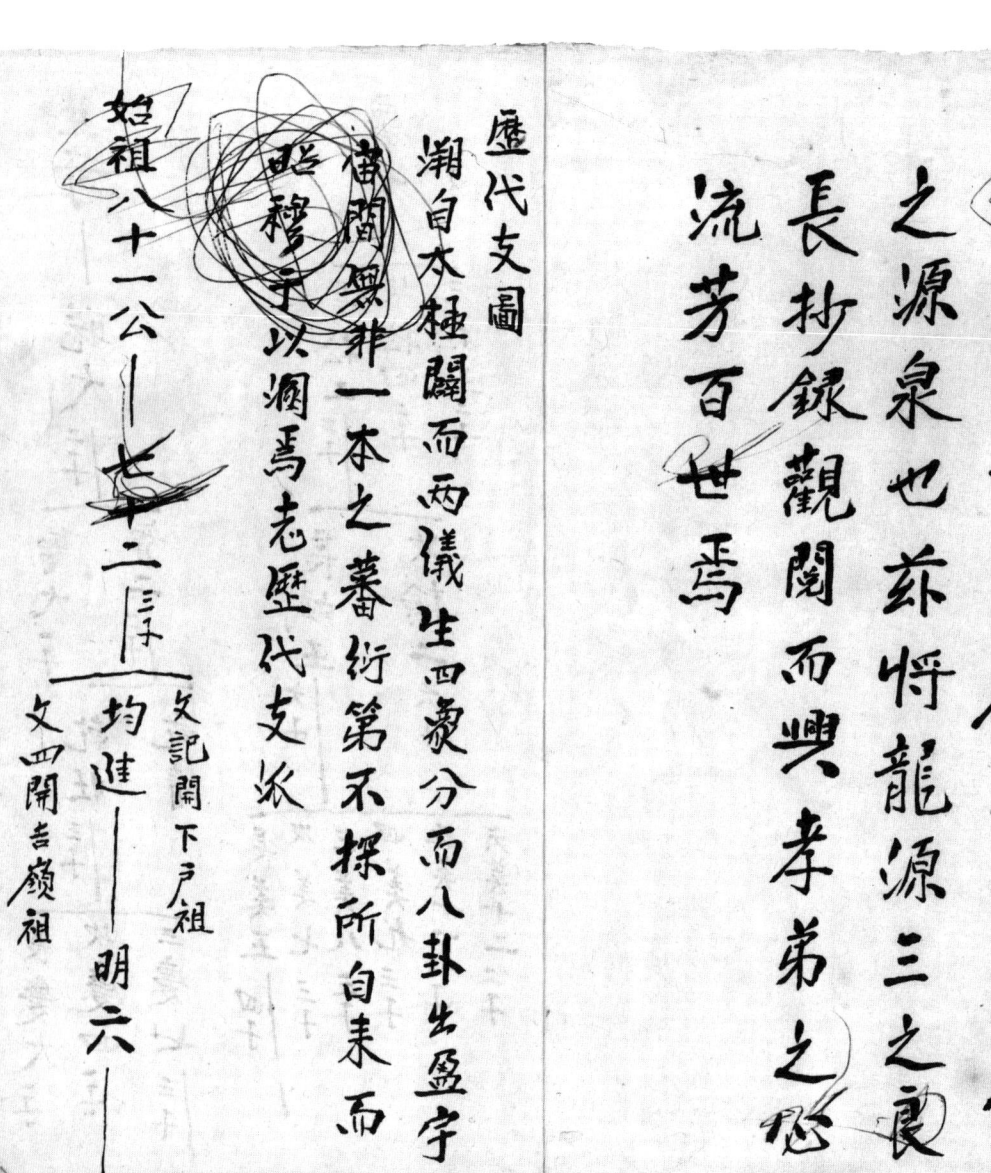

始祖八十一公——七十二——三十
文記開下户祖
均進——明六——
文四開吉嶺祖

譜者，子孫之明鏡也。愛祖心之源泉也，茲將龍源三之良長抄録觀閲而興孝弟之心，流芳百世焉。

歷代支圖

溯自太極闢而两儀生，四象分而八卦出，盈宇宙間，無非一本之蕃衍，第不探所自來而昭穆于以溷焉，志歷代支派。

始祖八十一公——七十二——三子
- 文記開下户祖
- 均進——明六——
- 文四開吉嶺祖

生哥—聰大一子
智大一子
智二二子
乾旺三子
乾清
長慶大子
次慶四子
三慶七三子

慶七三子
長松二子
次松四三子
三松五二子
長斌五六子
次檜二六子
長美五四子
次美七三子
三美八三子
四美九三子
五美十一一子
六美十二二子

美五四子
長垓一二子
次垓二三子
三垓四止
四垓六三子
長良荣一子
次良有
國進三子
長元萘
次元振止
三元會止
四元恒
五元璧

良有三子
長國珍二子
次國第
三國民
長元思一子
振妻止
次元興一子
振享止

FYXZ002 垓一公派下家譜003 133×238mm

- 生哥
  - 聪大 二子
    - 智大 一子
    - 智二 二子
      - 乾旺 三子
        - 長慶大 一子
        - 次慶四 一子
        - 三慶七 三子
      - 乾清

- 慶七 三子
  - 長松二 二子
    - 長斌五 六子
      - 長美五 四子
      - 次美七 三子
      - 三美八 三子
      - 四美九 三子
      - 五美十一 一子
      - 六美十二 二子
    - 次檜二 六子
  - 次松四 二子
  - 三松五 二子

- 美五 四子
  - 長垓一 二子
    - 長良荣 一子
      - 國進 五子
        - 长元兹
        - 次元振 止
        - 三元會 止
        - 四元恒
        - 五元璧
    - 次良有
  - 次垓二 三子
  - 三垓四 止
  - 四垓六 二子

- 良有 三子
  - 長國珍 二子
    - 長元恩 一子
      - 振叟 止
    - 次元興 一子
      - 振享 止
  - 次國第
  - 三國民

FYXZ002　垓一公派下家譜004　133×238mm

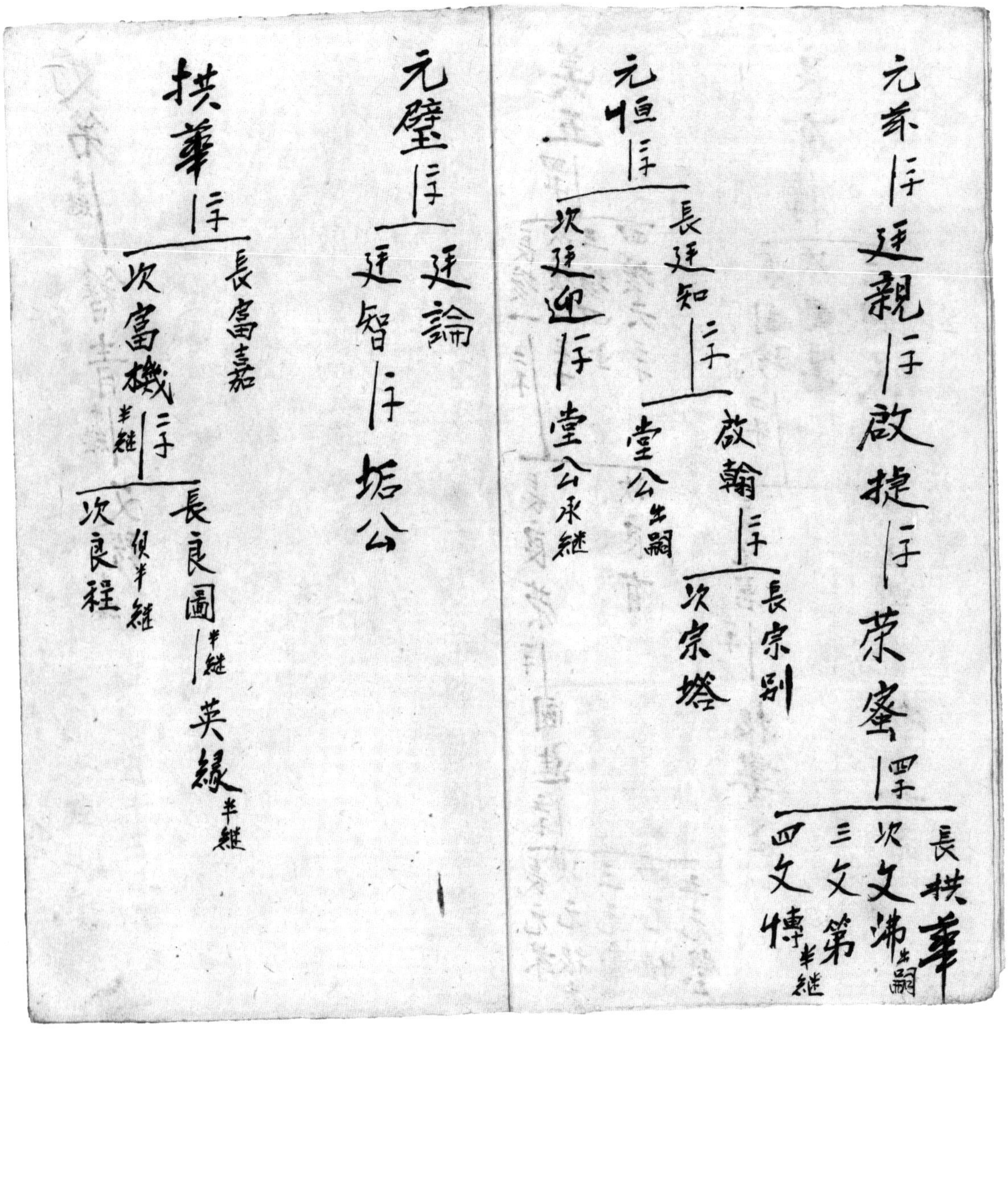

元恭—子
廷親—子
啟捷—子
荣鑾—四子
　長 拱華
　次 文沸 出嗣
　三 文第
　四 文博 半繼

元恒—子
　長 廷知—二子
　　啟翰—二子
　　　長 宗别
　　　次 宗塔
　　堂公 出嗣
　次 廷迎—子
　　堂公 承繼

元璧—子
　廷論
　廷智—子
　　垢公

拱華—子
　長 富嘉
　次 富機 半繼—二子
　　長 良圖 半繼—英緣 半繼
　　次 良程
　　俱半繼

元茲—一子—廷親—一子—啟捷—一子—荣蜜—四子
- 長拱華
- 次文沸 出嗣
- 三文第
- 四文博 半繼

元恒—二子
- 長廷知—二子
  - 啟翰—二子
    - 長宗别
    - 次宗塔
  - 堂公 出嗣
- 次廷迎—一子
  - 堂公 承繼

元璧—二子
- 廷論
- 廷智—一子
  - 垢公

拱華—二子
- 長富嘉
- 次富機—二子 半繼
  - 長良圖—半繼
    - 英缘 半繼
  - 次良程
  - 俱半繼

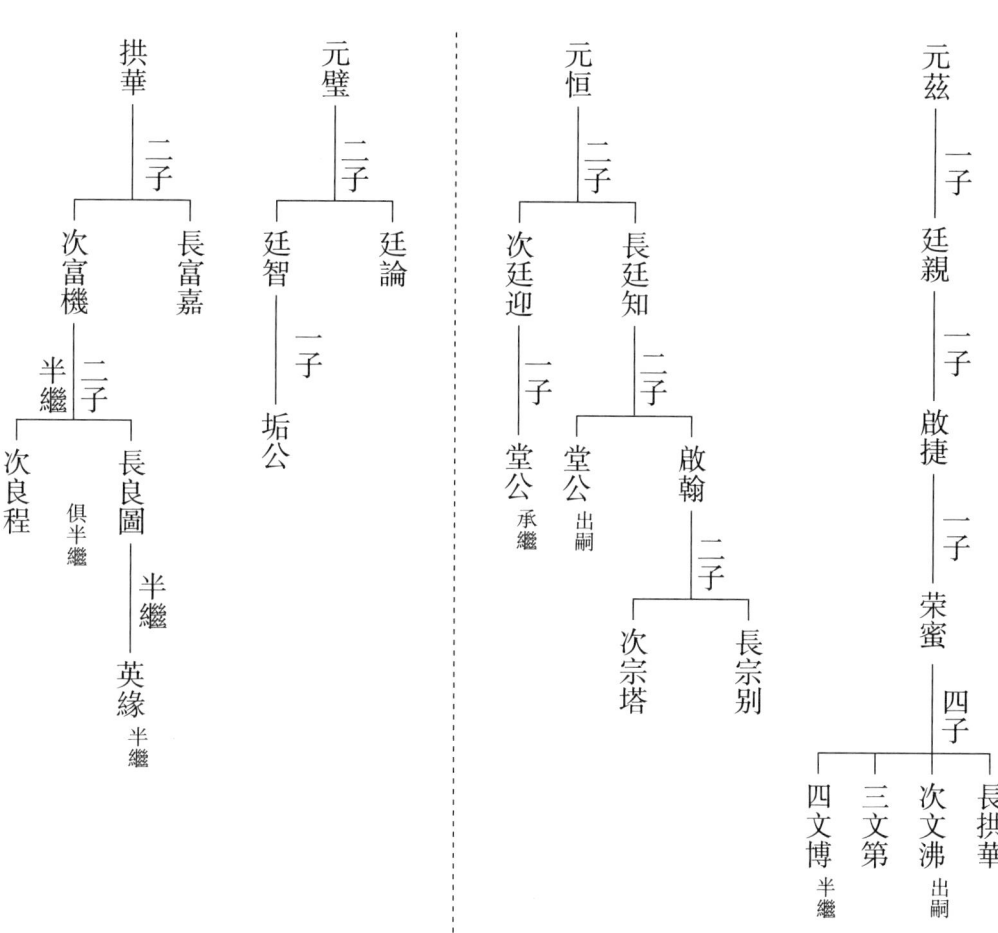

FYXZ002　垓一公派下家譜005　133×238mm

文第半縫　鐠青半縫　文彩半縫

美五公　貳五公長子寿六十六　塟三株樹楓模路頂
坐癸向丁
妣劉大娘　塟莢五崙坐丙向壬
男垓一　垓二　垓四　垓六
垓一公　美五公長子　塟双格頭坐坤向艮
堁坑人生萬曆四十二年甲寅八四月十三日寅時
妣郭五娘
卒康熙十一年壬子六月廿五日寿五

文第半繼——簪青半繼——文彩半繼

美五公　斌五公長子，寿六十六，塟三株楜杋椇路頂，
坐癸向丁。

妣劉大娘　塟英五崙，坐丙向壬。

男　垓一　垓二　垓四　垓六

垓一公　美五公長子，塟双格頭，坐坤向艮。

妣郭五娘　摞坑人，生萬曆四十二年甲寅四月十三日寅時，
卒康熙十一年壬子六月廿五日，寿五

FYXZ002　垓一公派下家譜006　133×238mm

十九塋葢竹洋格坐乙向辛

男良榮　良有

良榮公 名詔垓一公長子生崇禎十三年庚辰六月廿二日丑時卒康熙廿四年乙丑九月廿日巳時年四十六塋牛水按土龕龍仔路上坐癸向丁

妣羅占娘 生順治六年己丑卒康熙十七年十二月十八日未時寿三十塋苦坑橋坐子向午

公历一九六二年翻做改坐壬向丙水出丁坤庚

男國進

良有公名喬垓一公次子

妣

男國珍　國第　國民

國進公 名益良榮之子生康熙十四年乙卯九月廿九日子時卒乾隆六年五月初三日寅時寿六十七塋鄭坑格坐戌向辰

妣陳近娘 生康熙三十四年乙亥十月廿五日未時卒乾隆十一年二月初五日巳時寿五十二塋斗米

十九，塟盖竹洋格，坐乙向辛。

男　良荣　良有

良荣公　名諧，垓一公長子，生崇禎十三年庚辰六月廿二日丑時，卒康熙廿四年乙丑九月廿日巳時，年四十六，塟出水垵土龕仔路上，坐癸向丁。

妣羅占娘　生順治六年己丑，卒康熙十七年十二月十八日未時，寿三十，塟苦坑橋，坐子向午。公历一九六二年翻做，改坐壬向丙，水出丁坤庚。

男　國進

良有公　名喬，垓一公次子。

妣

男　國珍　國第　國民

國進公　名益，良荣之子，生康熙十四年乙卯九月廿九日子時，卒乾隆六年五月初三日寅時，寿六十七，塟鄭坑格，坐戌向辰。

妣陳近娘　生康熙三十四年乙亥十月廿五日未時，卒乾隆十一年二月初五日巳時，寿五十二，塟斗米

FYXZ002　垓一公派下家譜 007　133×238mm

壙坐未向丑

國珍公名楚良有公長子

男元華　元振　元會　元恒　元璧

妣

男　元恩　元興

國第公名岳良有公次子

國民公名居良有公三子

元茲公名世在国進公長子卒年未詳七月初五日

葬双格頭乕壙一公仝穴坐坤向艮

妣方語娘

男廷親

元振公名世遇國進公次子生康熙五十八年己亥六月

十二日卒乾隆三十五年正月十二日寿五十二

元會公名世來國進公三子生年未詳十一月廿日戌

時卒乾隆三十年十月十七日

壠，坐未向丑。

男　元兹　元振　元會　元恒　元璧

國珍公　名楚，良有公長子。

妣

男　元恩　元興

國第公　名品，良有公次子。

國民公　名君，良有公三子。

元茲公　名世庄，國進公長子，卒年未詳，七月初五日葬双格頭，與垓一公仝穴，坐坤向艮。

妣方語娘

男廷親

元振公　名世遇，國進公次子，生康熙五十八年己亥六月十二日，卒乾隆三十五年正月十二日，寿五十二。

元會公　名世来，國進公三子，生年未詳，十一月廿日戌時，卒乾隆三十年十月十七日。

FYXZ002 垓一公派下家譜 008 133×238mm

元恒公名世着國進公四子生雍正元年癸卯三月廿日未時卒乾隆五十三年四月十八日酉時壽六十六

妣吳連娘鳥坪人生康熙十三年乙卯八月廿五日未時卒乾隆五十三年六月廿五日午時壽五十四查生年係雍正廿三年乙卯

男廷知 廷迎

元璧公名世白國進公五子生雍正十一年癸未正月十八日巳時架屋一座本鄉田仔頭際紫堂坐癸卒嘉慶九年九月初一日酉時壽七十二葬松柏坪坐巽向乾

妣林僅娘永春新溪馬崙人生乾隆六年辛酉二月初七日丑時卒乾隆五十三年八月十二日丑時壽四十八葬田仔頭坐子向午

男廷論 廷智

元恩公國珍公長子

男振婁

元興公國珍公次子

男振享

元恒公　名世着，國進公四子，生雍正元年癸卯三月廿日未時，卒乾隆五十三年四月十八日酉時，寿六十六。

妣吴連娘　烏坪人，生康熙十三年乙卯八月廿五日未時，卒乾隆五十三年六月廿五日午時，寿五十四，查生年係雍正三年乙卯。

男　廷知　廷迎

元璧公　名世白，國進公五子，生雍正十一年癸未正月十八日巳时，架屋一座，本鄉田仔頭緊紫堂，坐癸。卒嘉慶九年九月初一日酉時，寿七十二，葬松柏坪，坐巽向乾。

妣林僅娘　永春新溪馬崙人，生乾隆六年辛酉二月初七日丑时，卒乾隆五十三年八月十二日丑時，寿四十八，葬田仔頭，坐子向午。

男　廷論　廷智

元恩公　國珍公長子。

男振婁

元興公　國珍公次子。

男振亨

FYXZ002 垓一公派下家譜 009 133×238mm

廷親公 名振棹元益公之子生乾隆十四年己巳架屋一座本鄉田仔頭仁里堂坐子向午葬中扶橋頭坐壬向丙

妣林新娘 小尤新田尾人

繼妣尤郁娘

男啟捷

廷知公 名振評元恒公長子生乾隆廿九年甲申九月初十日卯時寿七十卒道光十三年癸巳

妣蘇專娘 岩頭人

繼妣張銀娘 高坊人生乾隆四十三年戊戌三月十三日巳時卒道光十五年正月十二日午時寿五十八

男啟翰 成堂 出繼

廷迎公 名振請元恒公次子生乾隆三十七年壬辰十二月廿四日酉時卒道光元年二月廿一日申時寿五十五葬長墘仔

男成堂 入繼

廷論公 名評元璧公長子

妣鄭聰娘 改適

廷智公 名計元璧公次子生乾隆三十九年甲午六月十四日未時卒道光三年五月初一日巳時寿五十

廷親公　名振棹，元茲公之子，生乾隆十四年己巳，架屋一座，本鄉田仔頭仁里堂，坐子向午，葬中拱橋頭，坐壬向丙。
妣林新娘　小尤新田尾人。
繼妣尤郁娘
男　啟捷
廷知公　名振訝，元恒公長子，生乾隆廿九年甲申九月初十日卯時，寿七十，卒道光十三年癸巳。
妣蘇專娘　岩頭人。
繼妣張銀娘　南垵人，生乾隆四十三年戊戌三月十三日巳時，卒道光十五年正月十二日午時，寿五十八。

男　啟翰　成堂 出繼
廷迎公　名振請，元恒公次子，生乾隆三十七年壬辰十二月廿四日酉時，卒道光元年二月廿一日申時，寿五十五，葬長壠仔。
男　成堂　入继
廷論公　名評，元璧公長子。
妣鄭聰娘　改適。
廷智公　名計，元璧公次子，生乾隆三十九年甲午六月十四日未時，卒道光三年五月初一日巳時，寿五十。

FYXZ002　垓一公派下家譜010　133×238mm

妣林差娘　暗林□
振隻公 元恩公之子　男成塔
振亨公 元興公之子
啟捷公 名華蘭 廷親公之子 娶□□ 座本鄉后苦坑科登堂坐丁
向癸兼午 子生乾隆四十五年庚子三月十五日午時卒道
光二十年十一月初八日戌時寿七十一葬山隙斋坐卯向酉
妣
男萊蜜

啟翰公 名成墨 廷知公長子 坐杉模尾山穴坐辛向乙
妣涂八娘 生嘉慶廿一年丙子九月十八日亥時卒道光廿八年十一月初五
日卯時寿三十三葬杉模尾与夫仝穴
繼妣葉剖娘 生嘉慶十八年癸酉三月廿六日酉時卒道光緒十年十
二月初二日卯時寿七十二葬田什頭水尾坐辛向乙兼酉卯
男宗尉　宗塔
成堂公 廷迎公之子

妣林差娘　暗林口人。

男　成垢

振叟公　元恩公之子。

振亨公　元興公之子。

啟捷公　名章简，廷親公之子，架屋一座，本鄉后苦坑科登堂，坐丁向癸兼午子，生乾隆四十五年庚子三月十五日午時，卒道光二十年十一月初八日戌時，寿七十一，葬山隙崙，坐卯向酉。

妣

男　荣蜜

啟翰公　名成墨，廷知公長子，坐杉槕尾山穴，坐辛向乙。

妣涂八娘　生嘉庆廿一年丙子九月十八日亥時，卒道光廿八年十一月初五日卯時，寿三十三，葬杉槕尾，與夫仝穴。

繼妣葉剖娘　生嘉慶十八年癸酉三月廿六日酉時，卒光緒十年十二月初二日卯時，寿七十二，葬田仔頭水尾，坐辛向乙兼酉卯。

男　宗别　宗塔

成堂公　廷迎公之子

FYXZ002 垓一公派下家譜011 133×238mm

成垢公廷智公之子

荣鍪公名宗欘啟捷公之子生嘉慶廿一年丙子八月十一日寅時卒咸
豐五年八月初二日卯時年四十葬英豪崙尾坐巳向亥

妣林罔娘生道光五年乙酉十月十四日丑時卒光緒三十二年二月初六
日寅時壽八十二葬涧垵頭

男扶華 文沸出嗣 文第出半 文博出半

宗别公啟翰長子生卒年月未詳田仔頭厝地后頭内垵塯水圳上山
穴坐丑向未

宗塔公啟翰公次子生卒年月未葬澗垵坐北向南

扶華公名允照荣鍪公長子生道光廿八年戊申九月十八日子時卒宣統元
年己酉十月初五日卯時壽六十二葬后苦坑外坐申寅兼坤艮

妣

男 富嘉 富機承繼半

文第公荣鍪公半繼三子生年月未詳卒道光十一年乙酉正月廿三日卯時葬
董坪格内坐亥向亥

妣

男 籓青承繼半

文博公荣鍪公半繼四子生同治五年丙寅九月初七日亥時卒宣統三年辛
亥二月初二日午時葬田仔頭格桐蒲垵横路上坐癸向丁

成垢公　廷智公之子。

荣蜜公　名宗欃，啟捷公之子，生嘉慶廿一年丙子八月十一日寅時，卒咸豐五年八月初二日卯時，年四十，葬英豪崙尾，坐巳向亥。

妣林罔娘　生道光五年乙酉十月十四日丑時，卒光緒三十二年二月初六日寅時，寿八十二，葬闊垵頭。

男　拱華　文沸出嗣　文第出半　文博出半

宗别公　啟翰長子，生卒年月未詳，田仔頭厝地后頭内垵塴水圳上山穴，坐丑向未。

宗塔公　啟翰公次子，生卒年月未（详），葬闊垵，坐北南。

拱華公　名允照，荣蜜公長子，生道光廿八年戊申九月十八日子時，卒宣統元年己酉十月初五日卯時，寿六十二，葬后苦坑外，坐申寅兼坤艮。

妣

男　富嘉　富機承继半

文第公　荣蜜公半继三子，生年月未詳，卒道光十一年乙酉正月廿三日卯時，葬董坪格内，坐亥向亥。

妣

男　簪青承继半

文博公　荣蜜公半继四子，生同治五年丙寅九月初七日亥时，卒宣统三年辛亥二月初二日午時，葬田仔頭格桐蒲垵横路上，坐癸向丁。

富嘉 名日肴 扶華公長子生光緒十四年戊子十月初八日戌時卒查未詳
葬洞坡頭坐艮向坤
富機 名日天 扶華公次繼子生光緒十七年辛卯八月十八日寅時
娶李糖 上洋人生光緒廿七年辛丑七月初八日酉時
男良圖 良程
鎔青 名日衿文 篤公半繼之子生光緒五年己卯十一月初八日戌時卒民國
三十年十二月廿五日卯時壽六十三葬田仔頭格格坪坐巽向乾
娶章恬 傌州人生光緒十二丙戌年四月十七日寅時
男文彩

FYXZ002　垓一公派下家譜 012　133×238mm

富嘉　名日肴，拱華公長子，生光緒十四年戊子十月初八日戌時，卒查未詳，葬闊垵頭，坐艮向坤。

富機　名日天，拱華公半繼次子，生光緒十七年辛卯八月十八日寅時。

娶李糖　上殊人，生光緒廿七年辛丑七月初八日酉時。

男　良圖　良程

簪青　名日衿，文第公半繼之子，生光緒五年己卯十一月初八日戌時，卒民國三十年十二月廿五日卯時，壽六十三，葬田仔頭格格坪，坐巽向乾。

娶章恬　儒州人，生光緒十二丙戌年四月十七日寅時。

男　文彩

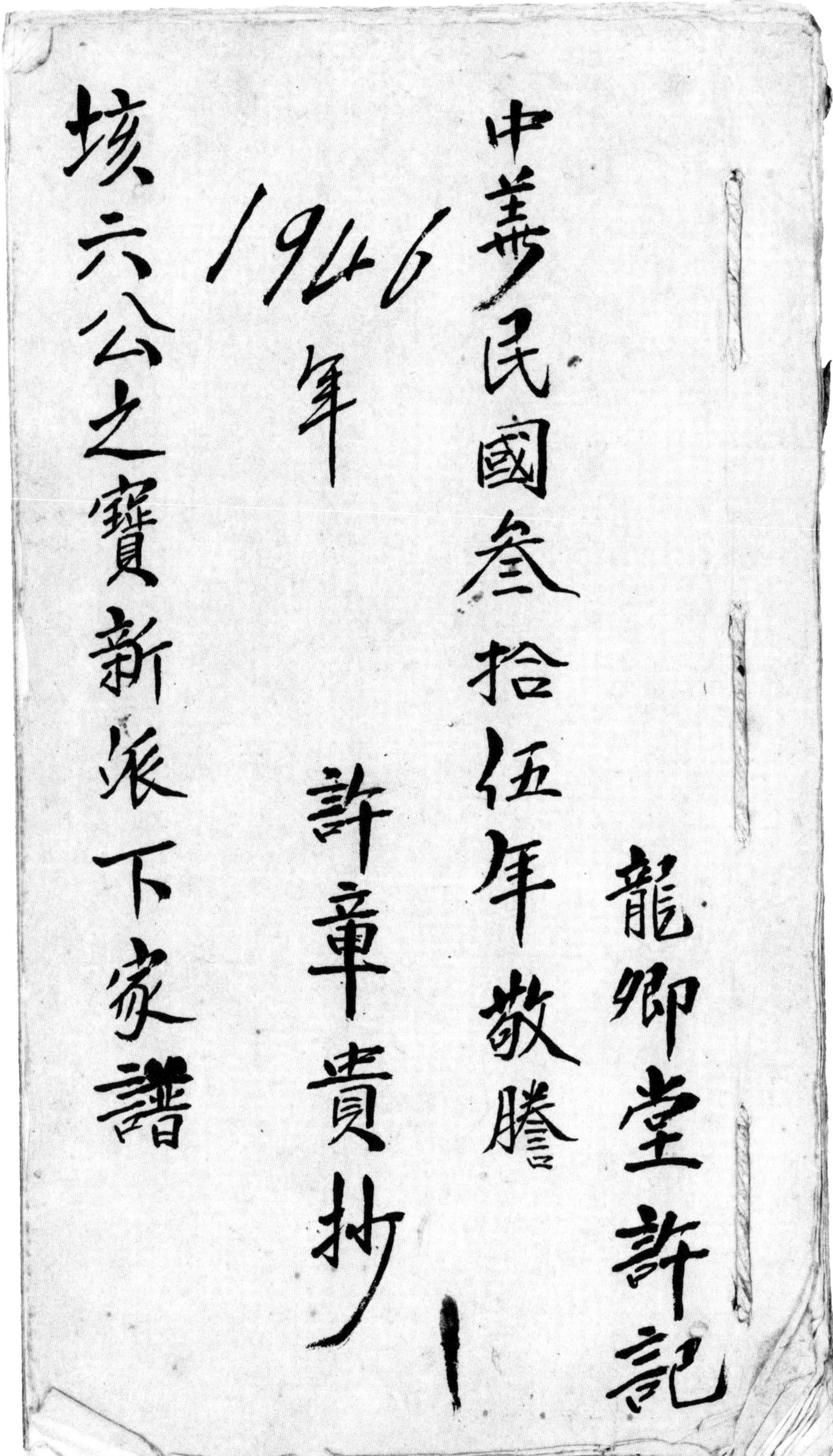
龍卿堂許記
中華民國叁拾伍年敬謄
1946年
許章貴抄
垓六公之寶新派下家譜

FYXZ003 垓六公之寶新派下家譜001 133×238mm

龍卿堂許記

中華民國叁拾伍年敬謄

1946年　許章貴抄

垓六公之寶新派下家譜

FYXZ003　垓六公之寶新派下家譜002　133×238mm

譜者子孫之明鏡也愛祖心之
源泉也亦將龍源三之良長
抄録觀閲而興孝弟之心流
芳百世焉

歷代支圖

溯自太極闢而兩儀生四象分而八卦生盈宇宙
間無非一本之蕃衍第不探所自來而昭穆
于以淆焉志歷代支派子孫之明鏡也

始祖八十一公——七十二（三子）
- 文記　開下戶祖
- 均進——明六——
- 文四　開吉嶺祖

譜者，子孫之明鏡也，愛祖心之源泉也，茲將龍源三之良長抄録觀閲，而興孝弟之心，流芳百世焉。

歷代支圖

溯自太極闢而兩儀生，四象分而八卦出，盈宇宙間，無非一本之蕃衍，第不探所自来，而昭穆于以溷焉，志歷代支派子孙之明鏡也。

始祖八十一公——七十二——三子
- 文記開下户祖
- 均進——明六——
- 文四開吉嶺祖

FYXZ003　垓六公之寶新派下家譜003　133×238mm

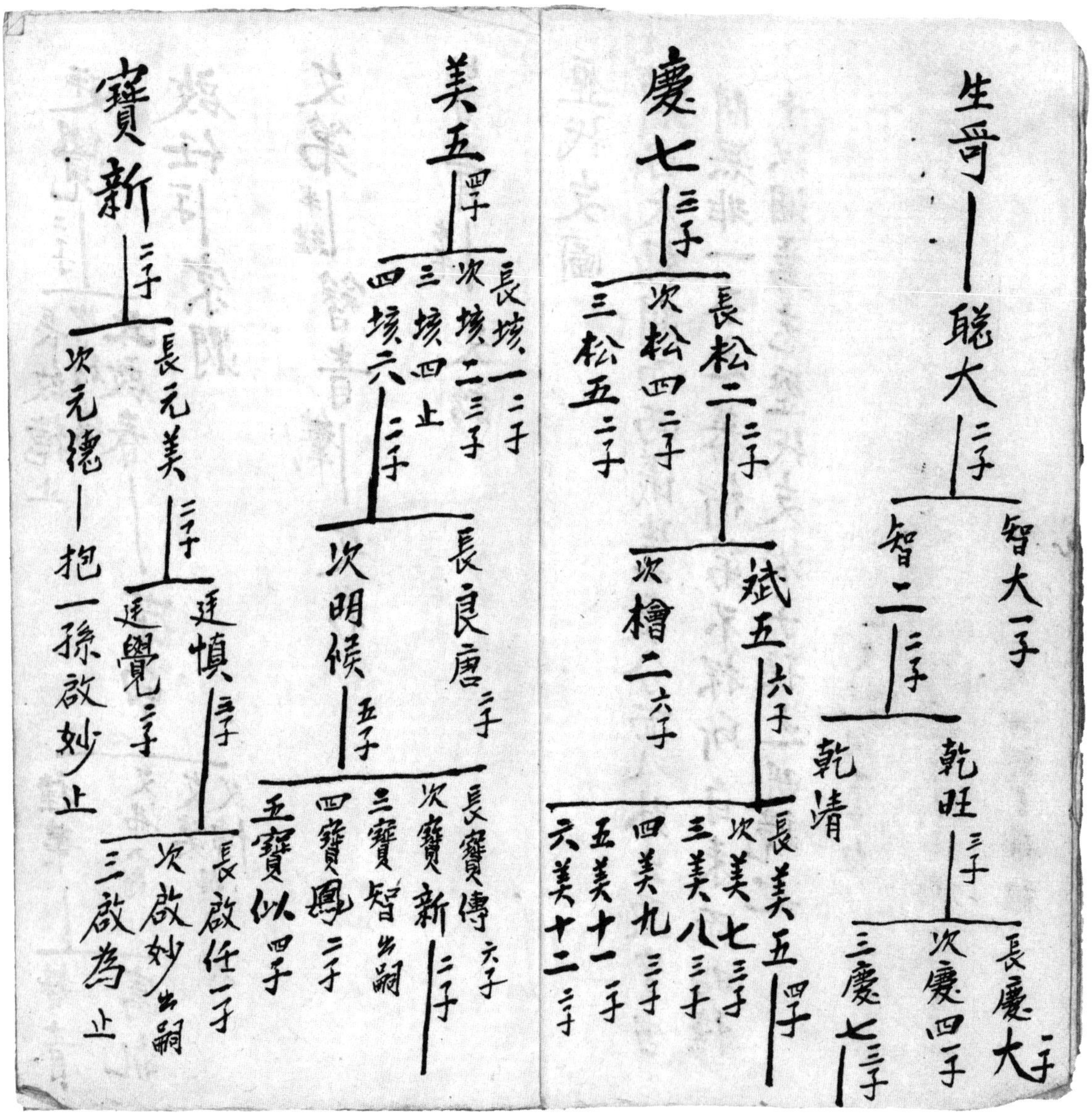

- 生哥
  - 聪大 二子
    - 智大 一子
    - 智二 二子
      - 乾旺 三子
        - 長慶大 一子
        - 次慶四 一子
        - 三慶七 三子
      - 乾清

- 慶七 三子
  - 長松二 二子
    - 斌五 六子
      - 長美五 四子
      - 次美七 三子
      - 三美八 三子
      - 四美九 三子
      - 五美十一 一子
      - 六美十二 二子
    - 次檜二 六子
  - 次松四 二子
  - 三松五 二子

- 美五 四子
  - 長垓一 二子
  - 次垓二 三子
  - 三垓四 止
  - 四垓六 二子
    - 長良唐 二子
    - 次明候 五子
      - 長寶傳 六子
      - 次寶新 二子
      - 三寶智 出嗣
      - 四寶鳳 二子
      - 五寶似 四子

- 寶新 二子
  - 長元美 二子
    - 廷慎 三子
      - 長啟任 一子
      - 次啟妙 出嗣
      - 三啟為 止
    - 廷覺 二子
  - 次元德
    - 抱一孫啟妙 止

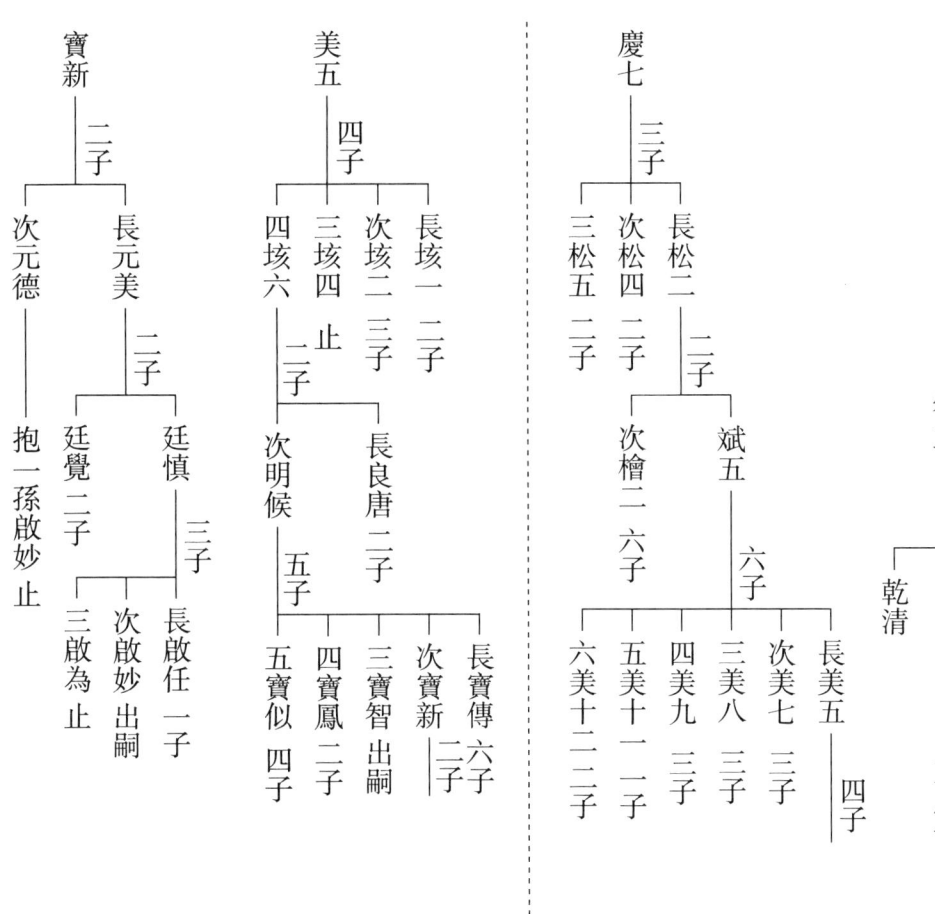

FYXZ003 垓六公之寶新派下家譜004 133×238mm

廷覺 二子
長 啟德 止
次 成篤 啟春
茱白
種業
文沸 入繼
文第
文博 俱半繼
簪青
富机

啟任
宗烱

文第 半繼
簪青
肇
文彩

簪青 出繼
文彩

富機 出繼
良圖
良程 俱双承
英緣
英椅
英墻

英緣 兼承
喬木

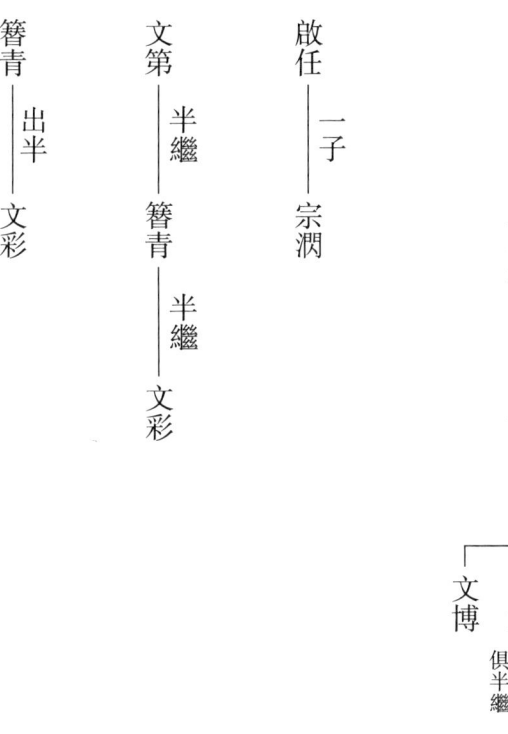

- 廷覺（二子）
  - 長啟德 止
  - 次成場
  - 三啓春
    - 荣白
      - 種華
        - 簪青
        - 富机
      - 文沸（入繼）
      - 文第
      - 文博（俱半繼）

- 啟任（一子）
  - 宗潤

- 文第（半繼）
  - 簪青（半繼）
    - 文彩

- 簪青（出半）
  - 文彩

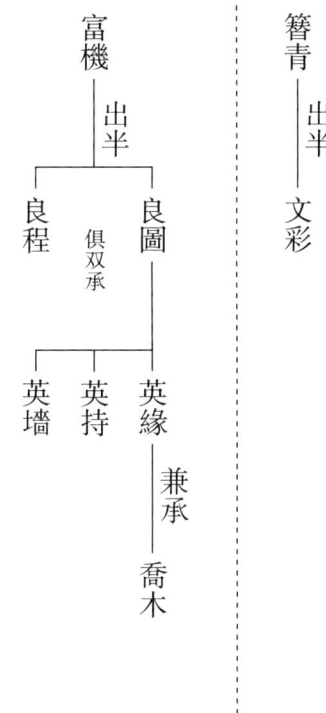

- 富機（出半）
  - 良圖
    - 英緣（兼承）
      - 喬木
    - 英持
    - 英墻
  - 良程（俱双承）

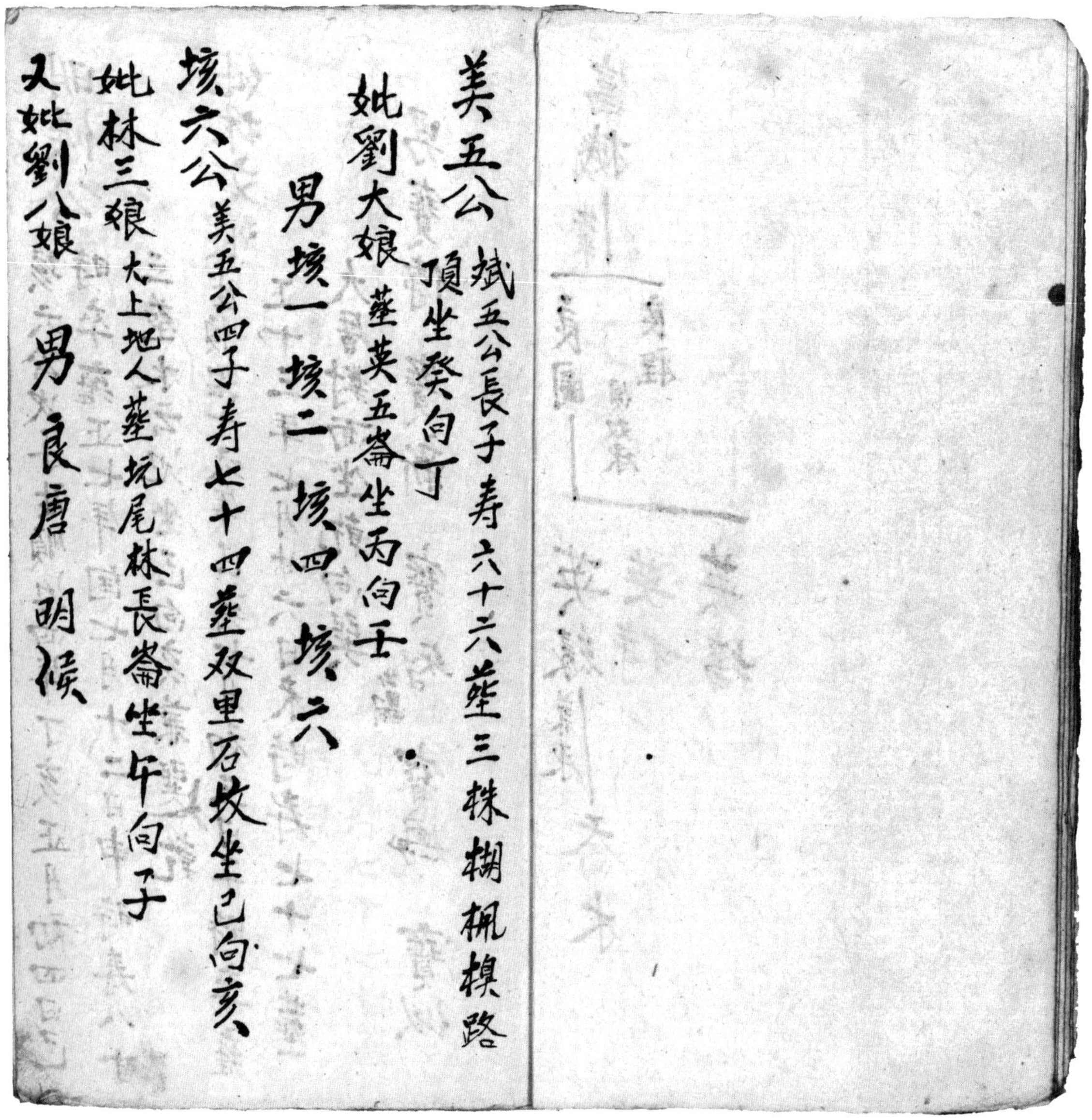

美五公 斌五公長子寿六十六葬三株糊楓楳路
頂坐癸向丁
妣劉大娘 葬莢五崙坐丙向壬
男 垓一 垓二 垓四 垓六
垓六公 美五公四子寿七十四葬双里石坟坐巳向亥
妣林三娘 大上地人葬坑尾林長崙坐午向子
又妣劉八娘 男 良唐 明候

FYXZ003 垓六公之寶新派下家譜005 133×238mm

美五公　斌五公長子，寿六十六，葬三株槲楓榠路頂，坐癸向丁。

妣劉大娘　葬英五崙，坐丙向壬。

男　垓一　垓二　垓四　垓六

垓六公　美五公四子，寿七十四，葬双里石坟，坐巳向亥。

妣林三娘　大上地人，葬坑尾林長崙，坐午向子。

又妣劉八娘　男良唐　明候

明候公
垓六公次子生順治四年丁亥正月初四日巳
時卒雍正七年閏七月十二日申時寿八十
三塟水云池坐巳向亥兼巽乾
妣林文娘生順治十六年己亥七月初三日子時卒雍
正十三年七月廿六日未時寿七十七塟
大厝對面坐乾向巽
男寶傳 寶新 寶智出嗣 寶興 寶似

寶新公名進温明候公次子卒三月廿一日塟烏石
垱橫路上坐申向寅兼甲庚
妣黄紀娘岑頭人卒七月十二日丑時寿七十七塟烏
石垱格邊新壟田頂坐午向子兼丁癸
男美元 元總

元美公名世楙宝新公長子生康熙四十三年甲申十
二月十二日戌時卒乾隆三十九年九月初三日

FYXZ003 垓六公之寶新派下家譜006 133×238mm

明候公　垓六公次子，生順治四年丁亥正月初四日巳時，卒雍正七年闰七月十二日申時，寿八十三，葬水云池，坐巳向亥，兼巽乾。

妣林文娘　生順治十六年己亥七月初三日子時，卒雍正十三年七月廿六日未時，寿七十七，葬大厝對面，坐乾向巽。

男寶傳　寶新　寶智出嗣　寶鳳　寶似

寶新公　名進温，明候公次子，卒三月廿一日，葬烏石壠横路上，坐申向寅兼甲庚。

妣黄純娘　岑頭人，卒七月十二日丑時，寿七十七，葬烏石壠格邊新墾田頂，坐午向子兼丁癸。

男　元美　元德

元美公　名世彬，宝新公長子，生康熙四十三年甲申十二月十二日戌時，卒乾隆三十九年九月初三日

FYXZ003　垓六公之寶新派下家譜 007　133×238mm

未時寿七十一葬大塘崙尾墩頭坐午向子
兼丙壬（公历一九七八年改做坐丙向壬兼巳亥）
妣陳富娘綺陽人生年未詳四月廿六日辰時卒年未
詳九月初三日辰時葬撥邊上穴坐申
向寅兼坤艮
繼妣林送娘生康熙四十年辛巳十月初六日辰時卒
乾隆三十三年十二月廿五日酉時寿
六十八葬撥邊坐庚向甲兼申寅

男廷慎　廷覺

廷慎公　元美公長子
妣
男啟任　啟妙（出嗣）　啟為

廷覺公　名振檜元美公次子生乾隆九年甲子正月
廿六日酉時卒乾隆五十九年十一月廿八
日卯時寿五十一葬東坑仔蛇形崙坐

未時，寿七十一，葬大塘崙尾垵頭，坐午向子兼丙壬。公历一九七八年改做坐丙向壬兼巳亥。

妣陳富娘

綺陽人，生年未詳，四月廿六日辰時，卒年未詳，九月初三日辰時，葬撥邊上穴，坐申向寅兼坤艮。

繼妣林送娘

生康熙四十年辛巳十月初六日辰時，卒乾隆三十三年十二月廿五日酉時，寿六十八，葬撥邊，坐庚向甲兼申寅。

男　廷慎　廷覺

廷慎公　元美公長子。

妣

男　啟任　啟妙出嗣　啟為

廷覺公

名振檜，元美公次子，生乾隆九年甲子正月廿六日酉時，卒乾隆五十九年十一月廿八日卯時，寿五十一，葬東坑仔蛇形崙，坐

FYXZ003　坑六公之寶新派下家譜 008　133×238mm

辰向戌兼乙辛
妣林濟娘 生乾隆十四年己巳六月廿六日辰時
卒乾隆五十八年九月廿八日壽四十
五葬中拱橋外路上右畔坐壬向丙帝
先人同穴在頂
男啟德、成塲、啟春、
啟任公 廷慎公長子葬中拱橋頭坐壬向丙

妣
男宗潤
啟為公 廷慎公次子
啟德公 名成坤廷覺公長子生乾隆三十二年丁亥
六月十二日辰時卒嘉慶廿三日葬松柏
坪格外坐辰向戌兼巽乾
成塲公 廷覺公次子生乾隆三十八年癸巳十二月十
五日巳時卒乾隆五十三年正月初一日亥

辰向戌兼乙辛。

妣林濟娘　生乾隆十四年己巳六月廿六日辰時，卒乾隆五十八年九月廿八日，寿四十五，葬中拱橋外路上右畔，坐壬向丙，與先人同穴在頂。

男　啟德　成場　啟春

啟任公　廷慎公長子，葬中拱橋頭，坐壬向丙。

妣

男　宗潤

啟為公　廷慎公次子。

啟德公　名成坤，廷覺公長子，生乾隆三十二年丁亥六月十二日辰時，卒嘉慶廿三日，葬松柏坪格外，坐辰向戌兼巽乾。

成場公　廷覺公次子，生乾隆三十八年癸巳十二月十五日巳時，卒乾隆五十三年正月初一日亥

FYXZ003 垓六公之寶新派下家譜 009 133×238mm

時寿六十葬松柏坪格坐艮向坤後改坐
甲向庚兼卯酉

啟春公 名成報廷覺公三子生乾隆四十年乙未八月
初二日午時卒嘉慶十九年七月廿七日辰時
年四十葬烏石堆橫路上與曾祖宝新公仝穴

妣林瑞娘 生乾隆五十八年癸丑七月初三日寅時卒
嘉慶廿五年九月廿八日酉時寿廿八葬
出水墩外崙坐甲向庚兼卯酉與先人仝穴

男榮白

宗潤公 啟任公之子葬英豪崙坐巳亥兼丙壬

榮白公 名宗鉌啟春公之子生嘉慶十七年壬申七月初七
日午時自架德星堂坐午向子兼丙壬卒同
治九年庚午五月初五日寅時年五十九葬
赤嶺格外坐癸向丁兼未丑

時，寿六十，葬松柏坪格，坐艮向坤，後改坐甲向庚兼卯酉。

啟春公

名成報，廷覺公三子，生乾隆四十年乙未八月初二日午時，卒嘉慶十九年七月廿七日辰時，年四十，葬鳥石壠横路上，與曾祖宝新公仝穴。

妣林瑞娘

生乾隆五十八年癸丑七月初三日寅时，卒嘉慶廿五年九月廿八日酉時，寿廿八，葬出水垵外崙，坐甲向庚兼卯酉，與先人仝穴。

男荣白

宗潤公

啓任公之子，葬英豪崙，坐巳亥兼丙壬。

荣白公

名宗鉥，啓春公之子，生嘉慶十七年壬申七月初七日午時，自架德星堂，坐午向子兼丙壬，卒同治九年庚午五月初五日寅時，年五十九，葬赤嶺格外，坐癸向丁兼丑未。

FYXZ003　垓六公之實新派下家譜 010　133×238mm

妣周串娘 生道光二年壬午十一月十五日辰時卒光緒廿九年癸卯正月十四日卯時寿八十二葬出水塅坐甲向庚

男種華　文沸　文第　文博

種華公 名文逗 崇白公長子生道光廿四年甲辰十一月廿一日未時卒光緒五年己卯九月初一日時年三十六葬荔支岐崙仔坐癸向丁兼丑未

妣陳哖娘 生咸豐四年甲寅十月初八日巳時卒民國廿三年甲戌十月十九日戌時寿八十一葬大路息睡坪坐甲向庚兼寅申公历一九五二年十二月迁田仔頭格桐湳塅頭坐子向午兼癸丁

男簪青 出嗣半　富機 出嗣半

妣周串娘　生道光二年壬午十一月十五日辰時，卒光緒廿九年癸卯正月十四日卯時，寿八十二，葬出水垵，坐甲向庚。

男　種華　文沸　文第　文博

種華公　名文洹，荣白公長子，生道光廿四年甲辰十一月廿一日未時，卒光緒五年己卯九月初一日，時年三十六，葬荔支岐崙仔，坐癸向丁兼丑未。

妣陈哖娘　生咸豐四年甲寅十月初八日巳時，卒民國廿三年甲戌十月十九日戌時，寿八十一，葬大路息睡坪，坐甲向庚兼寅申。

公历一九五二年十二月迁田仔頭格桐蒲垵頭，坐子向午兼癸丁。

男　簪青出嗣半　富機出嗣半

FYXZ003 垓六公之寶新派下家譜 011 133×238mm

文沸公 棠白公次子

文第公 棠白公半繼三子 生年月未詳 卒道光十一年
乙酉正月廿三日卯時葬董坪格內坐亥
向巳

文博公 棠白公四子半繼 生同治五年丙寅九月初七日
亥時葬田仔頭格湖蒲坡橫路上坐癸向丁

簪青 名日衿種華公長子出嗣半 生光緒五年己
卯十一月初八日戌時 卒民國三十年十二
月廿五日卯時 寿六十三 葬田仔頭格格坪
坐巽向乾

娶章恬娘 儒洲人 生光緒十二丙戌年四月十七日寅
時

文沸公　荣白公次子。

文第公　荣白公半继三子，生年月未詳，卒道光十一年乙酉正月廿三日卯時，葬董坪格内，坐亥向巳。

文博公　荣白公半继四子，生同治五年丙寅九月初七日亥时，葬田仔頭格桐蒲垵横路上，坐癸向丁。

簪青　名日衿，種華公長子，出嗣半，生光緒五年己卯十一月初八日戌時，卒民國三十年十二月廿五日卯時，寿六十三，葬田仔頭格格坪，坐巽向乾。

娶章恬娘　儒洲人，生光緒十二丙戌年四月十七日寅時。

男煥貴 双承

富機 名曰天種，華公次子出嗣半，生光緒十七年辛卯八月十八日寅時，卒公历一九五八年五月初五日巳時，寿六十八歲，葬草坂格垃圖山仔坐壬向丙兼子午水出丙

娶李糖娘上儒人，生光緒廿八辛丑年七月初九申有（三月廿一申時）時

男華貴 双承 良程

煥貴 名文彩，号青長子出半，生民國六年丁巳正月初二日申時

娶

男

華貴 名良圖，富機長子出半，生民國十年辛再七月初四日戌時

FYXZ003 垓六公之寶新派下家譜012 133×238mm

男　焕貴双承

富機　名日天，種華公次子，出嗣半，生光緒十七年辛

卯八月十八日寅時，卒公历一九五八年五

寿六十　月初五日巳时，葬草坂格坵圓山仔，坐

八歲　壬向丙兼子午，水出丙。

娶李糖娘　上儒人，生光緒廿八辛丑年七月初八甲酉

時。　三月廿一申時。

男　章貴双承　良程

焕貴　名文彩，簪青長子，出半，生民國六年丁巳

正月初二日申時。

娶

男

章貴　名良圖，富機長子出半，生民國十年辛酉

七月初四日戌時。

FYXZ003　垓六公之寶新派下家譜013　133×238mm

娶林繡花　生民國十三年甲子六月初九日未時
卒民國三十七年十一月初十日子時
壽廿五歲　葬双樓塊坐巽向乾
又娶林顏　生民國十二年癸亥十月初十日
男　英緣半繼　英持　英墻

良程　富機次子　生民國十二年癸亥十二月初十日寅
時　卒民國廿六年二月初三日未時　年十五
葬茄支岐兔仔望月路横下坐坤向艮
英緣　章貴長子半繼　生民國三十年辛巳十月十
八日申時
娶林崴　生民國三十三年十月初一日　時

娶林繡花　生民國十三年甲子六月初九日未時，卒民國三十七年十一月初十日子時。壽廿五歲，塟双棲壠，坐巽向墘。

又娶林顔　生民国十二年癸亥十月初十日。

男　英缘半继　英持　英墻

良程　富機次子，生民國十二年癸亥十二月初十日寅時，卒民國廿六年二月初三日未時，年十五，塟荔支岐兔仔望月横路下，坐坤向艮。

英缘　章貴長子半繼，生民國三十年辛巳十月十八日申時。

娶林歲　生民国三十三年十月初一日　時。

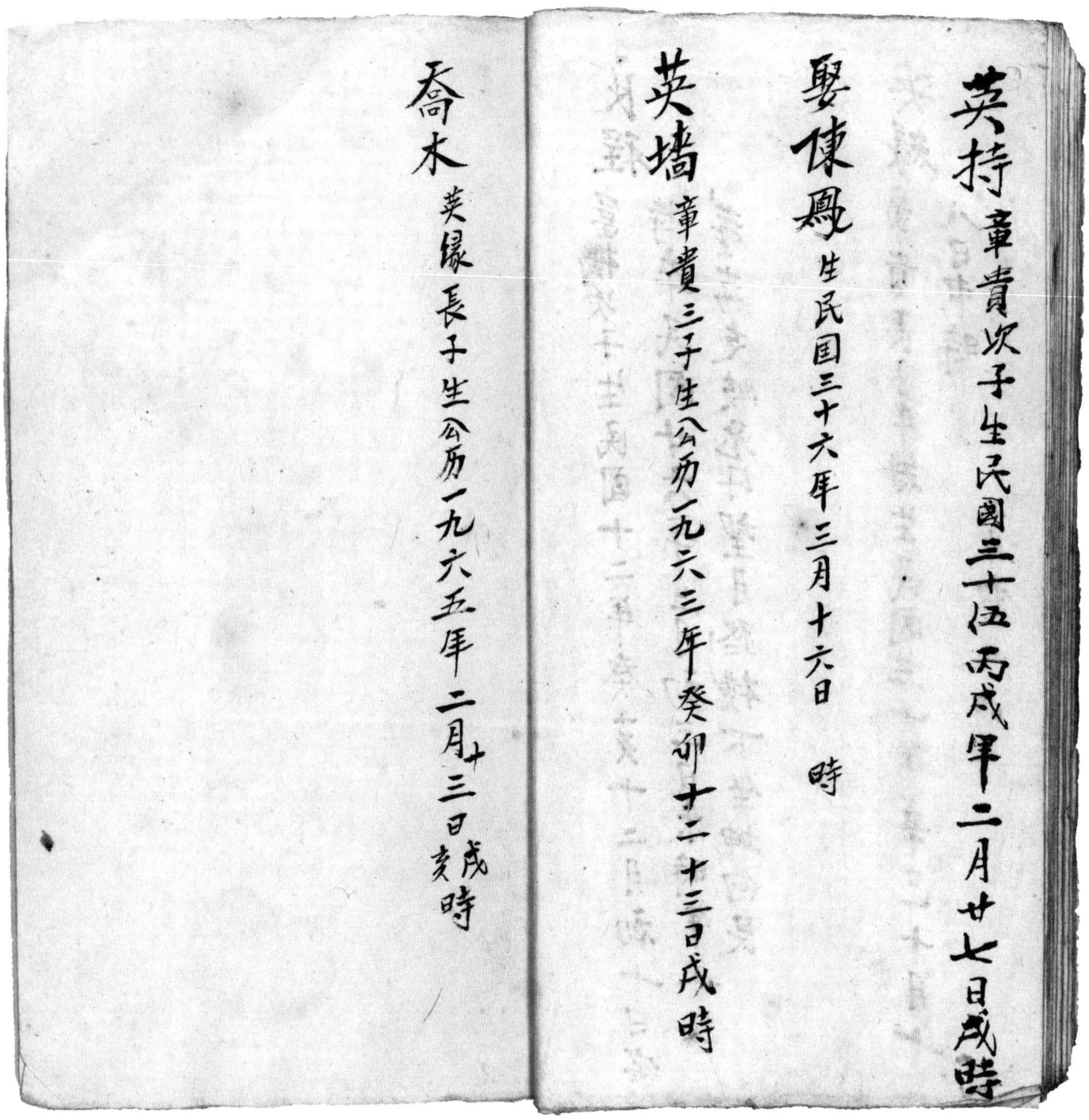
英持 章貴次子生民國三十五丙戌年二月廿七日戌時
娶陳鳳 生民国三十六年三月十六日 時
英墻 章貴三子生公历一九六三年癸卯十二月十三日戌時
喬木 英緣長子生公历一九六五年二月十三日戌亥時

FYXZ003 垓六公之寶新派下家譜014 133×238mm

英持　章貴次子，生民國三十伍丙戌年二月廿七日戌時。

娶陳鳳　生民国三十六年三月十六日　時。

英墻　章貴三子，生公历一九六三年癸卯十二十三日戌時。

喬木　英緣長子，生公历一九六五年二月十三日戌亥時。

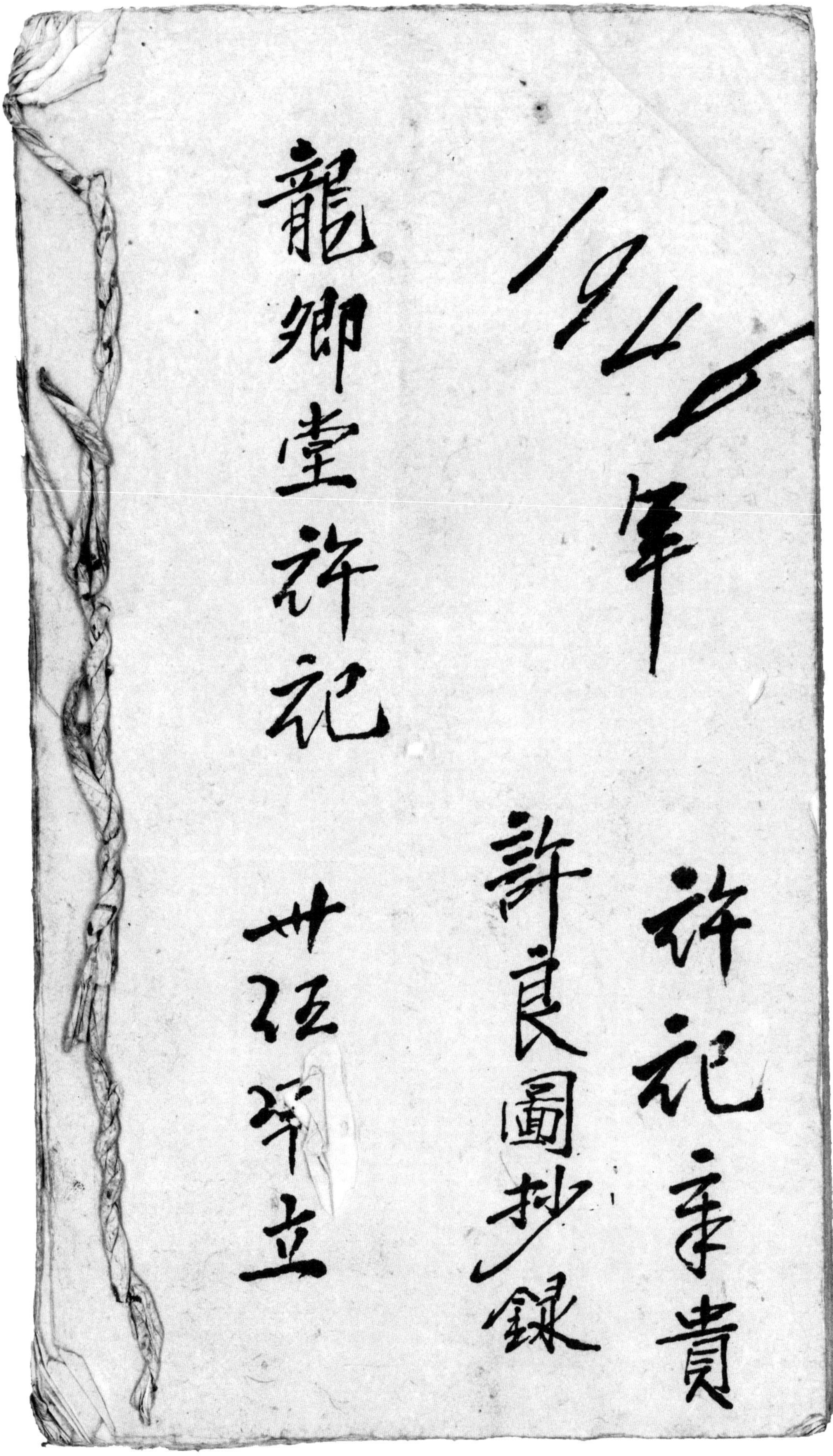

1946年

許記手貴

許良圖抄錄

龍鄉堂許記

廿伍年立

FYXZ003 垓六公之寶新派下家譜015 133×238mm

1946年　许记章贵

許良圖抄録

龍卿堂许记　卅伍年立

二、契約文書（上）

FYXS001　萬曆十八年（1590）林淵五送賣山場紅契　327×267mm

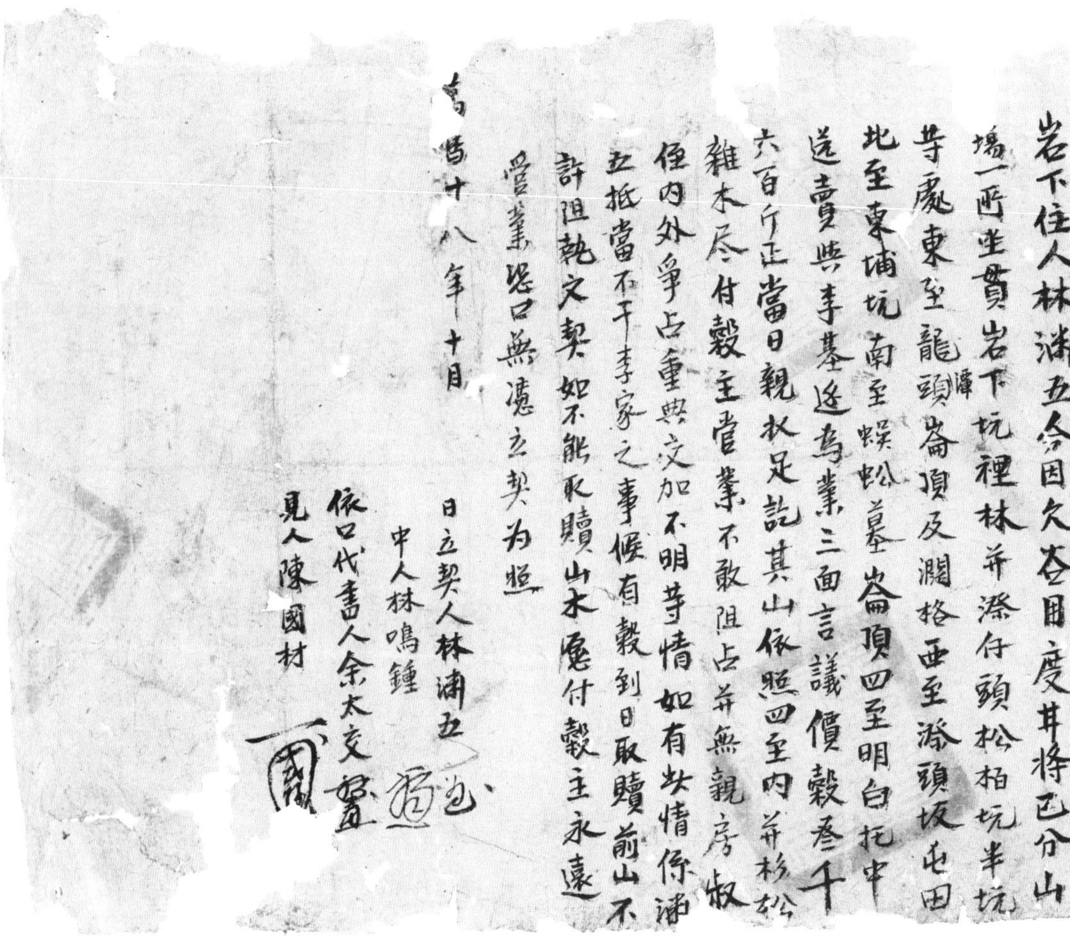
岩下住人林淵五今因欠谷日度，其將己分山
場一所坐貫岩下坑裡林并漈仔頭松柏坑半坑
等處東至龍頭崙頂及澗格西至漈頭坂田
北至東埔坑南至蜈蚣墓崙頂四至明白托中
送賣與李基送為業三面言議價穀叁千
六百斤正當日親收足訖其山依照四至內并杉松
雜木盡付穀主管業不敢阻占并無親房叔
侄內外爭占重與交加不明等情如有此情係淵
五抵當不干李家之事候有穀到日取贖前山不
許阻執文契如不能取贖山木應付穀主永遠
管業恐口無憑立契為照
萬曆十八年十月
日立契人林淵五（押）
中人林鳴鐘（押）
依口代書人余太交（押）
見人陳國材（押）

岩下住人林渊五，今因欠谷用度，甘將己分山塲一所，坐貫岩下坑裡林并漈仔頭、松柏坑、半坑等處，東至龍潭頭崙頂及濶格，西至漈頭坂屯田，北至東埔坑，南至蜈蚣墓崙頂，四至明白，托中送賣與李基邊為業。三面言議價穀叁千六百斤正，當日親收足訖。其山依照四至内并杉松、雜木尽付穀主管業，不敢阻占。并無親房叔侄内外争占、重典交加不明等情，如有此情，係渊五抵當，不干李家之事。候有穀到日取贖前山，不許阻執文契。如不能取贖山木，願付穀主永遠管業。恐口無憑，立契为照。

萬曆十八年十月　　日立契人林渊五（押）

中人　林鳴鍾（押）

依口代書人　余太交（押）

見人　陳國材（押）

FYXS002　萬曆二十五年（1597）林春二賣送山場白契　294×198mm

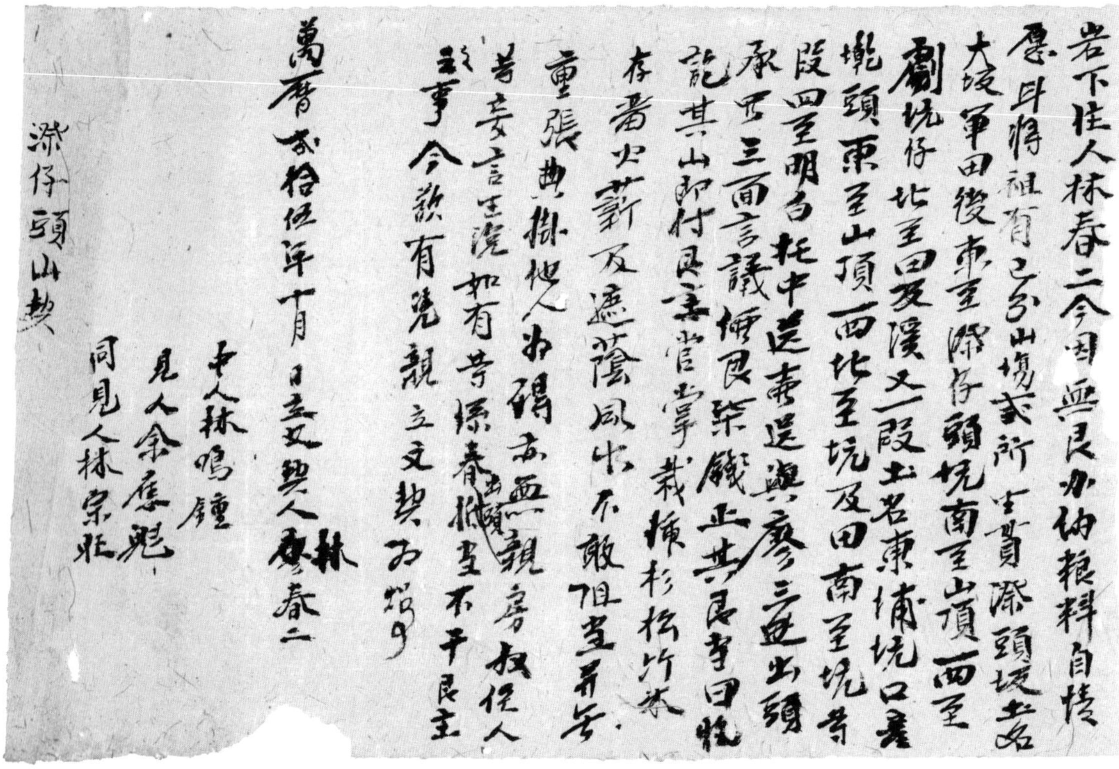

岩下住人林春二今因無銀办纳粮料自情
愿將祖有己分山場弍所坐貫漈頭坂土名
大坂單田後東至漈仔頭坑南至山頂西至
劉坑仔北至田及溪又一段土名東埔坑口崖
墘頭東至山頂西北至坑及田南至坑其
段四至明白托中送賣與廖三爺出頭
承買三面言議價銀柒錢正其銀当日收
訖其山即付銀主管掌栽插杉松竹木
存蓄火薪及遮蔭風水不敢阻当并无
重張典掛他人亦碍或無親房叔侄人
等妄言生流如有等係春二出頭抵当不干銀主
之事今欲有凭親立文契為照

萬曆貳拾伍年十月　日立文契人林春二

中人林鳴鐘

見人余應魁

同見人林宗莊

漈仔頭山契

岩下住人林春二，今因無銀办納粮料，自情愿甘將祖有己分山場弍所，坐貫潻頭坂土名大坂軍田後，東至潻仔頭坑，南至山頂，西至劇坑仔，北至田及溪；又一段，土名東埔坑口産壠頭，東至山頂，西北至坑及田，南至坑等段，四至明白，托中送賣送與廖三邊出頭承買。三面言議價艮柒錢正，其艮當日收訖。其山即付艮主管掌，栽插杉松竹木、存留火薪及遮蔭風水，不敢阻当。并無重張典掛他人为碍，亦無親房叔侄人等妄言生说，如有等，係春出頭抵当，不干銀主之事。今欲有憑，親立文契为炤。

萬曆弍拾伍年十月　日立文契人　林春二

中人 林鳴鍾

見人 余應魁

同見人 林宗旺

潻仔頭山契

FYXS003　萬曆二十五年（1597）林春二送賣山場紅契[1]　480×431mm

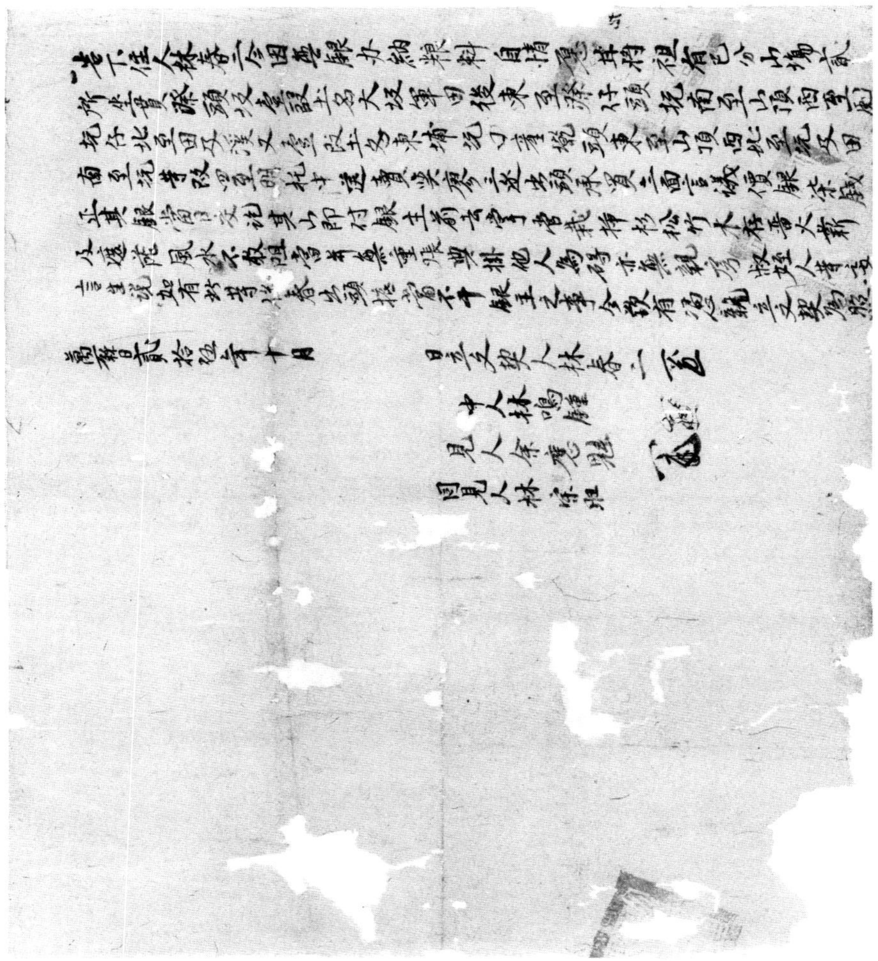
立賣人林春二今因無銀办納粮料自情愿将祖有己分山場貳
所坐貫際頭坆壹設土名大坵窠田後東至際仔頭坑南至山頂西至尾
坑仔北至田及溪又壹段土名東埔坑口羣壠頭東至山頂西北至坑及田
南至坑其段四至明札中送賣與吳廖三出頭承買三面言議價銀柒錢
正其銀當日交訖其山即付銀主前去掌管栽插杉松竹木務畜火薪
及遮蔭風水不敢阻當其其重張典掛他人為碍亦無親房叔姪人等妄
言生說如有此等係春出頭抵當不干銀主之事今欲有憑親立文契為照
萬曆貳拾伍年十月　日立文契人林春二
中人林鳴鑵
見人余應魁
同見人林宗琎

[1] 右側蓋有正方形紅色騎縫官印。

岩下住人林春二，今因無銀办納粮料，自情愿甘将祖有己分山塲貳所，坐貫潀頭坂壹叚，土名大坂軍田後，東至潀仔頭坑，南至山頂，西至劇坑仔，北至田及溪；又壹叚，土名東埔坑口産坵頭，東至山頂，西北至坑及田，南至坑等叚，四至明，托中送賣與廖三邊出頭承買。三面言議價銀柒錢正，其銀當日交讫。其山即付銀主前去掌管，栽插杉松竹木、存留火薪及遮蔭風水，不敢阻當。并無重張典掛他人爲碍，亦無親房叔姪人等妄言生说，如有此等，係春出頭抵當，不干銀主之事。今欲有憑，親立文契為照。

萬曆貳拾伍年十月　日立文契人林春二（押）

中人林鳴鍾（押）

見人余應魁（押）

同見人林宗旺

FYXS004　崇禎二年（1629）廖偉卿繳賣山場契①　303×268mm

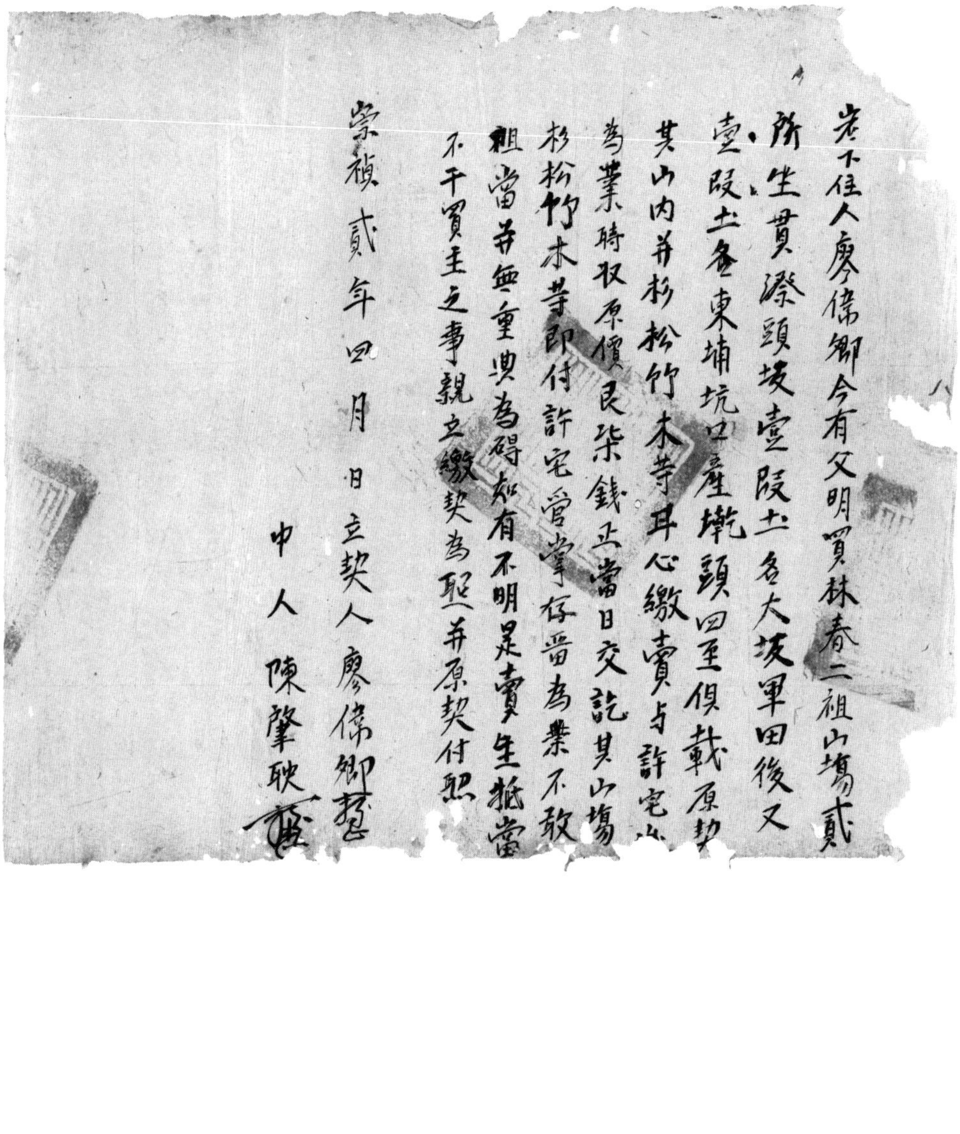

岩下住人廖偉卿今有父明買林春二祖山場貳
所坐貫潑頭坡壹段土名大坂單田後又
壹段土名東埔坑口塵墘頭四至俱載原契
其山内并杉松竹木等具心繳賣與許宅出
為業時收原價艮柒錢正當日交訖其山場
杉松竹木等即付許宅管掌存留為業不敢
祖當并無重典為碍如有不明是賣主抵當
不干買主之事親立繳契為驗（并原契付照）
崇禎貳年四月　日立契人廖偉卿（押）
中人陳肇耿（押）

①蓋有紅色正方形官印一枚半。

岩下住人廖偉卿，今有父明買林春二祖山塲貳所，坐貫漈頭坂壹叚，土名大坂軍田後；又壹叚，土名東埔坑口産墘頭，四至俱載原契，其山内并杉松竹木等，甘心繳賣与許宅邊為業，時收原價艮柒錢正，當日交訖。其山塲杉松竹木等即付許宅管掌存留為業，不敢阻當，并無重典為碍，如有不明，是賣主抵當，不干買主之事。親立繳契為照，并原契付照。

崇禎貳年四月　日　立契人　廖偉卿（押）

中人　陳肇映（押）

FYSX005　康熙二十三年（1684）許光祖丁許位迪等合約　525×225mm

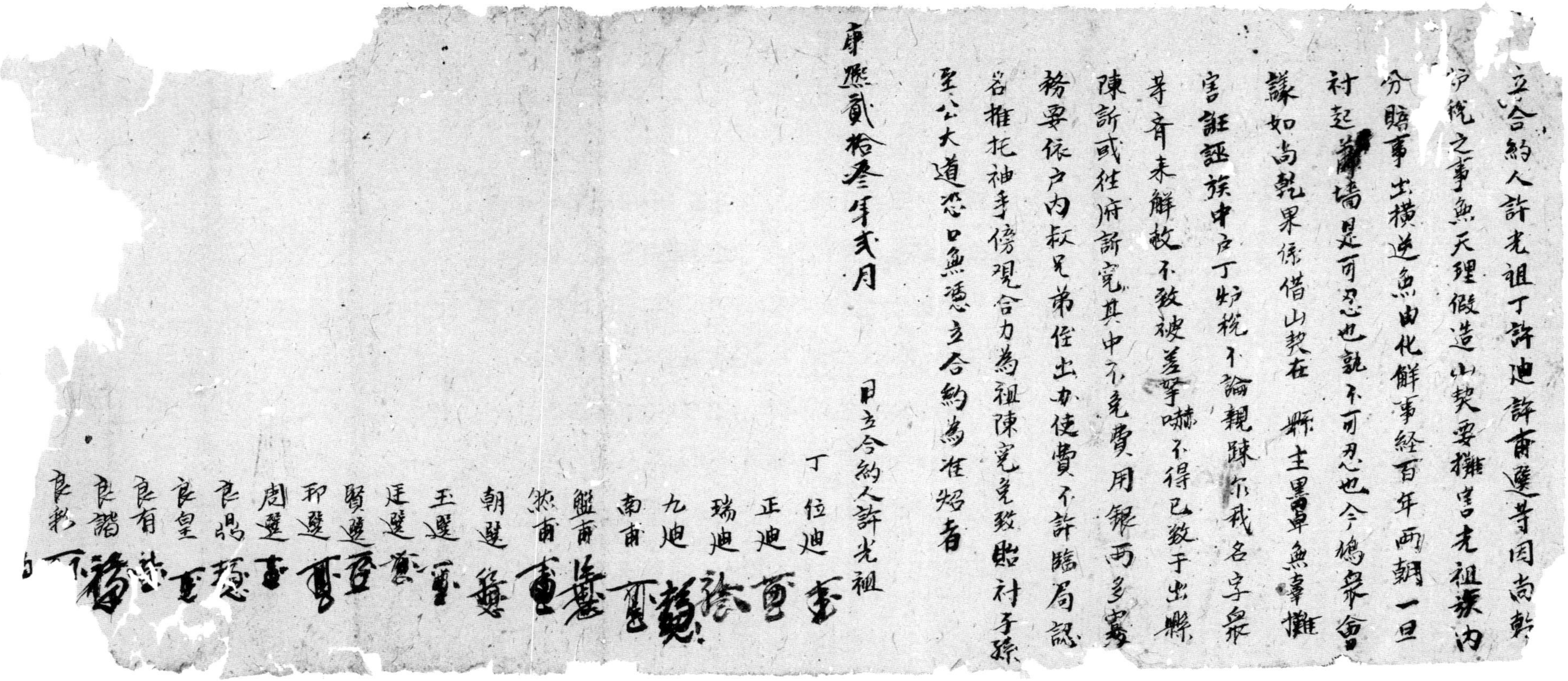

立合約人許光祖丁許迪許甫選等因尚乾
伊梲之事無天理假造山契要攤害光祖族内
分賠事出横逆無由化解事經百年兩朝一旦
村起蕭墻是可忍也孰不可忍也今鳩衆會
議如尚乾果係借山契在　[illegible]主墓無辜攤
害誣誣族中户丁炉梲不論親疎爾我名字衆
等齊來解救不致被差擎嚇不得已致于出縣
陳訴或往府訴究其中不免費用銀兩多寡
務要依户内叔兄弟侄出力使費不許臨局認
名推托袖手傍觀合力為祖陳究免致貽村子孫
至公大道恐口無憑立合約為准照者

康熙貳拾叁年弍月　日立合約人許光祖
丁　位迪
正迪
瑞迪
九迪
南甫
盤甫
煞甫
朝選
玉選
廷選
賢選
印選
周選
良昂
良皇
良有
良諸
良教

立合約人許光祖丁許迪、許甫、選等，因尚乾
炉税之事，無天理，假造山契，要攤害光祖族内
分賠，事出横逆，無由化解。事經百年兩朝，一旦
禍起蕭墻，是可忍也，孰不可忍也。今鳩衆會
議，如尚乾果係借山契，在　縣主黑罩，無辜攤
害，誑誣族中户丁炉税，不論親踈尔我名字，衆
等齊来解救，不致被差拏嚇。不得已致于出縣
陳訴，或往府訴冤，其中不免費用，銀両多寡，
務要依户内叔兄弟侄出办使費，不許臨局認
名推托、袖手傍观。合力為祖陳冤，免致貽禍子孫，
至公大道。恐口無憑，立合約為准炤者。

康熙貳拾叁年弍月　　日立合約人　許光祖

丁　位迪（押）

正迪（押）

瑞迪（押）

九迪（押）

南甫（押）

盤甫（押）

然甫（押）

朝選（押）

玉選（押）

廷選（押）

賢選（押）

邦選（押）

周選（押）

良鼎（押）

良皇（押）

良有（押）

良諧（押）

良彩（押）

…………（後殘）

FYXS006 康熙三十九年（1700）許光祖等合約 547×238mm

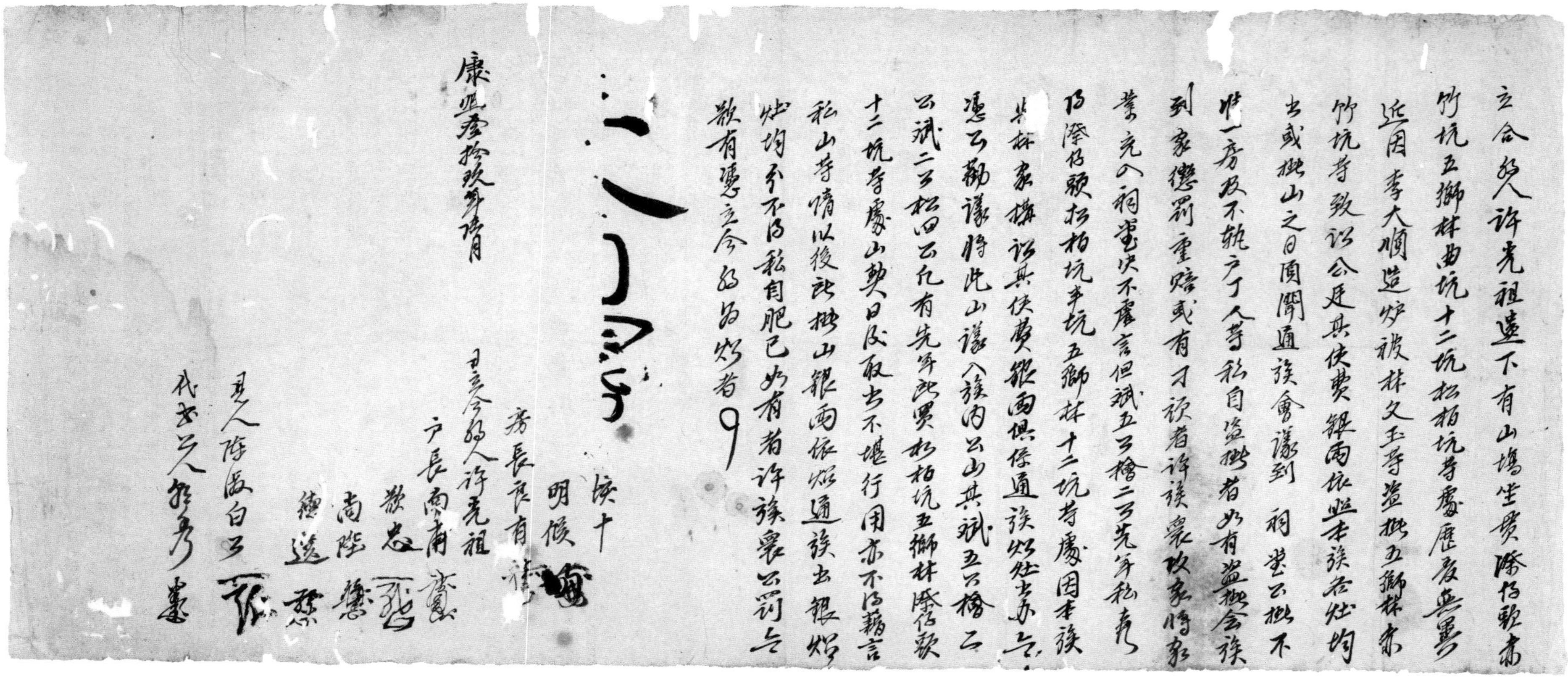
立合約人許光祖遠下有山場坐貫除[illegible]赤
竹坑五鄉林田坑十二坑松柏坑等處歷[illegible]無異
近因李大順造炉被林文玉等盜砍五鄉林木
竹坑等致訟公廷其使費銀兩依照本族名灶均
出或砍山之日須鬧通族會議到 祠 當公砍不
許一房及不執戶丁人等私自盜砍者如有盜砍合族
到家懲罰重賠或有不法者許族衆以家法
[illegible]入祠[illegible]決不虛言但議五鄉二鄉先年私賣
[illegible]頭松柏坑等坑五鄉林十二坑等處因本族
共林[illegible]訟其使費銀兩俱係通族灶出亦[illegible]
憑公勸議將此山議入族內公山共議五鄉二
公議二鄉松田公[illegible]有先年所買松柏坑五鄉林除作[illegible]
十二坑等處山契日後取出不堪行用亦不得藉言
私山等情以後所砍山銀兩依照通族出銀灶
灶均分不得私自肥己如有者許族衆公罰今
欲有憑立合約為照者
合同
康熙叁拾玖年 月 日 立合約人許光祖
房長 良有
戶長 尚甫
明 候十
歆忠
尚陞
德遠
見人 陳啟白
代書人 郭秀

立合約人许光祖遺下有山場，坐貫潦仔頭、赤
竹坑、五獅林、曲坑、十二坑、松柏坑等處，歷管無異。
近因李大順造炉，被林文玉等盜批五獅林、赤
竹坑等，致訟公廷。其使費銀両依照本族各灶均
出，或批山之日須聞通族會議，到　祠堂公批，不
准一房及不轨户丁人等私自盜批者。如有盜批，会族
到家，懲罰重賠，或有刁顽者，许族衆攻家，將家
業充入祠堂，决不虚言。但斌五公、檜二公先年私賣
得潦仔頭、松柏坑、半坑、五獅林、十二坑等處，因本族
與林家搆訟，其使費銀両俱係通族炤灶出办，乞
憑公勸議，將此山議入族內公山。其斌五公、檜二
公、斌二公、松四公凡有先年所買松柏坑、五獅林、潦仔頭、
十二坑等處山契，日後取出，不堪行用，亦不得藉言
私山等情。以後所批山銀両，依炤通族出銀，炤
灶均分，不得私自肥己。如有者，许族衆公罰。今
欲有憑，立合約为炤者。

立合約四帋[1]　　垓十
　　　　明候（押）
　　　　房長良有（押）
康熙叁拾玖年陆月　　日立合約人许光祖
　　　　户長南甫（押）
　　　　欲忠（押）
　　　　尚陞（押）
　　　　德選（押）
　　　　見人　陳淑白公（押）
　　　　代书公人　朝秀（押）

①此四字为骑缝字，存右边四分之一。

FYXS007　雍正十二年（1734）郭榮寬繳契[1]　533×240mm

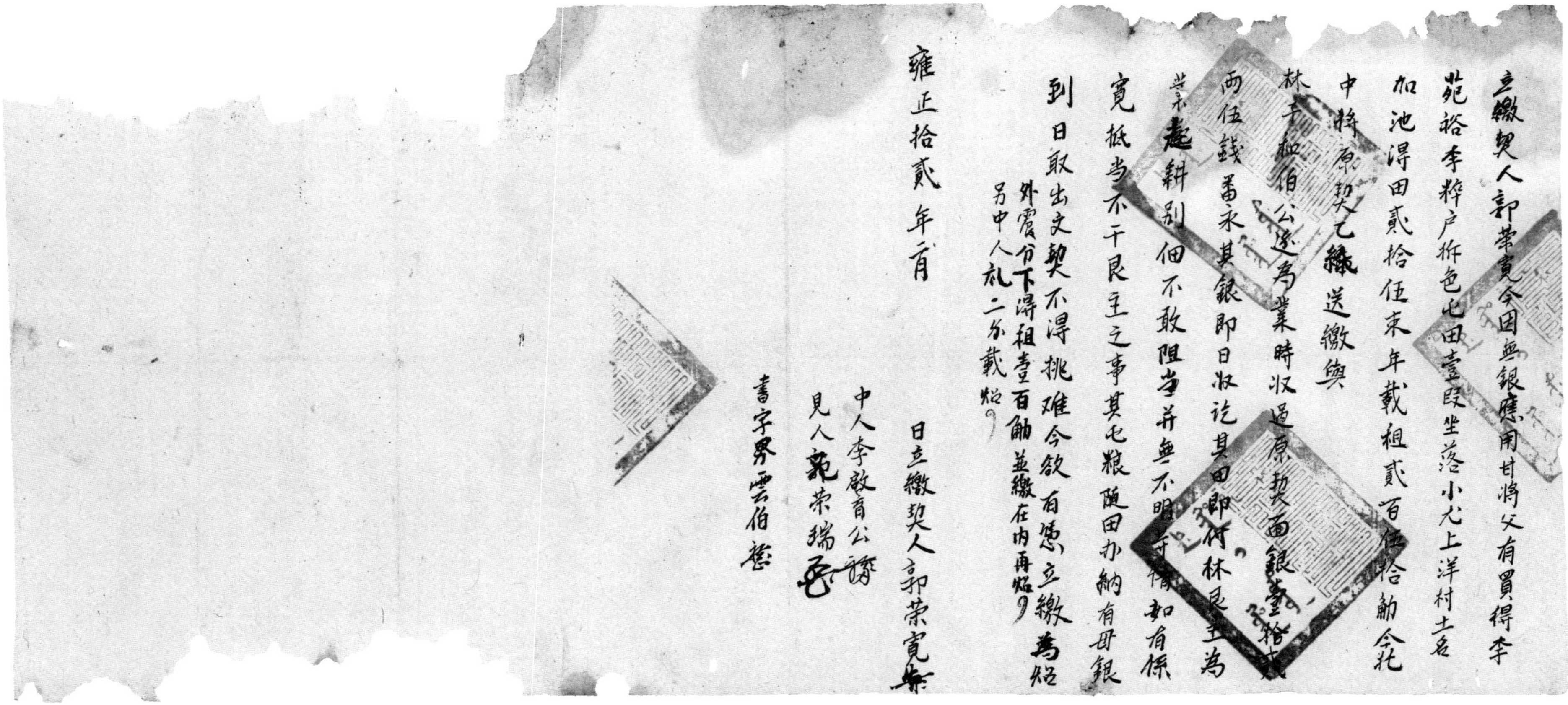
立繳契人郭荣寬，今因無銀應用，甘將父有買得李
苑裕、李粹户析色乇田壹段，坐落小尤上洋村，土名
加池，得田貳拾伍束，年載租貳百伍拾觔，仝花
中將原契乙紙送繳與
林平加伯公邊為業，時收過原契面銀壹拾
兩伍錢，当永其銀，即日收訖，其田即付林邊主為
業起耕，別佃不敢阻当，并無不明等情，如有係
寬抵当不干艮主之事，其乇粮隨田办納，有毋銀
到日取出文契，不得挑难。今欲有憑，立繳為炤。
外實乃下得租壹百觔，並繳在内再炤。
另中人礼二分載炤。
雍正拾貳年十月　日立繳契人郭荣寬
中人李啟育公
見人苑荣瑞
書字界雲伯

①在價錢處蓋正方形紅色官印四枚。FYXS007、FYXS008、FYXS009、FYXS010四件文書疊在一起保存。

立繳契人郭荣寬，今因無銀應用，甘將父有買得李
苑裕、李粹户折色屯田壹段，坐落小尤上洋村，土名
加池，得田貳拾伍束，年載租貳百伍拾觔。今托
中將原契乙紙送繳與
林子和伯公邊為業，時收過原契面銀壹拾貳
両伍錢耆永其銀，即日收讫。其田即付林艮主為
業，起耕別佃，不敢阻当。并無不明等情，如有係
寬抵当，不干艮主之事。其屯粮隨田办納。有母銀
到日取出文契，不得挑难。今欲有憑，立繳為炤。
外震分下得租壹百觔并繳在内，再炤。
另中人礼二錢，載炤。

雍正拾貳年二月　日立繳契人郭荣寬（押）

中人　李啟育公（押）

見人　郭荣端（押）

書字　男雲伯（押）

FYXS008　乾隆十九年（1754）郭榮寛添契①　572×248mm

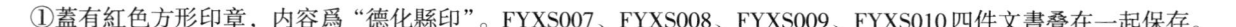

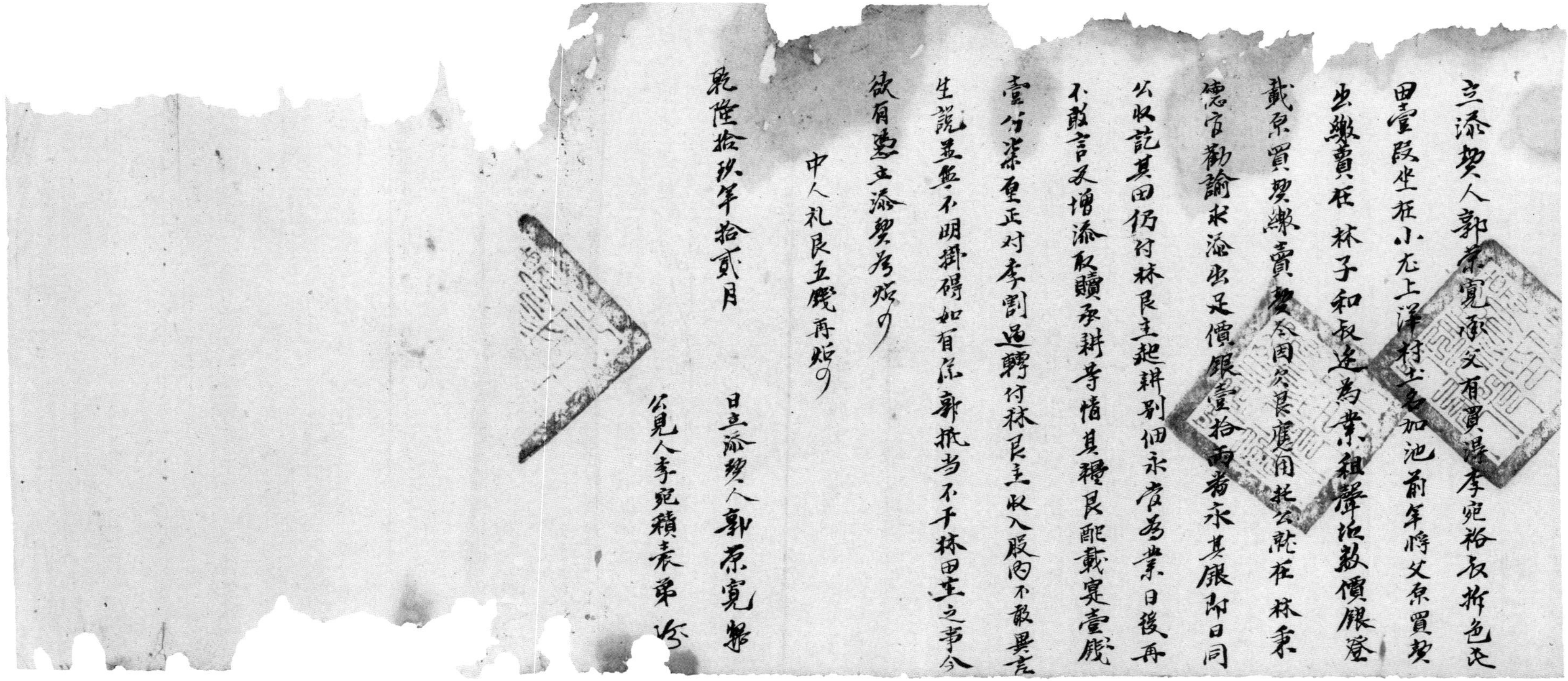

①蓋有紅色方形印章，内容爲“德化縣印”。FYXS007、FYXS008、FYXS009、FYXS010四件文書叠在一起保存。

立添契人郭荣寬，承父有買得李宛裕叔折色屯
田壹叚，坐在小尤上洋村，土名加池，前年將父原買契
出繳賣在　林子和叔邊為業，租聲、坵數、價銀登
載原買契、繳賣契。今因欠艮應用，托公就在林秉
德官勸諭，求添出足價銀壹拾兩畨永其銀，即日同
公收訖。其田仍付林艮主起耕別佃，永管為業。日後再
不敢言及增添、取贖、承耕等情。其糧艮配載寔壹錢
壹分柒厘正，付李割過轉付林艮主收入股内，不敢異言
生説。並無不明掛碍，如有係郭抵当，不干林田主之事。今
欲有憑，立添契為炤。①

中人礼艮五錢再炤。

乾隆拾玖年拾貳月　日立添契人郭荣寬（押）

公見人李宛積表弟（押）

①此處有挽結，類似於『9』。

FYXS009　乾隆二十年（1755）郭榮寬繳產鬮契①　540×235mm

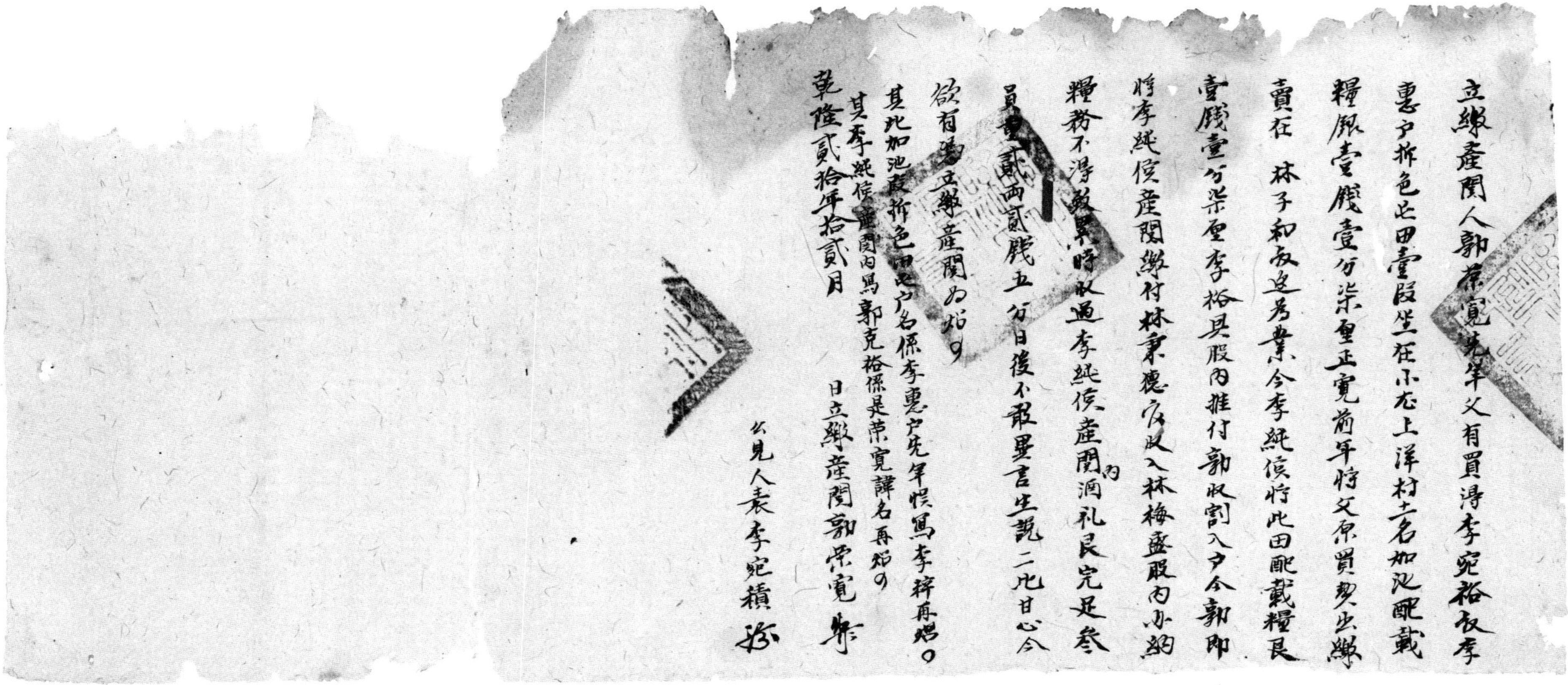
立繳產鬮人郭榮寬先年父有買得李宛裕衣李
惠户祈色民田壹段坐在小右上洋村土名加地配載
糧限壹錢壹分柒厘正寬前年將父原買契出繳
賣在　林子和為業今李紙侯將此田配載糧艮
壹錢壹分柒厘李裕具股內推付郭收割入户今郭即
將李紙侯產鬮繳付林秉穗收入林梅盛股內承納
糧務不得致累時收過李紙侯產鬮內酒礼艮完足叁
員重貳兩貳錢五分日後不敢異言生說二比甘心今
欲有憑立繳產鬮為炤
其此加地段祈色户名係李惠户先年悞寫李梓再炤○
其李紙侯產鬮內寫郭克裕係是榮寬諱名再炤○
乾隆貳拾年拾貳月　日立繳產鬮郭榮寬（押）
公見人袁李宛積（押）

①蓋有紅色正方形印章，内容爲“德化縣印”。FYXS007、FYXS008、FYXS009、FYXS010四件文書疊在一起保存。

立繳産関人郭荣寬，先年父有買得李宛裕叔李
惠户折色屯田壹叚，坐在小尤上洋村，土名加池，配載
糧銀壹錢壹分柒厘正。寬前年將父原買契出繳
賣在　林子和叔邊為業。今李純侯將此田配載糧艮
壹錢壹分柒厘，李裕興股内推付郭收割入户。今郭即
將李純侯産関繳付林秉德官收入林梅盛股内办納
糧務，不得致累，時收過李純侯産関内酒礼艮完足，叁
員重貳両貳錢五分。日後不敢異言生説，二比甘心。今
欲有憑，立繳産関为炤。
其此加池叚折色田屯户名係李惠户，先年悮寫李粹，再炤。
其李純侯産関内寫郭克裕係是荣寬諱名，再炤。
乾隆貳拾年拾貳月　　　　日立繳産関郭荣寬（押）
公見人表李宛積（押）

FYXS010　乾隆二十一年（1756）郭震伯撈字[1]　302×236mm

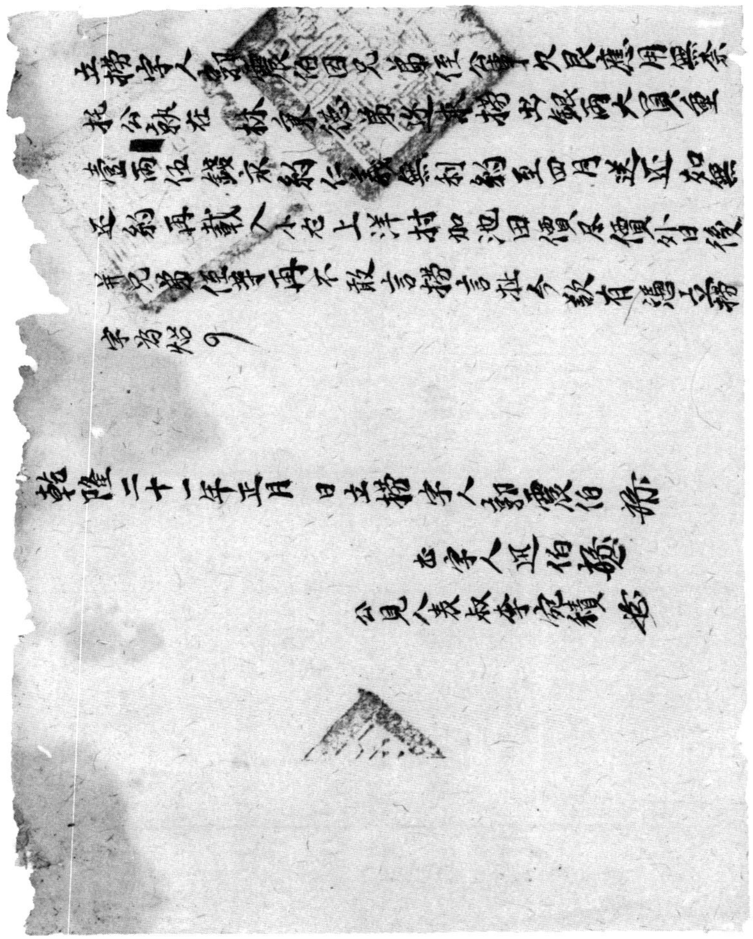

立撈字人郭震伯因兄弟侄全年欠艮應用無奈
托公親在林家德弟边來撈出銀兩大員重
壹兩伍錢永約仁義無利約至四月送还如無
还約再載入小名上洋村加池田價尽價外日後
并兄弟侄等再不敢言撈言扯今欲有憑立撈
字為照

乾隆二十一年正月　日立撈字人郭震伯（押）

代字人迟伯（押）

公見人表叔李宛積（押）

---

①蓋紅色正方形印章，內容爲『德化縣印』。FYXS007、FYXS008、FYXS009、FYXS010四件文書疊在一起保存。

立捞字人郭震伯，因兄弟侄公事，欠艮應用，無奈
托公就在 林秉德弟邊求捞出銀両大員，重
壹両伍錢。永約仁義無利，約至四月送还，如無
还約，再載入小尤上洋村加池，田價尽價外，日後
并兄弟侄等再不敢言捞言扯。今欲有憑，立捞
字為炤。

乾隆二十一年正月　日立捞字人郭震伯（押）

书字人　迅伯（押）

公見人表叔李宛積（押）

FYXS011 雍正十三年（1735）許文人合約 274×235mm

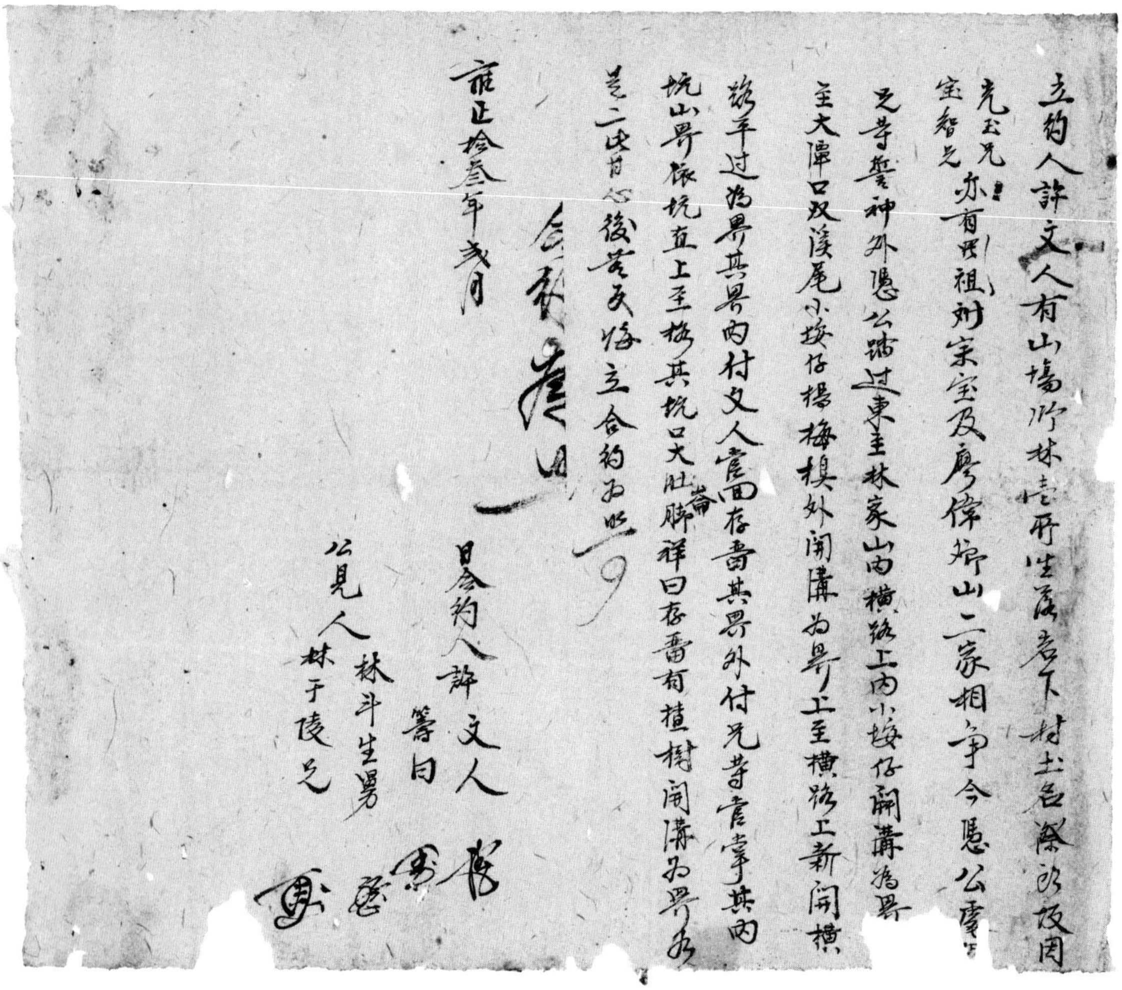
立約人許文人有山場竹林壹所坐落岩下村土名滁頭坟園
先玉兄
宗智之亦有田祖，於宋宗及廖偉卿山二家相爭，今憑公處
之茅壟神外，憑公踏過東至林家山，西橫路上，內小坳仔開溝為界，
至大陣口及溪尾小坳仔楊梅槙外開溝為界，上至橫路上新開橫
路平過為界。其界內付文人管出存蓄，其界外付兄等管掌。其內
坑山界依坑直上至梅，其坑口大肚崙腳祥自存蓄，有植樹開溝為界。
恐二比甘心，後若反悔，立合約為照。
合約存照
雍正拾叁年戊月　日立合約人許文人（押）
筆白（押）
公見人　林斗生（押）
林子俊（押）

立約人許文人，有山塲竹林壹所，坐落岩下村，土名漈頭坂，因光玉兄宝智兄亦有買祖刘宗宝及廖偉卿山，二家相争。今憑公處□兄等誓神外，憑公踏过，東至林家山内横路上内小垵仔開溝為界，□至大潭口双溪尾小垵仔楊梅梖外開溝为界，上至横路上新開横路平过為界，其界内付文人管囬存留，其界外付兄等管掌。其内坑山界依坑直上至格，其坑口大肚崙脚祥曰存留，有楂樹開溝为界。此是二比甘心，後無反悔，立合約为照。

合約為照①

雍正拾叁年弍月　　日合約人　許文人（押）

籌日（押）

公見人　林斗生舅（押）

林于陵兄（押）

---

①此四字爲騎縫字，存左半。

FYXS012　乾隆二十七年（1762）劉待之、劉文之兑紅契[1]　530×245mm

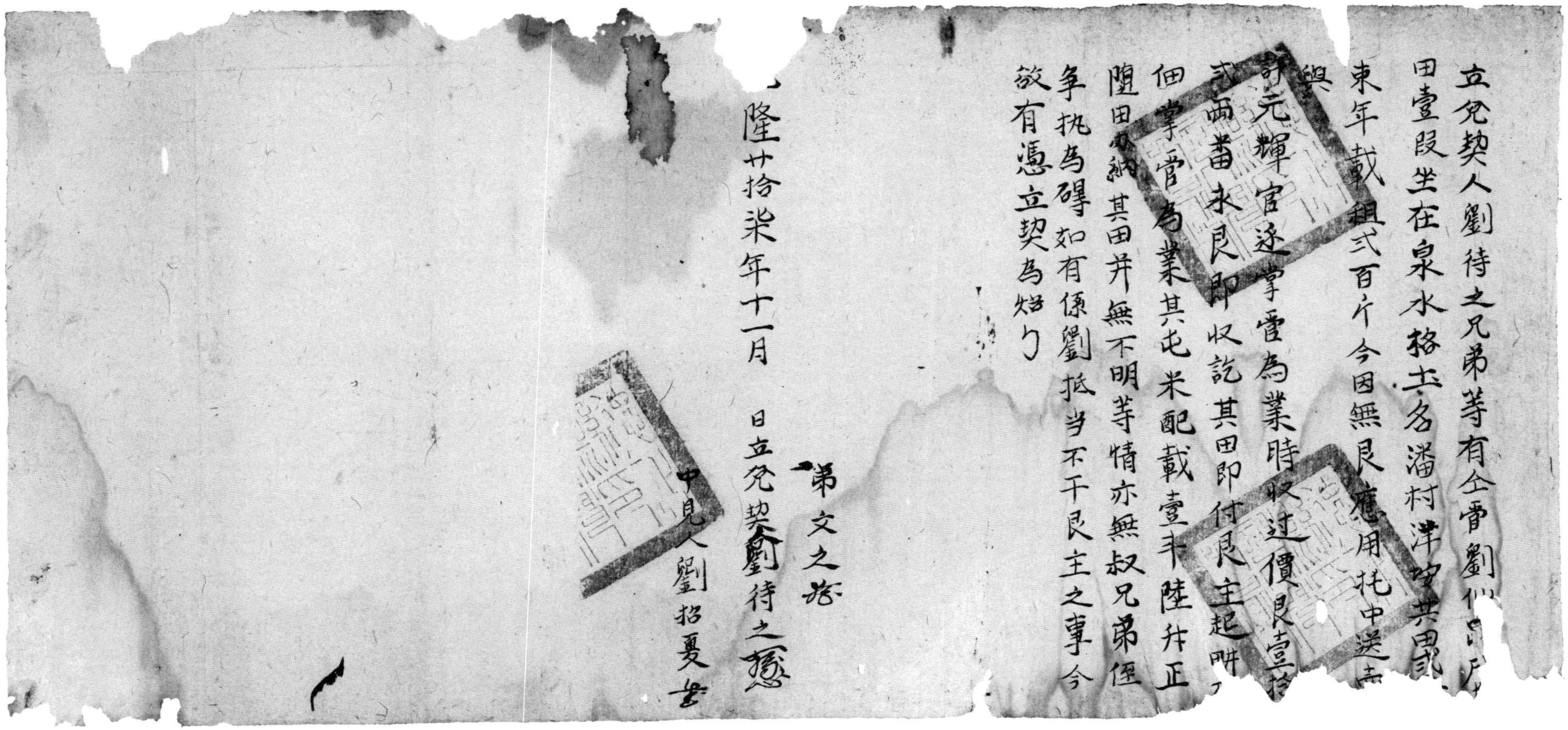

① FYXS012、FYXS013、FYXS014三件文書叠在一起保存。其中乾隆二契蓋有紅色印章並粘連，騎縫蓋有紅色方形印章内容爲“德化縣印”。

立兑契人劉待之兄弟等，有仝管劉仙路户屯
田壹叚，坐在泉水格土名潘村洋垵，共田式□
束，年載租式百斤。今因無艮應用，托中送賣
與
許元輝官邊掌管為業，時收过價艮壹拾
式両，畨永艮即收訖，其田即付艮主起畊□
佃，掌管為業。其屯米配載壹斗陸升正，
隨田办納。其田并無不明等情，亦無叔兄弟侄
争执為碍，如有係劉抵当，不干艮主之事。今
欲有憑，立契為炤。

乾隆卄拾柒年十一月　日　立兑契人　劉待之（押）
弟文之（押）
中見人　劉招夏（押）

FYXS013 乾隆二十八年（1763）劉待之、劉文之添盡契[1] 531×240mm

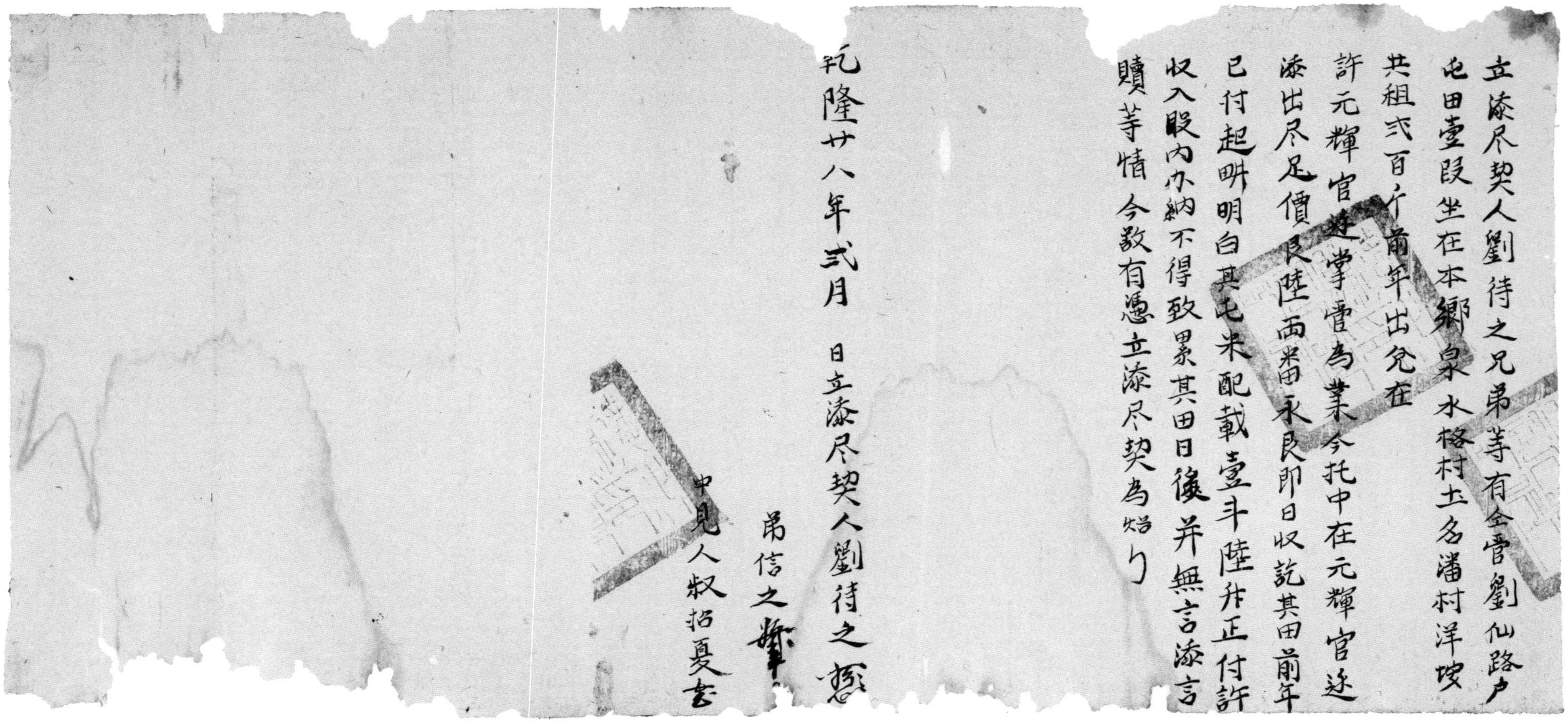
立添尽契人劉待之兄弟等有仝曾劉仙路户
色田壹段坐在本鄉泉水格村土名潘村洋墘
共租弍百斤前年出兑在
許元輝官邊掌管為業今托中在元輝官邊
添出尽足價艮陸两正其艮即日收訖其田前年
已付起明明白其七米配載壹斗陸升正付許
收入股内办納不得致累其田日後并無言添言
贖等情今欲有憑立添尽契為照
乾隆廿八年弍月 日立添尽契人劉待之
弟信之
中見人叔招夏

① FYXS012、FYXS013、FYXS014三件文書叠在一起保存。

立添尽契人劉待之兄弟等，有全管劉仙路户
屯田壹段，坐在本鄉泉水格村，土名潘村洋垅，
共租弍百斤，前年出兑在
許元輝官邊掌管為業。今托中在元輝官邊
添出尽足價艮陸両畨水艮，即日收訖。其田前年
已付起畔明白，其屯米配載壹斗陸升正，付許
收入股内办納，不得致累。其田日後并無言添言
贖等情。今欲有憑，立添尽契為照。

乾隆廿八年弍月　　日立添尽契人　劉待之（押）
弟信之（押）
中見人　叔招夏（押）

FYXS014 同治十二年（1873）宗鉦送責契① 292×250mm

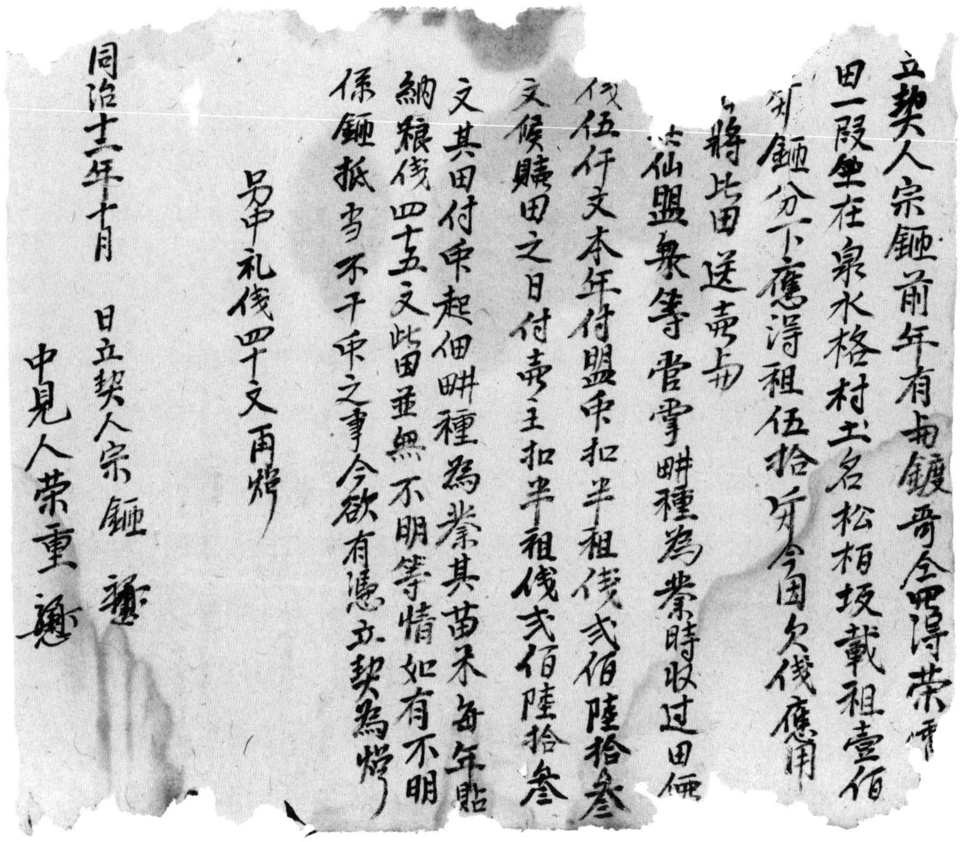

立契人宗鉦前年有与鑊哥仝買得荣甫
田一段坐在泉水格村土名松柏坂載租壹佰
斤鉦分下應得租伍拾斤今因欠钱應用
將此田送责与
仙盟象等耕種為業時收过田価
钱伍仟文本年付盟秉扣半租钱式佰陸拾叁
文候赎田之日付责主扣半租钱式佰陸拾叁
文其田付秉起佃耕種為業其苗米每年貼
納粮钱四十五文此田並無不明等情如有不明
係鉦抵当不干秉之事今欲有憑立契為照
另中礼钱四十文再照
同治十二年十月　日立契人宗鉦（押）
中見人荣重（押）

① FYXS012、FYXS013、FYXS014三件文書疊在一起保存。

立契人宗鉦，前年有與鍍哥仝買得荣□
田一段，坐在泉水格村土名松柏坂，載租壹佰
斤大，鉦分下應得租伍拾斤大。今因欠錢應用，
將此田送賣與
仙盟衆等管掌畊種為業，時收过田價
錢伍仟文，本年付盟衆扣半租錢弍佰陸拾叁
文，候贖田之日付賣主扣半租錢弍佰陸拾叁
文。其田付衆起佃畊種為業，其苗米每年貼
納粮錢四十五文。此田並無不明等情，如有不明
係鉦抵当，不干衆之事。今欲有憑，立契為炤。

另中礼錢四十文，再炤。

同治十二年十月　日立契人　宗鉦（押）

中見人　荣重（押）

FYXS015　乾隆三十四年（1769）劉信之送賣折色屯田紅契[①]　542×245mm

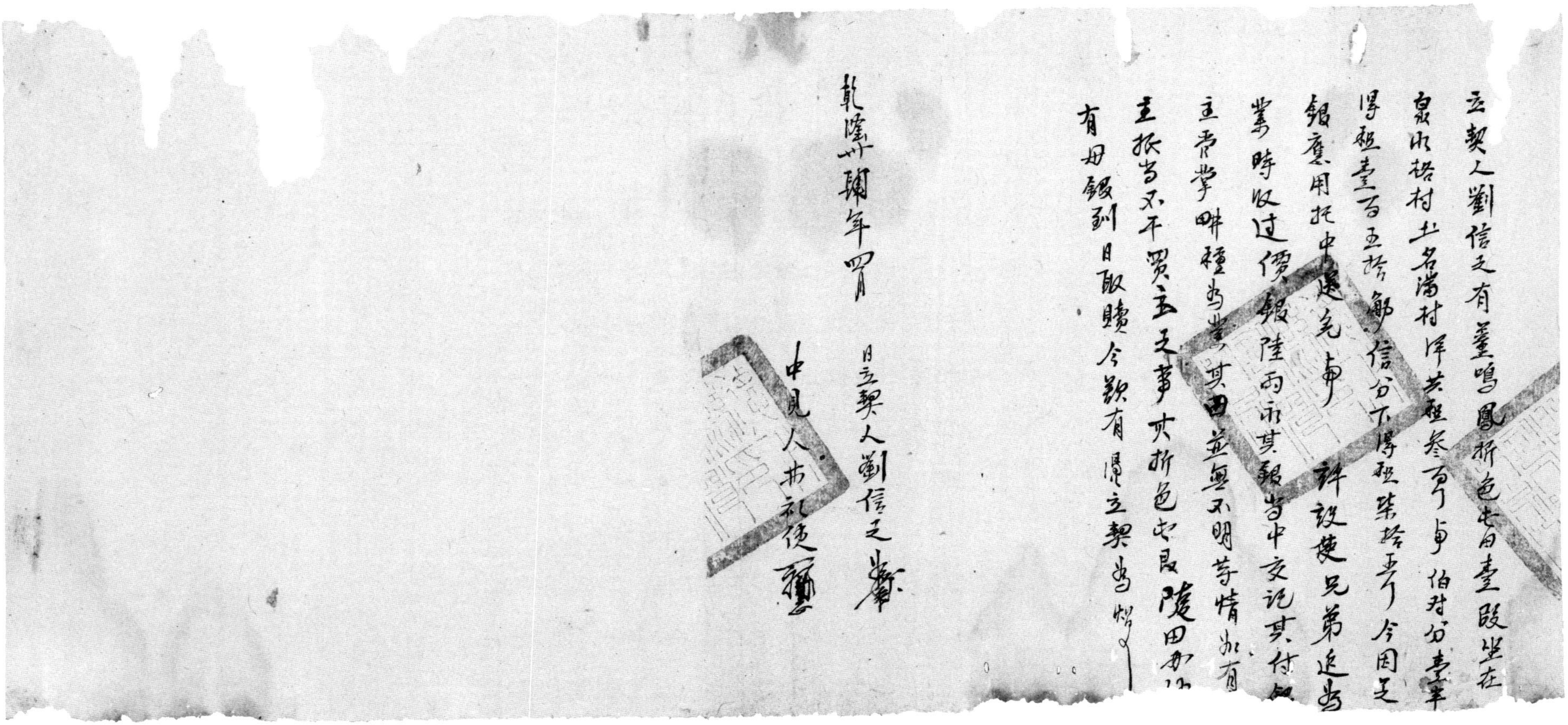

① FYXS015、FYXS016、FYXS017、FYXS018、FYXS019、FYXS020六件文書前後粘連，騎縫價銀處均蓋有紅色方形印章，内容爲“德化縣印”。

立契人劉信之，有董鳴鳳折色屯田壹段，坐在
泉水格村土名潘村洋，共租叁百斤，與伯对分壹半，
得租壹佰五拾觔，信分下得租柒拾五斤。今因乏
銀應用，托中送□與　許設使兄弟邊為
業。時收过價銀陸両永，其銀当中交讫，其付銀
主管掌畊種為業。其田並無不明等情，如有□
主抵当，不干買主之事。其折色屯艮隨田办納。
有母銀到日取贖。今欲有凴，立契為炤。

乾隆卅肆年四月　　日立契人劉信之（押）
中見人林礼使（押）

FYXS016　乾隆三十六年（1771）劉待之兄弟送賣折色田契[1]　556×250mm

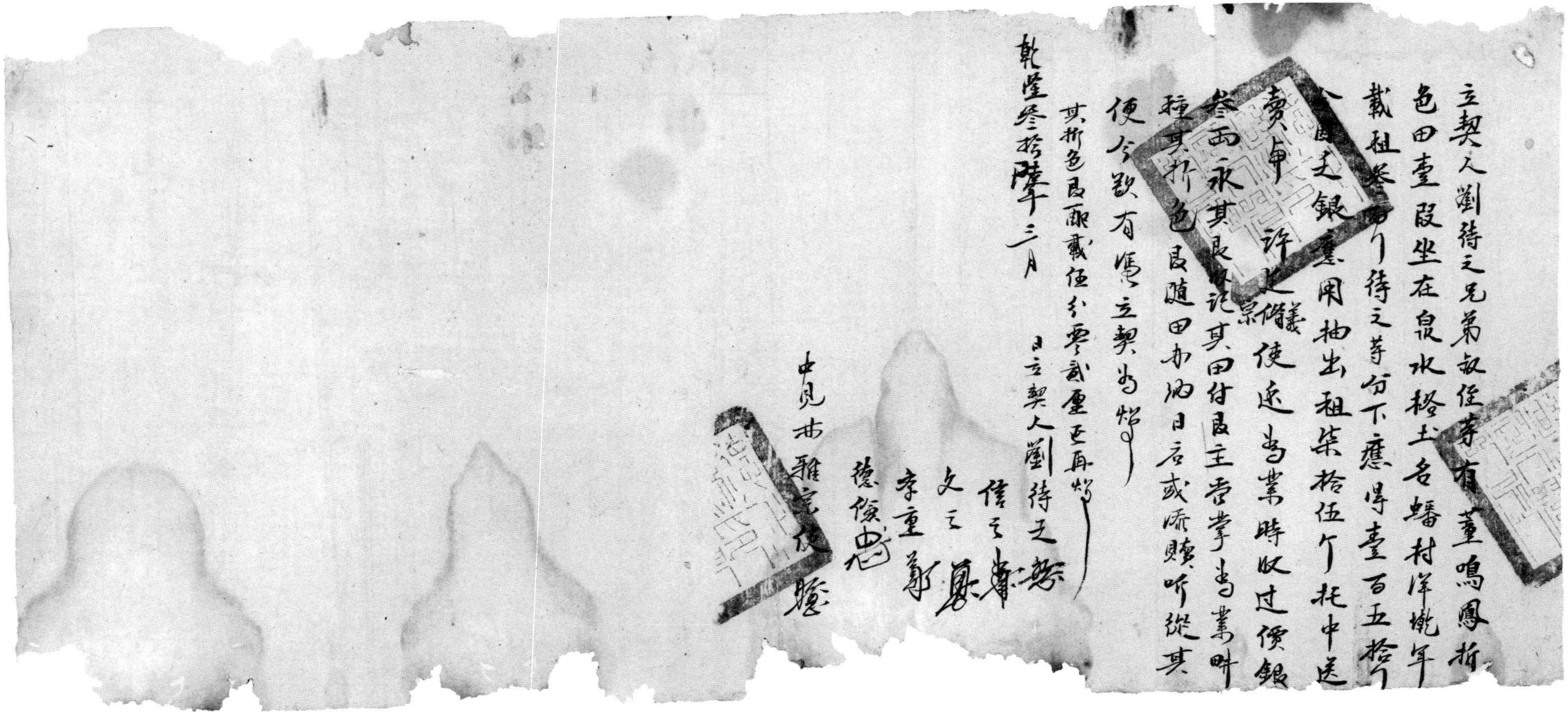
立契人劉待之兄弟叔侄等有董鳴鳳折
色田壹段坐在泉水格土名蟠村洋墘年
載租穀□待之等分下應得壹百五拾
斤今因乏銀應用抽出租柒拾伍斤托中送
賣與許宗儀使邊爲業時收過價銀
叁兩永其艮收訖其田付艮主管掌爲業耕
種其折色艮隨田办納日后或係贖聽從其
便今欲有憑立契爲照
其折色艮兩貳伍分零貳厘正再照
乾隆叁拾陸年三月　日立契人劉待之
信之
文之
亲重
德俊
中見　世雅
代筆

① FYXS015、FYXS016、FYXS017、FYXS018、FYXS019、FYXS020六件文書前後粘連，騎縫價銀處均蓋有紅色方形印章，内容爲“德化縣印”。

立契人劉待之兄弟叔侄等，有董鳴鳳折

色田壹段，坐在泉水格，土名蠏村洋墘，年

載租叁百斤，待之等分下應得壹五百拾斤。

今因乏銀應用，抽出租柒拾伍斤，托中送

賣與　許廷脩義宗使邊為業，時收过價銀

叁両，永　其艮收讫。其田付艮主管掌為業，畊

種，其折色艮隨田办納。日後或添贖，听從其

便。今欲有憑，立契為炤。

其折色艮配載伍分零貳厘正，再炤。

乾隆叁拾陸年三月　　日立契人　劉待之（押）

信之（押）

文之（押）

孝重（押）

德儉（押）

中見林雅宗使（押）

FYXS017　乾隆三十六年（1771）劉信之添契[1]　539×245mm

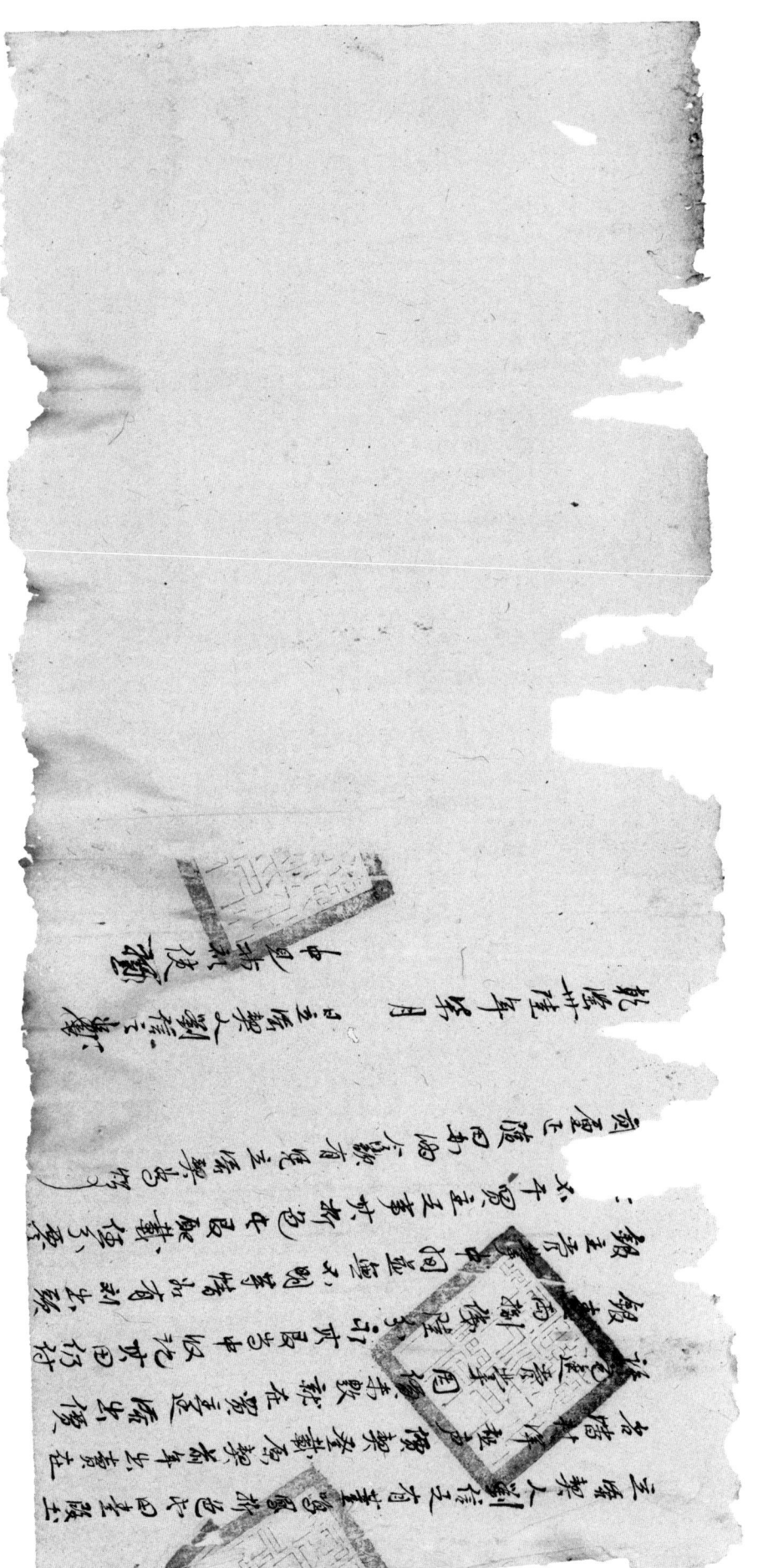

① FYXS015、FYXS016、FYXS017、FYXS018、FYXS019、FYXS020六件文書前後粘連，騎縫價銀處均蓋有紅色方形印章，内容爲“德化縣印”。

立添契人劉信之有董鳴鳳折色屯田壹段，土
名潘村洋，租声價契登載原契，前年出賣在
許宅邊管掌，因價未敷，就在買主邊添出價
銀壹両捌錢陸分永，其艮当中收訖，其田仍付
銀主管業。中間並無不明等情，如有，刘出頭
□□①，不干買主之事。其折色屯艮配載伍分零
貳厘正，隨田办納。今欲有凴，立添契為炤。

乾隆卅陸年柒月　　日立添契人劉信之（押）
中見林礼使（押）

①疑爲『抵當』二字。

FYXS018　乾隆三十七年（1772）劉待之兄弟添契①　559×250mm

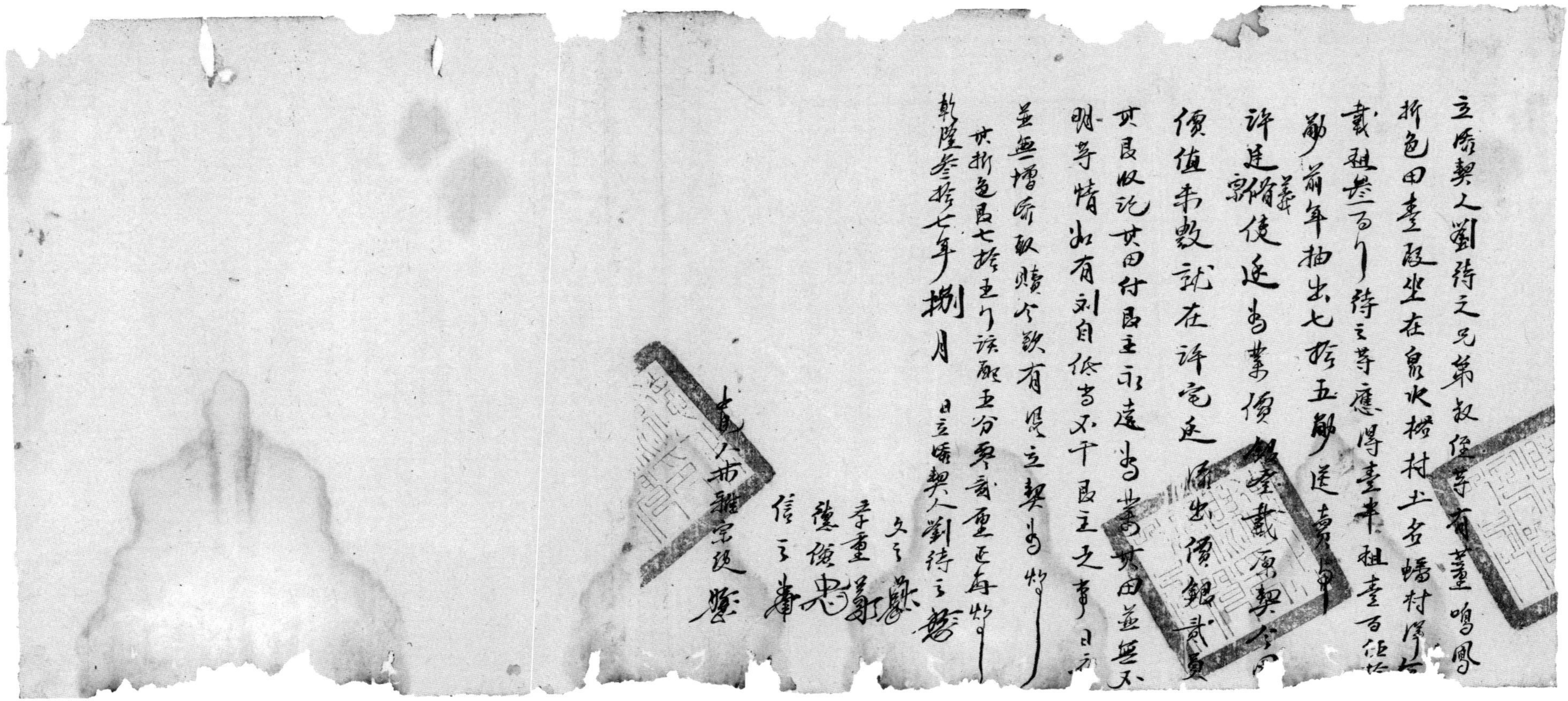
立添契人劉待之兄弟叔侄等有薑鳴鳳
折色田壹段坐在泉水楷村土名蟠村洋[illegible]
載租叁百斤待之等應得壹半租壹百伍拾
觔前年抽出七拾五觔送賣與
許廷義宗[illegible]使邊爲業價銀載原契今[illegible]
價值未敷就在許宅邊添出價銀貳兩
其艮收訖其田付與主永遠爲業其田並無不
明等情如有剌自依當不干與主之事日后
並無增添取贖今欲有憑立契爲炤
其折色艮七拾五斤該配五分栗貳重正再炤
乾隆叁拾七年捌月　日立添契人劉待之
文之
孝重
德儀
信之
書人林雅宗[illegible]

① FYXS015、FYXS016、FYXS017、FYXS018、FYXS019、FYXS020六件文書前後粘連，騎縫價銀處均蓋有紅色方形印章，内容爲“德化縣印”。

立添契人劉待之兄弟叔侄等，有董鳴鳳
折色田壹段，坐在泉水格村，土名蟠村洋，年
載租叁百斤，待之等應得壹半，租壹佰伍拾
觔。前年抽出七拾五觔送賣與
許廷義宗倚使邊為業，價銀登載原契。今因
價值未敷，就在许宅邊添出價銀貳員，
其艮收讫，其田付艮主永遠為業。其田並無不
明等情，如有，刘自低当，不干艮主之事。日後
並無增添取贖。今欲有憑，立契為炤。
其折色艮七拾五斤，該配五分零貳厘正，再炤。

乾隆叁拾七年捌月　　日立添契人劉待之（押）
文之（押）
孝重（押）
德儉（押）
信之（押）
中見人　林雅宗使（押）

FYXS019　乾隆三十八年（1773）劉信之兄弟添盡足契①　448×228mm

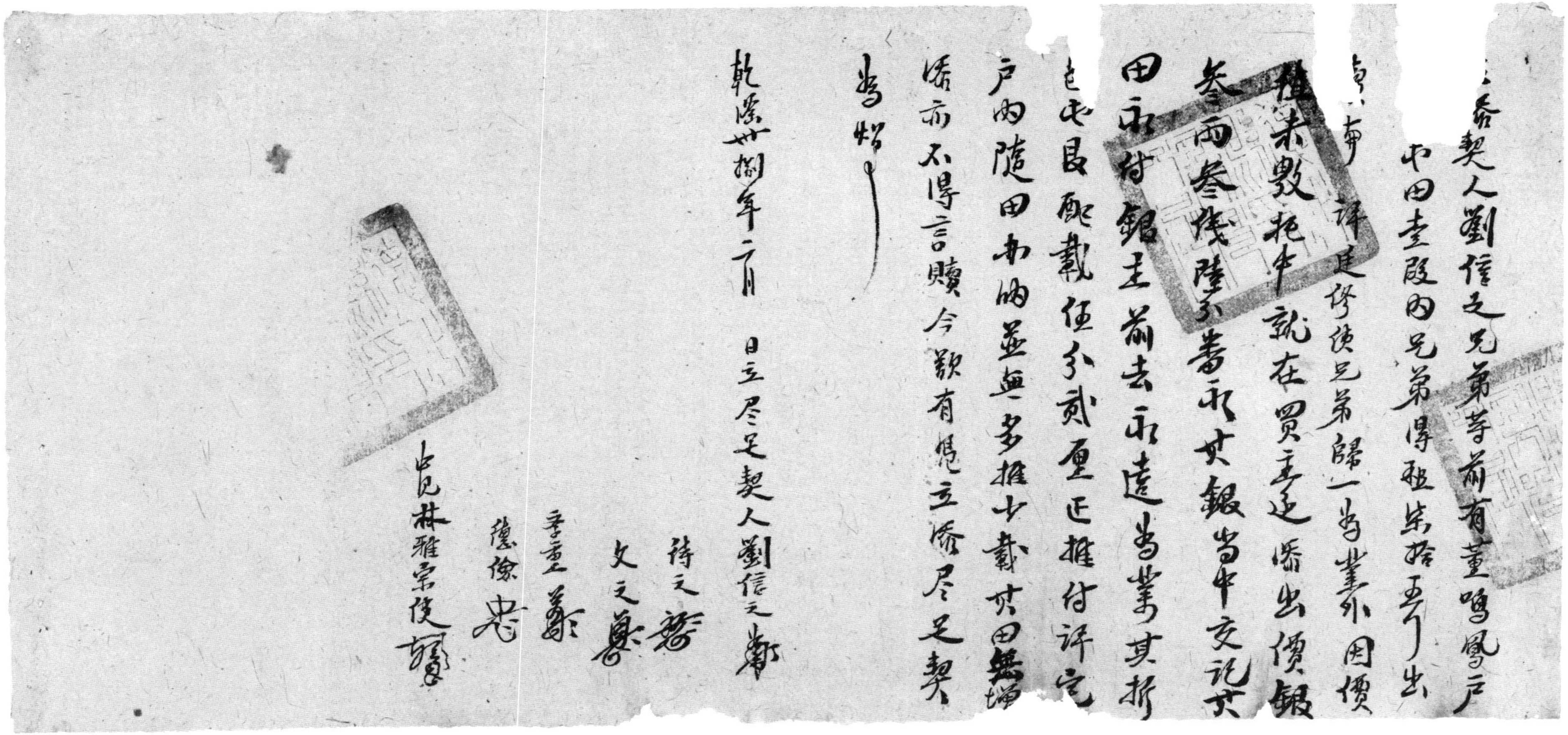

① FYXS015、FYXS016、FYXS017、FYXS018、FYXS019、FYXS020六件文書前後粘連，騎縫價銀處均蓋有紅色方形印章，内容爲“德化縣印”。

立添契人劉信之兄弟等，前有董鳴鳳户[屯田壹叚，内兄弟得租柒拾五斤，出賣與許廷修使兄弟歸一為業，外因價值未敷，托中就在買主邊添出價銀叁両叁錢陸分畨永，其銀当中交讫。其田永付銀主前去永遠為業，其折色屯艮配載伍分貳厘正，推付许宅户内隨田办納，並無多推少載。其田無增添，亦不得言贖。今欲有凴，立添尽足契為炤。

乾隆卅捌年二月　日立尽足契人劉信之（押）

待之（押）

文之（押）

孝重（押）

德儉（押）

中见林雅宗使（押）

FYXS020　乾隆三十八年（1773）劉信之添盡足紅契[1]　538×248mm

立添尽足契人劉信之前有董鳴鳳戶折色苗田出
賣與　許宅延租声價艮壹兩原契添契今因價
值未敷托中就在買主邊添出足價艮貳兩當
亦其艮收訖其田付許永遠管業其折色艮推
付許宅收納五分貳厘正其田日后不敢言添亦不敢
取贖今欲有憑立添尽足契為炤
乾隆卅八年二月　日立添尽足契人刘信之（押）
中見人赤雅宗使（押）

① FYXS015、FYXS016、FYXS017、FYXS018、FYXS019、FYXS020六件文書前後粘連，騎縫價銀處均蓋有紅色方形印章，内容爲“德化縣印”。

立添尽足契人劉信之，前有董鳴鳳户折色屯田出賣與　許宅邊，租声價艮登載原契、添契。今因價值未敷，托中就在買主邊添出足價艮貳両沯永，其艮收訖。其田付許永遠管業，其折色艮推付許宅收納五分貳厘正。其田日後不敢言添亦不敢取贖。今欲有憑，立添尽足契為炤。

乾隆卅八年二月　　日立添尽足契人　劉信之（押）

中見人　林雅宗使（押）

FYXS021　乾隆九年（1744）許勝友送賣民田契　543×240mm

立契人許勝友有己分民田壹段坐貫瀨洋村土名
板仔頭共租叁拾五[illegible]內抽出租壹拾[illegible]
賣與　李桂伕边為業[illegible]過銀伍兩[illegible]
銀即日收訖其田即付銀主收租管業為[illegible]
其苗米丙寅年隨田辦納其田[illegible]外[illegible]
不明等情如有係許抵当不干李事今欲有
憑立契為照
乾隆九年十二月　日立契人許勝友
中見人叔興珠

驗訖①

立契人許勝友有己分民田壹段，坐貫潮兜村，土名坂仔頭，共租叁百伍拾觔，內抽出租壹百觔，托中送賣與　李柱使邊为業，時收过銀伍両沓永，其銀即日收訖，其田即付銀主收租管掌为業，其苗米丙寅年随田辦納，其田並無內外争□不明等情，如有，係許抵当，不干李事。今欲有憑，立契為炤。

乾隆九年十二月　　日立契人許勝友（押）

中見人叔興珠

①此二字为紅色印章。另外，FYXS021、FYXS022兩件文書叠在一起保存。此契盖有正方形紅色印章，右邊九叠篆，左邊滿文楷书。

FYXS022　乾隆十七年（1752）許勝友添契①　533×248mm

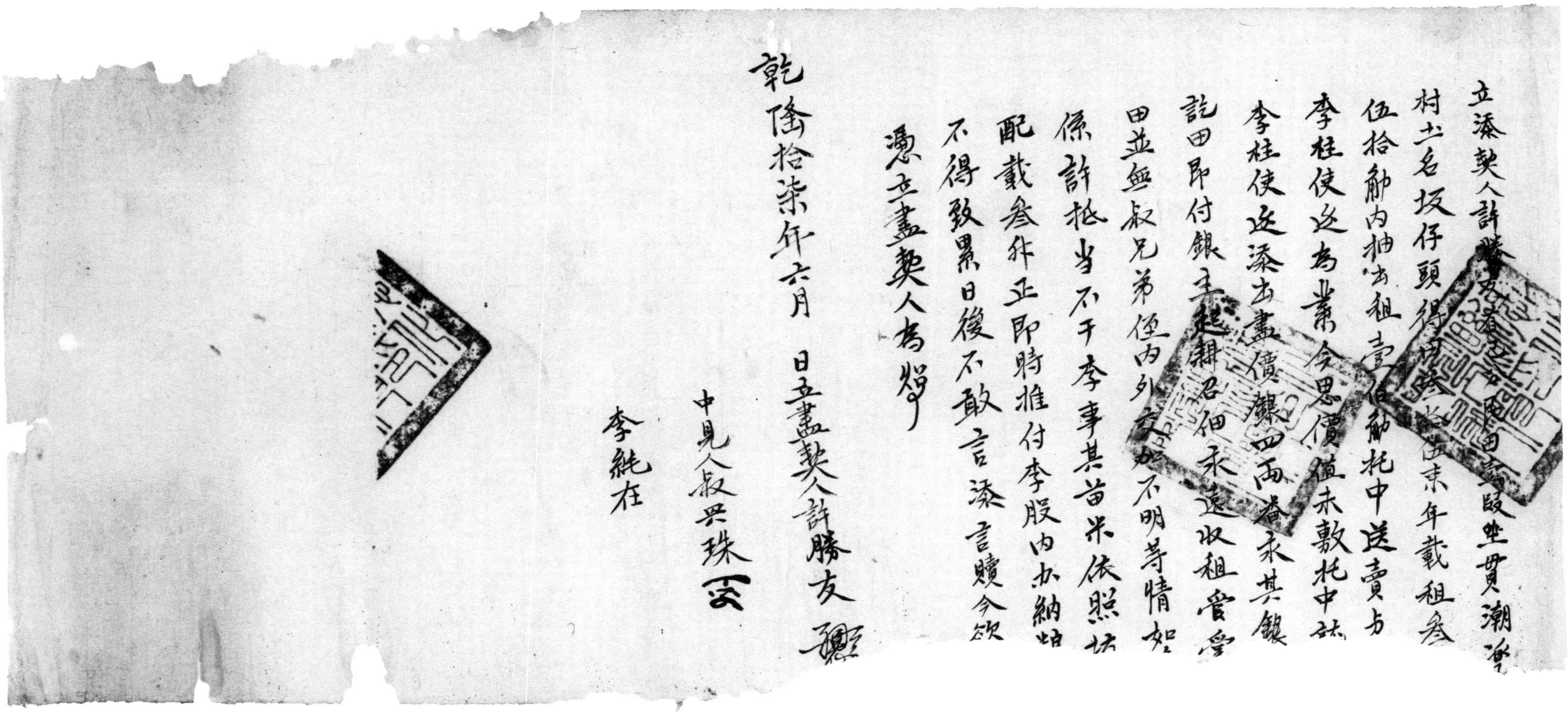

立添契人許勝友[illegible]田壹段坐貫潮溪
村土名坂仔頭[illegible]出來年載租叁
伍拾觔，内抽出租壹佰觔，托中送賣與
李桂使邊爲業。今思價值未敷，托中就
李桂使邊添出盡價銀四兩，其銀
訖，田即付銀主起耕召佃，永遠收租管業。
田並無叔兄弟侄内外交加不明等情，如
係許抵当，不干李事。其苗米依照坵
配載叁升正，即時推付李股内收納，
不得致累。日後不敢言添言贖，今欲
憑，立盡契人爲照。

乾隆拾柒年六月　日立盡契人許勝友（押）

中見人叔興珠（押）

李純在

---

①蓋有正方形紅色印章，内容爲“德化縣印”。FYXS021、FYXS022兩件文書疊在一起保存。

立添契人許勝友有己分民田壹段，坐貫潮兜
村，土名坂仔頭，得田叁拾伍束，年載租叁□
伍拾觔，内抽出租壹佰觔，托中送賣與
李柱使邊為業。今思價值未敷，托中就□
李柱使邊添出盡價銀四両沓永，其銀□
訖，田即付銀主起耕召佃，永遠收租管掌□
田並無叔兄弟侄内外交加不明等情，如□
係許抵当，不干李事，其苗米依照□□
配載叁升正，即時推付李股内办納粮□，
不得致累，日後不敢言添言贖。今欲有
憑，立盡契人①為炤。②

乾隆拾柒年六月　日立盡契人許勝友（押）
中見人叔興珠（押）
李純在

①此字疑爲多餘字。
②蓋有正方形紅色印章，内容爲『德化縣印』。

FYXS023　乾隆四十年（1775）蘇文從結實盡足契　476×224mm

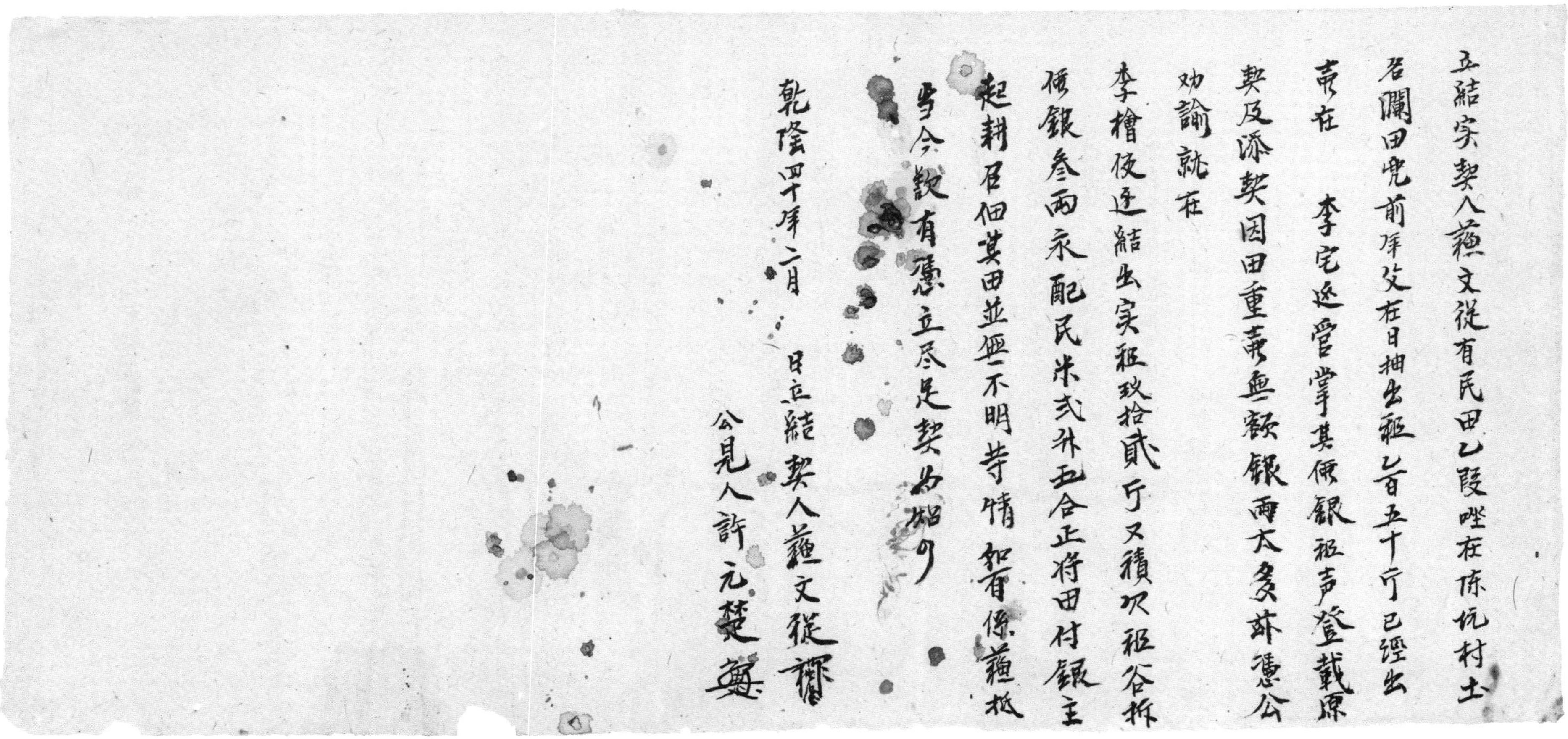

立結实契人蘓文從有民田乙段，坐在𥦗坑村土
名㘭田兜，前年父在日抽出租乙百五十斤，已經出
賣在　李宅送管掌，其價銀、租声登載原
契及添契。因田重業無，銀兩太多，𠂢憑公
劝諭，就在
李檜伎逕結出实租玖拾貳斤，又積欠租谷折
價銀叁兩，永配民米弍升五合正，將田付銀主
起耕召佃，其田並無不明等情，如有係蘓抵
当。今欲有憑，立尽足契為照。
乾隆四十年二月　日立結契人蘓文從（押）
公見人許元楚（押）

立結实契人藮文從有民田乙段，坐在陈坑村，土
名瀾田兜。前年父在日，抽出租乙百五十斤，已经出
賣在　　李宅邊管掌。其價銀、租声登載原
契及添契。因田重賣，無額銀両太多，兹憑公
劝諭，就在
李檜使邊結出实租玖拾貳斤。又積欠租谷折
價銀叁両永，配民米弍升五合正，將田付銀主
起耕召佃，其田並無不明等情，如有，係藮抵
当。今欲有憑，立尽足契为炤。①

乾隆四十年二月　日立結契人藮文從（押）
公見人許元楚（押）

---

①此處有挽結，類似『9』。

FYXS024　乾隆二十三年（1758）蘇公恩添契①　225×247mm

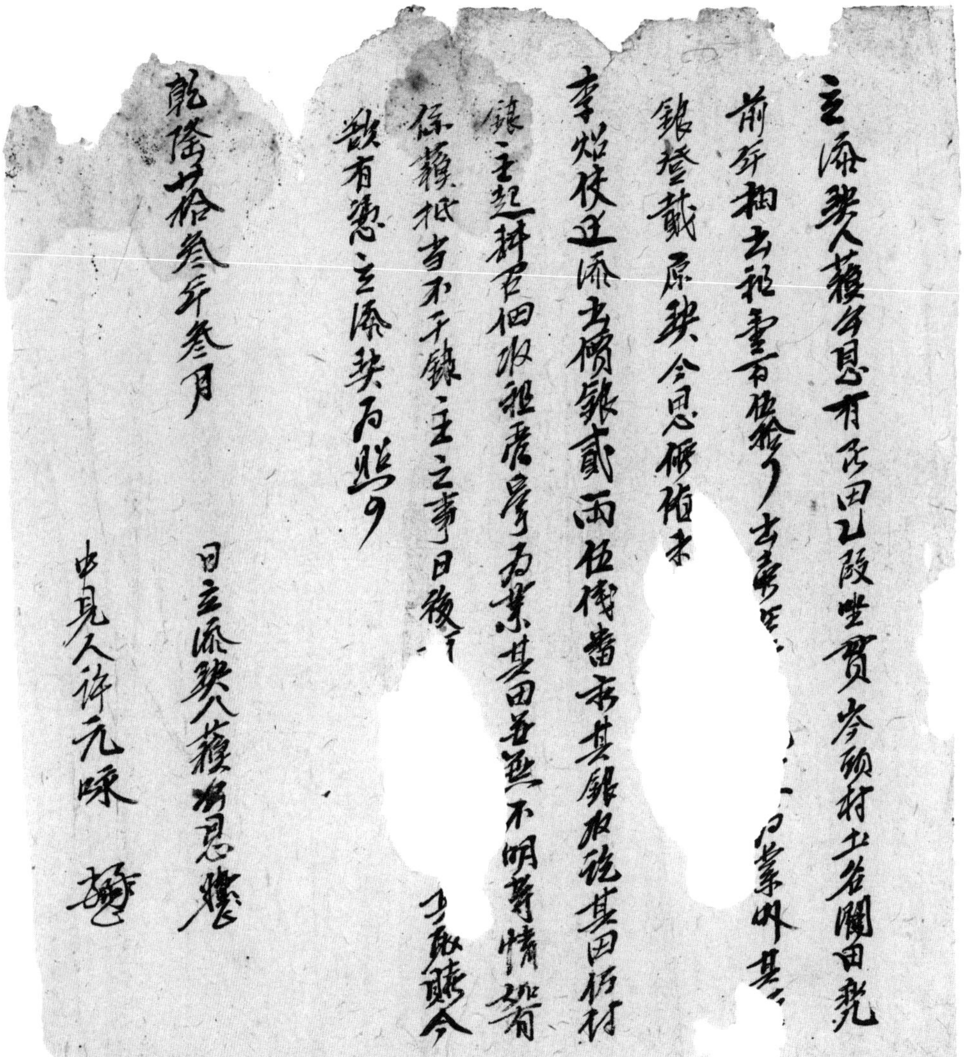

立添契人蘇公恩有民田乙段坐貫岑頭村土名闕田兜
前年栽苗壹石伍拾斤出賣與□□□□業收其□
銀登載原契今恩價值未□
李炤校邊添出價銀貳兩伍錢當交其銀收訖其田仍付
銀主起耕召佃收租管業為業其田並無不明等情倘有
係蘇抵當不干銀主之事日後□□□不敢□今
欲有憑立添契為照
乾隆廿拾叁年叁月　日立添契人蘇公恩（押）
中見人許元悚（押）

①FYXS024、FYXS025、FYXS026、FYXS027四件文書叠在一起保存。

立添契人蘓公恩有民田乙段，坐貫岑頭村，土名瀾田兜，前年抽出租壹百伍拾斤，出賣在「　」为業外，其「銀登載原契。今思價值未「李炤使邊添出價銀貳両伍錢畓永，其銀收讫，其田仍付銀主起耕召佃收租管掌為業，其田並無不明等情，如有，係蘓抵当，不干銀主之事，日後「　　」取贖。今欲有憑，立添契为照。①

乾隆廿拾叁年叁月　　日立添契人蘓公恩（押）

中見人许元咏　（押）

①此處有挽結，類似『9』。

FYXS025　乾隆三十年（1765）公恩添契[1]　533×232mm

立添契人公恩，有己分民田段坐貫陳坑村
前弁灿土，租壹百秭，出賣在弟廷双，祖詹業
價銀登載原契。今見價未足，托中就在
弟公周廷添出價銀貳百叁拾伍文，其田
仍付弟收租管業，再此日後不得異言。今欲
添契為照。

乾隆叁拾年十二月　日立添契人公恩
見人弟公環

① FYXS024、FYXS025、FYXS026、FYXS027四件文書叠在一起保存。

立添契人公恩有己分民田一段，坐貫陳坑村［
前年抽出租壹百觔出賣在弟邊收租管業［
價銀叁載原契，今見價未足，托中就在
弟公周邊添出價谷弍百叁拾伍斤大，其谷［
仍付弟收租管掌为業，日後不得異言。今欲［
添契為炤。①

乾隆叁拾年十二月　日立添契人公恩［
見人弟公環［

①此處有挽結，類似『9』。

FYXS026　嘉慶十五年（1810）蘇明圭、郭廷玉送賣契[1]　290×250mm

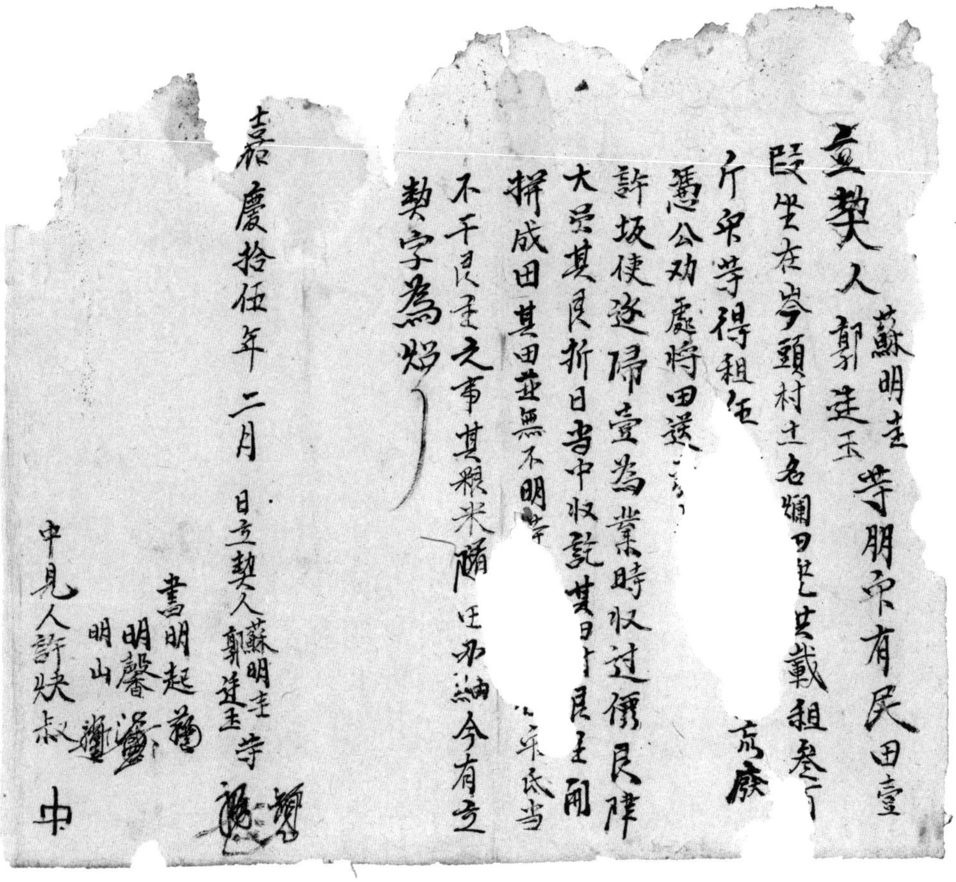
立契人蘇明圭 郭廷玉等朋衆有民田壹
段坐在岑頭村土名孄田[illegible]共載租叁[illegible]
斤衆等得租伍[illegible]荒廢
憑公劝處將田送[illegible]
許坂使送帰壹為業時收过價艮陣
大員其艮折日当中收訖其田[illegible]艮主前
拼成田其田並無不明[illegible]衆氏当
不干艮主之事其粮米隨田办納今有立
契字為炤
嘉慶拾伍年二月　日立契人蘇明圭 郭廷玉等
書明起
明馨
明山
中見人許炦叔　中

① FYXS024、FYXS025、FYXS026、FYXS027四件文書叠在一起保存。

立契人蘇明圭、郭廷玉等朋衆有民田壹段，坐在岑頭村，土名爛田兜，共載租叁[百]斤，衆等得租伍［　　］荒廢，憑公劝處，將田送□□許坂使邊帰壹為業，時收过價艮肆大员，其艮折日当中收訖，其田付艮主開拼成田，其田並無不明等［　　］衆氏当，不干艮主之事。其粮米随田办纳，今有立契字为炤。①

嘉慶拾伍年二月　日立契人蘇明圭（押）、郭廷玉等（押）

書明起（押）

明馨（押）

明山（押）

中見人許炔叔　中

①此處有挽結，類似『丿』。

FYXS027　某年蘇公恩就契①　501×237mm

息有己田壹段坐貫參頭
兜　分載租　伍石　再抽
伍拾觔　今因欠銀應用托中就在
為業時收過價銀壹拾員重六
兩伍錢　其艮即日收訖田付艮主
業　其田未肆　五合　還　隨
無　不明等情　此有係蘇抵
事　有母銀到日取出又
欲有憑立契爲炤の
壹月　日立契人蘇公恩
中見人許興珠

① FYXS024、FYXS025、FYXS026、FYXS027四件文書叠在一起保存。

[公恩有民田壹段，坐貫岑頭村
[兜，年載租谷伍[百] [再抽
[伍拾觔。今因欠銀應用，托中就在
[邊为業，時收過價銀壹拾員，重柒
両伍錢舂永，其艮即日收訖，田付艮主
[業，其苗米肆升五合正，隨
[並無不明等情，如有，係藴抵
[之事，有母銀到日，取出文
[欲有憑，立契为炤。①
[再炤（押）

[拾壹月 日立契人藴公恩（押）
中見人許顯珠（押）

---

①此處有挽結，類似『9』。

FYXS028　乾隆十三年（1748）李純勇送賣契[①]　539×240mm

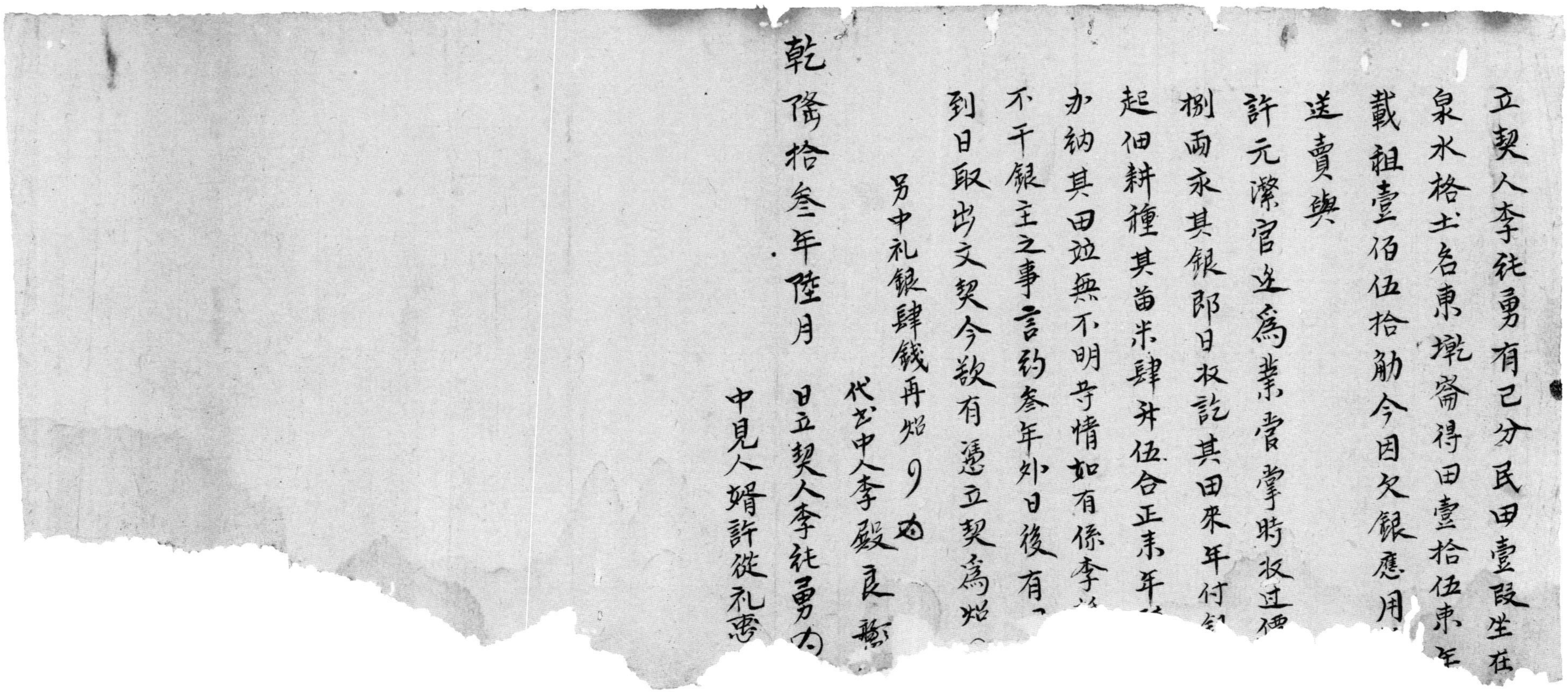
立契人李纯勇有己分民田壹段坐在
泉水格土名東垅𡊨得田壹拾伍東[illegible]
載租壹佰伍拾觔今因欠銀應用[illegible]
送賣與
許元潔官边爲業嘗掌時收过價[illegible]
捌兩永其銀即日收訖其田來年付[illegible]
起佃耕種其苗米肆升伍合正來年[illegible]
办納其田並無不明寺情如有係李[illegible]
不干銀主之事言约叁年外日後有[illegible]
到日取出文契今欲有憑立契爲炤
另中礼銀肆錢再炤[illegible]
乾隆拾叁年陸月　日立契人李纯勇[illegible]
代书中人李殿良[illegible]
中見人婿許從礼[illegible]

① FYXS028、FYXS029、FYXS030、FYXS031、FYXS032、FYXS033、FYXS034、FYXS035、FYXS036、FYXS037十件文書叠在一起保存。

立契人李純勇，有己分民田壹段，坐在
泉水格，土名東坡畬，得田壹拾伍束，年
載租壹佰伍拾觔。今因欠銀應用，□□
送賣與
許元潔官邊爲業管掌，時收过價□
捌両永，其銀即日收訖，其田來年付銀□
起佃耕種，其苗米肆升伍合正，來年□□
办納，其田並無不明等情，如有，係李抵□，
不干銀主之事。言約叁年外，日後有□□
到日取出文契。今欲有憑，立契爲炤。①
另中礼銀肆錢，再炤。
代书中人李殿良（押）
乾隆拾叁年陸月　日立契人李純勇（押）
中見人婿許從礼（押）

①此處有挽結，類似『9』。

FYXS029 乾隆三十六年（1771）許元伯送賣字① 525×239mm

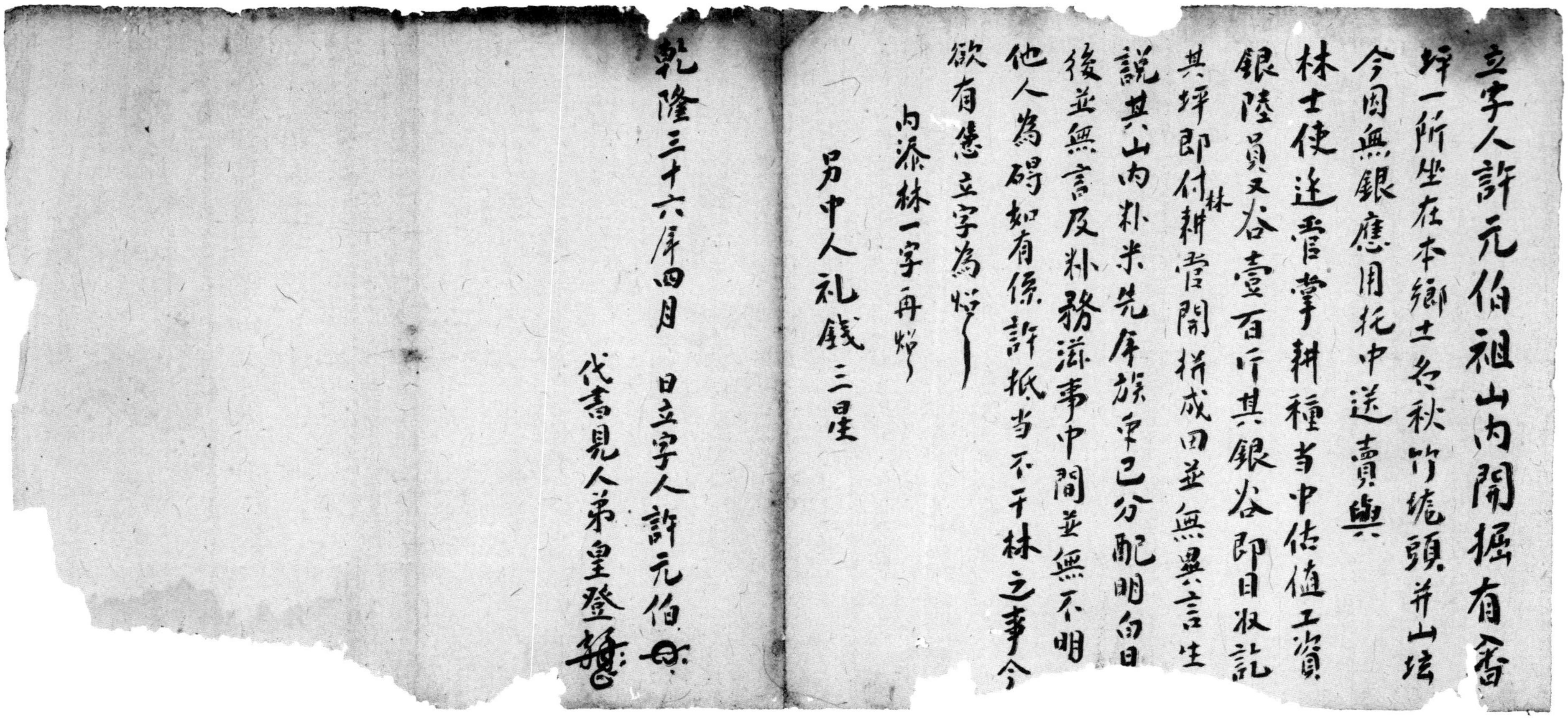

① FYXS028、FYXS029、FYXS030、FYXS031、FYXS032、FYXS033、FYXS034、FYXS035、FYXS036、FYXS037十件文書叠在一起保存。

立字人許元伯祖山内開掘有畬坪一所，坐在本鄉，土名秋竹壠頭，并山坨。今因無銀應用，托中送賣與林士使邊管掌耕種，当中估值工資銀陸員，又谷壹百斤，其銀谷即日收訖，其坪即付林耕管開拼成田，並無異言生説。其山内糧米先年族衆已分配明白，日後並無言及糧務滋事，中間並無不明□他人為碍，如有，係許抵当，不干林之事。今欲有憑，立字為炤。①

内添林一字，再炤。

另中人礼錢三星。

乾隆三十六年四月　日立字人許元伯（押）

代書見人弟呈登（押）

---

①此處有挽結，類似『9』。

FYXS030　嘉慶六年（1801）啓忠送賣契①　515×237mm

立契人啟忠有民分竹林壹所坐在本鄉土名岩[illegible]
境墘上至田下至坑仔內至静竹林為界外至前林竹
為界四至分明年載租壹佰斤今因無谷應用內抽
出租五十斤送賣在
宗鳳公祖妣上為祀業時收过價谷伍佰壹拾
谷即收訖其竹林并杉松什木付衆掌收祖
祀不敢異言生説等情亦無典掛他人如不明
忠抵当不干衆之事今欲有憑立契為炤

嘉慶六年十月　日立契啟忠
中見人伯廷善
弟啟前

① FYXS028、FYXS029、FYXS030、FYXS031、FYXS032、FYXS033、FYXS034、FYXS035、FYXS036、FYXS037十件文書叠在一起保存。

立契人啟忠有已分竹林壹所，坐在本鄉，土名岩內□
墘垵，上至田，下至坑仔，內至静竹林為界，外至前林竹
為界，四至分明，年載租壹佰斤，今因無谷應用，內抽
出租五十斤送賣在
宝仙鳳公祖坟上為祀業，時收过價谷伍佰壹拾□
谷即收讫，其竹林並杉松什木付衆管掌收租□
祀，不敢異言生說等情，亦無典掛他人，如不明，□
忠抵当，不干衆之事。今欲有憑，立契為炤。①

嘉慶六年十月　　日立契啟忠（押）
中見人伯廷喜（押）
弟啟前（押）

①此處有挽結，類似『9』。

FYXS031　嘉慶十四年（1809）林周持添盡契[①]　554×248mm

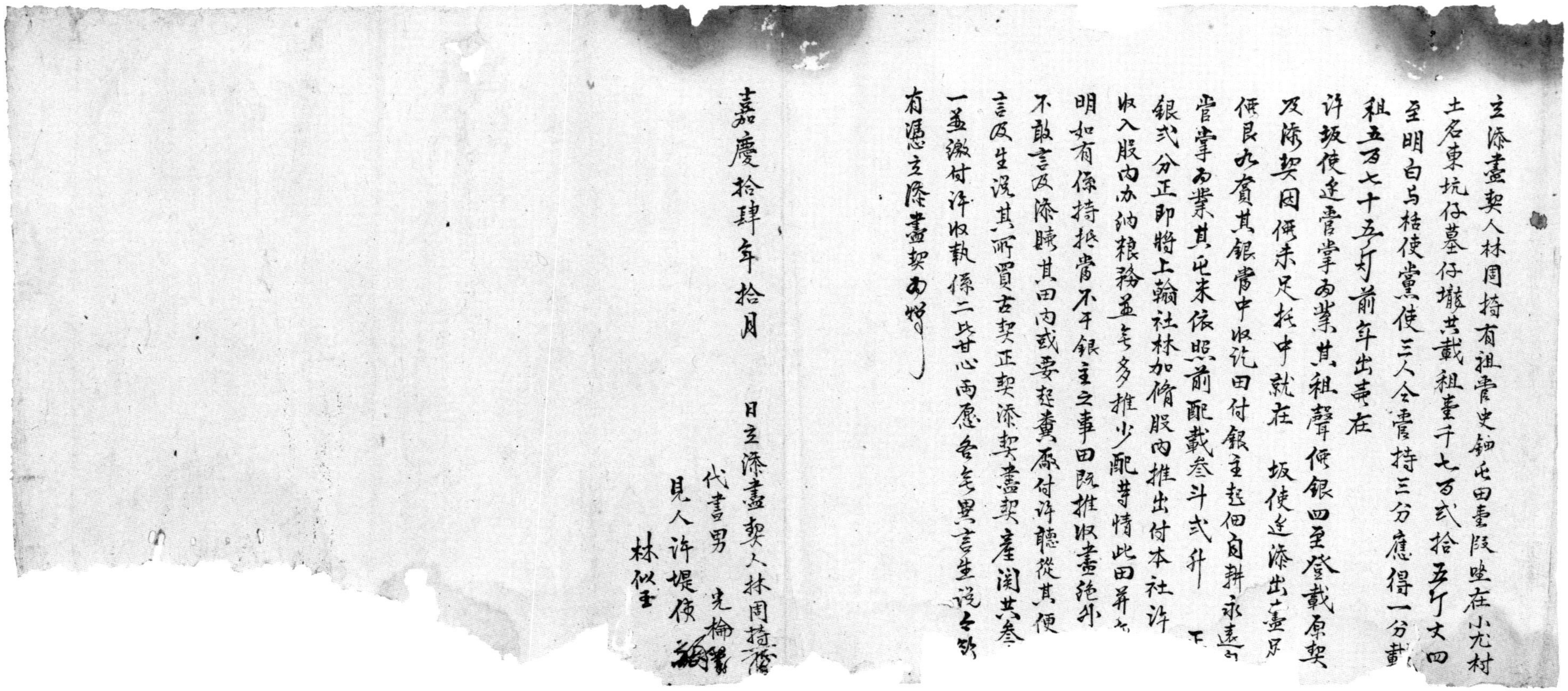
立添盡契人林周持有祖買史鈿乇田壹段坐在小尤村
土名東坑仔墓仔墘共載祖壹千七百弍拾五斤文四
至明白与桔使黨使三人仝買持三分應得一分載
祖五百七十五斤前年出賣在
許坂使逵買掌為業其祖聲價銀四至登載原契
及添契因價未足托中就在　坂使逵添出盡價
價艮九員其銀當中收訖田付銀主起佃自耕永遠
管掌為業其乇米依照前配載叁斗弍升
銀弍分正即將上翰社林加脩股內推出付本社許
收入股內辦納粮務並無多推少配等情此田并無
明如有係持抵當不干銀主之事田既推收盡絕外
不敢言及添贖其田內或要起蕢原付許聽從其便
言及生說其所買古契正契添契盡契產閬共叁
一並繳付許收執係二比甘心兩愿各無異言生說今欲
有憑立添盡契為炤

嘉慶拾肆年拾月　日立添盡契人林周持
代書男　先楡
見人許堤使
林似玉

---

① FYXS028、FYXS029、FYXS030、FYXS031、FYXS032、FYXS033、FYXS034、FYXS035、FYXS036、FYXS037十件文書疊在一起保存。

立添盡契人林周持，有祖管史鈿屯田壹叚，坐在小尤村，土名東坑仔墓仔壠，共載租壹千七百弍拾五斤大，四至明白，与栝使、黨使三人仝管，持三分應得一分，載租五百七十五斤大，前年出賣在許坂使邊管掌为業，其租聲、價銀、四至登載原契及添契，因價未足，托中就在坂使邊添出盡足價艮九大員，其銀當中收讫，田付銀主起佃自耕，永遠□管掌为業，其屯米依照前配載叁斗弍升正，银弍分正，即将上翰社林加脩股内推出付本社许[收入股内办纳粮務，並無多推少配等情。此田并無□明，如有，係持抵當，不干銀主之事。田既推收盡絕，外[不敢言及添贖，其田内或要起糞廠付許聽從其便，[言及生说，其所買古契、正契、添契、盡契、産關共叁□，一並繳付许收執，係二比甘心两愿，各無異言生说。今欲有憑，立添盡契为炤。①

嘉慶拾肆年拾月　日立添盡契人林周持（押）

代書男　光榆（押）

見人许堤使（押）

林似玉

①此處有挽結，類似『9』。

FYXS032 嘉慶十五年（1810）啓蒲借字① 295×247mm

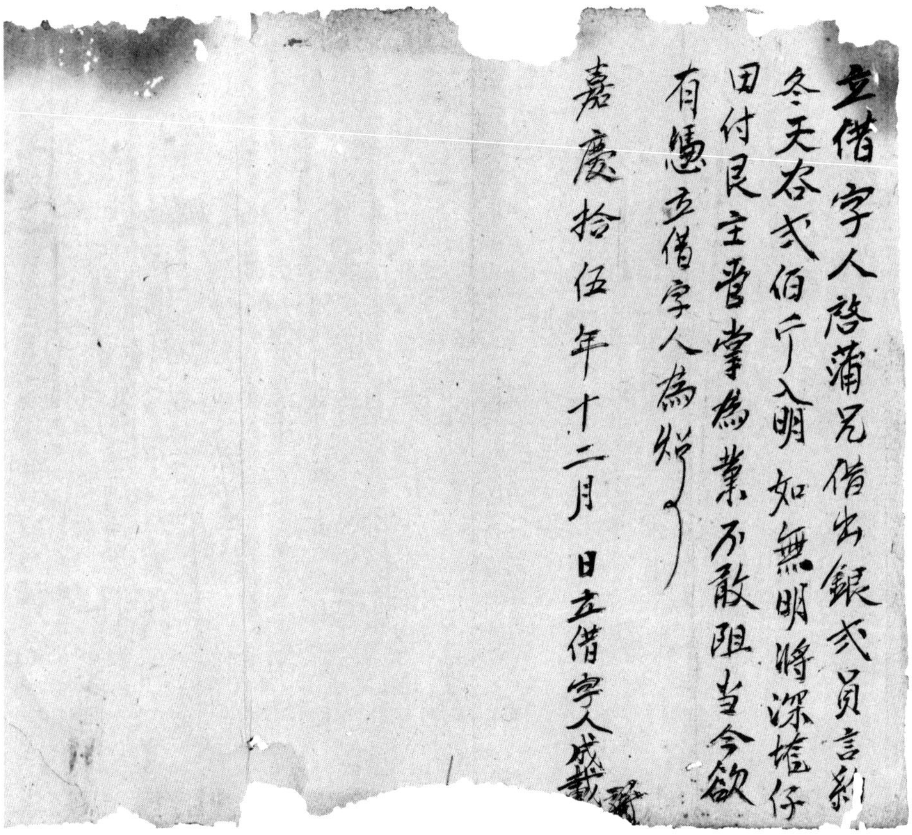
立借字人啓蒲兄借出銀弍員言約
冬天交弍佰斤入明 如無明將深垅仔
田付艮主晉掌為業不敢阻当今欲
有憑立借字人為炤
嘉慶拾伍年十二月 日立借字人盛歡

① FYXS028、FYXS029、FYXS030、FYXS031、FYXS032、FYXS033、FYXS034、FYXS035、FYXS036、FYXS037十件文書叠在一起保存。

立借字人啓蒲兄借出銀弍員，言約冬天谷弍佰斤入明，如無，明將深壠仔田付艮主管掌為業，不敢阻当。今欲有憑，立借字人為炤。①

嘉慶拾伍年十二月　日立借字人成載（押）

①此處有挽結，類似『9』。

FYXS033 同治四年（1865）李世章、李華金添盡足契① 525×233mm

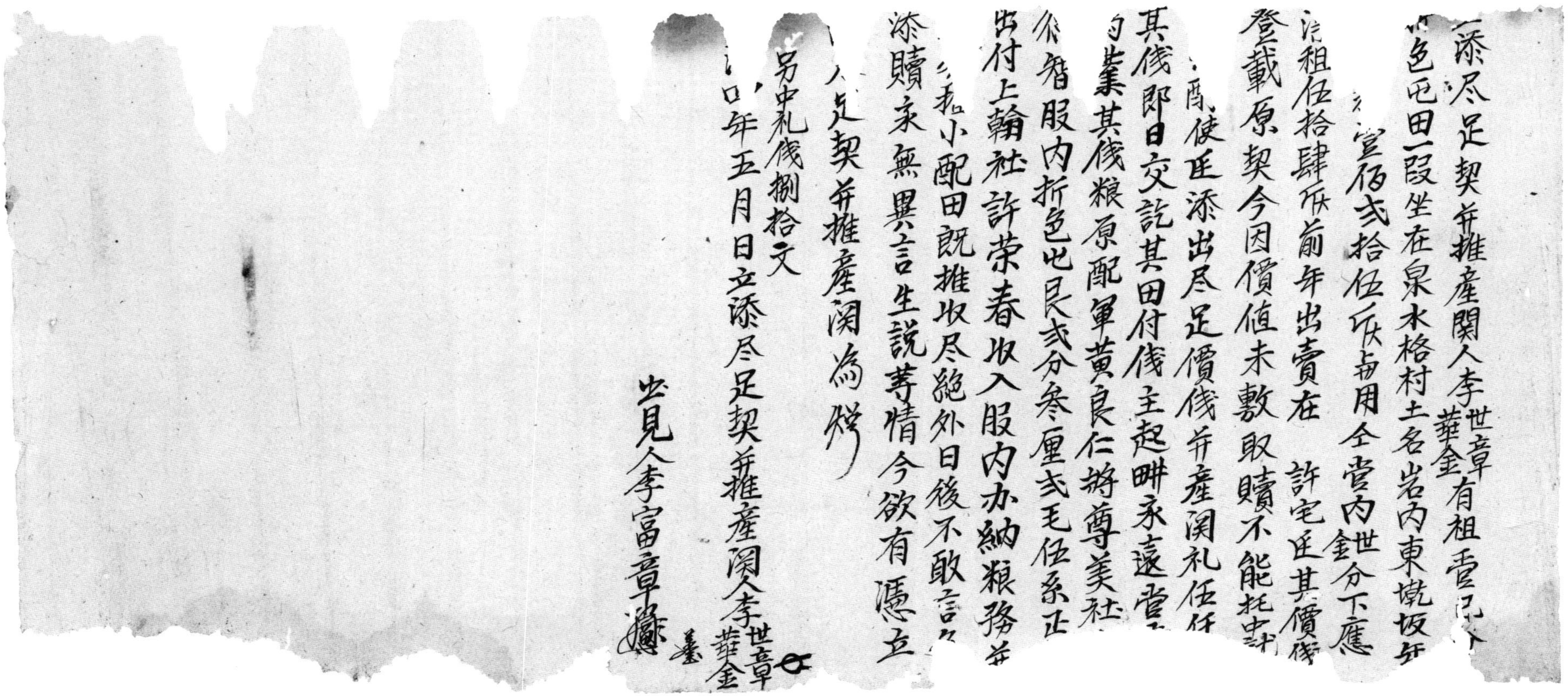
立添尽足契并推産関人李世章、華金有祖遺[illegible]
色民田一段坐在泉水格村土名岩内東塆坂[illegible]
[illegible]官佰弍拾伍斤每用仝营内世鈺分下應
[illegible]祖伍拾肆斤前年出賣在許宅匠其價[illegible]
登載原契今因價值未敷取贖不能托中[illegible]
[illegible]向使匠添出尽足價錢并産関礼伍仟[illegible]
其錢即日交訖其田付錢主起畊永遠管[illegible]
[illegible]業其錢粮原配軍黄良仁掰尊美社[illegible]
[illegible]名眘服内折色民弍分叁厘弍毛伍系正
[illegible]付上輸社許荣春收入服内办納粮務并
[illegible]私小配田既推收尽絶外日後不敢言[illegible]
添贖永無異言生説荨情今欲有憑立
[illegible]足契并推産関為照
另中礼錢捌拾文
[illegible]年五月日立添尽足契并推産関人李世章、華金
在見人李富章

---

① FYXS028、FYXS029、FYXS030、FYXS031、FYXS032、FYXS033、FYXS034、FYXS035、FYXS036、FYXS037十件文書叠在一起保存。

立添尽足契并推産關人李世章
華金有祖管己分

折色屯田一段，坐在泉水格村，土名岩内東𡶶坂年

「壹佰弍拾伍斤大，與用仝管内世
金分下應

得租伍拾肆斤大，前年出賣在　許宅邊，其價錢

登載原契。今因價值未敷，取贖不能，托中就「

「使邊添出尽足價錢并産關礼伍仟「

其錢即日交訖，其田付錢主起畊，永遠管掌

爲①業，其錢粮原配軍黄良仁將尊美社「

「智股内折色屯艮弍分叁厘弍毛伍糸正，「

出付上翰社許荣春收入股内办納粮，務并「

「多推小配，田既推收尽絕外，日後不敢言及

添贖，永無異言生説等情。今欲有憑，立

添尽足契并推産關為炤。

另中礼錢捌拾文。

同治四年五月　　日立添尽足契并推産關人李世章（押）
華金（押）

书見人李富章（押）

---

①『掌爲』係根據文義補充。

FYXS034　光緒九年（1883）榮毬退佃字[1]　469×215mm

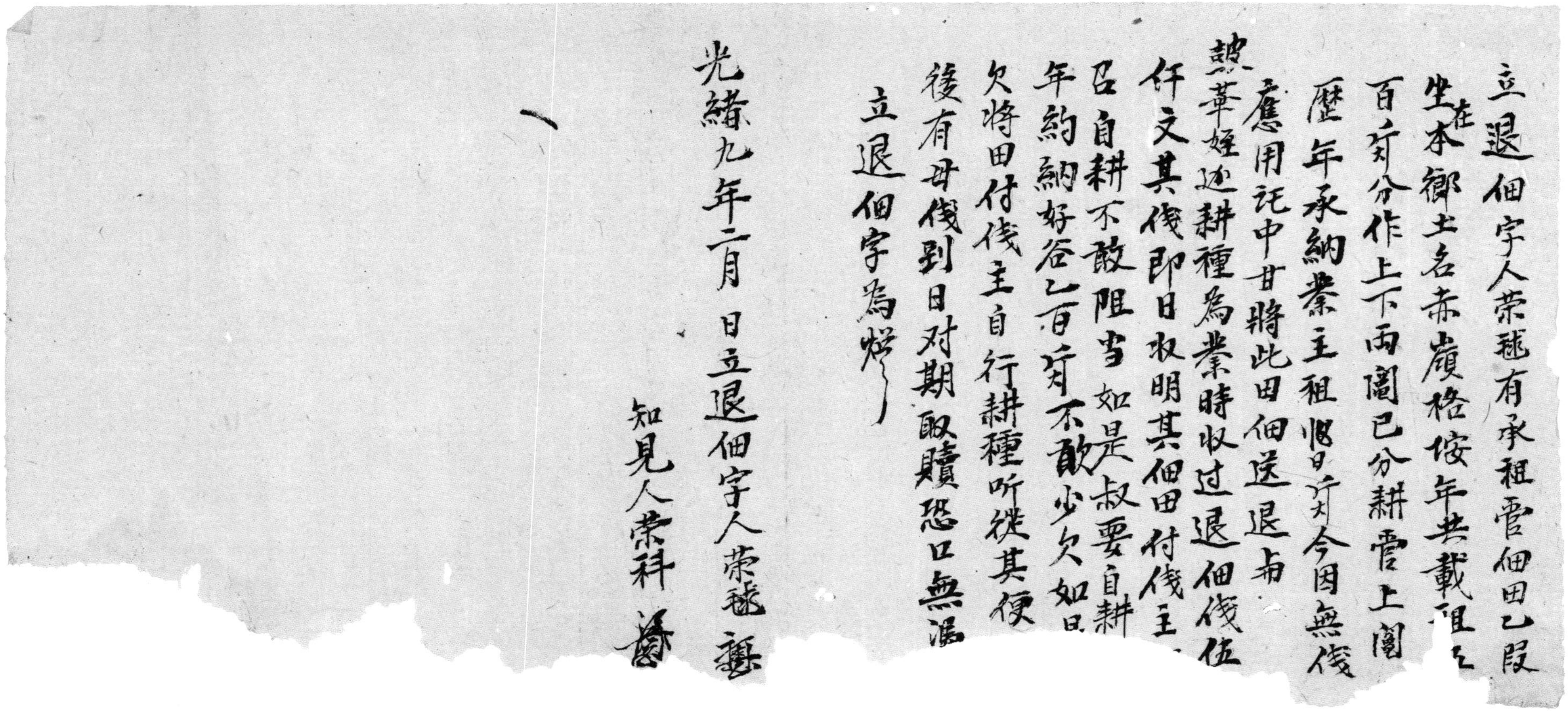
立退佃字人荣毬有承祖管佃田乙段
坐在本鄉土名赤嶺格𡶛年共載租乙
百斤分作上下两闔已分耕管上闔
歷年承納業主租悞日斤今因無伐
應用托中甘將此田佃送退与
謝華姪边耕種為業時收过退佃伐伍
仟文其伐即日收明其佃田付伐主
𠯁自耕不敢阻当 如是叔要自耕
年約納好谷乙百斤不敢少欠如日
欠將田付伐主自行耕種听從其便
後有毋伐到日对期取贖恐口無憑
立退佃字為照
光緒九年二月　日立退佃字人荣毬（押）
知見人荣科（押）

① FYXS028、FYXS029、FYXS030、FYXS031、FYXS032、FYXS033、FYXS034、FYXS035、FYXS036、FYXS037十件文書疊在一起保存。

立退佃字人荣毬，有承租管佃田乙段，
坐在本鄉，土名赤嶺格垵，年共載租五
百斤大，分作上下両鬮，己分耕管上鬮，
歷年承納業主租250斤大。今因無錢
應用，托中甘將此田佃送退與
鼓華姪邊耕種為業，時收过退佃錢伍
仟文，其錢即日收明，其佃田付錢主□
召自耕，不敢阻当。如是叔要自耕[
年約納好谷乙百斤大，不敢少欠，如是[
欠，將田付錢主自行耕種，听從其便[
後有母錢到日，对期取贖，恐口無憑，
立退佃字為炤。①

光緒九年二月　日立退佃字人荣毬（押）
知見人荣科（押）

①此處有挽結，類似『9』。

FYXS035　光緒九年（1883）英池賣田華租①　206×224mm

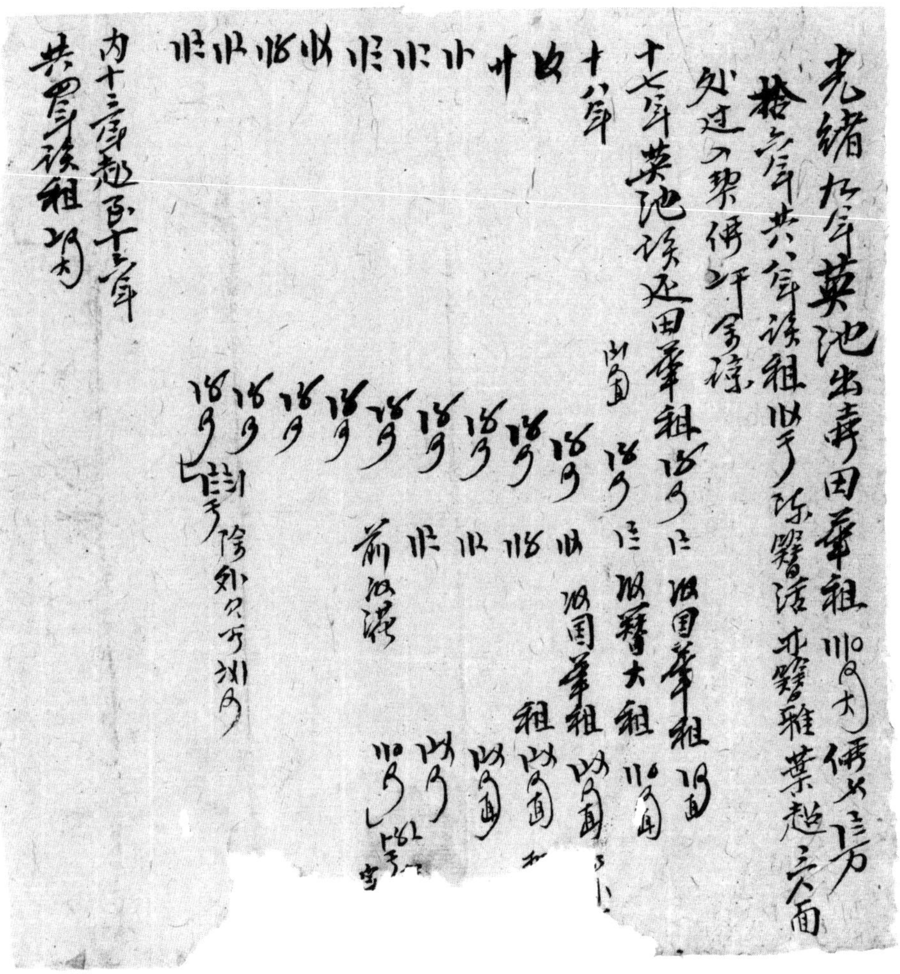
光緒九年英池出賣田華租
十七年英池該退田華租
十八年
内十三年起至十六年
共四年該租

①FYXS028、FYXS029、FYXS030、FYXS031、FYXS032、FYXS033、FYXS034、FYXS035、FYXS036、FYXS037十件文書叠在一起保存。

光绪九年英池出賣田華租300斤大，價錢18000。

拾六年共八年，该租2400斤，陈簪活、林簪雅、葉超三人面

处过入契价6000，余谅。

十七年英池该还田華租	150斤	十七年	收田華租	100斤直
十八年　171斤直	150斤	十八	收簪大租	200斤直
十九	150斤	二四	收国華租	164斤直
廿	150斤	二五	租	164斤直
二一	150斤	二六		164斤直
二二	150斤	二七		164斤
二三	150斤	前收涨		200斤
二四	150斤			
二五	150斤			
二六	150斤			
二七	150斤	1881斤除外欠谷741斤		

内十三年起至十六年

共四年该租600斤大

FYXS036　光緒二十五年（1899）張公盟收字①　478×237mm

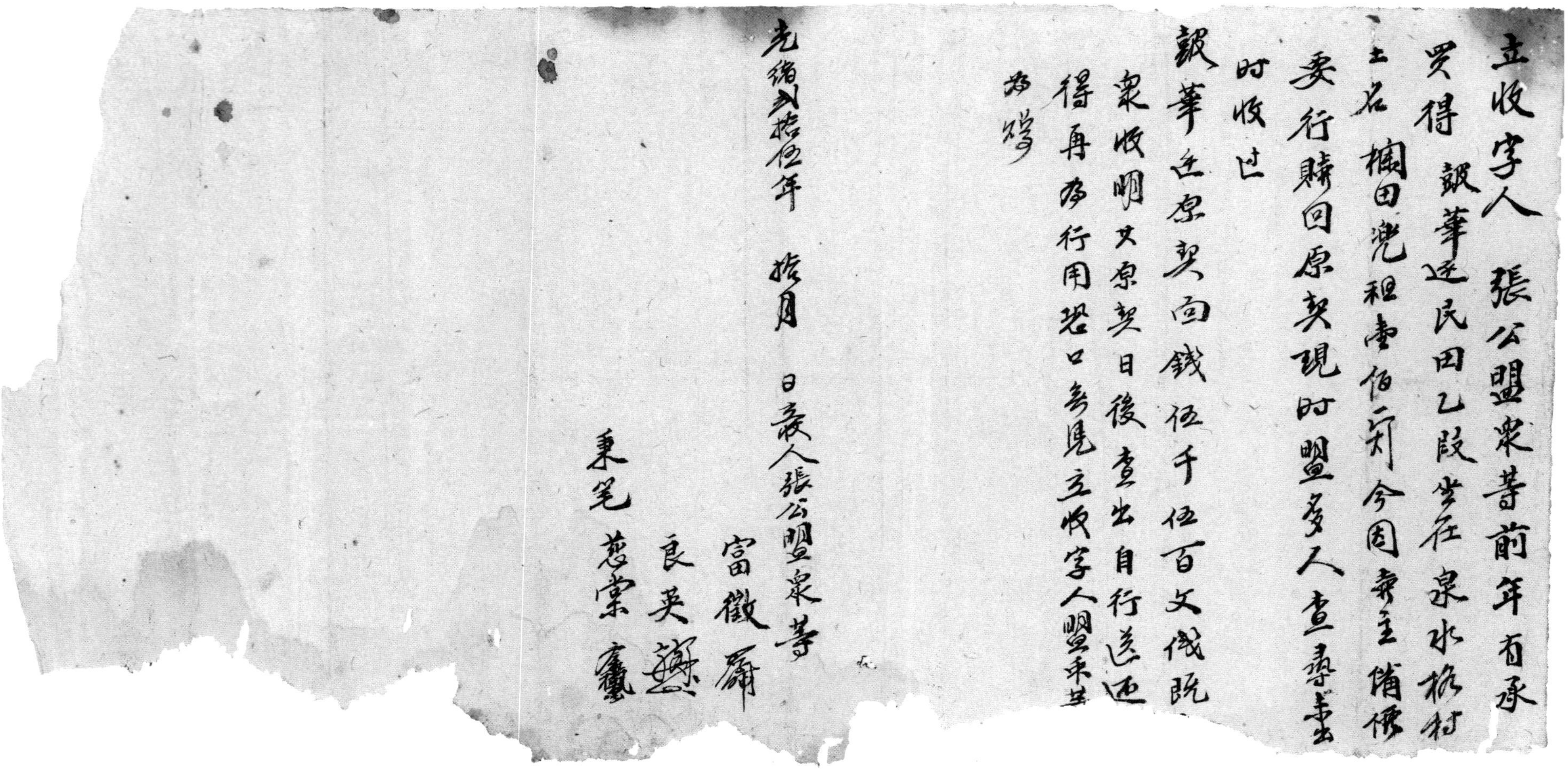
立收字人張公盟衆等前年有承
買得諒華遷民田乙段，坐在泉水格村，
土名榴田洸，租壹佰弍秤。今因業主備價
要行贖回原契，現時盟等人查尋未出，
時收過
諒華遷原契面錢伍千伍百文，俄既
衆收明。其原契日後查出，自行送還，不
得再爲行用。恐口無憑，立收字人盟衆等
爲炤。

光緒弍拾伍年拾月　日立收人張公盟衆等
富徵
良英
秉笔慈棠

---

① FYXS028、FYXS029、FYXS030、FYXS031、FYXS032、FYXS033、FYXS034、FYXS035、FYXS036、FYXS037十件文書叠在一起保存。

立收字人　張公盟衆等，前年有承
買得皷華邊民田乙段，坐在泉水格村，
土名欄田兜，租壹佰斤大，今因賣主備價
要行贖回原契，現时盟多人查尋未出，
时收过
皷華邊原契面錢伍千伍百文，錢既□
衆收明，其原契日後查出，自行送还，□
得再為行用。恐口無凴，立收字人盟衆等□
為炤。

光緒式拾伍年　拾月　日立收人張公盟衆等
富徵（押）
良英（押）
秉笔　慈棠（押）

FYXS037 民國十年（1921）龜靈衆丁轉賣租契[1] 405×193mm

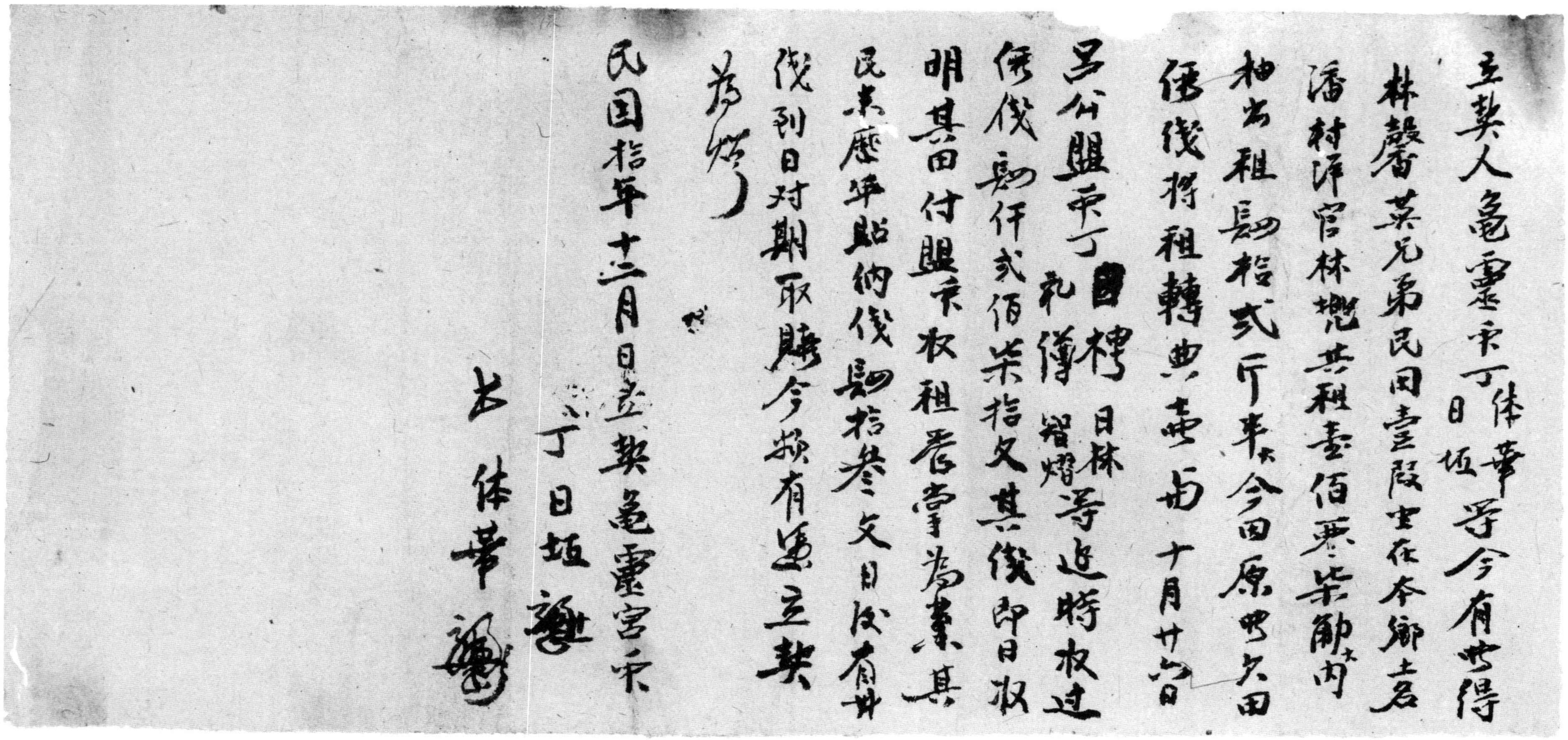
立契人龜靈衆丁体華日坵等今有些得
林馨英兄弟民田壹段坐在本鄉土名
潘村洋官林墘共租壹佰粟柒斤內
抽出租谷捌式斤半，今因原欠田
伍伐將租轉典壹畝 十月廿日
吳公盟衆丁國樽日林孔偉智熠等近將收過
佛伐谷仟式佰柒拾文，其伐即日收
明，其田付盟衆收租管掌為業，其
民未歷年貼納伐谷拾叁文，日後有此
伐到日對期取贖，今欲有憑，立契
為炤）
民国拾年十二月 日立契龜靈宮衆
丁日坵押
土体華押

① FYXS028、FYXS029、FYXS030、FYXS031、FYXS032、FYXS033、FYXS034、FYXS035、FYXS036、FYXS037十件文書叠在一起保存。

立契人亀靈衆丁体華日垢等，今有買得林馨英兄弟民田壹叚，坐在本鄉，土名潘村洋官林兜，共租壹佰零柒觔大，内抽出租肆拾弍斤半大，今因原買欠田價錢，將租轉典賣與十月廿六日①吕公盟衆丁日樗礼傳日林智熠等邊，時收过價錢肆仟弍佰柒拾文，其錢即日收明，其田付盟衆收租管掌為業，其民米歷年貼纳錢肆拾叁文，日後有母錢到日，对期取贖。今欲有憑，立契為炤。②

民國拾年十二月　日立契亀靈宫衆

丁日垢（押）

书　体華（押）

---

①此五字疑是後添。

②此處有挽結，類似於『9』。

FYXS038　乾隆五十四年（1789）景成送賣租契　367×230mm

立契人景成有陳所李户屯田一段坐在小尤村
土名對田尾門口淂佃指苗租佃刀丁有
景錫兄共賣內成分下應淂田二十束載
刀丁今因無銀應用托中送與
景三弟邊掌賣為業时收过価銀叁指
其銀即日收訖其田付與耕佃為業收租掌
賣其屯步随田办納回約不拘遠近取贖今欲有
憑立契為炤

乾隆伍拾肆年四月　日立契人景成（押）

中見人景様（押）

立契人景成有陳所李户屯田一段，坐在小尤村，土名新田尾门口，得陆拾束，載租陆百斤，與景錫兄共管，内成□下应得田三十束，載租一百斤，今因無銀應用，托中送賣與景三弟邊掌管為業，时收过價銀叁拾九員，其銀即日收讫，其田付弟对佃為業，收租掌管，其屯米随田办納，田約不拘遠近取贖。今欲有憑，立契為炤。①

乾隆伍拾肆年四月　　日立契人景成（押）

中見人景□（押）

---

①此處有挽結，類似於『］』。

FYXS039 道光十七年（1837）啓士添契 501×236mm

立添契人啟士有新浦園坪一所坐在本鄉土名凤
凰坳及嶺仔邊二段共載租柒拾斤前年出賣在
美五公衆邊為祀業因價未足托中就在衆邊
添出價銭壹仟伍百叁拾陆文其錢收訖其園坪付
衆邊起耕付佃耕種逐年配載利米其園坪並
無不明等情如有係士抵当不干衆之事其艮
兩登載原契之內有憑立添契為炤

道光十七年八月　日立添契啟士

中見人 啟興 啟國

代書見人□□

立添契人啟士，有新開園坪一所，坐在本鄉，土名凤蝦垵及嶺仔邊二段，共載租柒拾斤大，前年出賣在美五公衆邊为祀業，因價未足，托中就在　衆邊添出價錢壹仟伍百叁拾陆文，其錢收讫，其園坪付衆歷年付首耕種，並無配載糧米，其園坪並無不明等情，如有，係士抵当，不干衆之事，其艮兩登載原契。今欲有憑，立添契为炤。①

道光十七年八月　　日立添契人啟士（押）

中見人啟興（押）

啟固（押）

代书见人荣鏽（押）

①此處有挽結，類似於『9』。

FYXS040　乾隆六年（1741）林金脩送賣契[1]　528×243mm

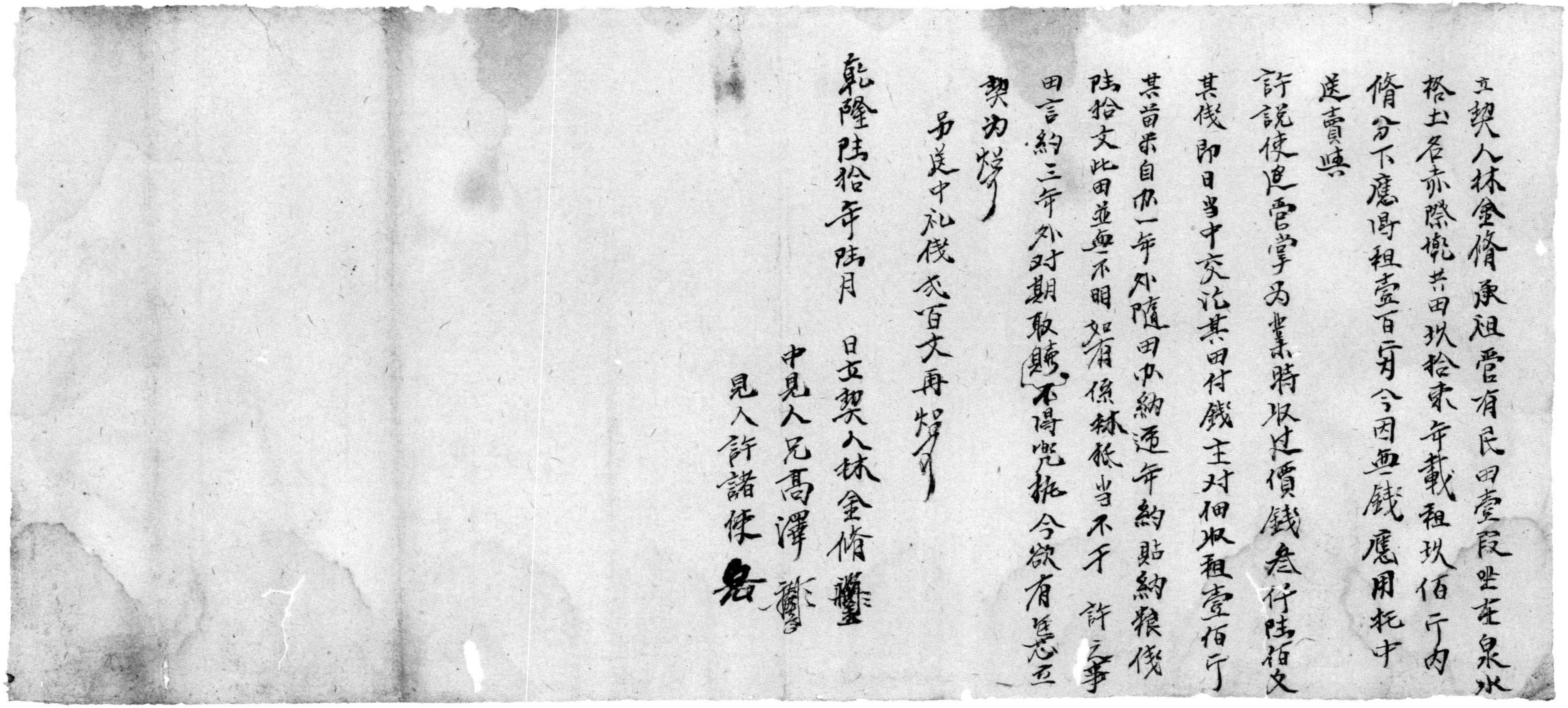
立契人林金脩承祖置有民田壹段坐在泉水
格土名赤際坑共田玖拾束年載租玖佰斤內
脩分下應得租壹百斤今因無錢應用托中
送賣與
許說使邊管掌為業時收過價錢叁仟陸佰文
其錢即日当中交訖其田付錢主对佃收租壹佰斤
其苗米自办一年外隨田办納通年納貼納粮錢
陸拾文此田並無不明如有係林抵当不干許之事
田言約三年外对期取贖不得兜執今欲有憑立
契为炤
另送中礼錢貳百文再炤
乾隆陸拾年陸月　日立契人林金脩
中見人兄高澤
見人許諸使

---

① FYXS040、FYXS041、FYXS042三件文書叠在一起保存。

立契人林金脩，承祖管有民田壹段，坐在泉水格，土名赤際垅，共田玖拾束，年載租玖佰斤，内脩分下應得租壹百斤大。今因無錢應用，托中送賣與

許説使邊管掌为業，時收过價錢叁仟陸佰文，其錢即日当中交讫，其田付錢主对佃收租壹佰斤，其苗米自办一年外，随田办納，遞年約貼納粮錢陸拾文，此田並無不明，如有，係林抵当，不干許之事。田言約三年外对期取贖，不得兜执，今欲有憑，立契为炤。①

另送中礼錢弍百文。再炤。②

乾隆陸拾年陸月　日立契人林金脩（押）

中見人兄高澤（押）

見人許諸使（押）

---

①此處有挽結，類似於『9』。

②此處有挽結，類似於『9』。

FYXS041　嘉慶三年（1798）林金脩添契[1]　523×243mm

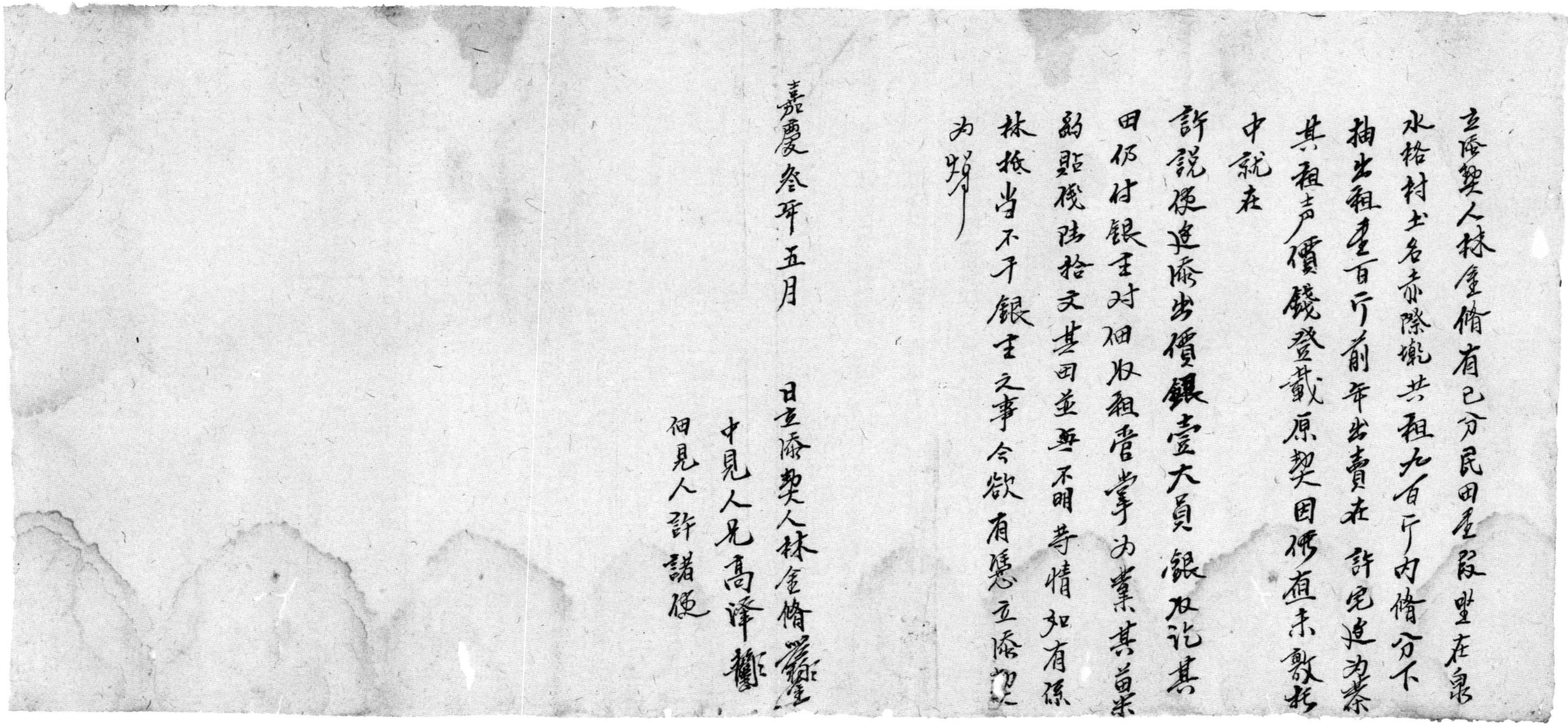

① FYXS040、FYXS041、FYXS042三件文書叠在一起保存。

立添契人林金脩，有己分民田壹段，坐在泉
水格村，土名赤際埯，共租九百斤，内脩分下
抽出租壹百斤，前年出賣在　許宅邊为業。
其租声、價錢登載原契。因價值未敷，托
中就在
許説使邊添出價銀壹大員，銀收訖，其
田仍付銀主对佃收租管掌为業，其苗米
約貼錢陆拾文，其田並無不明等情，如有，係
林抵当，不干銀主之事。今欲有憑，立添契
为炤。①

嘉慶叁年五月　　日立添契人林金脩（押）
中見人兄高泽（押）
佃見人許諸使

①此處有挽結，類似於『9』。

FYXS042　嘉慶九年（1804）林金修添盡契①　548×250mm

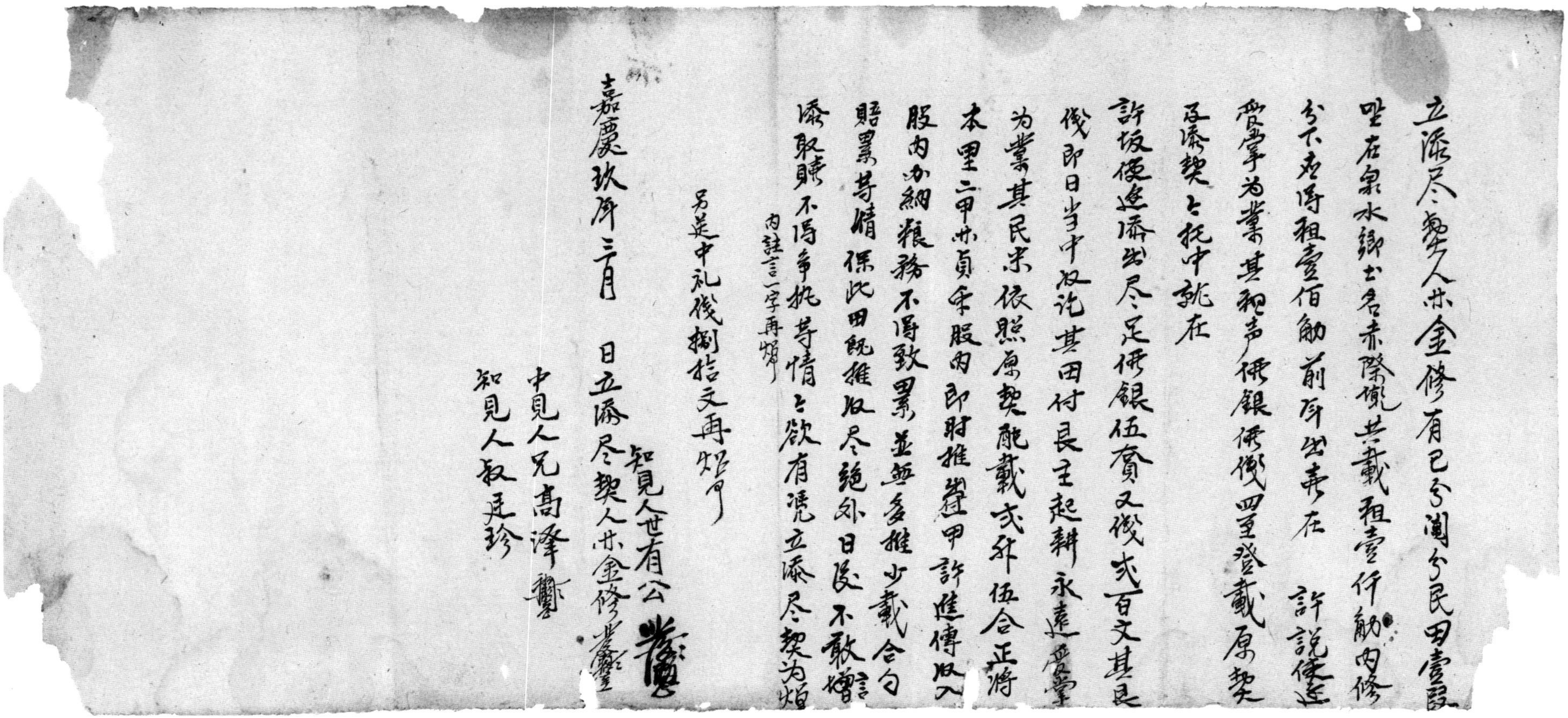
立添盡契人林金修有已分闗分民田壹段
坐在泉水鄉土名赤際墘共載租壹仟觔內修
分下應得租壹佰觔前年出賣在　許說使
處掌為業其租声佛銀佛錢四至登載原契
及添契上托中就在
許坂使進添出盡足佛銀伍員文錢弍百文其銀
錢即日当中收訖其田付艮主起耕永遠處掌
為業其民米依照原契配載弍升伍合正將
本里二甲林貞秀股內即附推過甲許進傳收入
股內办納粮務不得致累並無多推少載合句
賠累等情係此田既推收盡絕外日後不敢增言
添取贖不得爭執等情之欲有憑立添盡契為炤
內註言一字再炤
另是中礼錢搁拈文再炤
嘉慶玖年二月　日立添盡契人林金修
知見人世有公
中見人兄高澤
知見人叔廷珍

① FYXS040、FYXS041、FYXS042三件文書叠在一起保存。

立添尽契人林金修，有己分阄分民田壹段，
坐在泉水鄉，土名赤際墘，共載租壹仟觔，內修
分下应得租壹佰觔，前年出賣在許說使邊
管掌為業，其租声、價銀、價錢、四至登載原契
及添契，今托中就在
許坂使邊添出尽足價銀伍大員，又錢弍百文，其艮
錢即日当中收讫，其田付艮主起耕，永遠管掌
為業，其民米依照原契配載弍升伍合正，將
本里二甲林貞棠股內即时推出，付一甲許進傳收入
股內办納粮務，不得致累，並無多推少載，合勺
賠累等情，保此田既推收尽絕外，日後不敢言
添取贖，不得争執等情。今欲有憑，立添尽契为炤。

內註言一字，再炤。①

另送中礼錢捌拾文，再炤。②

知見人世有公（押）

嘉慶玖年三月　日立添尽契人林金修（押）

中見人兄高泽（押）

知見人叔廷珍

①此處有挽結，類似於『9』。

②此處有挽結，類似於『9』。

FYXS043　乾隆五十七年（1792）林周静承字①　248×245mm

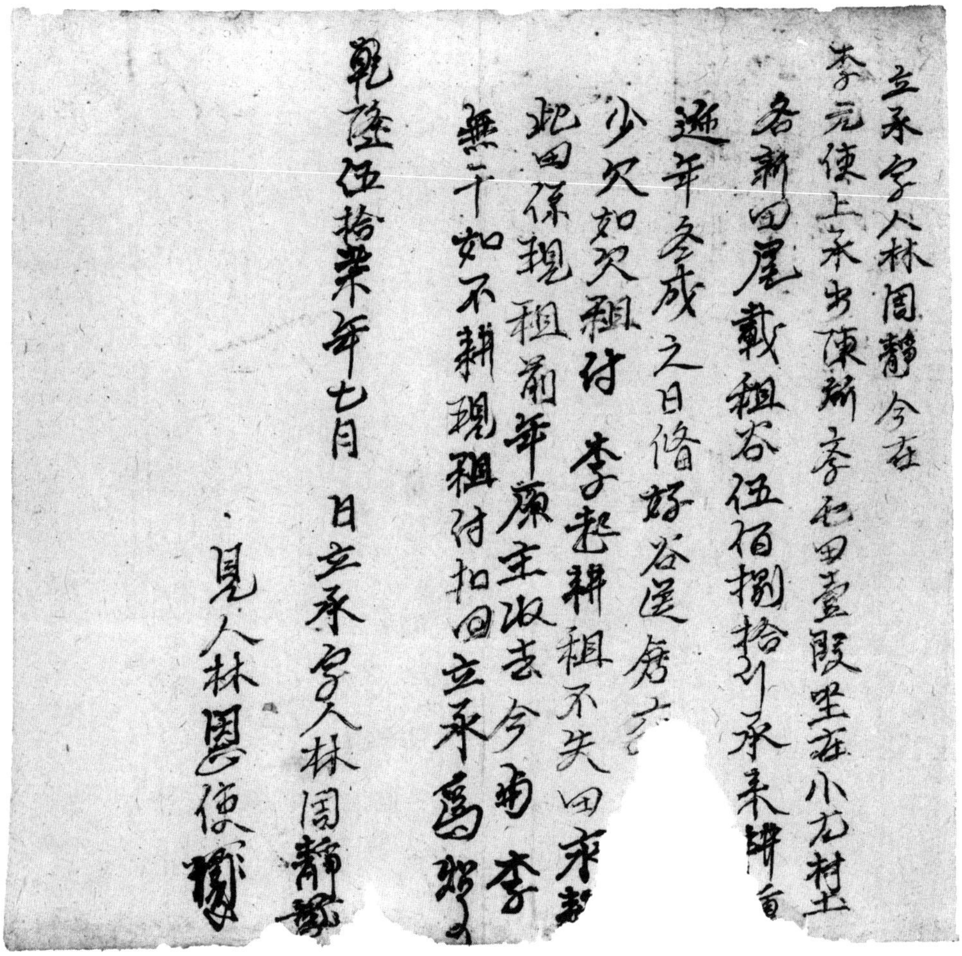
立承字人林周静今在
李元使上承出陳新斎田壹段坐在小龙村土
名新田尾載租谷伍佰捌拾斤承来耕
遞年冬成之日償好谷送房
少欠如欠租付　李起耕租不失田承
此田係現租前年廉主收去今当　李
無干如不耕現租付扣回立承為照
乾隆伍拾柒年七月　日立承字人林周静
見人林恩使

①FYXS043、FYXS044兩件文書叠在一起保存。

立承字人林周静，今在

李元使上承出陳所孝屯田壹段，坐在小尤村，土

名新田尾，載租谷伍佰捌拾斤，承来耕種，

遞年冬成之日，備好谷送倉[交][

少欠，如欠租，付　李起耕，租不失田，永[耕]，

此田係現租前年原主收去，今與李

無干，如不耕，現租付扣回，立承爲炤。①

乾隆伍拾柒年七月　日立承字人林周静（押）

見人林恩使（押）

①此處有挽結，類似「9」。

FYXS044　乾隆五十七年（1792）林景錫、林景三出賣屯田字①　276×244mm

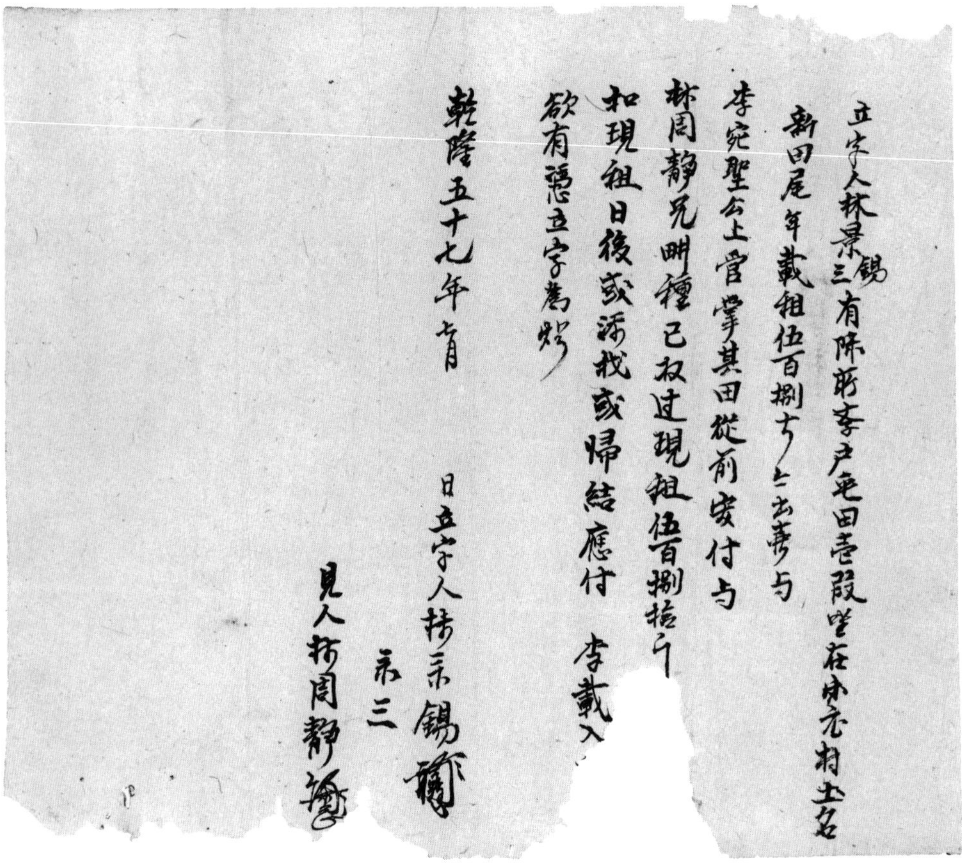

立字人林景錫、三有除承李户屯田壹段，坐在本[illegible]村，土名
新田尾，年載租伍百捌十斤，亡出賣與
李宪聖公上管掌，其田從前安付與
林周静兄剛種，已叔过現租伍百捌拾斤
和現租，日後或添找或歸結，應付李載入。
欲有憑，立字為炤。

乾隆五十七年　月　日立字人林景錫
景三
見人林周静

① FYXS043、FYXS044兩件文書疊在一起保存。

立字人林景錫（三），有陳所孝户屯田壹叚，坐在小尤村，土名新田尾，年載租伍百捌十斤，今出賣与李宛聖公上管掌，其田從前安付与林周静兄畊種，已收过現租伍百捌拾斤⌈扣现租。日後或添找或帰結，應付　李載入⌈欲有憑，立字為炤。

乾隆五十七年七月　　日立字人林景錫（押）

景三

見人林周静（押）

①此處有挽結，類似『9』。

FYXS045 道光三年（1823）李文思送賣契① 471×220mm

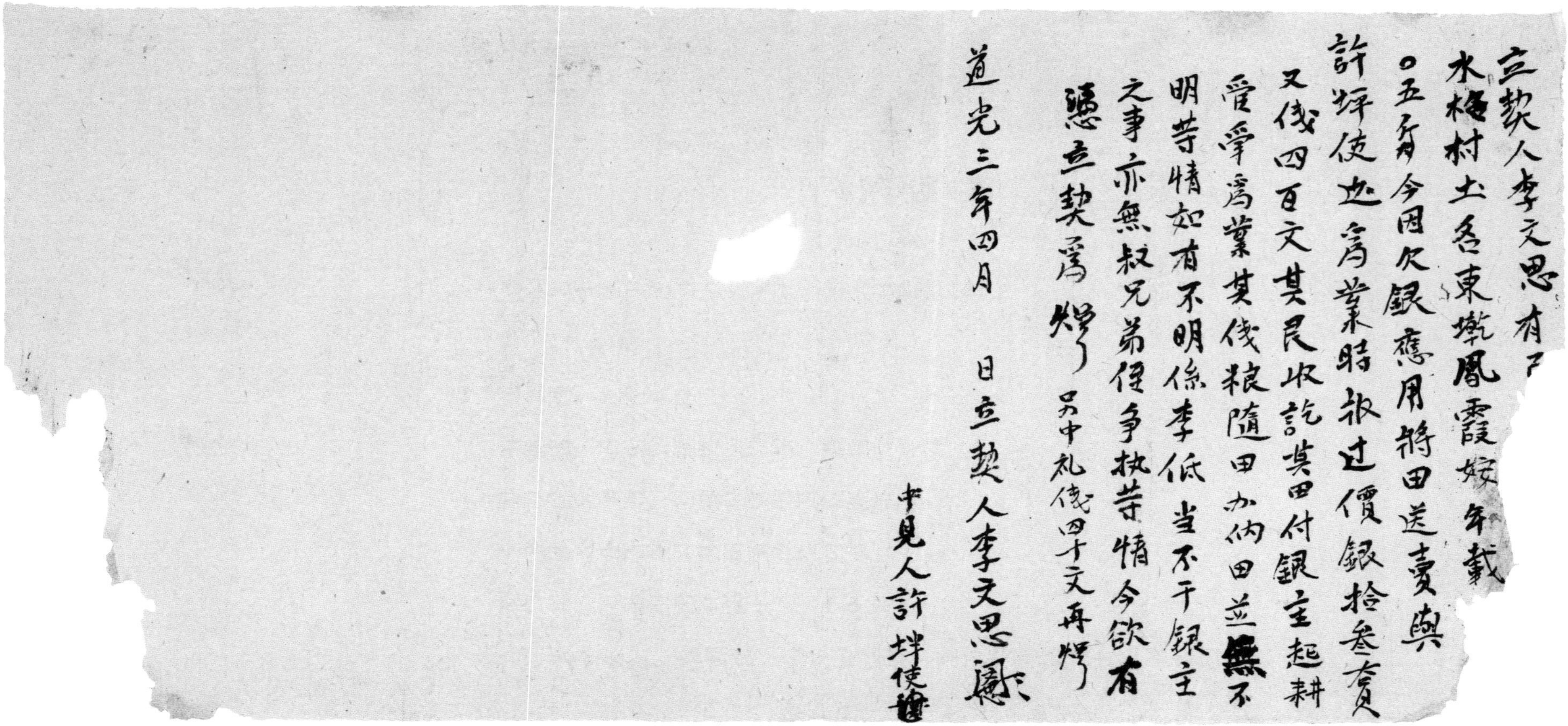
立契人李文思有
水梅村土名東墩風霞嫁年載
○五斗今因欠銀應用將田送賣與
許坪使边爲業時估过價銀拾叁貟
又錢四百文其艮收訖其田付銀主起耕
管爭爲業其錢粮隨田办納田並無不
明等情如有不明係李低当不干銀主
之事亦無叔兄弟侄爭执等情今欲有
憑立契爲照 另中札錢四十文再照
道光三年四月 日立契人李文思（押）
中見人許坪使（押）

① FYXS045、FYXS046、FYXS047、FYXS048、FYXS049、FYXS050六件文書叠在一起保存。

立契人李文思有己[

水格村，土名東坃鳳霞姲，年載[

〇五斤大。今因欠銀應用，將田送賣與

許坪使邊為業，時收过價銀拾叁大員，

又錢四百文，其艮收訖，其田付銀主起耕

管掌爲業，其錢粮隨田办纳。田並無不

明等情。如有不明，係李低当，不干銀主

之事，亦無叔兄弟侄争执等情。今欲有

憑，立契爲炤。① 另中礼錢四十文，再炤。②

道光三年四月　　日立契人李文思（押）

中見人許坪使（押）

---

①此處有挽結，類似於『9』。

②此處有挽結，類似於『9』。

FYXS046　道光五年（1825）李文思退佃字①　554×240mm

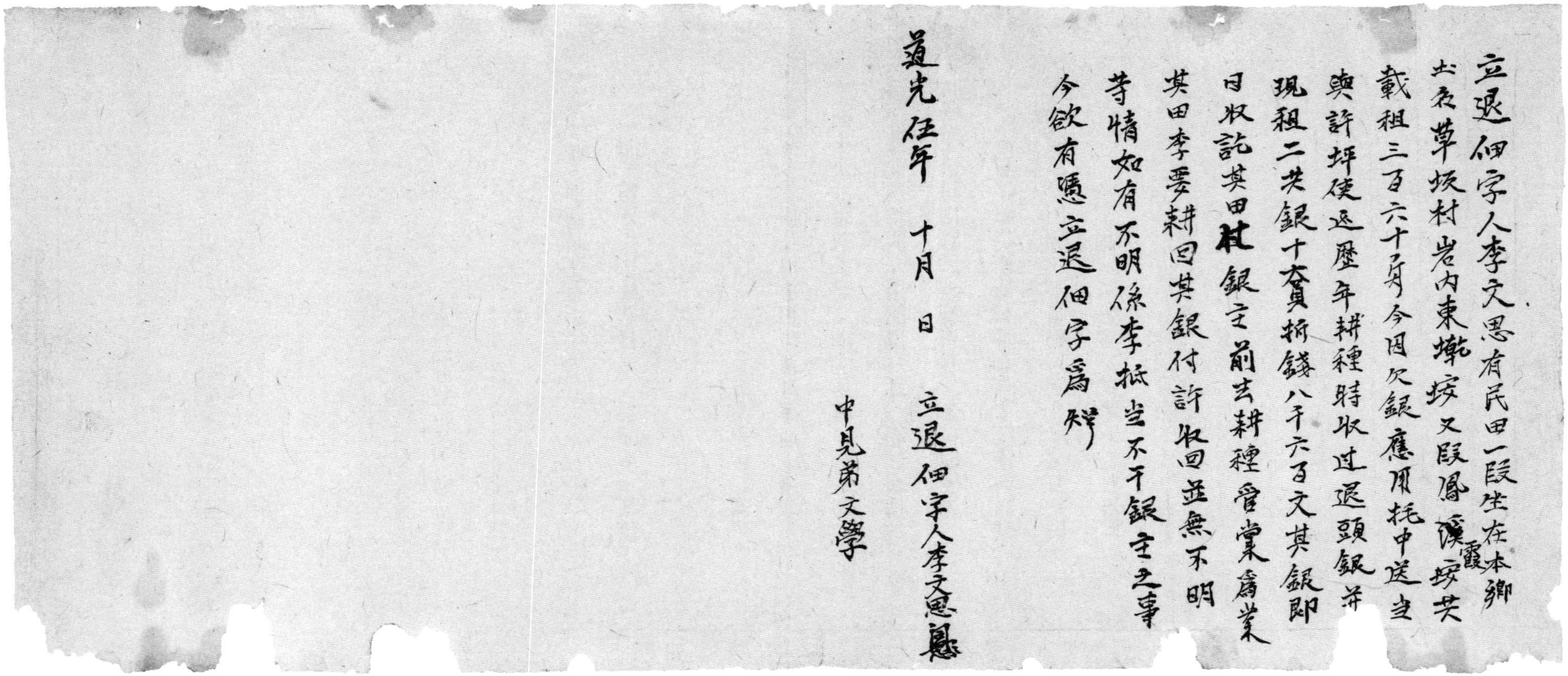
立退佃字人李文思有民田一段坐在本鄉
土名草坂村岩内東墩坑又段鳳溪坑共
載租三百六十斤今因欠銀應用托中送至
與許坪使退歷年耕種時收过退頭銀并
現租二共銀十貳折錢八千六百文其銀即
日收訖其田杜銀主前去耕種管業爲業
其田李要耕回其銀付許收回並無不明
等情如有不明係李抵当不干銀主之事
今欲有憑立退佃字爲照

道光伍年　十月　日　立退佃字人李文思

中見弟文學

① FYXS045、FYXS046、FYXS047、FYXS048、FYXS049、FYXS050六件文書叠在一起保存。

立退佃字人李文思有民田一段，坐在本鄉，
土名草坂村岩内東墘垵，又叚鳳霞垵，共
載租三百六十斤大，今因欠銀應用，托中送当
與许坪使邊，歷年耕種，時收过退頭銀并
現租，二共銀十大員，折錢八千六百文，其銀即
日收訖，其田付銀主前去耕種、管掌爲業。
其田李要耕回，其銀付許收回，並無不明
等情。如有不明，係李抵当，不干銀主之事。
今欲有憑，立退佃字爲炤。①

道光伍年　十月　日　立退佃字人李文思（押）

中見人弟文學

①此處有挽結，類似於『9』。

FYXS047　道光七年（1827）李文思借字[①]　554×243mm

立借字人李文思今在
許坪使逕借出母銀二員每月每員加利
錢三十文約至八月末備母利一足送還
無還將後年鄉土名石鄉後租乙百斤付
銀主收租管掌爲業不敢少欠今欲
憑立借字爲照
道光七年五月廿三日　立借字人李文思

① FYXS045、FYXS046、FYXS047、FYXS048、FYXS049、FYXS050六件文書叠在一起保存。

立借字人李文思，今在

許坪使邊借出母銀二大員，每月每員加利錢三十文，約至八月末，倫母利一足送还，如無还，将後平鄉土名石獅後租乙百斤付銀主收租管掌爲業，不敢少欠，今欲有憑，立借字爲炤。①

道光七年五月廿三日　　立借字人李文思（押）

---

①此處有挽結，類似於『9』。

FYXS048　道光十六年（1836）李文取對添足契①　522×238mm

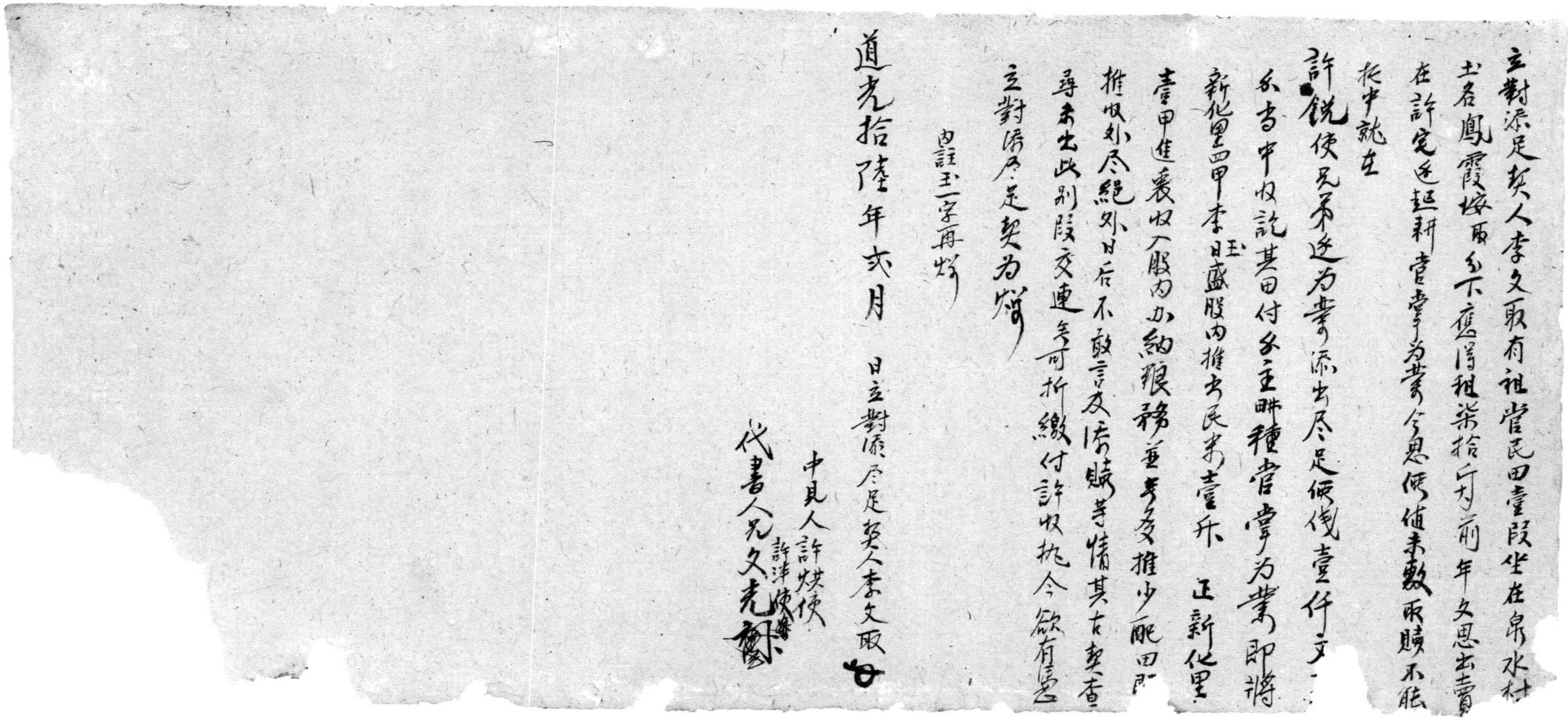

立對添足契人李文取有祖嘗民田壹段坐在泉水杉
土名鳳霞塆面下應納租柒拾斤大前年文思出賣
在許宅送起耕壹半為業今思價值未敷取贖不能
托中就在
許銳使兄弟邊為業添出盡足價錢壹仟文
即日中收訖其田付與主耕種管業為業即將
新化里四甲李日盛（玉）股内推出民米壹升　正新化里
壹甲進義收入股内办納粮務並無多推少甩田畝
推收外盡絕外日后不敢言及添贖等情其古契查
尋未出此別段交連無可折繳付許收執今欲有憑
立對添盡足契為照
內註玉一字再照
道光拾陸年貳月　日立對添盡足契人李文取（押）
中見人許煐使　許洋使
代書人兄文光（押）

① FYXS045、FYXS046、FYXS047、FYXS048、FYXS049、FYXS050六件文書叠在一起保存。

立對添尽足契人李文取，有祖管民田壹段，坐在泉水村，
土名鳳霞垵，取分下應得租柒拾斤大，前年文思出賣
在許宅邊起耕管掌为業。今思價值未敷，取贖不能，
托中就在
許鋭使兄弟邊为業，添出尽足價錢壹仟文□□
錢当中收訖，其田付錢主畊種管掌为業，即將
新化里四甲李玉日盛股内推出民米壹升　正，新化里
壹甲進衷收入股内办納粮務，並無多推少配，田即
推收外尽絕外，日后不敢言及添贖等情，其古契查
尋未出，此別段交連，無可折繳，付許收執。今欲有憑，
立對添尽足契为炤。①

内註玉一字，再炤。②

道光拾陸年弍月　日立對添尽足契人李文取（押）

中見人許烘使

許泮使（押）

代書人兄文光（押）

①此處有挽結，類似於『9』。

②此處有挽結，類似於『9』。

FYXS049 道光十六年（1836）李文取推産閹[1] 523×240mm

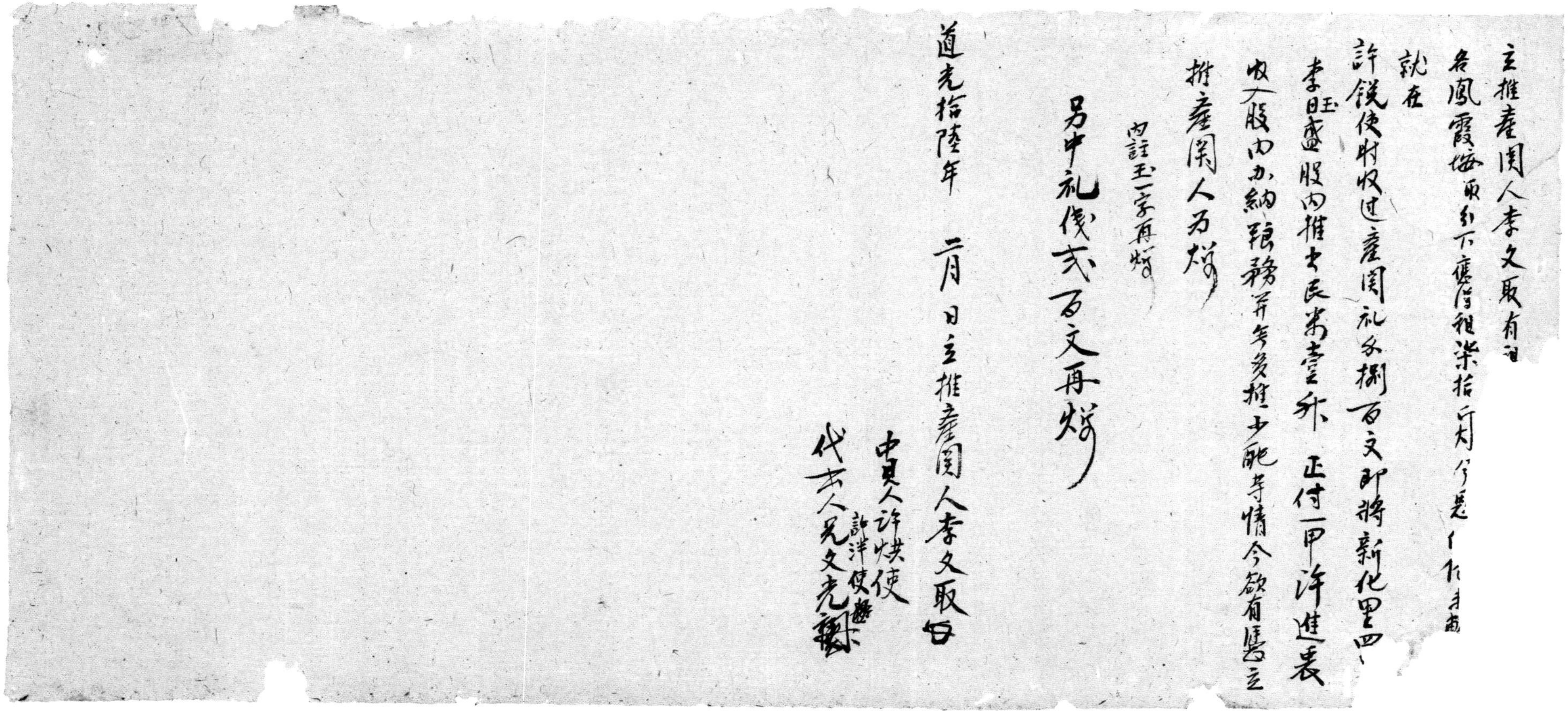
立推產閹人李文取有自
各鳳霞協兩分下應管租粜拾斤[illegible]
就在
許錢使附收過產閹礼分捌百文，即將新化里四
李旺盛股內推出民米壹升正，付與許進表
收入股內办納粮務，并無推少等情。今欲有憑，立
推產閹人為照。
內註玉一字再照
另中礼錢弍百文再照
道光拾陸年　月　日立推產閹人李文取（押）
中見人許烘使
許洋使
代書人兄文光

① FYXS045、FYXS046、FYXS047、FYXS048、FYXS049、FYXS050六件文書疊在一起保存。

立推産闗人李文敢，有祖」
名鳳霞坡，敢分下應得租菜拾斤大，今思價值未敷」
就在
許鋭使，時收过産闗礼錢捌百文，即将新化里四」
李日玉盛股内推出民米壹升正，付一甲许進衷
收入股内办納粮務，并無多推少配等情。今欲有憑，立
推産闗人为炤。①
内註玉一字，再炤。②
另中礼錢弍百文，再炤。③

道光拾陸年　二月　日立推産闗人李文敢（押）
中見人許烘使
許洋使（押）
代书人兄文光（押）

---

①此處有挽結，類似於『9』。
②此處有挽結，類似於『9』。
③此處有挽結，類似於『9』。

FYXS050 同治二年（1863）李文思添盡足契[1] 555×248mm

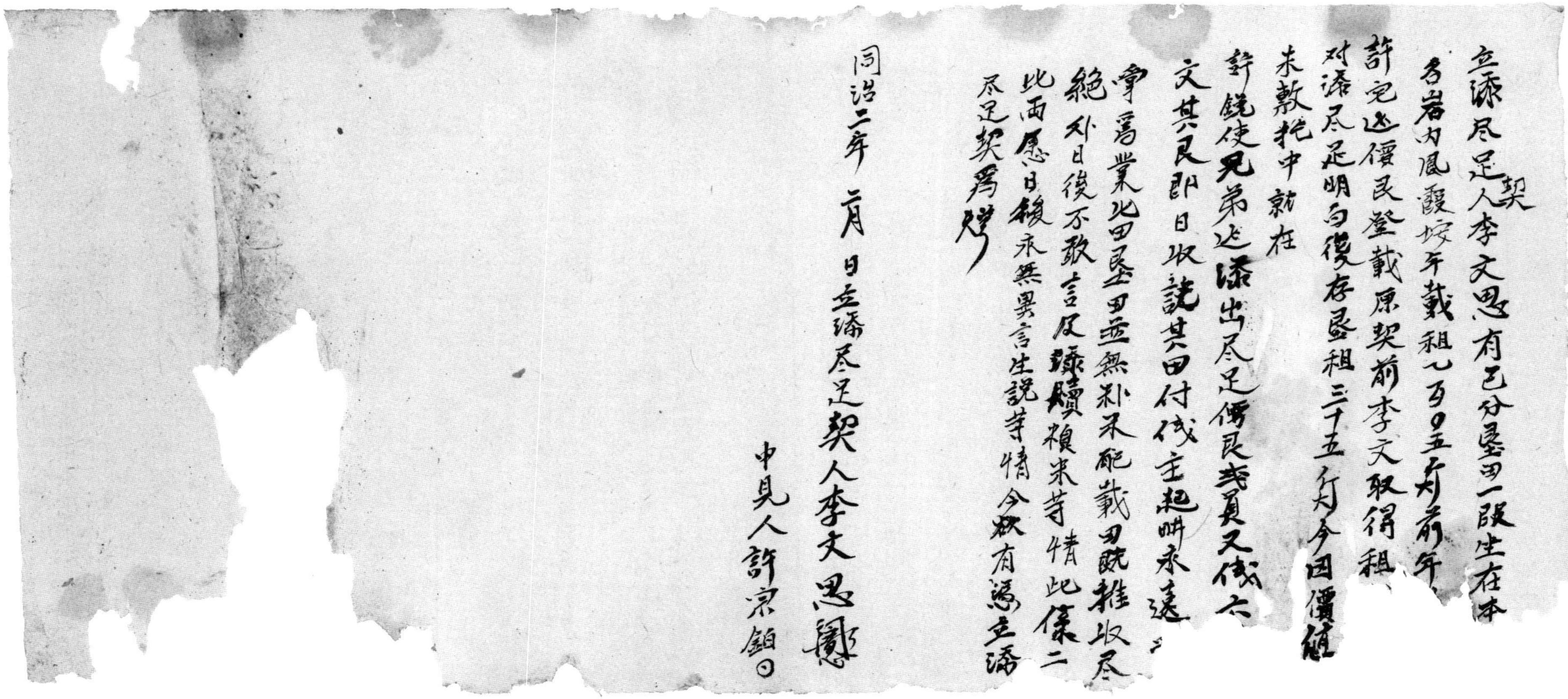
立添尽足契人李文思有己分壟田一段坐在本
處岩内鳳霞坡乎載租乙百○五斤對前年
許宅边價艮登載原契前李文取得租、
对添尽足明白後存壟租三十五斤今因價值
未敷托中就在
許鏡使兄弟边添出尽足價艮弍員又伐六
文其艮即日收訖其田付伐主起耕永遠
管為業此田壟田並無私积配載田既推收尽
絶外日後不敢言及贖贖根米等情此係二
比兩愿日後永無異言生說等情今欲有憑立添
尽足契爲照
同治二年　月　日立添尽足契人李文思（押）
中見人許宗館（押）

① FYXS045、FYXS046、FYXS047、FYXS048、FYXS049、FYXS050六件文書叠在一起保存。

立添尽足契人李文思，有己分垦田一段，坐在本鄉[
名岩内鳳霞坡，年載租乙百〇五斤大，前年[
許宅邊，價良登載原契，前李文取得租[
对添尽足明白，復存垦租三十五斤大，今因價值
未敷，托中就在
許銳使兄弟邊添出尽足價良弍員，又錢六[
文，其良即日收訖，其田付錢主起畊，永遠管
掌爲業，此田垦田，並無糧米配載，田既推收尽
絕外，日後不敢言及添贖粮米等情，此係二
比而愿，日後永無異言生說等情。今欲有憑，立添
尽足契为炤。①

同治二年　二月　日立添尽足契人李文思（押）
中見人許宗銷（押）

①此處有挽結，類似於『9』。

FYXS051　乾隆十年（1745）許浩登送賣契①　532×238mm

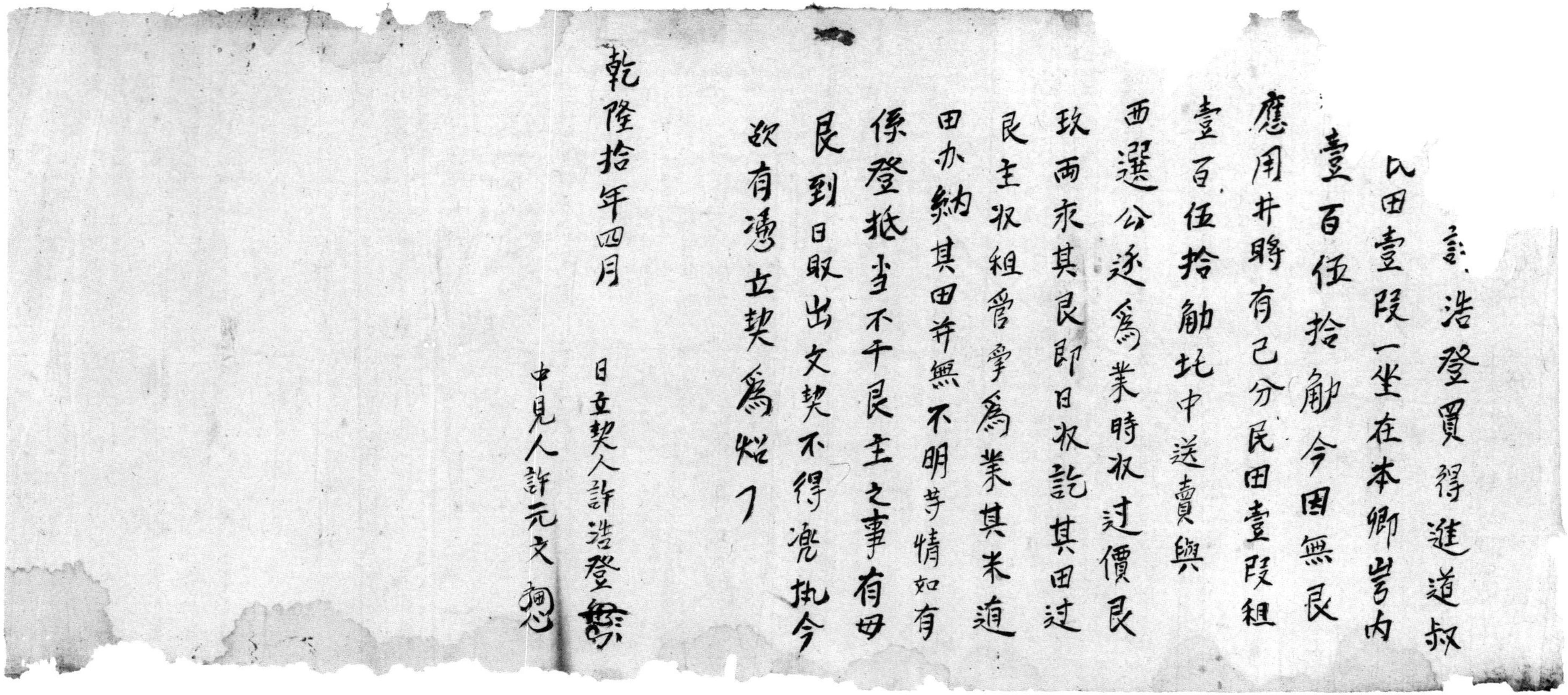

許浩登買得進道叔
以田壹段一坐在本鄉嵒内
壹百伍拾觔今因無艮
應用并將有己分民田壹段租
壹百伍拾觔托中送賣與
西選公邊為業時收过價艮
玖兩汞其艮即日收訖其田过
艮主收租管業為業其米道
田亦納其田并無不明等情如有
係登抵当不干艮主之事有毋
艮到日取出文契不得混执今
欲有憑立契為照

乾隆拾年四月

日立契人許浩登（押）

中見人許元文（押）

---

① FYXS051、FYXS052、FYXS053、FYXS054四件文書叠在一起保存。

[許浩登買得進道叔

[民田壹叚，一坐在本鄉岩内

[壹百伍拾觔。今因無良

應用，井[①]將有己分民田壹叚，租

壹百伍拾觔，托中送賣與

西選公邊爲業，時收过價良

玖両永，其良即日收訖，其田过

良主收租管掌爲業，其米随

田办納，其田并無不明等情，如有，

係登抵当，不干良主之事。有母

良到日，取出文契，不得兜执。今

欲有憑，立契爲炤。[②]

乾隆拾年四月　日立契人許浩登（押）

中見人許元文（押）

---

①疑爲『廿』之誤字。

②此處有挽結，類似於『7』。

FYXS052　乾隆二十年（1755）許廷考退佃字[1]　540×238mm

佃人許廷考前年承得李家田壹段
杉村土名杉坂 租弍百斤今將田退
還前去永遠耕種 收过退頭谷
飭 其谷收訖 其田付伯前去永遠耕種
其現租付李交納 不敢異言生說 今欲有
憑 立退佃字爲照
乾隆二十年四月 日立退佃人侄廷考

① FYXS051、FYXS052、FYXS053、FYXS054四件文書叠在一起保存。

[佃人许廷考，前年承得李家田壹段

[格村，土名粉坂，租弍百斤。今将田退

]

[公邊前去永遠畊種，收过退頭谷弍

[百]觔，其谷收讫，其田付伯前去永远畊種。

其現租对李交纳，不敢異言生说。今欲有

憑，立退佃字炤。①

乾隆二十年四月　日立退佃人侄廷考（押）

---

①此處有挽結，類似於『9』。

FYXS053　道光八年（1828）啓蒲、啓衷賣田契①　411×245mm

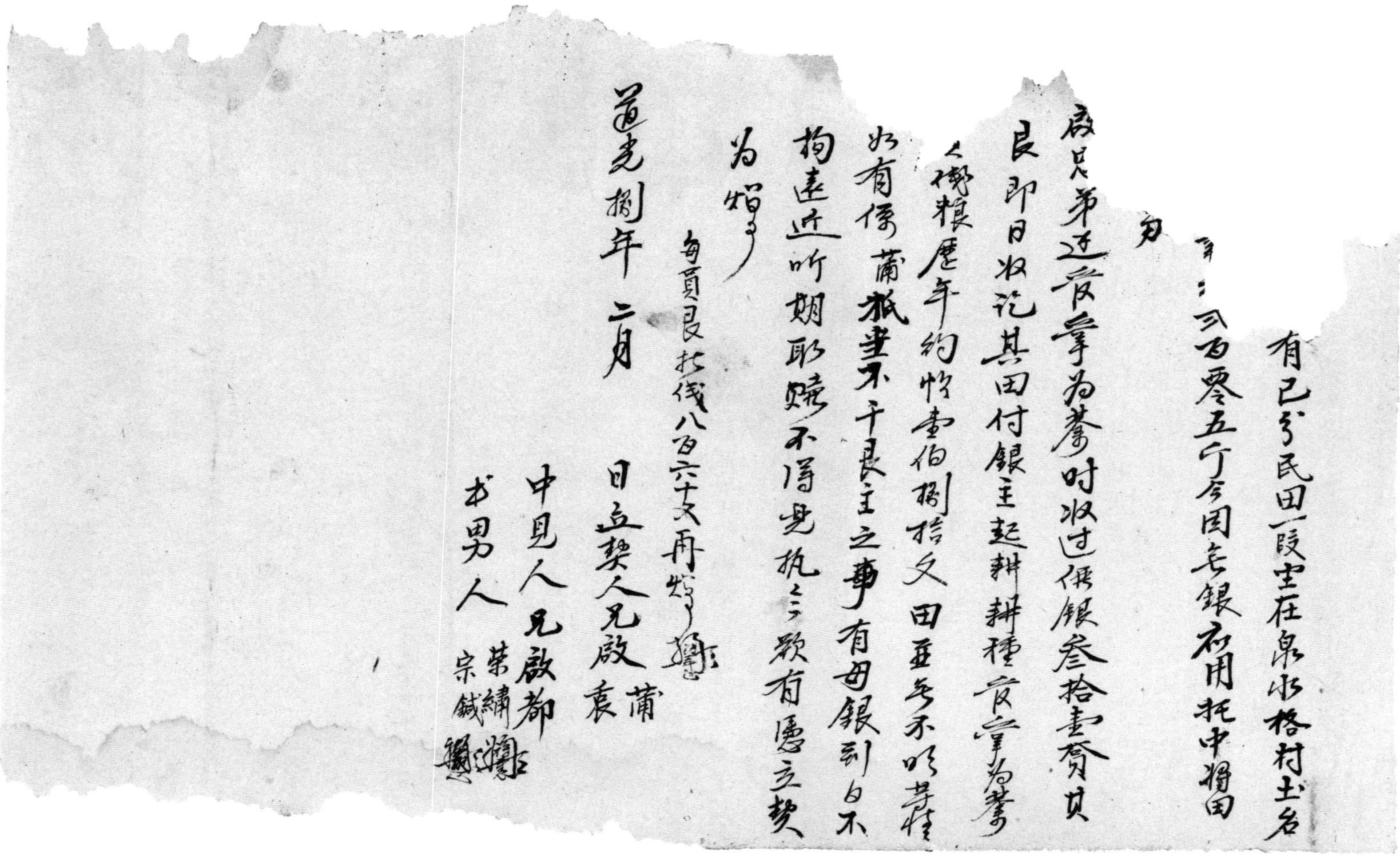
有已分民田一段坐在泉水格村土名
三百零五斤今因乏銀應用托中獨田
啟兄弟近前拿爲業時收過價銀叁拾壹員
足即日收訖其田付銀主起耕耕種前拿爲業
人擲粮歷年約帖壹伯捌拾文田並無不明等情
如有係蒲抵當不干銀主之事有母銀到日不
拘遠近聽取贖不得異執二比甘願有憑立契
爲炤
每員艮扣錢八百六十文再炤
道光捌年　二月　日立契人兄啟蒲 衷
中見人兄啟都
書男人 荣緒 宗鉞

① FYXS051、FYXS052、FYXS053、FYXS054四件文書疊在一起保存。

[有己分民田一段，坐在泉水格村，土名
[租式百零五斤，今因無銀应用，托中将田
□□與
啟恩弟邊管掌为業，时收过價銀叁拾壹大员，其
艮即日收讫，其田付銀主起耕耕種管掌为業。
□錢粮歷年约帖壹佰捌拾文，田並無不明等情。
如有，係蒲抵当，不干艮主之事。有母銀到日，不
拘遠近，听期取贖，不得兜执。今欲有憑，立契
为炤。①

每員艮折錢八百六十文，再炤。②（押）

道光捌年二月　日立契人兄啟蒲衷
中見人兄啟都
书男人荣繡（押）
宗鋮（押）

①此處有挽結，類似『3』。
②此處有挽結，類似『3』。

FYXS054　道光十一年（1831）林玉垣扯字[1]　321×245mm

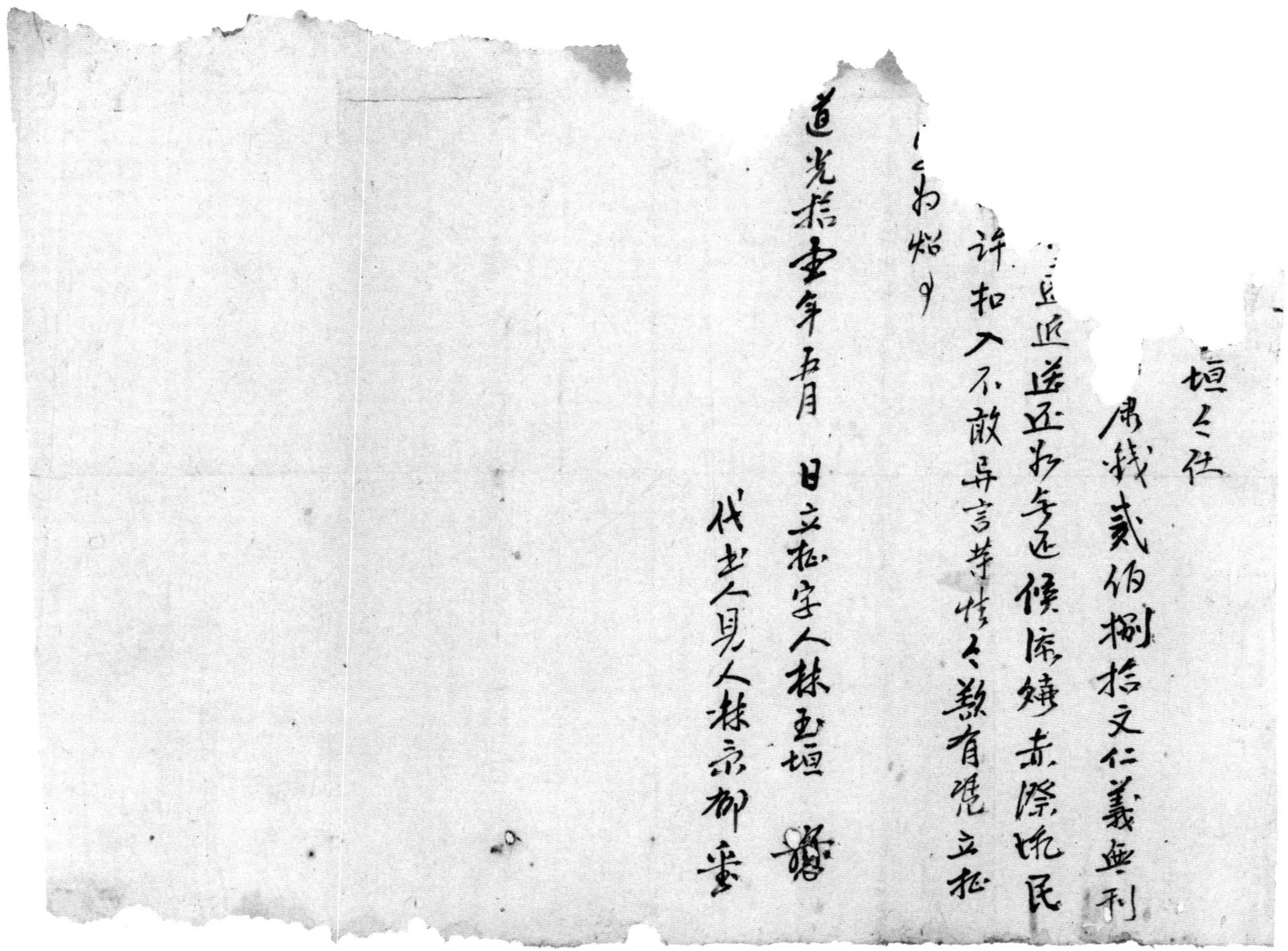
垣々仕
借錢貳佰捌拾文仁義無利
□近送还於年近候除歸赤際坑民
許扣入不敢异言等情々數有憑立扯
□□为炤
道光拾壹年五月　日立扯字人林玉垣（押）
代書人見人林宗柳（押）

① FYXS051、FYXS052、FYXS053、FYXS054四件文書叠在一起保存。

[垣今在

[康錢貳佰捌拾文，仁義無利

[遠近送还，如無还，候添贖赤漈墘民

[许扣入，不敢异言等情。今欲有凴，立扯

字为炤。①

道光拾壹年五月　日立扯字人林玉垣（押）

代书人見人林景郁（押）

①此處有挽結，類似於『9』。

FYXS055　乾隆五十七年（1792）許卓其、許雨其送賣契[1]　416×243mm

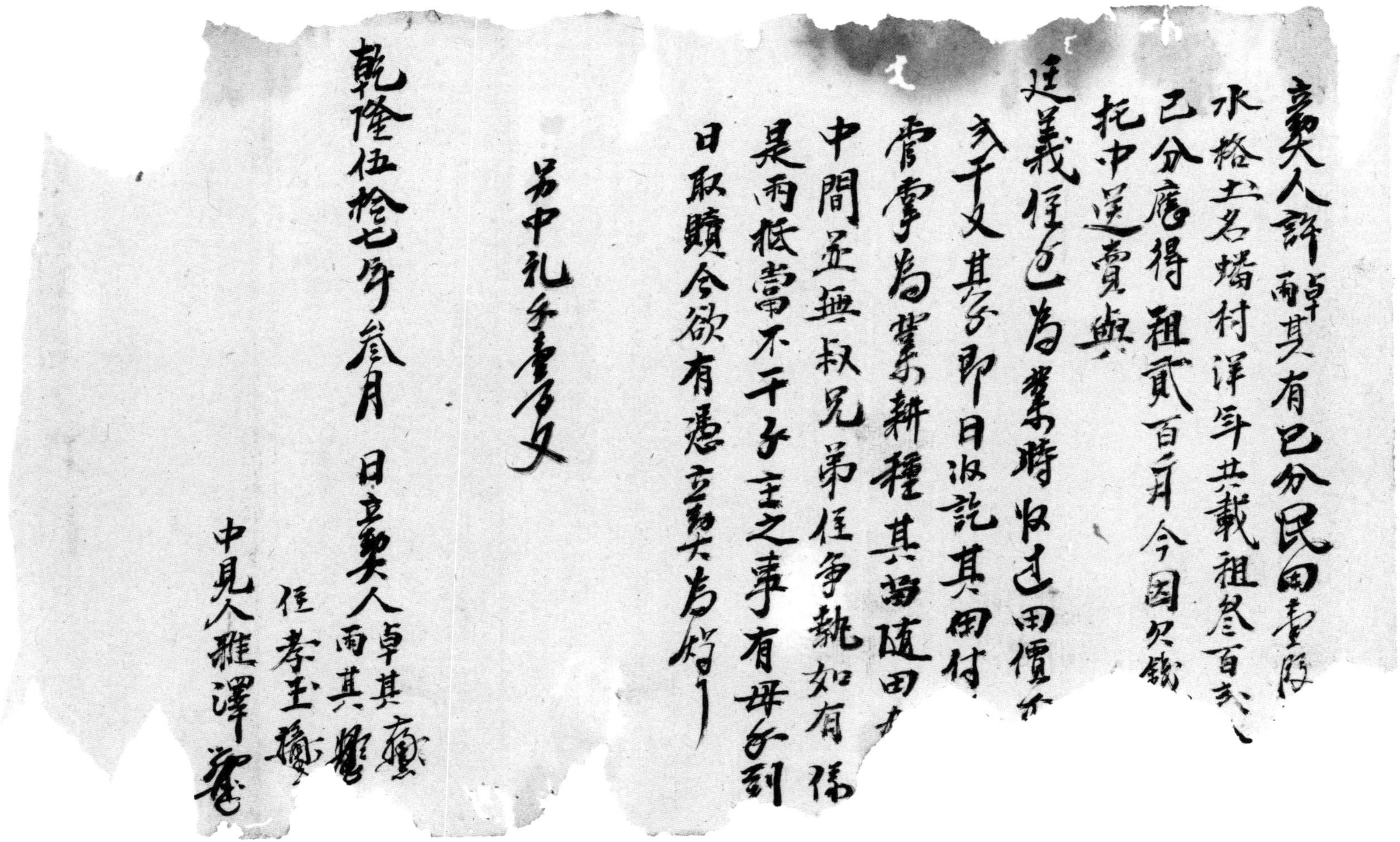

---

① FYXS055、FYXS056、FYXS057、FYXS058、FYXS059、FYXS060、FYXS061、FYXS062、FYXS063九件文書叠在一起保存。

立契人許卓雨其，有己分民田壹段[
水格，土名嶓村洋，年共載租叁百弍[
己分應得租貳百斤大，今因欠錢[
托中送賣與
廷義侄邊為業，時收過田價[
弍千文，其錢即日收訖，其田付[
管掌為業畊種，其苗隨田亦[
中間並無叔兄弟侄争執。如有，係
是雨抵當，不干錢主之事。有母錢到
日收贖。今欲有憑，立契為炤。①

另中礼錢壹百文。

乾隆伍拾七年叁月　日立契人卓其（押）雨其（押）

侄孝玉（押）

中見人雅澤（押）

①此處有挽結，類似於『9』。

FYXS056 乾隆五十七年（1792）許卓其、許雨其添契① 418×248mm

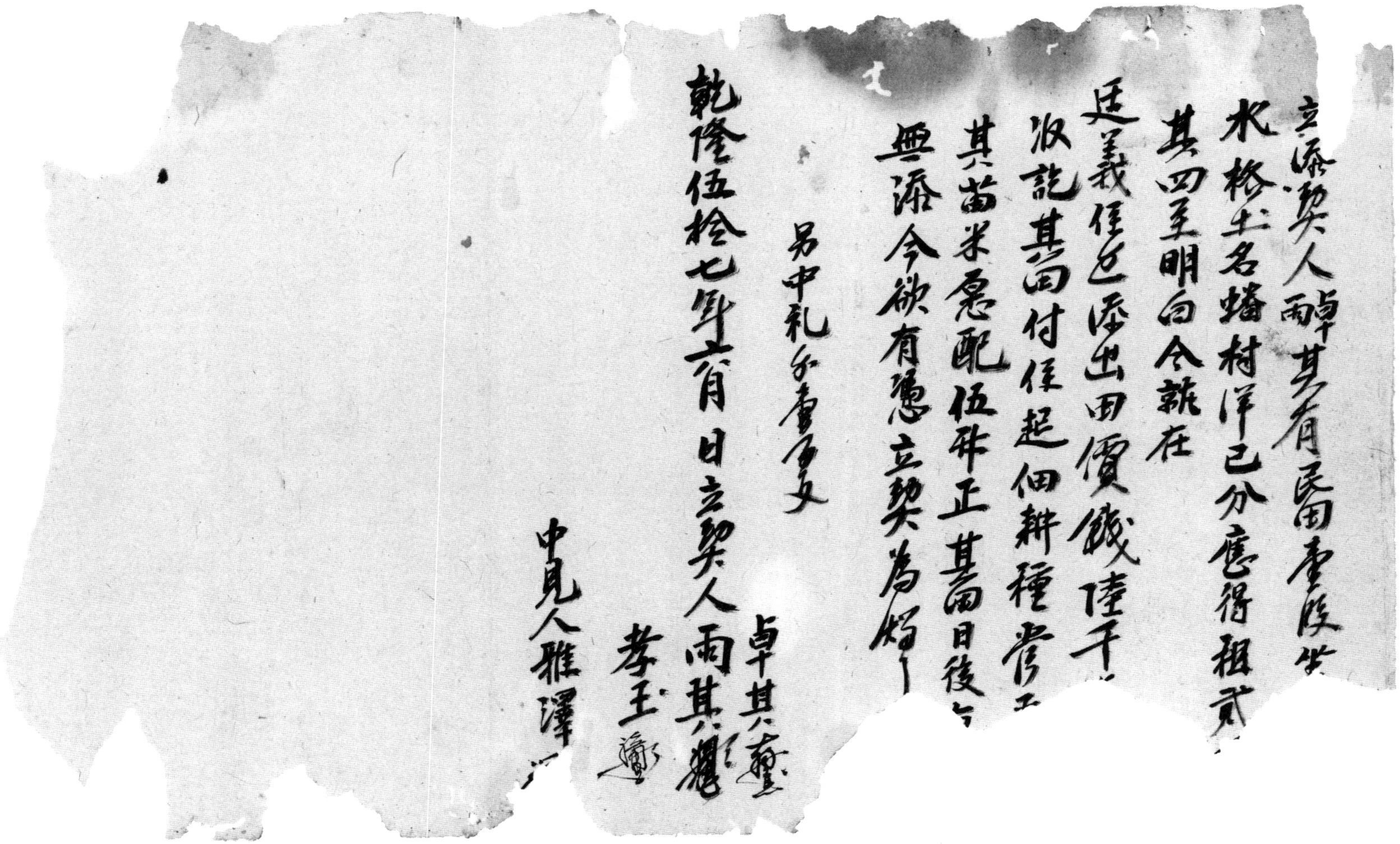
立添契人雨卓其有民田壹段坐
水枨尖名蟠村洋已分應得租貳
其四至明白仝載在
廷義侄边添出田價錢陸千
收訖其田付侄起佃耕種管
其苗米急配伍升正 其田日後
無添今欲有憑立契為炤
另中礼分壹仟文
乾隆伍拾七年六月 日立契人雨其 卓其
孝玉
中見人雅澤

① FYXS055、FYXS056、FYXS057、FYXS058、FYXS059、FYXS060、FYXS061、FYXS062、FYXS063九件文書疊在一起保存。

立添契人卓雨其，有民田壹段，坐[

水格，土名蟠村洋，己分應得租貳[

其四至明白。今就在

廷義侄邊添出田價錢陸千[

收訖，其田付侄起佃耕種管[

其苗米愿配伍升正，其田日後[

無添，今欲有憑，立契為炤。①

另中礼錢壹百文。

乾隆伍拾七年六月　日立契人　卓其（押）

雨其（押）

孝玉（押）

中見人雅澤（押）

①此處有挽結，類似於『9』。

FYXS057　乾隆五十九年（1794）雨琪添契①　458×238mm

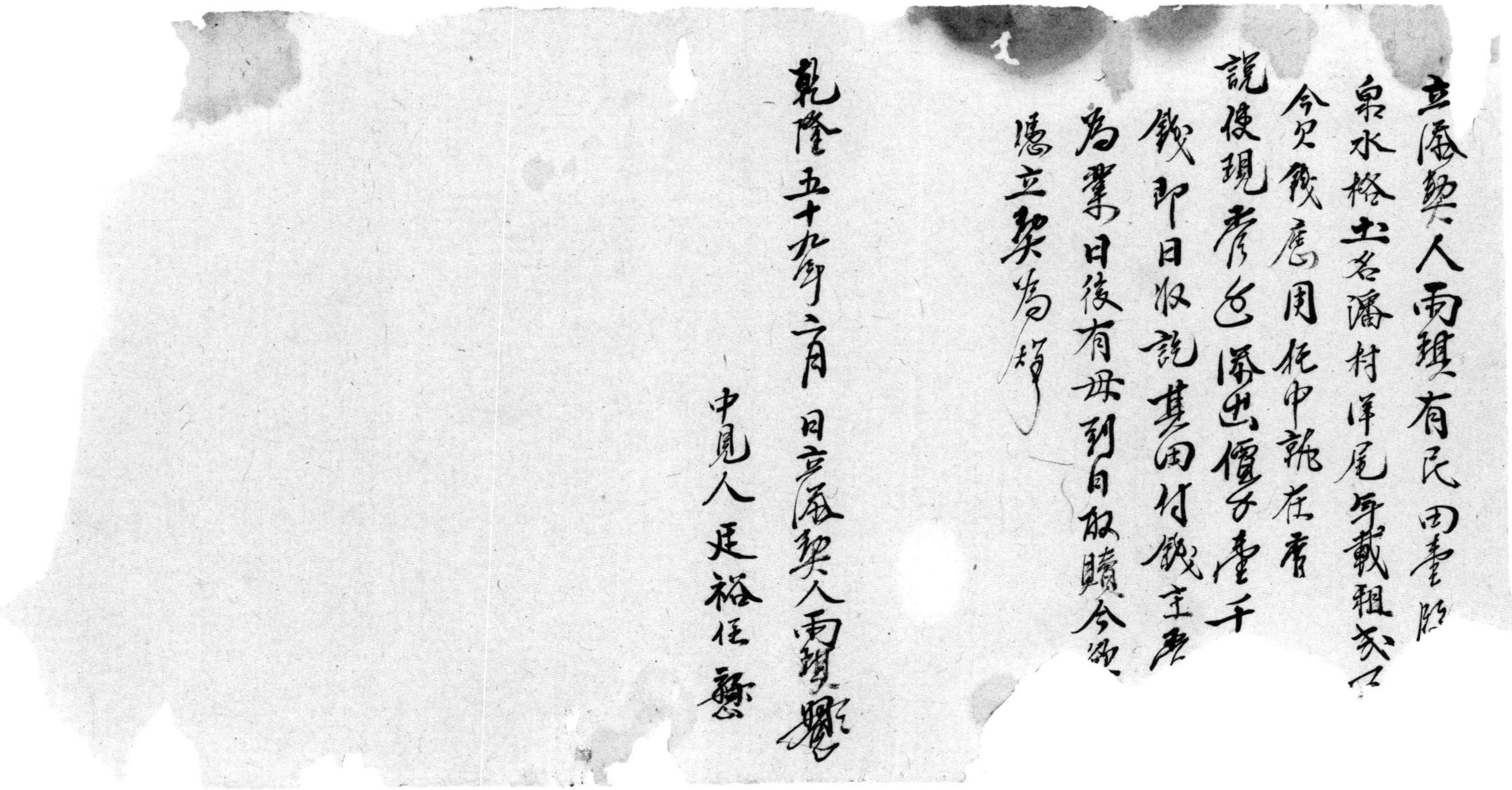
立添契人雨琪，有民田壹段，
泉水格土名潘村洋尾，年載租貳石，
今欠錢應用，托中就在曹
說使現價出添價錢壹千
錢，即日收訖，其田付錢主永
為業，日後有毋到自取贖，今欲
憑立契為炤。

乾隆五十九年　月　日立添契人雨琪（押）
中見人廷裕侄（押）

① FYXS055、FYXS056、FYXS057、FYXS058、FYXS059、FYXS060、FYXS061、FYXS062、FYXS063九件文書叠在一起保存。

立添契人雨琪，有民田壹段［
泉水格，土名潘村洋尾，年載租弍百［
今欠錢應用，托中就在管
説使現管邊添出價錢壹千［
錢即日收訖，其田付錢主管［
為業，日後有母到日取贖，今欲有
憑，立契為炤。①

乾隆五十九年二月　　日立添契人雨琪（押）
中見人廷裕侄（押）

①此處有挽結，類似於『9』。

FYXS058　乾隆六十年（1795）許卓其、許雨其、孝玉添契①　445×243mm

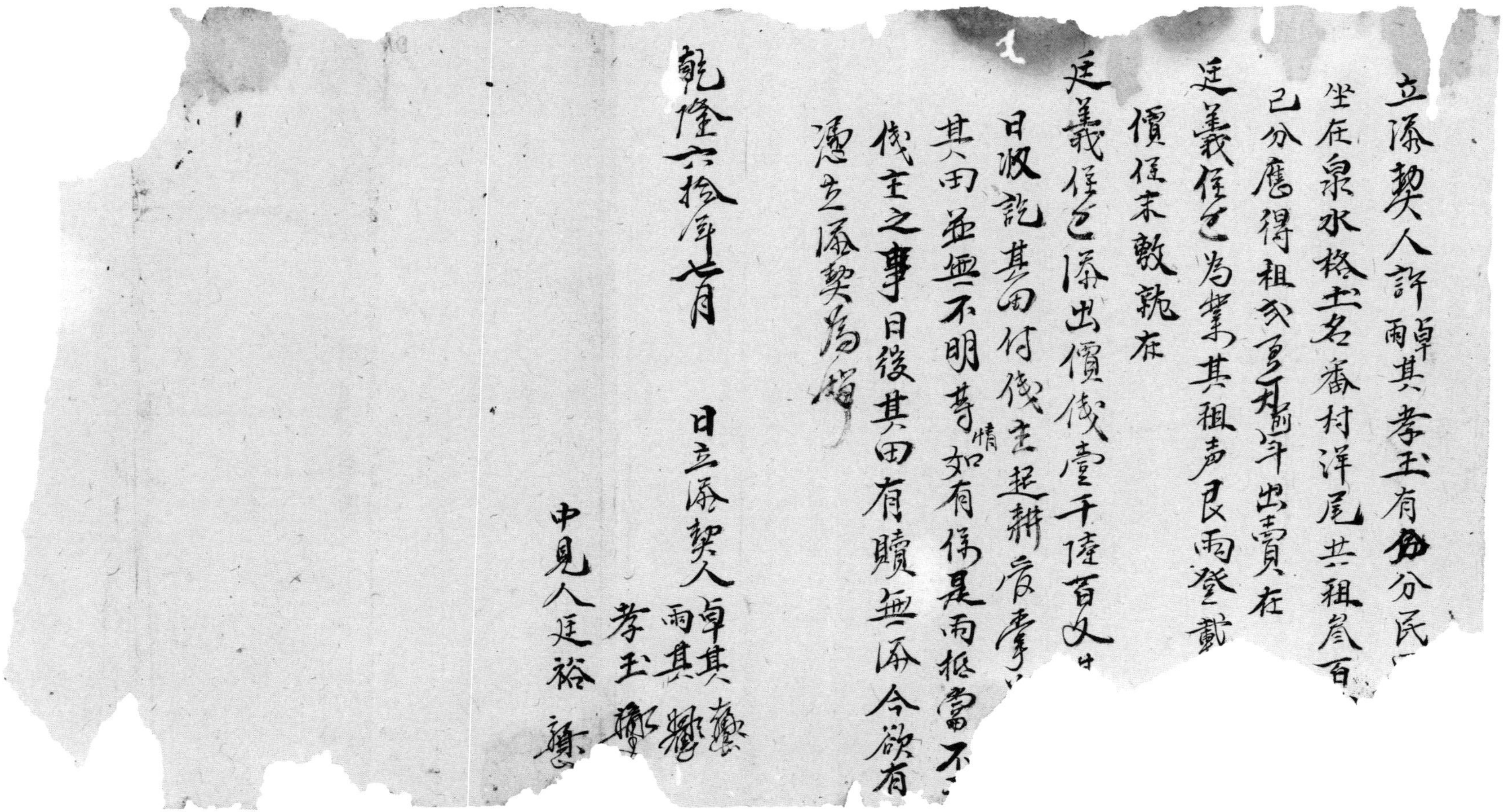

① FYXS055、FYXS056、FYXS057、FYXS058、FYXS059、FYXS060、FYXS061、FYXS062、FYXS063九件文書叠在一起保存。

立添契人許卓雨其、孝玉，有己分民[
坐在泉水格，土名番村洋尾，共租叁百[
己分應得租弍百斤大，前年出賣在
廷義侄邊為業，其租声、艮两登載[
價侄[1]未敷，就在
廷義侄邊添出價錢壹千陸百文，其[
日收訖，其田付錢主起耕管掌為[
其田並無不明等情，如有，係是雨抵當，不干
錢主之事，日後其田有贖無添，今欲有
憑，立添契為炤。[2]

乾隆六拾年七月　日立添契人卓其（押）
雨其（押）
孝玉（押）
中見人廷裕（押）

①當爲『值』。
②此處有挽結，類似於『9』。

FYXS059　嘉慶元年（1796）卓琪、雨琪、孝玉添盡契[1]　397×239mm

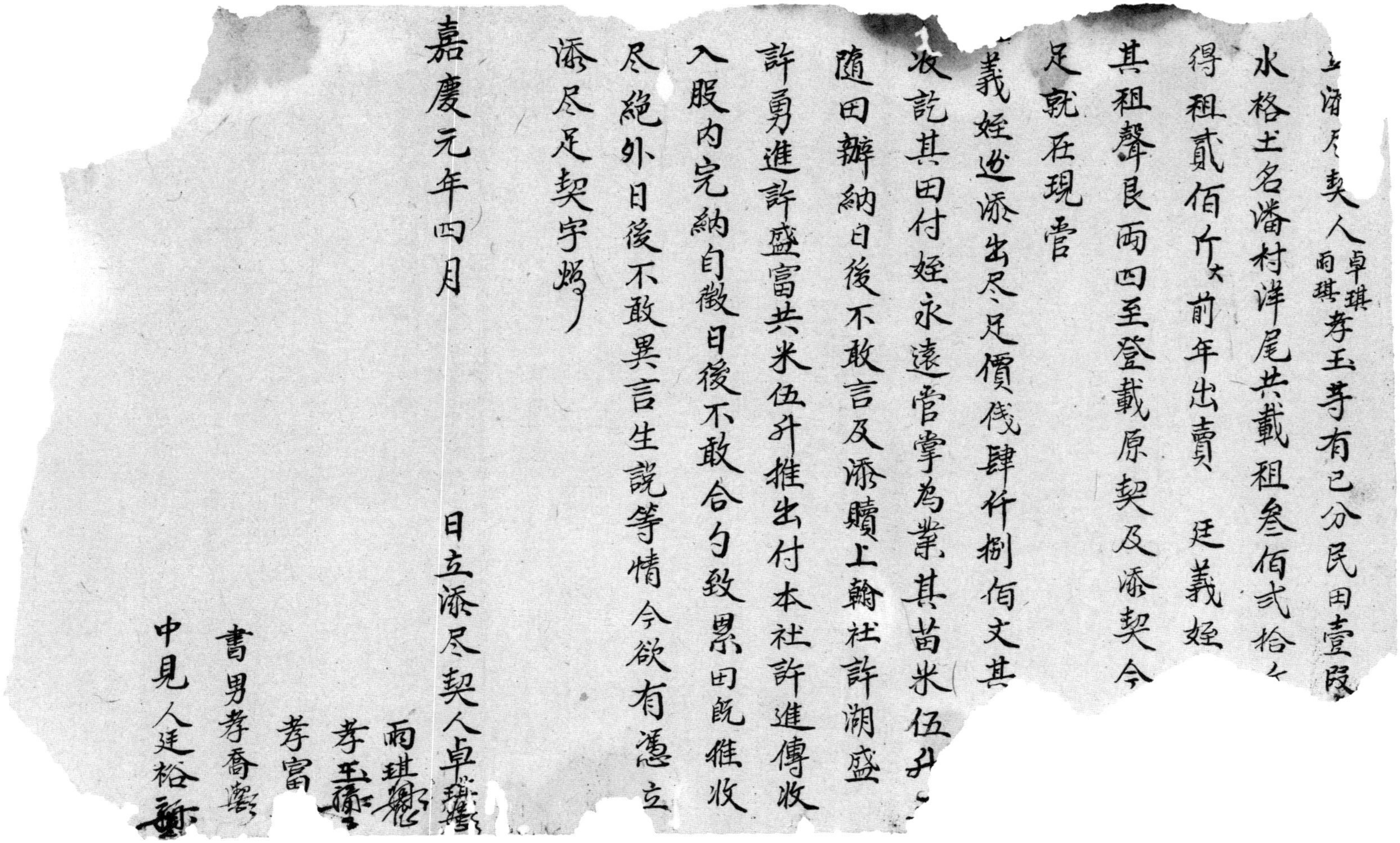

立添尽契人卓琪、雨琪、孝玉等有已分民田壹段，
水格土名潘村洋尾，共載租叁佰式拾々，
得租貳佰斤，前年出賣　廷義姪，
其租聲良兩四至登載原契及添契，今
足就在現管
義姪邊添出尽足價伐肆仟捌佰文，其
收訖。其田付姪永遠管掌為業，其苗米伍升
隨田辦納。日後不敢言及添贖。上翰社許湖盛、
許勇進、許盛富共米伍升推出付本社許進傳收
入服内完納，自微日後不敢合勺致累。田既推收
尽絕外，日後不敢異言生說等情。今欲有憑，立
添尽足契字爲照。

嘉慶元年四月　日立添尽契人卓琪
雨琪
孝玉
孝富
書男孝喬
中見人廷裕

---

① FYXS055、FYXS056、FYXS057、FYXS058、FYXS059、FYXS060、FYXS061、FYXS062、FYXS063九件文書叠在一起保存。

立添尽人卓琪、雨琪、孝玉等有己分民田壹段[
水格，土名潘村洋尾，共載租叁佰弍拾斤[
得租貳佰斤大，前年出賣　廷義姪[
其租聲、艮両、四至登載原契及添契。今[
足就在現管
□義姪邊添出尽足價錢肆仟捌佰文，其□
收訖，其田付姪永遠管掌為業，其苗米伍升□，
随田辦納，日後不敢言及添贖，上翰社許湖盛、
許勇進、許盛富共米伍升，推出付本社許進傳收
入股内完納自徵，日後不敢合勺致累，田既推收
尽絶外，日後不敢異言生説等情。今欲有憑，立
添尽足契字炤。①

嘉慶元年四月　　　日立添尽契人卓琪（押）

雨琪（押）

孝玉（押）

孝富（押）

書男孝喬（押）

中見人廷裕（押）

①此處有挽結，類似於『9』。

FYXS060　嘉慶元年（1796）卓琪、雨琪等推産閔字[1]　410×239mm

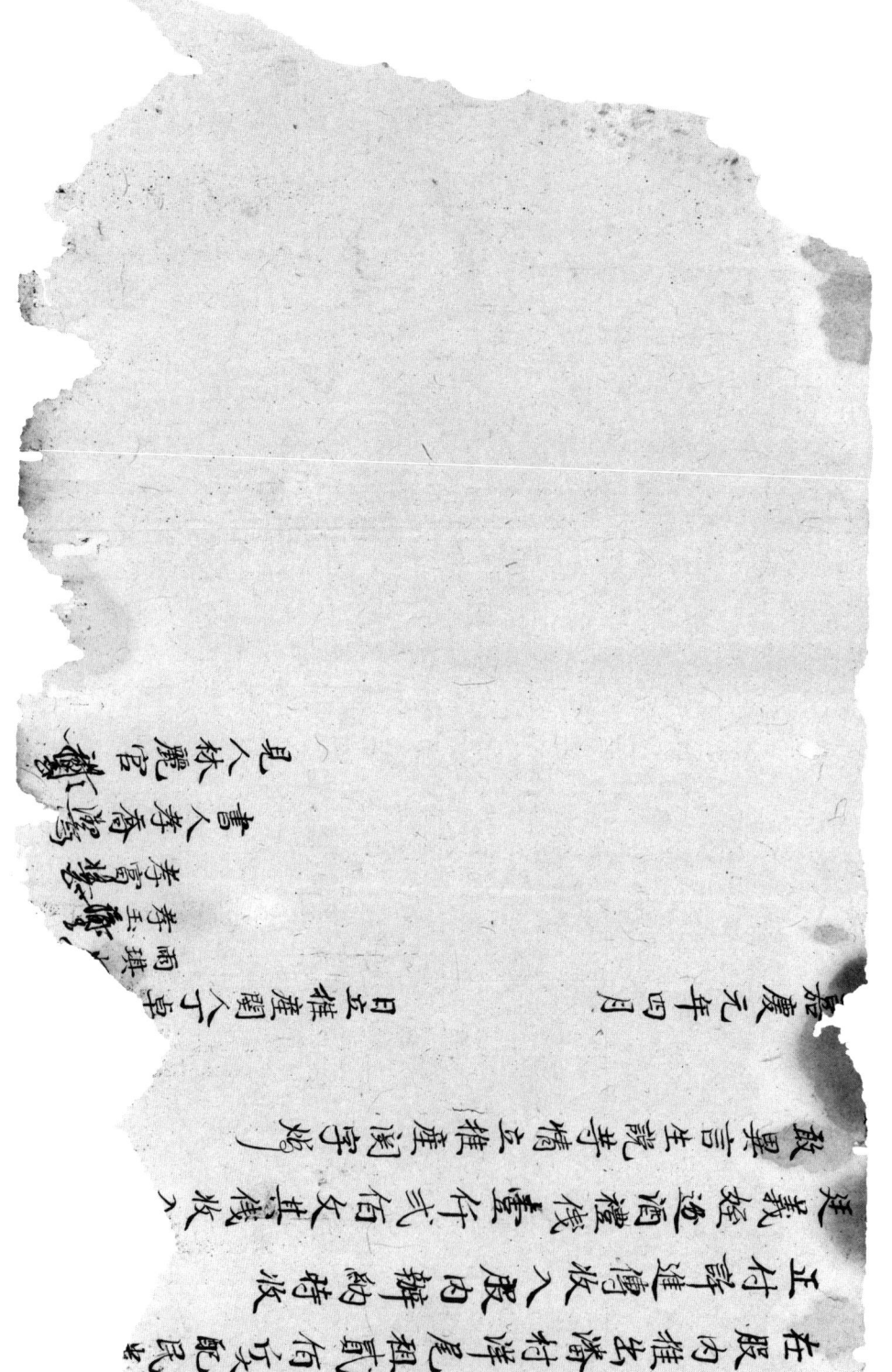

閔人本甲户丁許湖盛許勇進
在股内推出潘村洋尾租貳佰斤配民
正付許進傳收入股内辦納時收
廷義姪逬酒禮伐壹仟式佰文其伐收入
敢異言生說廾情立推産閔字炤

嘉慶元年四月　日立推産閔人丁卓
雨琪
孝玉
孝富
書人孝喬
見人林麗官

---

① FYXS055、FYXS056、FYXS057、FYXS058、FYXS059、FYXS060、FYXS061、FYXS062、FYXS063九件文書叠在一起保存。

［閲人本甲户丁許湖盛、許勇進、］
在股内推出潘村洋尾租貳佰斤大，配民米］
正，付許進傳收入股内辦納，時收
廷義姪邊酒禮錢壹仟弍佰文，其錢收人］
敢異言生説等情，立推產閲字炤。①

嘉慶元年四月　日立推產閲人丁卓］

見人林麗官（押）
書人孝喬（押）
孝富（押）
孝玉（押）
雨琪（押）

①此處有挽結，類似於『9』。

FYXS061 嘉慶元年（1796）卓其、雨其等推座闗[①] 413×248mm

立推座闗人卓其、雨其等，七甲許廣勇民米亦
許平鑾壹升弍合伍勺正，許日鑾肆合弍勺，許
合弍勺，許湖鑾肆合壹勺，合共民米伍升
一甲許進傳收入股內办納，時收过
匪義姪迎酒礼錢壹千弍日文，其錢收入日
言生说并無多推少配等情，立推座闗為
另中見礼銀叁錢承再粥
嘉慶元年四月　日立推座闗人卓其（押）
雨其（押）
喜仁（押）
喜富（押）
喜鳳（押）
代書男喜謹（押）
喜肇（押）
中見人郭春仁（押）
見人林麗使

① FYXS055、FYXS056、FYXS057、FYXS058、FYXS059、FYXS060、FYXS061、FYXS062、FYXS063九件文書叠在一起保存。

立推產關人卓其 雨其等七甲許廣勇民米弍［

許平盛壹升弍合伍勺正，許日盛肆合弍勺，許［

合弍勺，許湖盛肆合壹勺合共民米伍升［

一甲許進傳收入股內办納，時收过

廷義姪邊酒礼錢壹千弍百文，其錢收入日［

言生説，并無多推少配等情，立推產関為［

另中見礼銀叁錢永，再炤。①

嘉慶元年四月　　日立推產関人卓其（押）

雨其（押）

孝玉（押）

孝富（押）

孝喬（押）

代書男孝謹（押）

孝澤（押）

中見人郭春仁（押）

見人林麗使

①此處有挽結，類似於『9』。

FYXS062　嘉慶元年（1796）卓其、雨其、孝玉等添盡契①　408×250mm

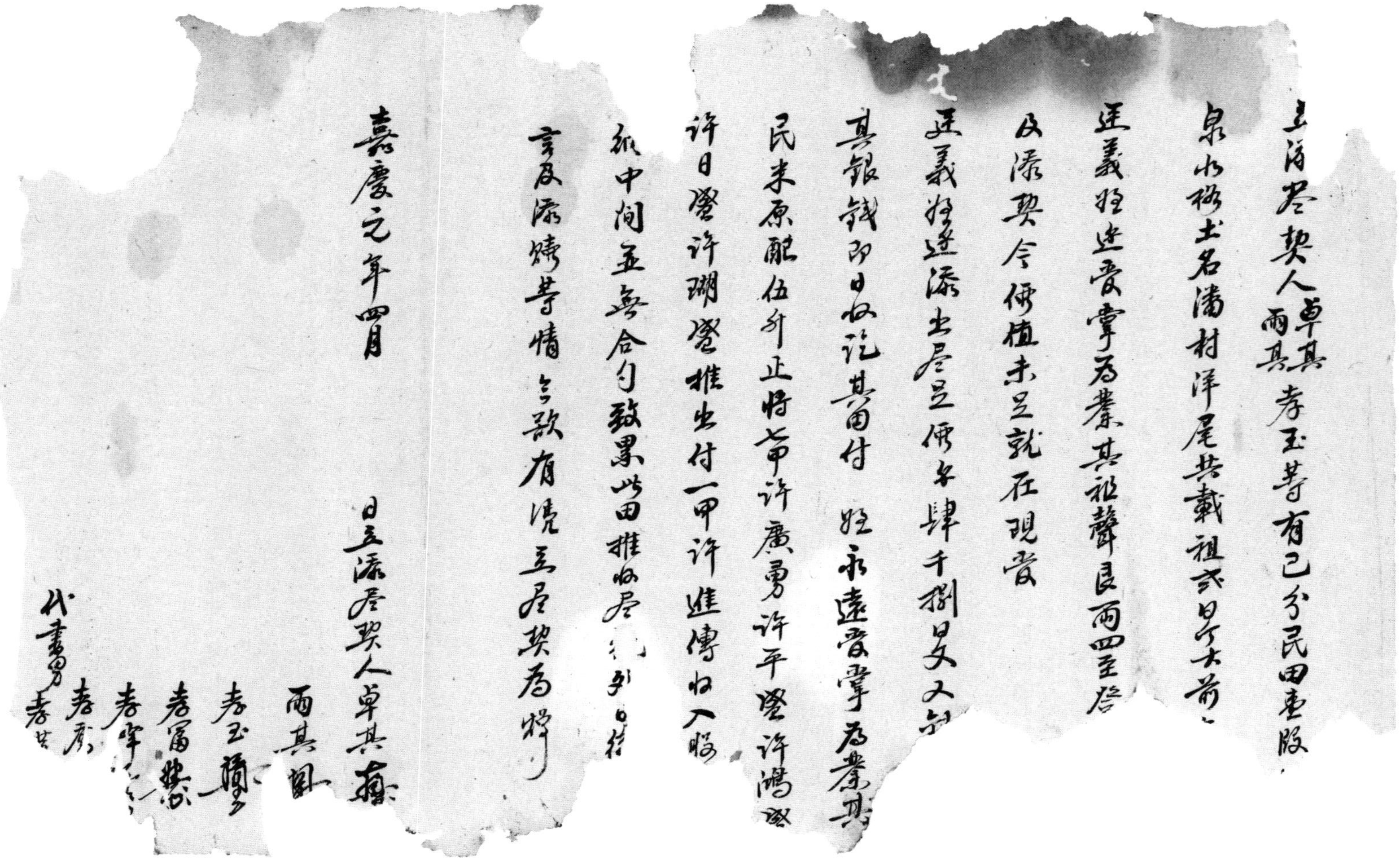

① FYXS055、FYXS056、FYXS057、FYXS058、FYXS059、FYXS060、FYXS061、FYXS062、FYXS063九件文書叠在一起保存。

立添尽契人卓其、雨其、孝玉等有己分民田壹段[
泉水格，土名潘村洋尾，共載租弍百斤大，前[
廷義姪邊管掌為業，其租聲、艮両、四至登[
及添契。今價值未足，就在現管
廷義姪邊添出尽足價錢肆千捌百文，又[
其銀錢即日收讫，其田付　姪永遠管掌為業，其
民米原配伍升正，將七甲许廣勇、许平盛、许鸿盛、
许日盛、许瑚盛推出付一甲许進傳收入股[
納中間並無合勺致累。此田推收尽□外，日後[
言及添贖等情。今欲有憑，立尽契为炤。①

嘉慶元年四月　　日立添尽契人卓其（押）
雨其（押）
孝玉（押）
孝富（押）
孝澤（押）
孝喬（押）
代書男孝謹（押）

…………（後殘）

①此處有挽結，類似於『9』。

FYXS063　嘉慶八年（1803）卓其、雨其捞字[1]　415×245mm

① FYXS055、FYXS056、FYXS057、FYXS058、FYXS059、FYXS060、FYXS061、FYXS062、FYXS063九件文書叠在一起保存。

立劳字人卓其雨其有民田壹叚，坐在土名潘村洋，
前年出賣推收尽绝外，今在
啓蒲姪边劳出銀弍员，其銀收讫，其田[
遠管業。日後不敢劳扯等情。前清彦公[
彦公换潘村洋尾契一帋。日後取出缴付[
啓蒲姪收贮管掌。今欲有凴，立劳字为炤。①

嘉慶捌年七月　　日立劳人卓其（押）
雨其（押）
孝玉[
孝富（押）
孝喬（押）
孝澤（押）
代書人孝謹（押）
中見人林麗使

①此處有挽結，類似於『9』。

FYXS064　嘉慶十三年（1808）李廷椟送賣契　489×245mm

載租陸
因欠銀應用送賣與
許坂使伯公兄弟邊爲業，衣近價銀拾叁員，即日
其田付艮主扐租管掌爲業，田並無不明等情
不明係李抵當，不干艮主之事，今欲有憑，立契爲照

嘉慶拾叁年十一月

立契人李廷椟（押）
中見人宗璧
命书男文接筆

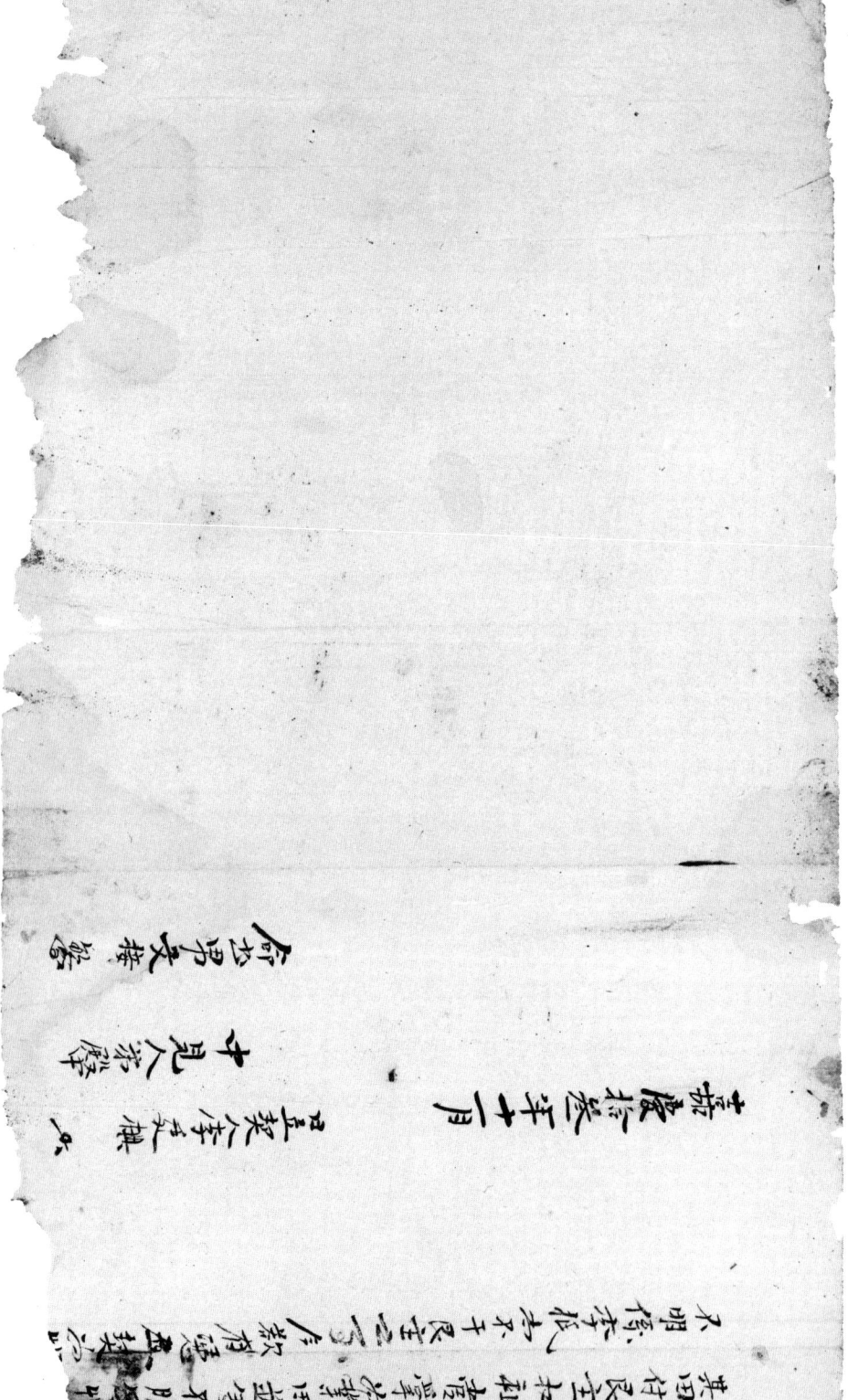

……（前殘）

［載租陸］

［因欠銀應用，送賣與

許坂使伯公兄弟邊为業，收过價銀拾大員，艮即日］

其田付艮主收租管掌为業，田並無不明等情。］

不明，係李抵当，不干艮主之事。今欲有憑，立契为炤。

嘉慶拾叁年十一月

日立契人李廷槙（押）

中見人弟殿中

命书男文接（押）

FYXS065 嘉慶二十一年（1816）啓章送賣契 475×246mm

立契人啓章有己分民田壹段坐在湖坑村土名石
碣兜載租捌斤今因欠錢應用就在送賣与
美五公弟邊受賣爲業收對價錢伍佰貳拾文
錢即收訖田付弟收租祭祀其田並無不明如有係
章抵当不干弟之事今欲有憑立契爲炤

嘉慶貳拾壹年捌月　日立契人啓章（押）
中見人兄啓隆（押）
代筆兄啓曙（押）

立契人啓章有己分民田壹段，坐在潮兜村，土名石碣兜，載租捌斤。今因欠錢應用，就在送賣与美五公衆邊管掌为業，收过價錢伍佰貳拾文，錢即收訖，田付衆收租祭祀，其田並無不明，如有，係章抵当，不干衆之事。今欲有憑，立契為炤。①

嘉慶貳拾壹年捌月　　日立契人啓章（押）

中見人兄啓隆（押）

代书兄啓曙（押）

---

①此處有挽結，類似於『9』。

FYXS066　嘉慶十三年（1808）啓德借字　257×240mm

立借字人啟德今在
堂兄借出母利谷九十五斤言約至冬成一足
知無還辦有己分田仔頭一坵付兄掌管為業不
今欲有憑立借字爲照
嘉慶十三年四月　日立借字人啟德（押）

立借字人啟德，今在

坺兄借出母利谷九十五斤，言約至冬成，一足［

如無还，將有己分田仔頭田付兄管為業，不［

今欲有憑，立借字為炤。①

嘉慶十三年四月　日立借字人啟德（押）

①此此處有挽結，類似『9』。

FYXS067　嘉慶十五年（1810）李尚登送賣契[1]　563×255mm

立契人李尚登有民田壹段坐在泉水格土
蟠村洋尾石坑兜年共載租乙佰伍拾
面太全屋已分得祖柒拾伍斤今因欠銀應
用將租柒拾伍斤大送賣與
許坪俠邊為業時收過價銀柒大文陸叁佰伍拾
文其艮錢即日收訖其田付艮主對佃收租管
掌為業其苗米隨田亦納其田並無不明等
如有係登抹當不干艮主之事有由艮到日對
期取贖今欲有憑立契為照
内添勅字乙字再照
嘉慶拾伍年六月　日立契人李尚登
中見人叔接歲
佃見人許城使

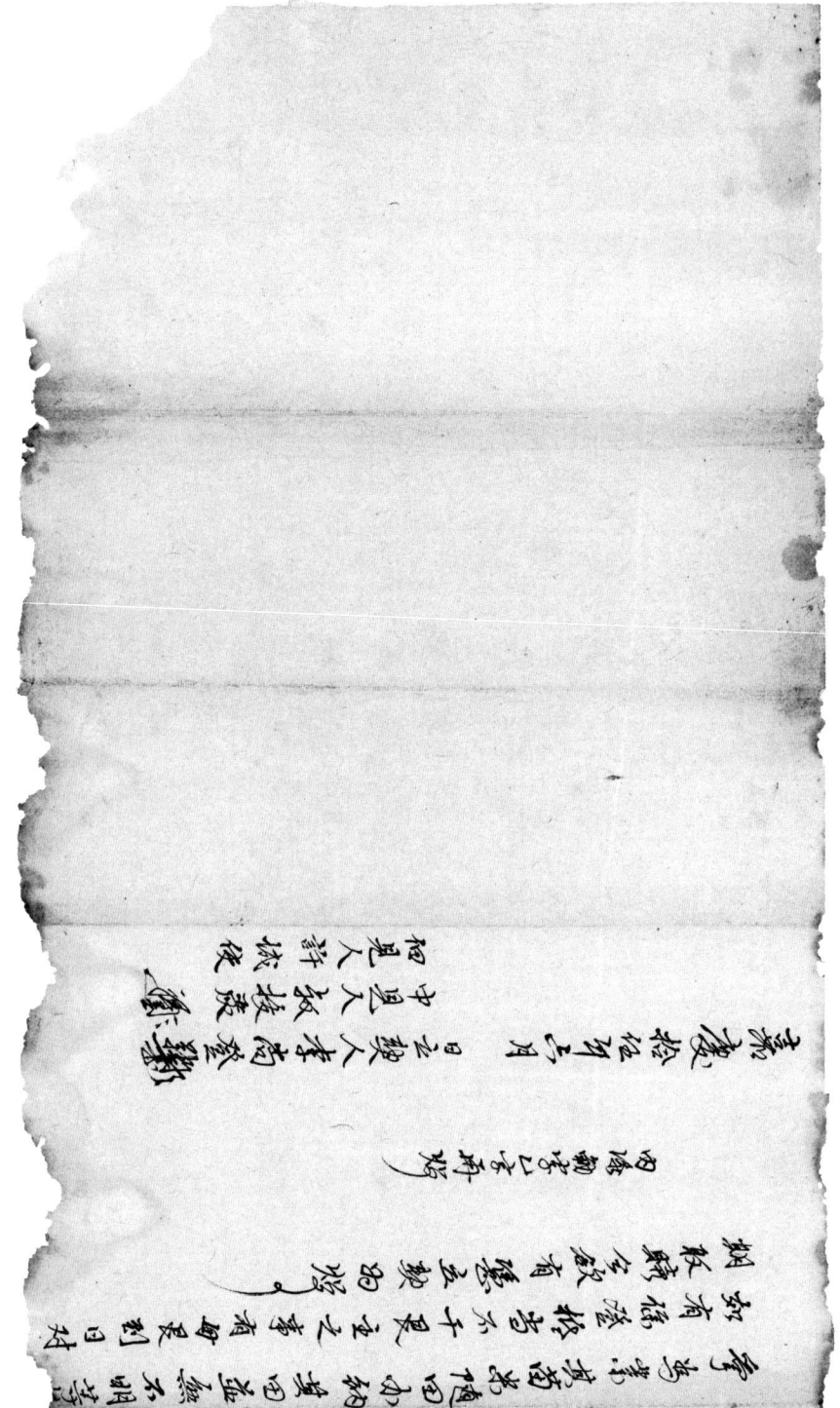

① FYXS067、FYXS068、FYXS069、FYXS070四件文書叠在一起保存。

立契人李尚登有民田壹段，坐在泉水格，土名
蟠村洋尾石坑兜，年共載租乙佰伍拾觔大，
與太仝管，己分得租柒拾伍斤大。今因欠銀應
用，將租柒拾伍觔大送賣與
許坪使邊為業，時收过價銀柒大员，又錢叁佰伍拾
文，其艮錢即日收讫，其田付艮主对佃收租管
掌為業，其苗米随田办纳，其田並無不明等情，
如有係登抵当，不干艮主之事，有母艮到日，对
期取贖。今欲有憑，立契为炤。①

內添觔字乙字，再炤。②

嘉慶拾伍年六月　　日立契人李尚登（押）

中見人叔拔嚴（押）

佃見人許城使

---

①此處有挽結，類似於『9』。

②此處有挽結，類似於『9』。

FYXS068　嘉慶十六年（1811）李尚登添契[①]　561×240mm

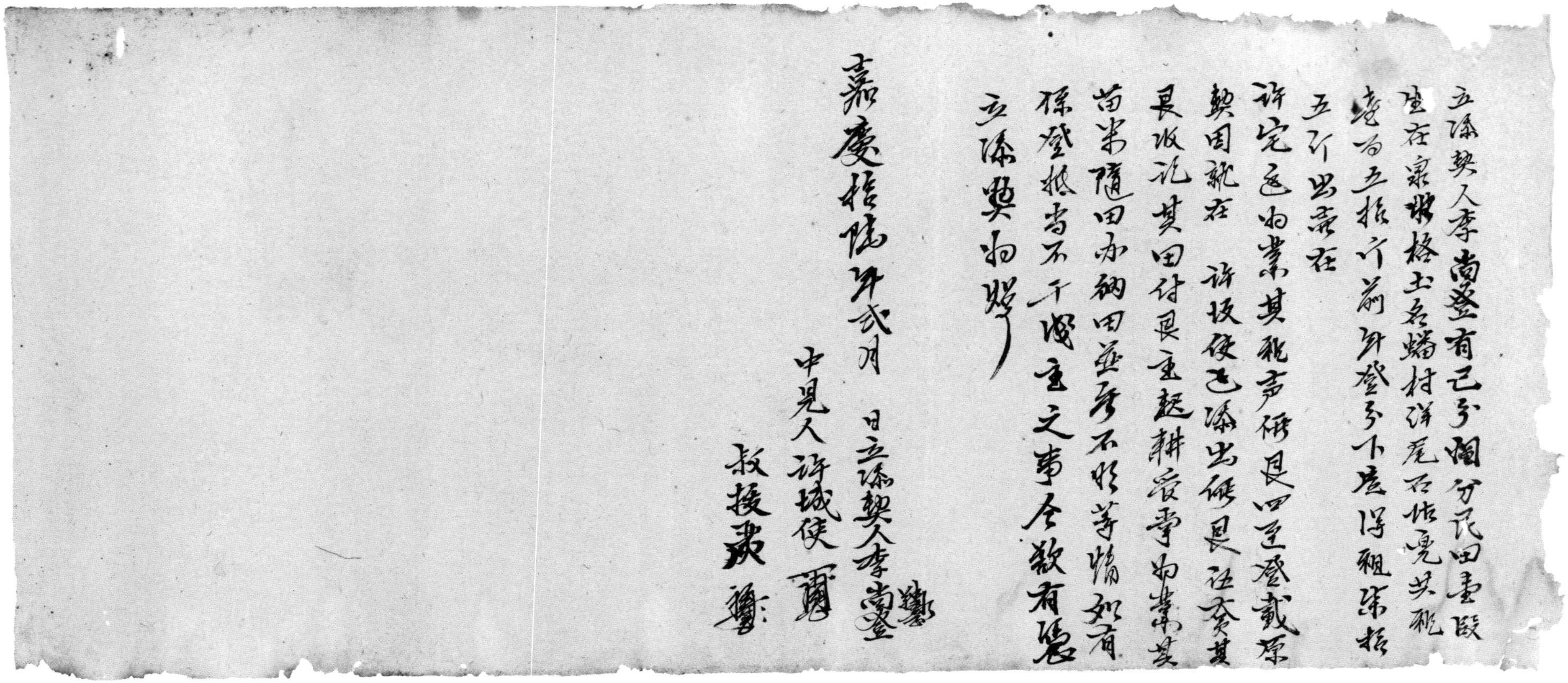
立添契人李尚登有己分鬮分民田壹段
坐在家排格土名蟠村洋尾石坑兜其税
遞為五拾斤前年登分下產得租谷拾
五斤出賣在
許宅邊為業其税户係艮四至登載原
契因就在　許坂侯邊添出價艮伍兩其
艮收訖其田付艮主起耕管業為業其
苗米隨田亦納田並房不明等情如有
係登抵當不干艮主之事今欲有憑
立添契為照
嘉慶拾陸年貳月　日立添契人李尚登
中見人許域侯
叔接歉

① FYXS067、FYXS068、FYXS069、FYXS070四件文書疊在一起保存。

立添契人李尚登有己分鬮分民田壹段，
坐在泉水格，土名蟠村洋尾石坑兜，共租
壹百五拾斤，前年登分下应得租柒拾
五斤，出賣在
许宅邊为業，其租声、價艮、四至登載原
契，因就在　许坂使邊添出價艮伍大员，其
艮收讫，其田付艮主起耕管掌为業。其
苗米随田办纳，田並無不明等情。如有，
係登抵当，不干錢主之事。今欲有憑，
立添契为炤。①

嘉慶拾陆年弍月　　日立添契人李尚登（押）
中見人许城使（押）
叔拨嚴（押）

①此處有挽結，類似於『9』。

FYXS069 嘉慶十六年（1811）李尚登推産閗契[1] 512×246mm

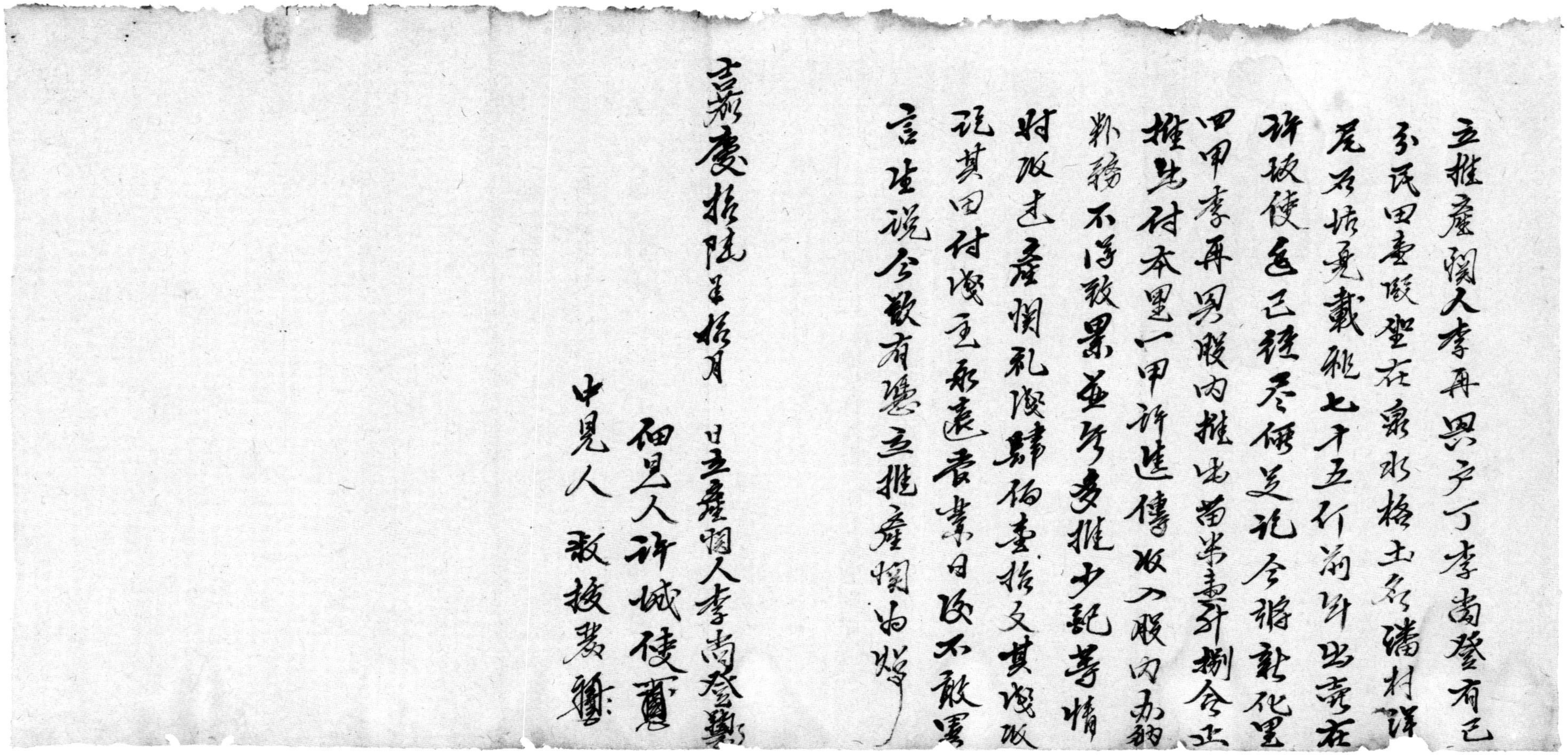
立推產閗人李再興戶丁李尚登，有已分民田壹段，坐在泉水格，土名儲村洋尾石坑兜，載租七十五斤，前年出賣在許玫使邊，已經不便立記。今將新化里四甲李再興股內推出苗米壹升捌合正，推出付本里一甲許進傳收入股內办納粮務，不得致累並多推少記等情。對收之產閗乳與歸佃壹拾文其與收說，其田付與至永遠管業，日後不敢異言生說。今欲有憑，立推產閗為照。

嘉慶拾陆年拾月　日立推產閗人李尚登

知見人許城使

中見人敖拔芳

---

① FYXS067、FYXS068、FYXS069、FYXS070四件文書叠在一起保存。

立推産關人李再興户丁李尚登有己分民田壹段，坐在泉水格，土名潘村洋尾石坑兜，載租七十五斤，前年出賣在許坂使邊，已經尽價足讫。今將新化里四甲李再興股内推出苗米壹升捌合正，推出付本里一甲许進傳收入股内办纳粮務，不得致累。並無多推少配等情，时收过産関礼錢肆佰壹拾文，其錢收讫，其田付錢主永遠管業。日後不敢異言生说。今欲有憑，立推産関为炤。①

嘉慶拾陆年拾月　　日立産関人李尚登（押）

佃見人许城使（押）

中見人叔拨嚴（押）

①此處有挽結，類似於『9』。

FYXS070　嘉慶十六年（1811）李尚登添盡足契[①]　560×245mm

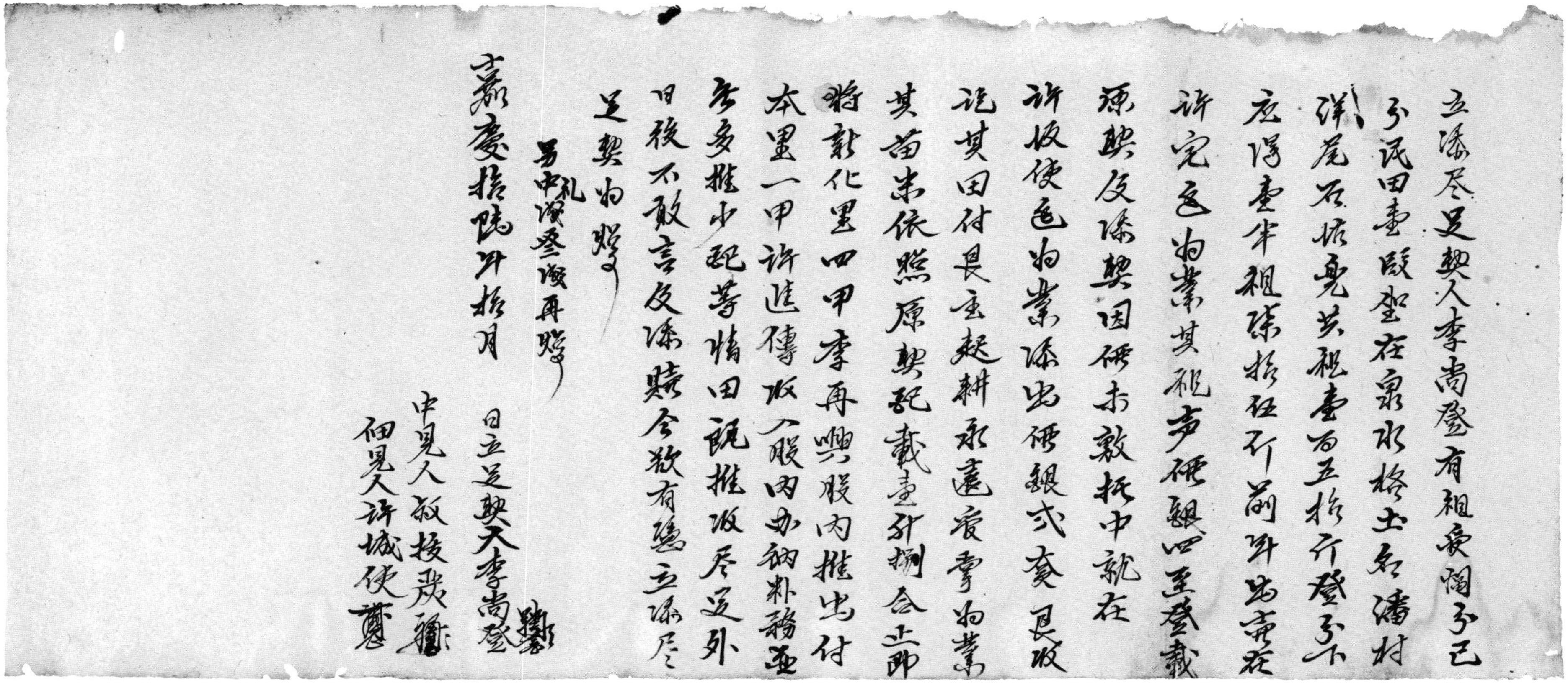

① FYXS067、FYXS068、FYXS069、FYXS070四件文書叠在一起保存。

立添尽足契人李尚登有祖受阄分己
分民田壹段，坐在泉水格，土名潘村
洋尾石坑兜，共租壹百五拾斤。登分下
应得壹半租柒拾伍斤。前年出賣在
许宅邊为業，其租声、價銀、四至登載
原契及添契。因價未敷，托中就在
许坂使邊为業，添出價銀弍大员，艮收
讫。其田付艮主起耕，永遠管掌为業。
其苗米依照原契配載壹升捌合正，即
將新化里四甲李再興股内推出付
本里一甲许進傳收入股内办纳糧務，並
無多推少配等情。田既推收尽足外，
日後不敢言及添赎，今欲有憑，立添尽
足契为炤。①
另中礼錢叁錢，再炤。②
嘉慶拾陆年拾月　日立足契人李尚登（押）
中見人叔拨嚴（押）
佃見人許城使（押）

①此處有挽結，類似於『9』。
②此處有挽結，類似於『9』。

FYXS071　同治四年（1865）文溪添契①　487×223mm

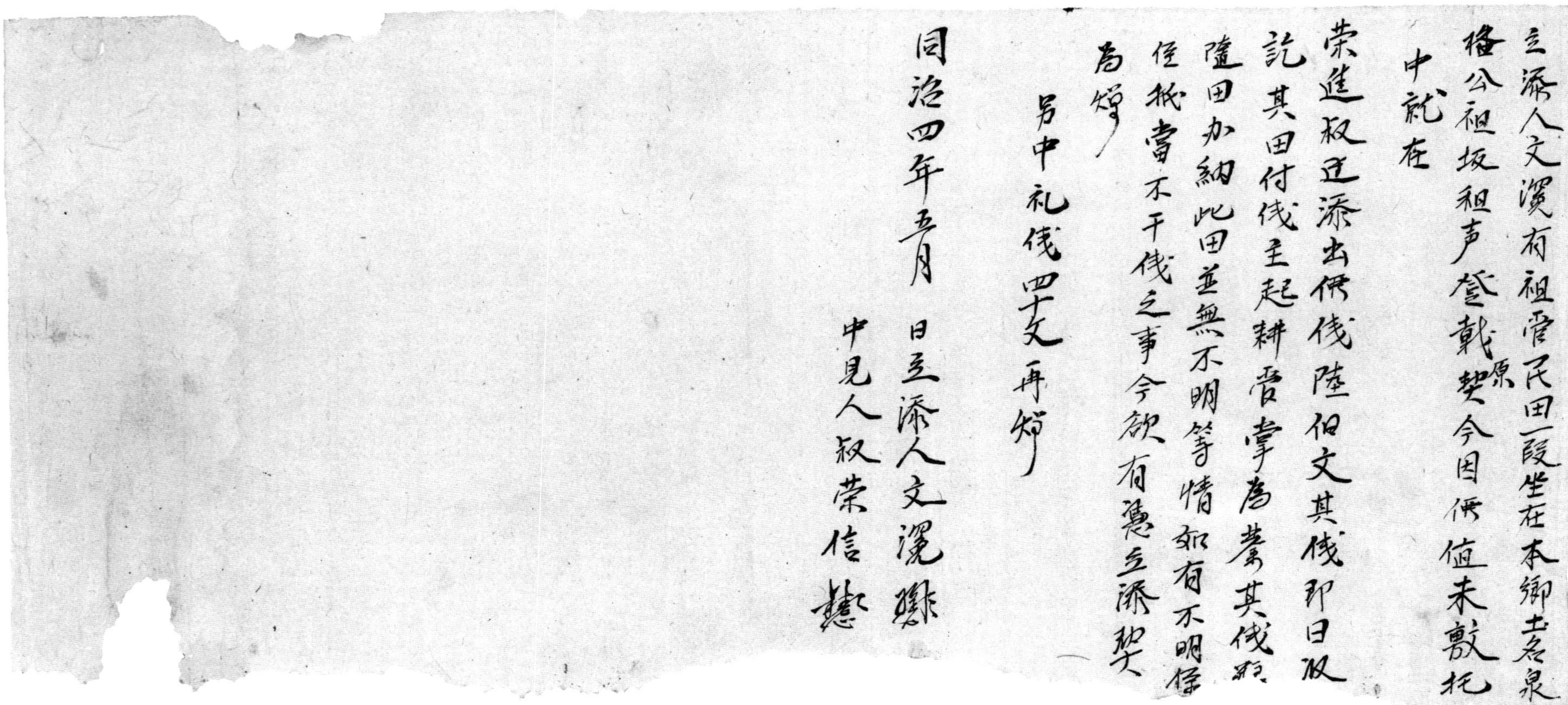
立添人文溪有祖管民田一段坐在本鄉土名泉
橇公祖坂租声登載原契，今因價值未敷，托
中就在
崇進叔邊添出價錢陸伯文，其錢即日收
訖，其田付錢主起耕管掌為業，其錢利
隨田加納，此田並無不明等情，如有不明，係
任抵當，不干錢之事。今欲有憑，立添契
為照。
另中礼錢四十文再照
同治四年五月　日立添人文溪（押）
中見人叔崇信（押）

① FYXS071、FYXS072二件文書叠在一起保存。

立添人文滀有祖管民田一段，坐在本鄉，土名泉□

格公祖坂，租声登載原契。今因價值未敷，托

中就在

宗進叔邊添出價錢陸佰文，其錢即日收

訖，其田付錢主起耕管掌為業，其錢粮

隨田办納。此田並無不明等情。如有不明，係

任抵當，不干錢之事。今欲有憑，立添契

為炤。①

另中礼錢四十文，再炤。②

同治四年五月　日立添人文滀（押）

中見人叔宗信（押）

①此處有挽結，類似於『9』。

②此處有挽結，類似於『9』。

FYXS072　光緒六年（1880）國淇繳契[1]　531×245mm

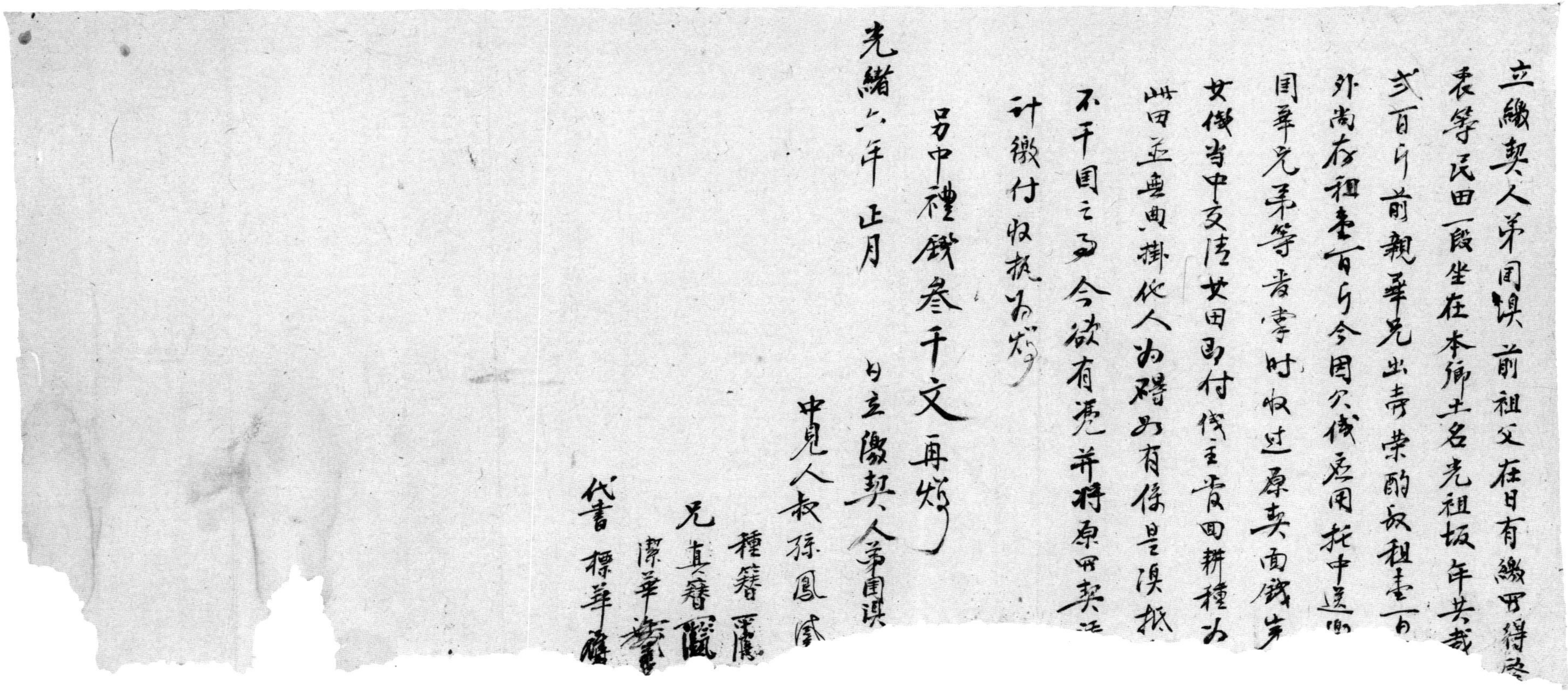

立繳契人弟国淇，前祖父在日有繳田得
表等民田一段，坐在本鄉土名光祖坂，年共載
弍百斤，前親華兄出青荣酌叔租壹百
外尚存租壹百斤，今因欠錢應用，托中送
国華兄弟等管業時收过原契，面錢
其錢當中交清，其田即付錢主管田耕種為
此田並無典掛他人為礙，如有係是淇抵
不干国之事。今欲有憑，并將原田契
計繳付收執為炤。
另中禮錢叁千文再炤。
光緒六年正月　日立繳契人弟国淇
中見人叔孫凤
種籍
兄真籍
潔華
代書標華

① FYXS071、FYXS072二件文書叠在一起保存。

立繳契人弟国湨前祖父在日有繳買得啓

衷等民田一段，坐在本鄉，土名光祖坂，年共載□

弍百斤，前親華兄出賣荣酌叔祖壹百□

外尚存租壹百斤。今因欠錢应用，托中送繳

国華兄弟等管掌。时收过原契面錢完□，

其錢当中交清，其田即付錢主管畊耕種为□。

此田並無典掛他人为碍。如有，係是湨抵□，

不干国之事。今欲有憑，並將原買契添□

计繳付收执为炤。①

另中禮錢叁千文，再炤。

光緒六年正月　　日立繳契人弟国湨[

中見人叔孫鳳（押）

種簪（押）

兄真簪（押）

潔華（押）

代書標華（押）

①此處有挽結，類似於『9』。

FYXS073　乾隆十一年（1746）公恩契[1]　518×228mm

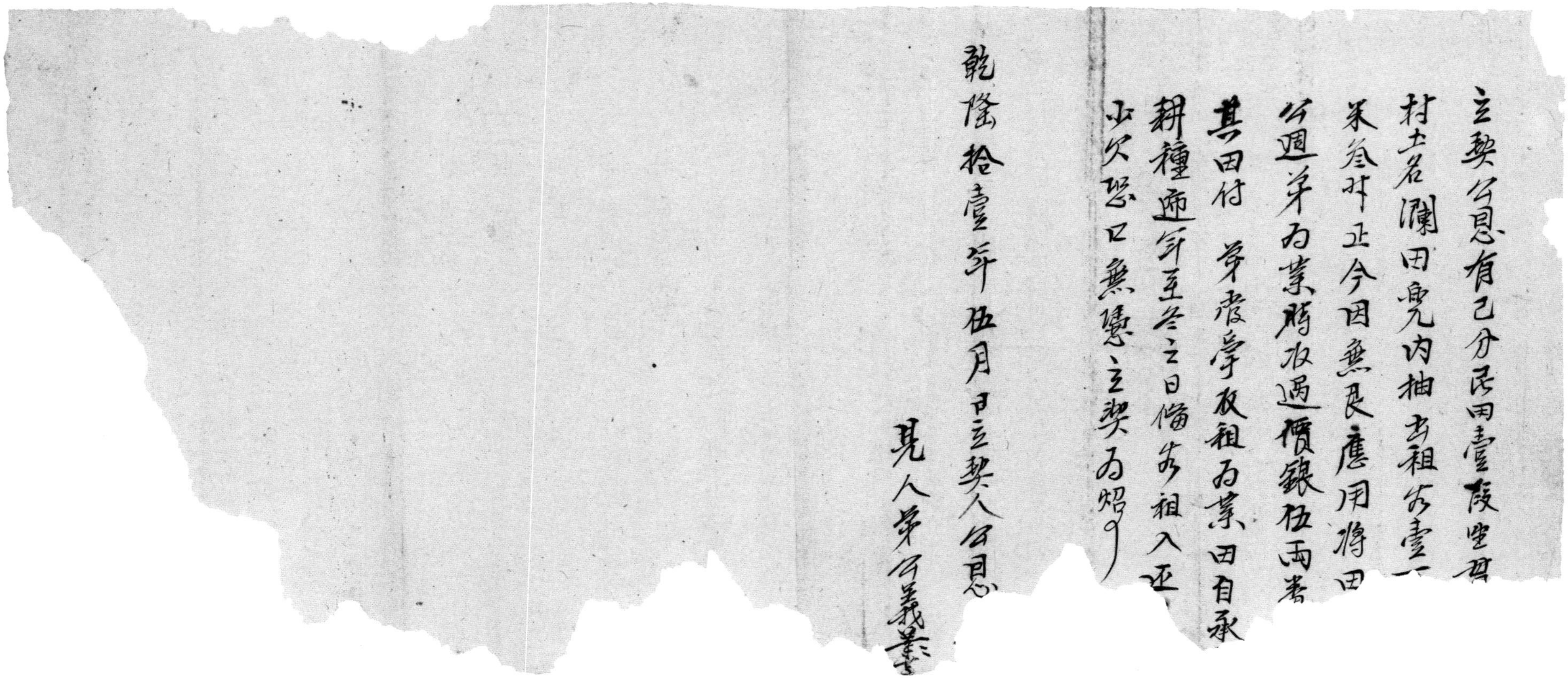
立契公恩有己分民田壹段坐
村土名瀾田皃內抽出租谷壹
米叁升正今因無艮應用將田
公過弟為業將來過價銀伍兩書
其田付　弟處亭收租為業田自承
耕種逐年至冬之日備出租入
出欠恐口無憑立契為照
乾隆拾壹年伍月日立契人公恩
見人弟公

① FYXS073、FYXS074、FYXS075三件文書叠在一起保存。

立契公恩有己分民田壹段，坐貫」
村土名灘田兜内抽出租谷壹百」
米叁升正。今因無艮應用，將田」
公週弟为業，時收過價銀伍両畨」
其田付　弟管掌收租为業，田自承」
耕種，遞年至冬之日僱谷租人还」
少欠，恐口無憑，立契为炤。①

乾隆拾壹年伍月　　日立契人公恩□
見人弟公義（押）

①此處有挽結，類似於『9』。

FYXS074　嘉慶十四年（1809）蘇明山、許廷遊送賣契[1]　558×234mm

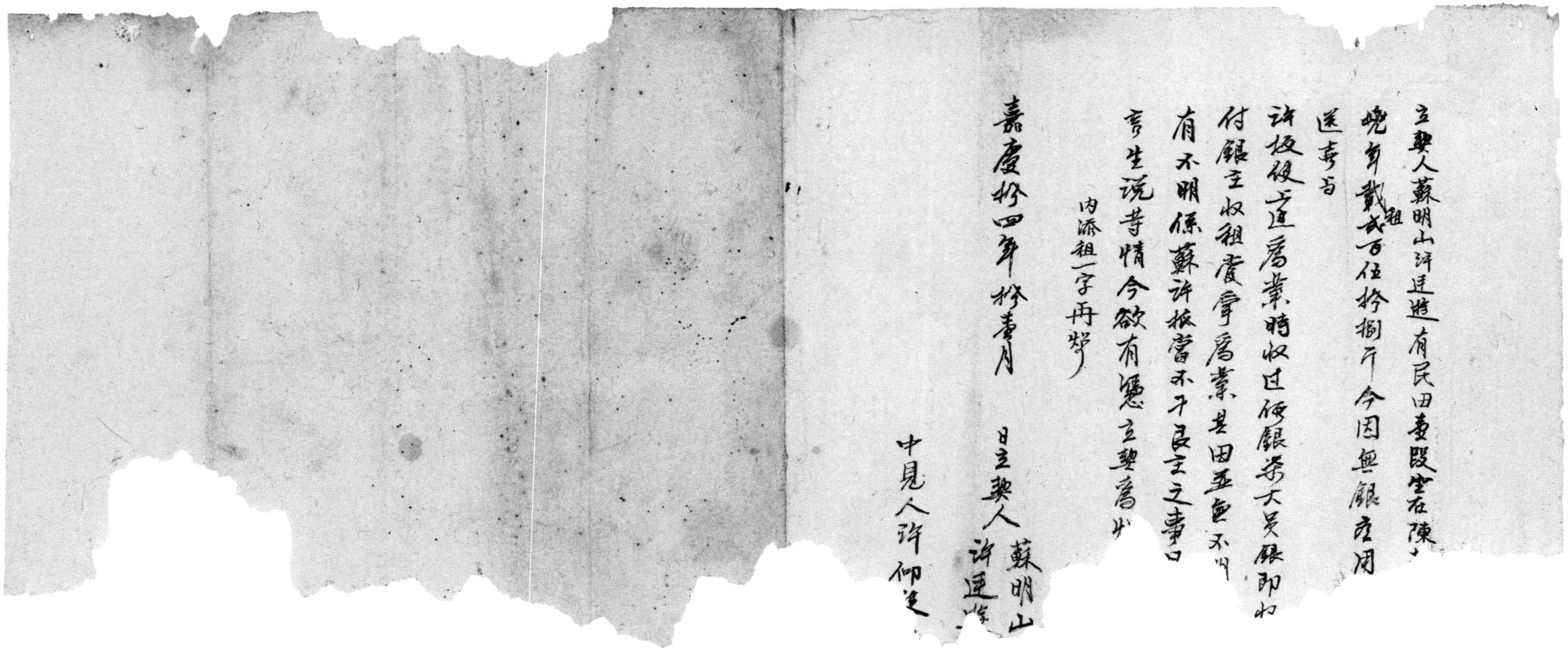
立賣契人蘇明山許廷遊有民田壹段坐在陳
晚年載租貳百伍拾捌斤今因無銀應用
送賣与
許振俊邊爲業時收過價銀柒大員銀即收
付銀主收租管業爲業其田並無不明
有不明係蘇許振當不干銀主之事口
言生說等情今欲有憑立賣爲照
內添祖一字再照
嘉慶拾四年拾壹月　日立契人　蘇明山　許廷遊
中見人許仰達

① FYXS073、FYXS074、FYXS075三件文書叠在一起保存。

立契人蘇明山、许廷遊有民田壹段，坐在陳[

兜年載租弍佰伍拾捌斤，今因無銀应用[

送賣与

许坂使上邊爲業，時收过價銀柒大员，銀即收[

付銀主收租管掌爲業，其田並無不明[①

有不明，係蘇、许抵當，不干艮主之事，[

言生说等情。今欲有憑，立契爲炤。②

内添租字，再炤③

嘉慶拾四年壹月　　日立契人　蘇明山[

許廷遊[

中見人许仰使[

---

①此处疑缺『等情，如』。

②此處有挽結，類似於『9』。

③此處有挽結，類似於『9』。

FYXS075　嘉慶十五年（1810）蘇明山繳契[1]　559×240mm

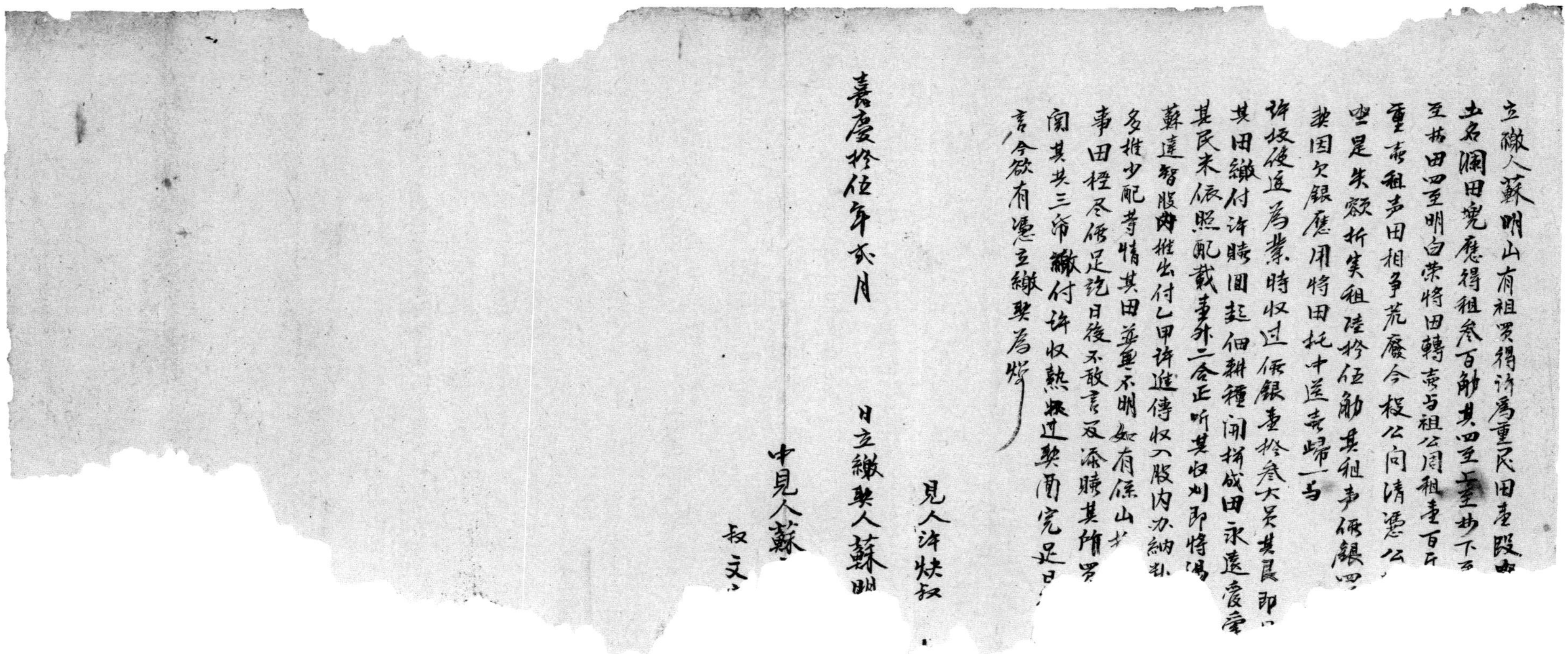

① FYXS073、FYXS074、FYXS075三件文書叠在一起保存。

立繳人蘇明山，有祖買得許爲重民田壹段，坐[
土名瀾田兜，應得租叁百觔，其四至，上至林，下至 [
至林田，四至明白，荣将田轉賣与祖公周，租壹百斤[
重賣租声田相争荒廢。今投公问清，憑公[
坐是失額，折實租陸拾伍觔，其租声價銀四[
契因欠銀應用，将田托中送賣歸一与
许坂使邊為業，時收过價銀壹拾叁大员，其艮即[
其田繳付許贖田起佃耕種，開拼成田，永遠管掌[
其民米依照配載壹升二合正，听其收刈，即将湯[
蘇達智股内推出付乙甲許進傳收入股内办納糧[
多推少配等情，其田並無不明，如有係山抵[
事田㹧尽價足讫，日後不敢言及添贖，其所買[
関其共三帋，繳付許收執，收过契面完足日[
言。今欲有憑，立繳契為炤。①

嘉慶拾伍年弍月　日立繳契人蘇明[
見人许炔叔
中見人蘇[
叔文[

①此處有挽結，類似於『9』。

FYXS076 乾隆十四年（1749）許進艷兑契① 521×234mm

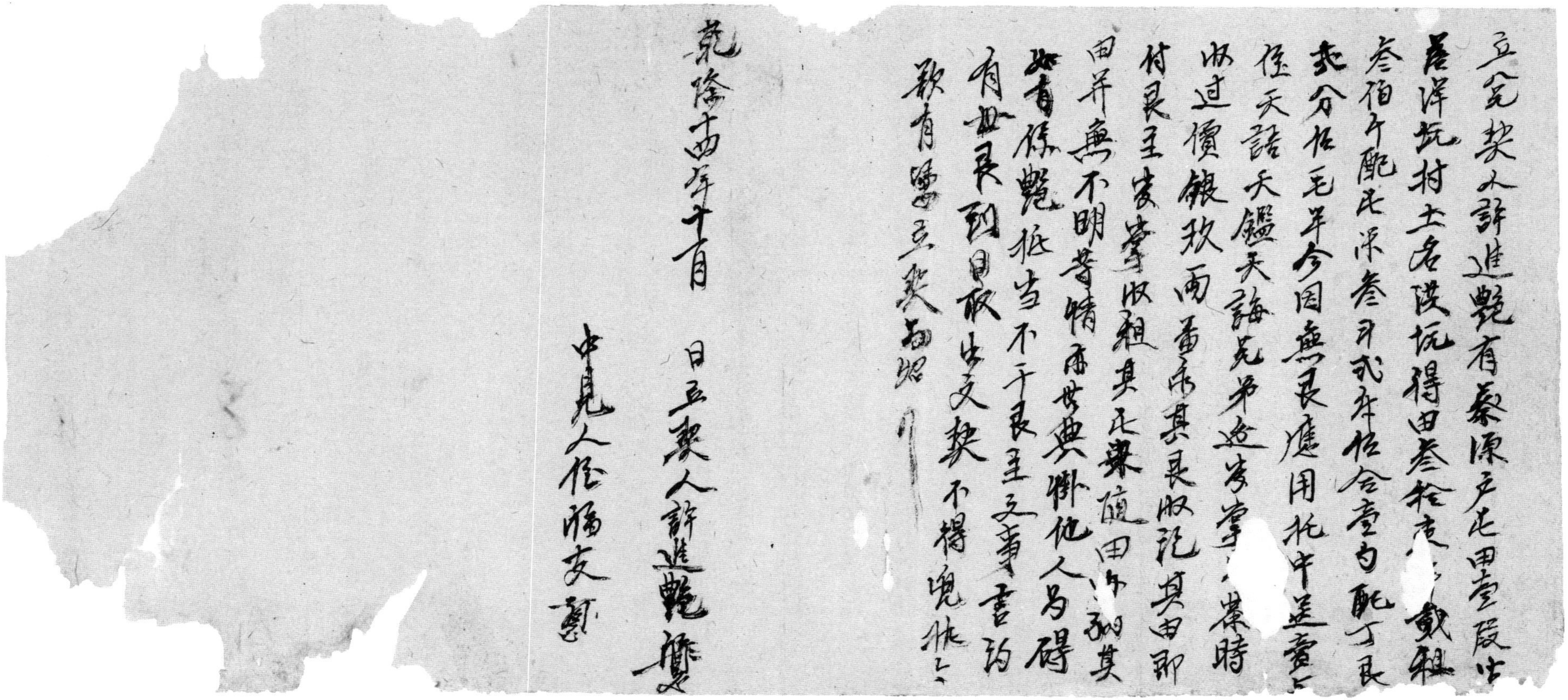

立兑契人許進艷有蔡源戶花田壹段坐
落洋坑村土名洋坑得田叁拾[illegible]載租
叁伯斤，配民米叁升弍斗伍合壹勺，配丁民
米分伍毛。今因無銀應用，托中送賣與
侄天諾、天鑑、天誨兄弟边為業，當時
收過價銀玖兩，其銀收訖，其田即
付銀主前去收租，其民米隨田办納。其
田并無不明等情，亦無典掛他人為碍。
如有係艷抵当，不干銀主之事。言约
有力銀到日取出文契，不得挽執。今
欲有憑，立契為照。
乾隆十四年十月 日立契人許進艷（押）
中見人侄福友（押）

① FYXS076、FYXS077、FYXS078、FYXS079、FYXS080、FYXS081、FYXS082、FYXS083八件文書叠在一起保存。

立兑契人許進艷有蔡源户屯田壹段，坐落洋坑村，土名洪坑，得田叁拾束，年載租叁佰斤，配屯米叁斗弍升伍合壹勺，配丁艮弍分伍毛半。今因無艮應用，托中送賣與任天語、天鑑、天譜兄弟邊管掌為業，時收过價銀玖両肴示，其艮收讫，其田即付艮主管掌收租，其屯米隨田办納，其田并無不明等情，亦無典掛他人为碍。如有，係艷抵当，不干艮主之事，言约有母艮到日，取出文契，不得兜執，今欲有憑，立契為炤。①

乾隆十四年十一月　日立契人許進艷（押）

中見人任福友（押）

①此處有挽結，類似於『刂』。

FYXS077　乾隆十七年（1752）許進艷添契[①]　456×236mm

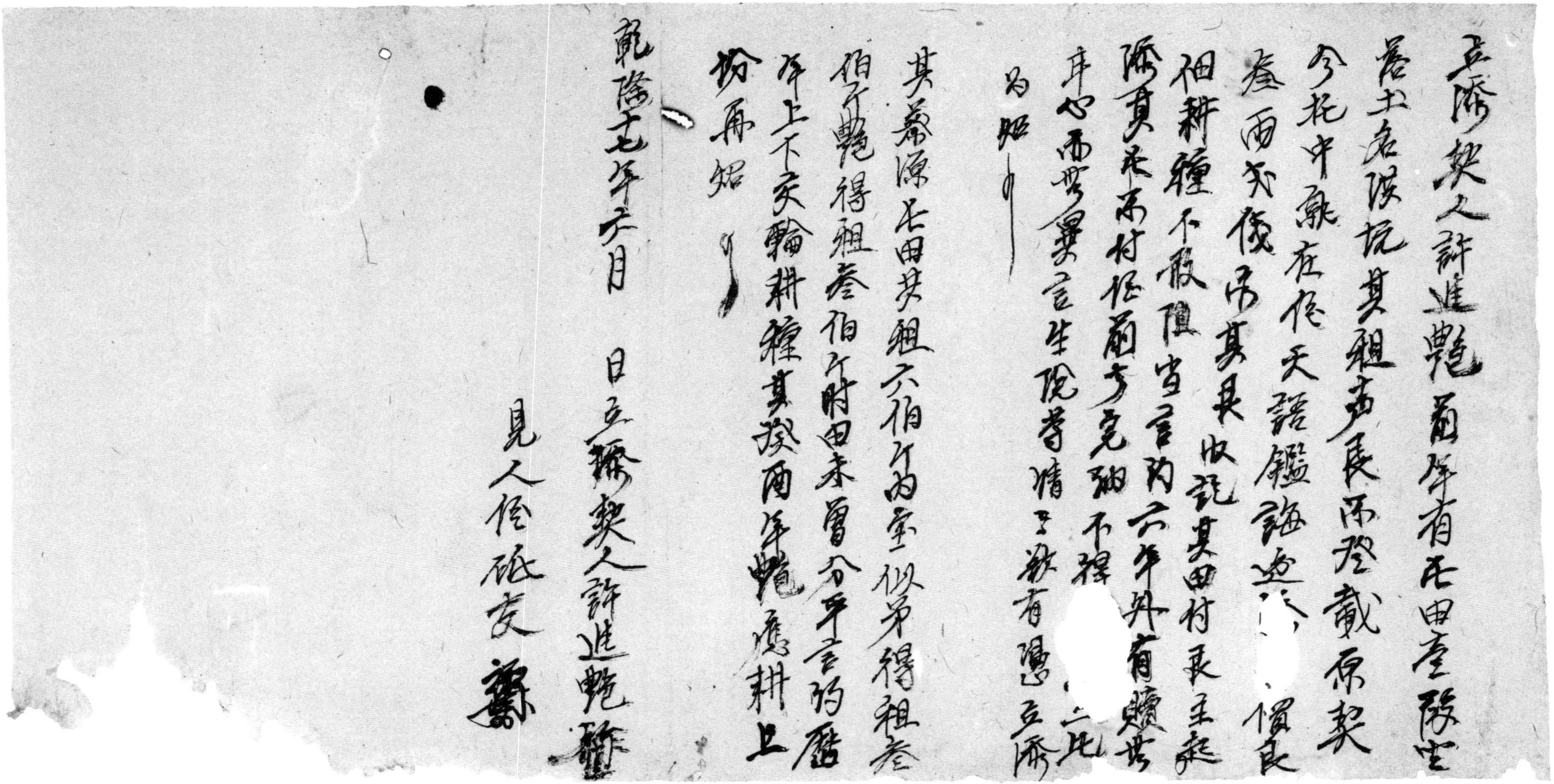

① FYXS076、FYXS077、FYXS078、FYXS079、FYXS080、FYXS081、FYXS082、FYXS083八件文書叠在一起保存。

立添契人許進艶，前年有屯田壹叚，坐
落土名洪坑，其租声艮両登載原契，
今托中就在侄天語、鑑、誨邊添□價艮
叁両弍錢永，其艮收訖，其田付艮主起
佃耕種，不敢阻当。言约六年外有贖無
添，其屯米付侄前去完納，不得[　]二比
甘心，亦無異言生说等情。今欲有憑，立添
为炤。①

其蔡源屯田共租六佰斤，内宝似弟得租叁
佰斤，艶得租叁佰斤，时田未曾分平，言約歷
年上下交輪耕種，其癸酉年艶應耕上
坋，再炤。②

乾隆十七年六月　日立添契人許進艶（押）
見人侄砥友（押）

①此處有挽結，類似於『9』。
②此處有挽結，類似於『9』。

FYXS078 乾隆二十九年（1764）許仁友添契[1] 425×254mm

立添契人許仁友有薟源户乜田壹段坐在洋
坑村岩紅坑，其租户銀兩登載源契，今托
中添出尽價銀壹两，永田前付。
起耕外田，日後不敢言添言贖，恐口無憑，立
添尽契為照。
乾隆廿拾玖年十月　日立添契人許仁友（押）
在中見人許榮登（押）

① FYXS076、FYXS077、FYXS078、FYXS079、FYXS080、FYXS081、FYXS082、FYXS083八件文書叠在一起保存。

立添契人許仁友有蔡源户屯田壹段，坐在洋
坑村，土名红坑，其租声銀両登載源契。今托
中添出尽價銀壹両永，田前付[　　　　]等
起耕外田，日後不敢言添言贖。恐口無憑，立
添尽契為炤。①

乾隆廿拾玖年十月　　日立添契人許魁友（押）
　　　　　　　　　　　　　　　　仁友（押）
　　　　　　　　　代书中見人許瑩登（押）

①此處有挽結，類似於『9』。

FYXS079　乾隆二十年（1755）許魁友、許仁友添契[1]　468×231mm

立添契人許魁友、仁友，今因前年有乇田壹
坐落洋坑村土名洪坑，乔載租叁伯觔，
出賣与錦里天語、諱等遂爲業。今托中
出價銀式兩，永其銀即日收訖，其田仕
語永遠耕種，其租乇米田段四至叁
原契。其日後並無言添取贖，今欲有
立添爲炤。
乾隆二十年十二月　日立添契人魁友（押）
仁友（押）
中見人兄恒登（押）

---

① FYXS076、FYXS077、FYXS078、FYXS079、FYXS080、FYXS081、FYXS082、FYXS083八件文書叠在一起保存。

立添契人許魁友（仁友），今因前年有屯田壹叚，
坐落洋坑村土名洪坑，年載租叁佰觔□，
出賣与錦里天語誨等邊為業，今托中□
出價銀弍両永，其銀即日收訖，其田付□
語永遠耕種，其租声、屯米、田叚四至登載
原契，其日後並無言添取贖，今欲有□，
立添為炤。①

乾隆二十年十二月　　日立添契人魁友（押）

仁友（押）

中見人兄恒登（押）

①此處有挽結，類似於『9』。

FYXS080 乾隆三十四年（1769）許景言、許性懷繳契① 364×250mm

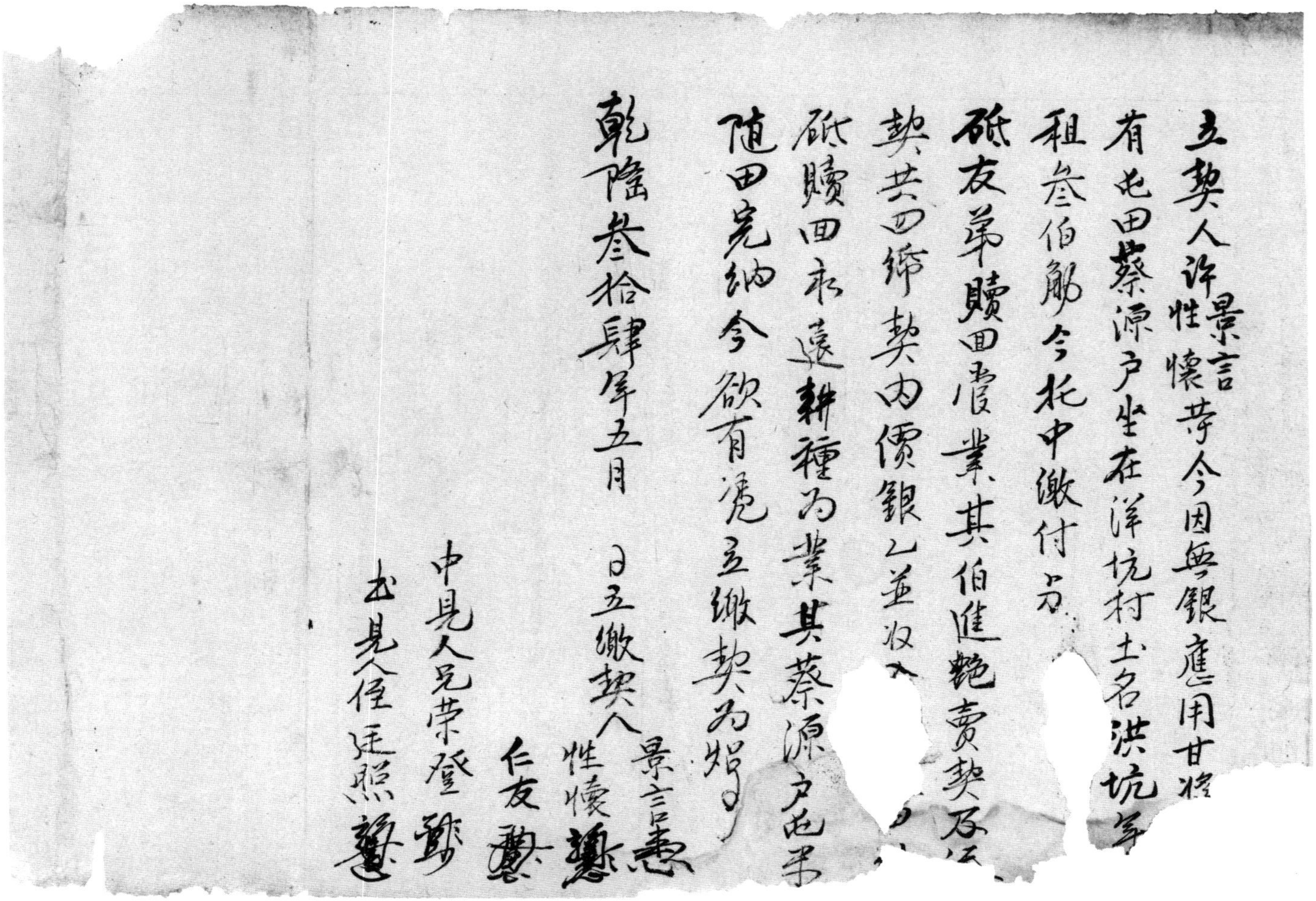

① FYXS076、FYXS077、FYXS078、FYXS079、FYXS080、FYXS081、FYXS082、FYXS083八件文書叠在一起保存。

立契人许景言性懷等，今因無銀應用，甘將
有屯田蔡源户，坐在洋坑村，土名洪坑，年載
租叁佰觔，今托中繳付与
砥友弟贖田管業，其伯進鬮賣契及添
契共四帋，契内價銀乙並收入一
砥贖回，永遠耕種为業，其蔡源户屯米
随田完納。今欲有凴，立繳契为炤。①

乾隆叁拾肆年五月　　日立繳契人景言（押）
　　　　　　　　　　　　　　性懷（押）
　　　　　　　　　　　　　　仁友（押）
　　　　　　　　　中見人兄荣登（押）
　　　　　　　　　书見人侄廷照（押）

①此處有挽結，類似於『9』。

FYXS081　乾隆六十年（1795）許砥友兑契[1]　344×247mm

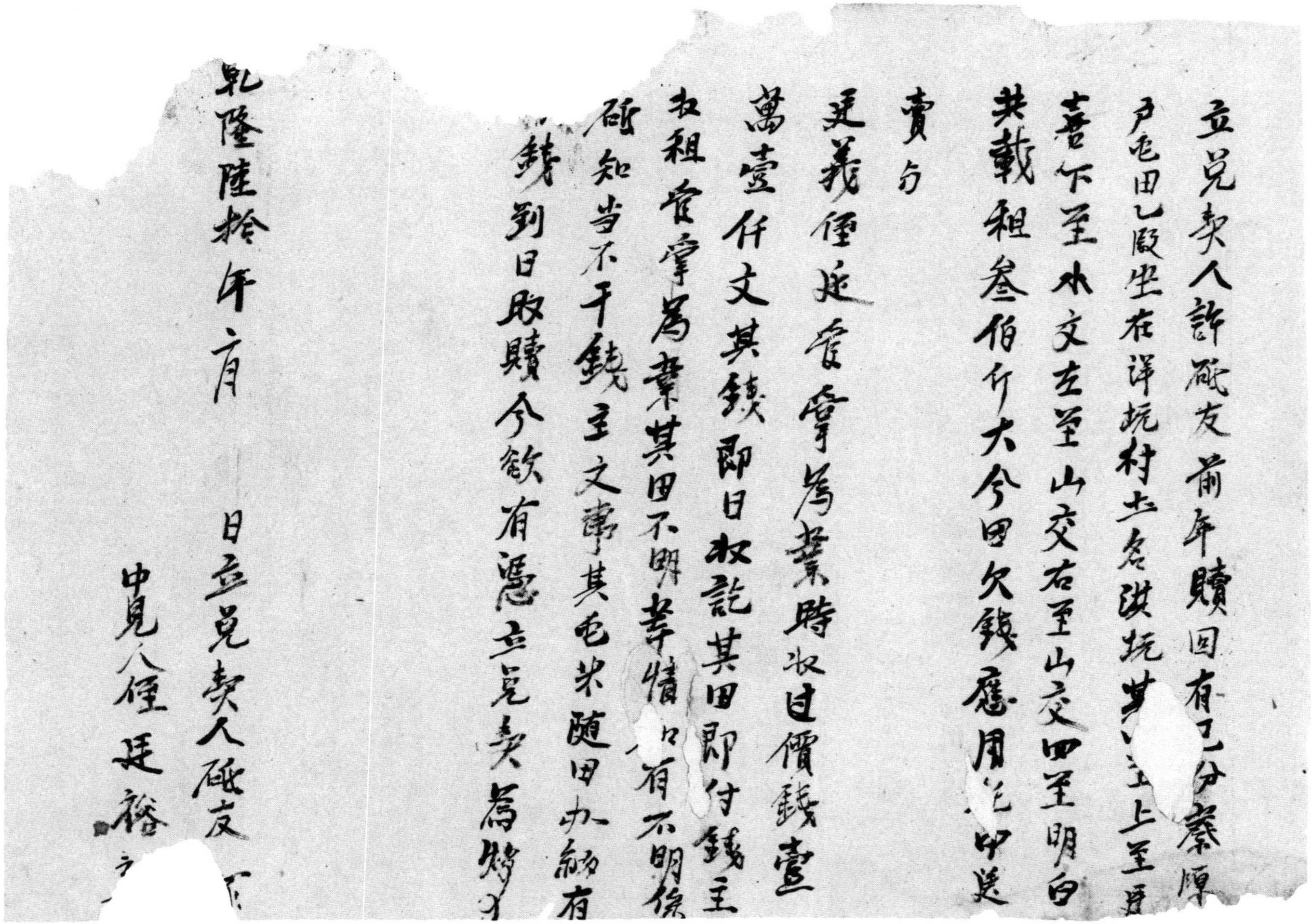
立兑契人許砥友前年贖回有己分祭厚
户屯田乙段坐在洋坑村土名洪坑其田上至
墓下至水文左至山交右至山交四至明白
共載租叁佰斤大今因欠錢應用托中送
賣与
廷義侄廷发管掌為業時收过價錢
萬壹仟文其錢即日收訖其田即付錢主
叔祖管掌為業其田不明等情如有不明係
砥知当不干錢主之事其屯米随田办納有
錢到日取贖今欲有憑立兑契為照
乾隆陸拾年　月　日立兑契人砥友
中見人侄廷裕

① FYXS076、FYXS077、FYXS078、FYXS079、FYXS080、FYXS081、FYXS082、FYXS083八件文書叠在一起保存。

立兑契人許砥友前年贖回有己分蔡源
户屯田乙叚，坐在洋坑村，土名洪坑，其四至，上至廷
喜，下至水交，左至山交，右至山交，四至明白，
共載租叁佰斤大，今因欠錢應用，托中送
賣与
廷義侄邊管掌為業，時收过價錢壹
萬壹仟文，其錢即日收訖，其田即付錢主
收租管掌為業，其田不明等情，如有不明，係
砥知当，不干錢主之事，其屯米随田办納，有
□錢到日取贖。今欲有憑，立兑契為炤。①

乾隆陸拾年二月　　日立兑契人砥友（押）
中見人侄廷裕（押）

---

①此處有挽結，類似於『9』。

FYXS082　乾隆六十年（1795）許砥友盡契[1]　523×244mm

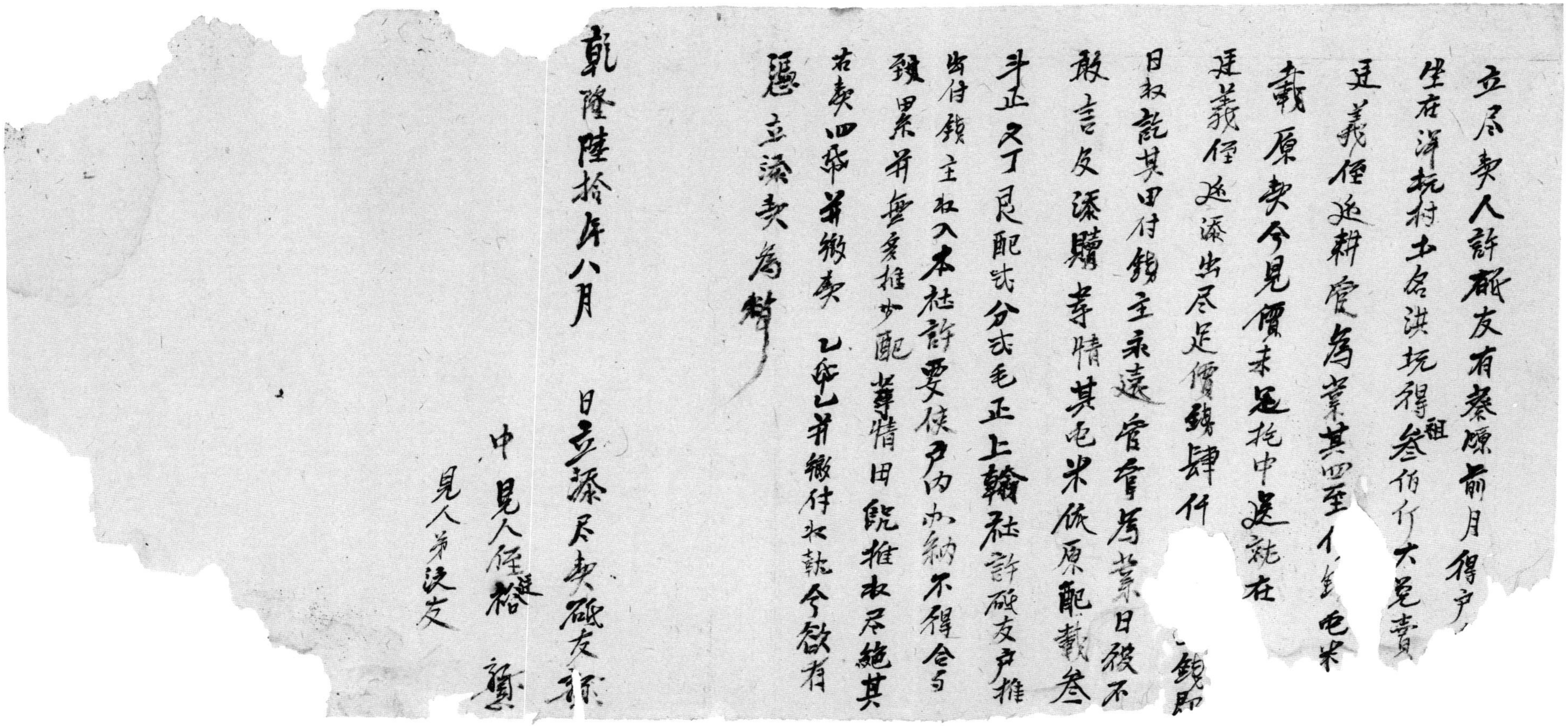
立尽契人許砥友有蔡源前月得户
坐在洋坑村土名洪坑得租叁佰斤大見責
廷義侄邊耕管為業其四至[illegible]屯米
載原契今見價未足托中送就在
廷義侄邊添出尽足價錢肆仟[缺]錢即
日收訖其田付錢主永遠管會為業日後不
敢言及添贖等情其屯米依原配載叁
斗正又丁艮配弍分弍毛正上輸社許砥友户推
出付錢主收入本社許要使户内办納不得合勺
錢累并無多推少配等情田既推收尽絶其
右契四至并繳契　上手契并繳付收執今欲有
憑立添契為炤
乾隆陸拾年八月　日立添尽契砥友（押）
中見人侄廷裕（押）
見人弟汲友

① FYXS076、FYXS077、FYXS078、FYXS079、FYXS080、FYXS081、FYXS082、FYXS083八件文書叠在一起保存。

立尽契人許砥友有蔡源前月得户□
坐在洋坑村，土名洪坑，得租叁佰斤大，兑賣
廷義侄邊耕管為業，其四至、價銀、屯米登
載原契，今見價未足，托中送就在
廷義侄邊尽添出尽足價錢肆仟[　　]其錢即
日收訖，其田付錢主永遠管掌為業，日後不
敢言及添贖等情，其屯米依原配載叁
斗正。又丁艮配弍分弍毛正，上翰社許砥友户推
出，付錢主收入本社許要使户内办納，不得合勺
致累，并無多推少配等情。田既推收尽絕，其
古契四帋并繳契乙帋，乙并繳付收執。今欲有
憑，立添契為炤。①

乾隆陸拾年八月　　日立添尽契砥友（押）
中見人侄廷裕（押）
見人弟泛友

①此處有挽結，類似於『9』。

FYXS083　乾隆六十年（1795）許砥友推雇鬮契①　526×243mm

立推雇閲人户丁許砥友今將上故
砥友户内推出蔡源乇田土名洪坑㘾
叁斗正丁良弍分弍乇正推付本社許
要使户内办納并無多推少配等情汲
过钱弍伯文立推雇為炤
另中礼艮壹 再炤
佳字再炤
乾隆陸拾年捌月　日立推雇
大侄迎裕筆

① FYXS076、FYXS077、FYXS078、FYXS079、FYXS080、FYXS081、FYXS082、FYXS083八件文書疊在一起保存。

立推産関人户丁許砥友，今將上圖」
砥友户内推出蔡源屯田，土名洪坑，屯」
仝斗正，丁艮弍分弍毛正，推付本社許
要使户内办納，并無多推少配等情，收
过錢弍佰文，立推産為炤。①
另中礼艮壹員，再炤。②
任乙字，再炤。③
乾隆拾年捌月　日立推産」
书人任廷裕（押）

---

①此處有挽結，類似於『9』。
②此處有挽結，類似於『9』。
③此處有挽結，類似於『9』。

FYXS084　乾隆十六年（1751）李殿良添契[①]　208×254mm

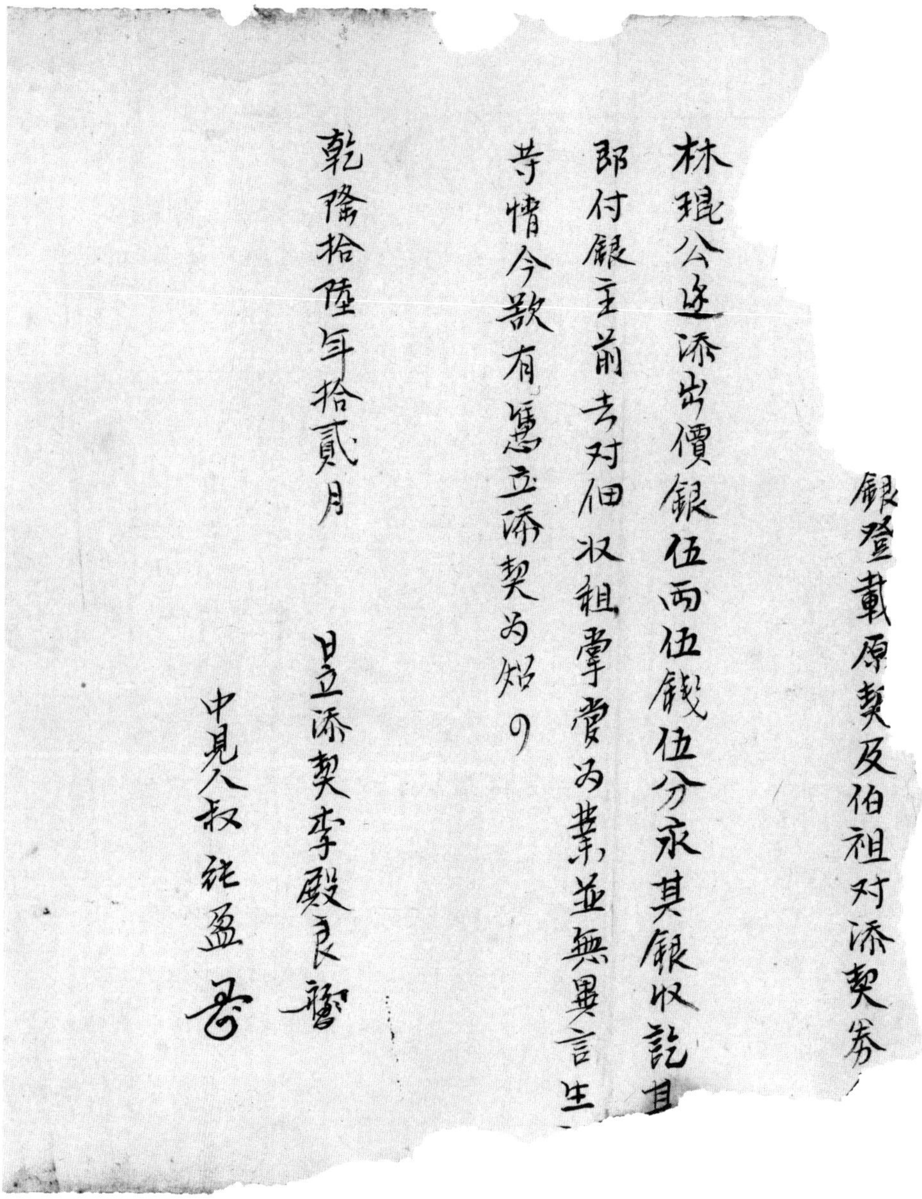

銀登載原契及伯祖对添契券
林琨公邊添出價銀伍両伍錢伍分永其銀收訖目
即付銀主前去对佃収租掌管為業並無異言生
等情今欲有憑立添契為炤
乾隆拾陸年拾貳月
日立添契李殿良（押）
中見八叔　能盈（押）

①FYXS084、FYXS085、FYXS086、FYXS087、FYXS088、FYXS089、FYXS090、FYXS091、FYXS092九件文書疊在一起保存。

…………（前殘）

﹂銀登載原契及伯祖对添契券﹁

﹂

林琨公邊添出價銀伍両伍錢伍分永，其銀收訖，【其】□

即付銀主，前去对佃收租掌管为業，並無異言生□

等情。今欲有憑，立添契为炤。①

乾隆拾陸年拾貳月　　日立添契李殿良（押）

中見人叔純盈（押）

①此此處有挽結，類似『9』。

FYXS085　乾隆十七年（1752）李純候添盡契①　493×250mm

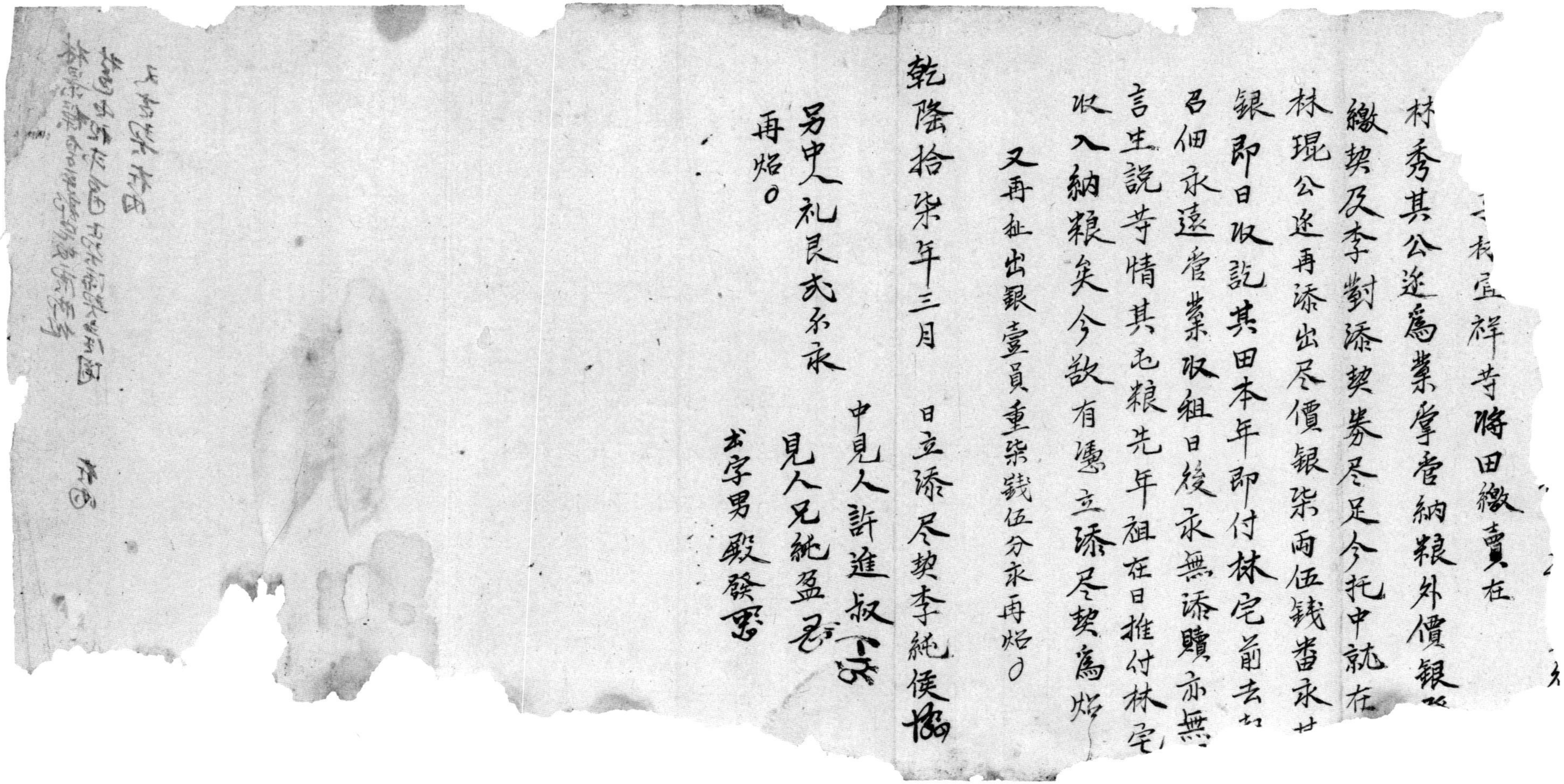
…表盧祥等將田繳賣在
林秀其公邊為業，掌管納粮外，價銀…
繳契及李對添契券盡足，今托中就在
林琨公邊再添出盡價銀柒兩伍錢，當承其…
銀即日收訖。其田本年即付林宅前去…
召佃永遠管業收租，日後永無添贖，亦無…
言生說等情。其已粮先年祖在日推付林宅…
收入納粮矣。今欲有憑，立添盡契為炤。
又再批：出銀壹員，重柒錢伍分，永再炤。
乾隆拾柒年三月　日立添盡契李純候（押）
中見人許進叔（押）
另中人礼良式不承再炤。
見人兄純盈（押）
代字男殿發（押）

① FYXS084、FYXS085、FYXS086、FYXS087、FYXS088、FYXS089、FYXS090、FYXS091、FYXS092九件文書叠在一起保存。

（前殘）…………

［林宜祥等將田鐵賣在

林秀其公邊爲業掌管納糧，外價銀登□

鐵契及李對添契券尺足，今托中就在［

林琨公邊再添出尺價銀柒兩伍錢畬永，其

銀即日收訖，其田本年即付林宅前去起□

召佃，永遠管業收租。日後永無添贖，亦無異

言生說等情，其屯糧先年祖在日推付林宅

收入納糧矣。今欲有憑，立添尺契爲炤。①

又再扯出銀壹員，重柒錢伍分永，再炤。

乾隆拾柒年三月　　日立添尺契李純候（押）

中見人許進叔（押）

另中人礼艮弍錢永，

見人兄純盈（押）

再炤。

书字男殿發（押）②

---

①此處有挽結，類似於『9』。

②此契背後有字：林景樑厝平郭宅坂虎脚坵折色屯租弍百斤大，正契、添契、產關在內。又古契在內。

FYXS086　乾隆六十年（1795）殿峙契①　521×246mm

任十外今□……

拿收租為業時收过價伕叁千壹……

其伕即收訖其田付侄管拿收租為業其孙色……

歷年配載伕叁十文田並無叔兄弟侄爭執

明等情如有不明係峙抵当不干伕主之事……

三年外对期取贖今欲有憑立契為炤

内註價湊銀字取字再炤

乾隆六十年　伍　月　日　立契人殿峙（押）

見人殿局（押）

書字人殿中（押）

---

① FYXS084、FYXS085、FYXS086、FYXS087、FYXS088、FYXS089、FYXS090、FYXS091、FYXS092九件文書叠在一起保存。

…………（前殘）

［伍十斤，今因無錢應用］

［掌收租爲業，時收过價錢叁千壹］

其錢即收訖，其田付姪管掌收租爲業，其折色粮［

歷年配載錢叁十文，田並無叔兄弟姪争執，［

明等情，如有不明，係峙抵当，不干錢主之事，約［

三年外对期取贖。今欲有憑，立契爲炤。①

內註價湊銀字取字，再炤。②

乾隆六十年　伍　月　日　立契人殿峙（押）

見人殿局（押）

書字人　殿中（押）

①此處有挽結，類似於『9』。

②此處有挽結，類似於『9』。

FYXS087　乾隆六十年（1795）殿中賣契[1]　494×248mm

① FYXS084、FYXS085、FYXS086、FYXS087、FYXS088、FYXS089、FYXS090、FYXS091、FYXS092九件文書叠在一起保存。

…………（前殘）

[收租爲業，時收过價錢]

[錢即收訖，其田付姪管掌收租爲業，]

折色粮錢，歷年配載錢叁拾文，田並無不明等

情，如有不明，係中抵当，不干錢主之事。約三年外

对期取贖。今欲有憑，立契爲炤。①

内註壹字，再炤。②

又註千字，再炤。③

乾隆六十年　伍　月　日　立契人殿中（押）

見人殿局（押）

殿峙〇

---

①此處有挽結，類似於『3』。

②此處有挽結，類似於『3』。

③此處有挽結，類似於『3』。

FYXS088 嘉慶二年（1797）李振元繳契[1] 492×250mm

① FYXS084、FYXS085、FYXS086、FYXS087、FYXS088、FYXS089、FYXS090、FYXS091、FYXS092九件文書叠在一起保存。

（前殘）…………

[弍百斤，出賣与元为業，價錢登載原契，]

[繳付

许說使処为業，收過原契面錢完足，錢即收讫，田付錢主]

对佃收租管掌为業，錢糧隨田办納，如原賣主或要添找，或要[

贖，務要听原賣主其便，不得刁难，並繳原賣契，壹帋付执，今欲

有憑，立繳契为照。①

嘉慶弍年陆月　　日立繳契人李振元（押）

中見人林躋使（押）

①此處有撓結，類似於『9』。

FYXS089　嘉慶六年（1801）殿崎、殿中添契[1]　510×251mm

① FYXS084、FYXS085、FYXS086、FYXS087、FYXS088、FYXS089、FYXS090、FYXS091、FYXS092九件文書叠在一起保存。

…………（前殘）

〔今因〕

尚太侄邊添出價艮弍大员，其艮即日交訖〔

田伋付艮主，永遠管掌爲業，田並無不〔

等情，如有係叔抵當，不干艮主之事。今

欲有憑，立添爲炤。①

嘉慶陸年　五　月　日　立添契人殿峙〇

中（押）

見人兄殿局（押）

---

①此處有挽結，類似於『3』。

FYXS090 嘉慶二十二年（1817）林智教添契[①] 446×249mm

① FYXS084、FYXS085、FYXS086、FYXS087、FYXS088、FYXS089、FYXS090、FYXS091、FYXS092九件文書叠在一起保存。

……（前殘）

［艮叁元折錢弍千柒百叁十文又谷］

［其田付艮主起耕管掌为業］

隨田办纳，並無不明等情。如有係林抵当。今欲

有憑，立契为炤。①

嘉慶廿二年　五月　日立添契人林智教（押）

中見景日伯（押）

①此處有挽結，類似於『3』。

FYXS091 嘉慶二十三年（1818）林智教添盡足契① 480×250mm

① FYXS084、FYXS085、FYXS086、FYXS087、FYXS088、FYXS089、FYXS090、FYXS091、FYXS092九件文書疊在一起保存。

（前殘）…………

［　］為業，其折色屯良依照原契配載］

［　］壹毫貳糸五忽正，即將尊美社林行］

亦納，即推出付上輸社許耀元前去收入股內，对］

納粮務，並無多推少配等情，田既推收尽绝外，日後□

敢言及添贖，其古契五帋繳付許收执。並無叔兄□

姪內外不敢争执。今欲有憑，立添尽足契为炤。①

其契面艮五元，折錢肆千五百五十文，再炤。

另中礼錢叁佰文，再炤。

嘉慶廿三年捌月　　日立添尽足契人林智教（押）

中見人景日伯（押）

①此處有挽結，類似於『3』。

FYXS092　道光七年（1827）李文光契[①]　505×240mm

……汲过契面
付佃汲租管掌为業，其糸粮隨田办納，田
……無不明等情，如有係李抵当，不干許之事，自后有……
糸到日对期，今欲有憑，立契人為照。
其前年未知有行文契，或有如寫正契，不得行用，再照。
照得殿峙中祖正契添契三帋，付許汲执，再照。
道光柒年拾弍月　日立契人李文光（押）
中見人曾祖殿中
許鉷使（押）

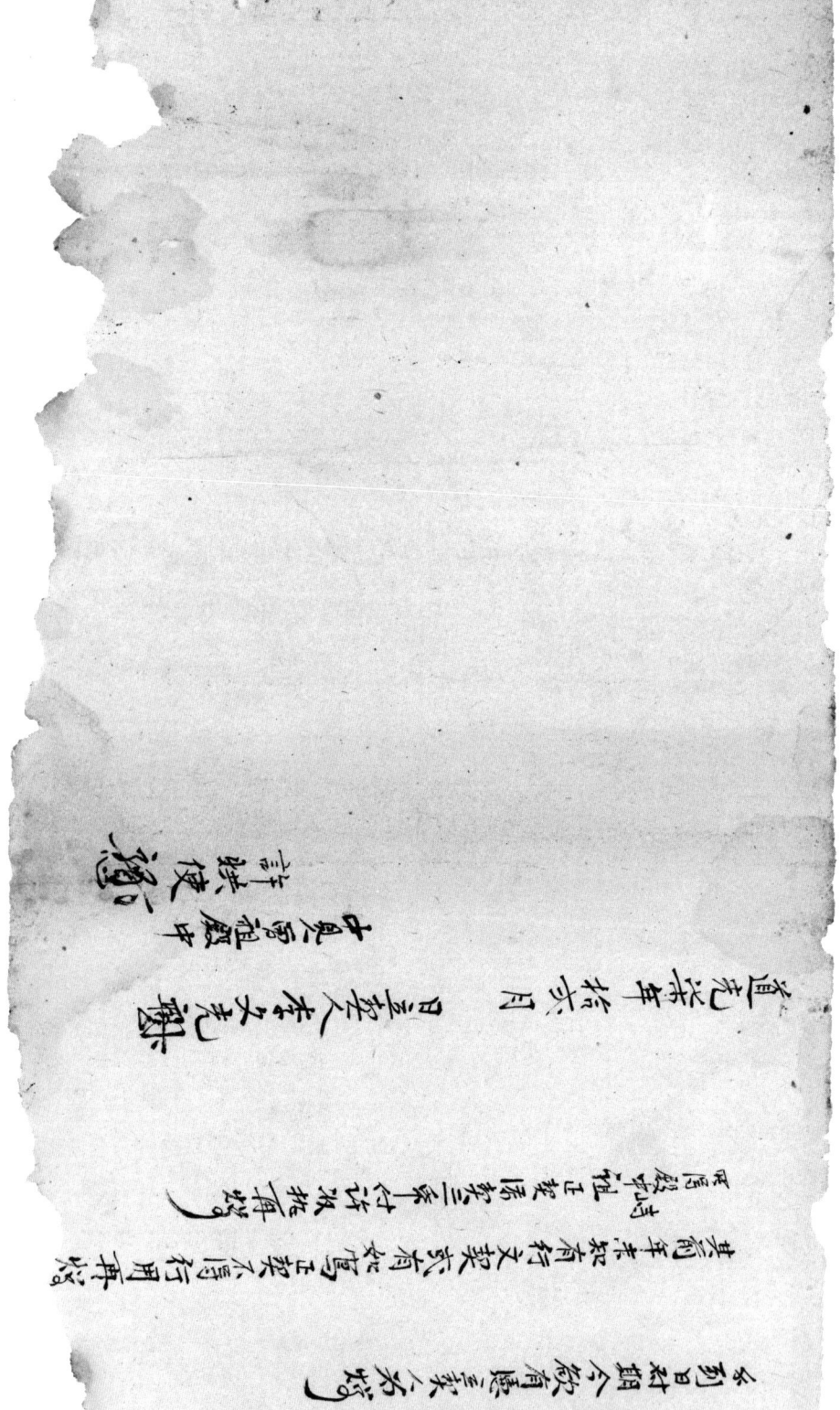

① FYXS084、FYXS085、FYXS086、FYXS087、FYXS088、FYXS089、FYXS090、FYXS091、FYXS092九件文書叠在一起保存。

……………（前殘）

「收过契面」

「付佃收租管掌为業，其錢粮随田办納，田

[並]無不明等情，如有係李抵当，不干许之事，日后[有]

錢到日对期。今欲有憑，立契人为炤。①

其前年未知有行文契，或有如寫正契，不得行用，再炤。②

買得殿崻中祖正契、添契三帋，付许收执，再炤。③

道光柒年拾弍月　　　　日立契人李文光（押）

中見人曾祖殿中

許烘使（押）

---

①此處有挽結，類似於『9』。

②此處有挽結，類似於『9』。

③此處有挽結，類似於『9』。

FYXS093　乾隆二十九年（1764）殿爾送賣契①　549×230mm

① FYXS093、FYXS094、FYXS095、FYXS096、FYXS097、FYXS098、FYXS099、FYXS100、FYXS101九件文書叠在一起保存。

立契人兄殿爾有己分民田壹段，坐[

潘村洋，戴租伍百斤，爾分抽出租[

因無艮應用，就在送賣與

殿明弟邊为業，時收过價艮式[

收入田付艮主收租管掌为業，錢粮[

納，日後有母艮到日取贖文契[

欲有憑，立契为炤。①

乾隆二十九年三月　　日立契人殿爾（押）

代書男拔衷（押）

見人侄拔[

---

①此處有挽結，類似於『9』。

FYXS094 乾隆四十九年（1784）李拔霞、李文嬚賣契① 533×231mm

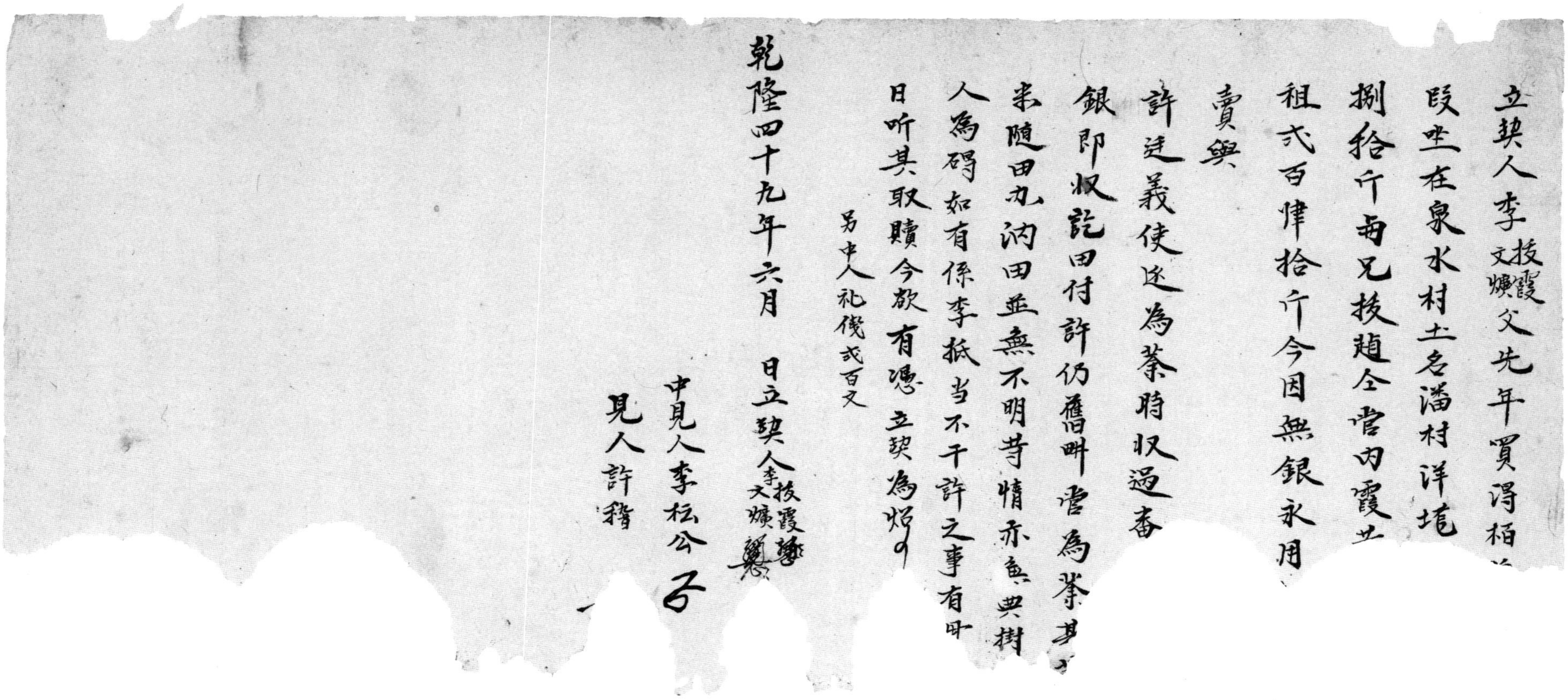

① FYXS093、FYXS094、FYXS095、FYXS096、FYXS097、FYXS098、FYXS099、FYXS100、FYXS101九件文書叠在一起保存。

立契人李拔霞 文爌父先年買得栢[

㪨，坐在泉水村，土名潘村洋壠，[

捌拾斤，與兄拔趙仝管，內霞[

租弍百肆拾斤。今因無銀永用[

賣與

許廷義使邊為業，時收過沓[

銀即收訖，田付許仍舊畊管為業，其□

米隨田办纳，田並無不明等情，亦無典掛□

人為碍，如有係李抵当，不干許之事，有母艮□

日听其取贖。今欲有憑，立契為炤。①

另中人添礼錢弍百文。

乾隆四十九年六月　日　立契人李拔霞(押) 文爌(押)

中見人李枟公(押)

見人許稽　(押)

---

①此處有挽結，類似於『9』。

FYXS095　乾隆五十四年（1789）李文烟、李文熿添契[1]　540×243mm

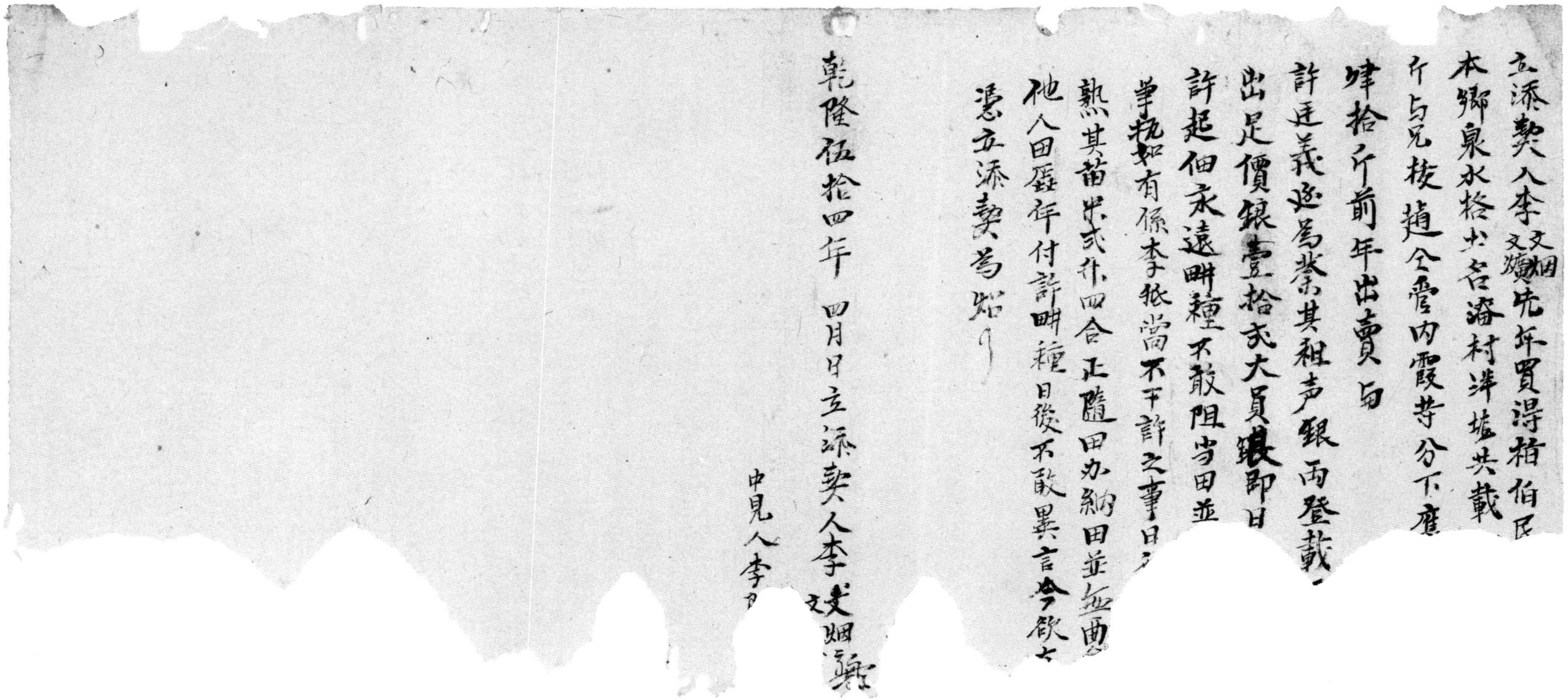
立添契人李文烟、文熿先年買得[illegible]佰[illegible]
本鄉泉水格土名潘村洋垅共載
斤与兄[illegible]趙仝[illegible]內霞[illegible]分下[illegible]
肆拾斤前年出賣與
許廷義邊為業其租[illegible]銀兩登載
出足價銀壹拾貳大員銀即日
許起佃永遠畊種不敢阻當田並
業執有係李張當不干許之事日
熟其苗米貳升四合正隨田办納田並無
他人田歷年付許畊種日後不敢異言今欲
憑立添契為照
乾隆伍拾四年　四月　日立添契人李文烟、文熿
中見人李[illegible]

---

① FYXS093、FYXS094、FYXS095、FYXS096、FYXS097、FYXS098、FYXS099、FYXS100、FYXS101九件文書叠在一起保存。

立添契人李文烟 文爣，先年買得稻伯民[
本鄉泉水格，土名潘村洋壠，共載[
斤與兄拔趙仝管，內霞等分下應[
肆拾斤，前年出賣與
許廷義邊為業，其租声銀両登載[
出足價銀壹拾弍大員，銀即日[
許起佃永遠耕種，不敢阻当，田並[
争執，如有係李抵當，不干許之事。日後[
熟其苗米弍升四合正，隨田办納，田並無典□①
他人，田歷年付許耕種，日後不敢異言。今欲有
憑，立添契為炤。②

乾隆伍拾四年　　四月日立添契人李文烟（押）
文爣[
中見人李[

①疑爲「掛」字，編者注。
②此處有挽結，類似於「9」。

FYXS096　乾隆五十四年（1789）李文烟、李文爌添契[①]　450×211mm

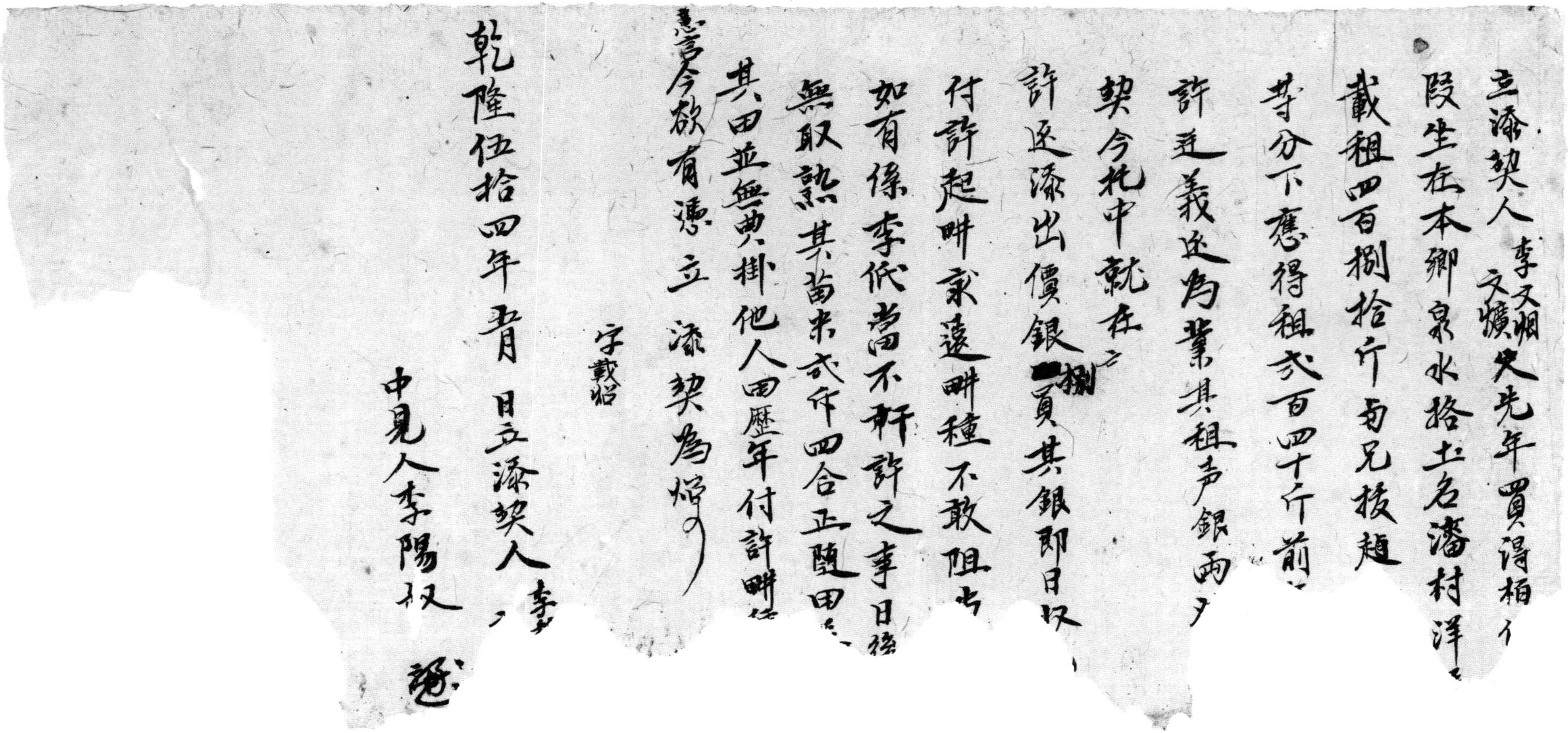
立添契人李文烟、文爌兄先年買得栢
段坐在本鄉泉水格土名潘村洋
載租四百捌拾斤，與兄拔趙
等分下應得租弍百四十斤前
許進義述為業，其租声銀兩
契今托中就在
許逐添出價銀捌買，其銀即日收
付許起畊，永遠畊種，不敢阻占
如有係李伋當，不干許之事，日後
無取贖，其苗米弍斤四合正，隨田
其田並無典掛他人，田歷年付許畊
恐口今欲有憑，立添契為炤。
字載炤
乾隆伍拾四年青月　日立添契人李
中見人李陽权

① FYXS093、FYXS094、FYXS095、FYXS096、FYXS097、FYXS098、FYXS099、FYXS100、FYXS101九件文書疊在一起保存。

立添契人李文烟文熾，父先年買得栢」
段，坐在本鄉泉水格，土名潘村洋」
載租四百捌拾斤，與兄拔趙」
等分應得租弍百四十斤，前」
許廷義邊為業，其租声银両登□□
契。今托中就在
許邊添出價銀捌員，其銀即日收」
付許起畊，永遠畊種，不敢阻当」
如有，係李低①當，不干許之事，日後」
無取熟，其苗米弍升四合正，随田」
其田並無典掛他人，田歷年付許畊種」
意言。今欲有憑，立添契為炤。②
字載炤。
乾隆伍拾四年五月　　日立添契人李」
」
中見人李陽叔（押）

①應爲『抵』字之誤，編者注。
②此處有挽結，類似於『9』。

FYXS097　嘉慶元年（1796）李拔指對添盡足契①　523×242mm

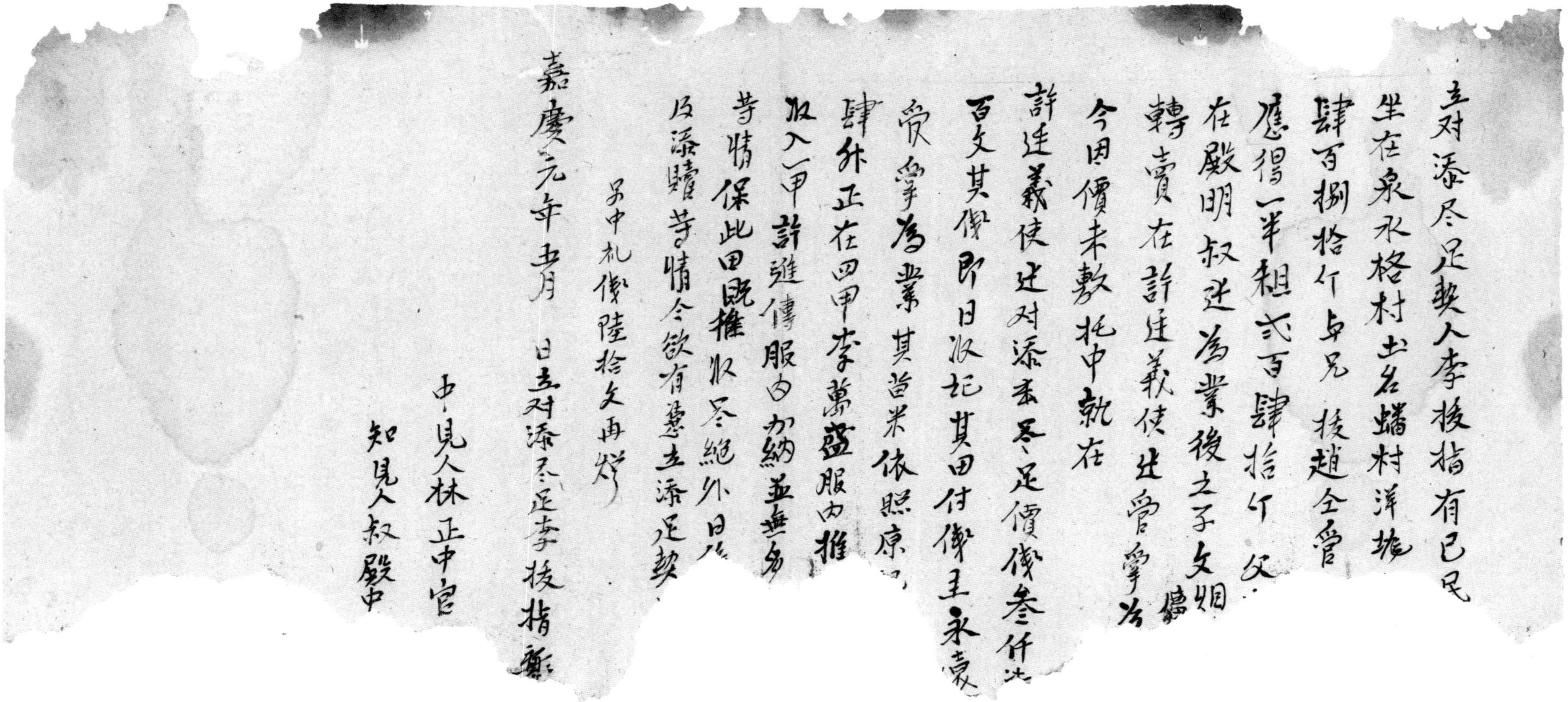

① FYXS093、FYXS094、FYXS095、FYXS096、FYXS097、FYXS098、FYXS099、FYXS100、FYXS101九件文書叠在一起保存。

立对添尽足契人李拔指有已民「
坐在泉水格村，土名蟠村洋壠，「
肆百捌拾斤與兄拔趙仝管「
應得一半租弍百肆拾斤　父「
在殿明叔邊為業，後之子文烟爌「
轉賣在許廷義使邊管掌為「
今因價未敷，托中就在
許廷義使邊对添出尽足價錢叁仟柒
百文，其錢即日收記①，其田付錢主永遠
管掌為業，其苗米依照原「
肆升正，在四甲李萬盛服②内推「
收入一甲許進傳服③内办納，並無多「
等情，保此田既推收尽絶外，日後「
及添贖等情。今欲有憑，立添足契「
另中礼錢陸拾文，再炤。
嘉慶元年五月　日立对添尽足李拔指（押）
中見人林正中官「
知見人叔殿中「

①此『記』當爲『訖』之誤字。
②當爲『股』之誤字。
③當爲『股』之誤字。

FYXS098　嘉慶元年（1796）李拔指推産闗契[1]　559×250mm

立推産闗人四甲李萬盛户丁李拔指
出泉水格土名墻村洋先租弍百肆拾斤
外，正推付一甲許進傳收入股内扣納，并
苛情对收过
許進義使出酒礼儀壹仟陸百文，立推産闗
嘉慶元年伍月　日立推産闗人李拔指（押）
見人叔殿中（押）

① FYXS093、FYXS094、FYXS095、FYXS096、FYXS097、FYXS098、FYXS099、FYXS100、FYXS101九件文書叠在一起保存。

立推產關人四甲李萬盛户丁李拔指［

出泉水格，土名蟠村洋壠，租弍百肆拾斤［

升正，推付一甲許進傳收入股内办納，並［

等情，对收过

許廷義使邊酒礼錢壹仟陸百文，立推產關［

嘉慶元年伍月　日　立推產關人李拔指（押）

中見人叔殿中（押）

FYXS099　嘉慶三年（1798）李拔霞、李拔衆繳契[1]　532×230mm

立繳契人李拔霞、衆父在日買得殿爾
段坐在泉水村土名潘村洋墘共載
拔趙仝曾霞等兄弟分下應得一半
前年出賣在　許說使近曾為
銀兩四至登載原契及添契今以經兩原
一并一並繳付許收執時收原契兩銀
契價田付良主永遠耕種田並無不明
明係李抵當不敢良主之事前拔措田既
外衆日後不敢言及添贖等情今欲有憑立
為照
內添主一字再照
嘉慶叁年三月　日立繳契人李拔
中見人侄尚標
叔殿

① FYXS093、FYXS094、FYXS095、FYXS096、FYXS097、FYXS098、FYXS099、FYXS100、FYXS101九件文書疊在一起保存。

立繳契人李拔霞衆，父在日買得殿爾[
段，坐在泉水村土名潘村洋壠，共載[
拔趙仝管，霞等兄弟分下應得一半[
前年出賣在許説使邊管掌為業，[
銀兩、四至登載原契及添契，今以經兩原[
一帋，一並繳付許收執，時收原契面銀[
契價，田付㫏主永遠耕種，田並無不明[
明，係李抵当，不敢㫏主之事。前拔指田既[
外，衆日後不敢言及添贖等情，今欲有憑，立
為炤。①

內添主一字，再炤。

嘉慶叁年三月　　日立繳契人李拔霞衆□

中見人侄尚標（押）

叔殿[

①此處有挽結，類似於『9』。

FYXS100　嘉慶五年（1800）李拔指扯字[1]　494×250mm

立扯字人李拔指，今在再白
許說使此扯出俾書與陸指，
說日後指不敢言異等情，今欲有憑，
為炤
嘉慶伍年三月　日立扯字人李拔指（押）
見人叔殿中（押）

① FYXS093、FYXS094、FYXS095、FYXS096、FYXS097、FYXS098、FYXS099、FYXS100、FYXS101 九件文書叠在一起保存。

立扯字人李拔指，今在冉向
許說使邊扯出錢壹百陸拾]
訖，日後指不敢言異等情，今欲有憑，立□
為炤。①

嘉慶伍年三月　　日立扯字人李拔指（押）
見人叔殿中（押）

---

①此處有挽結，類似於『9』。

FYXS101 嘉慶十一年（1806）李拔指挪扯字① 552×250mm

立卯扯字李拔指有民田壹段坐
土名蟠村洋坑載租弍百肆拾斤
在許宅為業已經民米田價推
指發開粮累因拔 公出稱懇公
許坂侯边卯扯出酒礼併捌百文其併
交訖田仍付永遠為業日後不敢言
卯扯苛情此係甘愿各永無異言生
欲有憑立卯扯字為炤
另中礼併弍百文再炤
嘉慶拾壹年 月 日立卯扯字人李拔
公見人侄尚隨
尚太

① FYXS093、FYXS094、FYXS095、FYXS096、FYXS097、FYXS098、FYXS099、FYXS100、FYXS101九件文書叠在一起保存。

立那扯字李拔指，有民田壹段，坐在［

土名蠻村洋壠，載租弍百肆拾斤［

在许宅為業，已經民米田價推［

指務開粮累因投公出稱憑公［

許坂使邊那扯出酒礼錢捌百文，其錢［

交讫，田仍付永遠為業，日後不敢言及［

那扯等情，此係甘願，各永無異言生［

欲有憑，立那扯字為炤。①

另中礼錢弍百文，再炤。②

嘉庆拾壹年伍月　日立那扯字人李拔指［

公見人任尚隨（押）

尚太（押）

---

①此處有挽結，類似於『3』。

②此處有挽結，類似於『3』。

FYXS102　乾隆四十年（1775）林博聲繳契①　438×216mm

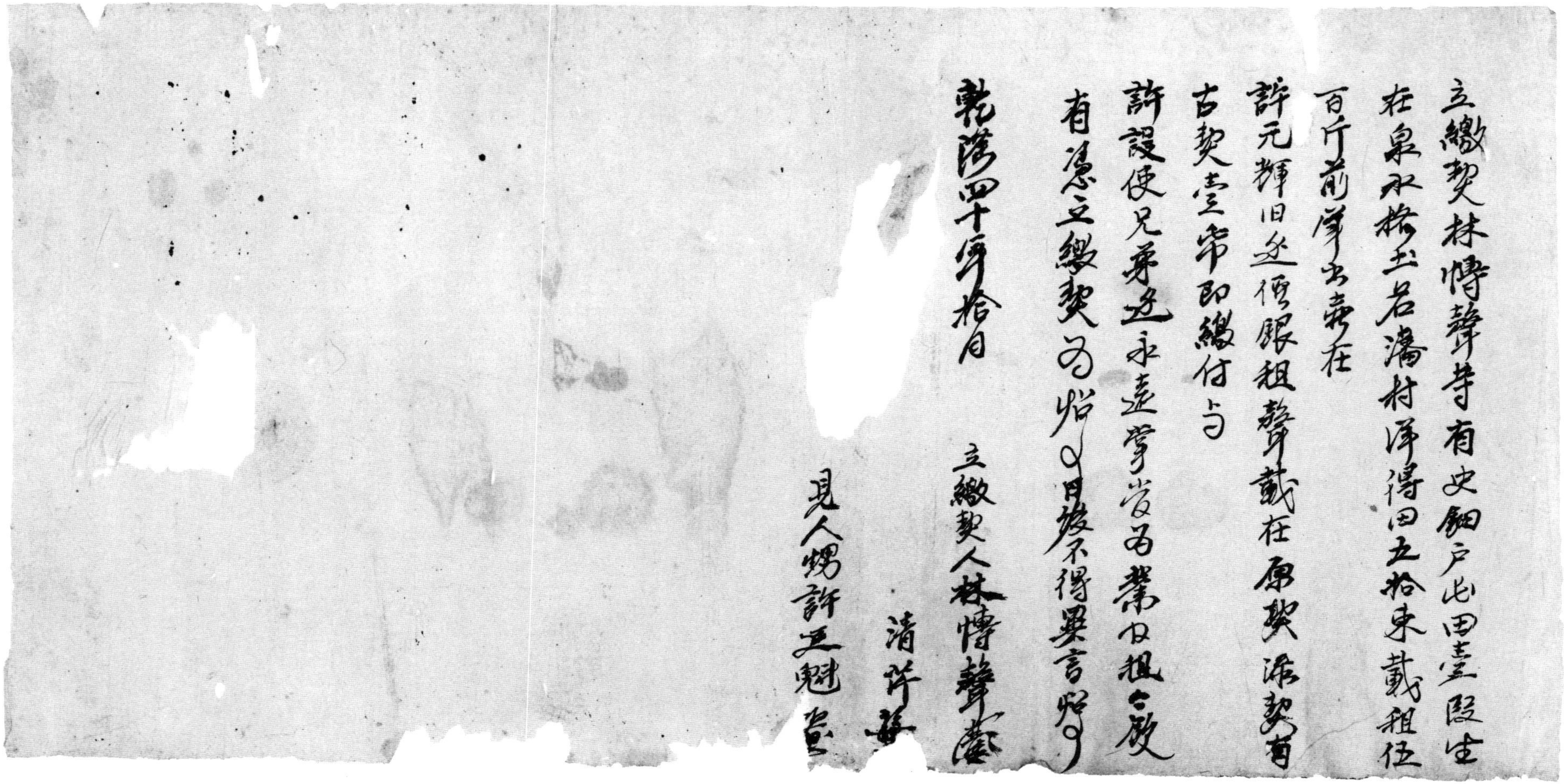

立繳契人林博聲等有史畑户此田壹段坐
在泉永格五石濤村洋得田五拾束載租伍
百斤前年出賣在
許元輝旧送係服祖聲載在原契添契首
古契壹帋即繳付與
許設使兄弟送永遠掌管為業收租完收
有憑立繳契為炤　日後不得異言炤
乾隆四十年拾月
立繳契人林博聲
清許
見人甥許五魁

① FYXS102、FYXS103、FYXS104、FYXS105四件文書叠在一起保存。

立繳契林傅聲等有史鈿户屯田壹段，坐
在泉水格，土名潘村洋，得田五拾束，載租伍
百斤，前年出賣在
許元輝旧邊，價銀租聲載在原契添契，有
古契壹帋，即繳付与
許設使兄弟邊永遠掌管为業收租。今欲
有憑，立繳契为炤。日後不得異言炤。①

乾隆四十年拾月　　立繳契人林傅聲（押）

清芹（押）

見人甥許廷魁（押）

①此處有挽結，類似於『9』。

FYXS103　道光四年（1824）啓蕩兑契[1]　556×243mm

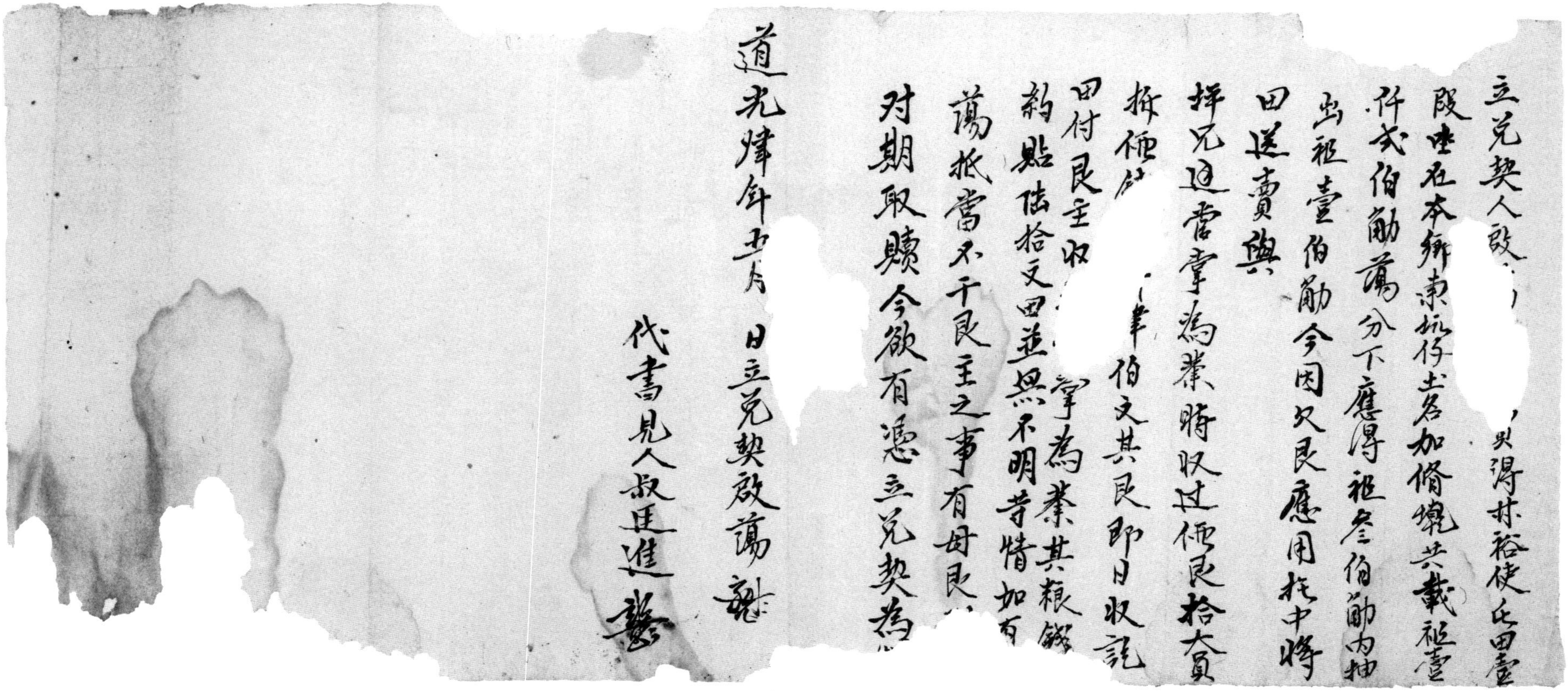
立兑契人啟[illegible]只得將裕使氏田壹
段坐在本鄉東坑仔土名加僚塆共載租壹
仟弍伯觔蕩分下應得租叁伯觔內抽
出租壹伯觔今因欠艮應用托中將
田送賣與
坪兄迫當掌為業，時收过價艮拾大員
拆價銀[illegible]佰文其艮即日收訖
田付艮主收[illegible]掌為業，其粮錢
約貼陆拾文田並無不明等情加有
蕩抵當不干艮主之事有母艮[illegible]
对期取贖今欲有憑立兑契為[illegible]
道光肆年十月　日立兑契啟蕩　號
代書見人叔廷進　號

① FYXS102、FYXS103、FYXS104、FYXS105四件文書叠在一起保存。

立兑契人啟蕩「　　　」買得林裕使屯田壹

段，坐在本鄉東坑仔，土名加脩崁，共載租壹

仟弍佰觔，蕩分下應得租叁佰觔，內抽

出租壹佰觔。今因欠艮應用，托中將

田送賣與

坪兄邊管掌為業，時收過價艮拾大員，

折價錢「　　　」肆佰文，其艮即日收訖，

田付艮主收□管掌為業，其粮錢

約貼陆拾文，田並無不明等情，如有，□

蕩抵當，不干艮主之事。有母艮□□，

对期取贖。今欲有憑，立兑契為炤。

道光肆年五月　日立兑契啟蕩（押）

代書見人叔廷進（押）

FYXS104　道光七年（1827）啟蕩添盡足契[1]　557×238mm

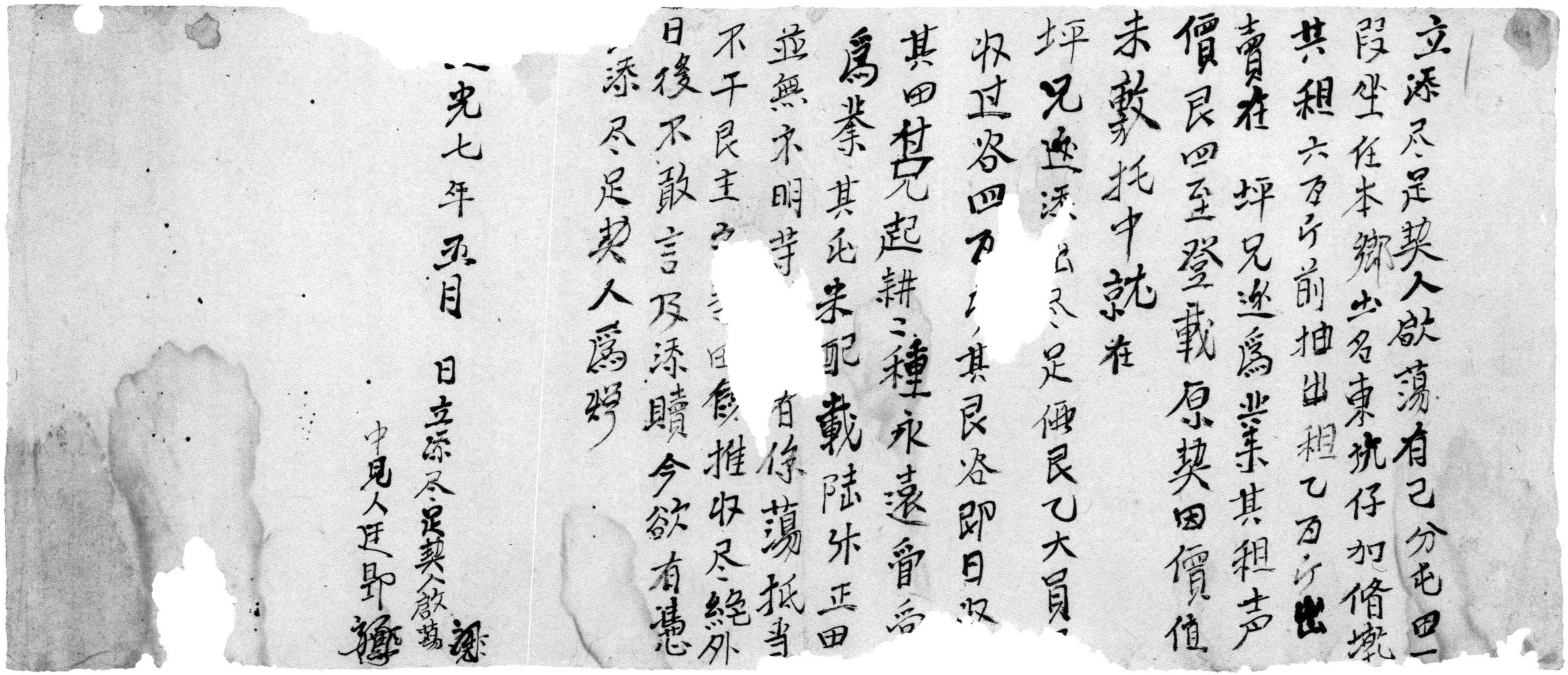
立添尽足契人啟蕩有己分屯田一
段坐在本鄉土名東坑仔加脩墘
共租六百斤前抽出租乙百斤出
賣在　坪兄丞爲業其租声
價艮四至登載原契田價值
未敷托中就在
坪兄丞添出尽足價艮乙大員
收過咨四刀其艮咨即日收
其田甘兄起耕種永遠管
爲業其租未配載陸升正田
並無不明等　有係蕩抵当
不干艮主之事　推收尽絶外
日後不敢言及添贖今欲有憑
添尽足契人爲照

道光七年五月　日立添尽足契人啟蕩
中見人廷郎

① FYXS102、FYXS103、FYXS104、FYXS105四件文書叠在一起保存。

立添尽足人啟蕩有己分屯田一
段，坐在本鄉，土名東坑仔加脩崁，
共租六百斤，前抽出租乙百斤，出
賣在　坪兒邊爲業，其租声
价艮四至登載原契，因價值
未敷，托中就在
坪兒邊添出尽足價艮乙大員□
收过谷四百斤，其艮谷即日收□，
其田付兒起耕耕种，永遠管掌
爲業。其屯米配載陆升正。田
並無不明等□，□有係蕩抵当，
不干艮主之事，田既推收尽絶外，
日後不敢言及添贖。今欲有憑，
立添尽足契人爲炤。①

道光七年五月　　日立添尽足契人啟蕩（押）
中見人廷昂（押）

①此處有挽結，類似於『9』。

FYXS105 道光七年（1827）啓蕩推産關契[1] 325×242mm

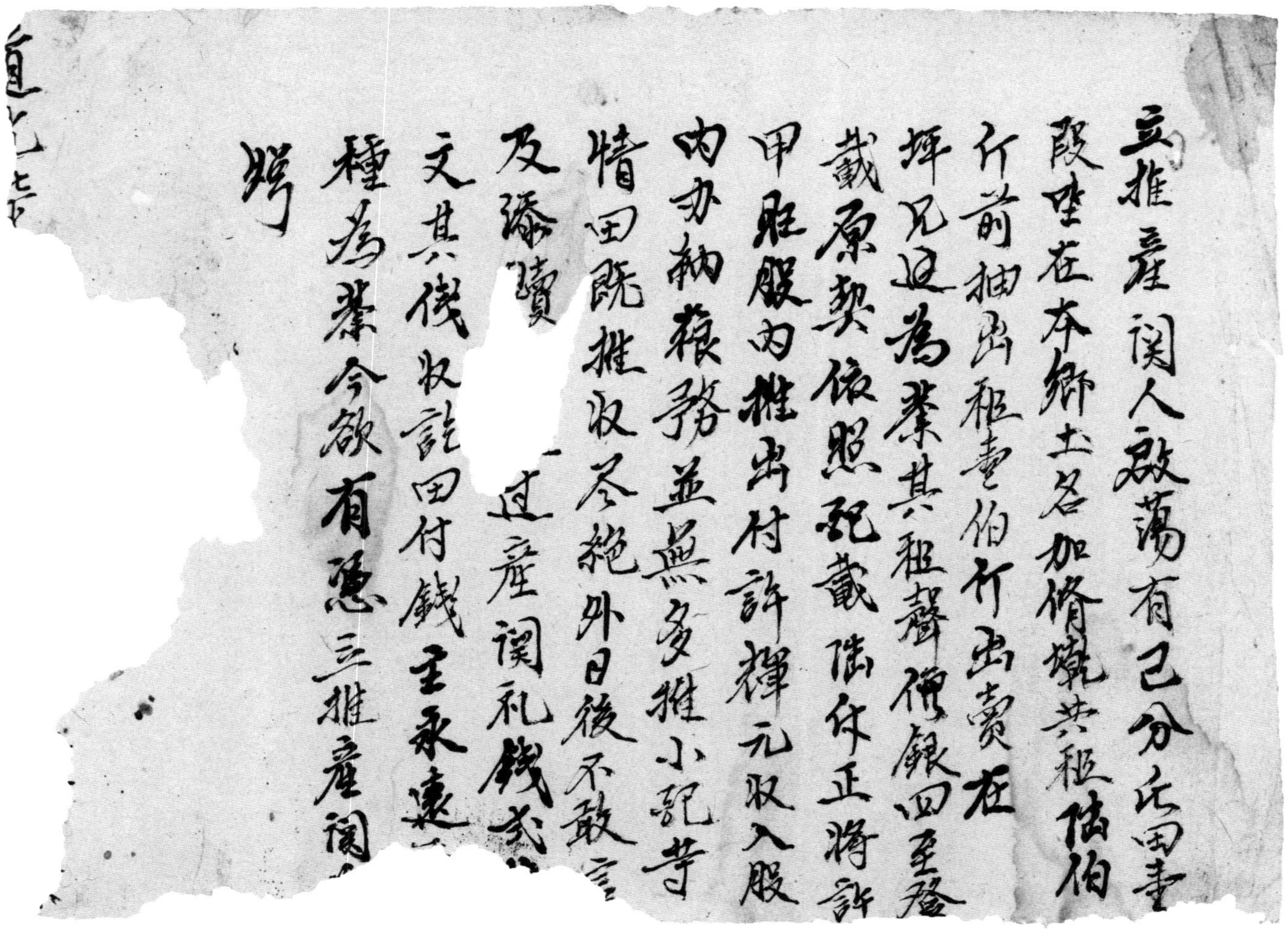

① FYXS102、FYXS103、FYXS104、FYXS105四件文書叠在一起保存。

立推産関人啟蕩，有己分屯田壹

叚，坐在本鄉，土名加脩嵈，共租陆佰

斤，前抽出租壹佰斤出賣在

坪兄邊為業，其租聲、價銀、四至登

載原契，依照配載陆升正，將許

甲旺股内推出，付許輝元收入股

内办納粮務，並無多推小配等

情。田既推收尽絶外，日後不敢言

及添贖[　]过産關礼錢弍[

文，其錢收訖，田付錢主永遠[

種為業，今欲有憑，立推産關[

炤。①

道光柒年[

…………（後殘）

①此處有挽結，類似於『9』。

FYXS106　乾隆五十五年（1790）李拔指對添契[①]　565×252mm

① FYXS106、FYXS107、FYXS108三件文書疊在一起保存。

[李拔指有己分民田一段，坐在本鄉泉
[村洋壠，年截租肆百捌拾斤，與　兄拔
[分下應得租弍百肆拾斤，四至明白，父
[在與　殿明叔邊為業，殿明叔之子因
弟文烟爌将田轉出賣與
許説使邊為業。其租声艮両登載原契，今托
□就在　許説使邊对添出價錢捌百文，其
錢即日收訖，其田付許起畊畊種管掌為業。
其苗米随田办納，其田並無不明，亦無典掛他人，
如有係李抵当，不干許之事。今欲有憑，立对
添契為炤。①
內註百字、出字二字，再炤。②
內中礼錢拾文，再炤。③
乾隆五十五年十月　日立对添契人李拔指（押）
中見人叔殿中（押）

①此處有挽結，類似於『9』。
②此處有挽結，類似於『9』。
③此處有挽結，類似於『9』。

FYXS107　乾隆五十六年（1791）李拔指添契[1]　542×247mm

① FYXS106、FYXS107、FYXS108三件文書叠在一起保存。

]拔指有己分民田壹段，泉水格，土名潘村
]百捌拾斤與趙仝管，指兄弟分得租壹半
]指分下應得租式百壹拾斤，前年出賣在□
]敷，托中就在
許説使邊添□□銀式大員，其艮即日收訖，其田付艮主
管掌為業，其苗米及艮両登載原契及添契，其田不
]情，如有不明，係指抵当，不干艮主之事。今欲有憑，
立对添契為炤[①]。

乾隆伍拾陸年十一月　日立添契人李拔指（押）

中見人許設使（押）

①此處有挽結，類似於『9』。

FYXS108　乾隆五十八年（1793）李拔指對添契[1]　543×255mm

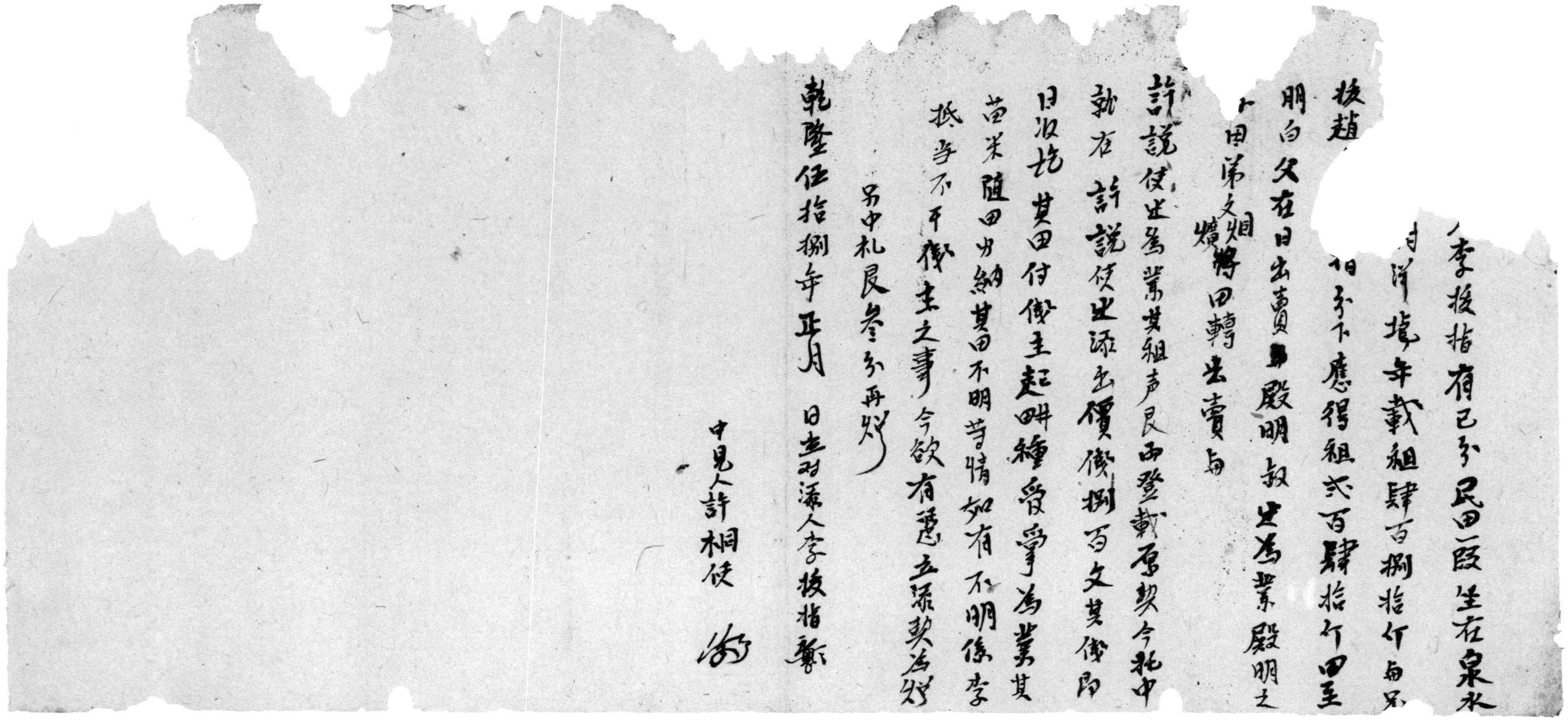

① FYXS106、FYXS107、FYXS108三件文書叠在一起保存。

〔李拔指有己分民田一段，坐在泉水
〔村洋𪨗，年載租肆百捌拾斤，與兄
拔趙〕〔分下應得租弍百肆拾斤，四至
明白，父在日出賣与殿明叔邊為業，殿明之
□因弟文烟爋將田轉出賣與
許説使邊爲業，其租声艮両登載原契，今托中
就在　許説使邊添出價錢捌百文，其錢即
日收讫，其田付錢主起畊種管掌為業。其
苗米隨田办納，其田不明等情，如有不明，係李
抵当，不干錢主之事。今欲有憑，立添契為炤。
另中礼艮叁分，再炤。

乾隆伍拾捌年正月　　日立对添人李拔指（押）
中見人許桐使（押）

FYXS109 乾隆六十年（1795）林景錫、林景三添契[①] 400×243mm

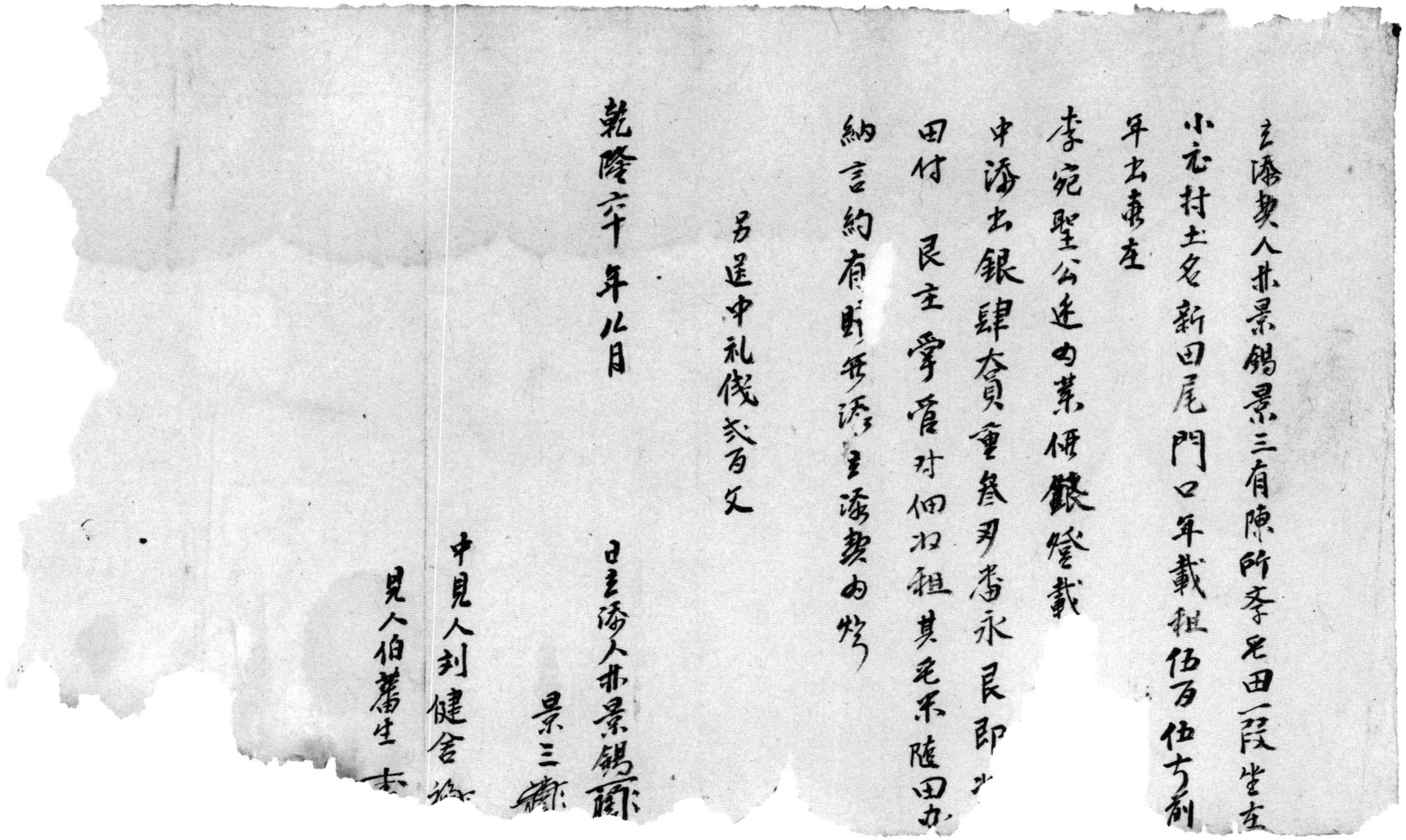
立添契人林景錫、景三，有陳所李宅田一段，坐左
小元村，土名新田尾門口，年載租伍百伍十斤，
年出賣在
李宛聖公近内業佃錢叁載
中添出銀肆兩，重叁兩番，永良即此
田付良主掌管，對佃收租，其宅不隨田办。
納言約，有断無添，立添契為炤。
另退中礼銀弍百文
乾隆六十年八月
日立添人林景錫
景三
中見人刘健舍
見人伯蕃生

① FYXS109、FYXS110、FYXS111、FYXS112、FYXS113、FYXS114、FYXS115七件文書疊在一起保存。

立添契人林景錫、景三有陳所李屯田一段，坐在

小尤村，土名新田尾門口，年載租伍百伍伍十斤，前

年出賣在

李宛聖公邊为業，價銀登載［

中添出銀肆大員，重叁兩畨永，艮即□□，

田付　艮主掌管对佃收租，其屯米随田办

納，言約有贖無添，立添契为炤。①

另送中礼錢式百文。

乾隆六十年八月　　　　日立添人林景錫（押）

景三（押）

中見人刘健舍（押）

見人伯蕃生（押）

①此處有挽結，類似於『3』。

FYXS110　嘉慶二年（1797）李振元繳契[1]　399×245mm

① FYXS109、FYXS110、FYXS111、FYXS112、FYXS113、FYXS114、FYXS115七件文書疊在一起保存。

立繳契人李振元，前年典得林景錫三兄弟陈所李户屯田壹段，坐
在小尢村，土名新田尾，年載租伍百伍拾斤，出賣与，元價錢登載原
契及添契，今此田憑中繳付与
许说使處为業，收過原契面錢完足，錢即收讫，田付錢□
租管掌为業。屯米随田办納。此田契内书明有贖無添，如原賣
主要取贖此，務要听其取贖，不得刁难，並繳正契添契，共弍帋，現税
批壹帋，承批壹帋，合共肆帋，一并繳付收执。今欲有憑，立繳□
为炤。①

嘉慶弍年陆月

日立繳契人李振元（押）

中見人林麗使（押）

①此處有挽結，類似於『9』。

FYXS111　嘉慶三年（1798）林景錫對添契①　430×243mm

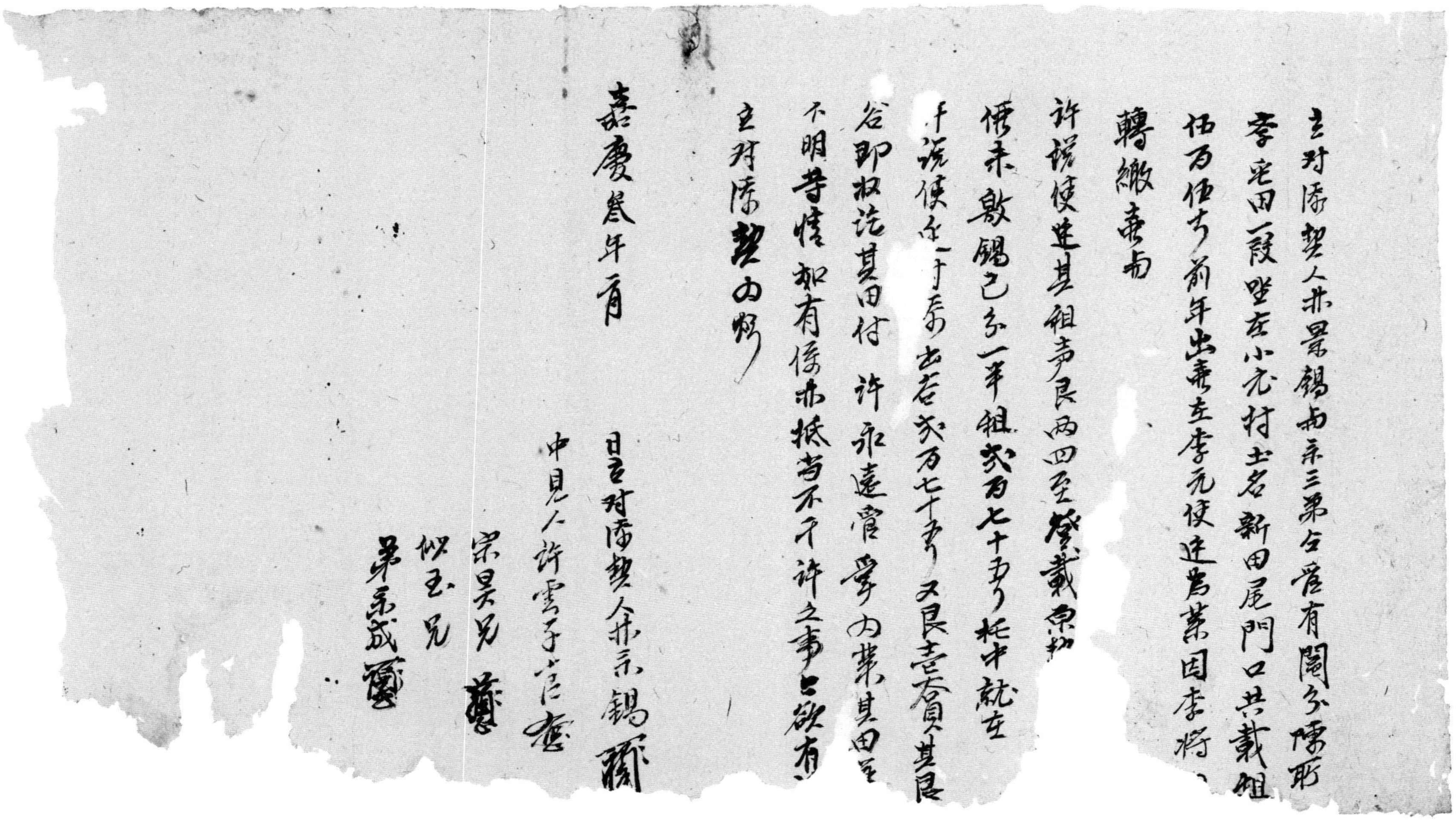
立對添契人林景錫[illegible]承三弟分居有鬮分應份
李宅田一段坐在小元村土名新田尾門口共載租
伍石伍斗前年出賣在李元使邊爲業因李將
轉繳在前
許謨使邊其租聲良四至登載原契
價未敷錫己分一半租貳石七十斤托中就在
于謨使[illegible]下添出谷貳石七十斤又良壹百員其良
谷即收訖其田付許永遠管業內其田至
不明等情如有係林抵當不干許之事已欲有
立對添契內照
嘉慶叁年　月　日立對添契人林景錫
中見人許雲子
宗昊兄
似玉兄
弟景成

① FYXS109、FYXS110、FYXS111、FYXS112、FYXS113、FYXS114、FYXS115七件文書叠在一起保存。

立对添契人林景錫與景三弟仝管有鬮分陳所

孛屯田一段，坐在小尤村，土名新田尾門口，共載租

伍百伍十斤，前年出賣在李元使邊為業，因李將□

轉繳賣與

許说使邊，其租声、艮两、四至登载原契，〔

價未敷，錫己分一半租弍百七十五斤，托中就在

許说使邊對添出谷弍百七十五斤，又艮壹大員，其艮

谷即收讫，其田付　許永遠管掌为業，其田並無

不明等情。如有係林抵当，不干許之事。今欲有□，

立对添契为炤。①

嘉慶叁年二月　　日立对添契人林景錫（押）

中見人許雲子官（押）

宗昊兄（押）

似玉兄

弟景成（押）

①此處有挽結，類似於『9』。

FYXS112 嘉慶三年（1798）林景三對添契一① 411×243mm

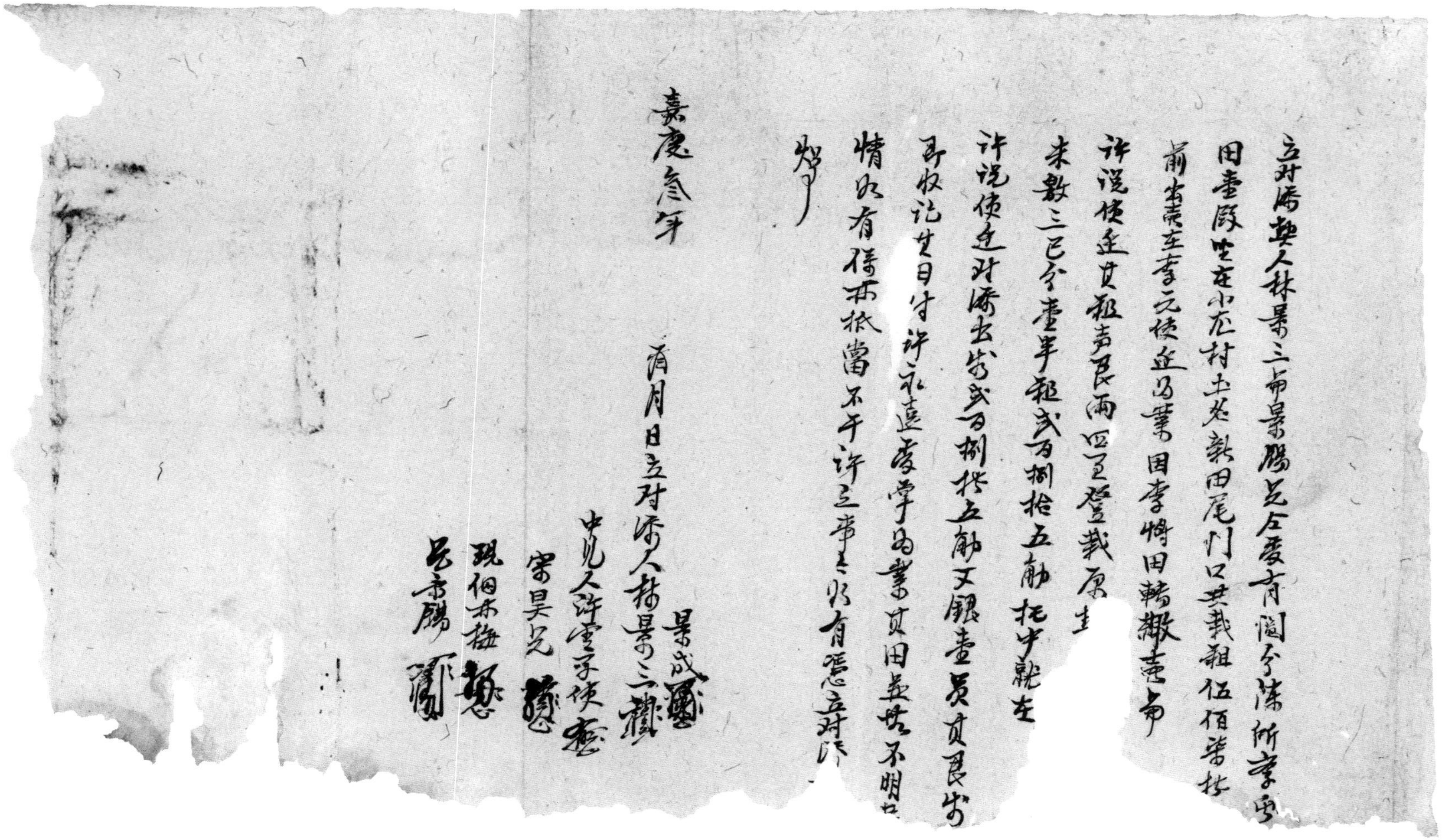

① FYXS109、FYXS110、FYXS111、FYXS112、FYXS113、FYXS114、FYXS115七件文書疊在一起保存。

立对添契人林景三與景錫兄仝管有阄分陈所李屯

田壹段，坐在小尤村，土名新田尾门口，共载租伍佰柒拾□

前出賣在李元使邊为業。因李将田轉繳賣與

许说使邊，其租声艮両四至登载原契一

未敷[1]，三己分壹半租弍百捌拾五觔，托中就在

许说使邊对添出谷弍百捌拾五觔，又銀壹员，其艮谷

即收讫，其田付许永遠管掌为業，其田并無不明箏

情。如有，係林抵當，不干许之事。今欲有憑，立对添□□

炤[2]。

嘉慶叁年

叁月　日立对添人林景三（押）　景成（押）

中见人许雲子使（押）

宗昊兄（押）

現佃林梅（押）

兄景錫（押）

---

①應爲『數』之誤字。

②此處有挽結，類似於『9』。

FYXS113　嘉慶三年（1798）林景三對添契二[①]　462×243mm

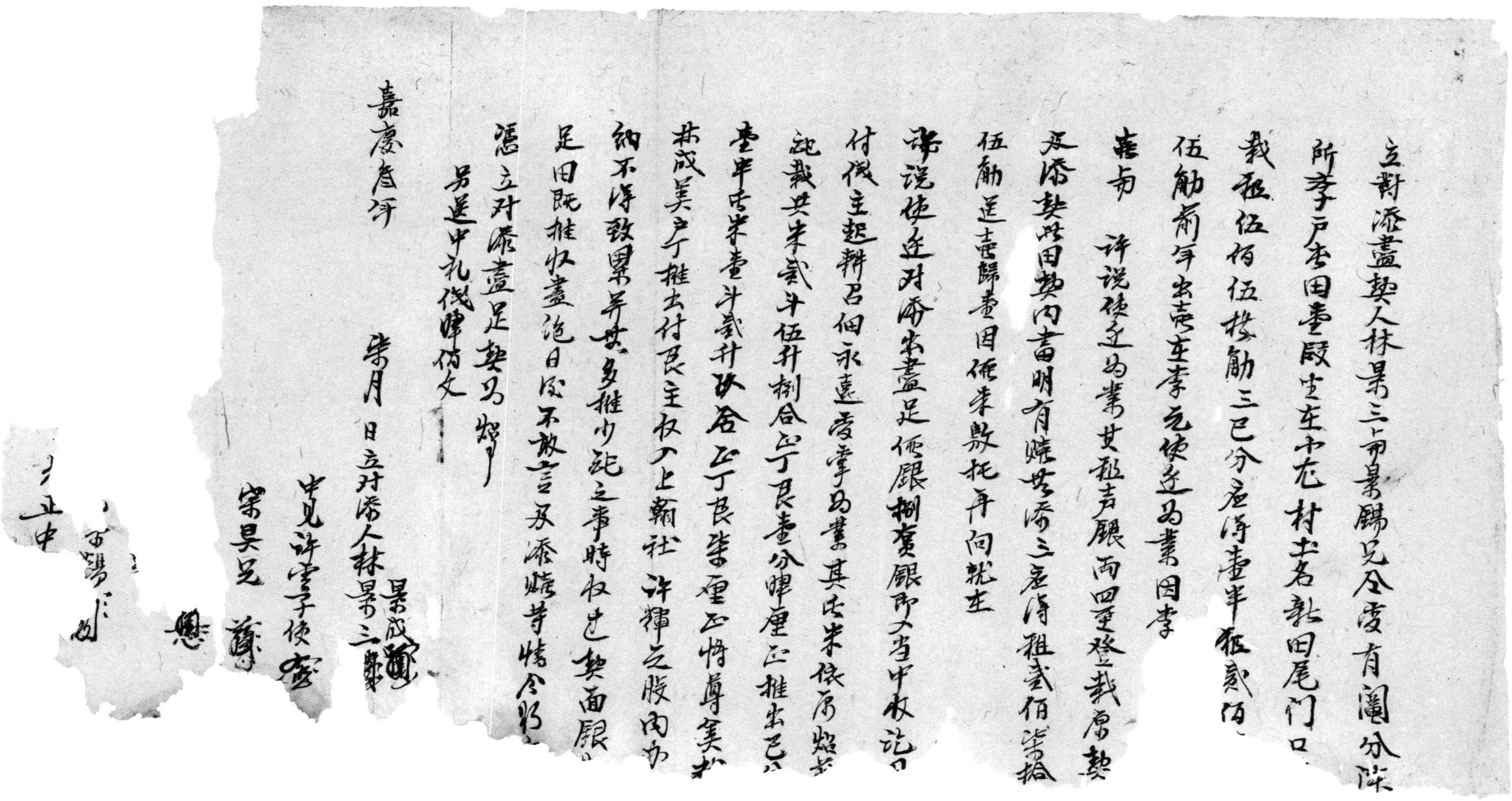

① FYXS109、FYXS110、FYXS111、FYXS112、FYXS113、FYXS114、FYXS115七件文書叠在一起保存。

立對添盡契人林景三與景錫兄仝管有阄分陈
所孝户屯田壹段，坐在小尤村，土名新田尾門口，□
載租伍佰伍拾觔，三己分应得壹半，租贰佰[
伍觔，前年出賣在李元使邊为業，因李[
賣與　許说使邊为業。其租声、银両、四至登載原契
及添契，此田契内書明有贖無添，三应得租贰佰柒拾
伍觔，送賣歸壹，因價未敷，托再向就在
许说使邊对添出盡足價銀捌大员，銀即入，当中收讫。田
付錢主起耕召佃，永遠管掌为業，其屯米依原炤前
配載，共米贰斗伍升捌合正。丁良壹分肆厘正，推出己分
壹半，屯米壹斗贰升玖合正，丁良柒厘正，将尊美社
林成美户丁推出，付良主收入上瀚社许輝元股内办
纳，不得致累，并無多推少配之事，時收过契面银□
足田既推收盡絶，日後不敢言及添贖等情。今欲有
憑，立对添盡足契为炤。①
另送中礼錢肆佰文。

景成（押）
嘉慶叁年　柒月　日立對添人林景三（押）
中见许雲子使（押）
宗昊兄（押）
[（押）
[
兄景錫（押）
□正中[

…………（後殘）

①此處有挽結，類似於『9』。

FYXS114　嘉慶三年（1798）林景錫、林景成推産鬮契[①]　475×252mm

立推產鬮人戶丁林景錫、景成，有尊叔社林成叔
股內陳所李宅田一段，坐在小光村土名新田尾門
口，配屯米貳斗伍升捌合正，丁艮壹分肆厘正，
推付與
許說使邊出入上翰社許輝元股內
禮錢肆百文，錢即收訖，其屯米并丁多推乙記並
清，立推產鬮內照。

嘉慶叁年柒月　日立推產鬮人林景成（押）　偶亦
中見人弟景三（押）
許雲子官（押）
宗昊兄（押）

---

① FYXS109、FYXS110、FYXS111、FYXS112、FYXS113、FYXS114、FYXS115七件文書叠在一起保存。

立推産關人户丁林景錫、景成、有尊美社林成美

股內陳所李屯田一段，坐在小允村，土名新田尾門

口，配屯米貳斗伍升捌合正，丁艮壹分肆厘正，□

推付與

许说使邊收入上翰社許輝元股內办[

礼錢肆百文，錢即收讫，其屯米并無多推少配等

情。立推産關为炤。①

嘉慶叁年柒月　日立推産關人林景錫（押）
　　　　　　　　　　　　　　　　成（押）

中見人弟景三（押）

許雲子官（押）

宗昊兄（押）

---

①此處有挽結，類似於『3』。

FYXS115　某年林景錫、林景三對添盡契①　383×245mm

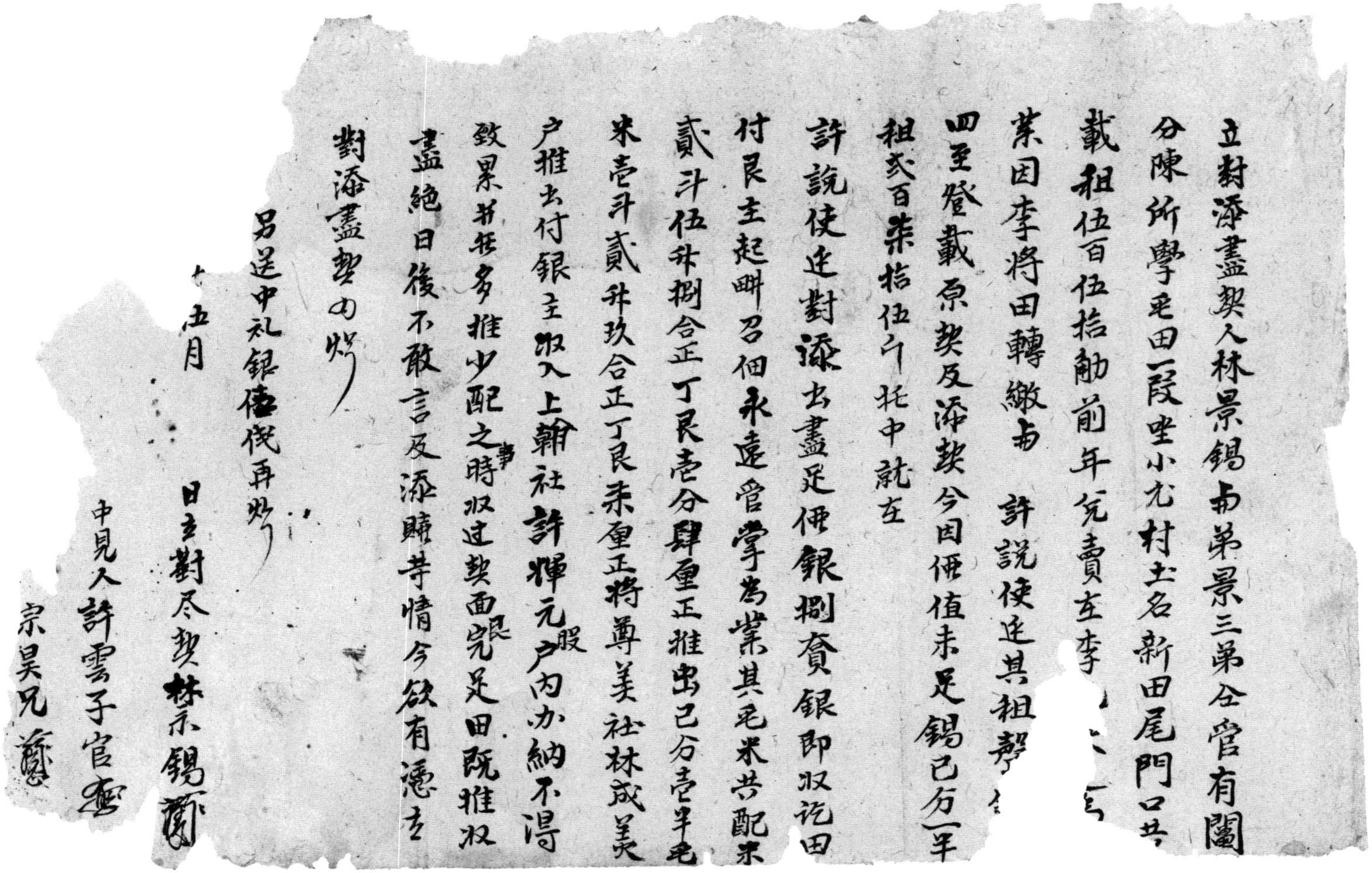

立對添盡契人林景錫兩弟景三弟仝管有鬮
分陳所學民田一段坐小尤村土名新田尾門口共
載租伍百伍拾觔前年先賣在李[illegible]
業因李將田轉繳兩　許說使廷其祖契[illegible]
四至登載原契及添契今因価值未足錫己分一半
租弍百柒拾伍斤托中就在
許說使廷對添出盡足価銀捌賁銀即收訖田
付艮主起耕召佃永遠管掌為業其毛米共配米
貳斗伍升捌合正丁艮壹分肆厘正推出己分壹半毛
米壹斗貳升玖合正丁艮柒厘正將尊美社林成美
戶推出付銀主收入上翰社許輝元戶內办納不得
致累其事在多推少配之時收過契面銀完足田既推收
盡絕日後不敢言及添贖等情今欲有憑立
對添盡契為照
另足中礼銀壹伐再照
[illegible]五月　日立對尽契林景錫(押)
中見人許雲子官(押)
宗昊兄(押)

---

① FYXS109、FYXS110、FYXS111、FYXS112、FYXS113、FYXS114、FYXS115七件文書疊在一起保存。

立對添盡契人林景錫與弟景三弟仝管有鬮
分陳所學屯田一段，坐小尤村，土名新田尾門口，共
載租伍百拾觔，前年兄賣在李[
業，因李將田轉鐵與許說使邊，其租聲□□
四至登載原契及添契。今因價值未足，錫已分一半
租弍百柒拾伍斤，托中就在
許說使邊對添出盡足價銀捌大員，銀即收訖，田
付員主起畊召佃，永遠管掌為業，其屯米共配米
貳斗伍升捌合正，丁員壹分肆厘正，推出己分壹半，屯
米壹斗貳升玖合正，丁員柒厘正，將尊美社林成美
戶推出，付銀主收入上翰社许耀元股戶内办納，不得
致累，并無多推少配之事，時收過契面員完足，田既推收
盡絕，日後不敢言及添贖等情。今欲有憑，立
對添盡契为炤。①
另送中礼銀伍錢，再炤。②

[伍月 日立對尽契林景錫（押）

中見人許雲子官（押）

宗昊兄（押）

……（後殘）

---

①此處有挽結，類似於『9』。

②此處有挽結，類似於『二』。

FYXS116　乾隆六十年（1795）文會送賣契[1]　528×245mm

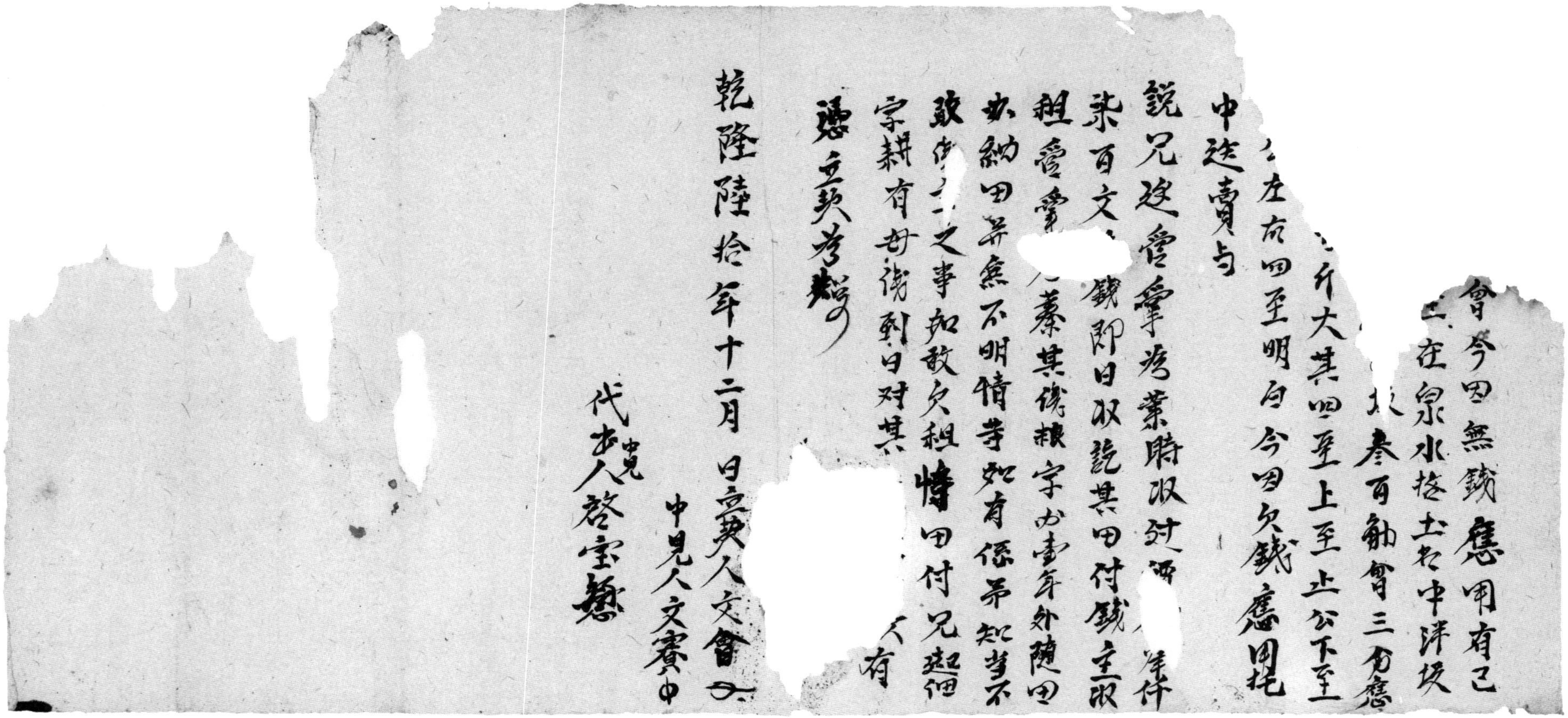
會今因無錢應用有己
[illegible]在泉水垯土名中洋坂
坵叁百觔會三分應
[illegible]行大其田至上至止公下至
公左右田至明白今因欠錢應用托
中送賣与
說兄廷會爭為業時收訖[illegible]洋件
柒百文[illegible]錢即日收訖其田付錢主收
租管[illegible]業其係粮字內每年外隨田
交納田并無不明情等如有係弟知當不
致[illegible]之事如敢欠租情田付兄起佃
字耕有毋係到日对其[illegible]人有
憑立契為照
乾隆陸拾年十二月　日立契人文會
中見人文賓
代書中見人啓宗懋

① FYXS116—FYXS129十四件文書叠在一起保存。

「會，今因無錢應用，有已
「坐在泉水格，土名中洋坂
「叁百觔，會三分應
「斤大，其四至上至止公，下至
□公，左右四至明白，今因欠錢應用，托
中送賣与
說兄邊管掌為業，時收过價□肆仟
柒百文□，錢即日收訖，其田付錢主收
租管掌□業，其錢粮字办壹年外随田
办納，田并無不明情等，如有係弟知当，不
敢錢主之事。如敢欠租，將田付兄起佃
字耕，有母錢到日对其」　　「欲有
憑，立契為炤。①

乾隆陸拾年十二月　日立契人文會（押）
中見人文賽（押）
代书中見人啓宝（押）

---

①此處有挽結，類似於『9』。

FYXS117　嘉慶二年（1797）進興添契①　490×248mm

① FYXS116—FYXS129十四件文書叠在一起保存。

[折色屯田一段，坐在本鄉，土名中
[年出賣租五十斤，其租声銀
[未足，托中就在
[價錢壹千弍百文，其錢收訖，
其田付錢主起佃字耕，管掌為業，其粮随
田办納，并無異言声説等情。今欲有憑，立契為炤。
另中礼錢乙百文。
嘉慶二年□□　　日立添契人進興（押）
中見人楝叔（押）
兄文會（押）
代书人□□（押）

FYXS118　嘉慶四年（1799）進興添契一[①]　556×245mm

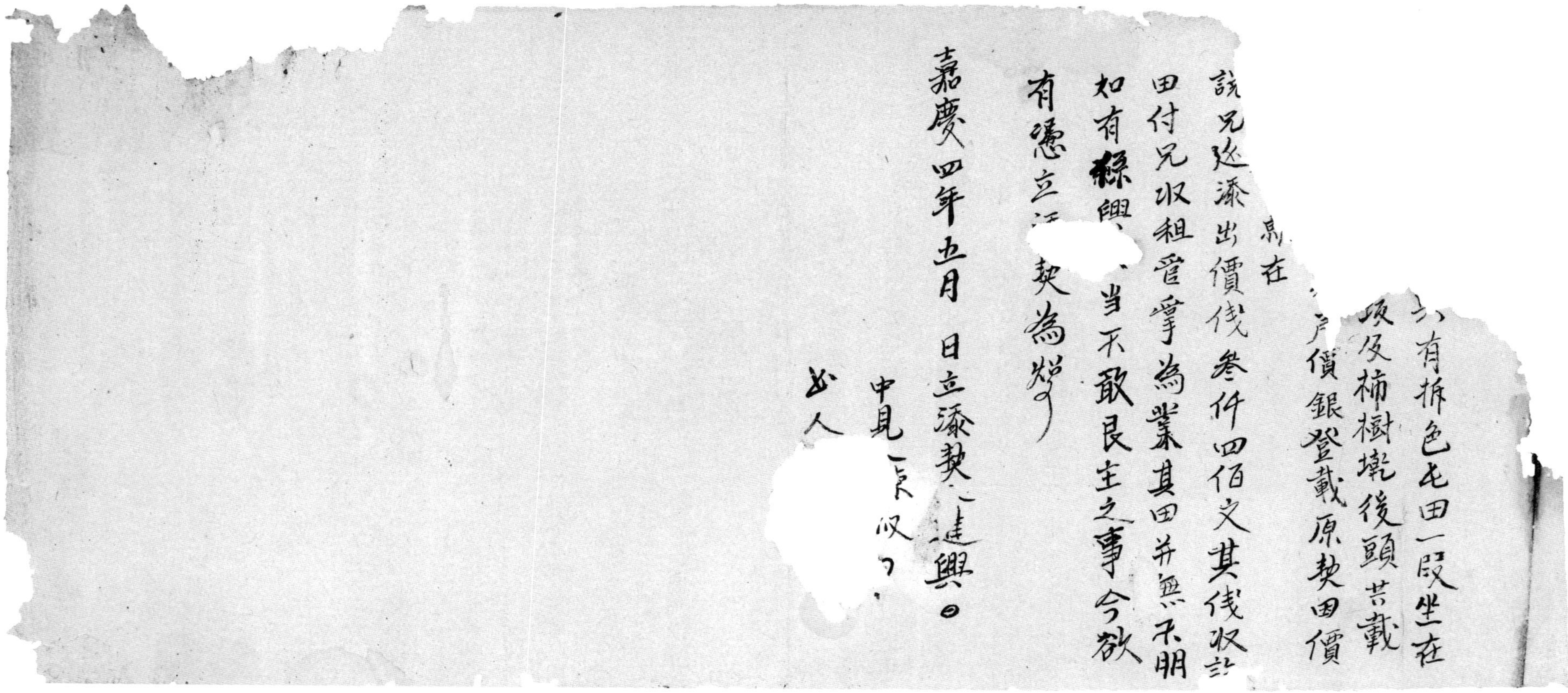
□有拆色屯田一段坐在
□及柿樹墘後頭芸載
□戶價銀登載原契田價
□□鼎在
說兄廷添出價伐叁仟四佰文其伐收訖
田付兄收租管掌為業其田并無不明
知有綠興□当不敢艮主之事今欲
有憑立□契為炤
嘉慶四年五月　日立添契　進興〇
中見　□良　收〇
[illegible]人

---

① FYXS116—FYXS129十四件文書叠在一起保存。

〔興有折色屯田一段，坐在
〔坂及柿樹後頭，共載
〔声價銀登載原契，因價
〔就在
說兄邊添出價錢叁仟四佰文，其錢收訖，
田付兄收租管掌為業，其田并無不明，
如有係興□当，不敢良主之事。今欲
有憑，立添契為炤。①

嘉慶四年五月　　日立添契人進興（押）
中見人□叔（押）
书人〔

①此處有挽結，類似於『9』。

FYXS119 嘉慶四年（1799）進興添契二[①] 526×246mm

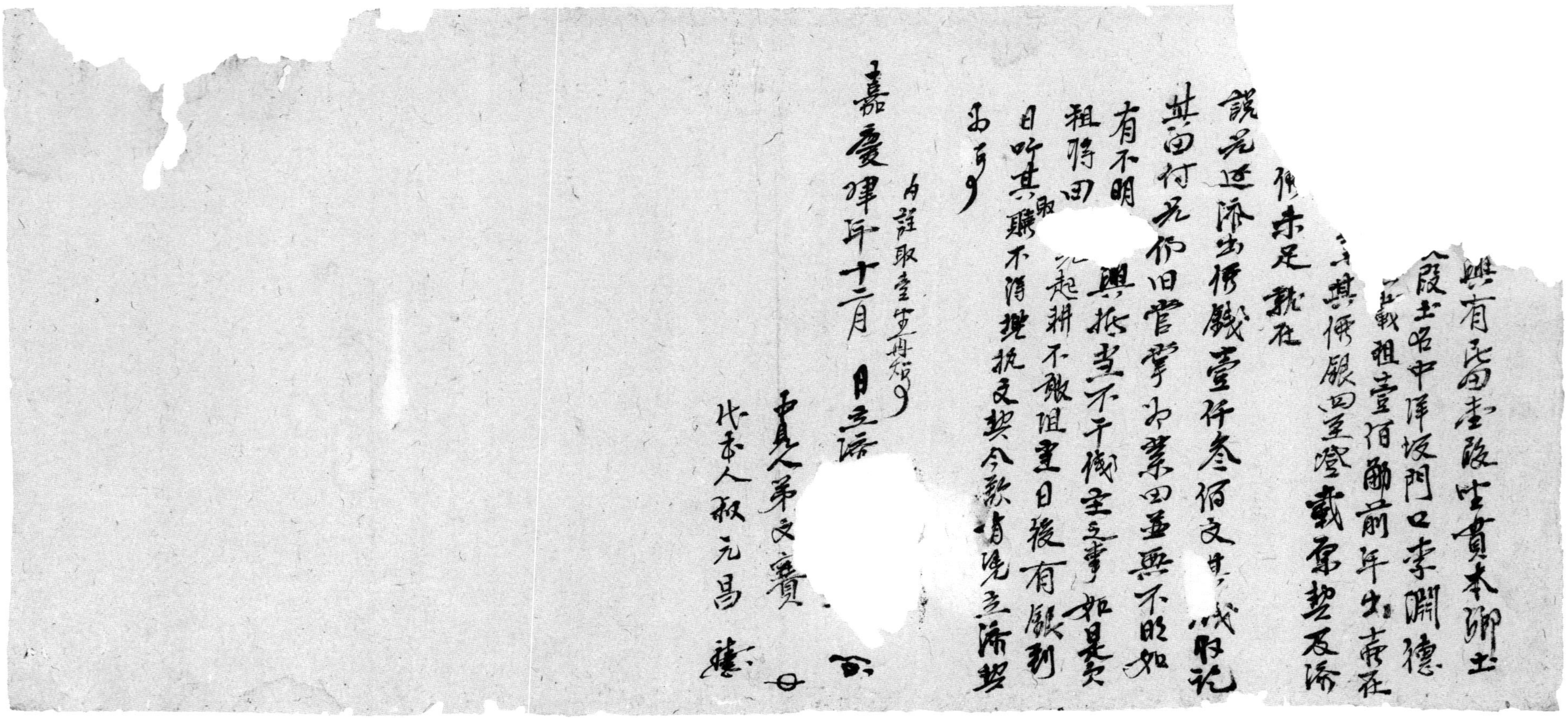

① FYXS116—FYXS129十四件文書叠在一起保存。

[興有民田壹段，坐貫本鄉，土
[段，土名中洋坂門口，李淵德
[載租壹佰觔，前年出賣在
[其價銀、四至登載原契及添
[價未足就在
說兄邊添出價錢壹仟叁佰文，其錢收訖，
其田付兄仍旧管掌为業，田並無不明，如
有不明，□興抵当，不干錢主之事。如是欠
租，将田□兄起耕，不敢阻当。日後有銀到
日，听其取贖，不得兜执文契。今欲有凴，立添契
为炤。①

內註取壹字，再炤。
嘉慶肆年十二月　日立添]
中見人弟文賽（押）
代书人叔元昌（押）

---

①此處有挽結，類似於『9』。

FYXS120　嘉慶四年（1799）文會添契[①]　532×243mm

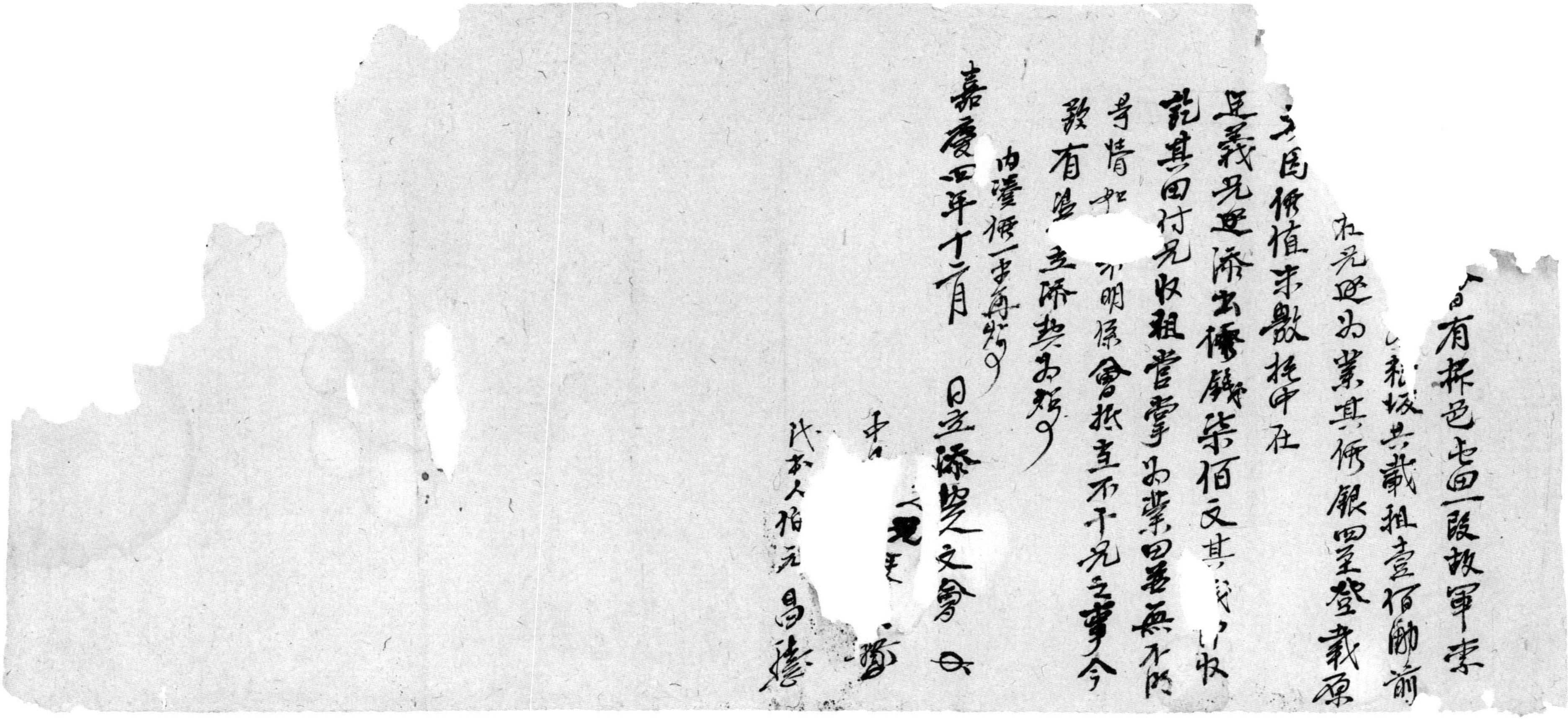

① FYXS116—FYXS129十四件文書疊在一起保存。

⌐會有折色屯田一段，故軍李
⌐坂共載租壹佰觔，前
⌐在兄邊为業，其價銀四至登載原
契，因價值未敷，托中在
廷義兄邊添出價錢柒佰文，其[錢][即]收
訖，其田付兄收租管掌为業，田並無不明
等情，如□不明，係會抵当，不干兄之事。今
欲有憑，立添契为炤。①
內湊價一字，再炤。②
嘉慶四年十二月　日立添契人文會（押）
中[見兄廷]⌐
代书人伯元昌（押）

①此處有挽結，類似於『9』。
②此處有挽結，類似於『9』。

FYXS121 嘉慶六年（1801）文蒼添契[1] 557×242mm

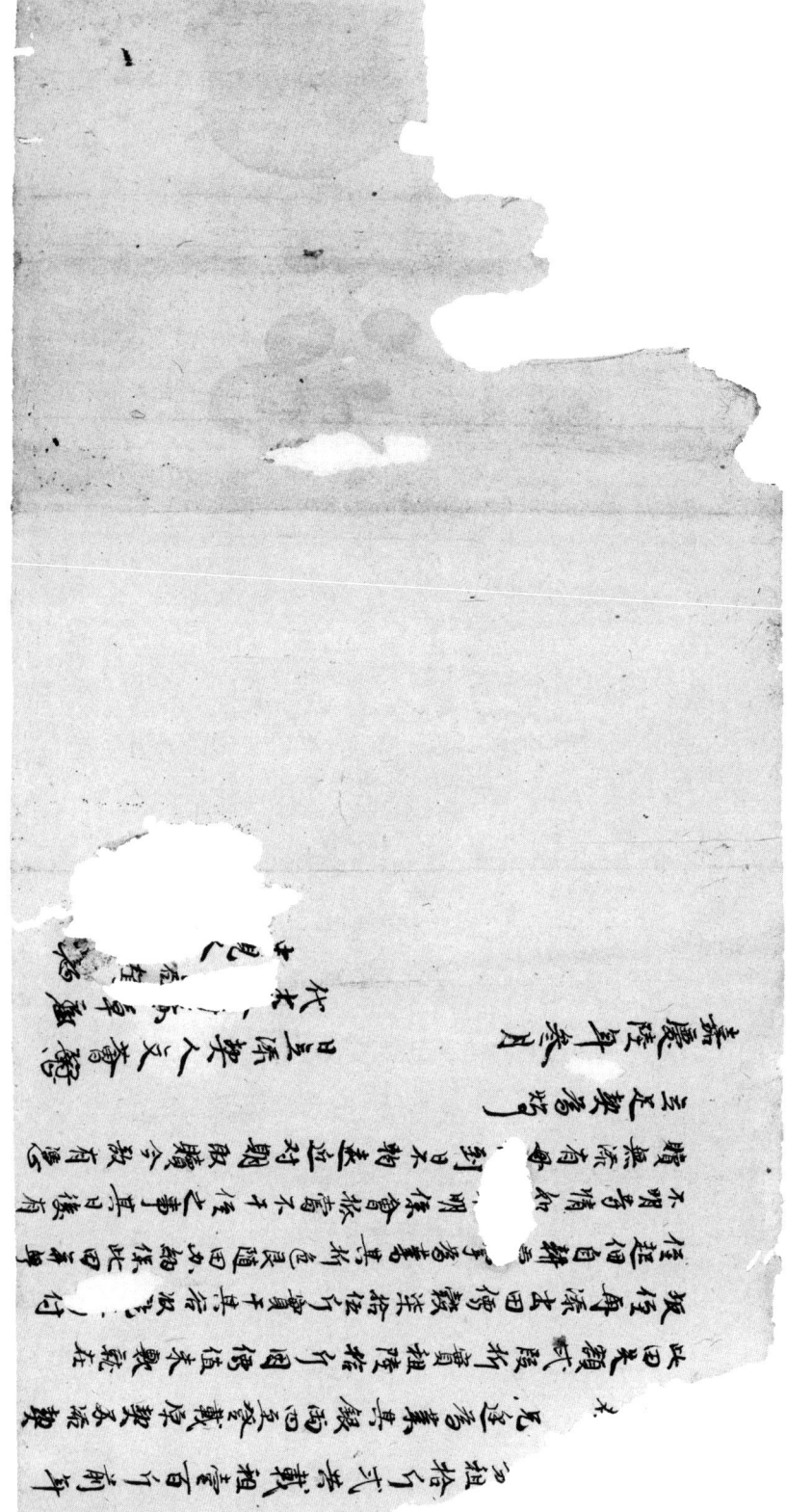

有李𠛅德折色屯田壹段坐在泉水格
共載租叁百斤會叁分應得壹分
[illegible]年買得上公田租叁拾斤
分租拾斤式共載租壹百斤前年
兄逐爲業其銀兩四至登載原契不添契
此田先額式段折實租陸拾斤因價值未敷就在
叔侄再添出田價穀柒拾伍斤實干其谷[illegible]付
侄起佃自耕[illegible]爲業其折色良隨田办納保此田并無
不明等情如[illegible]明係會祢當不干侄之事其日後有
贖無添有毋[illegible]到日不拘遠近对期取贖今欲有憑
立足契爲炤
嘉慶陸年叁月　日立添契人文蒼（押）
代書[illegible]卓[illegible]
中見人[illegible]

① FYXS116—FYXS129十四件文書叠在一起保存。

]有李媚德折色屯田壹段，坐在泉水格

]共載租叁百斤，會叁分應得壹分

]前年買得止公田租叁拾斤，

]分租拾斤，弍共戴租壹百斤，前年

]在　兄邊為業，其銀兩、四至登載原契及添契，

此田共額弍段折實租陸拾斤，因價值未敷，就在

坂侄再添出田價穀柒拾伍斤實干。其谷收訖，□□付

侄起佃自耕管掌為業，其折色艮随田办納，保此田并無

不明等情。如□□明，係會抵當，不干侄之事，其日後有

贖無添，有母□[1]到日不拘遠近，対期取贖。今欲有憑，

立足契為炤。[2]

嘉慶陸年叁月　　日立添契人文薈（押）

代书]　　]（押）

中見人啓□（押）

①此處疑爲『銀』字。

②此處有挽結，類似於『9』。

FYXS122　嘉慶七年（1802）進興添契①　545×243mm

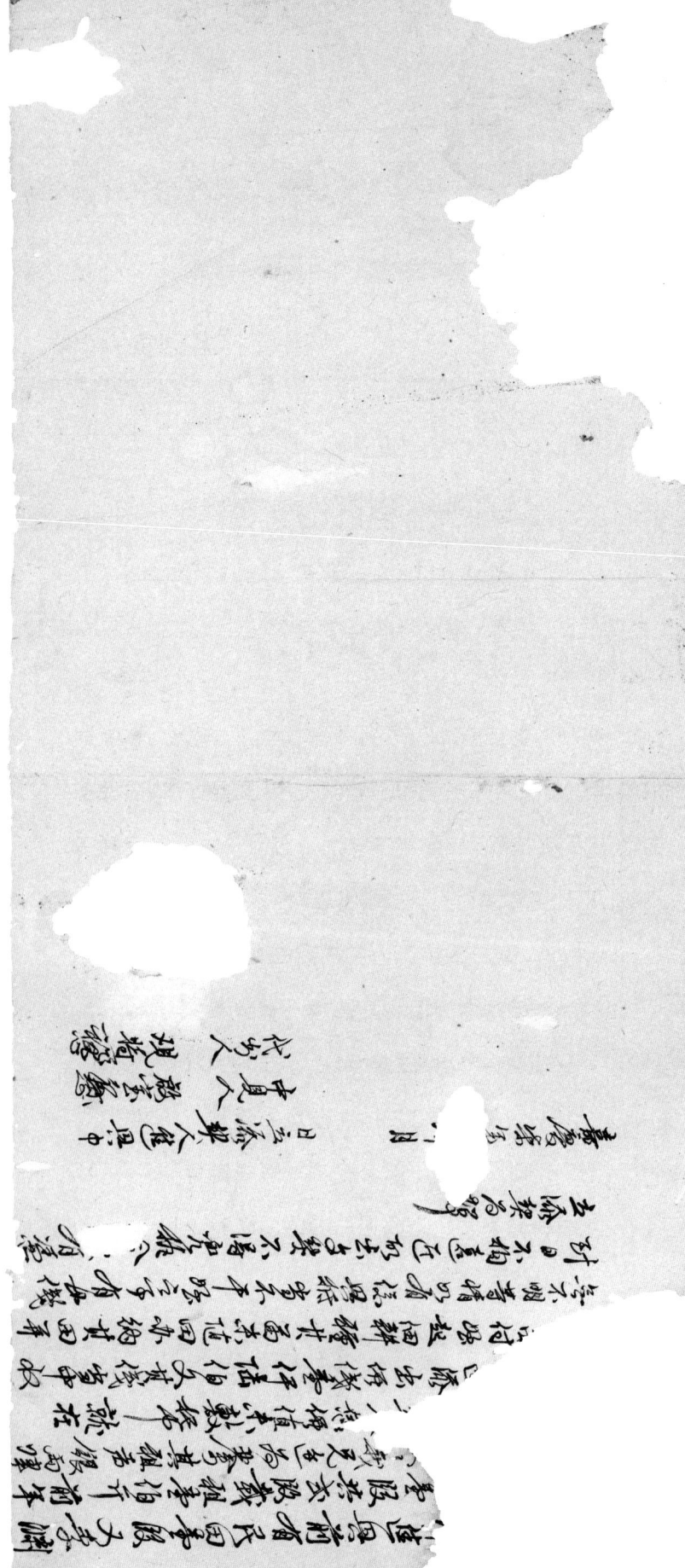

① FYXS116—FYXS129十四件文書疊在一起保存。

]進興前有民田壹叚，又李渊
]壹叚，共弍叚，载租壹佰斤，前年
]義兄邊为業，其租声银両肆
]思價值未敷，托中就在
]邊添出價錢壹仟陆陌文，其錢当中收
]田付姪起佃耕種，其苗米随田办纳，其田并
無不明等情，如有係興抵当，不干姪之事。有母錢
到日，不拘遠近取出文契，不得兜执。今□有憑，
立添契为炤。①

嘉慶柒年□月　日　　立添契人進興（押）
中見人啟宝（押）
代书人观時（押）

①此處有挽結，類似於『9』。

FYXS123 嘉慶十二年（1807）某人推産闕契[1] 560×246mm

① FYXS116—FYXS129十四件文書叠在一起保存。

「會户丁詩高故軍李媚德
「在泉水格，土名中洋坂門口
「觔配折色艮壹分正，本社許
「推出，付許輝元收入股内完納，時收
过酒礼錢弍佰文，其錢收訖，其田付錢主
永遠管業，粮務並無多推少配，日後並無
畀言生説等情。今欲有憑，立推産關為
炤。①

嘉慶拾弍年拾二月　日立推産「
見人文賽
代书人兄廷進（押）

①此處有挽結，類似於『ノ』。

FYXS124 嘉慶十二年（1807）文會添盡足契[1] 560×252mm

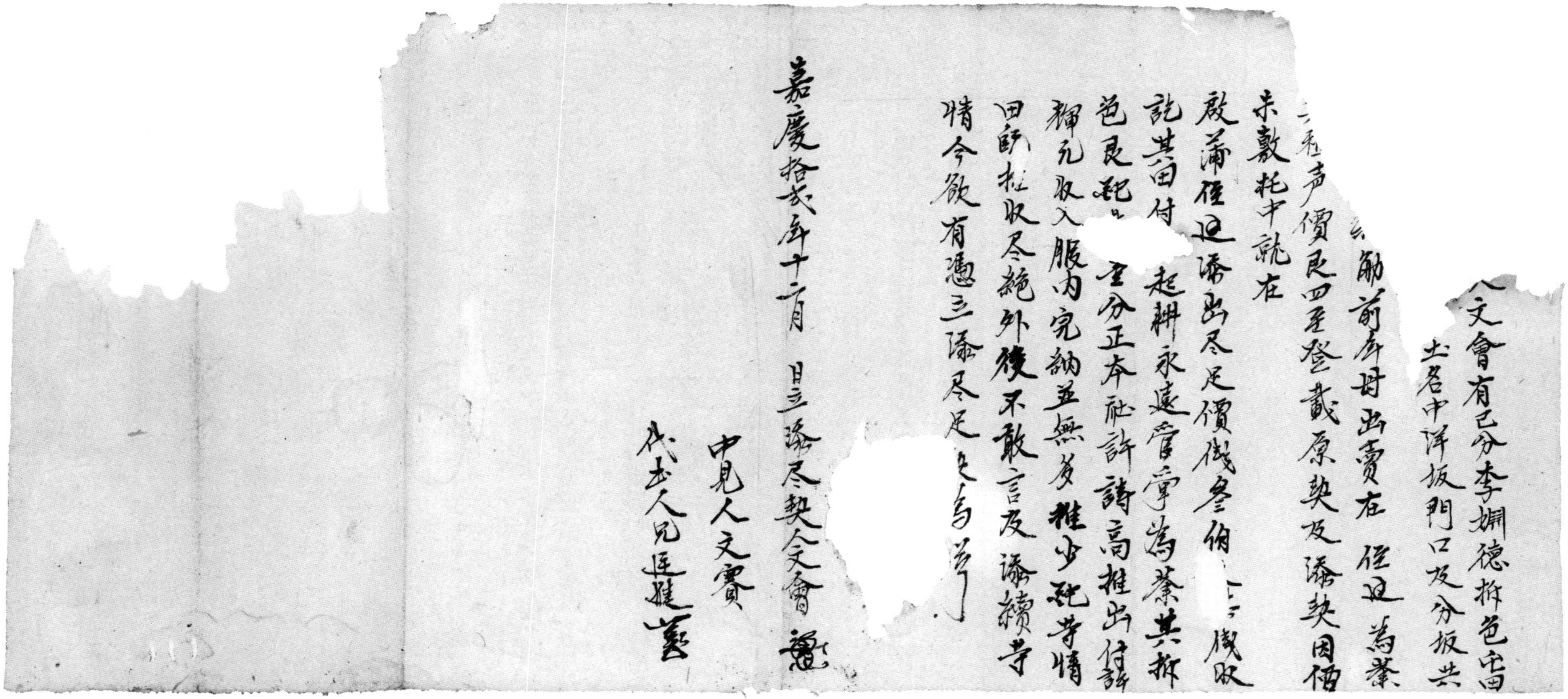
…文會有已分李姍德拆邑宙
土名中洋坂門口及分坂共
…前年毋出賣在 侄廷 爲業
…声價艮四兩登載原契及添契因價
未敷，托中就在
啟蕃侄廷添出盡足價錢叁佰 [illegible]文錢
訖，其田付 起耕永遠管業爲業，其拆
邑艮[illegible] 至分正本祀，許 諸高推出付嘗
糧元收入服内完納，並無多推少耽等情
田畝推收盡絶，外後不敢言及添續等
情。今欲有憑，立添盡足[illegible]爲照。
嘉慶拾弍年十一月 日立添盡契人文會（號）
中見人文寶
代書人兄廷健（號）

① FYXS116—FYXS129十四件文書疊在一起保存。

[人文會，有己分李媚德折色屯田

[，土名中洋坂門口及分坂，共

[觔，前年母出賣在　侄邊為業。

□租声價艮四至登載原契及添契，因價

未敷，托中就在

啟蒲侄邊添出尽足價錢叁佰文，其錢收

訖，其田付□起耕，永遠管掌為業，其折

色艮配□壹分正，本社許詩高推出，付許

輝元收入股內完納，並無多推少配等情，

田既推收尽絶外，後不敢言及添續[①]等

情。今欲有憑，立添尽足契為炤。[②]

嘉慶拾弍年十二月　日立添尽契人文會（押）

中見人文賽

代书人兄廷進（押）

①當爲『贖』之誤字。

②此處有挽結，類似於『9』。

FYXS125　嘉慶二十三年（1818）宗潤添契[1]　558×245mm

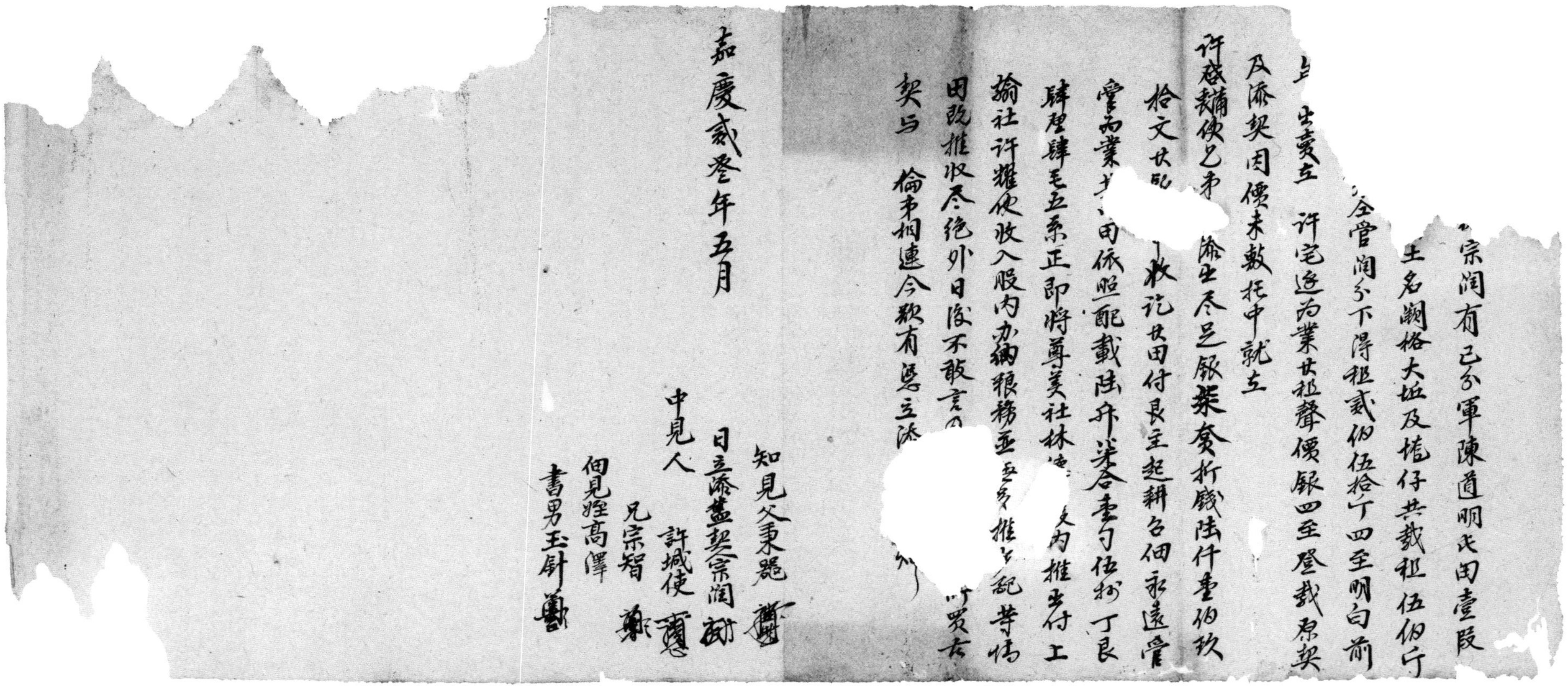
□宗潤有己分軍陳道明氏田壹段
土名瀾格大坵及墘仔共載租伍佰斤
□全曾潤分下得租貳佰伍拾斤四至明白前
出賣立　許宅邊為業其租聲價銀四至登載原契
及添契因價未敷托中就立
許成補使乙弟　添出盡足銀柒兩折錢陸仟壹佰玖
拾文其銀□□收訖其田付良主起耕召佃永遠管
掌為業其□田依照配載陸升米合壹斗伍升丁良
肆厘肆毛五系正即將尊美社林□□戶內推出付上
瑜社許耀使收入股內办納粮務至□□年分推收紀其情
田既推收盡絕外日後不敢言□□□□買去
契與　倫弟相連今欲有憑立添□□
嘉慶貳叁年五月　日立添盡契宗潤
知見父秉琵
中見人　許域使
兄宗智
伯見侄高澤
書男玉尉

① FYXS116—FYXS129十四件文書叠在一起保存。

[宗润有己分軍陳道明屯田壹段

]，土名阙格大坵及壠仔，共載租伍佰斤

[仝管润分下得租贰佰伍拾斤，四至明白，前

年出賣在　许宅邊为業，其租聲、價銀、四至登載原契

及添契，因價未敷，托中就在

许啓蒲衷使兄弟□添出尽足银柒大员，折錢陸仟壹佰玖

拾文，其銀□□收讫，其田付艮主起耕召佃，永遠管

掌为業。其田依照配載陸升柒合壹勺伍抄，丁艮

肆厘肆毛五系正，即将尊美社林德□□内推出，付上

翰社许耀使收入股内办納粮務，並無多推少配等情。

田既推收尽绝外，日後不敢言及[　　]買古

契与　倫弟相連。今欲有憑，立添契為炤。①

嘉慶貳叁年五月　　日立添契人宗润（押）

知見父秉器（押）

中見人　許城使（押）

兄宗智

佃見姪高澤

書男玉針（押）

①此處有挽結，類似於『丿』。

FYXS126　道光三年（1823）李文占添契①　455×223mm

① FYXS116—FYXS129十四件文書叠在一起保存。

[ ]田一段，坐在草坂村，土

[ ]斤，前年出賣

[ ]銀登載原契，今思價值未

[ ]其銀即日收訖，其田仍付

[ ]掌为業，田並無不明等情。如

有，係李抵當，不干许之事。今欲有憑，立添

契為炤。①

道光三年六月　日立添契人李文占（押）

中見叔尚端（押）

---

①此處有挽結，類似於『9』。

FYXS127　嘉慶十年（1805）啓忠送賣契[①]　547×245mm

□已分新墾田壹段坐在本鄉土名四
坵壹拾伍斤又官林兜砂脚園壹平又
溪边壹坵今因欠艮應用托中送賣
□為業時收过價銀叁大員又錢肆佰
文其艮淺收訖其田園付艮主起耕永遠管
掌為業並無不明等情如有係忠抵當不干
艮主□日後不敢言及添贖今欲有憑
契□
嘉慶拾年弍月日　立契人啟忠（押）
中見人伯□　書

① FYXS116—FYXS129十四件文書叠在一起保存。

［有己分新垦田壹段，坐在本鄉，土名四
［租壹拾伍斤，又官林兜砱脚園壹平，又
［溪邊壹坵。今因欠艮應用，托中送賣
［邊為業，時收过價銀叁大員，又錢肆佰
文，其艮錢收訖，其田園付艮主起耕，永遠管
掌為業，並無不明等情。如有係忠抵当，不干
艮主□事。日後不敢言及添贖。今欲有憑，□
契為□。

嘉慶拾年弍月　　日立契人啟忠（押）

中見人佰廷喜

…………（後殘）

FYXS128 道光十一年（1831）啓某添契① 554×241mm

① FYXS116—FYXS129十四件文書叠在一起保存。

[有屯田一段，坐在本鄉，土名墓

[價艮登載原契，因價未敷，托

[

[添出價艮陆大員，拆錢伍仟伍百

□□文，其艮即日收訖，田付艮①起耕管掌

为業，其屯米随田办納，田並②不明，如有係叔

抵当，不干□③主之事。今欲有憑，立添契为

炤。④

道光拾乙年二月　　立添契人敢□（押）

中見人[　　]（押）

---

①此處疑缺一『主』字。

②此處疑缺一『無』字。

③疑爲『艮』字，編者注。

④此處有挽結，類似於『9』。

FYXS129　道光十□年李尚妙添盡足契[1]　556 × 250mm

立□李尚妙有民田一段坐在
四町年載租山百斤，前出賣
□為業，其価銀租声四至登載
□契。今思価值未敷，托中就在
□添出尽足価銀肆大員，其艮即日当
□付艮主起耕召佃永遠管業為
□，即將新化里四甲李姓全股內推出民米二
升五合正付一甲許進衷收入股內办納粮務，
並無多推少載，田稅推收尽絕，外日後不敢言
及添□□情。今欲有憑，立添尽足契為炤。
中礼伐六十文再炤　内改姓字一字再炤
道光拾□年七月　日立添尽足契人李尚妙（押）
代書見人李文玉（押）
□楊公（押）

---

① FYXS116—FYXS129十四件文書叠在一起保存。

冂李尚妙有民田一段，坐在
冂町，年載租乙百斤大，前出賣
冂为業，其價銀、租声、四至登載
冂契。今思價值未敷，托中就在
冂添出尽足價銀肆大員，其艮即日当
冂其田付艮主起耕召佃，永遠管掌為
冂即將新化里四甲李灶金股内推出，民米二
升伍合正，付一甲许進衷收入股内办納粮務，
並無多推少載，因①既推收尽絶外，日後不敢言
及添贖等情。今欲有憑，立添尽足契為炤。②
□中礼錢六十文，再炤。③　内改灶字一字，再炤。④
道光拾□年七月　日立添尽足契人李尚妙（押）
代書見人李文玉（押）
冂人楊公（押）

①當爲『田』之誤字。
②此處有挽結，類似於『9』。
③此處有挽結，類似於『9』。
④此處有挽結，類似於『9』。

FYXS130　嘉慶元年（1796）林智京添盡足契[①]　520×243mm

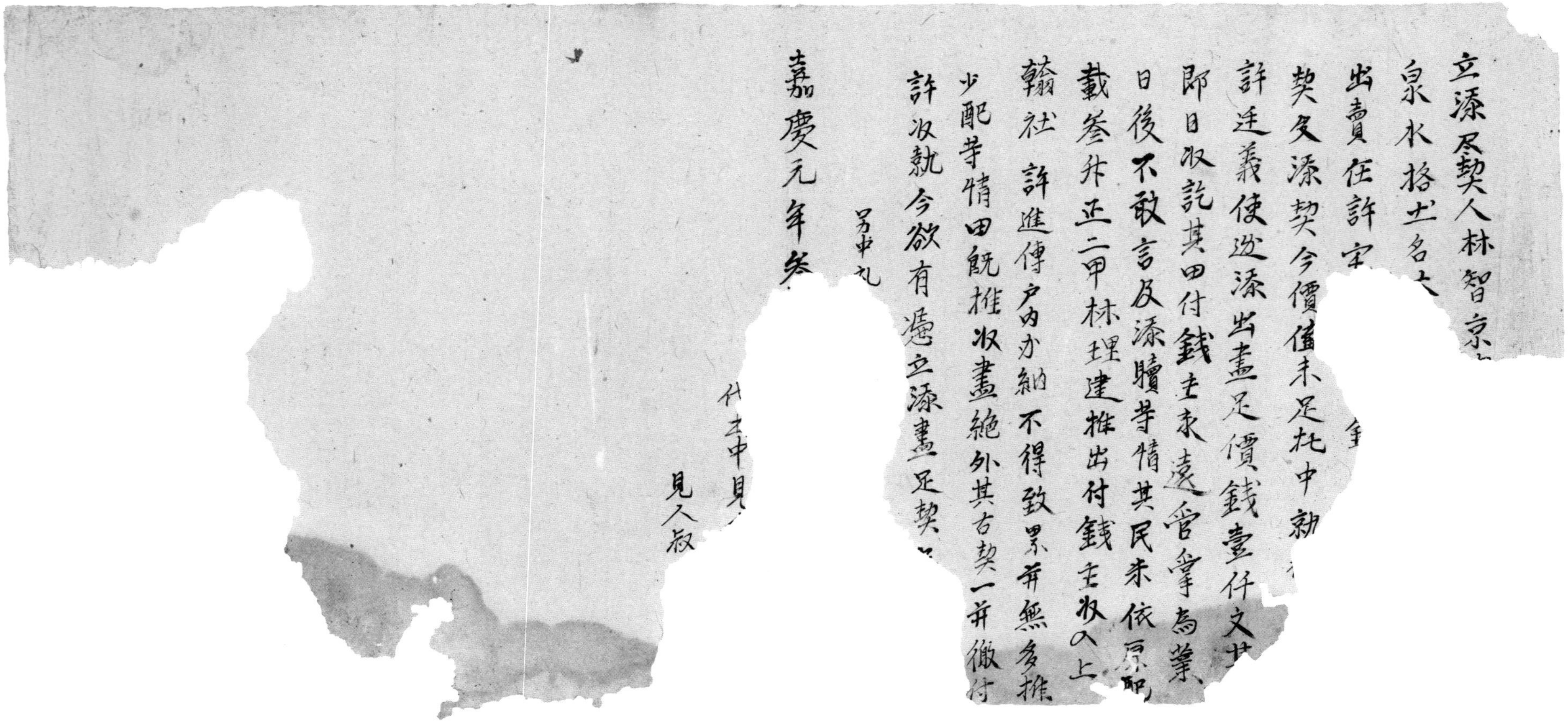

---

① FYXS130、FYXS131、FYXS132、FYXS133、FYXS134、FYXS135六件文書叠在一起保存。

立添尽契人林智京「
泉水格，土名「
出賣在許宅「
契及添契。今價值未足，托中就「
許廷義使邊添出盡足價錢壹仟文，其□
即日收訖，其田付錢主永遠管掌為業，
日後不敢言及添贖等情，其民米依原配
載叁升正，二甲林理建推出，付錢主收入上
翰社許進傳户内办納，不得致累，并無多推
少配等情，田既推收盡絶外，其古契一并缴付
許收執。今欲有憑，立添盡足契□□。
另中礼「
嘉慶元年叁「
代书中見「
見人叔「

FYXS131 嘉慶元年（1796）林智京契[①] 339×246mm

立字人林智京有巳分民田
大墓前租弍百斤已經，
許廷義邊出賣掌為業
其古契反換契約繳付
繳付日後取出不敢行
嘉慶元年四月

① FYXS130、FYXS131、FYXS132、FYXS133、FYXS134、FYXS135六件文書叠在一起保存。

立字人林智京有己分民田［

大墓前，租弍百斤，已經［

許廷義邊管掌為業，［

其古契及換契約繳付［

繳付，日後取出，不敢行［

嘉慶元年四月［

…………（後殘）

FYXS132　嘉慶五年（1800）林智京盡契[1]　492×221mm

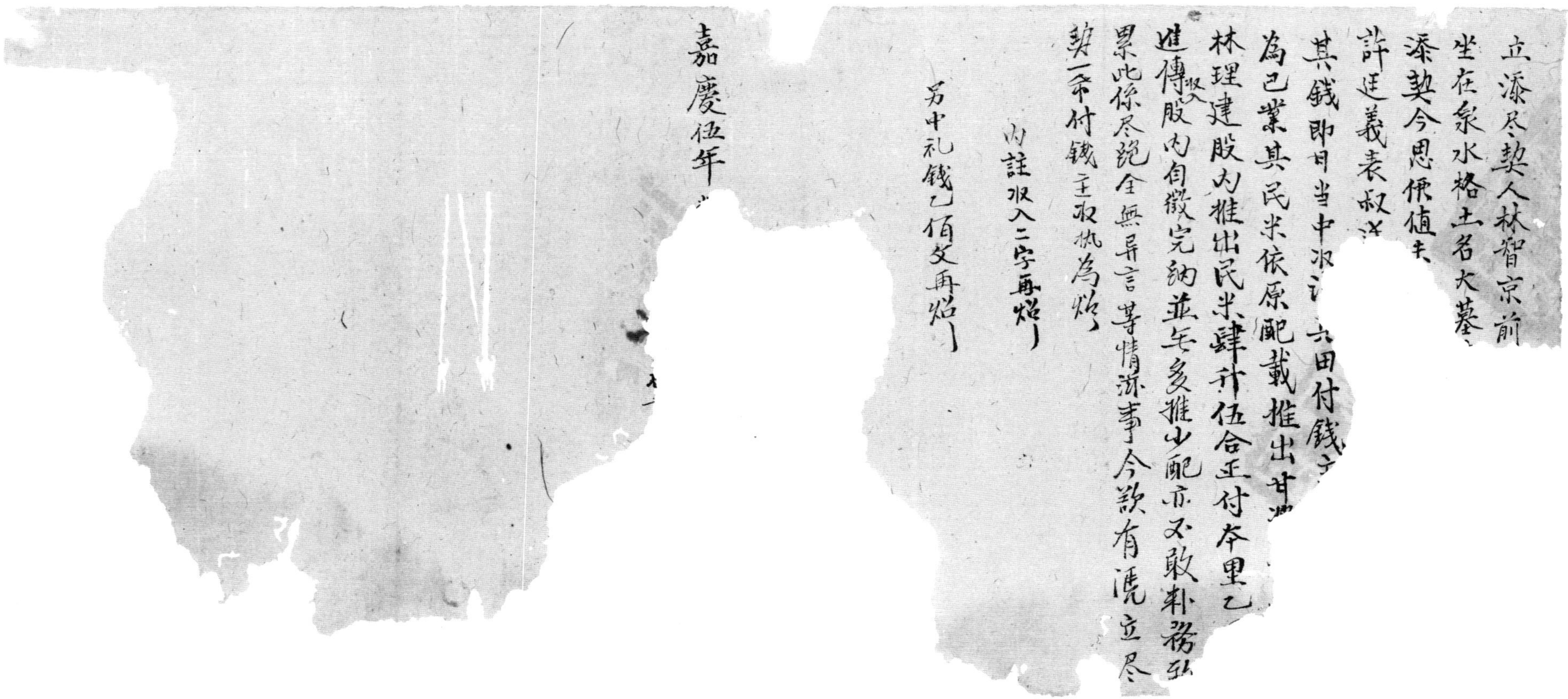
立添尽契人林智京前
坐在泉水格土名大墓、
添契今思價值未
許廷義表叔
其錢即日当中収訖，六田付錢主
為己業其民米依原配載推出廿
林理建股內推出民米肆升伍合正付本里乙
進傳收入股內自徵完納並無多推少配亦不敢科務弘
累此係尽絕全無异言等情涉事今欲有憑立尽
契一帋付錢主収執為炤。
内註收入二字再炤。
另中礼錢乙佰文再炤。
嘉慶伍年

① FYXS130、FYXS131、FYXS132、FYXS133、FYXS134、FYXS135六件文書叠在一起保存。

立添尽契人林智京，前▁

坐在泉水格，土名大墓▁

添契。今思價值未▁

許廷義表叔邊▁

其錢即日当中收讫，其田付錢主，▁

為己業，其民米依原配载推出，甘▁

林理建股内推出民米肆升伍合正，付本里乙▁

進傳收入股内自徵完納，並無多推少配，亦不敢糧務致

累。此係尽绝，全無异言等情滋事。今欲有凴，立尽

契一帋，付錢主收执爲炤。①

内註收入二字，再炤。②

另中礼錢乙佰文，再炤。③

嘉慶伍年▁

…………（後殘）

---

①此處有挽結，類似於『丿』。

②此處有挽結，類似於『9』。

③此處有挽結，類似於『9』。

FYXS133　道光八年（1828）啓衷就賣契①　553×243mm

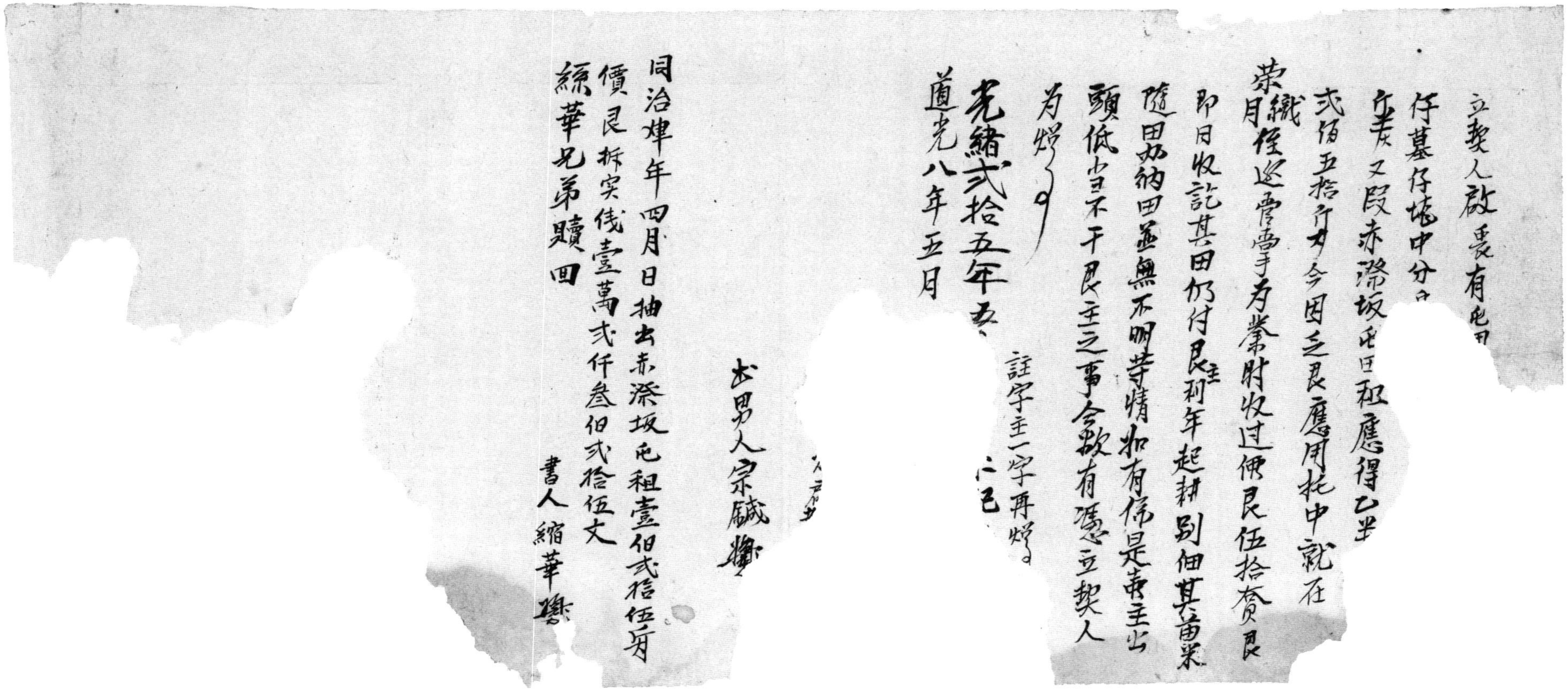
立契人啟長有色田
仔墓仔垅中分□
乙又段赤滌坂色田租應得乙半
弍佰五拾斤，今因乏艮應用，托中就在
荣織姪邊當手為業，時收过價艮伍拾貳艮
即日收訖，其田仍付艮主利年起耕別佃，其苗米
隨田必納，田並無不明等情，如有係是艮主出
頭低當，不干艮主之事。今欲有憑，立契人
為照。
光緒弍拾五年五
道光八年五月
註字主一字再照
同治肆年四月日抽出赤滌坂色租壹伯弍拾伍斤
價艮拆实钱壹萬弍仟叁伯弍拾伍文
係華兄弟贖回
出男人宗礦
書人　縮華

① FYXS130、FYXS131、FYXS132、FYXS133、FYXS134、FYXS135六件文書叠在一起保存。

立契人啟衷有屯田[
仔墓仔壠，中分[
斤半大，又叚赤滦坂屯田，租應得乙半[
式佰五拾斤大。今因乏艮應用，托中就在
荣月織侄邊管掌为業，時收过價艮伍拾大員，艮
即日收訖，其田仍付艮主利年起耕別佃，其苗米
随田办纳，田並無不明等情。如有係是賣主出
頭低当，不干艮主之事。今欲有憑，立契人
為炤。①

註字主一字，再炤。②

光緒式拾五年五月[
道光八年五月[

书男人宗鍼（押）

同治肆年四月日抽出赤滦坂屯租壹佰式拾伍斤大，
價艮折实錢壹萬式仟叁佰式拾伍文。
絲華兄弟贖囬。　　　書人縮華（押）

---

①此處有挽結，類似於『9』。
②此處有挽結，類似於『9』。

FYXS134 道光十二年（1832）啓衷添契①　528×248mm

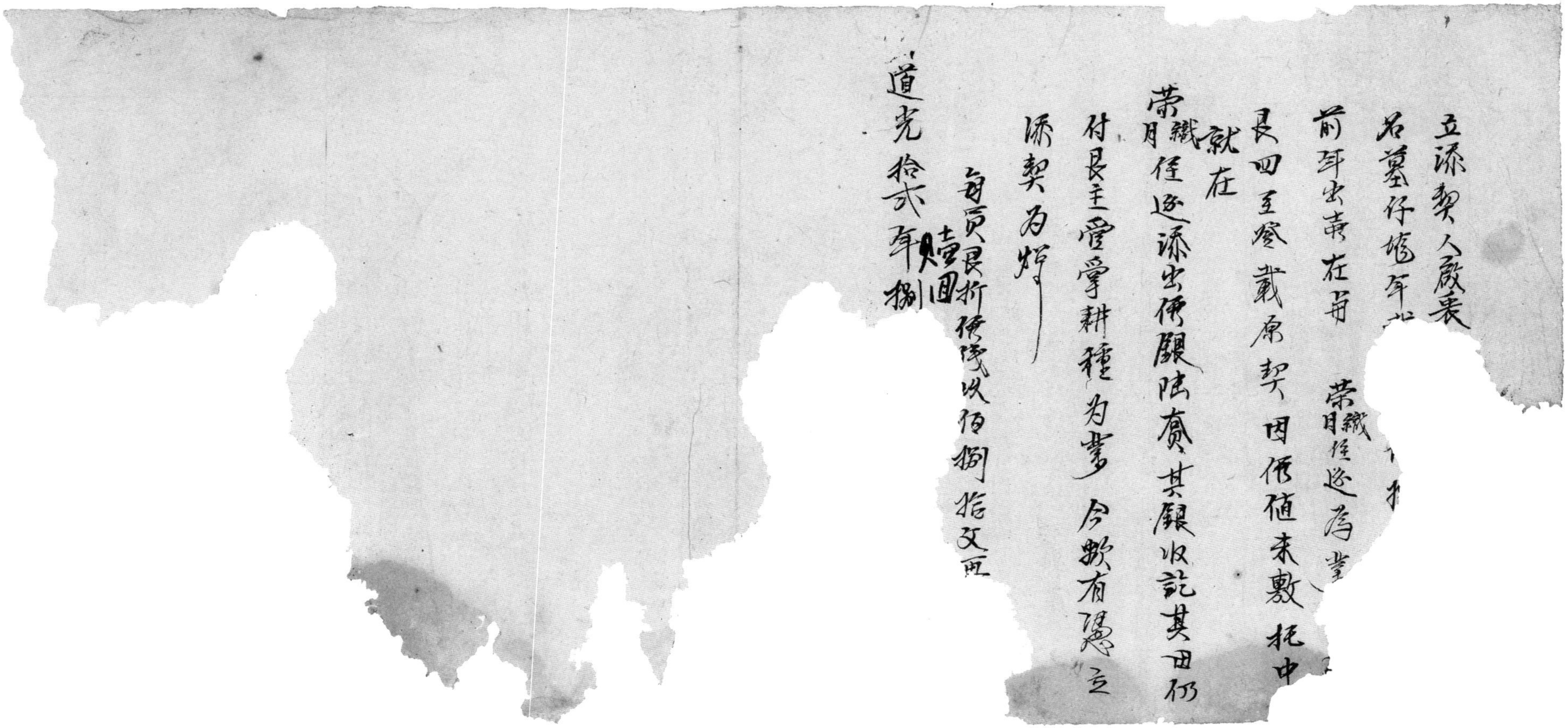
立添契人啟衷
石墓仔塢年出
前年出東在苗　榮織任逆為業
艮四至登載原契　因價值未敷　托中
就在
榮織任逆添出價艮陆兩　其艮收訖　其田仍
付艮主管掌耕種為業　今欲有憑　立
添契為炤
每員艮折價錢柒佰捌拾文正
道光拾弍年壹月　日

① FYXS130、FYXS131、FYXS132、FYXS133、FYXS134、FYXS135六件文書叠在一起保存。

立添契人啟衷［
名墓仔𧿹，年［
前年出賣在與　荣月織任邊為業［
艮四至登載原契，因價值未敷，托中
就在
荣月織任邊添出價銀陆大员，其銀收訖，其田仍
付艮主管掌耕種为業。今欲有憑，立
添契为炤。①
每员艮折價錢玖佰捌拾文，再□。
贖田。
道光拾弍年捌［
…………（後殘）

①此處有挽結，類似於『9』。

FYXS135　光緒四年（1878）滎此、國場收字①　531×240mm

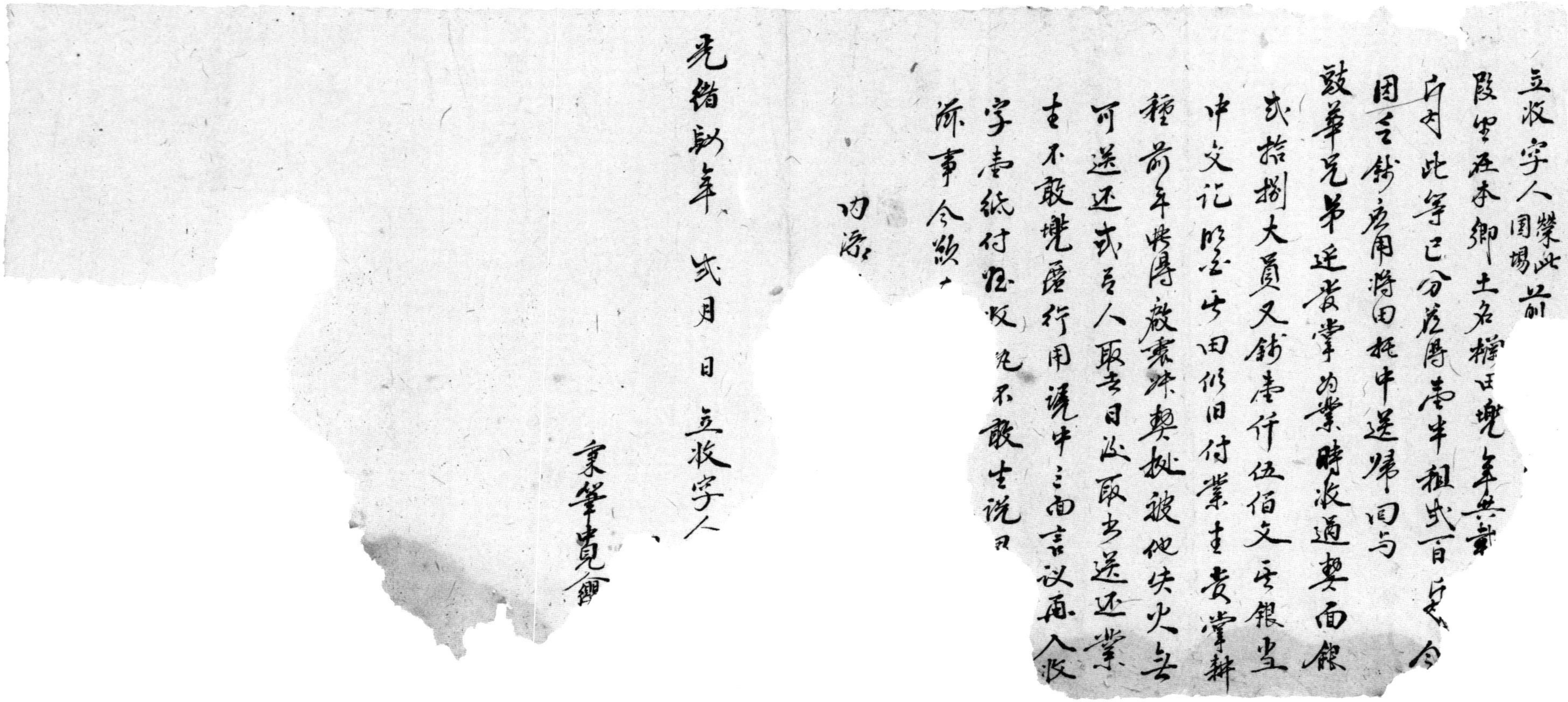

立收字人國場、滎此，前
段坐在本鄉土名[illegible]坵，年無載
有此等已分應得壹半，租弍百斤，今
因乏銀應用，將田托中送歸同与
鼓華兄弟近出掌爲業，時收過契面銀
弍拾捌大員，又錢壹仟伍佰文，當銀並
中文記明。其田仍旧付業主出掌耕
種，前年收得啟袁珠契批，被他失火無
可送还，弍家人取去日後取出送还業
主，不敢塊匿行用，議中三面言議，兩入收
字壹紙付照收，兄不敢生說，日
後事今欲有
切憑。

光緒肆年　弍月　日　立收字人

秉筆[illegible]

---

① FYXS130、FYXS131、FYXS132、FYXS133、FYXS134、FYXS135六件文書叠在一起保存。

立收字人綮此国場前「
段坐在本鄉，土名欄田兜，年共載「
斤大，此等已分应得壹半租式百斤大。今
因乏錢应用，將田托中送歸回与
戥華兒弟邊管掌为業。時收過契面銀
式拾捌大員，又錢壹仟伍佰文。其銀当
中交訖明白，其田仍旧付業主管掌耕
種。前年買得啟東叔契據，被他失火，無
可送还，或有人取去，日後取出送还業
主，不敢兜匿行用。甕中三面言议，再入收
字壹紙，付姪收执，不敢生说「
滋事。今欲「
内添「

光緒肆年式月日立收字人「
「
秉筆中見人纓「

FYXS136 嘉慶四年（1799）許成𡊮送賣契[1] 510×240mm

① FYXS136、FYXS137、FYXS138三件文書叠在一起保存。

立契人許坬使承祖有鬮分民田壹段，坐在泉
水格村，土名柿樹壠，共田四拾束，載租肆百觔，
買得刘家租壹百觔與叔仝管。坬分下應得
租伍拾觔。今因欠銀應用，托中送賣與
林粮使邊管掌為業。時收过價銀叁大員，其銀仝
中交訖，田付銀主起耕別佃，苗米随田办納，言
約三年外听其取贖，田内外並無不明等情。如有
係許抵当，不干林之事。今欲有憑，立契為炤。①

嘉慶肆年十二月　日立契人許成坬（押）

中[　]有表

①此處有挽結，類似於『9』。

FYXS137　嘉慶七年（1802）成坬添契[1]　433×245mm

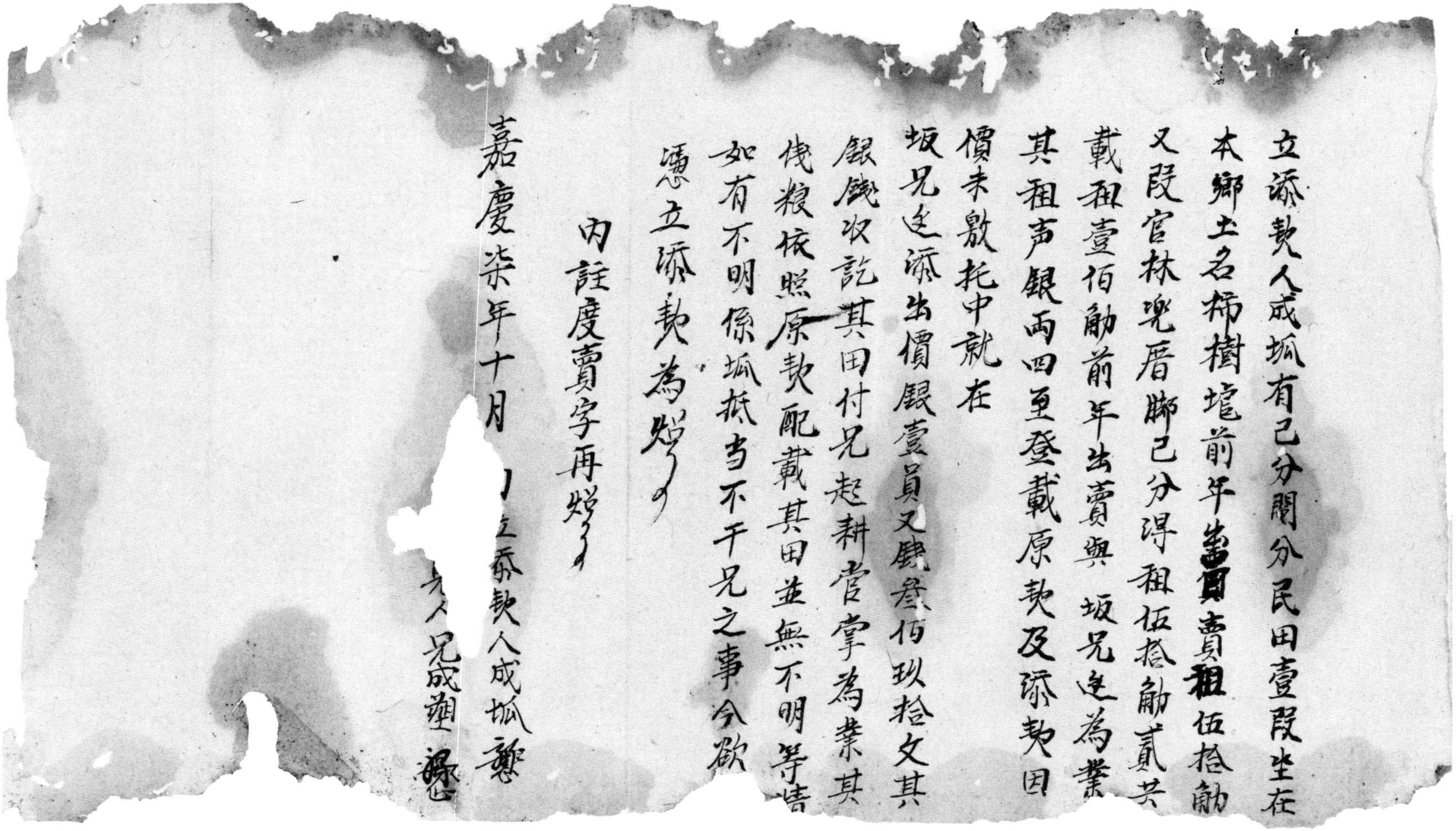

立添契人成坬有己分閹分民田壹段坐在
本鄉土名柿樹墘前平出賣租伍拾觔
又段官林兜厝腳己分得租伍拾觔貳共
載租壹佰觔前年出賣與　坂兄边為業
其租声銀兩四至登載原契及添契因
價未敷托中就在
坂兄边添出價銀壹員又錢叁佰玖拾文其
銀錢收訖其田付兄起耕管掌為業其
找粮依照原契配載其田並無不明等情
如有不明係坬抵当不干兄之事今欲
憑立添契為炤
内註度賣字再炤
嘉慶柒年十月　日立添契人成坬
見人兄成廸

① FYXS136、FYXS137、FYXS138三件文書疊在一起保存。

立添契人成坬有己分鬮分民田壹叚，坐在
本鄉，土名柿樹壠，前年出賣租伍拾觔，
又叚官林兜厝脚己分得租伍拾觔，貳共
載租壹佰觔，前年出賣與　　坂兄邊為業。
其租声、银両、四至登载原契及添契。因
價未敷，托中就在
坂兄邊添出價銀壹員又錢叁佰玖拾文，其
銀錢收訖，其田付兄起耕管掌為業，其
錢粮依照原契配載，其田並無不明等情，
如有不明，係坬抵当，不干兄之事。今欲□①
憑，立添契為炤。②
　　内注度賣字，再炤。③
嘉慶柒年十月　　日立添契人成坬（押）
　　　　見人兄成塑（押）

①當『有』字，編者注。
②此處有挽結，類似於『9』。
③此處有挽結，類似於『9』。

FYXS138　嘉慶八年（1803）許成坻退佃字[1]　469×238mm

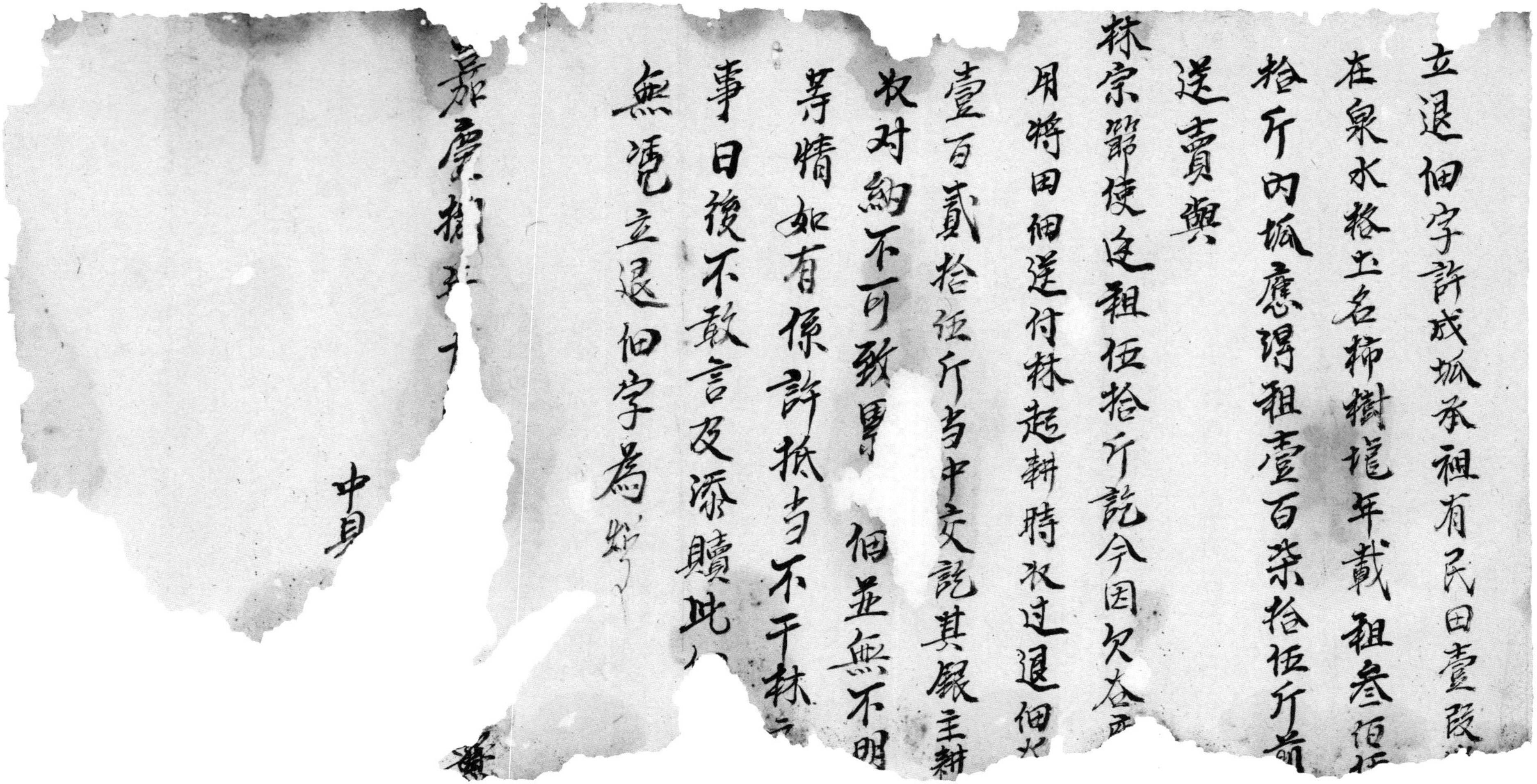
立退佃字許成坻承祖有民田壹段
在泉水格土名柿樹垅年載租叁佰伍
拾斤內坻應得租壹百柒拾伍斤前
送賣與
林宗鄮使邊租伍拾斤訖今因欠谷
用將田佃送付林起耕時收过退佃
壹百貳拾伍斤当中交訖其田主耕
收对約不可致異　佃並無不明
等情如有係許抵当不干林
事日後不敢言及添贖此
無凭立退佃字為照
嘉慶捌年
中見

① FYXS136、FYXS137、FYXS138三件文書叠在一起保存。

立退佃字許成坵，承祖有民田壹段，□[1]
在泉水格，土名柿樹壠，年載租叁佰伍
拾斤，内坵應得租壹百柒拾伍斤，前□
送賣與
林宗節使邊租伍拾斤訖。今因欠谷應
用，將田佃送付林起耕，時收过退佃谷
壹百貳拾伍斤，当中交訖，其銀主耕
收对納，不可致累，□佃並無不明
等情。如有係許抵当，不干林之
事。日後不敢言及添贖，此佃□□
無憑，立退佃字為炤。[2]

嘉慶捌年[

中見[

①當『坐』字，編者注。
②此處有挽結，類似於『9』。

FYXS139　嘉慶七年（1802）林喬樸添兑契①　553×243mm

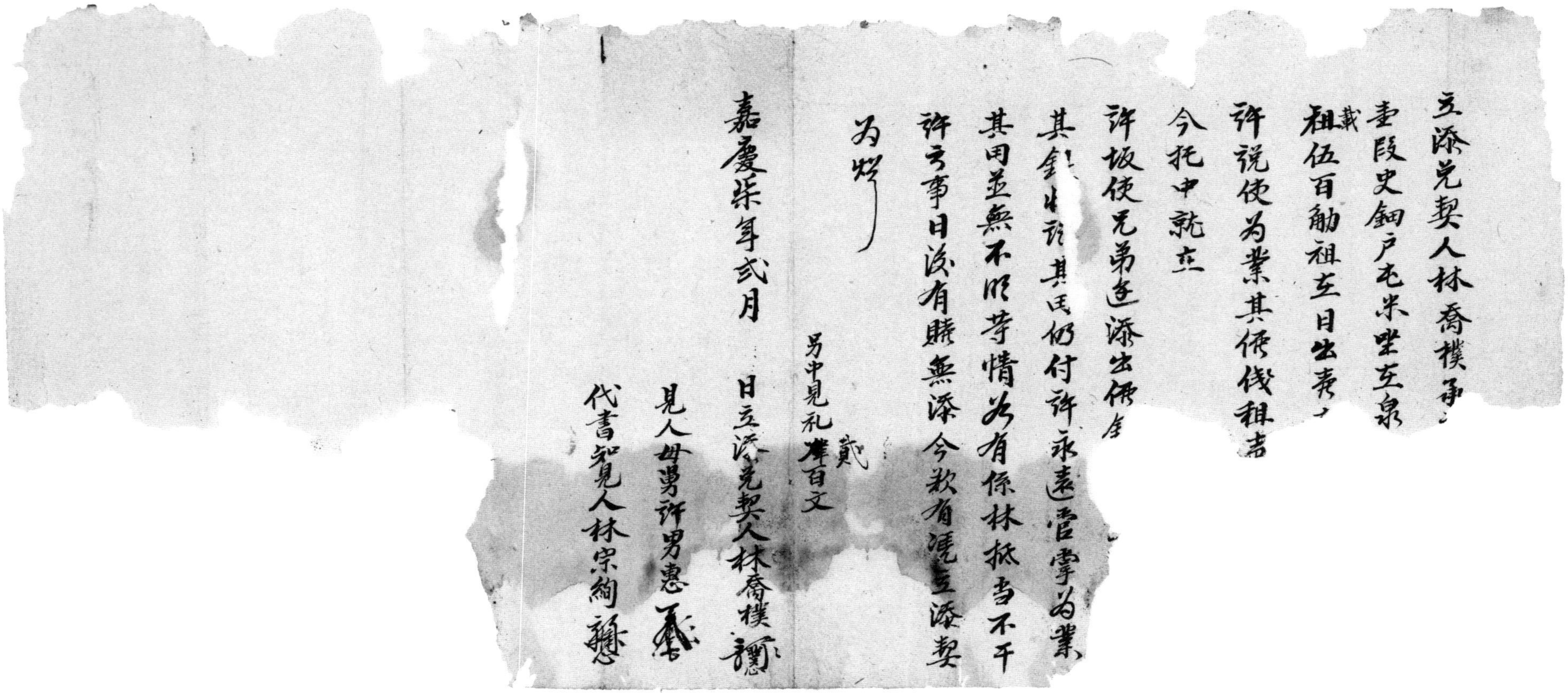

立添兑契人林喬樸承父
壹段土名銅戶屯米坐左泉
載租伍百觔，祖立日出賣
許說使為業，其價錢租書
今托中就立
許坂使兄弟邊添出價
其錢即日其田仍付許永遠管掌為業
其田並無不明等情，如有係林抵當不干
許之事，日後有贖無添，今欲有憑，立添契
為照
另中見礼錢貳百文
嘉慶柒年貳月　日立添兑契人林喬樸
見人母舅許男惠
代書知見人林宗絢

① FYXS139、FYXS140、FYXS141、FYXS142四件文書叠在一起保存。

立添兑契人林喬樸承[
壹段，史鈿户屯米，坐在泉[
載租伍百觔，祖在日出賣□[
許說使為業，其價錢租声[
今托中就在
許坂使兄弟邊添出價錢[
其銀收訖，其田仍付許永遠管掌為業。
其田並無不明等情。如有係林抵当，不干
許之事。日後有贖無添，今欲有憑，立添契
為炤。①

另中見礼貳百文。

嘉慶柒年弍月　　日立添兑契人林喬樸（押）
見人母舅許男惠（押）
代書知見人林宗絢（押）

①此處有挽結，類似於『9』。

FYXS140　嘉慶十三年（1808）林宗棫添契[①]　564×246mm

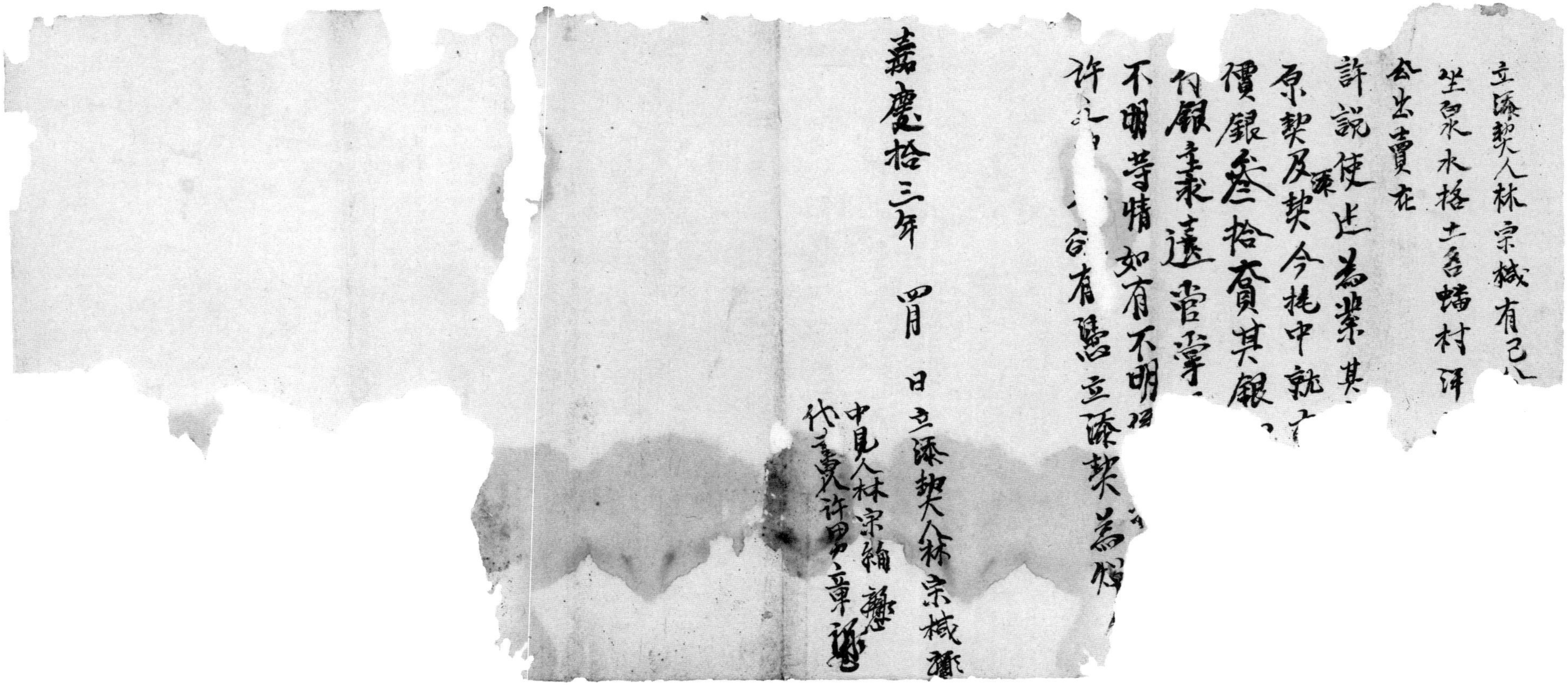

立添契人林宗棫有己…
坐泉水格土名蟠村洋…
公出賣在
許説使止為業其…
原契及添契今托中就…
價銀叁拾貳其銀…
付銀主永遠管掌…
不明等情如有不明…
許…有憑立添契為炤
嘉慶拾三年　四月　日立添契人林宗棫
中見人林宗緬
代筆人許男章

① FYXS139、FYXS140、FYXS141、FYXS142四件文書叠在一起保存。

立添契人林宗棫，有已分「
坐泉水格，土名嶓村洋「
公出賣在
許說便邊為業，其「
原契及添契，今托中就「
價銀叁拾大員，其銀「
付銀主永遠管掌「
不明等情，如有不明，「
许之□。今欲有憑，立添契為炤。

嘉慶拾三年　四月　日立添契人林宗棫（押）
中見人林宗絢（押）
代書人许男章（押）

FYXS141　嘉慶十四年（1809）林宗椷推座關契①　560×248mm

① FYXS139、FYXS140、FYXS141、FYXS142四件文書叠在一起保存。

立推産鬮人林宗棫有屯]
土名蟠村洋，載租伍百觔]
[丁艮弍分八厘九毛正，公]
許說使邊管掌。今棫已經]
可言及添贖等情。今將棫]
推出屯米四斗五升九合五勺，]
正，推出付許收入上翰社許]
多推少配等情。時收过推産]
[今欲有憑，立推産閹為炤。

嘉慶拾肆年伍月　　日立推産閹人林宗棫（押）

中見人許男章（押）

代書見人林宗絢（押）

FYXS142　嘉慶□年林宗棫兑添盡契①　345×250mm

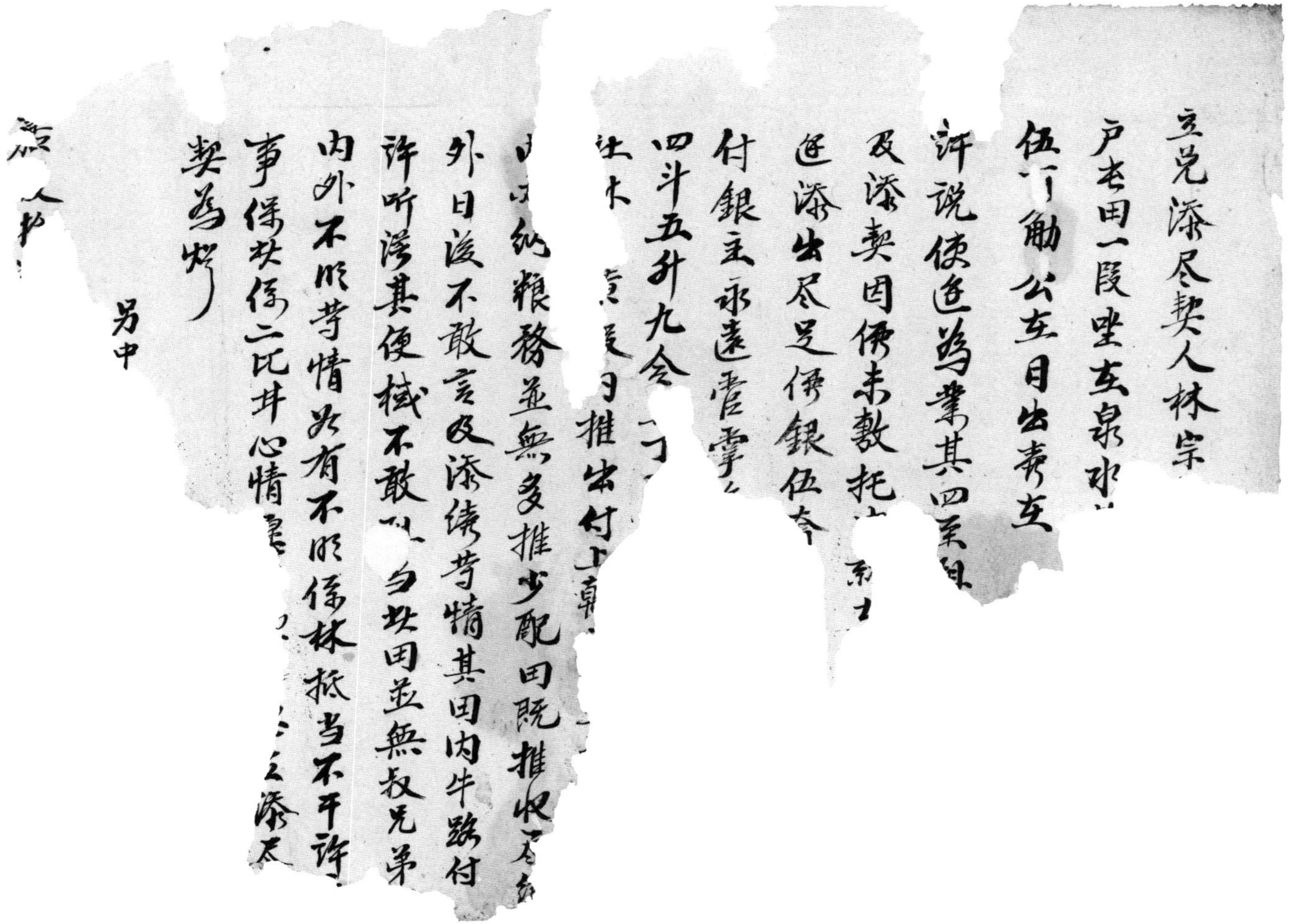
立兑添尽契人林宗
户杏田一段坐在泉水
伍丁勔公在日出賣在
許説使邊為業其田至
及添契因係未敷托
邊添出尽足係銀伍拾
付銀主永遠管掌
四斗五升九合
杜木
日推出付上
納粮務並無多推步配田既推收
外日後不敢言及添儥等情其田内牛路付
許听淂其便棫不敢
此田並無叔兄弟
内外不明等情如有不明係林秖当不干許
事係契係二比甘心情愿
添尽
契為炤
另中

① FYXS139、FYXS140、FYXS141、FYXS142四件文書叠在一起保存。

立兑添尽契人林宗|
户屯田一段，坐在泉水|
伍百觔。公在日出賣在|
许说使邊為業，其四至|
及添契，因價未敷，托中就|
邊添出尽足价銀伍大員|
付銀主永遠管掌|
四斗五升九合|
社林□□股内推出付上翰|
内办納粮務，並無多推少配，田既推收尽绝
外，日後不敢言及添續①等情，其田内牛路付
许听從其便，械不敢阻当。此田並無叔兄弟□
内外不明等情。如有不明，係林抵当，不干许之
事。保此係二比甘心情愿|　|立添尽
契為炤。②
另中|
嘉慶|
……（後殘）

①當爲『贖』之誤字。
②此處有挽結，類似於『丿』。

FYXS143　嘉慶七年（1802）林金脩添契[①]　563×243mm

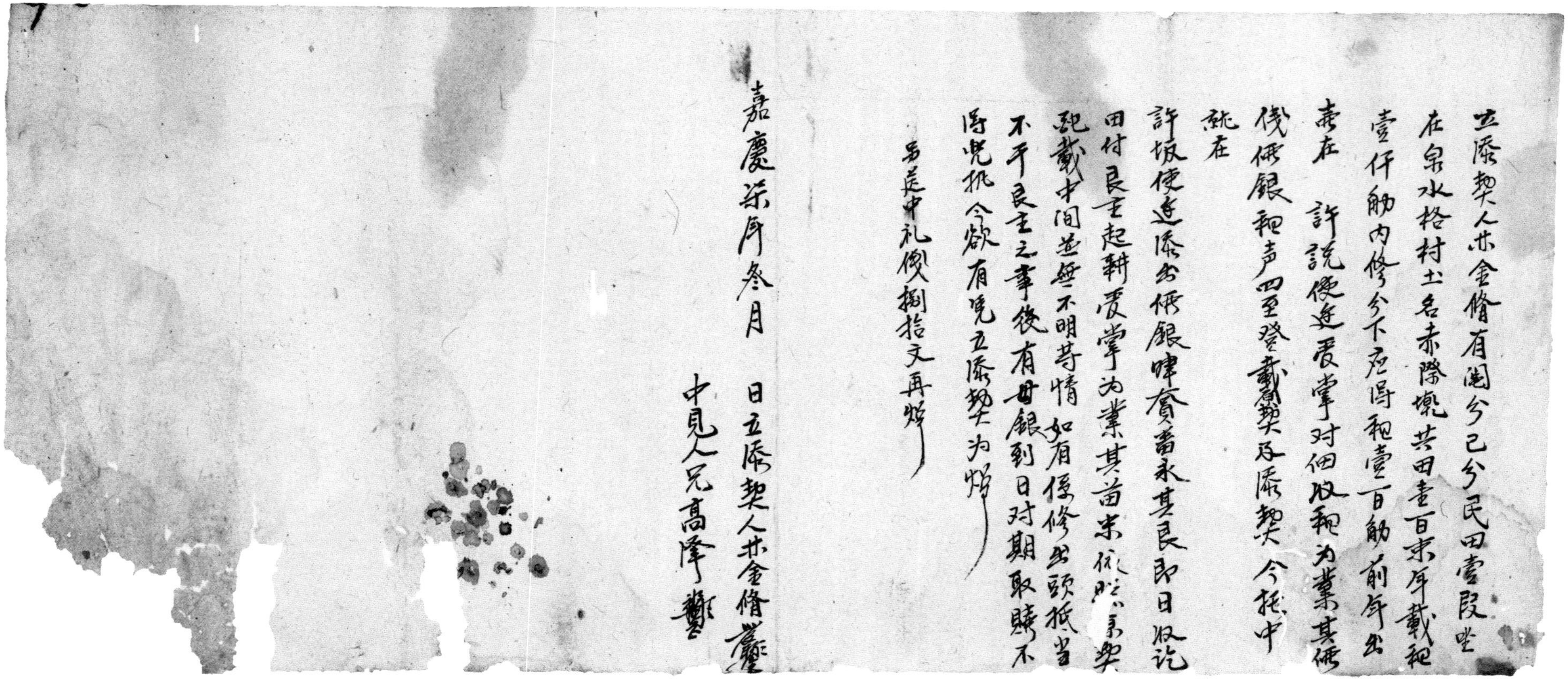
立添契人林金脩有閩分己分民田壹段坐
在泉水格村土名赤際垅共田壹百柒斤載租
壹仟觔内修分下应得租壹百觔前年出
賣在
許說使邊買掌对佃收租為業其價
錢係銀租声四至登載原契及添契今托中
就在
許坂使邊添出價銀肆員當永其良即日收訖
田付良主起耕買掌為業其苗米依照原契
既載中间並無不明等情如有係修出頭抵当
不干良主之事後有母銀到日对期取贖不
得兇抗今欲有凭立添契為照
另足中礼俱捐指文再照
嘉慶柒年冬月　日立添契人林金脩（押）
中見人兄高峰（押）

---

① FYXS143、FYXS144二件文書叠在一起保存。

立添契人林金脩有阄分己分民田壹段，坐
在泉水格村，土名赤際墘，共田壹百束，年載租
壹仟觔，内修分下应得租壹百觔，前年出
賣在　許説使邊管掌对佃收租为業。其價
錢、價銀、租声、四至登載原契及添契。今托中
就在
許坂使邊添出價銀肆大員沓永，其艮即日收讫。
田付艮主起耕管掌为業，其苗米依照原契
配載，中間並無不明等情。如有係修出頭抵当，
不干艮主之事。後有母銀到日，对期取贖，不
得兜执。今欲有凴，立添契为炤。①
　另送中礼錢捌拾文，再炤。②

嘉慶柒年叁月　　日立添契人林金脩（押）
　　　　　　　　中見人兄高澤（押）

---

①此處有挽結，類似於『9』。
②此處有挽結，類似於『9』。

FYXS144 嘉慶九年（1804）林金修推産鬮契[1] 555×248mm

立推產闗人本里二甲林貢秉[illegible]有民田壹
段坐在泉水格土名赤際墘租壹佰觔配載民米
貳升四合正即时推出付二甲許進傳收入股内办納
粮差不得致累，时收过產闗礼钱壹佰陸拾文
其钱收讫，田付银主永远管掌，日后不敢異言生
说寻情。今欲有凭，立推產闗为炤。
嘉慶玖年叁月　日立推產闗人林金修（押）
中見人兄高澤（押）

① FYXS143、FYXS144二件文書叠在一起保存。

立推産闢人本里二甲林貞衆[　　]有民田壹段，坐在泉水格，土名赤際墘，租壹佰觔，配載民米貳升四合正，即时推出付一甲許進傳收入股内办納粮差，不得致累，时收过産関礼錢壹佰陸拾文，其錢收讫，田付銀主永遠管掌，日後不敢異言生説等情。今欲有凴，立推産関为炤。①

嘉慶玖年叁月　　日立推産関人林金修（押）

中見人兄高澤（押）

①此處有挽結，類似於『9』。

FYXS145　嘉慶八年（1803）啓壁借字①　415×223mm

立借字人啟壁今因欠銀應用甘愿有己分瀾格田蕃
薯一所送賣與
啟蒲弟邊借出銀叁員約[illegible]每月利錢壹佰文至
七月末母利一齊送还如無还愿瀾格蕃薯付弟每
佰觔掘秤壹佰錢算不敢阻当今欲有憑立借字為照
嘉慶捌年六月廿九日立借字人啟壁（押）
代書見人成珏（押）

① FYXS145—FYXS155十一件文書叠在一起保存。

立借字人啟璧，今因欠銀應用，甘將有己分闊格田蕃

薯一所，送賣與

啟蒲弟邊，借出銀叁大員，約□每月利錢壹佰文，至

七月末母利一齊送还，如無还，將潤格蕃薯付弟，每

佰觔掘秤壹佰錢箄，不敢阻当。今欲有憑，立借字為炤。

嘉慶捌年六月廿九　日立借字人啟璧（押）

代書見人成玨（押）

FYXS146 嘉慶九年（1804）文賽借字① 477×221mm

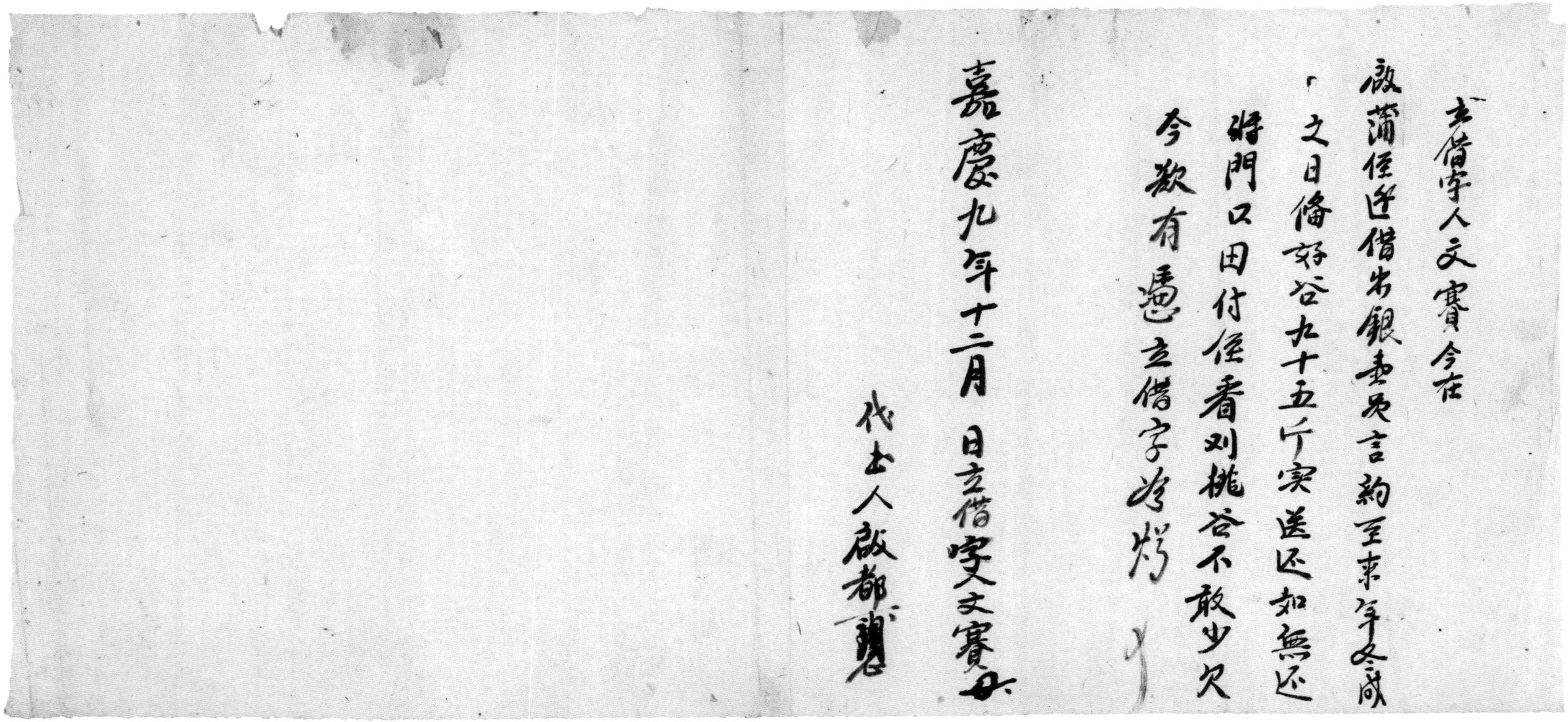
立借字人文賽今在
啟蒲侄邊借出銀壹員，言約至來年冬成
之日備好谷九十五斤實送還，如無還，
將門口田付侄香刈挑谷，不敢少欠。
今欲有憑，立借字為照。
嘉慶九年十二月 日立借字人文賽（押）
代書人啟都（押）

① FYXS145—FYXS155十一件文書疊在一起保存。

立借字人文賽，今在

啟蒲任邊借出銀壹員，言約至來年冬成

之日，備好谷九十五斤实送还，如無还，

將門口田付任看刈挑谷，不敢少欠。

今欲有憑，立借字為炤。①

嘉慶九年十二月　日立借字人文賽（押）

代书人啟都（押）

①此處有挽結，類似於『9』。

FYXS147　嘉慶九年（1804）僧随壁借字①　554×248mm

立借字人僧随壁今田就在
許坪便边借出銀乙員言約來年冬成之日
如無还将大坵稍尾圳谷乙百斤今欲有
憑立借字人為炤
嘉慶玖年十二月日立借字人僧随壁

① FYXS145—FYXS155十一件文書叠在一起保存。

立借字人僧随璧，今因就在
許坪使邊借出銀乙員，言約來年冬成之日，
如無还，将大坵稍尾刈谷乙百斤。今欲有
憑，立借字人為炤。

嘉慶玖年十二月　　日立借字人僧随璧（押）

FYXS148　嘉慶十年（1805）啓前借字[①]　480×221mm

立借人啟前今在
坂兄边借出母利谷弍拾壹斤約至冬成之日送还如
無还將後垅坂得業粁俵扣还不得異言生
說吾情今欲有憑立字為照
嘉慶拾年六月　日立字人啟前親

---

① FYXS145—FYXS155十一件文書叠在一起保存。

立借人啟前今在

坂兄邊借出母利谷式拾壹斤，約至冬成之日送还。如

無还，將後堀坂得業糧錢扣还，不得異言生

說等情。今欲有憑，立字為炤。①

嘉慶拾年　六月　日立字人啟前（押）

---

①此處有挽結，類似於『9』。

FYXS149　嘉慶十二年（1807）廷實借字①　261×240mm

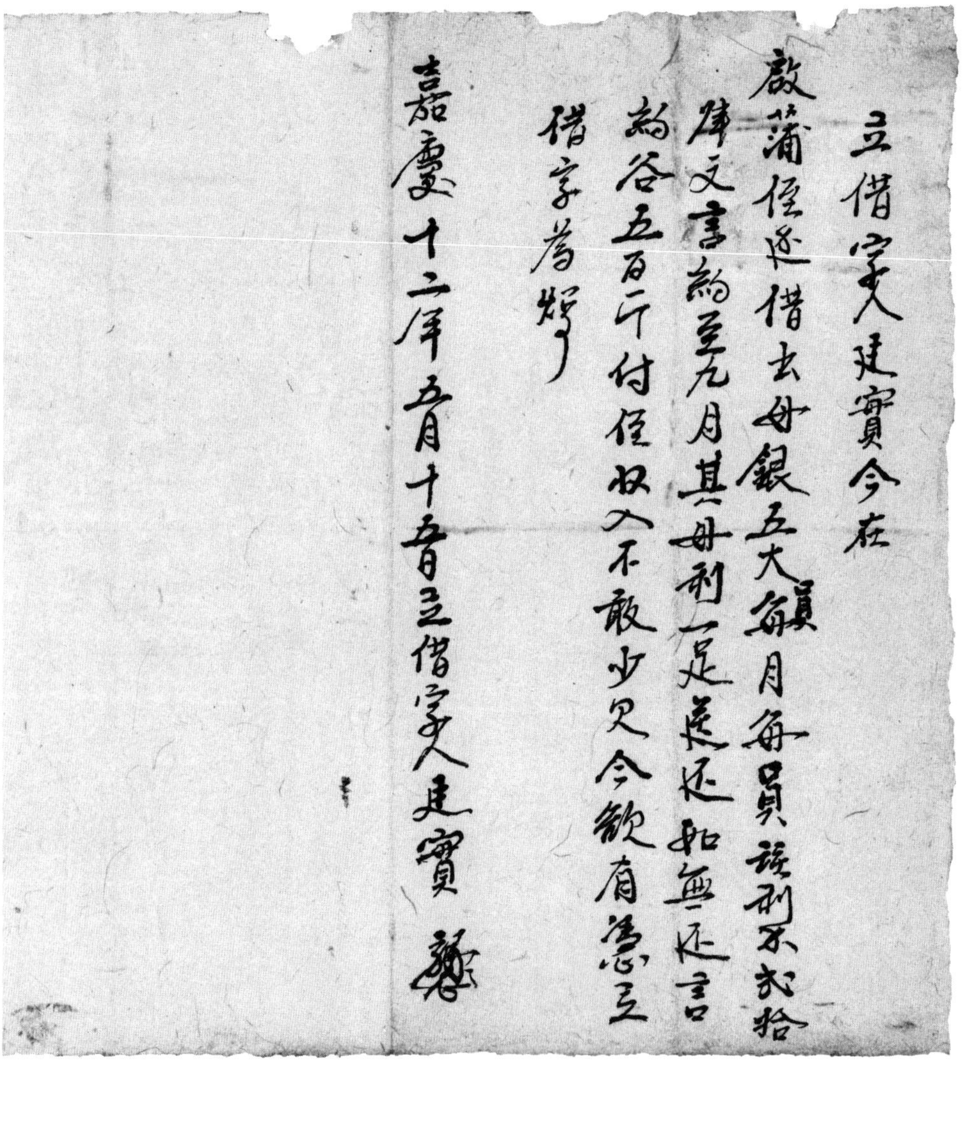
立借字人廷實今在
啟蒲侄邊借去母銀五大員，每月每員該利不式拾
肆文，言約至九月其母利一足送还，如無还，言
約谷五百斤付侄收入，不敢少欠。今欲有憑，立
借字為照。
嘉慶十二年五月十五日立借字人廷實

① FYXS145—FYXS155十一件文書叠在一起保存。

立借字人廷實，今在
啟蒲侄邊借出母銀五大員，每月每員該利錢弍拾
肆文，言約至九月，其母利一足送还，如無还，言
約谷五百斤付侄收入，不敢少欠。今欲有憑，立
借字為炤。①

嘉慶十二年五月十五日　立借字人廷實（押）

①此此處有挽結，類似『9』。

FYXS150　嘉慶十二年（1807）廷進借字[1]　363×223mm

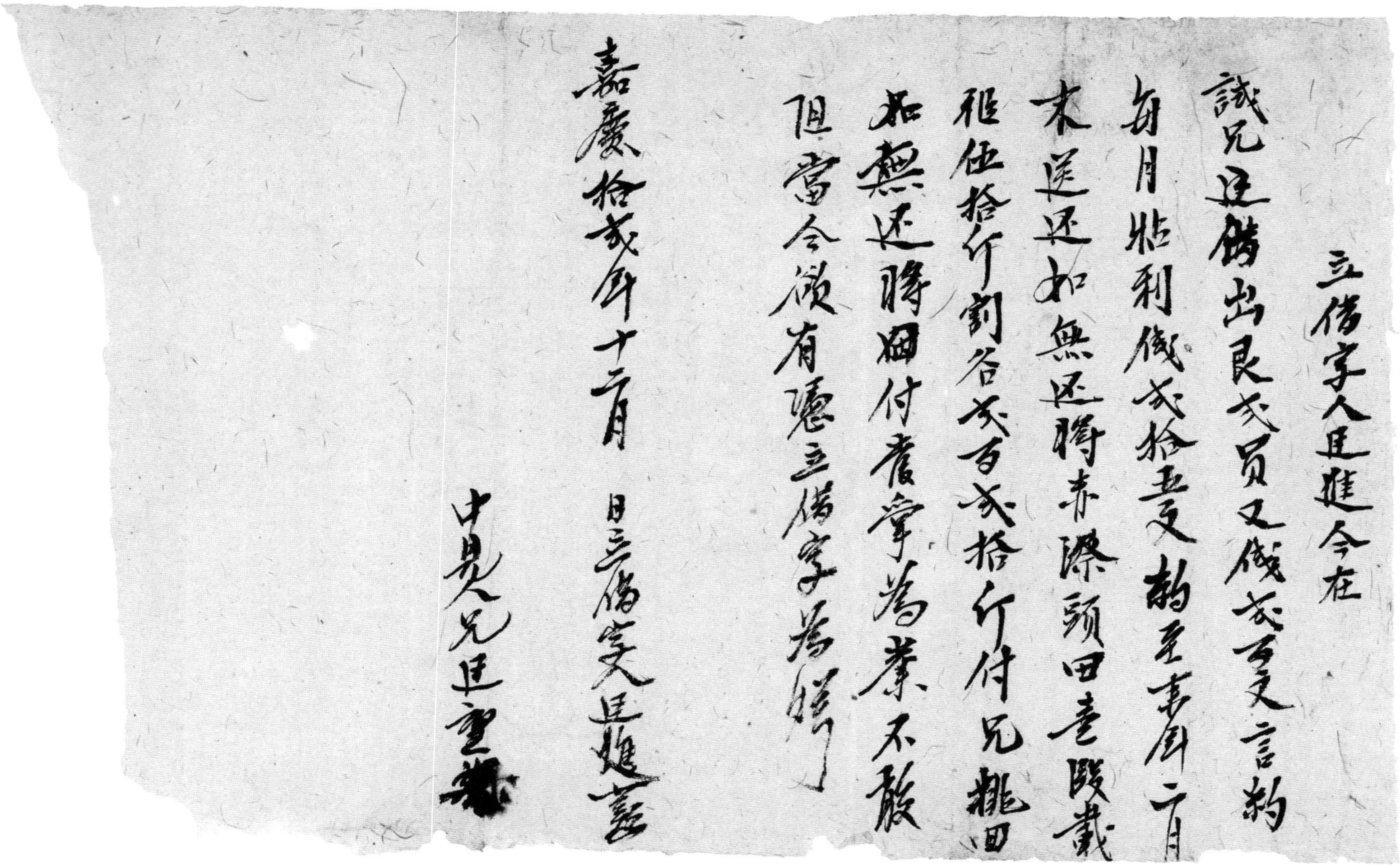
立借字人廷進今在
識兄廷儁出良式員又錢式百文言約
每月貼利錢式拾壹文約至來年二月
本足還如無還將赤漈頭田壹段載
租伍拾斤割谷式百式拾斤付兄耕田
如無還將田付[illegible]掌為業不敢
阻當今欲有憑立借字為照
嘉慶拾式年十二月　日立借字人廷進（押）
中見人兄廷聖（押）

① FYXS145—FYXS155 十一件文書叠在一起保存。

立借字人廷進，今在

試兄邊借出艮弍員又錢弍百文，言約

每月貼利錢弍拾五文，約至來年二月

末送还。如無还，将赤漈頭田壹段，載

租伍拾斤割谷弍百弍拾斤付兄挑囬。

如無还，将田付管掌為業，不敢

阻當。今欲有憑，立借字為照。①

嘉慶拾弍年十二月　　日立借字人廷進（押）

中見人兄廷望（押）

①此處有挽結，類似於『7』。

FYXS151　嘉慶十五年（1810）林珠貴借字[1]　556×252mm

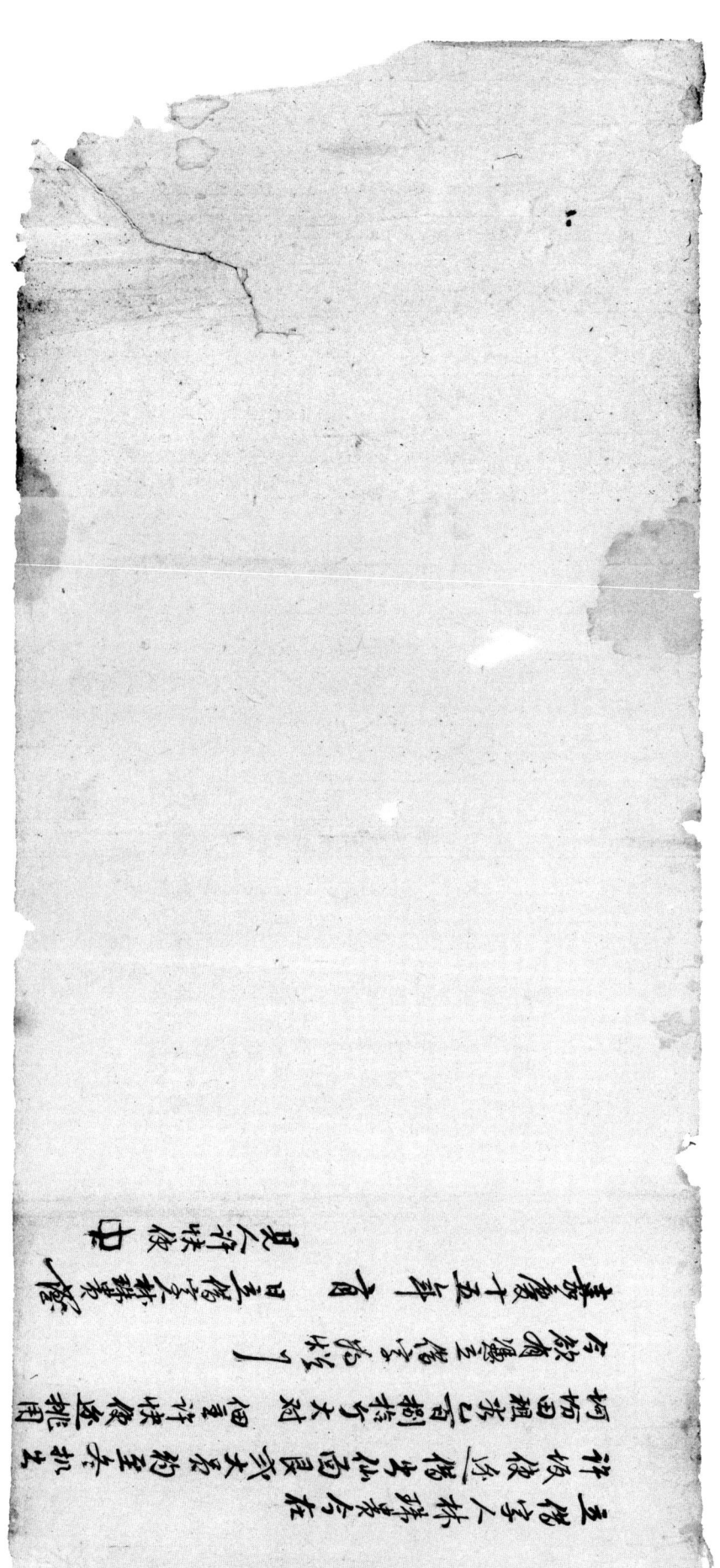
立借字人林珠貴今在
許坂使迩借出仙面艮弍大员約至冬扎出
坷坊田租谷乙百捌拾斤大对　佃主許快使迩挑用
今欲有憑立借字爲炤了
嘉慶十五年　月　日立借字人林珠貴
見人許快使
中

① FYXS145—FYXS155十一件文書叠在一起保存。

立借字人林珠贵，今在

许坂使邊借出仙面艮弍大员，约至冬扒出

坷坋田租谷乙百捌拾斤大，对　佃主许快使邊挑用。

今欲有憑，立借字為炤。①

嘉慶十五年二月　　日立借字人林珠贵（押）

見人許快使（押）

①此處有挽結，類似於『9』。

FYXS152　嘉慶十五年（1810）林蜃貴借字[1]　554×248mm

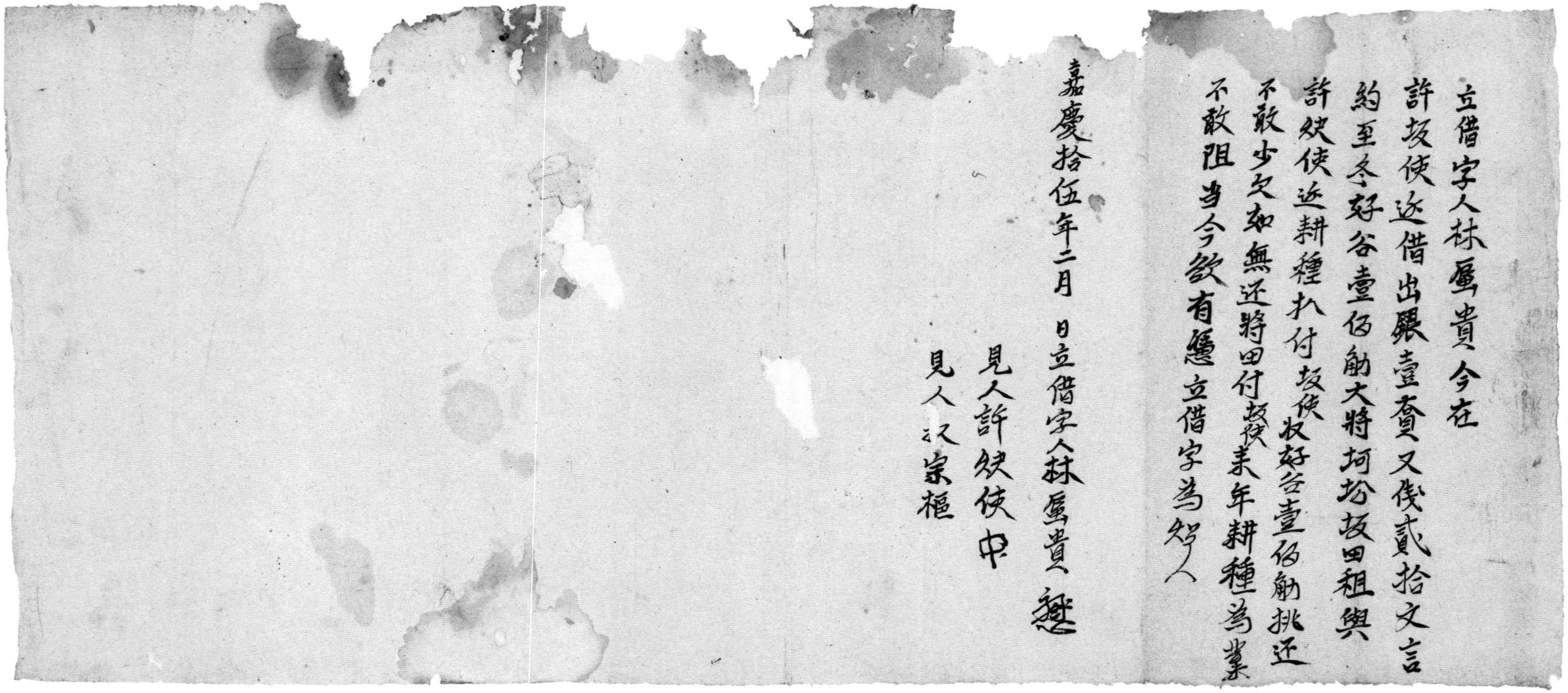

立借字人林蜃貴今在
許玫使边借出艮壹員又代貳拾文言
約至冬好谷壹伯觔大將坷坋坂田租與
許欸使边耕種扒付玫使收好谷壹伯觔挑还
不敢少欠如無还將田付玫使來年耕種為業
不敢阻当今欲有憑立借字為照人

嘉慶拾伍年二月　日立借字人林蜃貴　押
見人許欸使　中
見人江宗植

① FYXS145—FYXS155 十一件文書叠在一起保存。

立借字人林區貴，今在
許坂使邊借出銀壹大員又錢貳拾文，言
約至冬，好谷壹佰觔大，將坷坋坂田租與
許烘使邊耕種，扒付坂使收，好谷壹佰觔挑还，
不敢少欠。如無还，將田付坂使来年耕種為業，
不敢阻当。今欲有憑，立借字為炤。①

嘉慶拾伍年二月　　日立借字人林區貴（押）

見人許烘使（押）

見人叔宗樞

①此處有挽結，類似於『人』。

FYXS153 嘉慶十五年（1810）啓前借字① 557×255mm

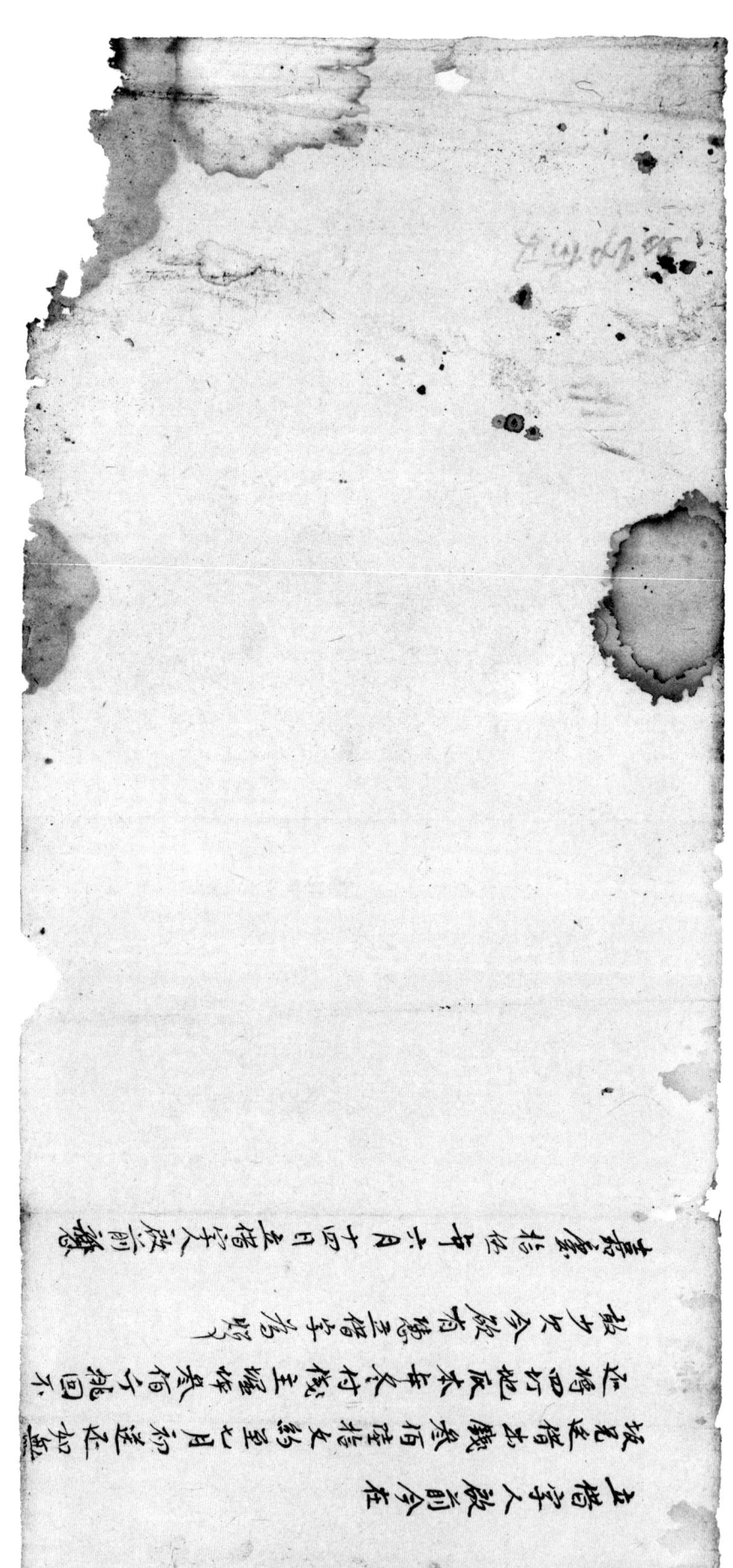
立借字人啟前今在
坂兄边借出錢叁佰陸拾文約至七月初送还如無
还將四圻地底本年冬付佃主堀作叁佰斤挑回不
敢少欠今欲有憑立借字為照
嘉慶拾伍年六月十四日立借字人啟前

① FYXS145—FYXS155十一件文書叠在一起保存。

立借字人啟前，今在
坂兄邊借出錢叁佰陸拾文，約至七月初送还。如無
还，将四圢地瓜，本年冬付錢主，堀坪叁佰斤挑回，不
敢少欠。今欲有憑，立借字為炤。①

嘉慶拾伍年六月十四日立借字人啟前（押）

①此處有挽結，類似於『9』。

FYXS154　嘉慶二十二年（1817）林榮端兄弟掇字①　467×221mm

立掇字人林榮端兄弟等有庇田一段坐落土名墓仔墘前出葉
与
許㪷使兄弟延西業，推收廿米無絕，今因托中掇出穀式百捌拾
斤，年大又穀式百斤，其穀收足，其日後不敢言及掇找等情之
事，今欲有憑，立掇字為照。
嘉慶貳拾貳年十月　日立掇字人林榮端
中見人許城俠

① FYXS145—FYXS155十一件文書叠在一起保存。

立挪字人林榮端兄弟等有屯田一段，坐落土名墓仔壠前，出賣

与

许坪坂使兄弟邊为業，推收过米尽绝。今因托中挪出穀弍百捌拾

柒斤半大，又穀弍百斤，其穀收讫，其日後不敢言及挪扯等情之

事。今欲有憑，立挪字为炤。①

嘉慶弍拾弍年十一月　　日立挪字人林榮端（押）

中見人许城使（押）

①此處有挽結，類似於『9』。

FYXS155　道光八年（1828）文客送賣契①　516×239mm

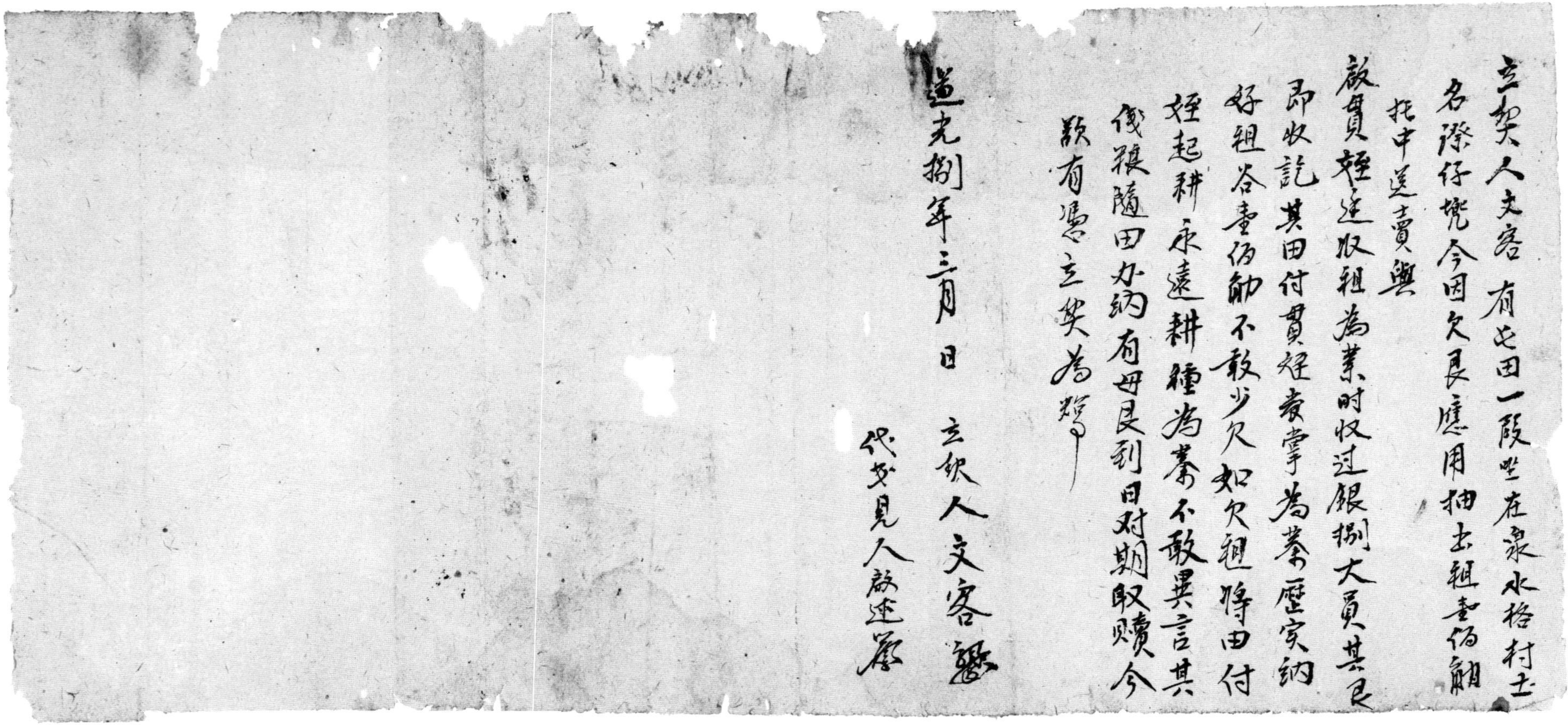

立契人文客，有屯田一段，坐在泉水格村土名孫仔坑，今因欠艮應用，抽出租壹佰觔，托中送賣與
敬貴姪邊收租為業，时收过銀捌大員，其艮即收訖，其田付貴姪管掌為業，歷家納好租谷壹佰觔，不敢少欠，如欠租，將田付姪起耕，永遠耕種為業，不敢異言。其錢粮隨田办納，有母艮到日对期取贖。今欲有憑，立契為照。

道光捌年三月　日　立契人文客

代字見人啟述

① FYXS145—FYXS155十一件文書叠在一起保存。

立契人文客有屯田一段，坐在泉水梧村，土名漈仔兜。今因欠艮應用，抽出租壹佰觔，托中送賣與啟賓姪邊收租為業，時收过銀捌大員，其艮即收訖，其田付賓姪管掌為業，歷实納好租谷壹佰觔，不敢少欠。如欠租，將田付姪起耕永遠耕種為業，不敢異言。其錢粮隨田办纳。有母艮到日，对期取贖。今欲有憑，立契為炤。①

道光捌年三月　　日立契人文客（押）

代书見人啟述（押）

①此處有挽結，類似於『9』。

FYXS156　嘉慶八年（1803）許廷實換契①　535×243mm

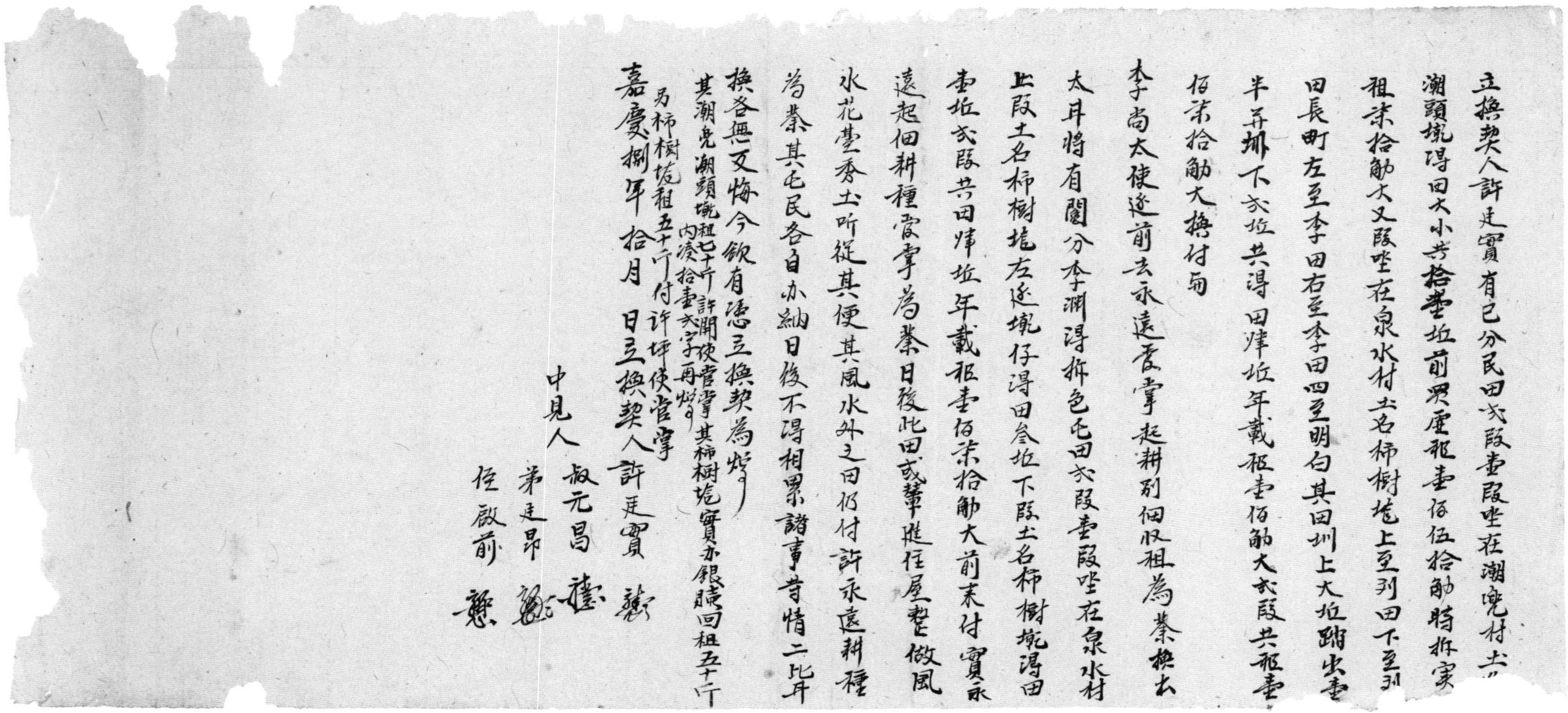

① FYXS156、FYXS157、FYXS158、FYXS159、FYXS160五件文書疊在一起保存。

立换契人許廷實，有己分民田弍段，壹段坐在潮兜村，土名
潮頭墘得田大小共拾壹坵，前買虚租壹佰伍拾觔，時折实
租柒拾觔大。又段坐在泉水村，土名柿樹壠，上至刘田，下至刘
田長町，左至李田，右至李田，四至明白，其田圳上大坵踏出壹
半，并圳下弍坵，共得田肆坵，年載租壹佰觔大，弍段共租壹
佰柒拾觔大，换付與
李尚太使邊前去永遠管掌起耕别佃收租為業。换出
太甘，將有鬮分李渊得折色屯田弍段，壹段坐在泉水村，
上段土名柿樹壠，左邊墘仔，得田叁坵，下段土名柿樹墘，得田
壹坵弍段，共田肆坵，年載租壹佰柒拾觔大，前来付實，永
遠起佃耕種管掌為業。日後此田或葦進住屋整做風
水花臺秀土，听從其便，其風水外之田仍付許永遠耕種
為業，其屯民各自办納。日後不得相累諸事等情。二比甘
换，各無反悔。今欲有憑，立换契為炤。①
其潮兜潮頭墘租七十斤，許開使管掌。其柿樹壠實办銀贖回租五十斤。
内凑拾壹弍字，再炤。②
另柿樹壠租五十斤，付许坪使管掌。
嘉慶捌年　拾月　日立换契人　許廷實（押）
中見人叔元昌（押）
弟廷昂（押）
侄啟前（押）

①此處有挽結，類似於『9』。
②此處有挽結，類似於『9』。

FYXS157　道光二年（1822）許廷實佃字①　468×229mm

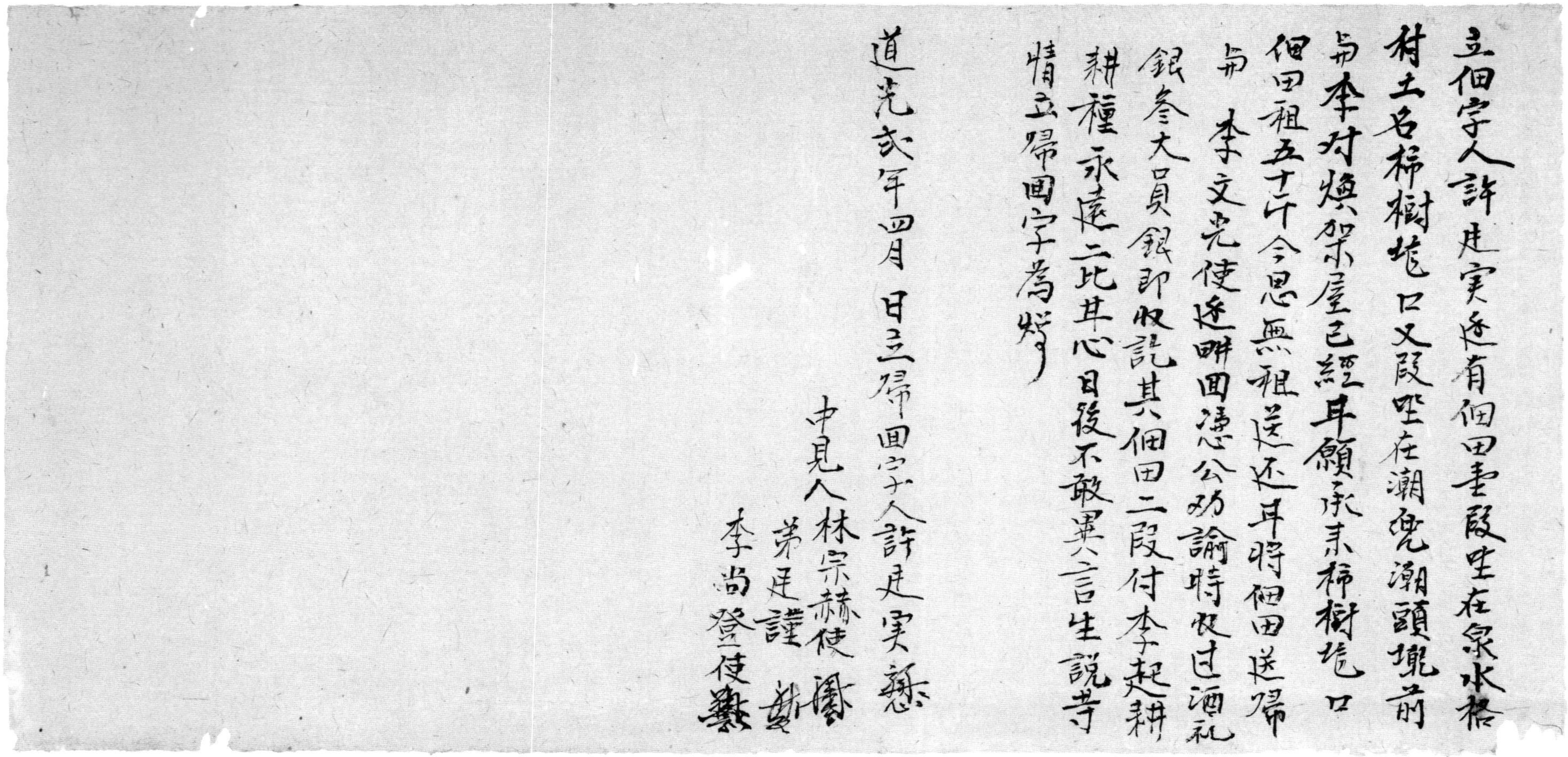

立佃字人許廷實逢有佃田壹段坐在泉水格村土名柿樹垰口又段坐在潮兜潮頭塊前與李対煥架屋已經耳願承耒柿樹垰口佃田租五十斤今思無租送还耳將佃田送歸與　李文光使逢耕田憑公劝諭特收过酒礼銀叁大員銀即收訖其佃田二段付李起耕耕種永遠二比其心日後不敢異言生說等情立歸佃字為炤

道光弍年四月　日立歸佃字人許廷實

中見人林宗赫使

弟廷謹

李尚登使

---

① FYXS156、FYXS157、FYXS158、FYXS159、FYXS160五件文書叠在一起保存。

立佃字人許廷实邊有佃田壹段，坐在泉水格
村，土名柿樹壠口；又段坐在潮兜潮頭墘，前
與李対焕架屋，已經甘願承来柿樹壠口
佃田，租五十斤。今思無租送还，甘将佃田送歸
与　李文光使邊畊田，憑公劝諭，時收过酒礼
銀叁大員，銀即收訖，其佃田二段付李起耕，
耕種永遠，二比甘心，日後不敢異言生説等
情，立歸佃字為炤。①

道光弎年四月　日立歸佃字人許廷实（押）
中見人林宗赫使（押）
弟廷謹（押）
李尚登使（押）

①此處有挽結，類似於『9』。

FYXS158　道光四年（1824）李文光送賣契[①]　559×255mm

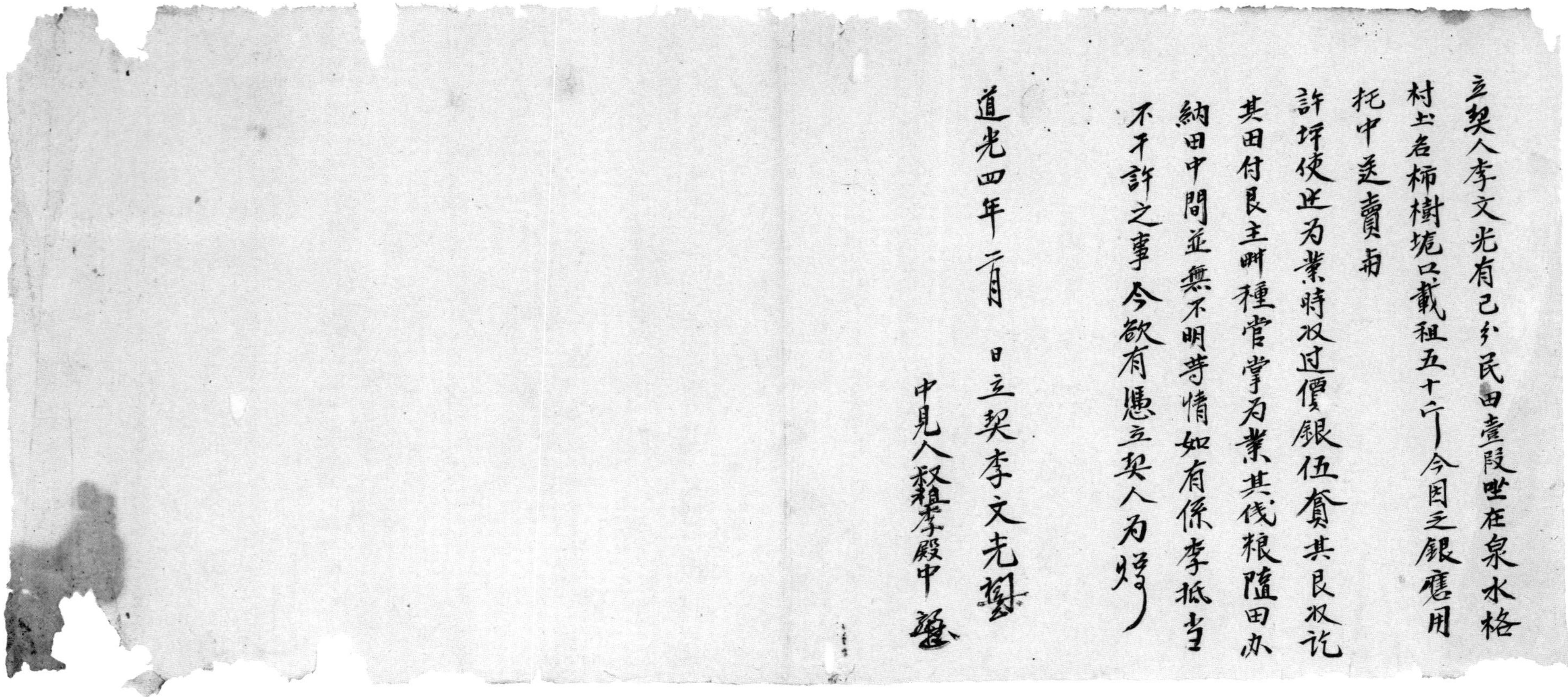

立契人李文光有己分民田壹段坐在泉水格
村土名柿樹垅口載租五十斤今因乏銀應用
托中送賣與
許坪使迸為業時收过價銀伍賓其良收訖
其田付良主晰種管掌為業其伐粮隨田办
納田中間並無不明等情如有係李抵当
不干許之事今欲有憑立契人為照
道光四年二月　日立契李文光
中見人叔祖李殿中

① FYXS156、FYXS157、FYXS158、FYXS159、FYXS160五件文書叠在一起保存。

立契人李文光有己分民田壹段，坐在泉水格村，土名柿樹壠口，載租五十斤，今因乏銀應用，托中送賣與許坪使邊为業，時收过價銀伍大員，其艮收讫，其田付艮主畊種管掌为業，其錢粮隨田办納，田中間並無不明等情。如有係李抵当，不干許之事。今欲有憑，立契人为炤。①

道光四年二月　　日立契李文光（押）

中見人叔祖李殿中（押）

---

①此處有挽結，類似於『9』。

FYXS159　道光四年（1824）李文光添契①　433×245mm

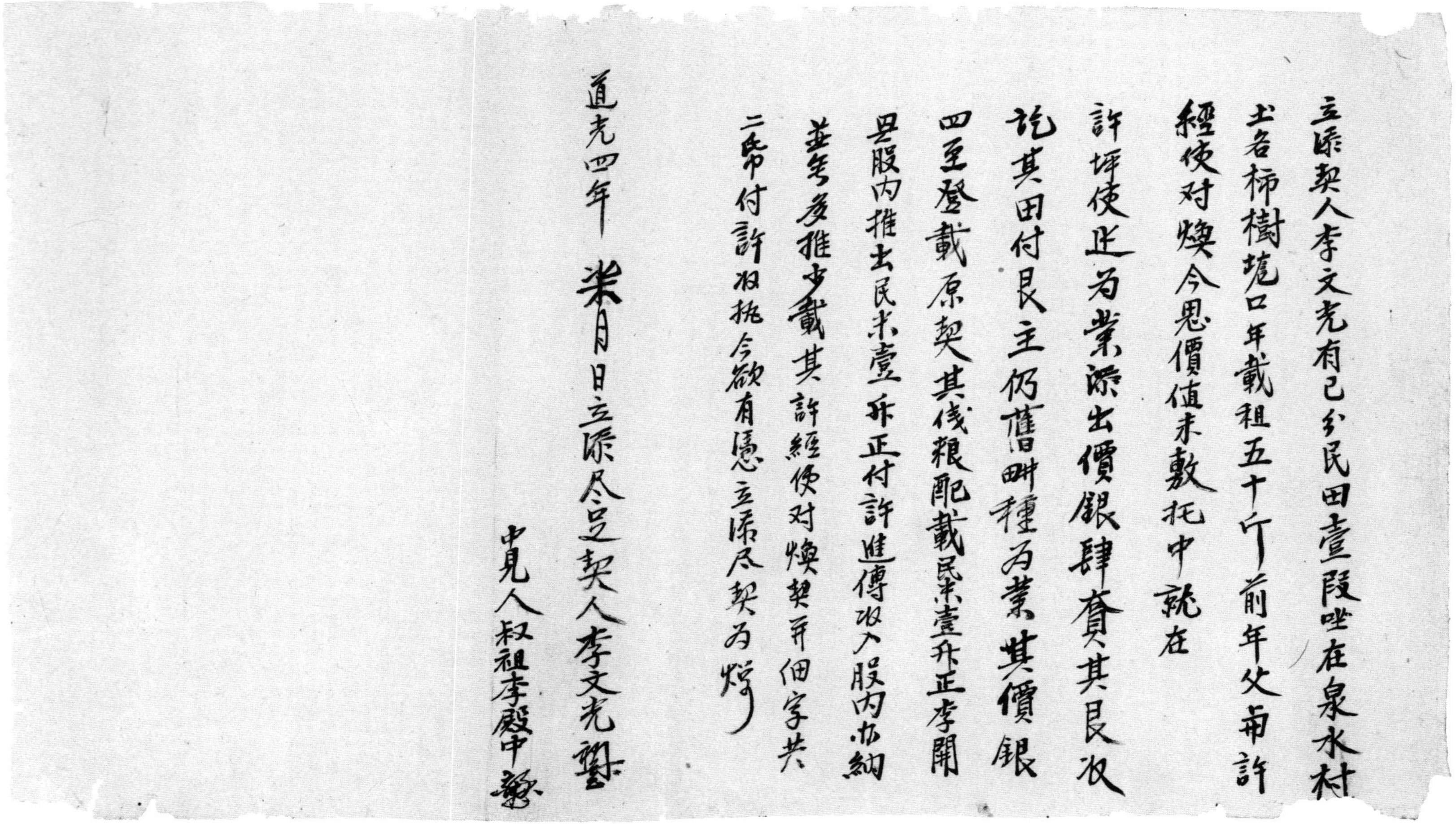

立添契人李文光有己分民田壹段坐在泉水村
土名柿樹垅口年載租五十斤前年父甫許
經使对煥今思價值未敷托中就在
許坪使疋为業添出價銀肆員其艮次
訖其田付艮主仍舊畊種为業　其價銀
四至登載原契其伐粮配載民米壹升正李開
呂股内推出民米壹升正付許進傳收入股内办納
並無多推少載其許經使对煥契并佃字共
二帋付許収執今欲有憑立添尽契为照
道光四年　柒月　日立添尽足契人李文光（押）
中見人叔祖李殿中（押）

---

① FYXS156、FYXS157、FYXS158、FYXS159、FYXS160五件文書疊在一起保存。

立添契人李文光有己分民田壹段，坐在泉水村，土名柿樹攏口，年載租五十斤，前年交與許經使对煥。今思價值未敷，托中就在許坪使邊为業，添出價銀肆大員，其艮收訖，其田付艮主仍舊畊種为業。其價銀、四至登載原契，其錢粮配載民米壹升正。李開興股內推出民米壹升正，付許進傳收入股內办納，並無多推少載，其許經使对煥契並佃字共二帋，付許收執。今欲有憑，立添尽契为炤。①

道光四年柒月　日立添尽足契人李文光（押）

中見人叔祖李殿中（押）

①此處有挽結，類似於『9』。

FYXS160　道光四年（1824）李文光推産闗契①　560×242mm

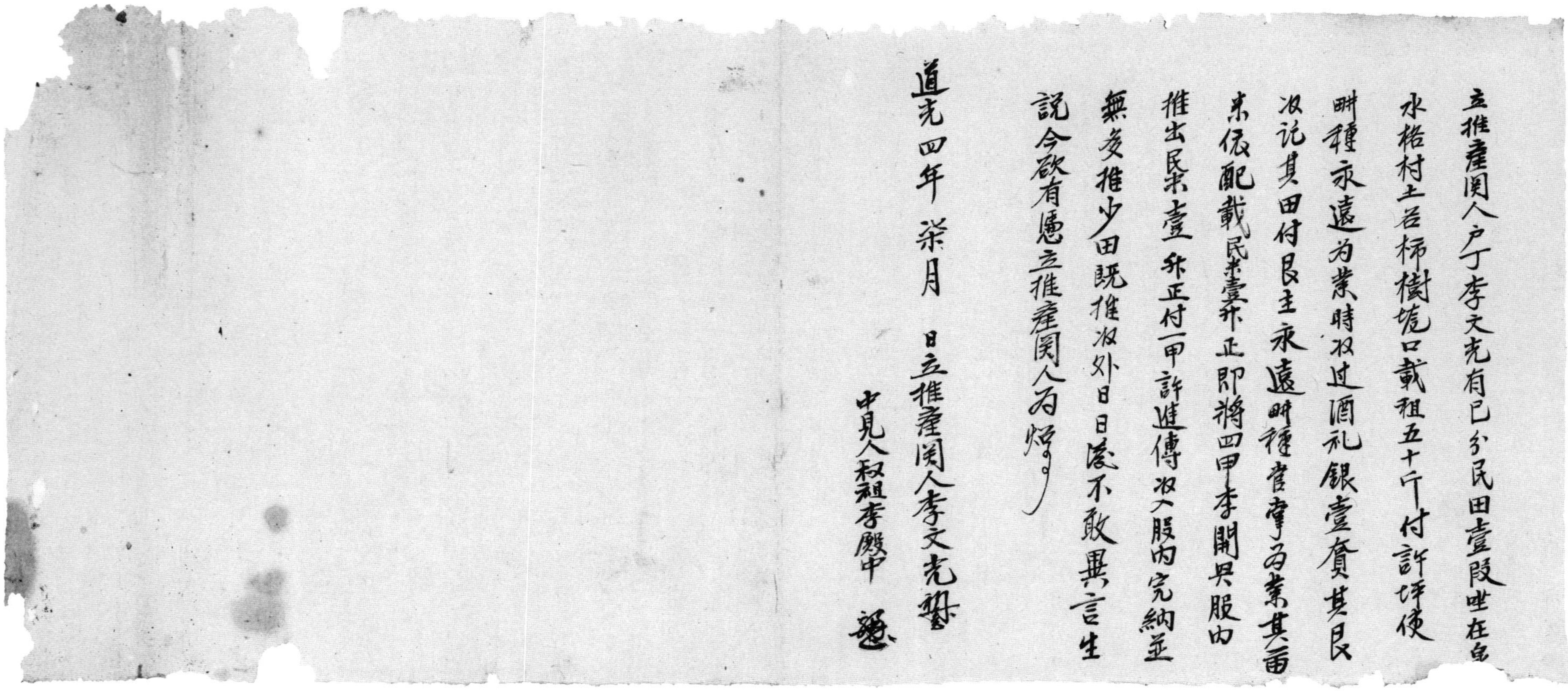

① FYXS156、FYXS157、FYXS158、FYXS159、FYXS160五件文書叠在一起保存。

立推産關人户丁李文光有己分民田壹㪷，坐在泉水格村，土名柿樹壠口，載租五十斤，付許坪使畊種，永遠為業，時收过酒礼銀壹大員，其艮收讫，其田付艮主永遠畊種管掌为業。其苗米依配載，民米壹升正，即將四甲李開興股内推出民米壹升正，付一甲許進傳收入股内完納，並無多推少，田既推收外日①，日後不敢異言生説。今欲有憑，立推産關人为炤。②

道光四年　柒月　日立推産関人李文光（押）

中見人叔祖李殿中（押）

①此『日』字爲衍字。

②此處有挽結，類似於『9』。

FYXS161　嘉慶十二年（1807）郭忠言退佃字[1]　375×250mm

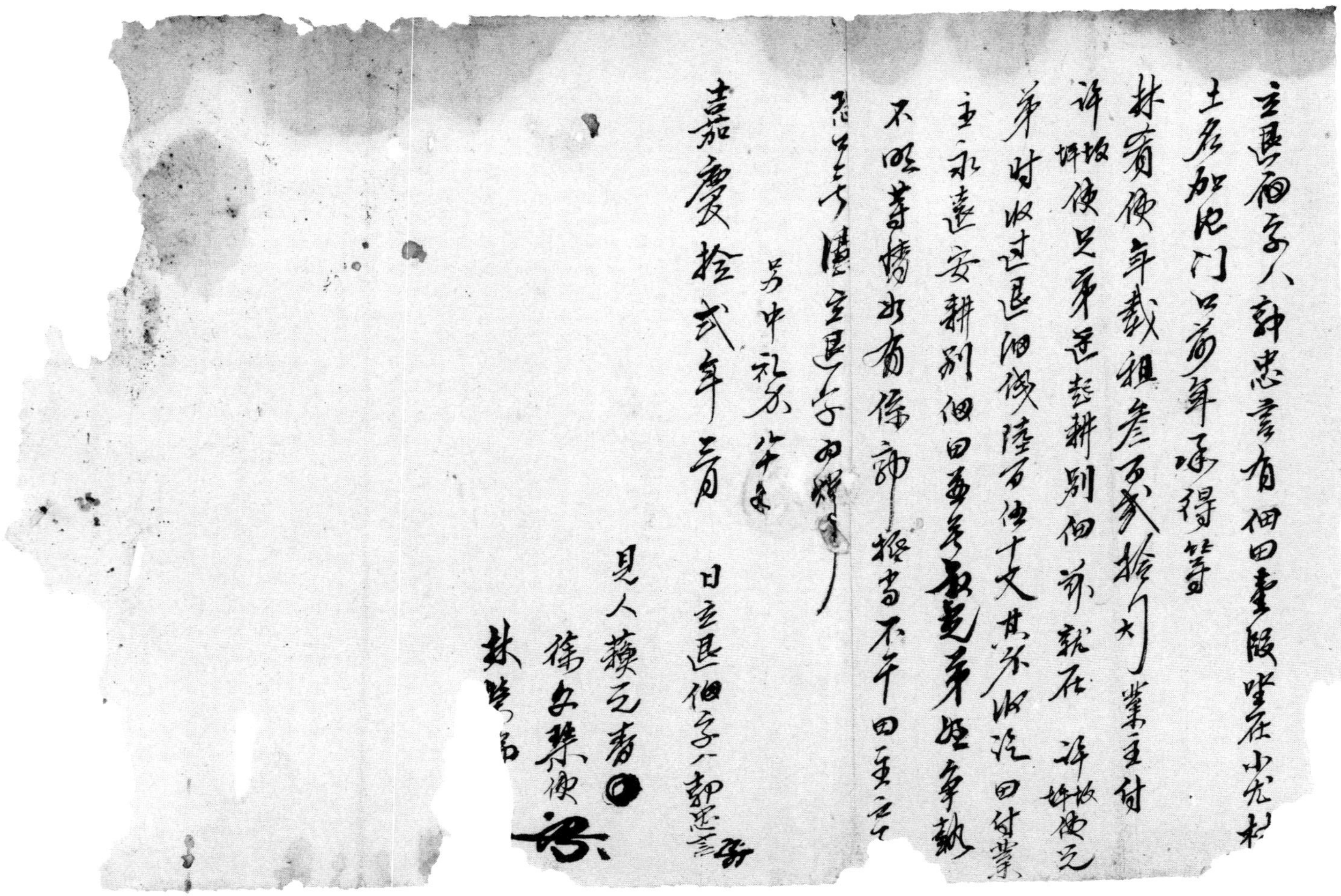

① FYXS161、FYXS162二件文書叠在一起保存。

立退佃字人郭忠言有佃田壹段，坐在小尤村，
土名加池门口，前年承得等
林看使年載租叁百弍拾斤大，業主付
许坪坂使兄弟邊起耕別佃。兹就在许坪坂使兄
弟时收过退佃錢陸百伍十文，其錢收讫，田付業
主永遠安耕別佃。田並無叔兄弟姪争執
不明等情。如有係郭抵当，不干田主之事。
恐口無憑，立退字为炤。①
另中礼錢八十文。
嘉慶拾弍年二月　日　立退佃字人郭忠言（押）
見人龔兀青（押）
徐文琹使（押）
林榮一

①此處有挽結，類似於『9』。

FYXS162　嘉慶二十四年（1819）林宗樞繳字[1]　557×243mm

立繳古字人林宗樞有晋祈色屯田一段坐在
土名茄池源出壺在
許啓蒲裒使兄弟送趙晋耕種爲業，前推產已經歷便
足訖，茲將原田古契五紙一齊繳付　許收執，當年時
收過酒礼錢壹千肆百文，其錢即日收訖，其田付　許永
遠管業爲業，日后不敢異言，今欲有憑，立繳字爲照。
另造公見礼錢壹百文再照　内塗四字照
嘉慶貳拾四年　月　日立繳字人林宗樞（押）
公見人許信使（押）
查震伯加池契拠，日后取出不堪行用，再照。

---

① FYXS161、FYXS162二件文書叠在一起保存。

立繳古字人林宗樞有管折色屯田乙段，坐在〔
土名茄池經，出賣在
許啓衷蒲使兄弟邊起管耕種為業。前推産已經尽價
足讫，兹将原買古契五帋一齊繳付　許收执管掌，時
收过酒礼錢壹千四百文，其錢即日收讫，其田付许永
遠管掌为業。日后不敢異言。今欲有憑，立字為炤。①
另送公見礼錢壹百文，再炤。②　内塗四字，炤。③

嘉慶弍拾四年六月　日立繳字人林宗樞（押）

公見人許信使（押）

查震伯加池契抛，日后取出，不攏行用，再炤。④（押）

---

①此處有挽結，類似於『9』。
②此處有挽結，類似於『9』。
③此處有挽結，類似於『9』。
④此處有挽結，類似於『9』。

FYXS163 嘉慶十五年（1810）謗叔、姪成墾送賣契[1] 565×248mm

① FYXS163、FYXS164、FYXS165三件文書叠在一起保存。

□兑契人謗叔姪成昰有屯田壹段，坐在蟠村陽，土
名祖厝後頭，年載租谷伍拾斤。今因欠銀應用，托中
就在送賣與
啟助姪邊為業，時收过價銀叁大員，其銀即日收訖，其田
付姪收租管掌為業，其屯户故軍蔡鱗屯米叁管正，
隨田办納。此田並無不明等情。如有係叔抵当，不干
姪之事。有母銀到日，不拘遠近。今欲有憑，立兑契為
炤。①

內註銀字，再炤。②

嘉慶拾伍年十二月　　日立兑契人謗叔⊙
姪成昰⊙
代書中見人啟前（押）

①此處有挽結，類似於『9』。
②此處有挽結，類似於『9』。

FYXS164　嘉慶十五年（1810）謗叔、姪成壂添契[①]　558×245mm

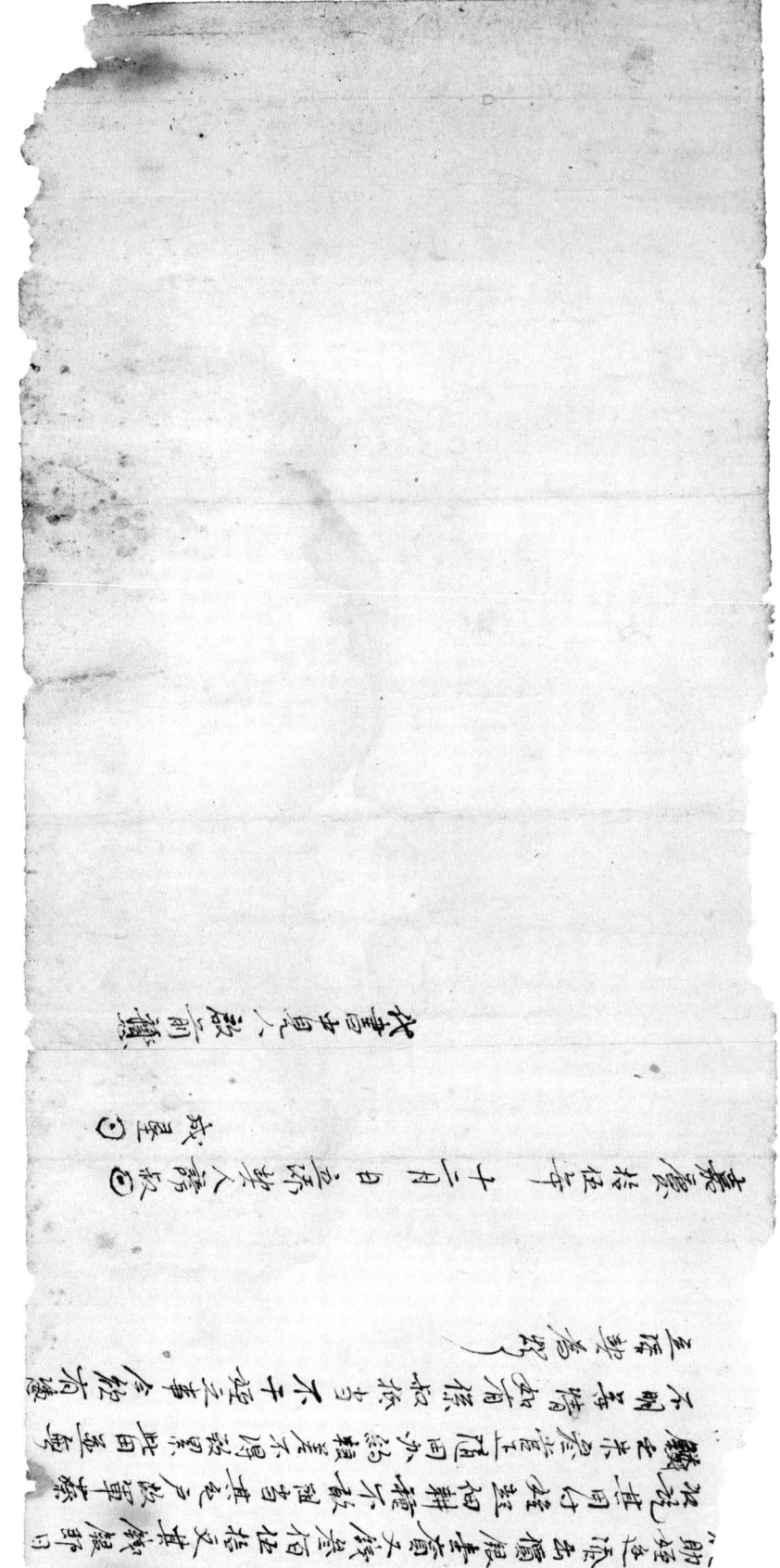

① FYXS163、FYXS164、FYXS165三件文書叠在一起保存。

□添契人謗叔、成垦有屯田壹叚，坐在蟠村陽，土名祖厝後頭，載租谷伍拾斤，其銀両登載原契，因價未敷就，在啟助姪邊添出價銀壹大員，又錢叁佰伍拾文，其錢銀即日收讫，其田付姪起佃耕種，不敢阻当，其屯户故军蔡鳞屯米叁管正，隨田办約，粮差不得致累，此田並無不明等情，如有係叔抵当，不干姪之事。今欲有憑，立添契為炤。①

嘉慶拾伍年　十二月　日　立添契人謗叔⊙

成垦⊙

代書中見人啟前（押）

①此處有挽結，類似於『9』。

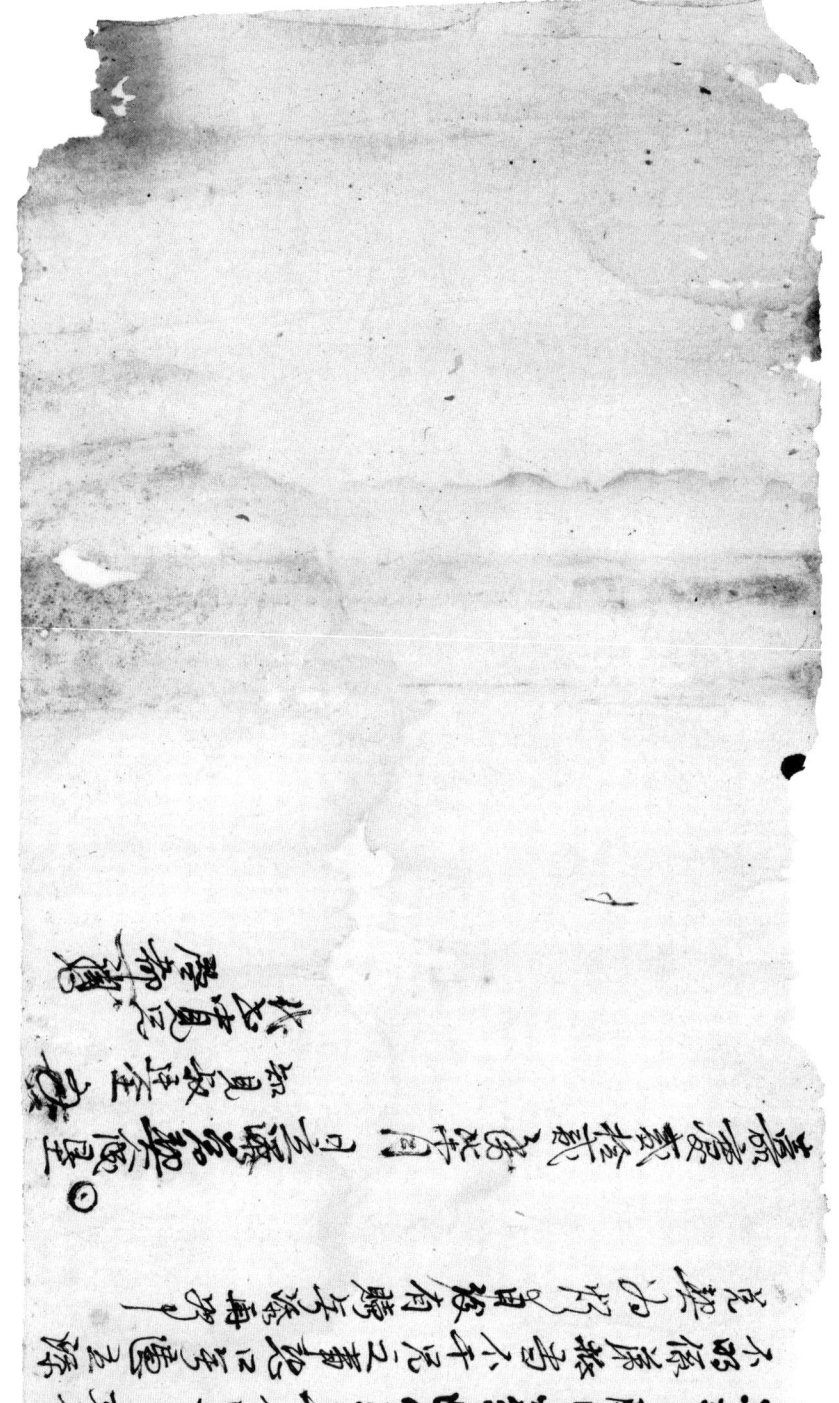

FYXS165　嘉慶二十二年（1817）成墾添兑契[①]　553×244mm

立添兑契人茂垦有祖官屯田乙叚坐在本鄉
土名潘村洋墘租声銀兩正契及添契登載原
契今因欠銀應用執在
啓助兄近將業添出價銀叁大文錢伍百貳拾文
其艮係当中收訖其田付兄起耕耕種管掌為
業其屯米配載叁斗乙合乙勺正又丁艮依原配
其糧米随田办納此田弟等不明等情如有
不明係弟抵当不干兄之事恐口無憑立添
兑契為炤　日後有贖無添再照
嘉慶貳拾貳年　月　日立添兑契人茂垦
知見叔洋金
代書見兄　啓都

① FYXS163、FYXS164、FYXS165三件文書叠在一起保存。

立添兑契人成昱有祖管屯田乙叚，坐在本鄉，
土名潘村洋墘，租声、银両正契及添契登載原
契。今因欠銀應用，就在
啓助兄邊為業，添出價銀叁大员，又錢伍百弍拾文，
其艮錢当中收讫，其田付兄起耕耕種管掌为
業，其屯米配載叁升乙合乙勺正，又丁艮依原配，
其粮米隨田办纳。此田并無不明等情，如有
不明，係弟抵当，不干兄之事。恐口無憑，立添
兑契为炤。①日後有贖無添，再炤。②

嘉慶貳拾貳年柒月　　日立添兑契人成昱 ⊙
知見叔廷全（押）
代书中見兄
啟都（押）

①此處有挽結，類似於『9』。
②此處有挽結，類似於『9』。

FYXS166　嘉慶十八年（1813）元昌送賣契[1]　565×248mm

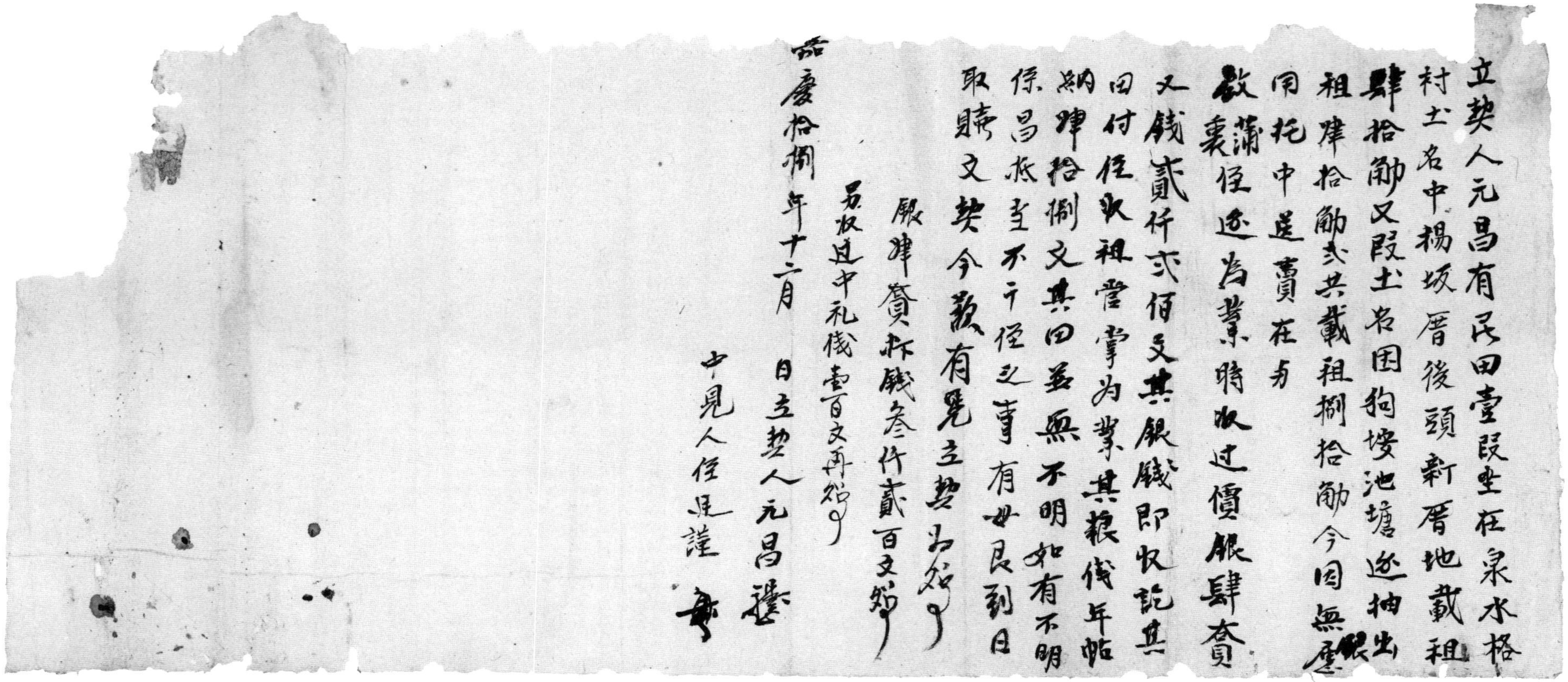

立契人元昌有民田壹段坐在泉水格
村土名中楊坂厝後頭新厝地載租
肆拾觔，又段土名囷狗塆池塘邊抽出
租肆拾觔，共載租捌拾觔，今因無銀
用，托中送賣在房
叔蒲衷侄邊為業，時收過價銀肆員
又錢貳仟弍佰文，其銀錢即收訖，其
田付侄收租管掌為業，其粮依年帖
納肆拾捌文，其田並無不明，如有不明
係昌抵當，不干侄之事，有[illegible]良到日
取贖文契，今欲有憑，立契為照。
[illegible]肆[illegible]錢叁仟貳百文紹
又收過中礼錢壹百文再紹
嘉慶拾捌年十二月　日立契人元昌（押）
中見人侄[illegible]謹（押）

---

① FYXS166、FYXS167二件文書叠在一起保存。

立契人元昌有民田壹段，坐在泉水格村，土名中楊坂厝後頭新厝地，載租肆拾觔，又段土名困狗垵池塘邊，抽出租肆拾觔，弍共載租捌拾觔。今因無銀應用，托中送賣在與啟蒲衷侄邊為業。時收过價銀肆大員，又錢貳仟弍佰文，其銀錢即收訖，其田付侄收租管掌为業，其粮錢年帖納肆拾捌文，其田並無不明，如有不明，係昌抵当，不干侄之事。有母艮到日取贖文契。今欲有凴，立契为炤。①

銀肆大員，折錢叁仟貳百文，炤。②

另收过中礼錢壹百文，再炤。③

嘉慶拾捌年十二月　　日立契人元昌（押）

中見人侄廷謹（押）

①此處有挽結，類似於『9』。

②此處有挽結，類似於『9』。

③此處有挽結，類似於『9』。

FYXS167 道光十四年（1834）成垢添契[1] 536×238mm

立添契成垢，祖前出當有民田乙段，本鄉土名中洋
坂後頭，祖衣稻了，今因乏本應用，就在
銳任 鐵任 邊為業，貯添出佛錢陸百伍拾文，即日收
訖，其田付錢主收租耕種，其苗米登載原契。
日後不敢異言生說，言約有贖者添，今欲有憑，
立添契為照。
道光十四年捌月 日立添契成垢（押）
中見人 啟樂（押）
代書 葉贊（押）

① FYXS166、FYXS167二件文書叠在一起保存。

立添契成垢祖前出賣有民田乙段，本鄉土名中洋坂後頭，租式拾斤。今因欠錢應用，就在鋭侄鍼侄邊為業。時添出價錢陆百伍拾文。錢即日收讫，其田付錢主收租畊種，其苗米登载源契。日後不敢異言生说，言約有贖無添。今欲有憑，立添契为炤。①

道光十四年捌月　　日　　立添契成垢⊙

中見人啟與（押）

代书　荣簪（押）

①此處有挽結，類似於『9』。

FYXS168　嘉慶二十一年（1816）林景庭添契[1]　538×243mm

① FYXS168、FYXS169二件文書叠在一起保存。

立添契人林景庭有己分曾仙宗折色屯田一段，坐在泉水格，土名际

坑坂得租叁百廿十五斤，前出賣在　许宅邊为業，[　　　]原

契。今托中就在

许啟蒲使兄弟邊再添出價銀叁拾员，其銀收讫，其田付銀主永[

为業，並無不明等情。如有係林抵当，不干艮主之事。今欲有憑[

为炤。①

嘉慶弍拾壹年弍月　　日立添兑契人林景庭（押）

中見人景日弟（押）

---

①此處有挽結，類似於『9』。

FYXS169 嘉慶二十三年（1818）林景庭扯字① 489×241mm

立扯字人景庭前年陳坑坂名下濘祖叁
百□□□已經出賣，推收明白外，亦
許路蒲候扯出谷陆十斤，其谷收訖，其田仍付許
永遠耕種，日後不敢言及撈扯等情，今欲有憑，
立扯字為照
另中礼四十文 再照
嘉慶廿叁年 伍月 日立扯字人林景庭
中見建開
見智尊

① FYXS168、FYXS169二件文書叠在一起保存。

立扯字人景庭，前年陳坑坂分下得租叁
百斤［　　］已经出賣推收明白外［
許啟蒲衷使扯出谷陆十斤，其谷收讫，其田仍付许
永遠耕種，日後不敢言及捞扯等情。今欲有憑，
立扯字为炤。①
另中礼四十文，再炤。②

嘉慶廿叁年　伍月　日立扯字人林景庭（押）
中見建開姪（押）
书見智尊（押）

①此處有挽結，類似於『9』。
②此處有挽結，類似於『9』。

FYXS170　嘉慶十二年（1807）林宗樞添契[1]　558×245mm

……李惠户折色田壹段，坐在小……洋門口前，出賣在許坂便邊管掌爲業。其租聲價良四至登載原契。今因價值未敷，托中就在許坂便邊原出銀貳拾伍大員，其良收訖。其田即付銀主收租爲業，其銀糧隨田办納[illegible]並無不明等情。如有係林抵當，不干良主之事。今欲有憑，立添契壼炤。

另中礼錢貳百肆拾文再炤。

嘉慶拾貳年伍月　日立添契林宗樞（押）

中見人許討保（押）

① FYXS170、FYXS171、FYXS172、FYXS173四紙及另外兩張大小相等的空白紙張叠在一起保存。

李惠户折色田壹叚，坐在小
茄池门口前，出賣在　許坂使邊管掌為
業。其租聲、價艮、四至登載原契。今因價值未敷，托中
就在
□坂使邊添出銀貳拾伍大員，其艮收讫，其田即付
銀主收租為業。其銀粮随田办纳，田並無不明等
情。如有係林抵當，不干艮主之事。今欲有憑，立添
契為炤。①

另中礼錢貳百肆拾文，再炤。

嘉慶拾貳年伍月　　日立添契林宗樞（押）

中見人許討使（押）

①此處有挽結，類似於『9』。

FYXS171　嘉慶十二年（1807）林宗樞推産關契[1]　524×248mm

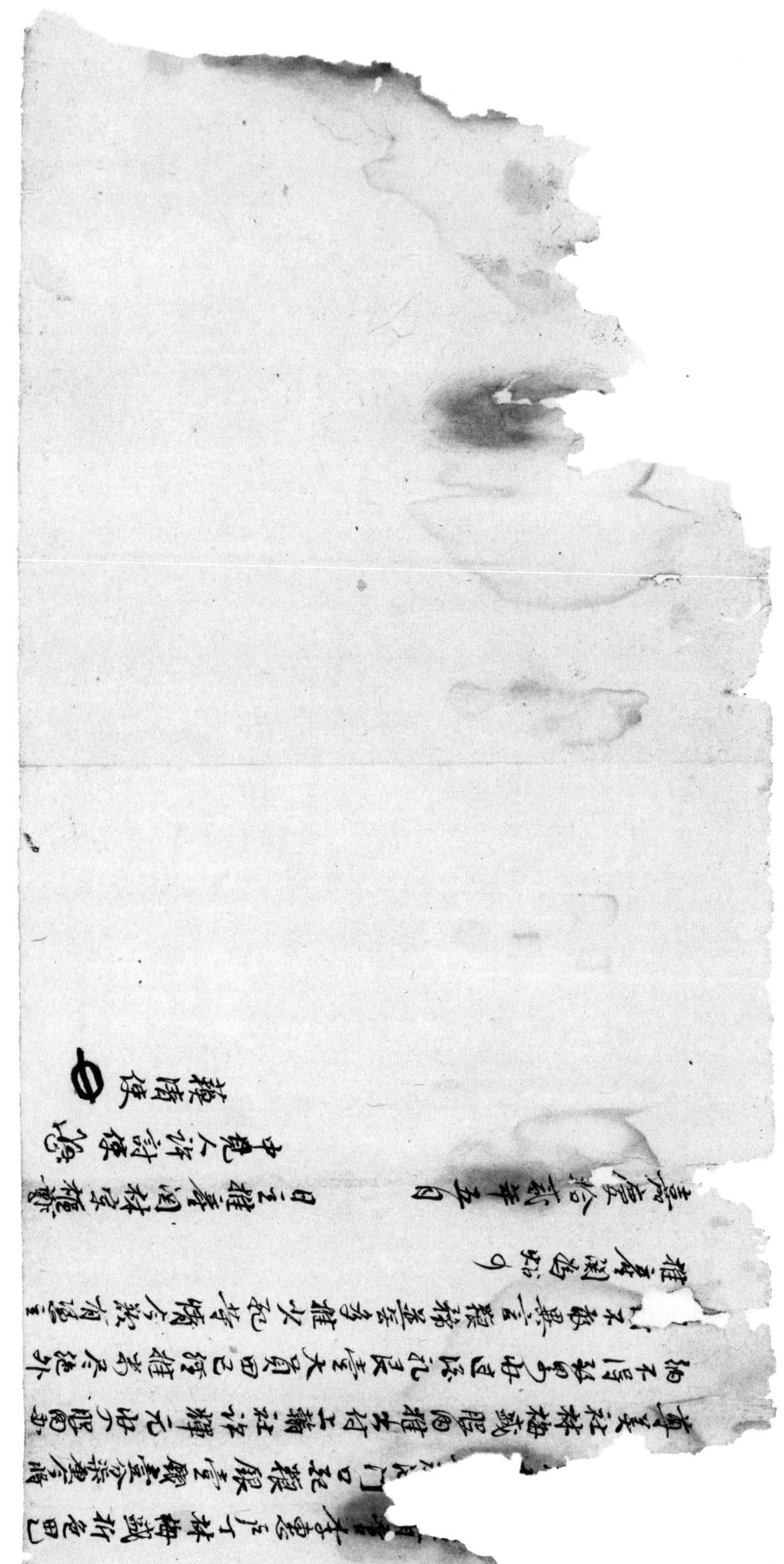

① FYXS170、FYXS171、FYXS172、FYXS173四紙及另外兩張大小相等的空白紙張叠在一起保存。

[有管李惠户丁林梅盛折色田乙
[池门口，配粮銀壹錢壹分柒厘，今将
尊美社林梅盛股内推出付上餉社许輝元收入股内亦
纳，不得致累。收过酒礼艮壹大員。田已經推米尽绝外，
[不敢異言，粮務並無多推少配等情。今欲有憑，立
推産關為炤。①

嘉慶拾貳年五月　日立推産關林宗樞（押）
中見人许訫使（押）
穢清使（押）

---

①此處有挽結，類似於『9』。

FYXS172　嘉慶十二年（1807）林宗樞添盡足契[①]　518×247mm

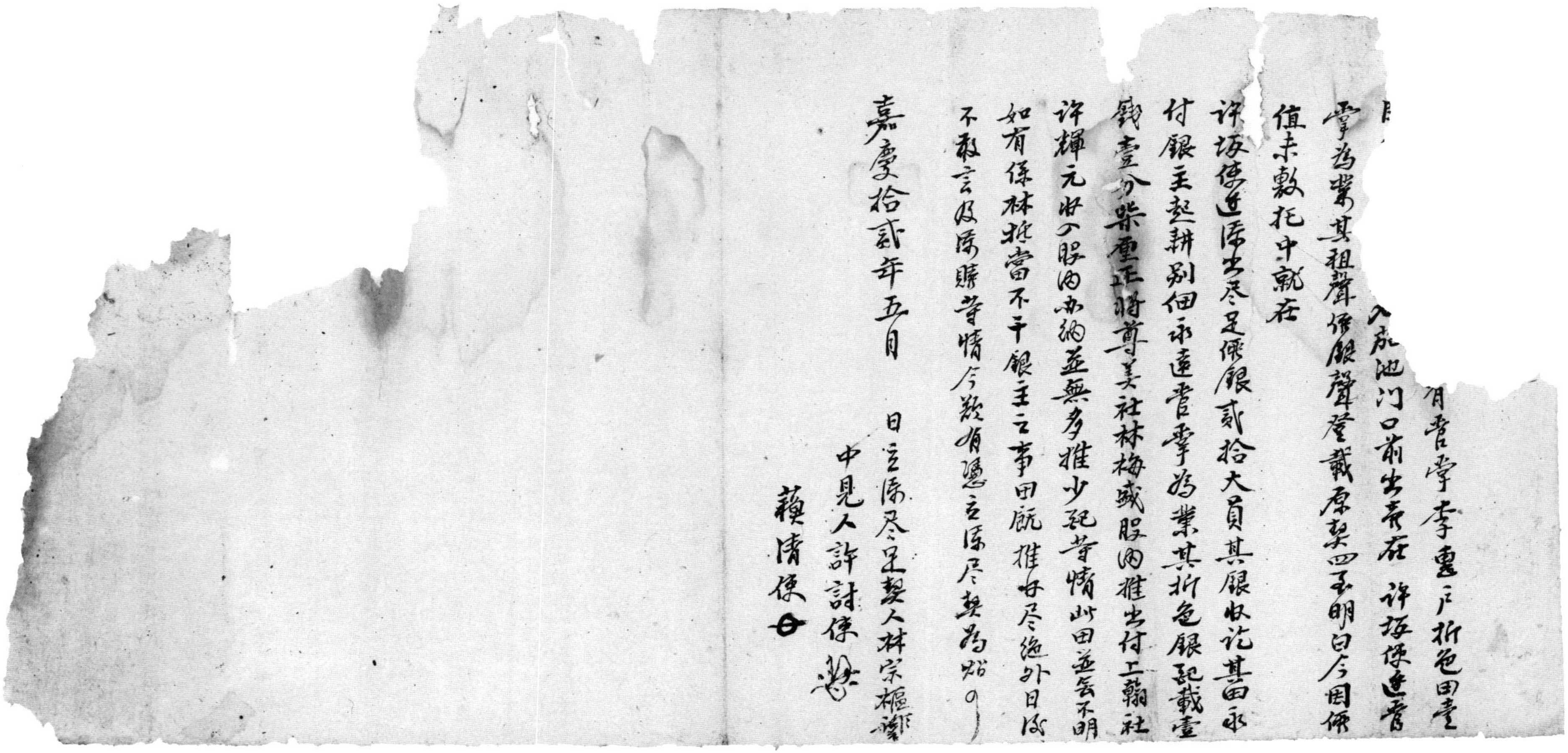

月晉學李惠戶折色田壹
日……入底池门口前出賣在　許坂保進晉
畝為業其祖聲係銀聲登載原契四至明白今因係
值未敷托中就在
許坂保進添出盡足價銀貳拾大員其銀收訖其田永
付銀主起耕別佃永遠管業為業其折色銀記載壹
錢壹分柒釐正將尊美社林梅盛股內推出付工翰社
許輝元收入股內承納並無多推少託等情此田並無不明
如有係林抵當不干銀主之事田既推盡絕外日後
不敢言及添贖等情今欲有憑立添盡契為照（押）

嘉慶拾貳年五月　日立添盡足契人林宗樞（押）
中見人許詩保（押）
蘋清保（押）

① FYXS170、FYXS171、FYXS172、FYXS173四紙及另外兩張大小相等的空白紙張叠在一起保存。

［有管掌李惠户折色田壹段］，［土名元村］茄池门口，前出賣在許坂使邊管掌為業。其租聲、價銀登載原契，四至明白。今因價值未敷，托中就在許坂使邊添出尽足價銀貳拾大員，其銀收讫，其田永付銀主起耕別佃，永遠管掌為業。其折色銀配載壹錢壹分柒厘正，將尊美社林梅盛股內推出，付上翰社許輝元收入股內办纳，並無多推少配等情。此田並無不明，如有係林抵當，不干銀主之事。田既推收尽絕外，日後不敢言及添贖等情。今欲有憑，立添尽契为炤。①

嘉慶拾貳年五月　日立添尽足契人林宗樞（押）

中見人許討使（押）

穮清使（押）

①此處有挽結，類似於『9』。

FYXS173 嘉慶十五年（1810）林榮端承字[1] 558×247mm

[illegible]林榮端[illegible]在許坂使邊承出邑田壹段坐在小
[illegible]穀叁百貳拾斤承來耕種
[illegible]其租不失田付林永遠贌種田
并無退土租穀送倉交納如欠租田付田主起耕聽從
其便不敢言及阻當生說等情今欲有憑立承字為照
[illegible]拾伍年拾月 日立承字人林榮端（押）
見人許堤使（押）

---

① FYXS170、FYXS171、FYXS172、FYXS173四紙及另外兩張大小相等的空白紙張叠在一起保存。

」林榮端□在
許坂佃邊承出民田壹段，坐在小
」租穀叁百弍拾斤大，承耒耕種
」斤大，其租不失，田付林永遠畊種，田
並無退土，租穀送倉交納，如欠租田付田主起耕，聽從
其佃，不敢言及阻當生說等情。今欲有憑，立承字为炤。①

」拾伍年拾月　　日立承字人林榮端（押）
見人許提佃（押）

①此處有挽結，類似於『9』。

FYXS174　嘉慶二十年（1815）李文寶借字[1]　563×232mm

① FYXS174、FYXS175、FYXS176三件文書叠在一起保存。

立借字人李文宝，今在

许坪使邊借艮乙大員，每月加利三十文，言[

一足送还，如無，桐蒲瓣租乙百斤，九月[

许收租，不敢阻当。今欲有憑，立借字為炤。

嘉慶弍拾年七月初五日　立借字人李文宝（押）

叔見人李尚文

FYXS175　道光三年（1823）林光梁借字[①]　473×210mm

立借字人林光梁今在
許坪使送借出母銀弍員每月每員
錢叁拾文甘將家中有養詞猪母乙隻
[illegible]叁隻言約至六月廿二日備母利乙足送还
还將猪付銀主古達便賣不敢阻当並
言生说今欲有憑立借字為照
内註仔乙字再照
道光叁年五月廿一日　立借字人林光
代書外甥林光𣿬

---

① FYXS174、FYXS175、FYXS176三件文書叠在一起保存。

立借字人林光桊，今在

許坪使邊借出母銀式員，每月每員[

錢叁拾文，甘將家中有養詞猪母乙隻[

仔叁隻，言約至六月廿二日備母利乙足送还，[

还，将猪付銀主古達便賣，不敢阻当，並[

言生说。今欲有憑，立借字為炤。①

内註仔乙字，再炤。②

道光叁年五月廿一日　立借字人林光[

代書外甥林光[

---

①此處有挽結，類似於『3』。

②此處有挽結，類似於『3』。

FYXS176 道光三年（1823）成世借字① 485×242mm

① FYXS174、FYXS175、FYXS176三件文書叠在一起保存。

立借字人弟成世，今在

啟衷兄邊借出母銀伍大员，言約每月每员［

叁拾文算，有己分鴨母壠垵松柏一所［

母利一足送还，不敢少欠。今欲有憑，立借字為□。

道光叁年九月　　日立借字人弟成世（押）

代书人姪荣錦（押）

FYXS177　嘉慶二十五年（1820）啓助借字①　254×240mm

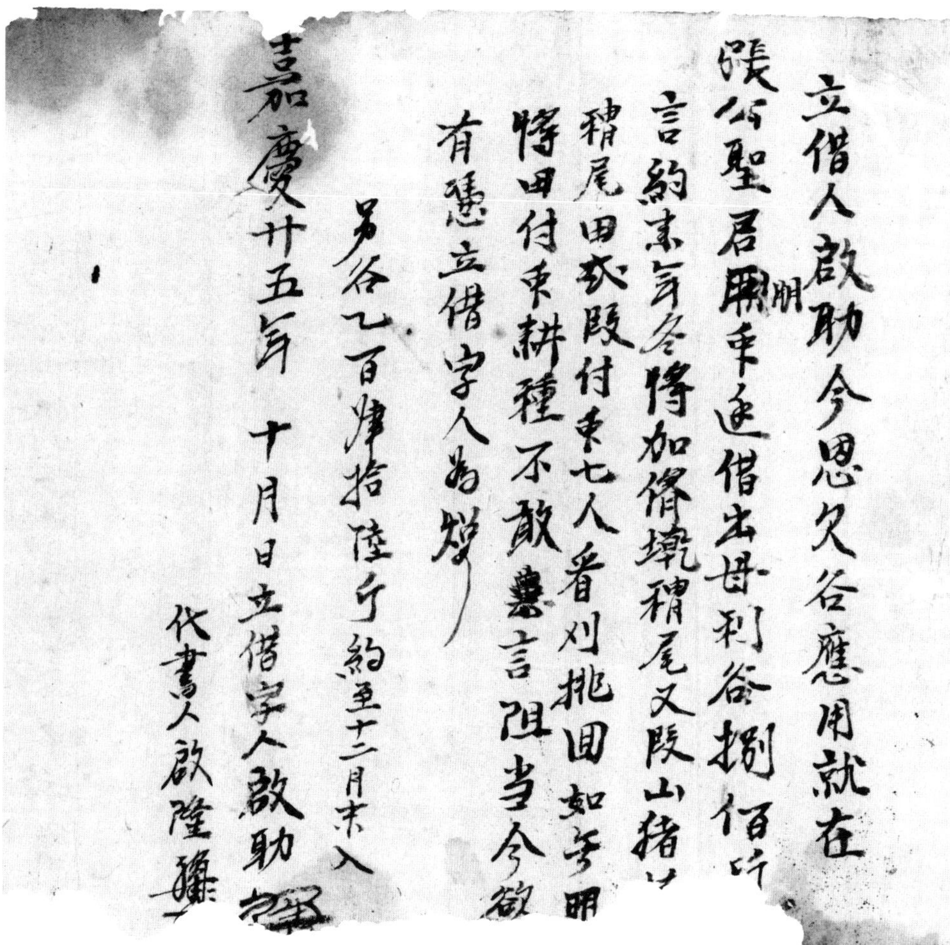
立借人啟助今思欠谷應用就在
張公聖居朋手邊借出母利谷捌佰斤
言約來年冬將加價墩稍尾又段山猪
稍尾田弍段付東七人晋刈挑回如無明
將田付東耕種不敢異言阻当今欲
有憑立借字人為照
另谷乙百肆拾陸斤約至十二月末入
嘉慶廿五年　十月日立借字人啟助
代書人啟隆

① FYXS177、FYXS178、FYXS179三件文書叠在一起保存。

立借人啟助今恩①欠谷應用，就在
张公聖君朋衆邊借出母利谷捌佰斤。
言約来年冬将加脩墘稩尾又叚山猪□
稩尾田弍叚付衆七人看刈挑囬。如無[朋]，
將田付衆耕種，不敢異言阻当。今欲
有憑，立借字人為炤。②
另谷乙百肆拾陸斤，約至十二月末入。
嘉慶廿五年　十月　日立借字人啟助（押）
代書人啟隆（押）

①當爲『因』之誤字。
②此處有挽結，類似於『9』。

FYXS178　道光三年（1823）廷有借字[①]　475×235mm

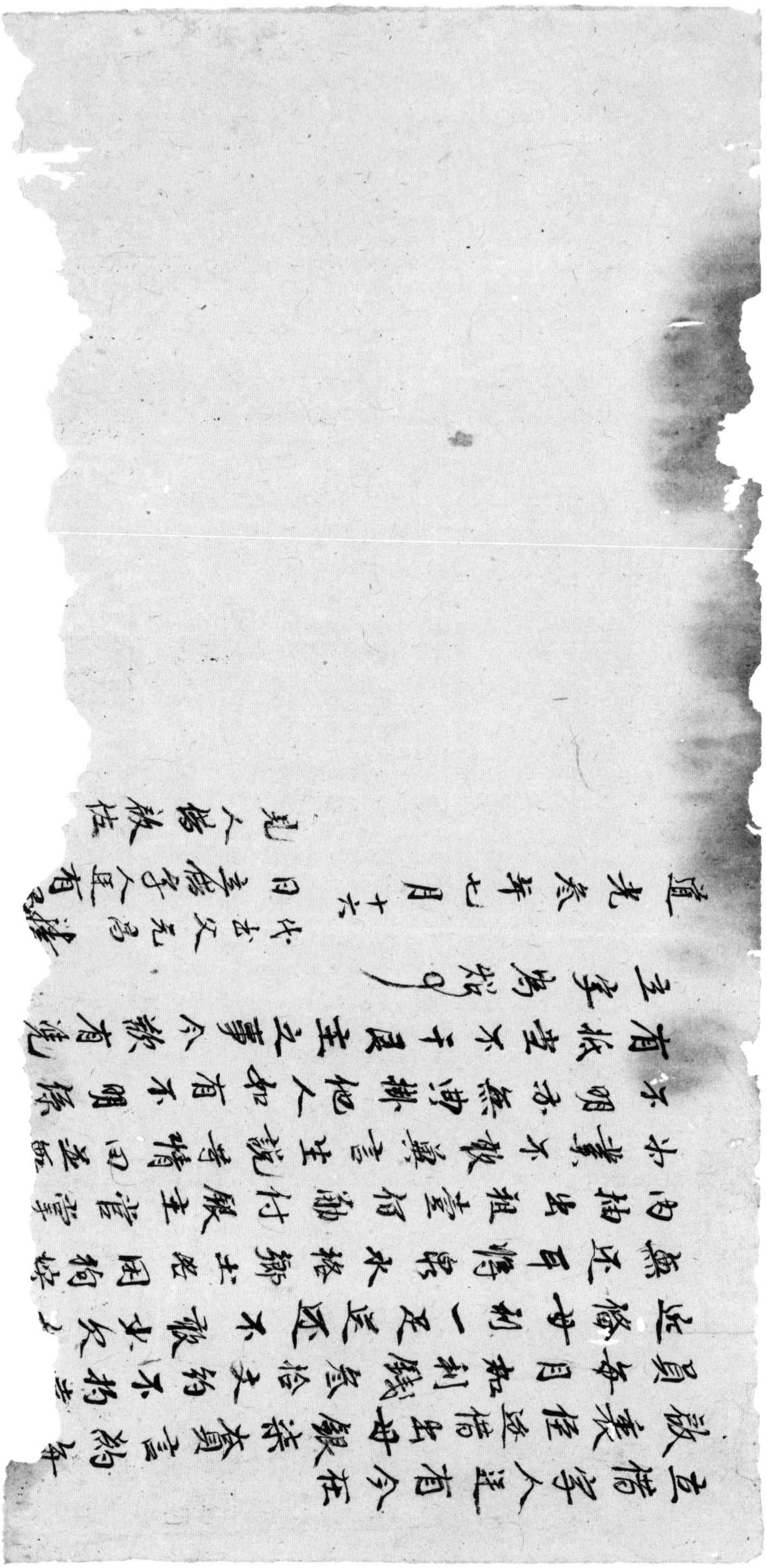

立借字人廷有今在
啟秉侄廷借出母銀柒貪言約每年
員每月加利錢叁拾文約不拘
近備母利一足送还不敢少欠
無还耳將泉水格鄉土名困狗㙇
內抽出祖壹佰觔付銀主嘗掌
此業不敢異言生說等情田並無
不明亦無典掛他人如有不明係
有抵當不干艮主之事今欲有凭
立字為照
道光叁年七月十六日立借字人廷有
代书父元昌
見人偕啟佐

① FYXS177、FYXS178、FYXS179三件文書叠在一起保存。

立借字人廷有，今在
啟衷侄边借出母銀柒大員，言約每
員每月加利錢叁拾文，约不拘遠
近，備母利一足送还，不敢少欠。□
無还，甘将泉水格鄉，土名困狗垵
内抽出租壹佰觔，付銀主管掌
为業，不敢異言生説等情。田並無
不明，亦無典掛他人。如有不明，係
有抵当，不干艮主之事。今欲有凴，
立字為炤。①

代书父元昌（押）
道光叁年七月十六日　立借字人廷有（押）
見人借啟佐

①此處有挽結，類似於『9』。

FYXS179　道光四年（1824）文賽送賣契①　556×242mm

立契人叔文賽有祭屋壹座坐在泉水格
村土名中洋坂厝面四楯六楯左右上云
瓦角下及地基与典全賣賽三分之
二分合自欠銀应用托中將房送索伯
叔衰邊借出母銀壹拾壹員每月每
员貼利錢叁拾文约至不拘遠近送
还如無还將屋付良主拆舍古值便事
並無爭執異不敢阻当今欲有憑立
契人爲炤
道光四年十二月廿日立契人叔文賽
中見人兄廷科
代書人崇利

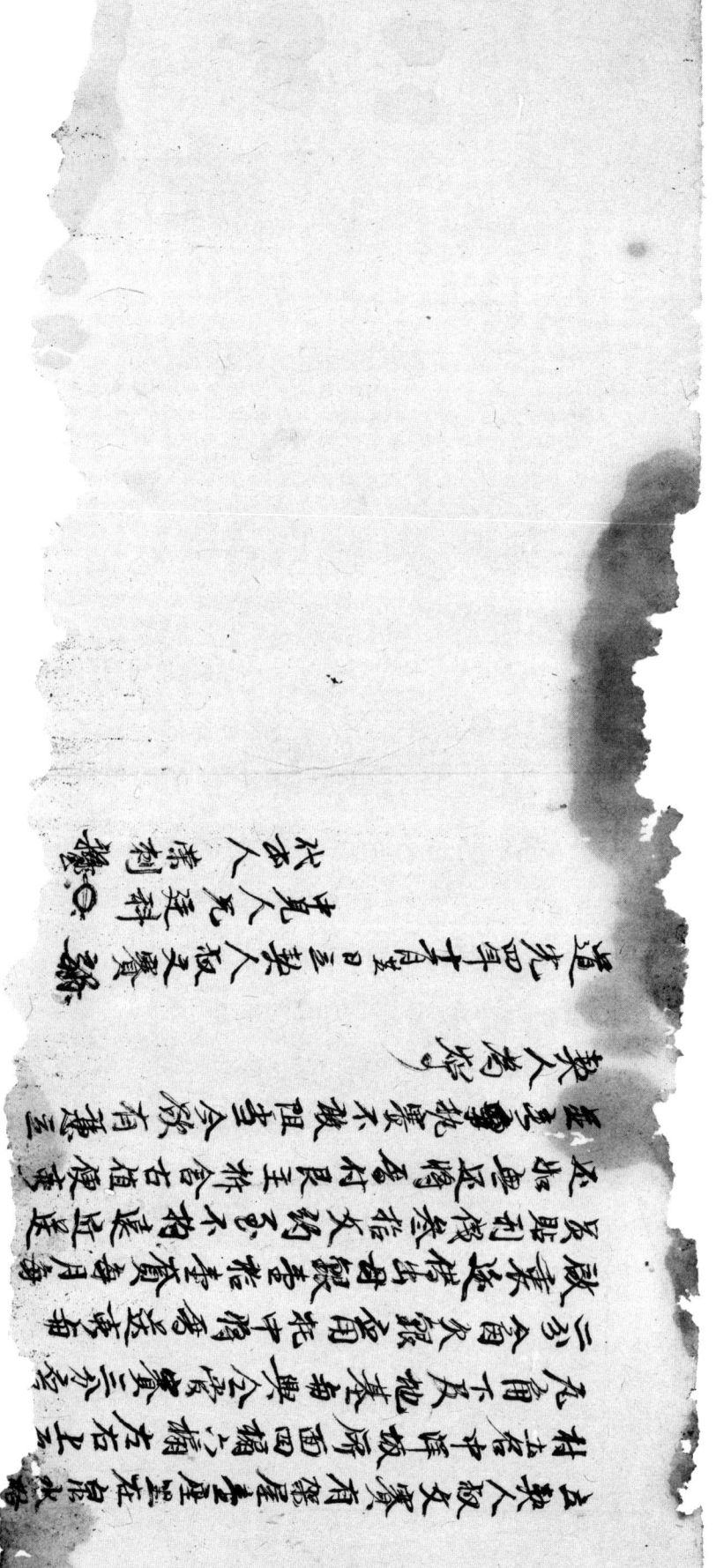

① FYXS177、FYXS178、FYXS179三件文書疊在一起保存。

立契人叔文賽有架屋壹座，坐在泉水格村，土名中洋坂，廳面四橺六橺左右上□瓦角，下及地基，與興仝管，賽三分应□二分。今因欠銀应用，托中將厝送賣與啟衷邊借出母銀壹拾壹大員，每月每員貼利錢叁拾文，約至不拘遠近送还。如無还，將厝付艮主折合古值便賣。並無争執，賽不敢阻当。今欲有憑，立契人為炤。①

道光四年十二月廿五日

立契人叔文賽（押）

中見人兄廷科（押）

代书人荣剌（押）

①此處有挽結，類似於『9』。

FYXS180　嘉慶二十一年（1816）啓都借字[①]　559×234mm

立借字人啓都今在
啓袁弟逢借出銀叁兩每月每兩言約
加利錢叁拾弍文約母利七月末乙齊送
还如是無还甘將飼有黃牛種乙隻付
弟古達牽來首額兄不敢異言
恐口無憑立借字為照
嘉慶廿一年閏六月　日立借字人啓都（押）

① FYXS180、FYXS181二件文書叠在一起保存。

立借字人啓都，今在
啓表弟邊借出銀叁大員，每月每員言約
加利錢叁拾弍文，約母利七月末乙齊送
还。如是無还，甘将飼有黄牛種乙隻付
弟古達牽来，首願，兄不敢異言。
恐口無憑，立借字为炤。①
嘉慶廿一年閏六月　日立借字人啓都（押）

①此處有挽結，類似於『3』。

FYXS181　道光五年（1825）啓都借字[1]　463×219mm

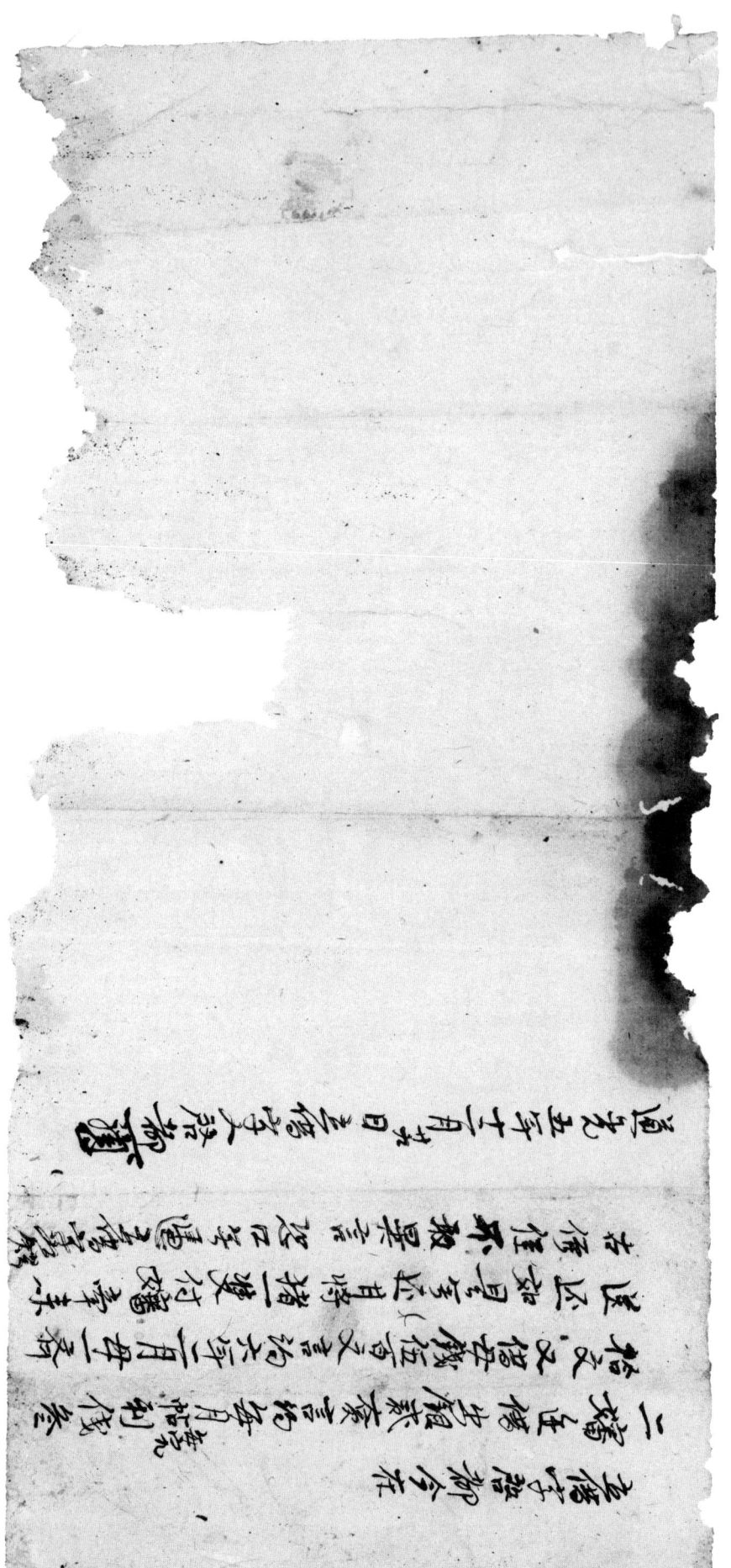

① FYXS180、FYXS181二件文書叠在一起保存。

立借字啓都，今在

二孀邊借出銀貳大員，言约每月每完帖利錢叁

拾文。又借母錢伍佰文，言约六年二月，母一齊

送还，如是無还，甘将猪一隻，付孀牽来

古價，侄不敢異言。恐口無憑，立借字為炤。

道光五年十二月廿九日　立借字人啓都（押）

FYXS182　嘉慶二十一年（1816）林景庭推産鬮契[①]　560×246mm

立推產鬮人林行恭戶丁景庭有承仙榮戶判包屯田一段坐
落小地名陳坑坂租額五斗五升當年出壽
許啟蒲從先年承田已經盡價立契配判包銀任引零陸毛正另批
在林行恭股推出付上鋪社許輝元收入股內办納糧務
其田推與配苗時收過推礼銀壹員其銀收訖其田付
許承遠管業今欲有憑立推產鬮為照 ◯
嘉慶弍拾壹年柒月　日立推產鬮人林景庭（押）
中見人景日筆（押）

① FYXS182、FYXS183、FYXS184三件文書叠在一起保存。

立推産關人林行恭户丁景庭有曾仙柒户折色屯田一段，坐□
泉水格，土名陈坑坂，租叁百廿五斤，前年出賣
许啟蒲使兄弟边，田已经尽價足讫，配折色銀陆分零陆毛正，即将
[林行恭股推出，付上翰社许輝元收入股内办纳糧務，[
無多推少配等情，时收過酒礼銀壹员，其銀收讫，其田付[
许永遠管業。今欲有凴，立推産関為炤。①

嘉慶弍拾壹年柒月　　日立推産関人林景庭（押）
中見人景日弟（押）

①此處有挽結，類似於『9』。

FYXS183　嘉慶十三年（1808）林世玉送賣契[①]　558×240mm

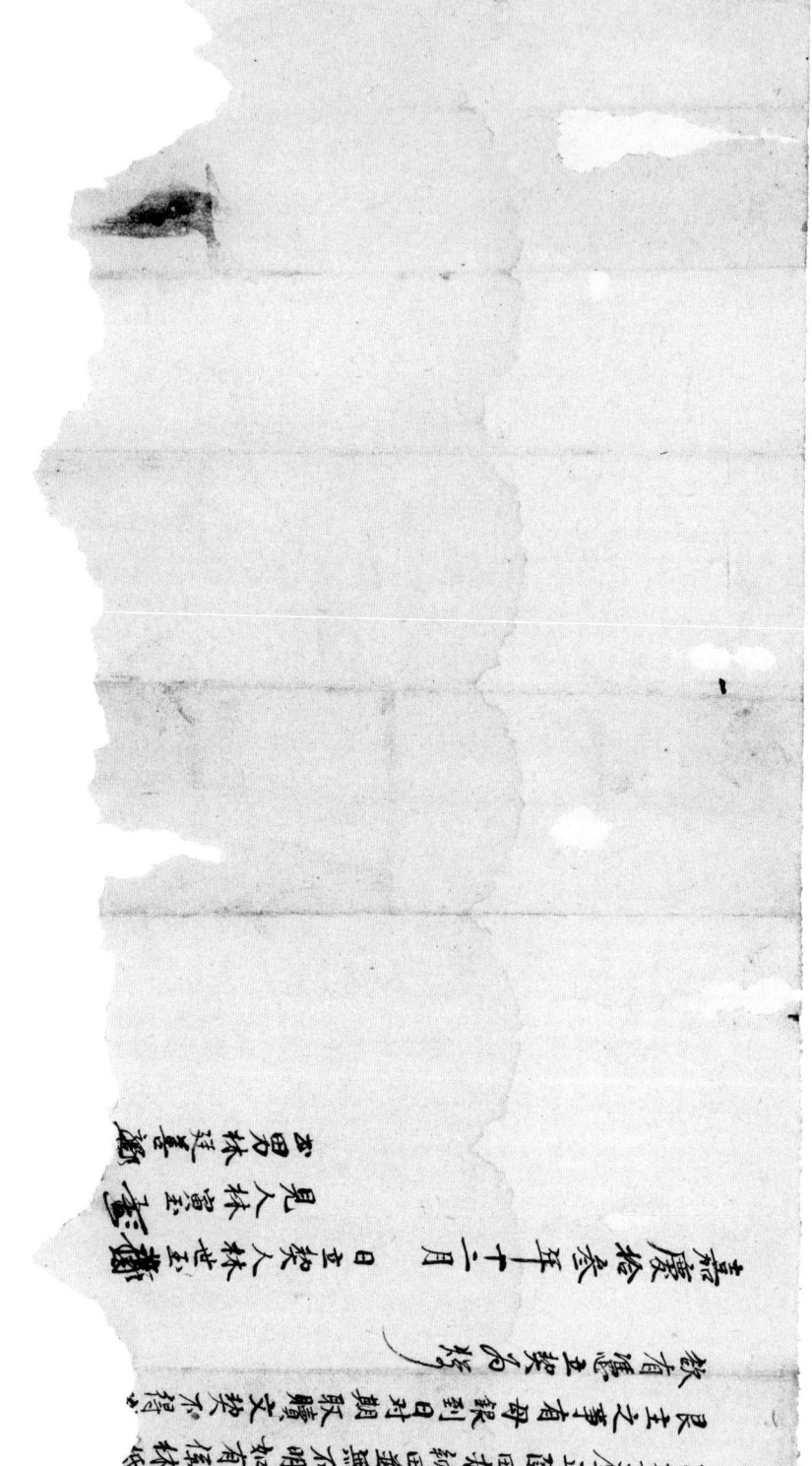

契人林世玉有曾仙荣户杵色田壹段坐在泉水[illegible]
土名陳坑公五坟已分世分下應得租肆百伍拾斤內
抽出租貳百斤今因無銀應用托中送賣與
許坂男迨为業時收过價銀貳拾肆两其銀即日当
六田付銀主收租耆季为業其杵色田[illegible]
陆分弍厘正隨田办納田並無不明如有係林[illegible]
艮主之事有母銀到日对期取贖文契不得[illegible]
欲有憑立契為照
嘉慶拾叁年十二月　日立契人林世玉
見人林寅玉
代男林廷善

① FYXS182、FYXS183、FYXS184三件文書叠在一起保存。

立契人林世玉有曾仙荣户折色屯田壹段，坐在泉水格，
土名陳坑公五坂，己分世分下應得租肆百伍拾斤，内
抽出租貳百斤。今因無銀應用，托中送賣與
許坂舅邊为業，時收过價銀貳拾肆大員，其銀即日当
□□□，其田付銀主收租管掌为業，其折色屯艮[　]
陆分弍厘正，隨田办納，田並無不明，如有係林抵□□□
艮主之事。有母銀到日，对期取贖文契，不得□□。□
欲有憑，立契为炤。①

嘉慶拾叁年十二月　　日契人林世玉（押）
見人林寅玉（押）
书男林廷善（押）

①此處有挽結，類似於『9』。

FYXS184 嘉慶十六年（1811）林景廷兑契[1] 562×245mm

① FYXS182、FYXS183、FYXS184三件文書叠在一起保存。

立兑契人林景廷有己分曾仙荣户折色田一段，坐在

陈坑坂，得租叁百七十斤，今因無銀应用，内抽出租[

托中送賣與

許啟蒲使邊掌管收租为業，時收過畓銀拾壹员，□

銀收訖，其田付许收租为業，其折色艮每年[

四支，其田並無不明等情。如有不明，係林抵当，不干[

母银到日，对期取贖，不得刁斮。今欲有凴，立兑契为炤。

嘉慶拾六年辛未五月　　立兑契人林景廷（押）

中见人景衷弟（押）

FYXS185 嘉慶二十二年（1817）某人歸一契① 362×245mm

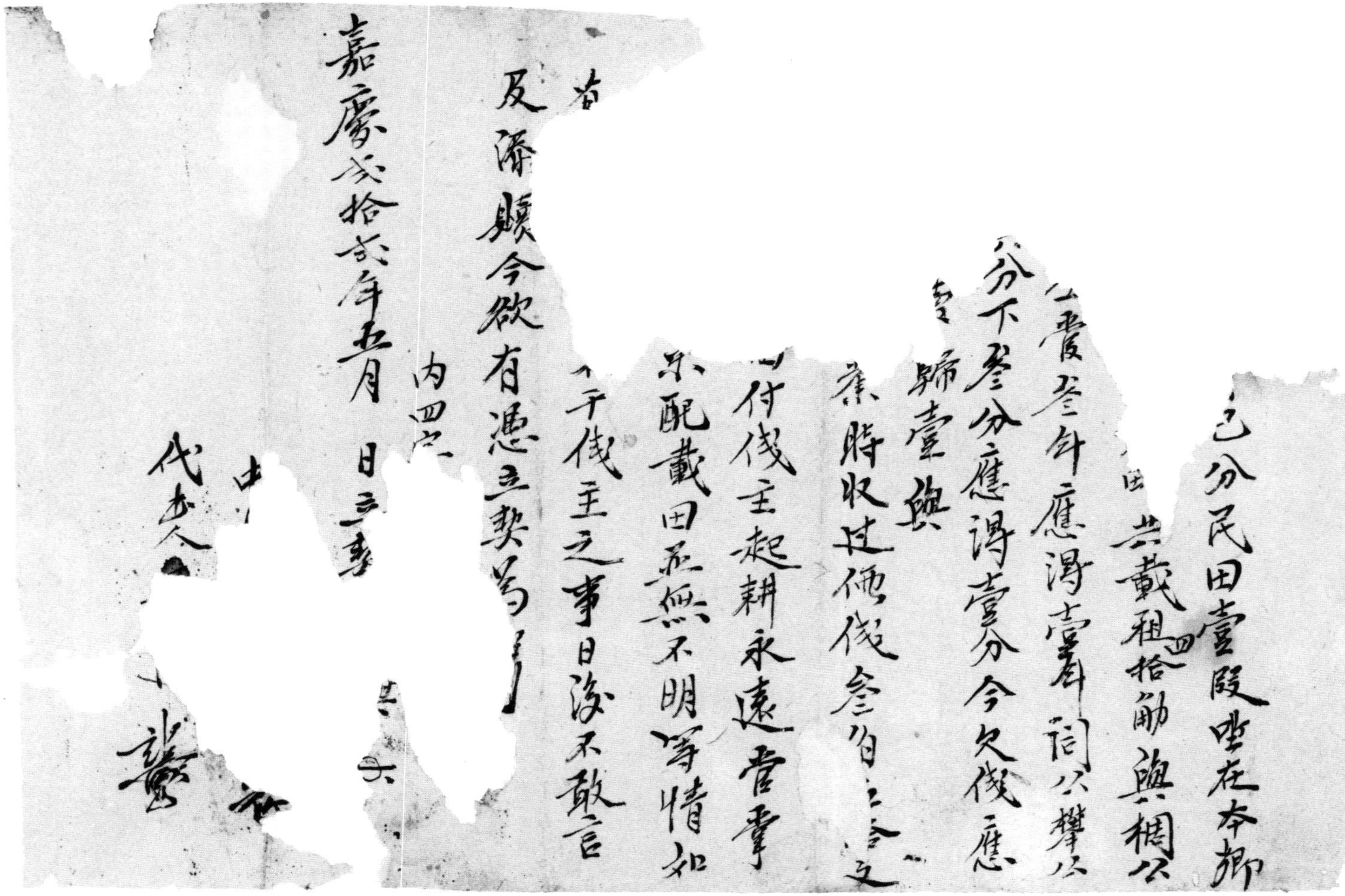
己分民田壹段坐在本鄉
共載租拾四觔與桐公
貴叁分應得壹分祠公攀公
分下叁分應得壹分今欠伐應
歸壹與
業時收过佃伐叁伯[illegible]文
付伐主起耕永遠管業
不配載田底無不明等情如
干伐主之事日後不敢言
首
及滌贖今欲有憑立契爲照
內四[illegible]
嘉慶貳拾貳年五月 日立契
中[illegible]
代書人[illegible]

① FYXS185、FYXS186二件文書叠在一起保存。

[有已分民田壹段，坐在本鄉，

[共載租四拾觔，與欄公

[全管叁年，應得壹年，問公攀公

[分下叁分應得壹分。今欠錢應

歸壹與

[業，時收过價錢叁佰□拾文，

[付錢主起耕，永遠管掌

[米配載，田並無不明等情。如

有[

[不干錢主之事。日後不敢言

及添贖。今欲有憑，立契為□。

內四字]

嘉慶弍拾弍年五月　日立契]

中]

代书人]

[(押)

FYXS186　嘉慶二十二年（1817）章念送賣契[①]　558×247mm

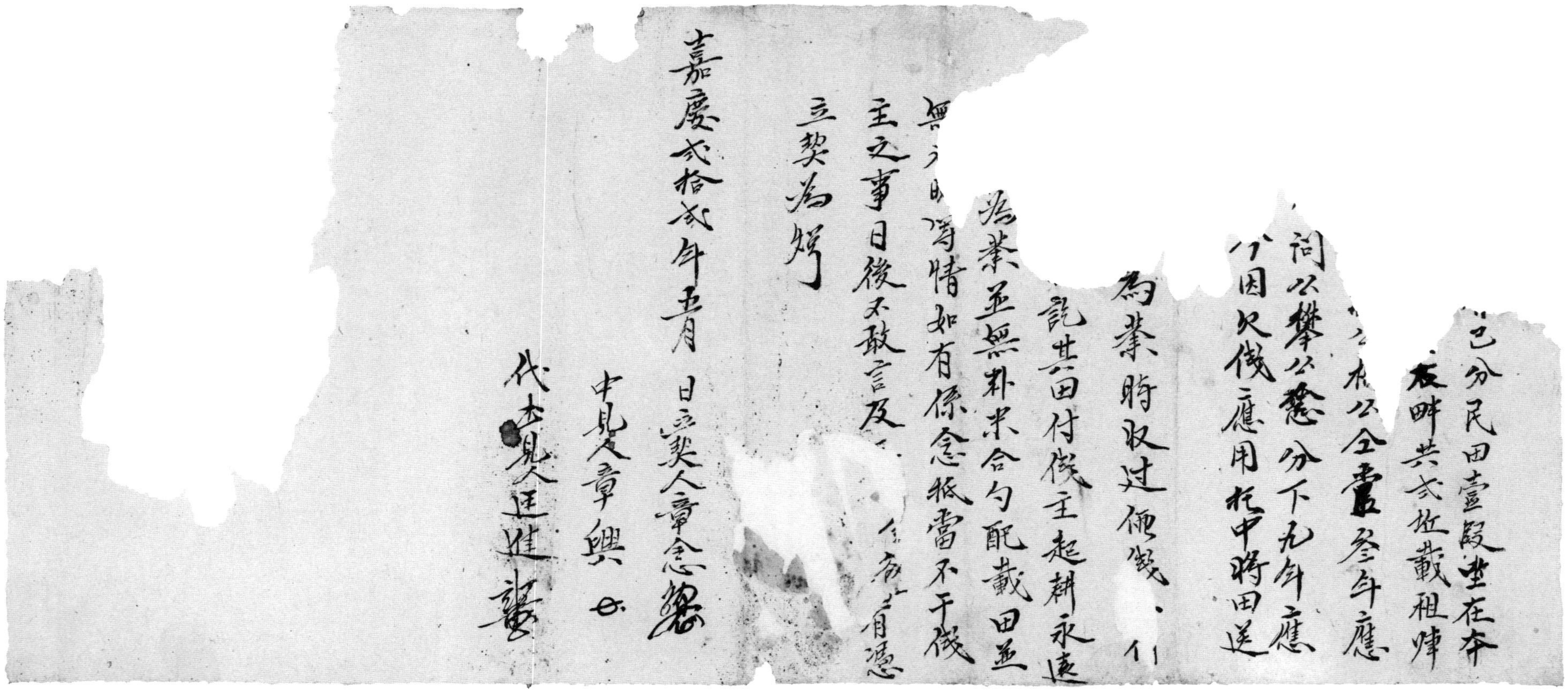

① FYXS185、FYXS186二件文書疊在一起保存。

「有己分民田壹段，坐在本

「畔，共弍坵，載租肆

「公仝管叁年，應

「问公攀公念分下九年應

「因欠錢應用，托中將田送

「

「為業，時收过價錢「

「訖，其田付錢主起耕，永遠

「為業，並無糧米合勺配載，田並

無不明等情。如有，係念抵當，不干錢

主之事。日後不敢言及□□，今欲有憑，

立契為炤。①

嘉慶弍拾弍年五月　日立契人章念（押）

中見人章興（押）

代书見人廷進（押）

①此處有挽結，類似於『9』。

FYXS187　道光三年（1823）李尚圭送賣契①　305×244mm

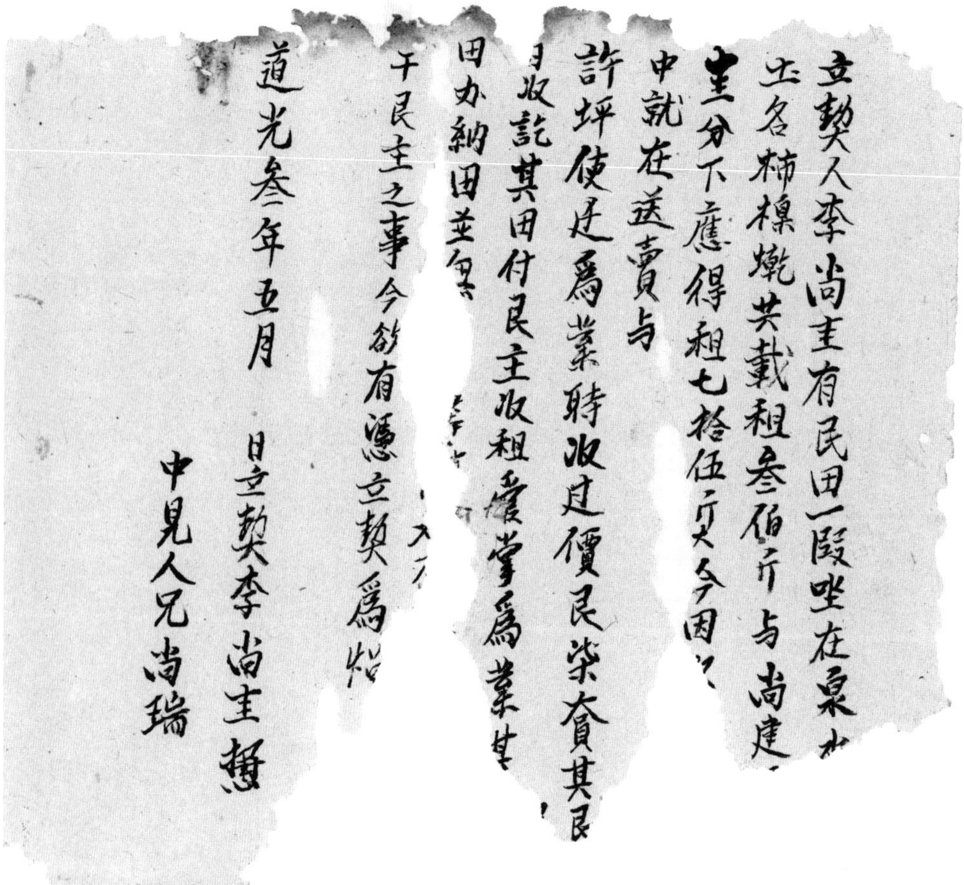

立契人李尚圭有民田一段坐在泉水
土名柿橾墘共載租叁佰斤与尚建
圭分下應得租七拾伍斤又今因乏
中就在送賣与
許坪使边為業時收过價艮柒拾其艮
日收訖其田付艮主收租管掌為業其
田办納田並無
干艮主之事今欲有憑立契為炤
道光叁年五月　日立契李尚圭（押）
中見人兄尚瑞

①FYXS187、FYXS188二件文書叠在一起保存。

立契人李尚圭有民田一段，坐在泉水[
土名柿模墘，共載租叁佰斤，与尚建[
圭分下應得租七拾伍斤大，今因欠[
中就在送賣与
許坪使邊爲業，時收过價艮柒大員，其艮□
日收訖，其田付艮主收租管掌爲業，其[
田办納，田並無□□等情，如有，[
不干艮主之事。今欲有憑，立契爲炤。

道光叁年五月　　日立契李尚圭（押）

中見人兄尚瑞

FYXS188　道光三年（1823）李尚圭添契[①]　322×246mm

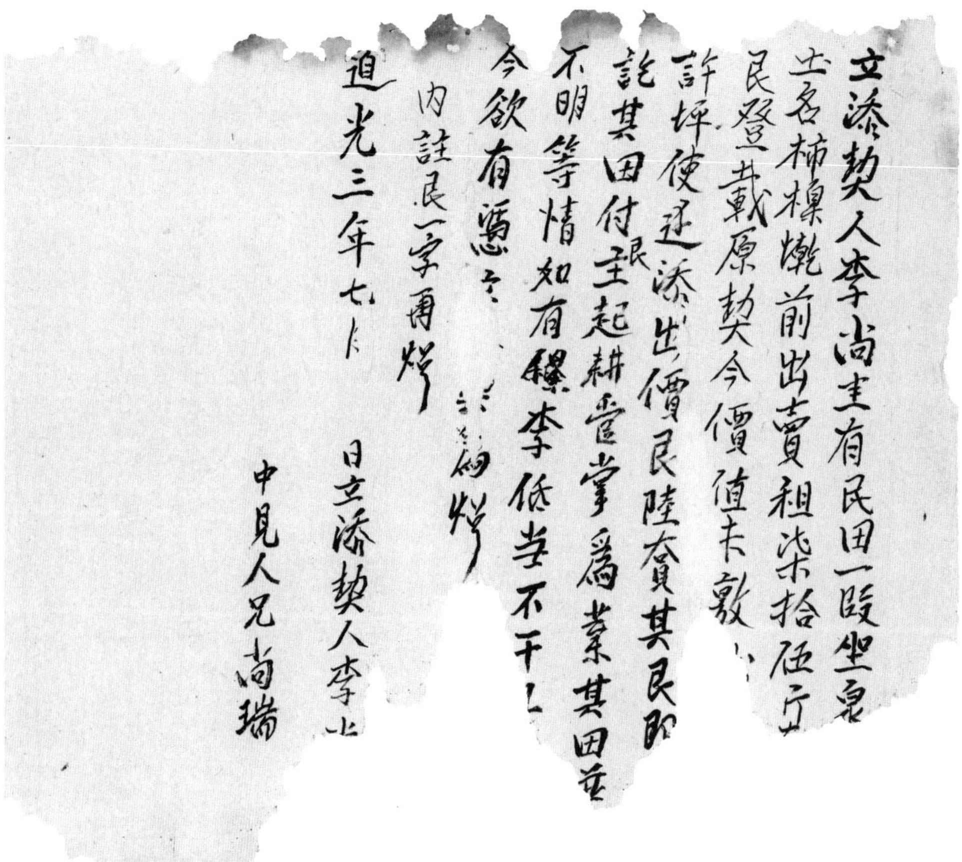

立添契人李尚圭有民田一段坐泉
土名柿樸嶺前出賣租柒拾伍斤
民登載原契今價值未敷，，
許坪使廷添出價艮陸奩其艮即
訖其田付艮主起耕管掌為業其田並
不明等情如有係李依当不干
今欲有憑，，立添契為照
内註艮一字再照
道光三年七月　　日立添契人李尚
中見人兄尚瑞

---

① FYXS187、FYXS188二件文書叠在一起保存。

立契人李尚圭有民田一段，坐泉[
土名柿楧墘，前出賣租柒拾伍斤[
艮登載原契。今價值未敷[
許坪使邊添出價艮陸大員，其艮即[
訖，其田付艮主起耕管掌爲業，其田並[
不明等情。如有係李抵当，不干[
今欲有憑，□□契為炤。
内註艮一字，再炤。①
道光三年七月　日立添契人李尚[
中見人兄尚瑞

①此此處有挽結，類似『9』。

FYXS189　道光三年（1823）成圩就契[①]　520×241mm

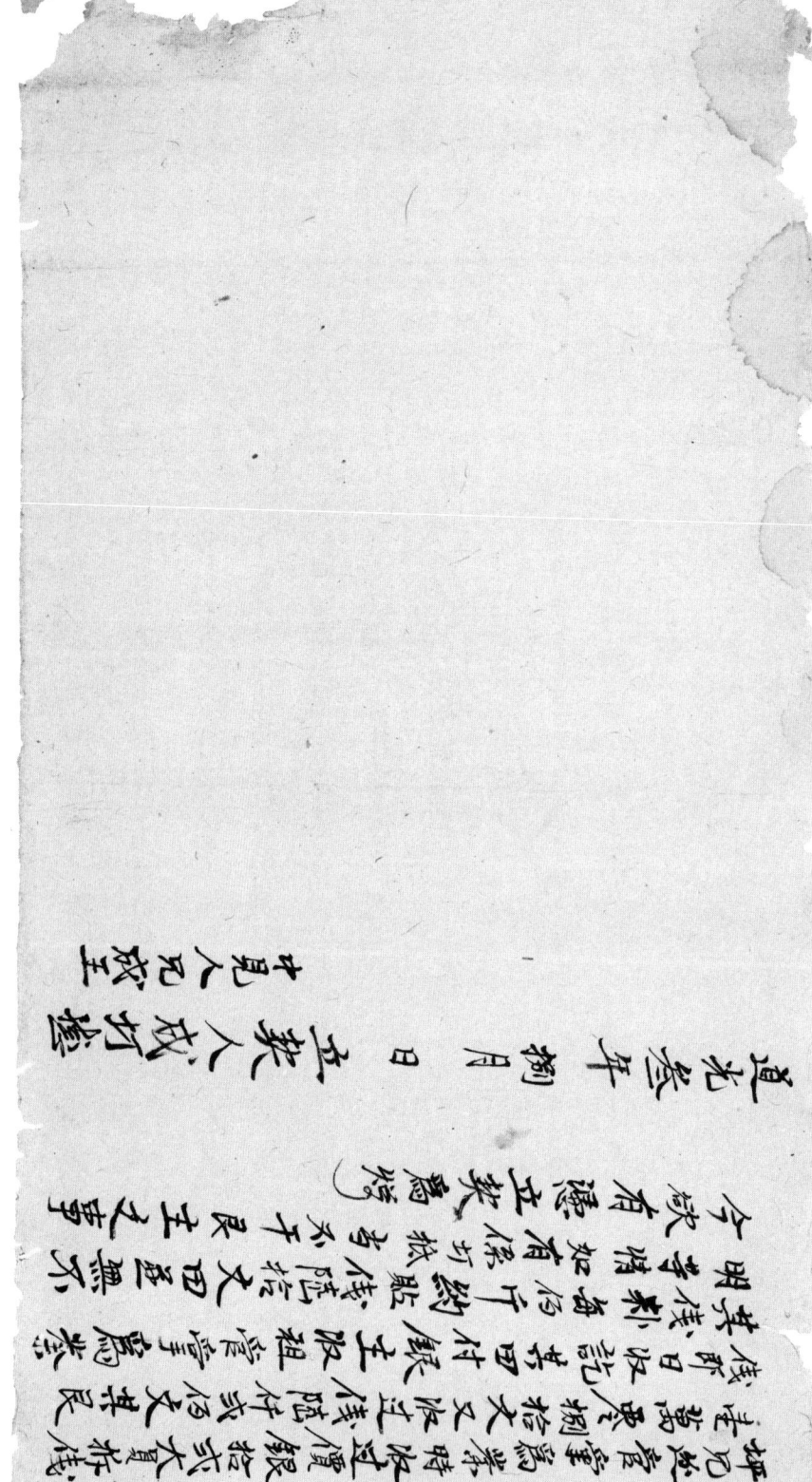

立契人成圩有己分民田壹段坐在泉水格土
大厝脚角左边共租弍佰壹拾斤抽出租壹
佰陆拾斤今托中就在
坪兄边管業爲業時收过價銀拾弍大員折钱
壹萬叁捌拾文又收过钱陆仟弍佰文其艮
钱即日收訖其田付银主收租管掌爲業
其钱利每佰斤約貼钱陆拾文田並無不
明等情如有係圩抵当不干艮主之事
今欲有憑立契爲炤

道光叁年捌月　日　立契人成圩[illegible]
中見人兄成王

---

① FYXS189、FYXS190、FYXS191、FYXS192四件文書叠在一起保存。

立契人成圩有己分民田壹段，坐在泉水格，土口
大厝脚角右邊共租弍佰壹拾斤，抽出租壹
佰陸拾斤。今托中就在
坪兄邊管掌爲業，時收过價銀拾弍大員，折錢
壹萬零捌拾文，又收过錢陸仟弍佰文，其艮
錢即日收訖，其田付銀主收租管掌爲業。
其錢糧每佰斤約貼錢陸拾文，田並無不
明等情，如有係圩抵当，不干艮主之事。
今欲有憑，立契爲炤。①

道光叁年　捌月　日立契人成圩（押）

中見人兄成王

①此處有挽結，類似於『9』。

FYXS190　道光十四年（1834）啓添送賣契①　565×248mm

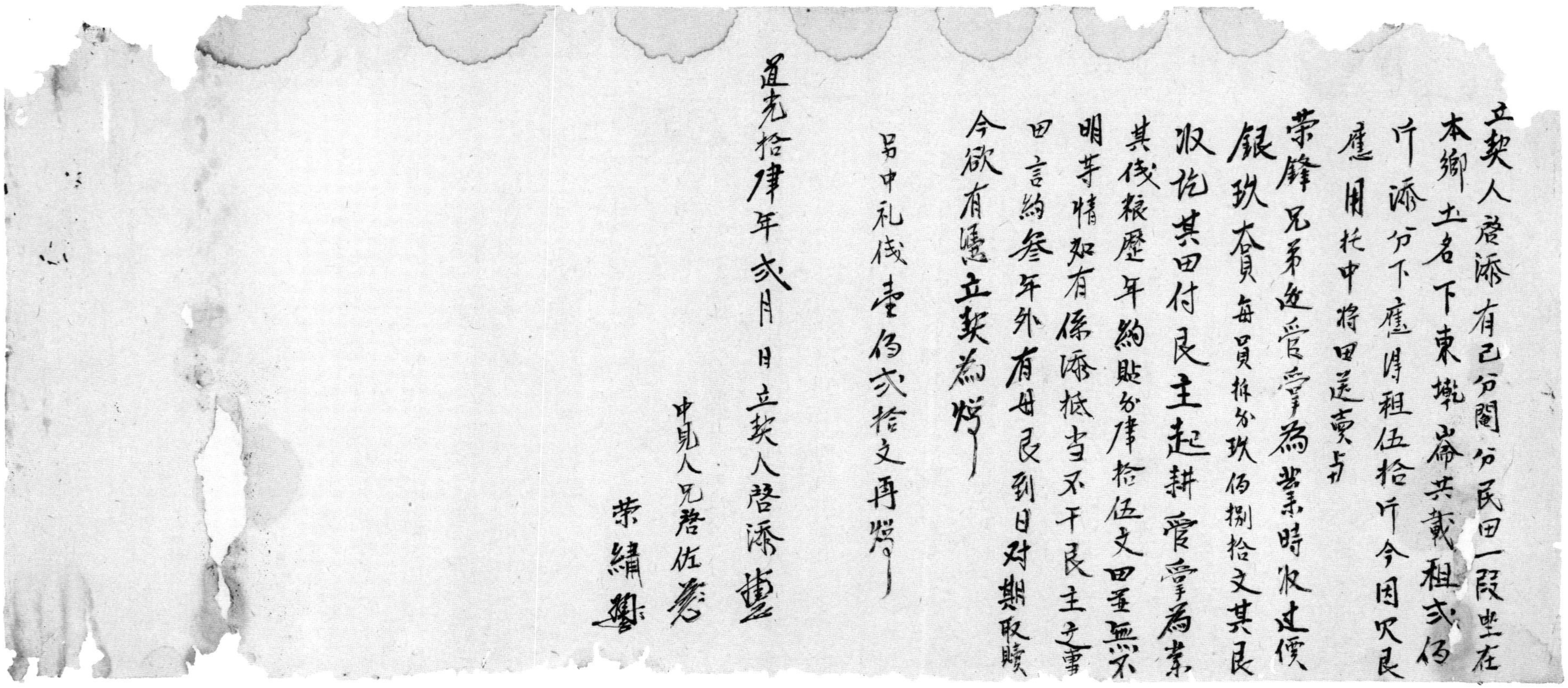

立契人啓添有己分閻分民田一段坐在
本鄉土名下東墩路共載租弍佰
斤添分下應得租伍拾斤今因欠艮
應用托中將田送賣與
荣鋒兄弟边管掌為業時收过價
銀玖兩每員拆分玖佰捌拾文其艮
收讫其田付艮主起耕管掌為業
其伐粮歷年約貼分律拾伍文田垩無不
明等情如有係添抵当不干艮主之事
田言約叁年外有母艮到日对期取贖
今欲有憑立契為照
另中礼伐壹佰弍拾文再照
道光拾肆年弍月　日　立契人啓添（押）
中見人兄啓佐（押）
荣緒（押）

① FYXS189、FYXS190、FYXS191、FYXS192四件文書叠在一起保存。

立契人啓添有己分鬮分民田一段，坐在
本鄉，土名下東墈崙，共載租弍佰
斤，添分下應得租伍拾斤。今因欠艮
應用，托中將田送賣與
荣鋒兄弟邊管掌為業，時收过價
銀玖大員，每員折錢玖佰捌拾文，其艮
收讫，其田付艮主起耕管掌為業，
其錢粮歷年約貼錢肆拾伍文，田並無不
明等情，如有係添抵当，不干艮主之事。
田言約叁年外有母艮到日，对期取贖。
今欲有憑，立契為炤。①

另中礼錢壹佰弍拾文，再炤。②

道光拾肆年弍月　日　立契人啓添（押）

中見人兄啓佐（押）

荣繡（押）

---

①此處有挽結，類似於『9』。

②此處有挽結，類似於『9』。

FYXS191　咸豐四年（1854）啓添退佃字[1]　547×250mm

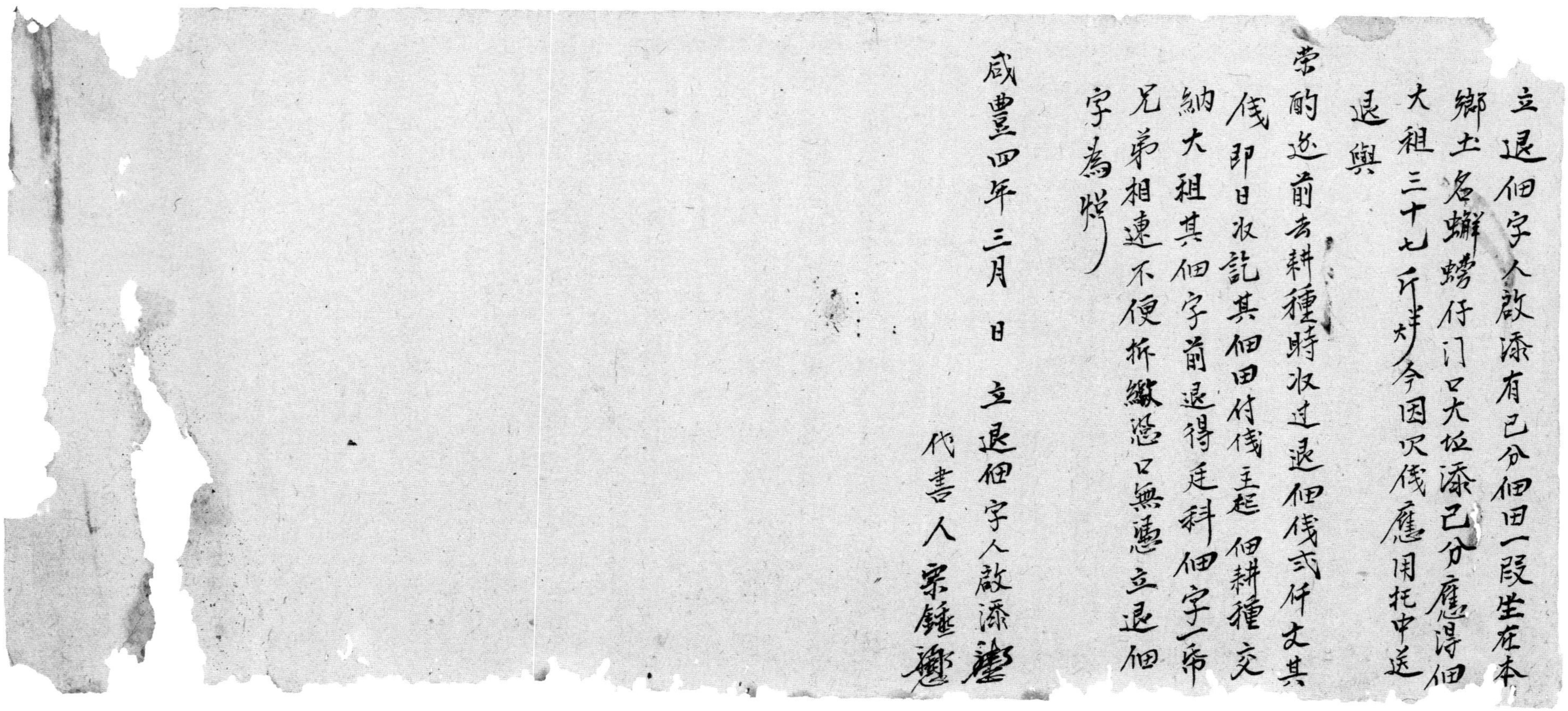

立退佃字人啟添有己分佃田一段坐在本
鄉土名蝌螃仔门口大坵添己分應得佃
大祖三十七斤半今因欠錢應用托中送
退與
尝酌返前去耕種時收过退佃錢弍仟文其
錢即日收訖其佃田付錢主起佃耕種交
納大祖其佃字前退得廷科佃字一帋
兄弟相連不便拆繳恐口無憑立退佃
字為照
咸豐四年三月　日　立退佃字人啟添
代書人　宗鏈

① FYXS189、FYXS190、FYXS191、FYXS192四件文書叠在一起保存。

立退佃字人啟添有己分佃田一段，坐在本鄉，土名蠏蟧仔门口大坵，添己分應得佃大租三十七斤半大。今因欠錢應用，托中送退與

荣酌邊前去耕種，時收过退佃錢弍仟文，其錢即日收訖，其佃田付錢主起佃耕種，交納大租，其佃字前退得廷科佃字一帋，兄弟相連，不便拆繳。恐口無憑，立退佃字為炤。①

咸豐四年　三月　日　立退佃字人啟添（押）

代書人宗鍾（押）

---

①此處有挽結，類似於『9』。

FYXS192　咸豐五年（1855）啓添添足契①　555×245mm

立添足契人啓添，有己分民田一段，坐在本鄉土
名大厝腳角下三坵仔，共載租式佰伍拾斤，
前年出賣在榮酌邊，抽出租壹佰陸拾斤，
因田重賣無額，拆實租壹佰叁拾斤，再踏補
民田一段，土名大厝御角上坋，抽出租叁拾斤，共式
租壹佰陸拾斤。今因便值未敷，托中就在
榮酌邊添出足價谷式佰伍拾斤，其谷即
日交訖，其田付谷主起耕管業為業。其
錢粮歷年納貼，分壹佰律拾律文，田並無不明等
情。如有不明，係添抵當，不干谷主之事，日後
贖無添。今欲有憑，立添足契為炤。
另中礼分捌拾文再炤。
咸豐五年十月　日　立添足契人啓添
中見人兄啓周

① FYXS189、FYXS190、FYXS191、FYXS192四件文書叠在一起保存。

立添足契人啓添有己分民田一段，坐在本鄉，□名大厝脚角下三坵仔，共載租弍佰伍拾斤大。前年出賣在荣酌邊，抽出租壹佰陸拾斤大。因田重賣，無額拆实租壹佰叁拾斤，再踏補民田一段，土名大厝脚角上坋，抽出租叁拾斤，弍共租壹佰陸拾斤。今因價值未敷，托中就在荣酌邊添出足價谷弍佰伍拾斤大生谷，其谷即日交訖，其田付谷主起耕管掌為業，其錢粮歷年約貼錢壹佰肆拾肆文，田並無不明等情。如有不明，係添抵当，不干錢主之事。日後有贖無添，今欲有憑，立添足契為炤。①

另中礼錢捌拾文，再炤。②

咸豐五年十一月　　日立添足契人啓添（押）

中見人兄啓固（押）

---

①此處有挽結，類似於『9』。

②此處有挽結，類似於『9』。

FYXS193　道光十四年（1834）啓添添契[1]　563×250mm

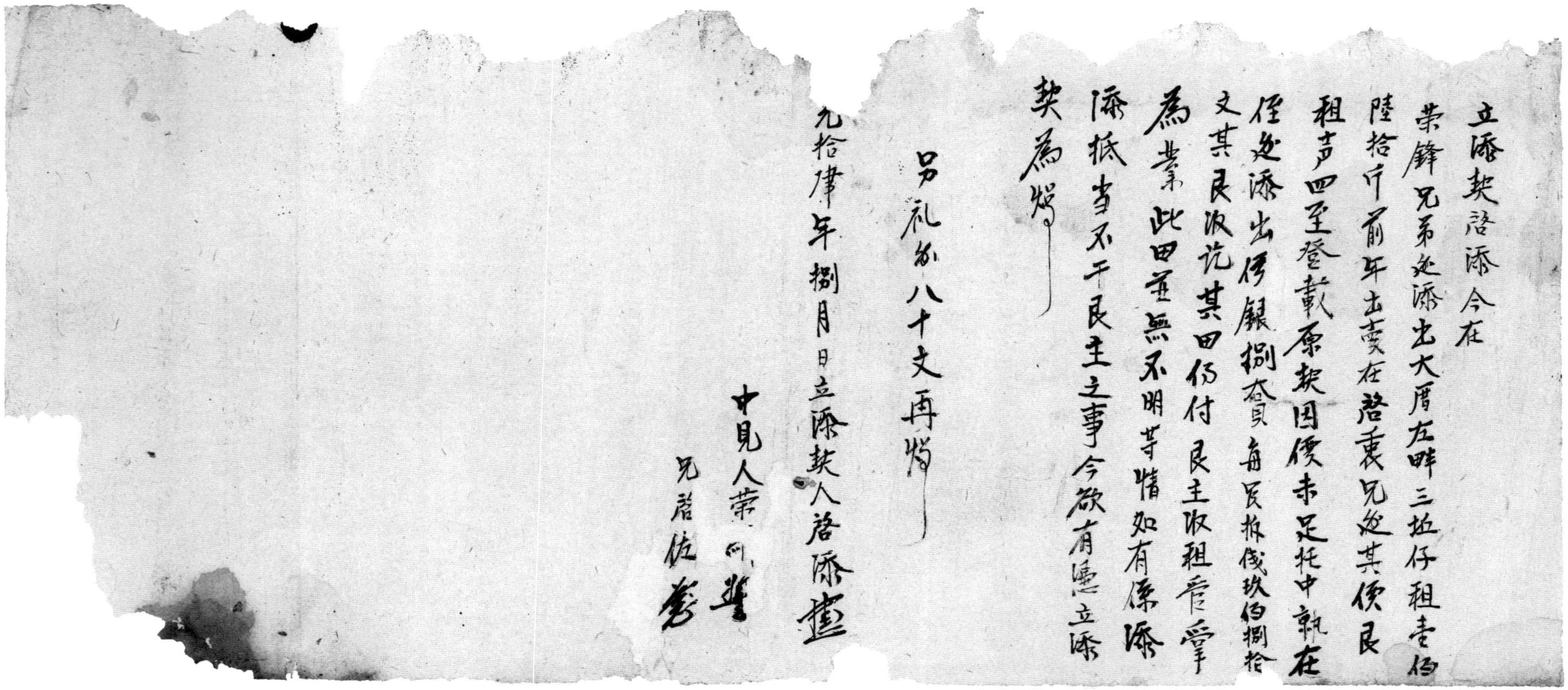

立添契啓添今在
榮鋒兄弟邊添出大厝左畔三坵仔租壹佰
陸拾斤前年出賣在啓衷兄邊其價艮
租聲四至登載原契因價未足托中執在
任邊添出價艮捌員每員拆錢玖伯捌拾
文其艮収訖其田仍付艮主収租管掌
為業此田並無不明等情如有係添
添抵當不干艮主之事今欲有憑立添
契為照
另礼分八十文再照
光拾肆年捌月日立添契人啓添
中見人榮
兄啓佐

① FYXS193、FYXS194、FYXS195、FYXS196四件文書叠在一起保存。

立添契啓添今在

栄鋒兄弟邊添出大厝左畔三坵仔租壹佰

陸拾斤，前年出賣在啓衷兄邊，其價艮、

租声、四至登載原契。因價未足，托中就在

侄邊添出價銀捌大員，每員折錢玖佰捌拾

文，其艮收讫，其田仍付艮主收租管掌

為業。此田並無不明等情。如有系添

添[1]抵当，不干艮主之事。今欲有憑，立添

契為炤。[2]

另礼錢八十文，再炤。[3]

［光拾肆年捌月　日立添契人啓添（押）

中見人栄□（押）

兄啓佐（押）

---

①此『添』字當爲衍字。

②此處有挽結，類似於『9』。

③此處有挽結，類似於『9』。

FYXS194　咸豐二年（1852）榮誠兄弟等添契①　505×234mm

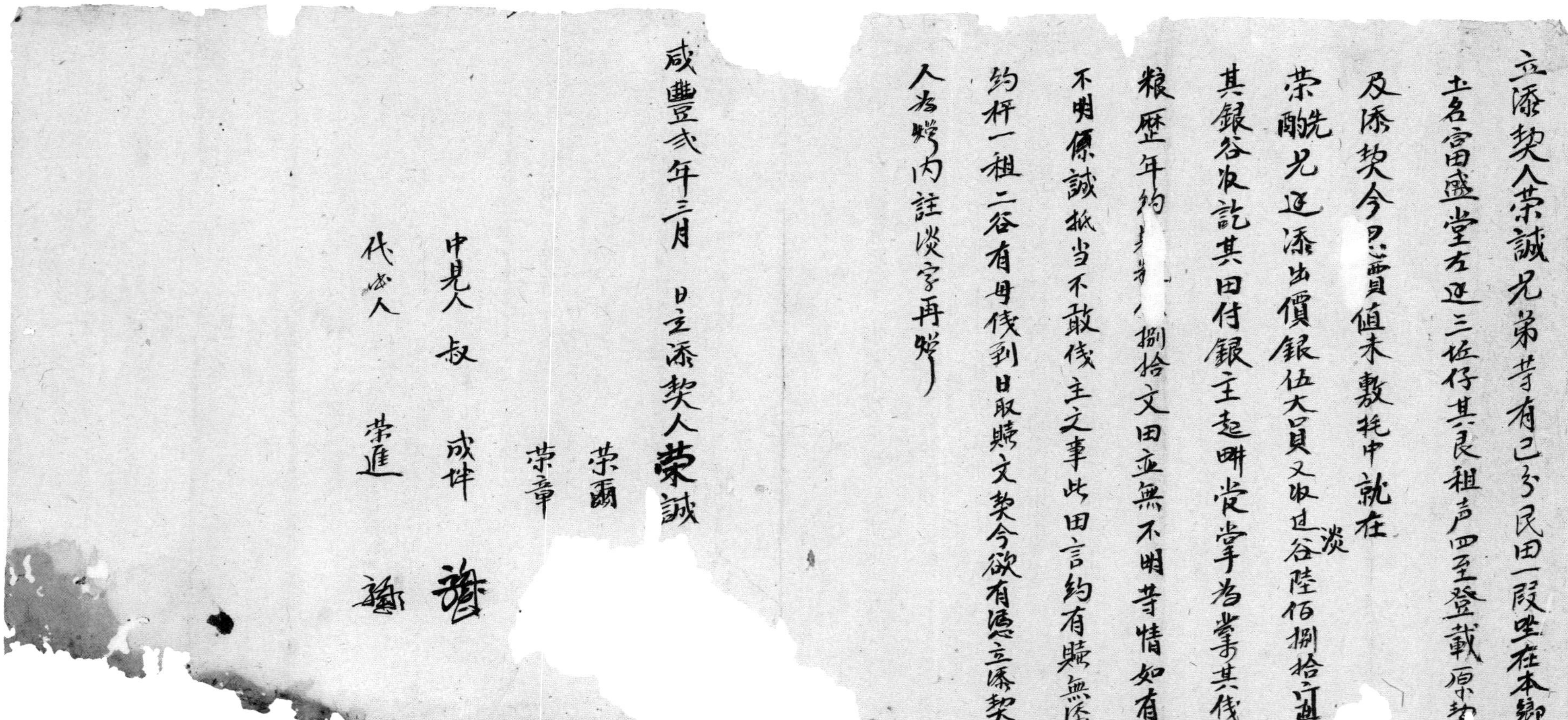
立添契人荣誠兄弟等有已分民田一段坐在本鄉
土名富田盛堂左边三坵仔其良租户四至登載原契
及添契今因價值未敷托中就在
荣酌先兄边添出價銀伍大員又收过淡谷陸佰捌拾觔
其銀谷收訖其田付銀主起畊管掌為業其伐
粮歷年約[illegible]捌拾文田並無不明等情如有
不明係誠抵当不敢伐主之事此田言約有贖無添
約秤一租二谷有母伐到日取贖文契今欲有憑立添契
人為炤内註淡字再炤

咸豐弍年三月　日立添契人荣誠
荣爾
荣章
中見人　叔　成栱
代筆人　荣進

① FYXS193、FYXS194、FYXS195、FYXS196四件文書叠在一起保存。

立添契人荣誠兄弟等，有己分民田一段，坐在本鄉
土名富盛堂左邊三坵仔，其良、租声，四至登載原契
及添契。今思價值未敷，托中就在
荣酌先兄邊添出價銀伍大員，又收过淡谷陸佰捌拾斤直，
其銀谷收訖，其田付銀主起畊管掌為業，其錢
粮歷年約□□捌拾文，田並無不明等情，如有
不明，係誠抵当，不敢銀主之事。此田言约有贖無添，
约梓一租二谷，有母錢到日取贖文契。今欲有憑，立添契
人為炤。内註淡字，再炤。

咸豐弍年三月　　日立添契人荣誠]
荣爾]
荣章]
中見人　叔　成拌（押）
代书人　荣進（押）

FYXS195　咸豐二年（1852）啓固添契[1]　533×246mm

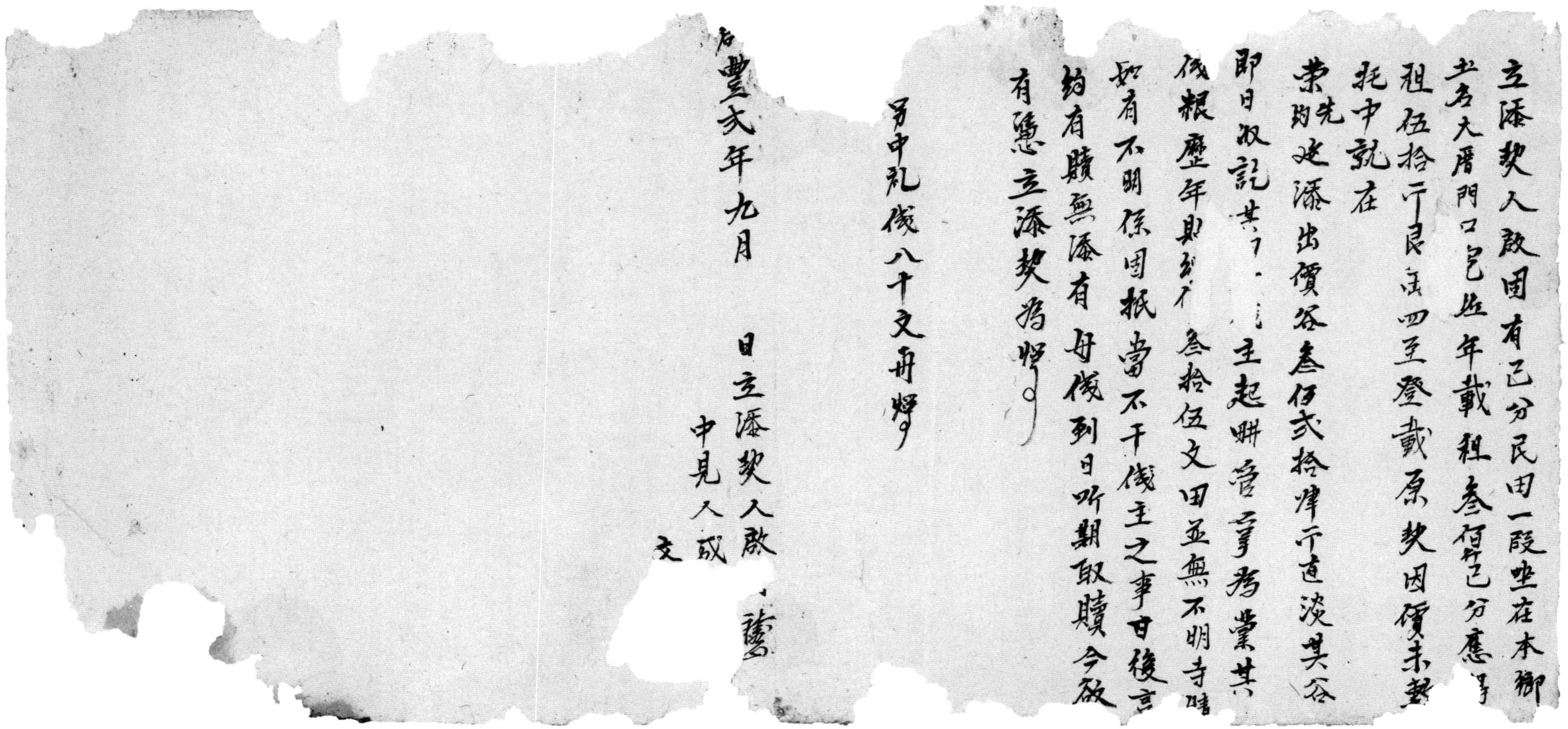
立添契人啟固有已分民田一段，坐在本鄉
土名大厝門口，已近年載租叁石，已分應得
租伍拾斤，其田四至登載原契，因價未盡，
托中就在
宗先[illegible]添出價谷叁佰弍拾肆斤，[illegible]
即日收訖，其[illegible]主起耕管業為業，其
田根歷年[illegible]叁拾伍文，田並無不明等情，
如有不明，係固抵當，不干錢主之事，日後言
約有贖無添，有母錢到日聽期取贖，今欲
有憑，立添契為照。
另中禮錢八十文再照。
咸豐弍年九月　日立添契人啟[illegible]
中見人啟[illegible]
[illegible]

① FYXS193、FYXS194、FYXS195、FYXS196四件文書叠在一起保存。

立添契人啟固有己分民田一段，坐在本鄉，

土名大厝門口□垢，年載租叁佰斤，己分應得

租伍拾斤，艮兩、四至登載原契。因價未敷，

托中就在

荣先約邊添出價谷叁佰式拾肆斤直淡，其谷

即日收訖，其□□錢主起耕，管掌為業。其

錢粮歷年貼納錢叁拾伍文，田並無不明等情。

如有不明，係固抵當，不干錢主之事，日後言

約有贖無添，有母錢到日，听期取贖。今欲

有憑，立添契為炤。①

另中礼錢八十文，再炤。②

咸豐弍年九月　日　立添契人啓［　］（押）

中見人成［

文［

---

①此處有挽結，類似於『9』。

②此處有挽結，類似於『9』。

FYXS196 同治元年（1862）宗鐙添盡足契并推産閬① 553×243mm

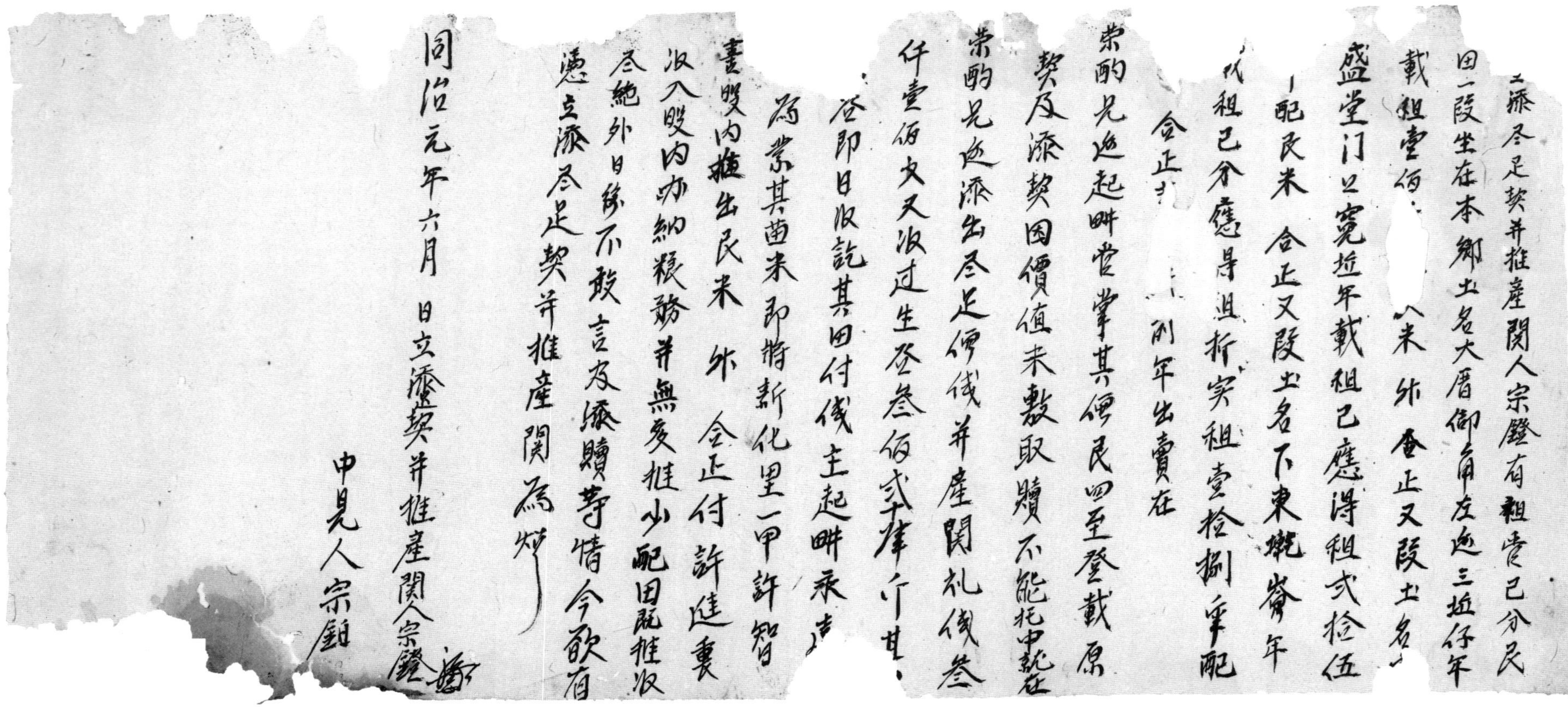

立添尽足契并推産閬人宗鐙有祖貴己分民
田一段坐在本鄉土名大厝御角左边三坵仔年
載租壹佰[illegible]入米 外 仝止又段土名[illegible]
盛堂门口寬坵年載租己應得租式拾伍
[illegible]配民米 仝止又段土名下東墘嵛年
[illegible]代租己分應得退析实租壹拾捌秤配
仝止[illegible]刑年出賣在
宗酌兄边起畊管掌其便民四至登載原
契及添契因價值未敷取贖不能托中就在
宗酌兄边添出尽足價伐并産閬礼伐叁
仟壹佰文又汲过生尽叁佰式拾仟甘[illegible]
各即日汲訖其田付伐主起畊永[illegible]
爲業其苗米即將新化里一甲許智
書叟内推出民米 外 仝止付許進裏
汲入叟内办納粮務并無爻推少配田既推汲
尽絶外日後不敢言及添贖等情今欲有
憑立添尽足契并推産閬爲炤
同治元年六月 日立添盡契并推産閬人宗鐙（押）
中見人宗鈕

① FYXS193、FYXS194、FYXS195、FYXS196四件文書叠在一起保存。

立添盡足契并推産関人宗鐙有祖管己分民
田一段，坐在本鄉，土名大厝脚角左邊坵仔，年
載租壹佰［　］米升合正，又段土名□
盛堂门口窕坵，年載租己應得租弍拾伍
□配民米　合正。又段土名下東墘崙，年
載租己分應得租折实租壹拾捌斤半，配
［合正［　］前年出賣在
荣酌兄邊起畊管掌，其價艮、四至登載原
契及添契，因價值未敷，取贖不能，托中就在
荣酌兄邊添出尽足價錢并産關礼錢叁
仟壹佰文，又收过生谷叁佰弍十肆斤，其
］谷即日收訖，其田付錢主起畊，永遠
□□為業。其苗米即將新化里一甲許智
喜股内推出，民米　升　合正付許進衷
收入股内办納粮務，并無多推少配，田既推收
尽絶外，日後不敢言及添贖等情。今欲有
憑，立添尽足契并推産関為炤。①

同治元年六月　日立添足契并推産関人宗鐙（押）

中見人宗銆

①此處有挽結，類似於『9』。

FYXS197　道光八年（1828）啓蒲、啓衷送賣契①　548×243mm

立契人啟蒲、衷有已分民田壹段坐在泉水格村土
公祖坂年載租式百斤今因乏艮應用托中送賣与
崇織徑邊為業時收过價銀式拾玖員艮即日收訖
田付艮主起耕管掌為業其錢粮隨田办納中間並
不明等情如有係叔抵当不干艮主之事約三年外有
母艮到日听其取贖今欲有憑立契人為炤

道光八年三月　日立契人叔啟蒲、衷
中見人成坪
男宗鍼
男崇刺

① FYXS197、FYXS198、FYXS199、FYXS200、FYXS201、FYXS202、FYXS203、FYXS204八件文書叠在一起保存。

立契人啟蒲衷有己分民田壹段，坐在泉水格村，土□

公祖坂年載租弍百斤。今因乏艮应用，托中送賣與

荣織侄邊為業。時收过價銀弍拾玖大員，艮即日收訖，其

田付艮主起耕管掌為業。其錢粮隨田办纳，中间並無

不明等情，如有係叔抵当，不干艮主之事。約三年外有

母艮到日，听其取贖。今欲有憑，立契人為炤。①

道光八年三月　日立契人叔啟蒲(押)

衷(押)

中見人成坪

男宗鋮(押)

书男荣刺(押)

①此處有挽結，類似於『9』。

FYXS198　道光十一年（1831）榮盛、榮刺、榮繡等添契①　556×240mm

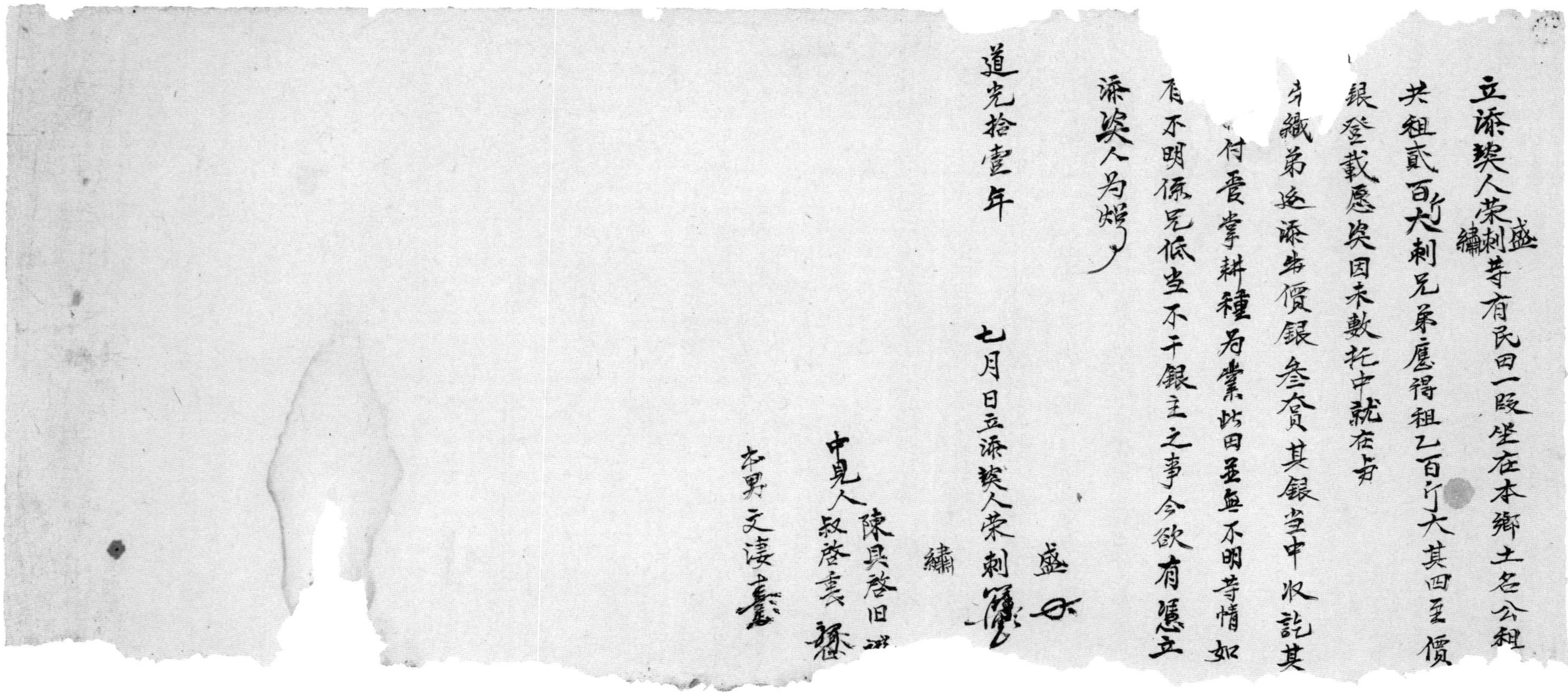

立添契人荣盛、刺、繡等有民田一段，坐在本鄉，土名公租，共租貳百斤大，刺兄弟應得租乙百斤大，其四至價銀登載應契。因未敷，托中就在与弟織弟邊添出價銀叁員，其銀当中收訖。其田付晉掌耕種為業。此田並無不明等情，如有不明，係兄抵当，不干銀主之事。今欲有憑，立添契人為照。

道光拾壹年七月　日立添契人荣盛、刺、繡

中見人陳具啓、叔啓壽

本男文淒書

① FYXS197、FYXS198、FYXS199、FYXS200、FYXS201、FYXS202、FYXS203、FYXS204八件文書叠在一起保存。

立添契人荣刺盛繡等有民田一段，坐在本鄉，土名公租□，共租貳百斤大，刺兄弟應得租乙百斤大，其四至價銀登載愿契。因未敷，托中就在與荣織弟邊添出價銀叁大员，其銀当中收訖，其田付管掌耕種为業。此田並無不明等情。如有不明，係兄低当，不干銀主之事。今欲有憑，立添契人为炤。①

道光拾壹年　七月日立添契人荣刺盛（押）

繡（押）

中見人　陳具啓旧（押）

叔啓衷（押）

书男文淒（押）

①此處有挽結，類似於『9』。

FYXS199　道光十九年（1839）榮繡添盡足契并推産闗①　504×230mm

立添尽足契并推産闗人榮繡，有己分民田一段，坐在
泉水格村土名公祖坂，載租壹石，繡分下得租三拾
叁斤，前年出賣在户
榮職兄邊起耕，貴章為業，因價未足，就托　兄邊添
足價錢并推産闗礼錢，歸併於文，其錢收訖，
付長之起耕為業，不違。其苗民米配載
正捐尤中里　　股內推出，推一甲，許進得未
曾收入之扒付許進，與收入股內自徵完納。其年多推
少配等情，日後不敢異言滋端等情。今欲有憑，
立尽契并推産闗為炤。
另中礼錢，對於文再炤。
道光十九年　月　日立尽契并推産闗人榮繡（押）
中見人表兄□□國（押）

① FYXS197、FYXS198、FYXS199、FYXS200、FYXS201、FYXS202、FYXS203、FYXS204八件文書叠在一起保存。

立添尽足契並推產關人宋繡，有己分民田一段，坐在
泉水格村，土名公祖坂，載租壹百斤，繡分下得租三拾
叁斤〇五兩，前年出賣在與
宋職兄邊起耕管掌为業。因價未足，就在　兄邊添
[足價錢並推產關礼錢肆佰肆拾文，其錢收訖，
[付艮主起耕为業永遠。其苗民米配載
正將允中里　　股內推出推一甲許進傳，未
曾收人。今扒付許進興收人股內，自徵完納，並無多推
少配等情。日後不敢異言添贖等情。今欲有憑，
立尽契並推產關为炤。①

另中礼錢捌拾文，再炤。②

道光十九年二月　　日立尽契並推產關人宋繡（押）
中见人表兄林成国（押）

①此處有挽結，類似於『9』。
②此處有挽結，類似於『9』。

FYXS200　道光十九年（1839）榮繡添契[1]　509×231mm

立添契人榮繡有已民田一段坐本處水格耕土名
公祖坟栽秧壟下前年出賣在房
榮職邊[illegible]添出錢伍百陸拾文其錢收訖其田付買
主耕管為業其粮隨田办納此田並無不明
等情如有添繡抵當不干買主之事今欲有憑
立添契為照
道光十九年　月　日立添契人榮繡（押）
中見人表兄[illegible]成国（押）

① FYXS197、FYXS198、FYXS199、FYXS200、FYXS201、FYXS202、FYXS203、FYXS204八件文書叠在一起保存。

立添契人荣鏽有己民田一段，坐在泉水格村，土名
公租坂，載租壹百斤，前年出賣在與
荣職兄邊添出錢伍百陆拾文，其錢收讫，其田付錢[主]
起耕管掌为業。其糧錢随田办纳。此田并無不明
等情。如有係鏽抵当，不干艮主之事。今欲有憑，
[立]添盡契为炤。

道光十九年二月　　日立添契人荣鏽（押）
中见人表兄林成国（押）

FYXS201　道光二十二年（1842）文沘、文濬繳契[①]　539×235mm

立繳契人文沘、濬兄弟父前手有買得啟蒲袁公民田□

段坐在本鄉土名泉水格仝祖坂并共載租弍佰斤

今因欠錢應用托中將買契一帋一盡繳付市

榮霄兄弟邊收執管掌為業，出收過價契面艮完足

艮即日收訖，其田仍舊承退耕種，聽從其便，日後或大

契字取出，再不敢行用，或添贖撈扯，對原青主，不敢

言生說。今欲有憑，立繳契為炤。

道光弍拾弍年七月　日立繳契文沘　押

濬

中見人兄文濡　押

① FYXS197、FYXS198、FYXS199、FYXS200、FYXS201、FYXS202、FYXS203、FYXS204八件文書叠在一起保存。

立缴契人文洮、濬兄弟，父前年有買得啟蒲公民田乙段，坐在本鄉，土名泉水格公租坂，年共載租弍佰斤。今因欠錢應用，托中將買契四帋一尽缴付與荣霄兄弟邊收執管掌為業。时收过價契面艮完足。艮即日收讫，其田仍旧永遠畊種，听從其便。日後或有□契字取出，再不敢行用，或添贖撈扯，对原賣主不敢□言生说。今欲有憑，立缴契為炤。①

道光弍拾弍年七月　日立缴契文洮（押）

濬（押）

中見人兄文濡（押）

①此處有挽結，類似於『9』。

FYXS202　咸豐元年（1851）榮先添契[1]　499×228mm

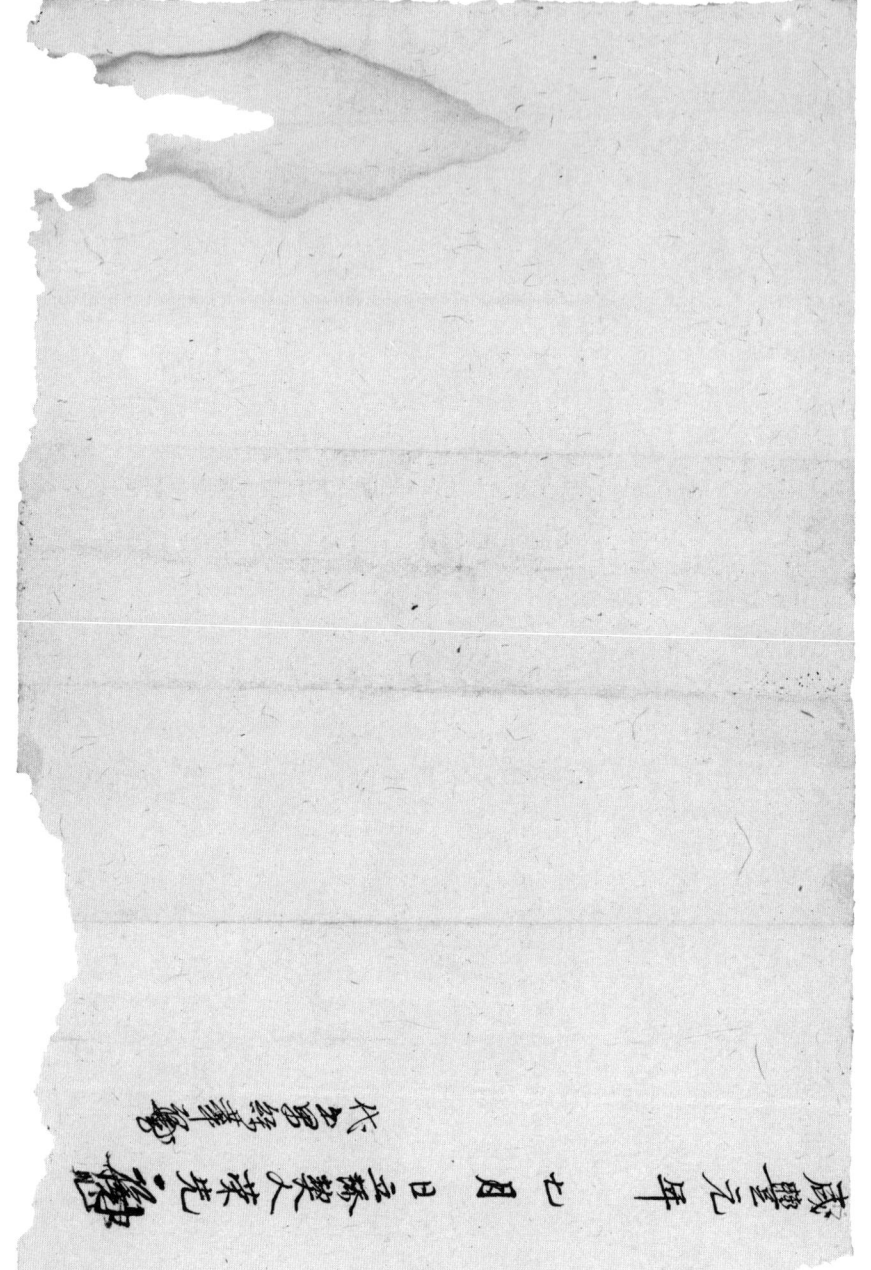

① FYXS197、FYXS198、FYXS199、FYXS200、FYXS201、FYXS202、FYXS203、FYXS204八件文書疊在一起保存。

立添契人荣先有祖管民田一段，坐在本鄉泉水格，土名公租坂，年共載租式百斤大，其租声、艮両、四至登載原契。今恩①價足已敷，托中就在與荣霄兄弟侄邊管掌為業，時添出田價錢六百文，其錢即日收讫，其田仍旧耕種，其苗米隨田办納，听從其便。日後有贖無添，不敢異言等[情]。今欲有憑，立添契為炤。②

咸豐元年七月　　日立添契人荣先（押）

代书男絲華（押）

①『恩』當爲『思』之誤字。
②此處有挽結，類似於『9』。

FYXS203　咸豐五年（1855）絲華添契[1]　554×248mm

立添契人絲華有祖遺民田一段，生在本鄉
泉水格村，土名公祖坂，其租声艮[illegible]両，四至登載
原契。今思價值已數，未能取贖，托中就在由
叔边遺亨為業，時添出價錢叁仟捌
之，其錢即日收訖，其田起佃，其八苗不藴田由
後有毋錢到日，不敢異言生說，今欲有
憑，立添契為照。
另中礼錢四十文再照
咸豐伍年七月　日立添契人絲華（押）
中見叔萊信（押）

① FYXS197、FYXS198、FYXS199、FYXS200、FYXS201、FYXS202、FYXS203、FYXS204八件文書叠在一起保存。

立添契人綵華有祖管民田一段，坐在本鄉

泉水格村，土名公祖坂，其租声、艮両、四至登載

原契。今思價值已敷，未能取贖，托中就在與

[叔邊管掌為業，時添出價錢叁仟捌

佰文，其錢即日收訖，其田起畊，其苗米隨田办

[後有母錢到日，不敢異言生说。今欲有

憑，立添契為炤。①

另中礼錢四十文，再炤。②

咸豐伍年　七月　日立添契人綵華（押）

中見人叔荣信（押）

---

①此處有挽結，類似於『9』。

②此處有挽結，類似於『9』。

FYXS204 同治三年（1864）琵華添契① 557×238mm

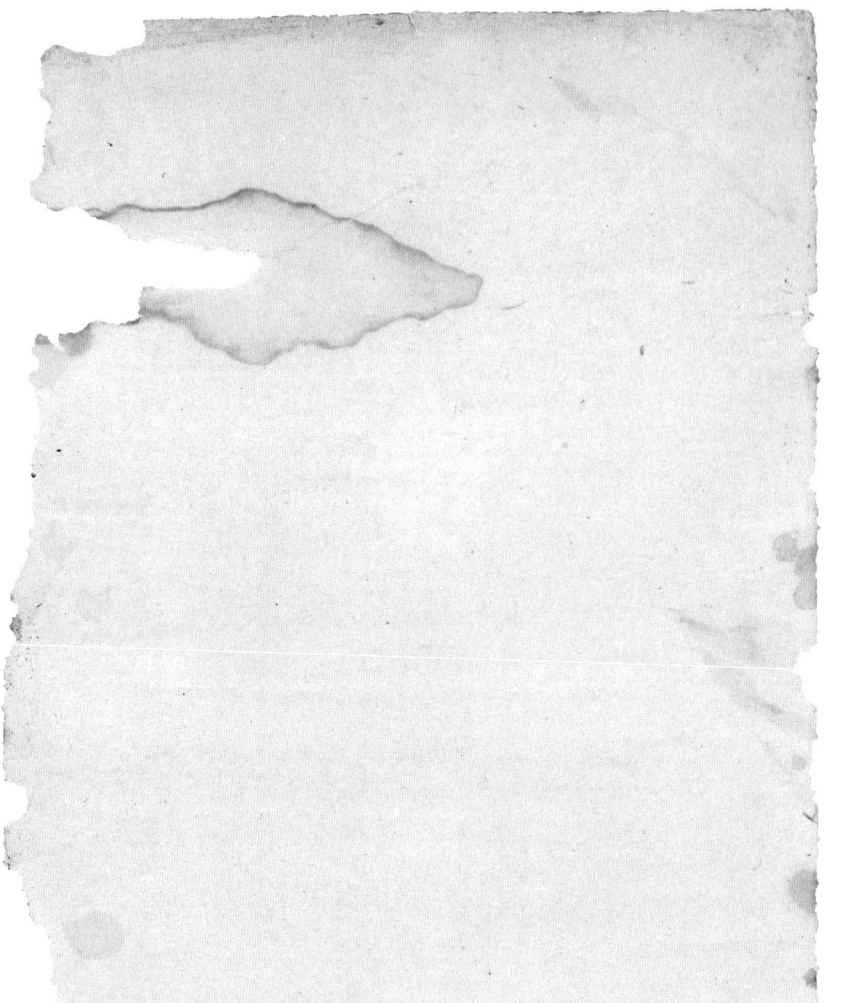

① FYXS197、FYXS198、FYXS199、FYXS200、FYXS201、FYXS202、FYXS203、FYXS204八件文書叠在一起保存。

立添契人毘華有祖管民田一段，坐在本
鄉泉水格村，土名公租坂，年載租壹佰
斤大，三分得一，其租声、艮両、四至登載原
契。今思價值已敷，未能取贖，就在與
[叔邊管掌為業，時添出價錢伍
[文，其錢即日收訖，其田仍旧永遠畊種
[其便，其苗米隨田办納，中間並無不
[情。今欲有憑，立添契為炤。①

同治三年十月　　日立添契人毘華（押）

---

①此處有挽結，類似於『9』。

FYXS205　道光八年（1828）啓蒲送賣契①　320×221mm

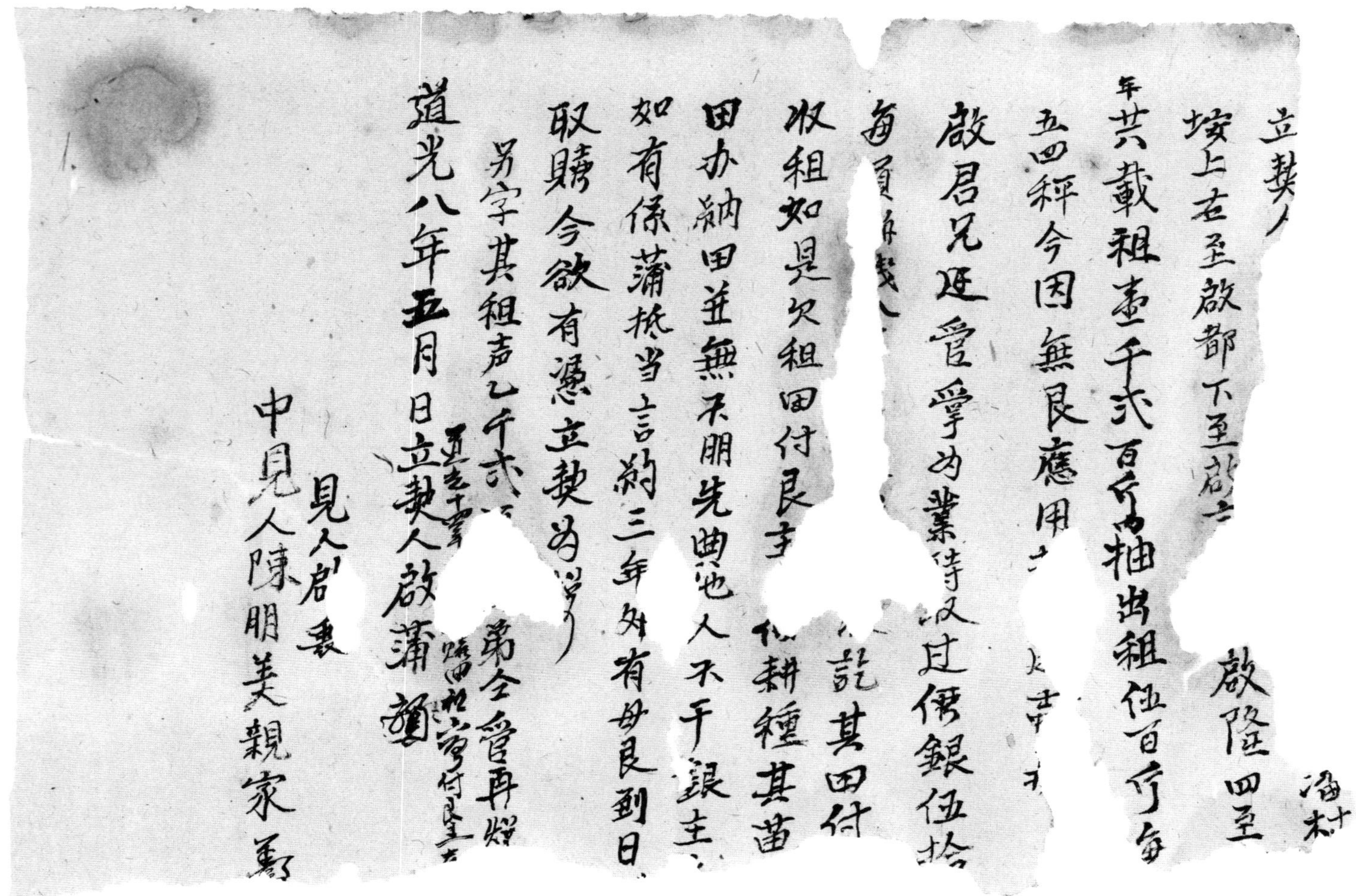

① FYXS205、FYXS206、FYXS207三件文書叠在一起保存。

立契人[　　]潘村[　　]
埃上，右至啟都，下至啟[　　] [　　]啟隆，四至[　　]
年共載租壹千弍百斤，內抽出租伍百斤，每[　　]
五四秤。今因無良應用，托□□賣　與
啟君兄邊管掌为業。時收过價銀伍拾[　　]
每員折錢[　　] [　　]訖，其田付[　　]
收租。如是欠租，田付良主□佃耕種，其苗□□
田办納。田並無不明，先典地人，不干銀主□□
如有係蒲抵当。言約三年外，有母良到日□□
取贖。今欲有憑，立契为炤。①
另字其租声乙斤弍[　　] [　　]弟仝管，再炤。
道光十四年[　　] [　　]贖面租六百斤付良主[　　]
道光八年五月日立契人啟蒲（押）
見人啟表
中見人陳明美親家（押）

---

①此處有挽結，類似於『9』。

FYXS206　道光十年（1830）啓蒲添契[1]　280×223mm

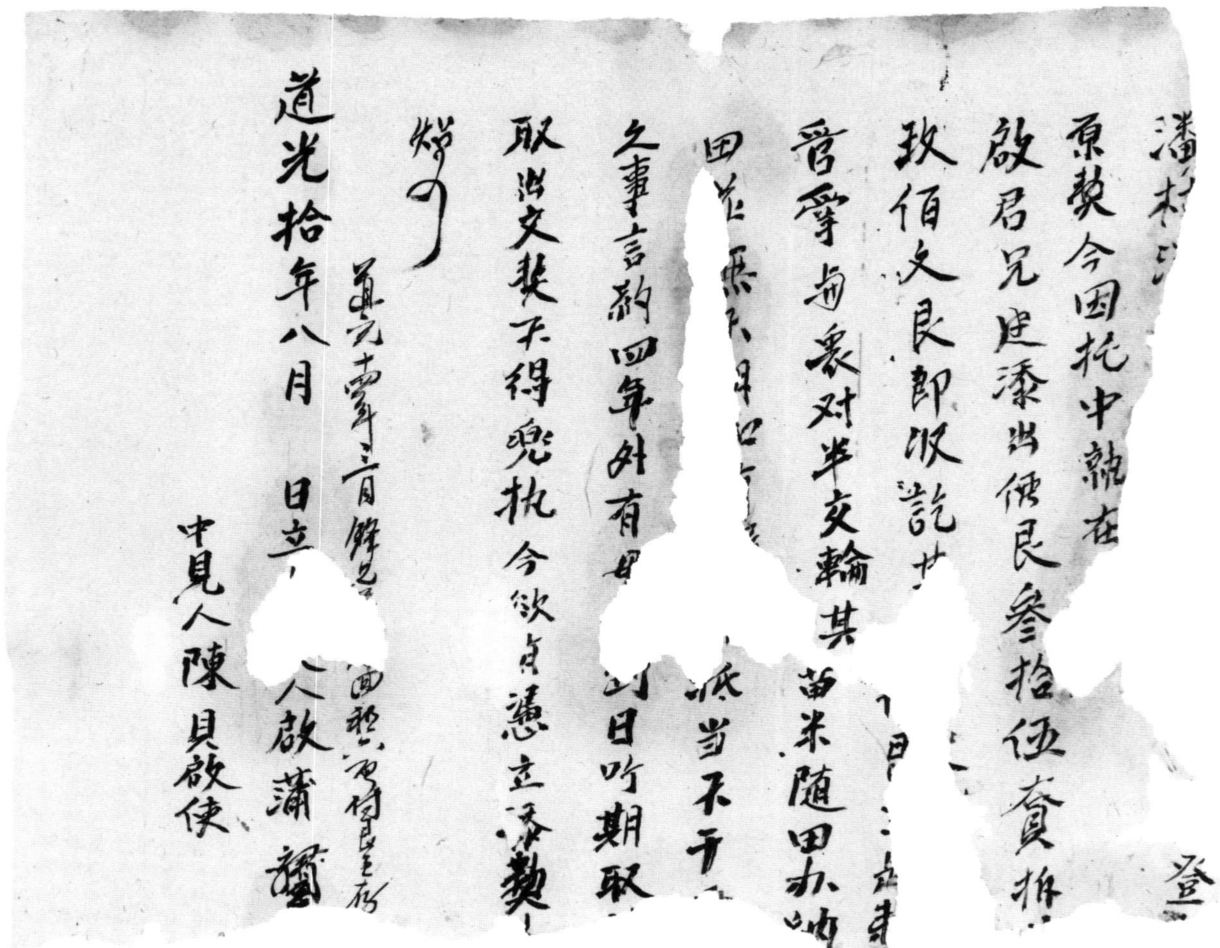
潘[illegible]
原契今因托中就在
啟君兄邊添出佛艮叁拾伍員[illegible]
玖佰文艮即收訖其[illegible]
晉[illegible]與象对半交輪其苗米隨田办納
田並無[illegible]派当不干[illegible]
之事言約四年外有[illegible]日吋期取[illegible]
取出文契不得兜執今欲有憑立添契[illegible]
燦[illegible]
[illegible]
道光拾年八月　日立[illegible]人啟蒲[illegible]
中見人陳貝啟使
登

---

① FYXS205、FYXS206、FYXS207三件文書叠在一起保存。

…………（前殘）

潘村洋［　　　　　］登載

原契今因托中就在

啟君兄邊添出價艮叁拾伍大員，折□

玖佰文，艮即收訖，其□□艮□□耕管

掌與衷对半交輸，其苗米随田办納［

田並無不明，如有□□□抵当，不干［

之事。言約四年外，有母□到日，听期取□

取出文契，不得兜执。今欲有憑，立添契□

炤。①

道光十四年三月鋒兄□□回租六百斤付艮主存［

道光拾年八月　　日立［　　　］人啟蒲（押）

中見人陳貝啟使

①此處有挽結，類似於『9』。

FYXS207 道光十年（1830）啓蒲送付契① 373×237mm

立契人啓[illegible]
名内嫂耳共載祖壹仟貳[illegible] [illegible]下[illegible]洋
陸佰斤前已經出賣祖伍佰斤内祖壹佰斤[illegible]
欠銀應用托中送付房
啓君兄邊歸一管掌為業當收過價銀壹拾柒
[illegible]一[illegible]收 其田付良主起[illegible]
耕種其苗米隨田完納田[illegible] 不明先典他人
執之乃如有係蒲抵当不干良主之乃言約[illegible]
外有母銀剋日聽取贖[illegible] 異言
立契為炤
道光壹[illegible]年[illegible] [illegible]付良主存
道光拾年捌月中 日立 [illegible]人啓蒲
中人陳其啓使[illegible]
書男人榮禴

① FYXS205、FYXS206、FYXS207三件文書叠在一起保存。

立契人啓蒲「

名内垵，年共載租壹仟貳佰「　」蒲分下应得□

陆佰斤大，前已经出賣租伍佰斤大，内租壹佰斤大。今因

欠銀应用，托中送付與

啟君兄邊歸一管掌为業，時收过價銀壹拾柒「

」其田付艮主起□

耕種，其苗米隨田办纳，田「　」不明，先典他人「

执之事。如有係蒲抵当，不干艮主之事。言约「

外有母銀到日听期取贖。「　」異言「

立契为炤。①

道光十四年三月鋒兄弟「　」租二百斤付艮主存「

道光拾年捌月中　日立契人啓蒲（押）

中見人陳貝啓使（押）

书男人荣繡（押）

---

①此處有挽結，類似於『9』。

FYXS208 道光十四年（1834）榮刺、榮繡文瀚送賣契① 545×245mm

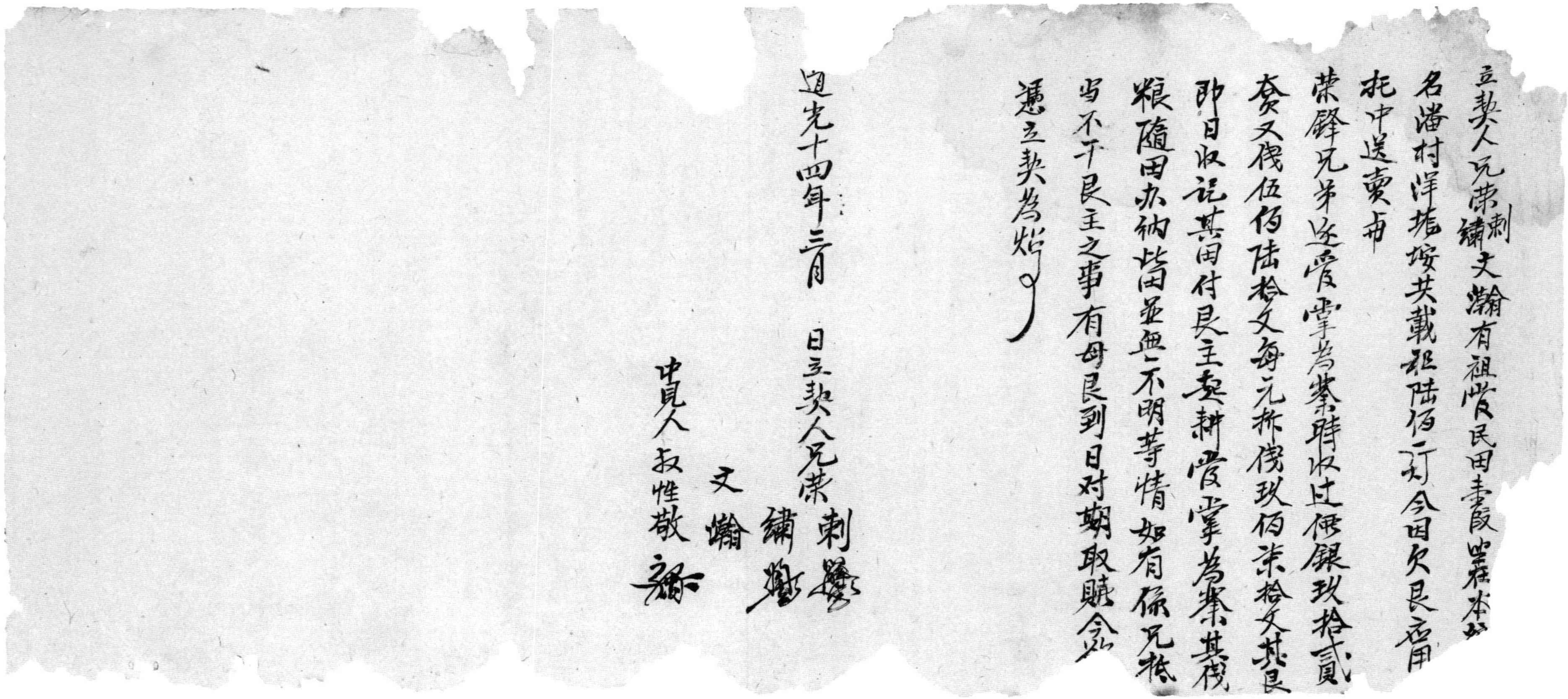
立契人兄榮刺、繡、文瀚有祖買民田壹段，坐在本处
名溜村洋壋墘，共載租陆佰斤，今因欠銀應用，
托中送賣弟
榮鋳兄弟邊買掌為業，時收过價銀玖拾貳
叁文伐伍佰陆拾文，每元折價玖佰柒拾文，其銀
即日收訖，其田付銀主起耕買掌為業，其伐
粮隨田办納，皆由並無不明等情，如有係兄抵
当，不干銀主之事。有母銀到日，對期取贖。今恐
無憑，立契為炤。
道光十四年三月 日立契人兄榮刺
繡
文瀚
中見人叔性敬

① FYXS208、FYXS209、FYXS210 、FYXS211、FYXS212、FYXS213、FYXS214七件文書叠在一起保存。

立契人兄荣刺繡、文瀚有租管民田壹段，坐在本鄉□
名潘村洋壠垵共載租陆佰斤大，今因欠艮应用，
托中送賣與
荣锋兄弟邊管掌為業，時收过價銀玖拾貳
大员，又錢伍佰陆拾文，每元折錢玖佰柒拾文，其艮
即日收讫，其田付艮主起耕管掌為業，其錢
粮隨田办纳。此田並無不明等情，如有係兄抵
当，不干艮主之事。有母艮到日，对期取贖。今欲□
憑，立契為炤。①

道光十四年三月　　日立契人兄荣刺（押）
繡（押）
文瀚
中見人叔性敬（押）

①此處有挽結，類似於『9』。

FYXS209 道光十四年（1834）榮繡添契[1] 479×218mm

立添契人榮繡，有民田一段坐

道光十四年七月 日立添契人榮繡

① FYXS208、FYXS209、FYXS210 、FYXS211、FYXS212、FYXS213、FYXS214七件文書叠在一起保存。

立添契人荣繡有民田一段，坐[
潘村洋垵，年共載租陆百斤，繡分下应得[
弍百斤，前年出賣在
荣冕酌兄弟邊添出價錢肆仟文，其錢收讫，其
田仍付艮主起耕，永遠管掌为業。其糧
錢随田办纳。此田並無不明等情。如有係繡
抵当，不干艮主之事。今欲有憑，立添契为炤。

道光十四年七月　　日立添契人荣繡（押）

FYXS210　道光十五年（1835）榮繡添契[1]　478×221mm

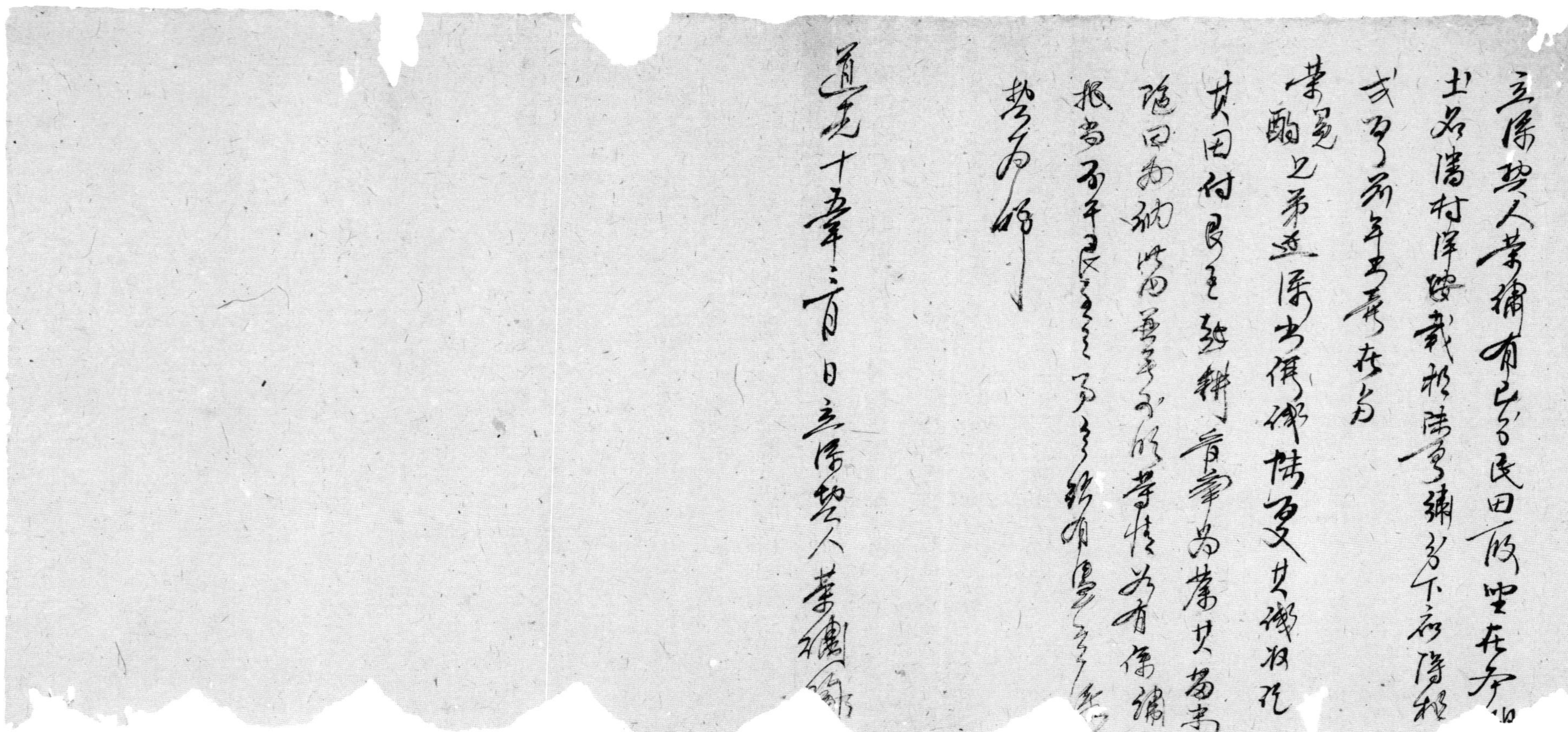

① FYXS208、FYXS209、FYXS210 、FYXS211、FYXS212、FYXS213、FYXS214七件文書叠在一起保存。

立添契人荣繡有己分民田一段，坐在本□，
土名潘村洋垵，載租陆百斤，繡分下应得租
弍百斤。前年出賣在與
荣冕酌兄弟邊，添出價錢陆百文，其錢收讫，
其田付艮主起耕，管掌为業，其苗米
随田办纳。此田並無不明等情。如有係繡
抵当，不干艮主之事。今欲有憑，立添
契为炤。①

道光十五年三月日立添契人荣繡（押）

①此處有挽結，類似於『9』。

FYXS211 道光十六年（1836）榮繡添契① 555×245mm

立添契人榮繡有己分民田一段坐落本鄉土名
坂栽秧式百乘号又段中陽坂門口栽秧壹百
二共租叁百乘号繡分下六分之一該得一分租五擔壹
斤前年出賣同侄壽廷托中說在
業酌兄弟添出添價壹仟式百文其價收訖其
田付侄壹起耕管業年乃業其耕苗米隨田办
納此田並無不明等情如有係繡抵當不干
主之事今欲有憑立添契為照

道光十六年七月 日立添契人榮繡（押）

---

① FYXS208、FYXS209、FYXS210 、FYXS211、FYXS212、FYXS213、FYXS214七件文書叠在一起保存。

立添契人荣繡有己分民田一段，坐在本鄉，土名[
坂載租弍百零五斤，又段中陽坂门口，載租壹百斤。
二共租叁百零五斤。繡分下六分应得一分，租五拾壹
斤。前年出賣，因價未足，托中就在
荣冕酌兄弟邊添出價錢壹仟弍百文。其錢收讫，其
田付艮主起耕管掌为業，其糧苗米随田办
纳。此田並無不明等情，如有係繡抵当，不干□
主之事。今欲有憑，立添契为炤。①

道光十六年七月　　日立添契人荣繡（押）

①此處有挽結，類似於『9』。

FYXS212 道光十六年（1836）榮繡添盡足契① 552×239mm

立添尽足契人榮繡，有己分闔分民田一段，坐[illegible]
[illegible]土名潘村洋，其田係銀租声四石叁載，原契及歷[illegible]
因價未足，托中就在
榮寬酌乙弟邊，添出尽足價錢肆仟文，其錢收訖，其田仍付[illegible]
主起耕永遠管業，[illegible]其[illegible]未[illegible]照原古契記
載壹拾玖合〇勺正，將許進股內推出付許進[illegible]收入册
內自辦办納粮務，無多推少，亦無寄情，日後不[illegible]
言及添贖，日後[illegible]約無贖無添，[illegible]有[illegible]
立添尽足契為照
道光拾陸年十月　日立添尽足契人榮繡
中見人　榮利

① FYXS208、FYXS209、FYXS210 、FYXS211、FYXS212、FYXS213、FYXS214七件文書叠在一起保存。

立添尽足契人荣繡有己分阄分民田一段，坐⌈

鄉，土名潘村洋，其價銀、租声、四至登載原契及添□

因價未足，托中就在

荣晃酌兄弟邊添出尽足價錢肆仟文，其錢收讫，其田仍付艮

主起耕，永遠管掌为業，其苗米依照原古契配

載壹升玖合〇勺正，將许進傳股内推出付许進衷收入股

内自徵办納糧務，並無多推少配等情，日後不敢

言及添贖，日後言約無贖無添，今欲有憑，

立添尽足契为炤。①

道光拾陸年十二月　　日立添尽足契人荣繡（押）

中见人荣刺

①此處有挽結，類似於『9』。

FYXS213　道光十六年（1836）縈繡推産鬮契①　554×240mm

① FYXS208、FYXS209、FYXS210 、FYXS211、FYXS212、FYXS213、FYXS214七件文書叠在一起保存。

立推産関人榮繡有己分阄分民田一叚，前年一在荣冕酌兄弟邊，已經尽價足讫，托中添出産関禮錢壹千文，其錢收讫，其田仍付艮主管掌为業，将许進傳股内推出付许進衷收入股内自徵办纳糧務，並無多推少配等情。日後言約有贖無添。今欲有憑，立推産関为炤。①

道光十陆年十弍月　　日立推産関人荣繡（押）

中见人兄荣刺

①此處有挽結，類似於『9』。

FYXS214　道光十七年（1837）榮繡添盡足契并推產闗①　554×236mm

① FYXS208、FYXS209、FYXS210 、FYXS211、FYXS212、FYXS213、FYXS214七件文書叠在一起保存。

立添尽足契並推産関人荣繡，有己分民田一段，坐□□
鄉，土名坋坂並中陽坂。前年出賣價良、租声、四至登載□
契。今就在
荣冕酌兄弟邊添出尽價足讫，推産関礼錢壹仟文，其錢收
讫，其田付良主起耕管掌为業，其苗糧米配載○
升玖合○勺正，將许進傳股内推出付许進衷收入股内
自徵完纳糧務，並無多推少配等情。日後言約
有贖無添。今欲有憑，立添尽足並推産關□
為炤。①
其中陽坂己分應得租拾陆斤拾兩，配许輝元
折色良壹厘七毛正，付许荣富收入股内，再炤。②
道光十七年七月　　日立添尽足并推産関人荣繡（押）
中見人兄荣刺

---

①此處有挽結，類似於『9』。
②此處有挽結，類似於『9』。

FYXS215　道光十四年（1834）榮廪送賣契一[1]　493×230mm

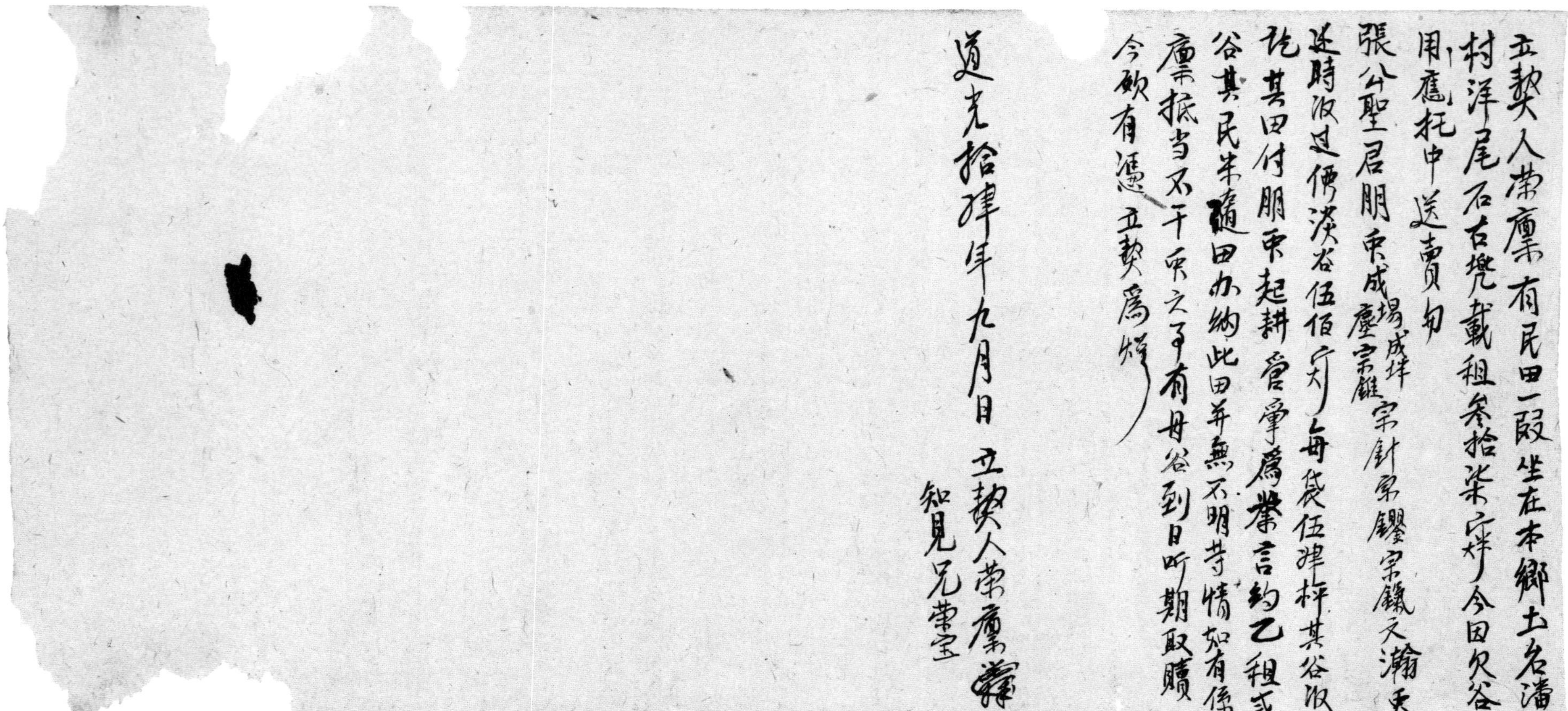
立契人榮廪有民田一段坐在本鄉土名潘
村洋尾石古墩載租叁拾柒秤今因欠谷
用，遷托中送賣與
張公聖啟朋來成塲成坪慶宗雄宗針宗鑾宗鑲文瀚等
邊時收過價洋谷伍佰斤刘每袋伍肆秤其谷收
訖其田付朋等起耕管業為業言約乙租或
谷其民米隨田亦納此田并無不明等情如有係
廩抵当不干朋之事有毋谷到日聽朋取贖
今欲有憑立契為炤
道光拾肆年九月日　立契人榮廪
知見兄榮宝

① FYXS215、FYXS216二件文書叠在一起保存。

立契人宋廩有民田一段，坐在本鄉，土名潘

村洋尾石古兜，載租叁拾柒斤半大。今因欠谷

應用，托中送賣與

張公聖君朋衆成塲、塵、成拌、宗錐、宗針、宗鑾、宗鑹、文瀚衆

邊，時收过價淡谷伍佰斤大，每袋伍肆秤，其谷收

讫，其田付朋衆起耕管掌爲業。言约乙租弍

谷，其民米随田办纳。此田并無不明等情，如有係

廩抵当，不干衆之事，有母谷到日，听期取贖。

今欲有憑，立契爲炤。①

道光拾肆年九月　　日立契人宋廩（押）

知見兄宋宝

---

①此處有挽結，類似於『9』。

FYXS216　道光十四年（1834）榮廩送賣契二[1]　495×228mm

立契人榮廩有民田一段坐在本鄉土名潘村洋
尾石古墘載租叁拾柒斤正今因欠無谷用應
托中送賣與
張公聖君朋衆成場成坪塵宗鏈宗針宗鑾宗鐵文瀚衆边時收过
佛谈谷伍佰斤每袋伍拾秤其谷收訖其田付
朋衆起耕管掌爲業言約乙租或谷其民米
隨田办納此田并無不明等情如有係廩抵
当不干衆之事有母谷到日所期取贖今欲有憑
立契爲炤
道光拾肆年九月日
立契人榮廩（押）
知見兄榮宝

① FYXS215、FYXS216二件文書叠在一起保存。

立契人荣廪有民田一段，坐在本鄉，土名潘村洋
尾石古兜，載租叁拾柒斤半大。今因欠無谷應用，
托中送賣與
張公聖君朋衆成場、成坪、宗針、宗鏕塵、宗錐、宗鑼、文瀚衆邊，時收过
價淡谷伍佰斤大，每袋伍肆秤，其谷收讫，其田付
朋衆起耕管掌爲業。言约乙租弍谷，其民米
隨田办纳。此田并無不明等情。如有係廪抵
当，不干衆之事，有母谷到日听期取贖。今欲有憑，
立契爲炤。①

道光拾肆年九月　　日立契人荣廪（押）
知見兄荣宝

①此處有挽結，類似於『9』。

FYXS217　道光十九年（1839）榮繡送賣契[①]　545×195mm

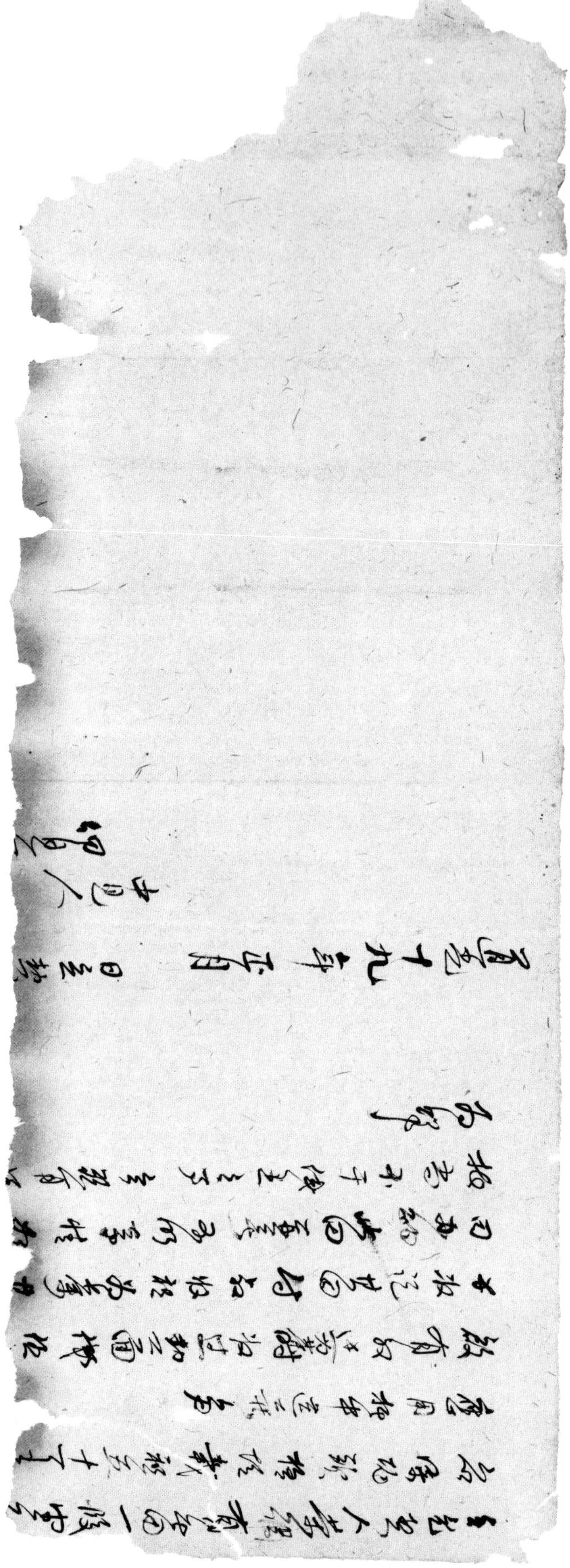

①此紙叠在一起。

立□契人人荣繡有屯田一段，坐〔
岩□壠頭格坵，載租五十一斤〔
應用，托中送賣與
啟有叔邊为業，时收过契面錢伍〔
錢收讫，其田付叔收租为業，其〔
田辦納。此田並無不明等情，如〔
抵当，不干錢主之事。今欲有〔
为炤。①

道光十九年　正月　日立契〔
中见人〔
佃见人〔

①此處有挽結，類似於『9』。

FYXS218　道光十九年（1839）啓有繳契　547×200mm

立繳契人啟有前買得崇績
土名大格丘乇租績分下應[illegible]
手大今因乏分應用托中送
崇郎弟邊時收其原契面分完
收訖其田付分主對佃收租[illegible]
業其價粿隨田出納今欲有[illegible]
繳契為照。

道光十九年八月　日立繳契人
中見人[illegible]

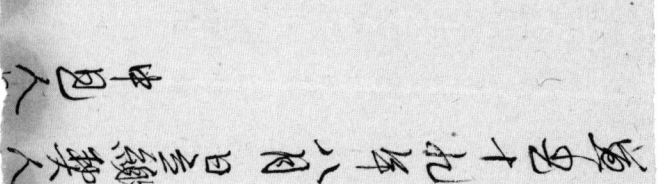

立繳契人啟有，前買得宗繡]土名大格坵，屯租繡分下應得]斤半大，今因乏錢應用，托中送]宗酌鋒邊，時收过原契面錢□]收讫，其田付錢主，對佃收租管掌為業，其錢糧隨田办納。今欲有]繳契为炤。

道光十九年八月　日立繳契人]

中見人]

FYXS219　雍正十三年（1735）許光玉、許寶傳、許元揚、許寶智兄弟等合約[1]　535×235mm

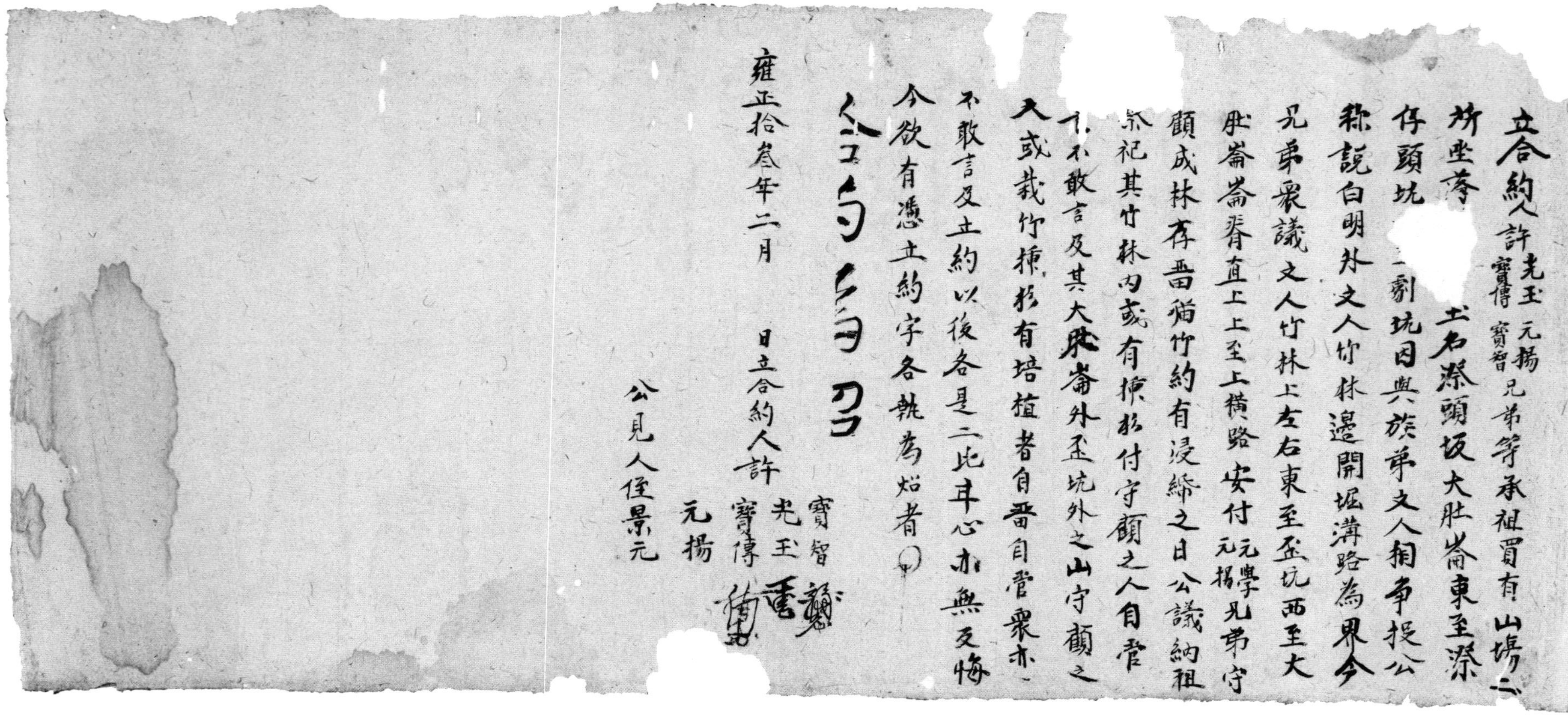

立合約人許光玉、寶傳、元揚、寶智兄弟等承祖買有山場一
所坐落土名漈頭坂大肚崙東至漈
仔頭坑劉坑口與族弟文人相争投公
秤說白明外文人竹林邊開掘溝路為界今
兄弟衆議文人竹林上左右東至丕坑西至大
肚崙崙脊直上上至上横路　安付元學、元揚兄弟守
顧成林存留猶竹約有浸締之日公議納租
祭祀其竹林内或有挿杉付守顧之人自管
下不敢言及其大肚崙外丕坑外之山守顧之
人或栽竹挿杉有培植者自留自管衆亦
不敢言及立約以後各是二比甘心亦無反悔
今欲有憑立約字各執為炤者

雍正拾叁年二月　日立合約人許寶智　光玉　寶傳　元揚
公見人侄景元

① FYXS219—FYXS247二十九件文書叠在一起保存。

立合約人許光玉、寶傳、元揚、寶智兄弟等，承祖買有山場二所，坐落[ ]土名漈頭坂大肚崙，東至漈仔頭坑，□□劇坑，因與族弟文人相爭，投公稱說白明外，文人竹林邊開掘溝路為界。今兄弟衆議，文人竹林上左右東至歪坑，西至大肚崙脊直上，上至上橫路安付元學、元揚兄弟守顧成林，存留貓竹，約有浸㫖之日，公議納租祭祀，其竹林內或有插松付守顧之人自管□不敢言及其大肚崙外歪坑外之山，守顧之人或栽竹插杉，有培植者自留自管，衆亦不敢言及。立約以後，各是一比甘心，亦無反悔。今欲有憑，立約字各執為炤者。〇

合約為炤①

雍正拾叁年二月　日立合約人許寶傳（押）　光玉（押）　寶智（押）

公見人侄景元　元揚

①此四字爲半書，存右半部分。

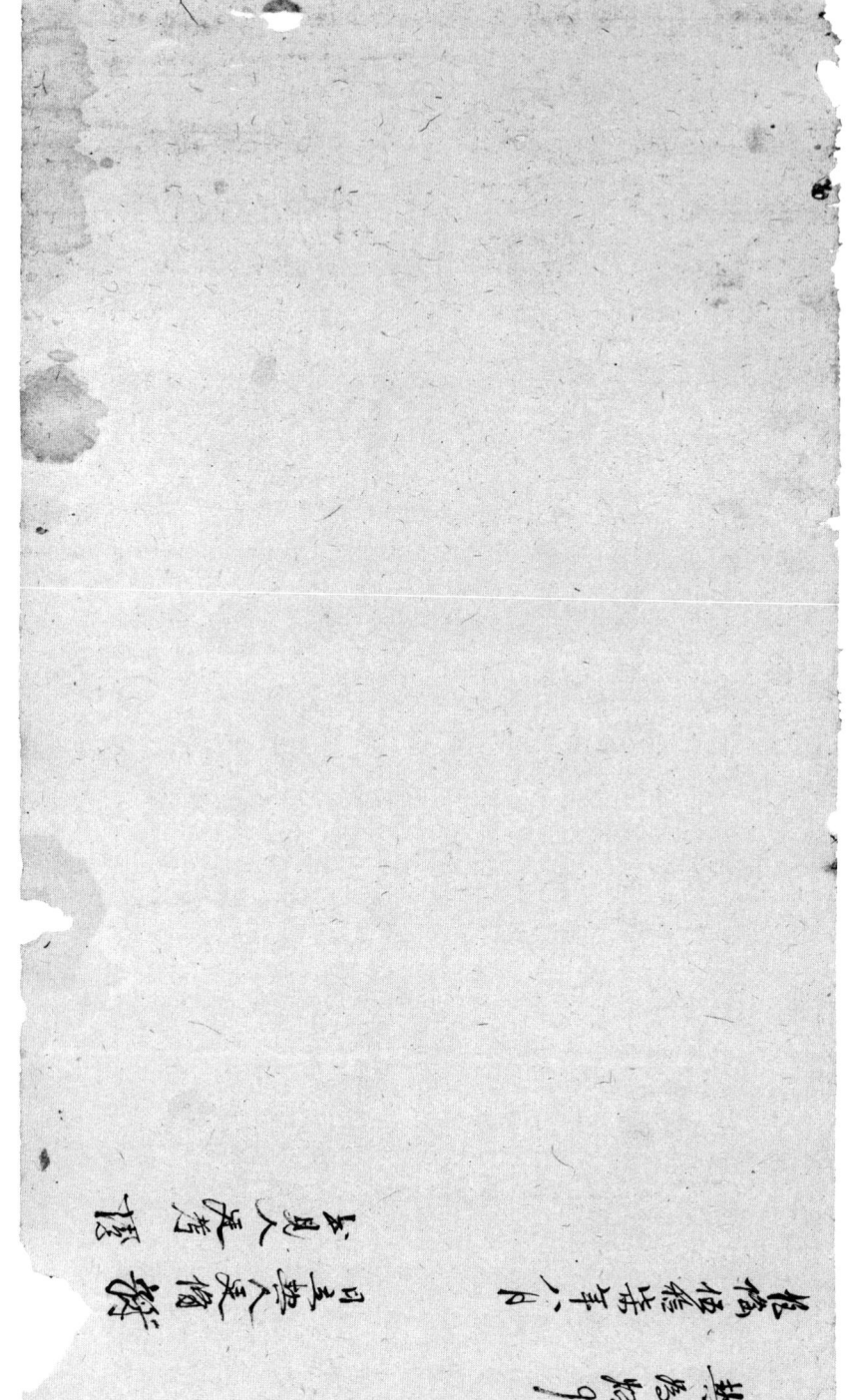

FYXS220　乾隆五十七年（1792）廷脩送賣契[1]　553×245mm

立契人廷脩有民田壹段坐在䕶村洋村土名内
坑抽出租陆拾觔今因无钱应用送卖与
八五公处为祀業時收過価钱肆仟文其钱收讫
其田付与收租办納管掌为業其粮随田办
纳日后无得異言生從等情今欲有凭立
契為炤
乾隆伍拾柒年八月　日立契人廷脩
見人廷秀

① FYXS219—FYXS247二十九件文書叠在一起保存。

立契人廷脩有民田壹段，坐在潘村洋村，土名内
垵，抽出租陸拾觔，今因無錢应用，送賣與
[美]五公衆為祀業，時收過價錢肆仟文，其錢收訖，
其田付衆收租办祭管掌為業，其糧隨田办
纳，日後並無異言生説等情。今欲有憑，立
契為炤。

乾隆伍拾柒年八月　　日立契人廷脩（押）
書見人廷考（押）

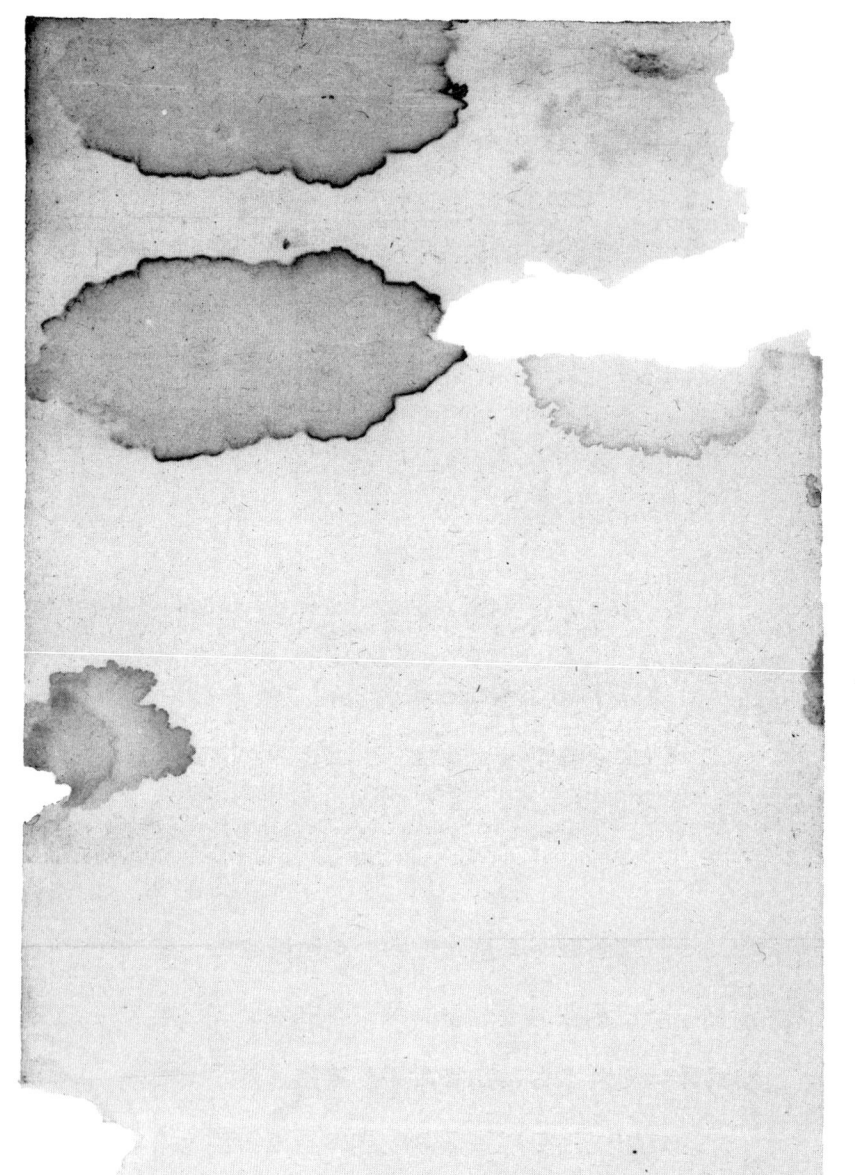

FYXS221　乾隆五十九年（1794）廷考添契①　572×246mm

立添契人廷考今在
美五公衆边添出對面田價錢壹仟壹百柒拾
文[illegible]其田仍付衆起佃永為祀祖其價
租声登載原添契日后不敢異言生說今
欲有憑立添為照
乾隆五十九年八月　日立添契人廷考　押
見人廷脩　字

① FYXS219—FYXS247二十九件文書叠在一起保存。

立添契人廷考今在
美五公衆邊添出对面田價錢壹仟壹百柒拾□
艮[　]訖，田仍付衆起佃，永為祀租，其價□
租声登載原、添契，日後不敢異言生说。今
欲有憑，立添為炤。①

乾隆五十九年八月　　日立添契人廷考（押）
見人廷脩（押）

①此處有挽結，類似於『9』。

FYXS222　嘉慶六年（1801）啓蒲承字①　245×248mm

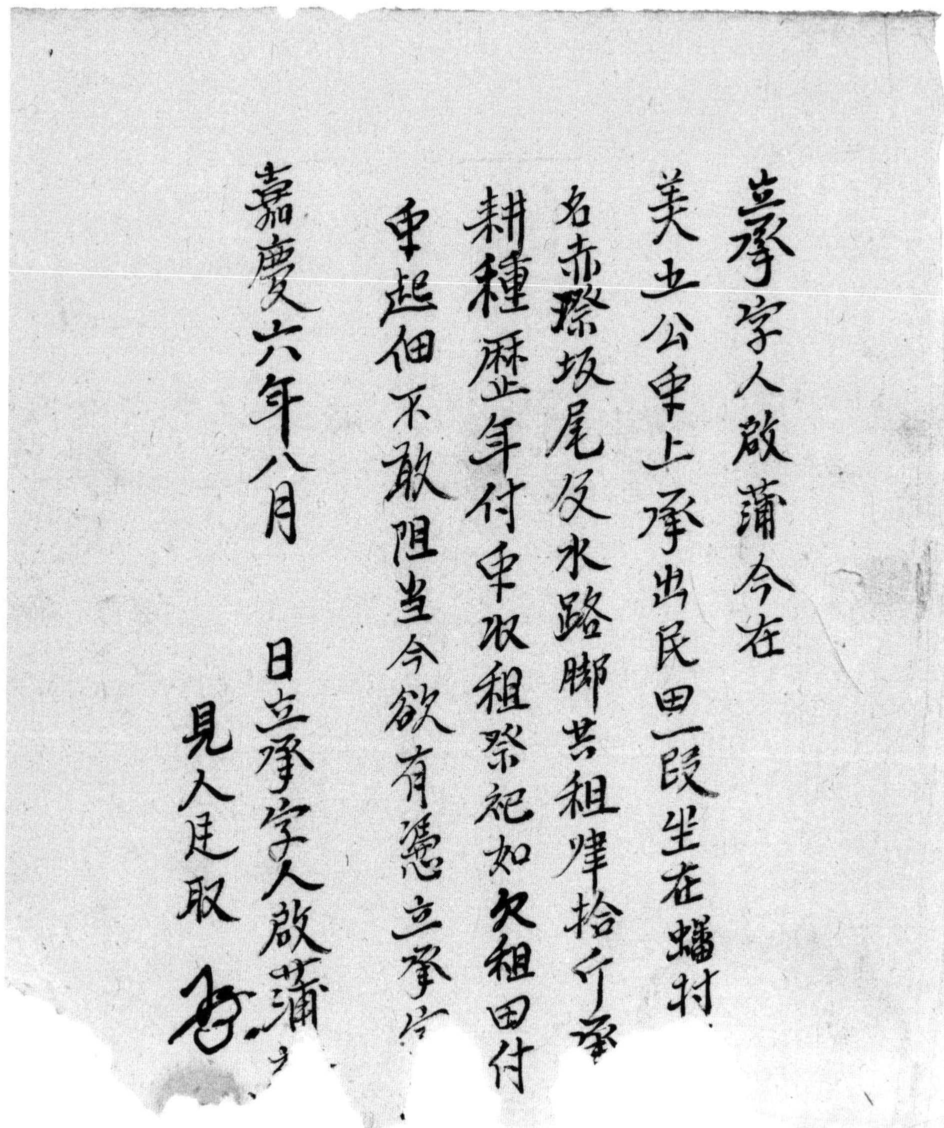

立承字人啓蒲今在
美玉公里上承出民田一段坐在蟠村
名赤際坂尾及水路脚共租肆拾斤承
耕種歷年付里收租祭祀如欠租田付
里起佃不敢阻当今欲有憑立承字付
嘉慶六年八月　　日立承字人啓蒲
見人廷取

①FYXS219—FYXS247二十九件文書疊在一起保存。

立承字人啟蒲，今在
美五公衆上承出民田一段，坐在蟠村□，土
名赤漈坂尾及水路脚，共租肆拾斤，承□
耕種。歷年付衆收租祭祀。如欠租，田付
衆起佃，不敢阻当。今欲有憑，立承字□□。
嘉慶六年八月　　日立承字人啟蒲（押）
見人廷取（押）

FYXS223　嘉慶六年（1801）廷實送賣契[1]　500×242mm

① FYXS219—FYXS247二十九件文書叠在一起保存。

﹇實有民田壹段，坐在本鄉，土名公祖
坂，租叁拾斤，送賣與
美五公衆邊為祀業，時收过價銀叁大员，即收讫，
其田付衆收租祭祀管掌為業。此田並無不明
等情，係賣主抵当，干衆之事，其錢粮随田办□，
言約三年外，有母艮到日取出文契，不得兜执，或添
贖，听從其便。今欲有憑，立契為炤。①

嘉慶六年八月　　日立契人廷實（押）
　　　　　　　　中見人侄啟芃（押）

---

①此處有挽結，類似於『9』。

FYXS224 嘉慶十年（1805）啓子送賣契[①] 569×243mm

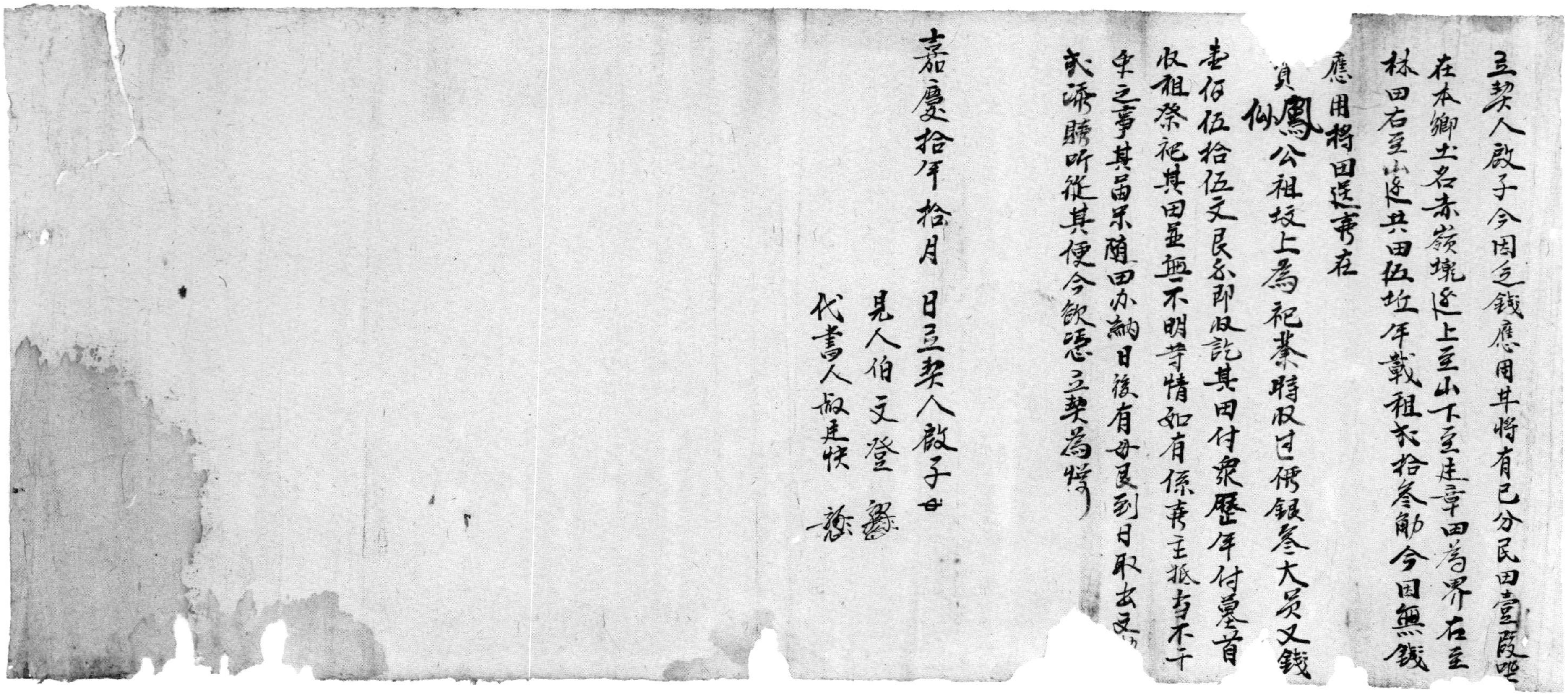
立契人啟子，今因乏錢應用，將有己分民田壹段，坐
在本鄉土名赤嶺境，坐上至山，下至趕亭田為界，左至
林田，右至小塚，共田伍坵，年載租谷拾叁節，今因無錢
應用，將田送賣在
貞似鳳公祖坟上為祀業，時取出價銀叁大員又錢
壹佰伍拾伍文，艮系即收訖，其田付衆歷年付墓首
收租祭祀，其田並無不明等情，如有係賣主抵當，不干
衆之事。其苗米隨田办納，日後有母艮到日取出交約，
貳添聽听從其便，今欲憑立契為照。
嘉慶拾年拾月　日立契人啟子（押）
見人伯文登（押）
代書人叔廷快（押）

① FYXS219—FYXS247二十九件文書叠在一起保存。

立契人啟子，今因乏錢應用，甘將有己分民田壹段，坐在本鄉，土名赤嶺墘邊，上至山，下至廷章田為界，左至林田，右至山邊，共田伍坵，年載租弍拾叁觔。今因無錢應用，將田送賣在寶似鳳公祖坟上為祀業，時收过價銀叁大員，又錢壹佰伍拾伍文，艮錢即收訖，其田付衆，歷年付墓首收租祭祀。其田並無不明等情，如有係賣主抵当，不干衆之事。其苗米隨田办納，日後有母艮到日取出文契，或添贖，听從其便。今欲憑，立契為炤。①

嘉慶拾年拾月　　日立契人啟子（押）

見人伯文登（押）

代書人叔廷快（押）

①此處有挽結，類似於『9』。

FYXS225　嘉慶十八年（1813）成坬就契[1]　567×246mm

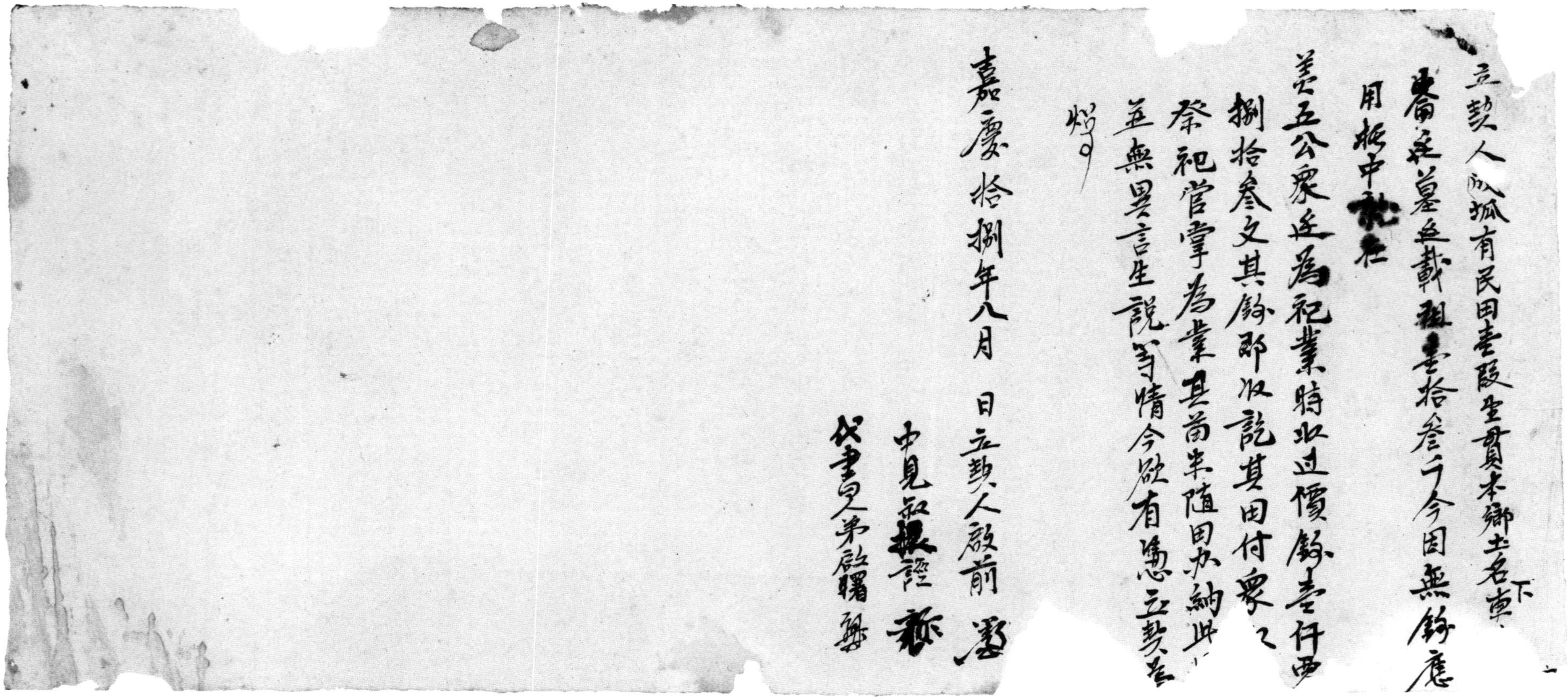

① FYXS219—FYXS247二十九件文書叠在一起保存。

立契人成坬有民田壹段，坐貫本鄉，土名下車□
崙邊、墓邊，載租壹拾叁斤，今因無錢應
用，托中就在
美五公衆邊為祀業，時收过價錢壹仟零
捌拾叁文，其錢即收訖，其田付衆□□
祭祀管掌為業，其苗米随田办納，此□
並無異言生説等情。今欲有憑，立契為
炤。①

嘉慶拾捌年八月　日立契人啟前（押）
中見叔振②證（押）
代書人弟啟曙（押）

①此處有挽結，類似於『9』。
②此字由『廷』改『振』。

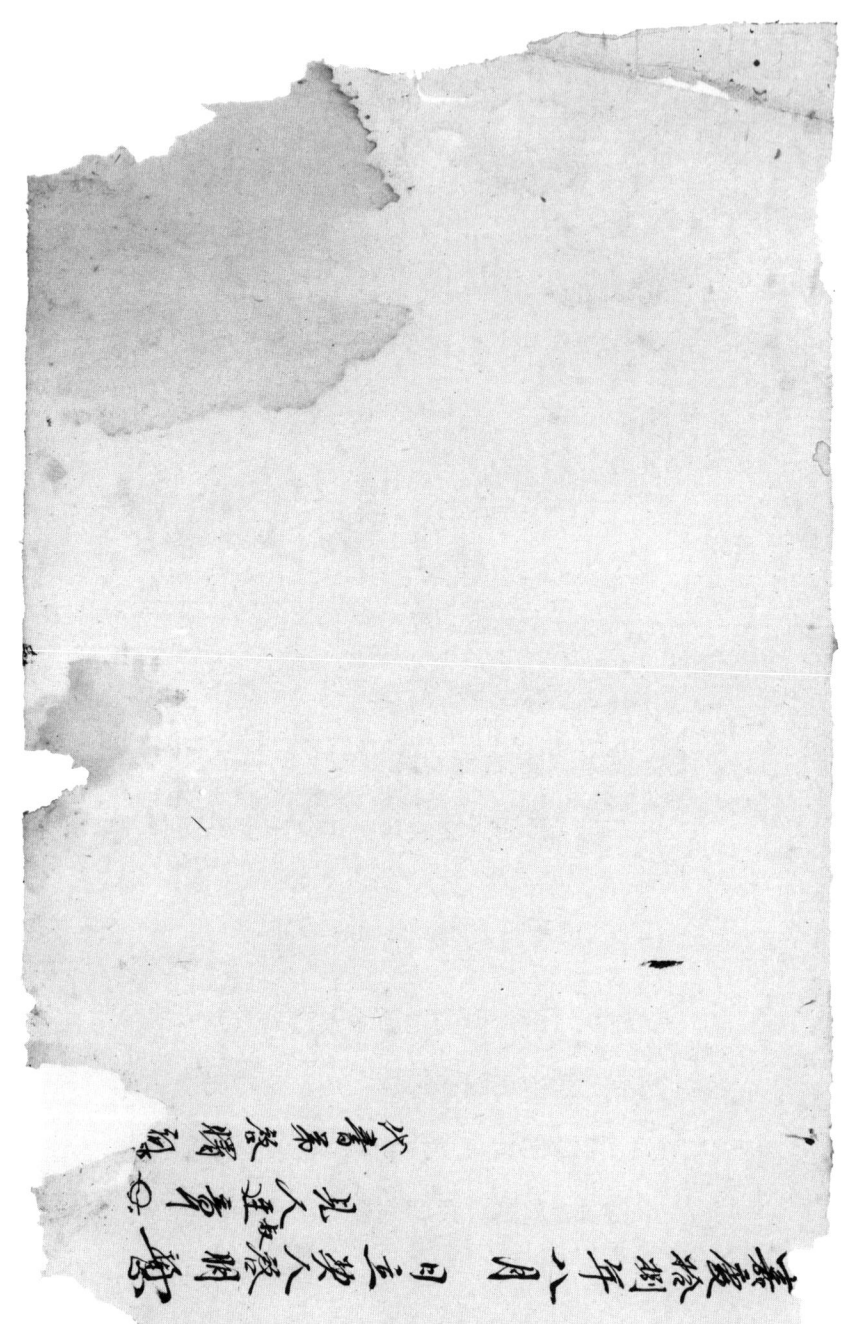

FYXS226　嘉慶十八年（1813）啓明就契①　567×248mm

[illegible]啓明有己分民田壹段坐在溯[illegible]
土名水碓仔載租壹拾玖觔今因欠錢應
就正
業[illegible]宗述爲祀業材叔過錢壹仟伍佰柒
拾文其錢叔託其田付宗叔租祭祀爲業其
界米隨田办納其田並無不明如有不明
明抵當不干宗之事今欲有憑立契人爲
炤

嘉慶拾捌年八月　日立契人啓明（押）
見人叔廷章（押）
代書弟啓曜（押）

① FYXS219—FYXS247二十九件文書叠在一起保存。

一啓明有己分民田壹叚，坐在潮兜□，
土名水□仔，載租壹拾玖觔。今因欠錢應□，
就在
美五公衆邊為祀業，时收过錢壹仟伍佰柒
拾文，其錢收讫，其田付衆收租祭祀為業，其
糧米隨田办納，其田並無不明，如有不明，□
明抵当，不干衆之事。今欲有憑，立契人為
炤。①

嘉慶拾捌年八月　日立契人啓明（押）

見人叔廷章（押）

代書弟啓曙（押）

①此處有挽結，類似於『9』。

FYXS227　嘉慶十八年（1813）廷取送賣契[1]　568×249mm

① FYXS219—FYXS247二十九件文書叠在一起保存。

□契人廷取有民田壹段，坐貫鎬運，土
名中壠仔尾，年載租穀貳拾弍觔，上至林
田，左至李[　]溪，右至山，四至明白。今因
無錢應用，送賣在與
美五公祖坟上衆等邊为祀業，時收过價
錢壹仟捌佰弍拾文，錢即收訖，田付衆收租
祭祀管掌为業，不敢異言生説等情。如
有□明，係賣主抵当，不干衆之事。今欲
□□，立契为炤。①

嘉慶拾捌年八月　　日立契人廷取（押）
代书見人元昌（押）

①此處有挽結，類似於『9』。

FYXS228　嘉慶十九年（1814）該六公長、二房子孫衆等就契[1]　553×238mm

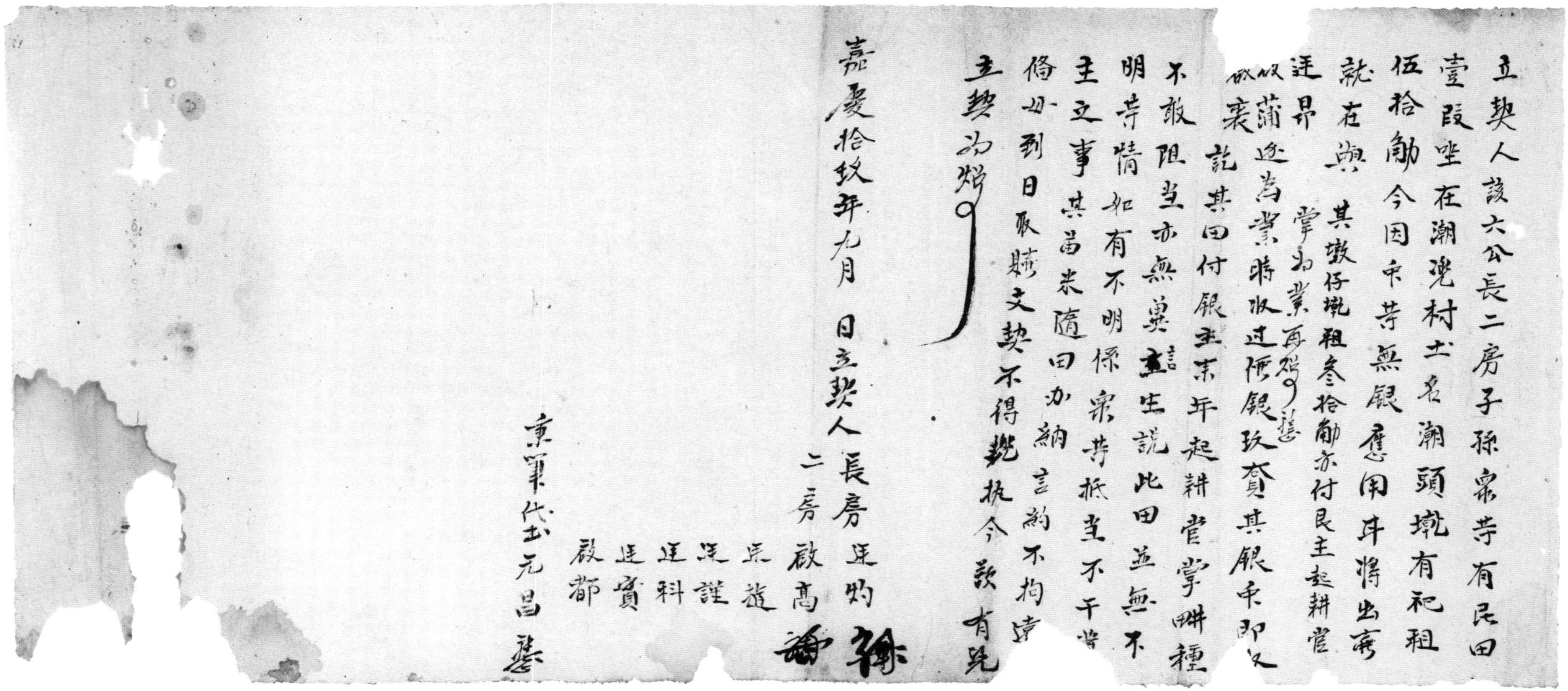

立契人該六公長二房子孫衆等有民田
壹段坐在湖洋村土名湖頭墩有祀租
伍拾觔，今因乏等無銀應用，將出賣
就在與　其墩仔墩租叁拾觔亦付民主起耕管掌爲業，再照。
廷昇
叔蒲邊爲業，將收過價銀玖錢，其銀乘即收
啟衮訖。其田付銀主來年起耕管掌耕種，
不敢阻當，亦無異言生說。此田並無不
明等情，如有不明，係衆等抵當，不干當
主之事。其苗米隨田办納，言約不拘遠
倘，四到日取贖文契，不得執抗。今欲有憑，
立契爲照。

嘉慶拾玖年九月　日立契人長房　廷灼
二房　啟高
廷進
廷謹
廷科
廷賓
啟都
東峯代書元昌

① FYXS219—FYXS247二十九件文書叠在一起保存。

立契人該六公長、二房子孫衆等，有民田壹段，坐在潮兜村，土名潮頭墘，有祀租伍拾觔。今因衆等無銀應用，甘將出賣就在與廷昂啟衷啟蒲邊為業，時收过價銀玖大員，其銀衆即收訖，其田付銀主来年起耕管掌畊種，不敢阻当，亦無異言生説。此田並無不明等情，如有不明，係衆等抵当，不干業主之事。其苗米随田办納，言約不拘遠□，備母到日取贖文契，不得兜执。今欲有憑，立契為炤。①

其墩仔墘租叁拾觔，亦付艮主起耕管掌为業，再炤。②

嘉慶拾玖年九月　日立契人　長房廷灼（押）

二房啟高（押）

廷遊

廷謹

廷科

廷實

啟都

秉筆代书元昌（押）

①此處有挽結，類似於『9』。

②此處有挽結，類似於『9』。

FYXS229　道光四年（1824）該六公衆送賣契①　560×248mm

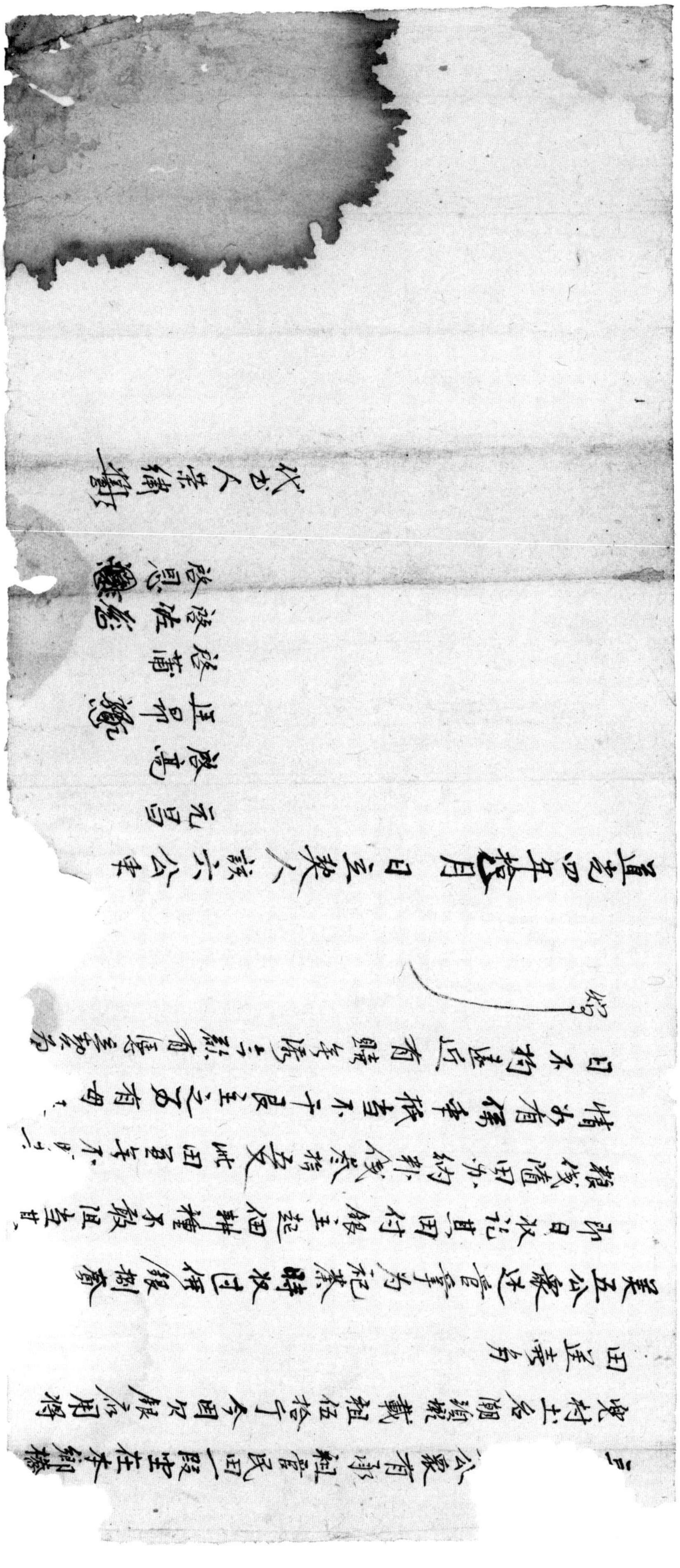

道光四年拾月　日立契人該六公衆

① FYXS219—FYXS247二十九件文書疊在一起保存。

立[　　]該六公衆，有承祖管民田一段，坐在本鄉橋兜村，土名潮頭垅，載租伍拾斤，今因欠銀应用，將田送賣與

美五公衆邊管掌为祀業，時收过價銀捌大員[　　]，即日收訖，其田付銀主起佃耕種，不敢阻当，其粮錢随田办纳，糧錢叁拾五文，此田並無不明等情，如有係衆抵当，不干艮主之事。有母□□日，不拘遠近，有贖無添。今欲有憑，立契为炤。①

道光四年拾乙月　日立契人該六公衆

元昌

啓高

廷昂（押）

啓蒲

啓佐（押）

啓恩（押）

代书人荣繡（押）

①此處有挽結，類似於『9』。

FYXS230 道光八年（1828）啓東送賣契① 503×234mm

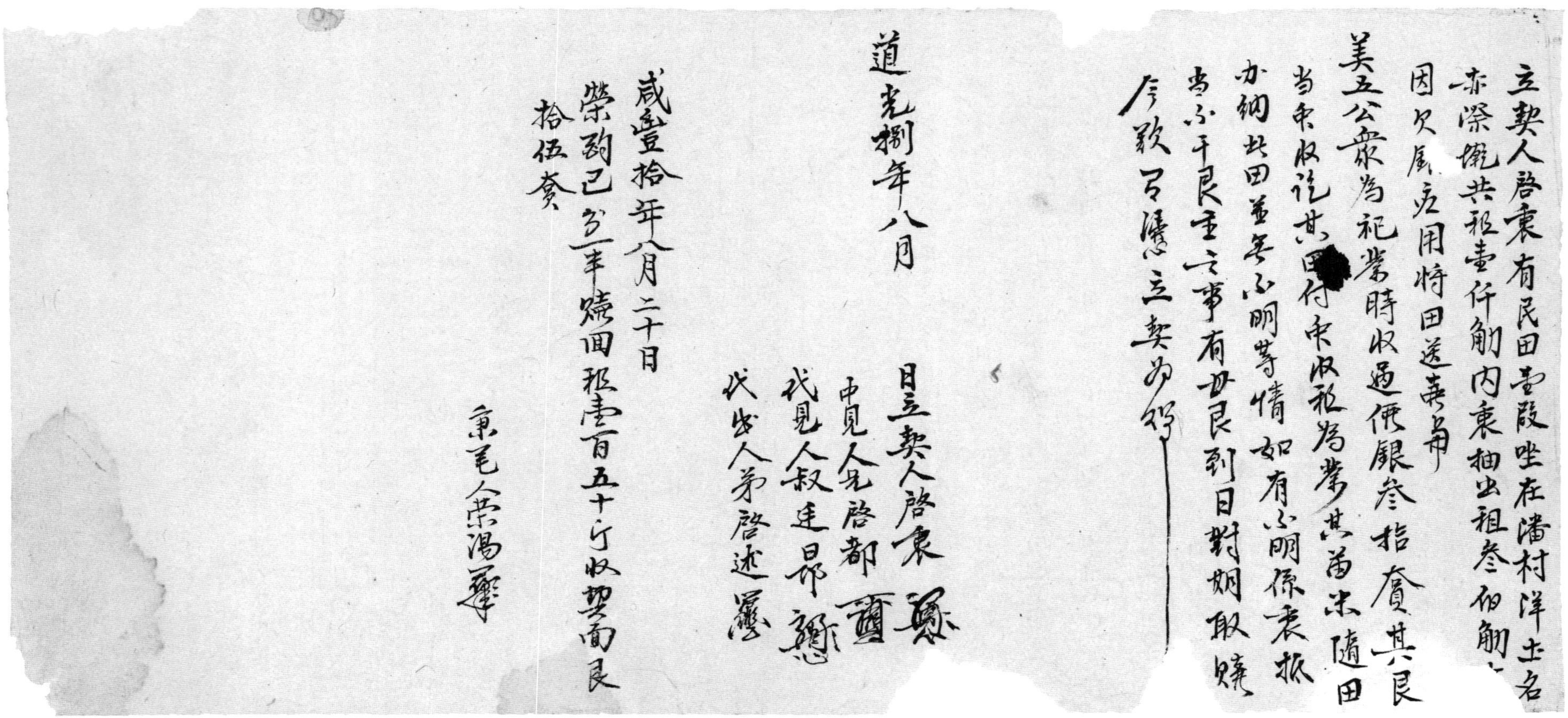
立契人啓東有民田壹段坐在潘村洋土名
赤㴩墘共租壹仟觔内東抽出租叁佰觔
因欠廣无用将田送與弟
美五公衆為祀業時收過價銀叁拾員其銀
当未收訖其田付衆收租為業其苗米隨田
办納此田並無不明等情如有不明係衆抵
当不干艮主之事有此良到日對仍取贖
今欲有憑立契为照
道光捌年八月 日立契人啓東
中見人兄啓都
代見人叔廷昂
代书人弟啓述
咸豐拾年八月二十日
榮豹已出丰續田租壹百五十斤收契面良
拾伍員
秉筆人榮湯

① FYXS219—FYXS247二十九件文書叠在一起保存。

立契人啓衷，有民田壹段，坐在潘村洋，土名赤濚墘，共租壹仟觔，内衷抽出租叁佰觔，□因欠銀应用，将田送賣與美五公衆為祀業，時收過價銀叁拾大員，其艮当衆收讫，其田付衆收租為業，其苗米随田办纳。此田並無不明等情。如有不明，係衷抵当，不干艮主之事。有母艮到日，對期取贖。今欲有憑，立契为炤。①

道光捌年八月　日立契人啓衷（押）

中見人兄啓都（押）

代見人叔廷昂（押）

代书人弟啓述（押）

咸豐拾年八月二十日

榮酌己分一半贖回，租壹百五十斤，收契面艮拾伍大员。

秉笔人荣湯（押）

---

①此處有挽結，類似於『9』。

FYXS231　道光十年（1830）性白收字[1]　554×246mm

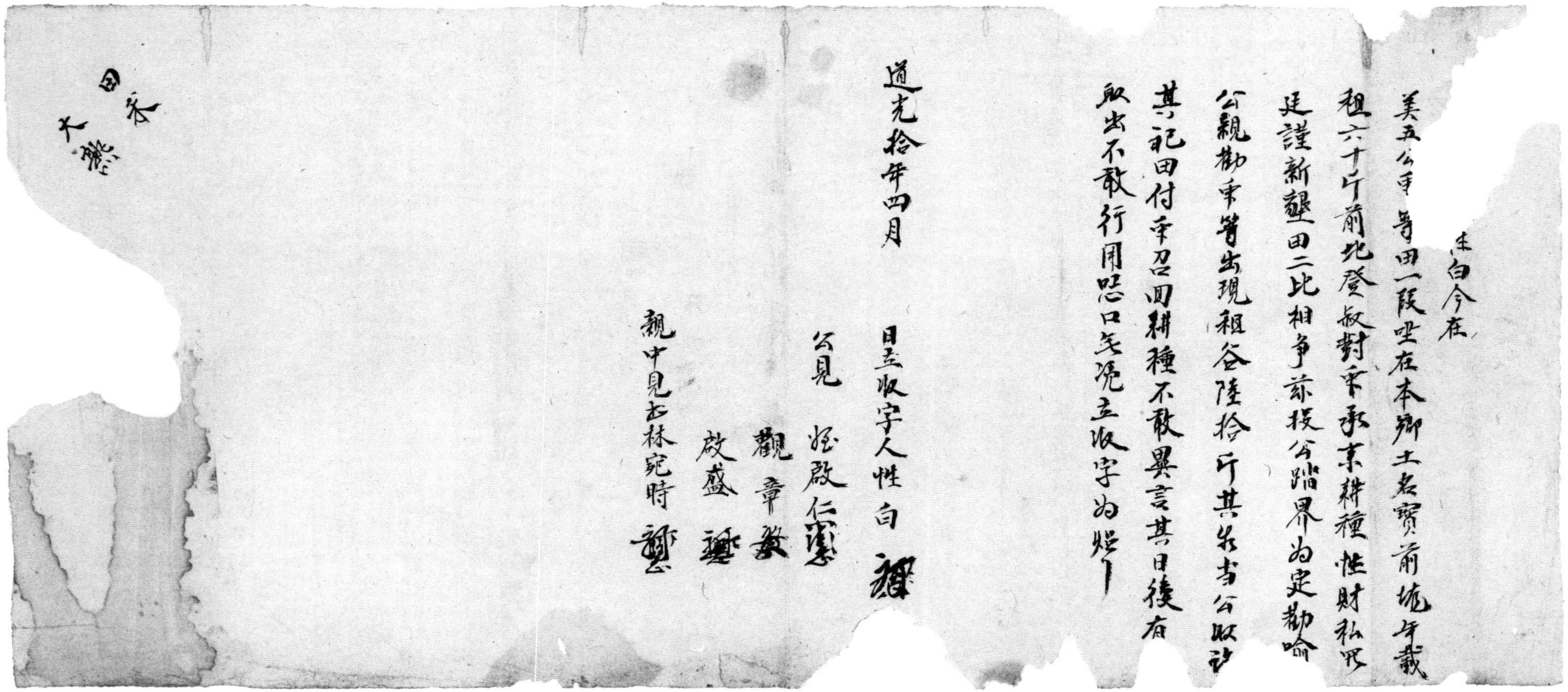
白今在
美五公手置田一段坐在本鄉土名寶前垅年載
租六十斤前地壹叔對衆承其耕種性財私尻
廷謹新墾田二比相爭蒙投公踏界為定勸喻
公親勸衆皆出現租谷陸拾斤其谷当公收訖
其祀田付衆召回耕種不敢異言其日後有
取出不敢行用恐口無憑立收字為照
道光拾年四月　日立收字人性白
公見　性啟仁　觀章　啟盛
親中見玉林宛時

---

① FYXS219—FYXS247二十九件文書叠在一起保存。

]性白，今在
美五公衆等田一段，坐在本鄉，土名寶前壠，年載
租六十斤，前比登叔對衆承業耕種。性財私買
廷謹新墾田，二比相争，兹投公踏界为定。勸喻
公親勸衆等出現租谷陸拾斤，其谷当公收讫，
其祀田付衆召佃耕種，不敢異言。其日後有□
取出，不敢行用。恐口无凴，立收字为炤。①

道光拾年四月　　日立收字人性白（押）
公見　侄啟仁（押）
觀章（押）
啟盛（押）
親中見书林宛時（押）

田禾
大熟

①此處有挽結，類似於『9』。

福建洋坑許氏文書（下）

馮學偉　王志民　主編

广西师范大学出版社
GUANGXI NORMAL UNIVERSITY PRESS
·桂林·

三、契約文書（下）

FYXS232　道光十二年（1832）榮發繳付契[1]　556×238mm

① FYXS219—FYXS247二十九件文書叠在一起保存。

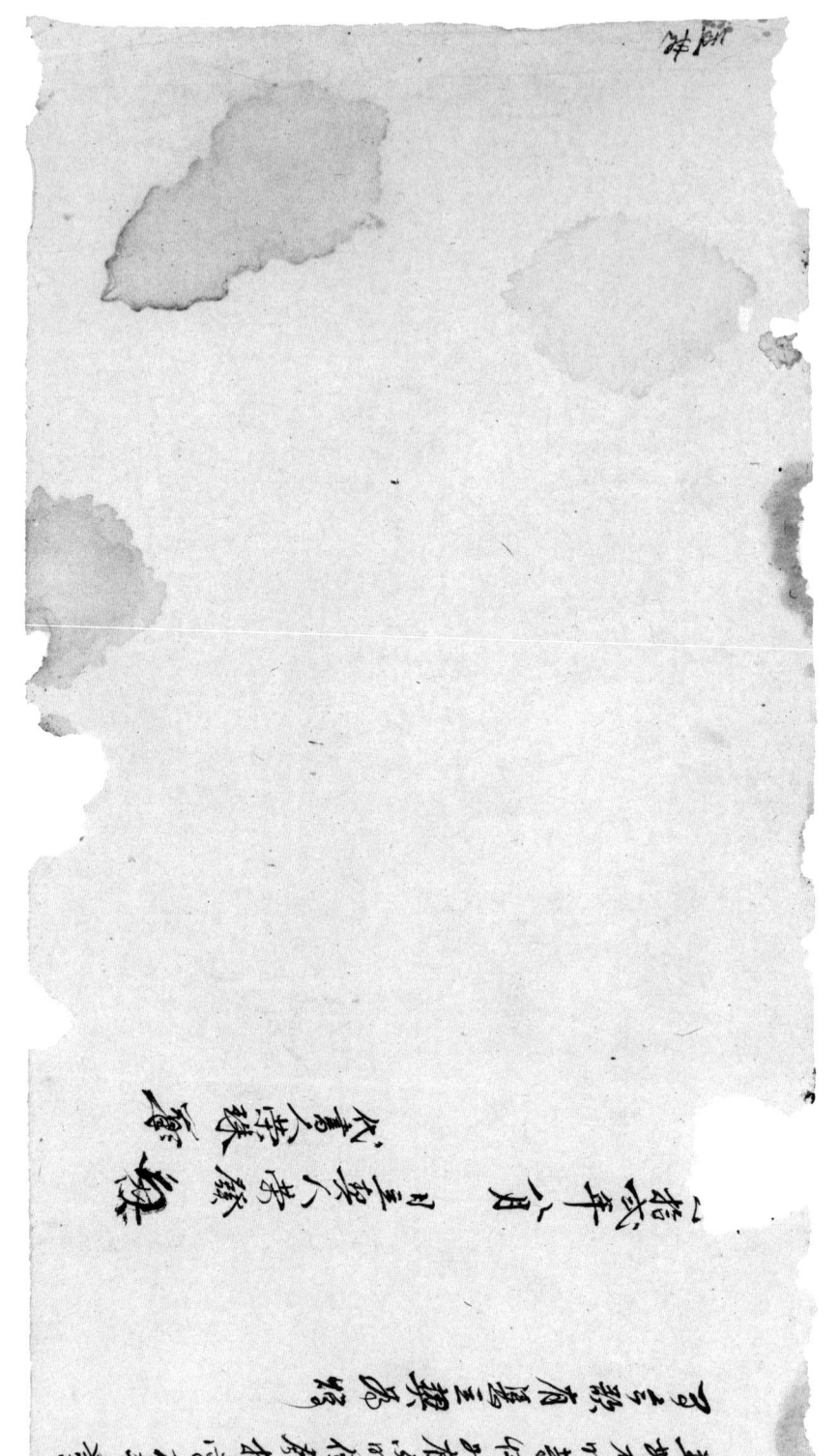

立契[　]坖坑仔竹林在美五公衆折出
租弍拾斤[　]收租為業。今因發欠錢應用，竹林
租繳付與
美五公衆等管掌為業，時收过價錢壹仟叁佰文，其
錢即日□□，其竹林租付衆收租祭祀為業，中间
並無不明等情。如有不明，係發抵當，不干衆之
事。今欲有憑，立契為炤。①

道光拾弍年八月　　日立契人荣發　（押）
代書人荣珠　（押）

①此處有挽結，類似『9』。

FYXS233　道光十六年（1836）榮刺送賣契①　501×233mm

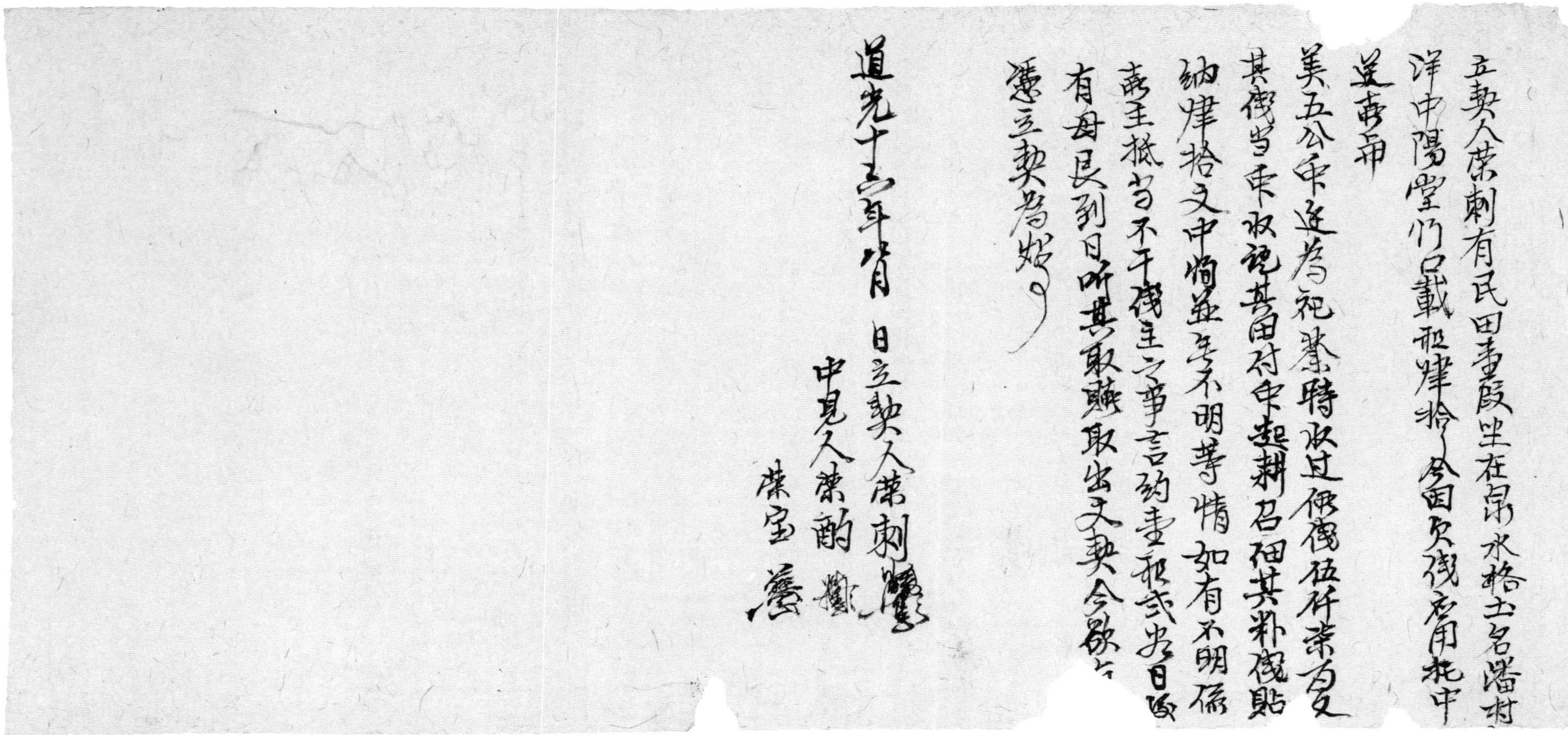
立契人榮刺有民田壹段，坐在泉水格，土名潘村
洋中陽堂门，□載租肆拾[illegible]，今因欠錢應用，托中
送與房弟
美五公承送為祀業，時收過價錢伍仟柒百文，
其價當承收訖，其田付與起耕召佃，其粮錢貼
納肆拾文中，倘並無不明等情，如有不明，係
壽主抵當，不干錢主之事。言約壹租貳[illegible]，日後
有母艮到日，听其取贖，取出文契。今欲有
憑，立契為炤。
道光十六年　月　日立契人榮刺
中見人榮酌
榮宝

① FYXS219—FYXS247二十九件文書疊在一起保存。

立契人荣刺有民田壹段，坐在泉水格，土名潘村
洋中陽堂门口，載租肆拾斤。今因欠錢应用，托中
送賣與
美五公衆邊為祀業，時收过價錢伍仟柒百文，
其錢当衆收讫，其田付衆起耕召佃。其糧錢貼
納肆拾文，中間並無不明等情，如有不明，係
賣主抵当，不干錢主之事，言约壹租弍谷。日後
有母艮到日，听其取贖取出文契。今欲有
憑，立契為炤。①

道光十六年八月　日立契人荣刺（押）
中見人荣酌（押）
荣宝（押）

①此處有挽結，類似『9』。

FYXS234　道光十六年（1836）文瀚送賣契①　503×236mm

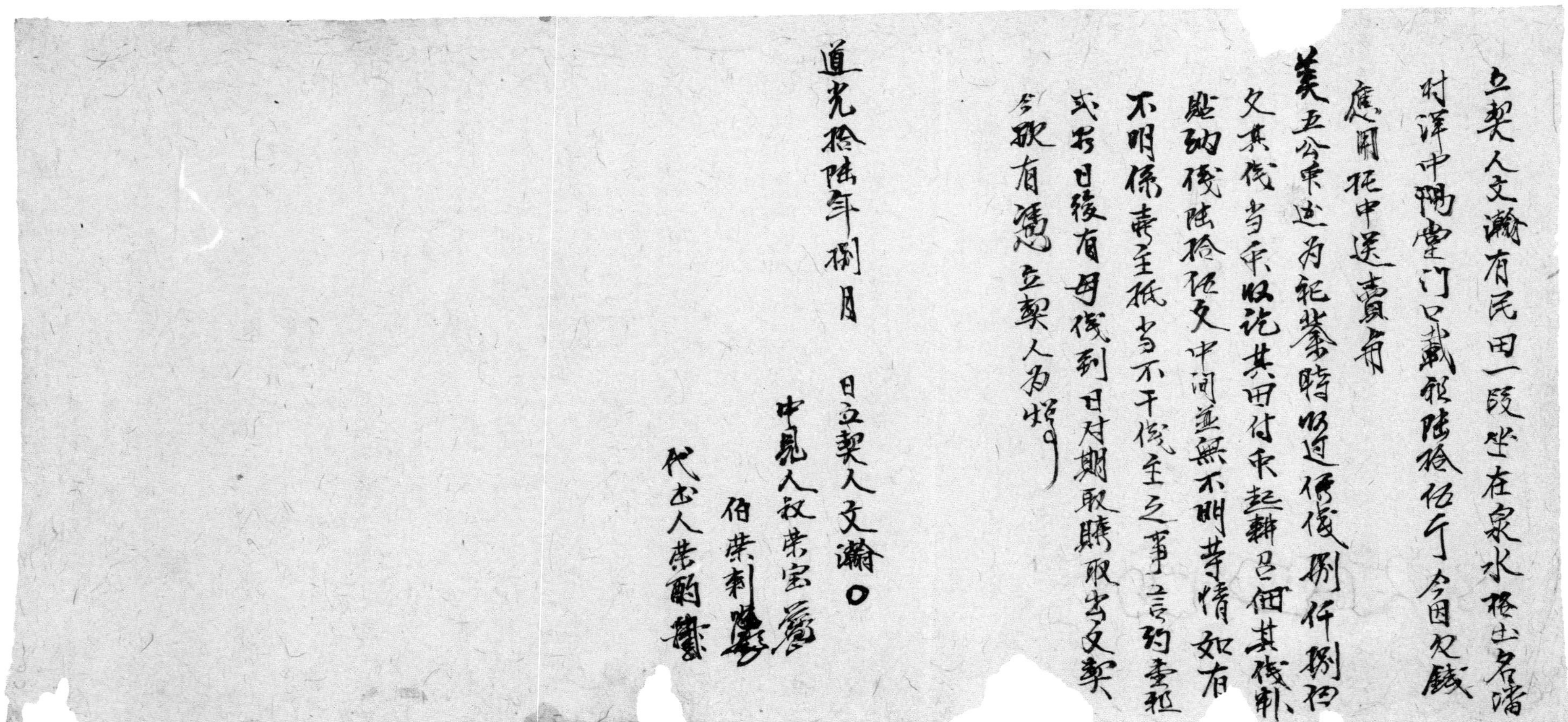

立契人文瀚有民田一段坐在泉水格土名嶺
村洋中陽堂门口載租陆拾伍斤今因乏錢
應用托中送賣與
美五公衆边为祀業時收过價錢捌仟捌佰
文其價当衆收訖其田付衆起耕召佃其價則
照納價陆拾伍文中间並無不明等情如有
不明係賣主抵当不干價主之事言約壹拾
式年日後有母價到日对期取贖取出文契
今欲有憑立契人为照

道光拾陆年捌月　日立契人文瀚〇
中見人叔荣宝（押）
伯荣刺（押）
代書人荣酌（押）

① FYXS219—FYXS247二十九件文書叠在一起保存。

立契人文瀚有民田一段，坐在泉水格，土名潘
村洋中陽堂门口，載租陆拾伍斤。今因欠錢
應用，托中送賣與
美五公衆邊为祀業，時收过價錢捌仟捌佰
文，其錢当衆收讫，其田付衆起耕召佃，其錢糧
貼納錢陆拾伍文，中间並無不明等情，如有
不明，係賣主抵当，不干錢主之事，言约壹租
弍谷，日後有母錢到日对期取贖，取出文契。
今欲有憑，立契人为炤。①

道光拾陆年捌月　　日立契人文瀚〇
中見人叔荣宝（押）
伯荣刺（押）
代书人荣酌（押）

①此處有挽結，類似『9』。

FYXS235　道光十八年（1838）啓賢添契[1]　472×226mm

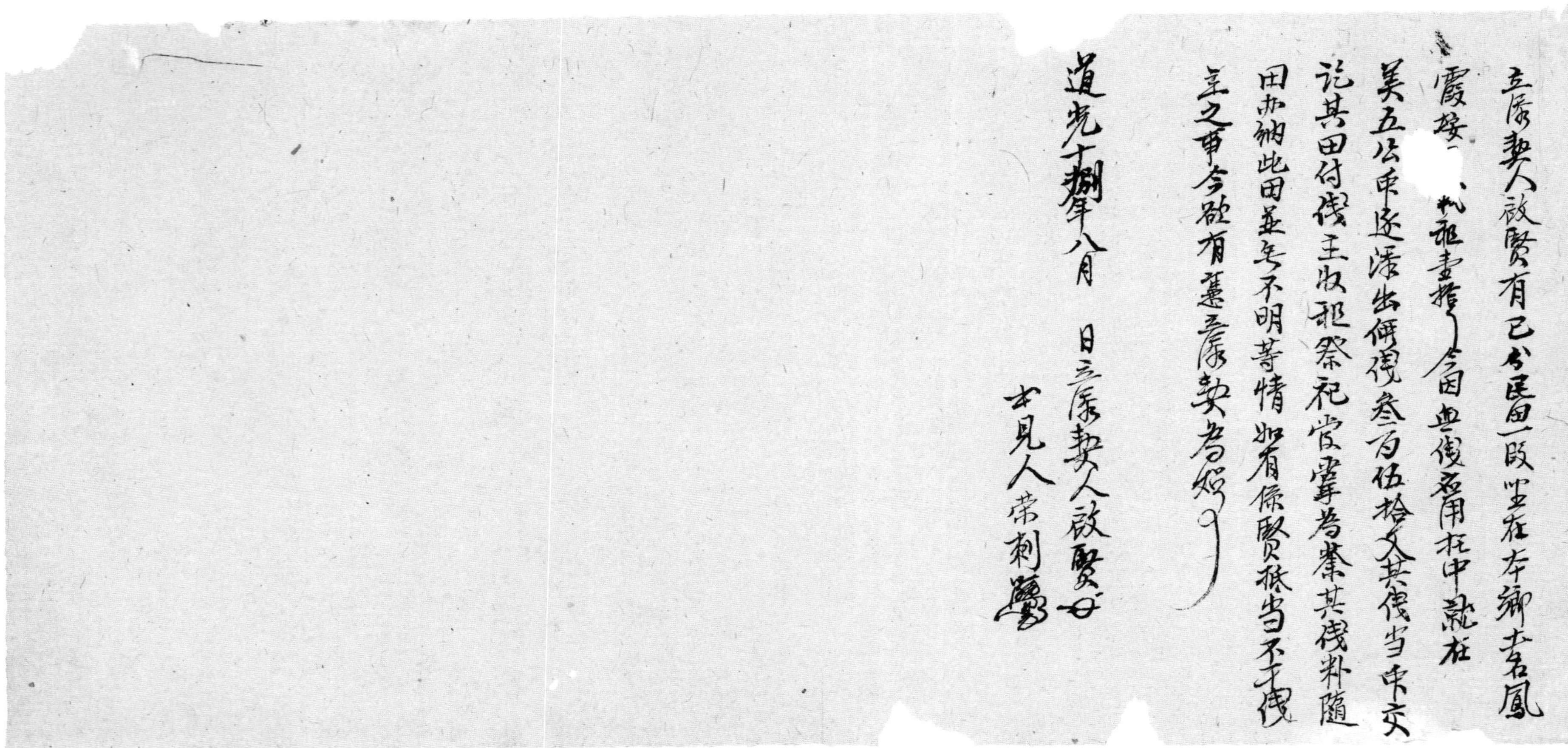
立添契人啟賢有已分民田一段坐在本鄉土名鳳
霞垵[illegible]租壹擔[illegible]今因無錢應用托中就在
美五公衆邊添出價錢叁百伍拾文其錢當衆交
訖其田付錢主收租祭祀當年為業其錢料隨
田亦納此田並無不明等情如有係賢抵當不干錢
主之事今欲有憑立添契為炤
道光十捌年八月　日立添契人啟賢
中見人榮剌

① FYXS219—FYXS247二十九件文書叠在一起保存。

立添契人啟賢有己分民田一段，坐在本鄉，土名鳳霞垵，□載租壹拾斤。今因無錢应用，托中就在美五公衆邊添出價錢叁百伍拾文，其錢当衆交讫，其田付錢主收租祭祀管掌爲業，其錢糧隨田办纳。此田並無不明等情，如有係賢抵当，不干錢主之之事。今欲有憑，立添契為炤。①

道光十捌年八月　　日立添契人啟賢（押）

书見人荣刺（押）

①此處有挽結，類似『9』。

FYXS236　道光二十年（1840）啓日、啓塈合約①　539×245mm

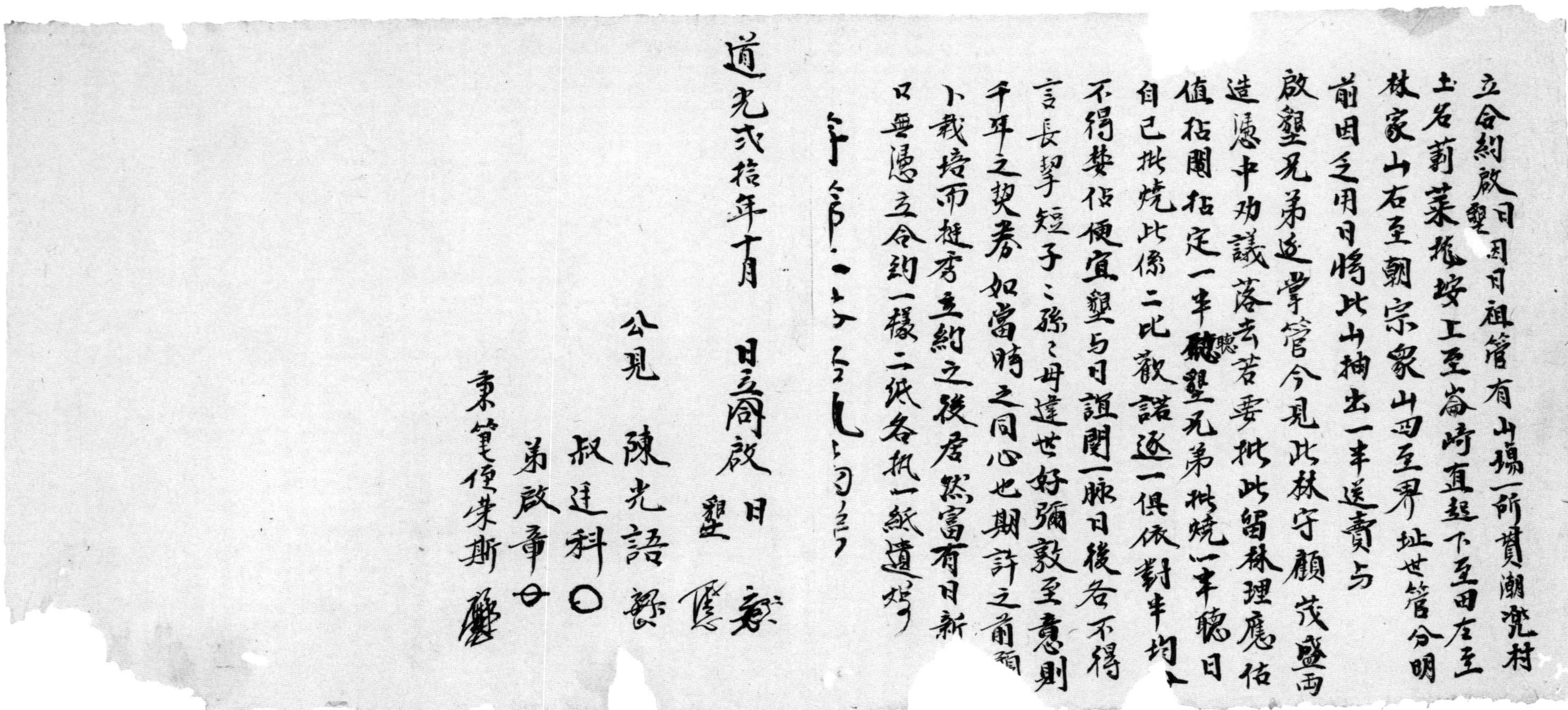

立合約啟日塈因日祖管有山場一所貫潮洸村
土名莿菜坑坵墘工至崙崎直超下至田左至
林家山右至朝宗衆山四至界址世管分明
前因乏用日將此山抽出一半送賣与
啟塈兄弟邊掌管今見此林守顧茂盛西
造憑中劝議落去若要批此留林理應估
值估閘估定一半聽塈兄弟批燒一半聽日
自己批燒此係二比歡諾遂一俱依對半均分
不得婪佔便宜塈与日誼閔一脉日後各不得
言長短子子孫孫毋違世好彌敦至意則
千年之契券如當時之同心也期許之前有
卜載培而挺秀立約之後居然富有日新
口無憑立合約一樣二紙各執一紙遺炤

道光弍拾年十月　日立合約啟日（押）
塈（押）
公見　陳光語（押）
叔　廷科（押）
弟　啟章（押）
秉筆侄　業斯（押）

① FYXS219—FYXS247二十九件文書叠在一起保存。

立合約啟日鋆，因日祖管有山埸一所，貫潮兜村，
土名莿菜壠垵，上至崙崎直起，下至田，左至
林家山，右至朝宗衆山，四至界址世管分明。
前因乏用，日將此山抽出一半送賣与
啓鋆兄弟邊掌管。今見此林守顧茂盛，而
造憑中劝議，落去若要批此留林，理應估
值拈鬮，拈定一半聽鋆兄弟批烧，一半聽日
自己批燒，此係二比歡諾，逐一俱依對半均分，
不得婪佔便宜，鋆与日誼関一脉，日後各不得
言長挈短，子子孫孫毋違世好，彌敦至意，則
千年之契券，如當時之同心也。期許之前，預
卜載培而挺秀，立約之後，居然富有日新。□
口無憑，立合約一樣二紙，各执一紙遺炤。①
□節二帋各執為炤②

道光弍拾年十月

日立合同啟日（押）
鋆（押）
公見陳光語（押）
叔廷科 ○
弟啟章 ○
秉筆 侄荣斯（押）

①此處有挽結，類似『9』。
②此八字爲騎縫字，存右邊。

FYXS237　道光二十三年（1843）啓日送付契[1]　489×228mm

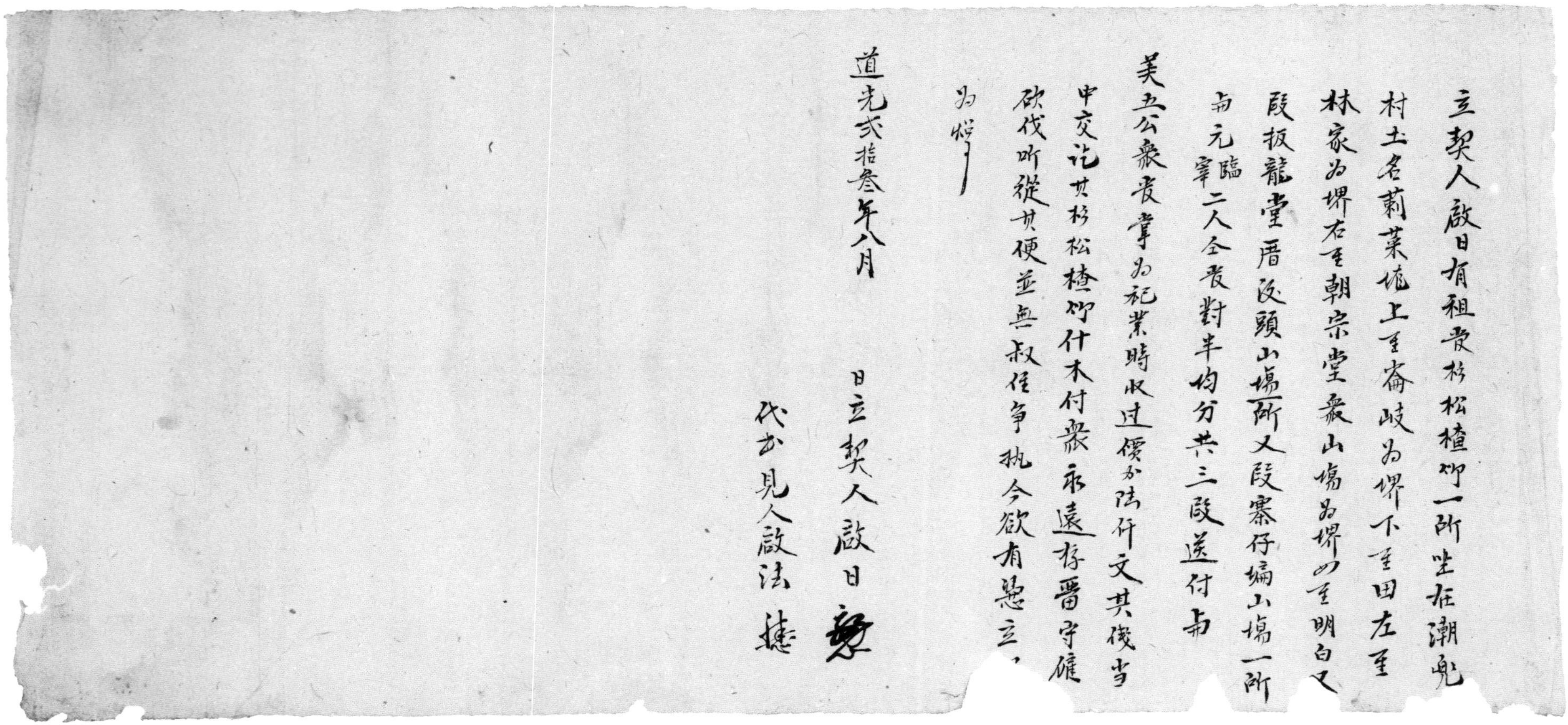

立契人啟日有祖置杉松植圳一所坐在瀨兜
村土名荊菜坑上至崙岐為界下至田左至
林家為界右至朝宗堂衆山塲為界四至明白又
段扳龍堂厝後頭山塲所又段寨仔壩山塲一所
甫元臨宰二人全置對半均分共三段送付甫
美五公衆置掌為祀業時收过價加陆仟文其價当
中交訖其杉松植圳什木付衆永遠存留守護
砍伐所從其便並無叔侄爭執今欲有憑立契
為照｜
道光弍拾叁年八月　日立契人啟日（押）
代书見人啟法捷

① FYXS219—FYXS247二十九件文書叠在一起保存。

立契人啟日有祖管杉松楂竹一所，坐在潮兜村，土名莿菜壠，上至崙岐为堺，下至田，左至林家为堺，右至朝宗堂衆山場为堺，四至明白。又段扳龍堂厝後頭山場一所，又段寨仔塴山場一所，與元臨宰二人仝管，對半均分。共三段，送付與美五公衆管掌为祀業，時收过價錢陆仟文，其錢当中交讫，其杉松楂竹什木付衆永遠存留守僱砍伐，听從其便，並無叔侄争执。今欲有憑，立□为炤。①

道光弍拾叁年八月　　日立契人啟日（押）

代书見人啟法（押）

①此處有挽結，類似『9』。

FYXS238　道光二十三年（1843）启日送賣契[1]　493×226mm

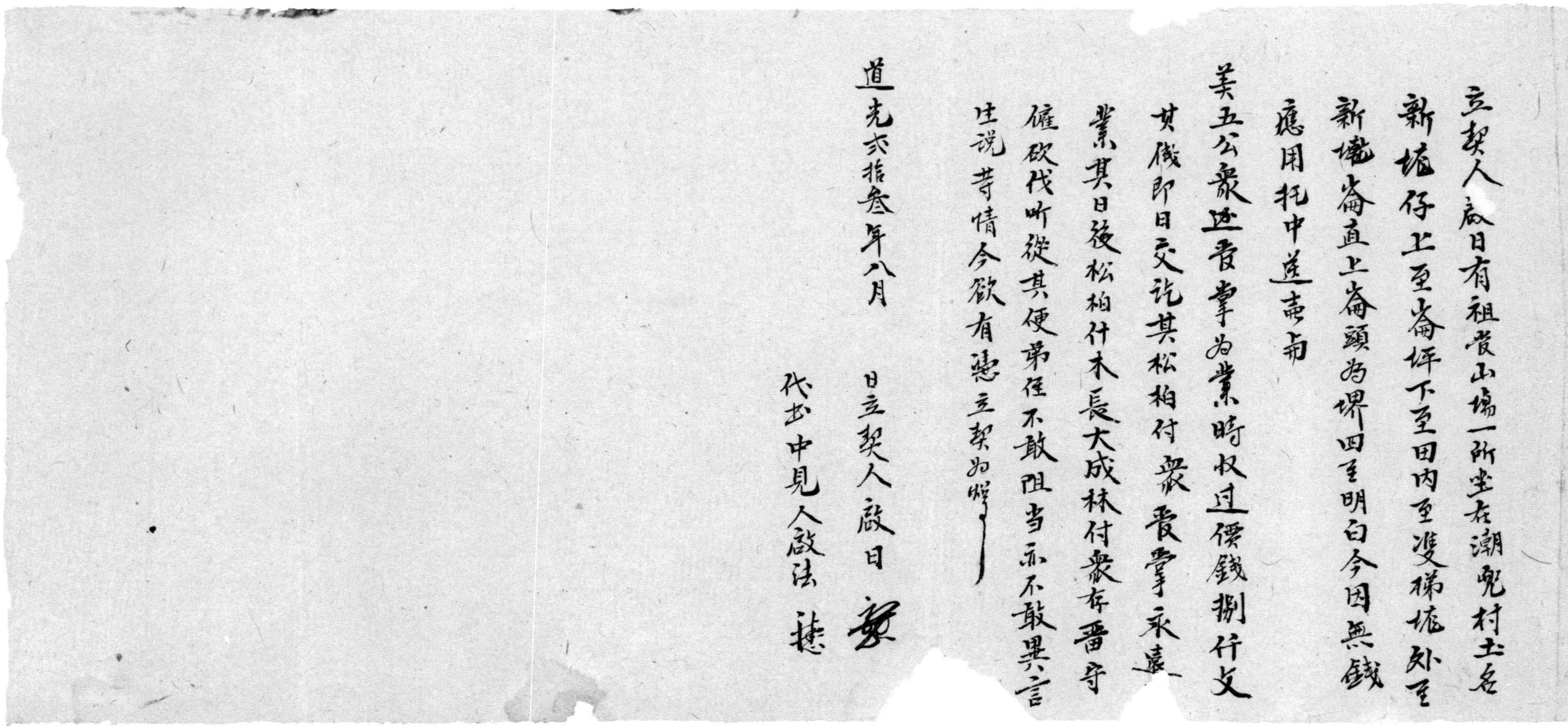

立契人启日有祖業山場一所坐在湖兜村土名
新埕仔上至崙坪下至田内至漈梯埕外至
新墘崙直上崙頭為界四至明白今因無錢
應用托中送賣與
美五公衆邊贵掌為業時收过價錢捌仟文
其錢即日交訖其松柏付衆贵掌永遠
業其日後松柏什木長大成林付衆存留守
護砍伐听從其便弟侄不敢阻当亦不敢異言
生說等情今欲有憑立契為照—
道光弍拾叁年八月　日立契人启日（押）
代书中見人启法（押）

① FYXS219—FYXS247二十九件文書叠在一起保存。

立契人啟日有祖管山塲一所，坐在潮兜村，土名新壠仔，上至崙坪，下至田，內至雙梯壠，外至新墘崙直上崙頭為堺，四至明白。今因無錢應用，托中送賣與

羙五公衆邊管掌为業。時收过價錢捌仟文，其錢即日交讫，其松柏付衆管掌，永遠為業，其日後松柏什木長大成林，付衆存留守傭砍伐，听從其便，弟侄不敢阻当，亦不敢異言生說等情。今欲有憑，立契为照。①

道光弍拾叁年八月　日立契人啟日（押）

代书中見人啟法（押）

①此處有挽結，類似『9』。

FYXS239　道光二十九年（1849）啓添添契[1]　505×230mm

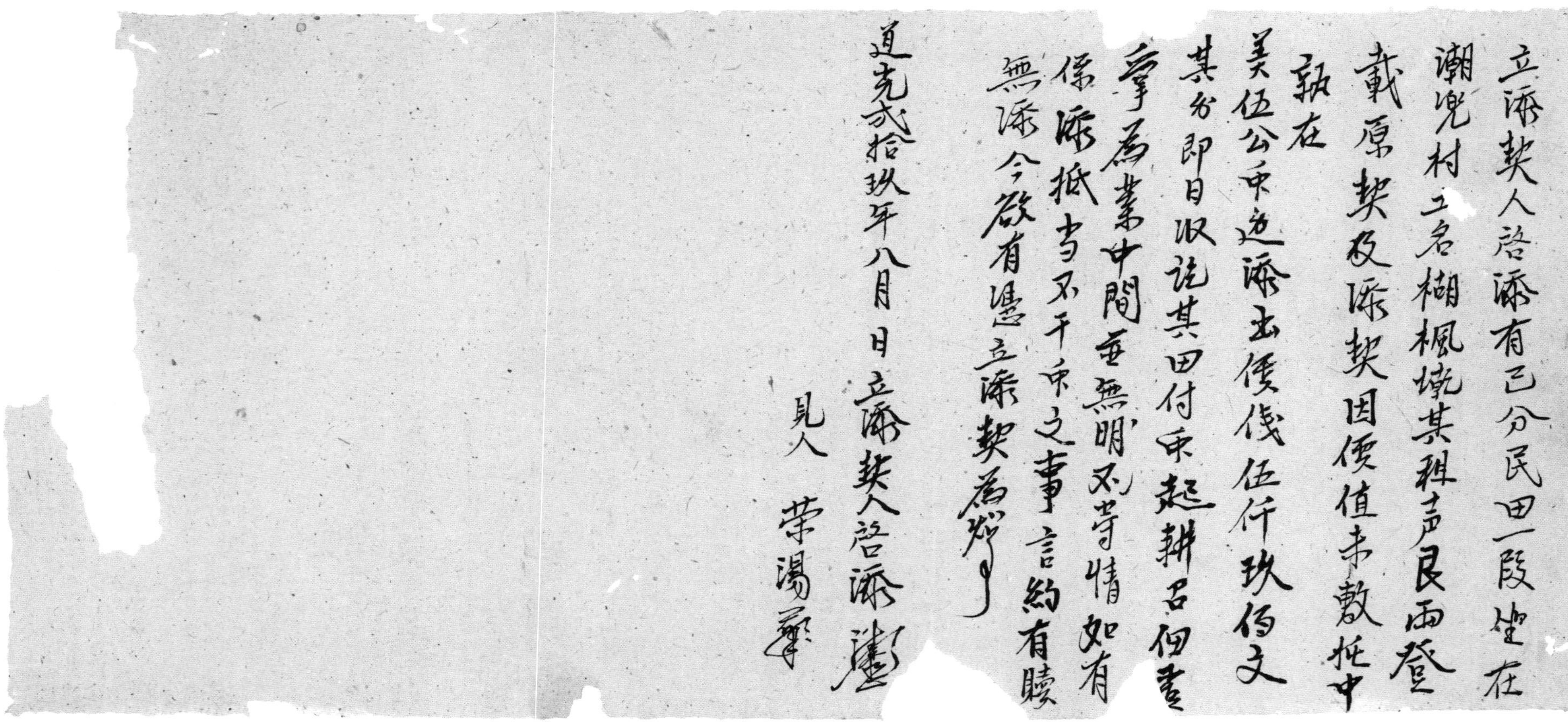

立添契人啓添有己分民田一段坐在
潮兜村土名樹楓墘其租卢良両登
載原契及添契因便值未數抵中
執在
美伍公處透添出便錢伍仟玖佰文
其分即日收訖其田付處起耕召佃耕
掌為業中間並無明不等情如有
保添抵当不干處之事言約有贖
無添今欲有憑立添契為炤
道光式拾玖年八月　日立添契人啓添
見人　荣湯

① FYXS219—FYXS247二十九件文書疊在一起保存。

立添契人啓添有己分民田一段，坐在
潮兜村，土名榭楓垅，其租声、艮両登
載原契及添。因價值未敷，托中
就在
美伍公衆邊添出價錢伍仟玖佰文，
其錢即日收讫，其田付衆起耕召佃，管
掌為業。中間並無不明等情，如有
係添抵当，不干衆之事。言約有贖
無添。今欲有憑，立添契為炤。①

道光弍拾玖年八月　日立添契人啓添（押）
見人荣湯（押）

①此處有挽結，類似『9』。

FYXS240　道光二十九年（1849）榮發送賣契① 509×231mm

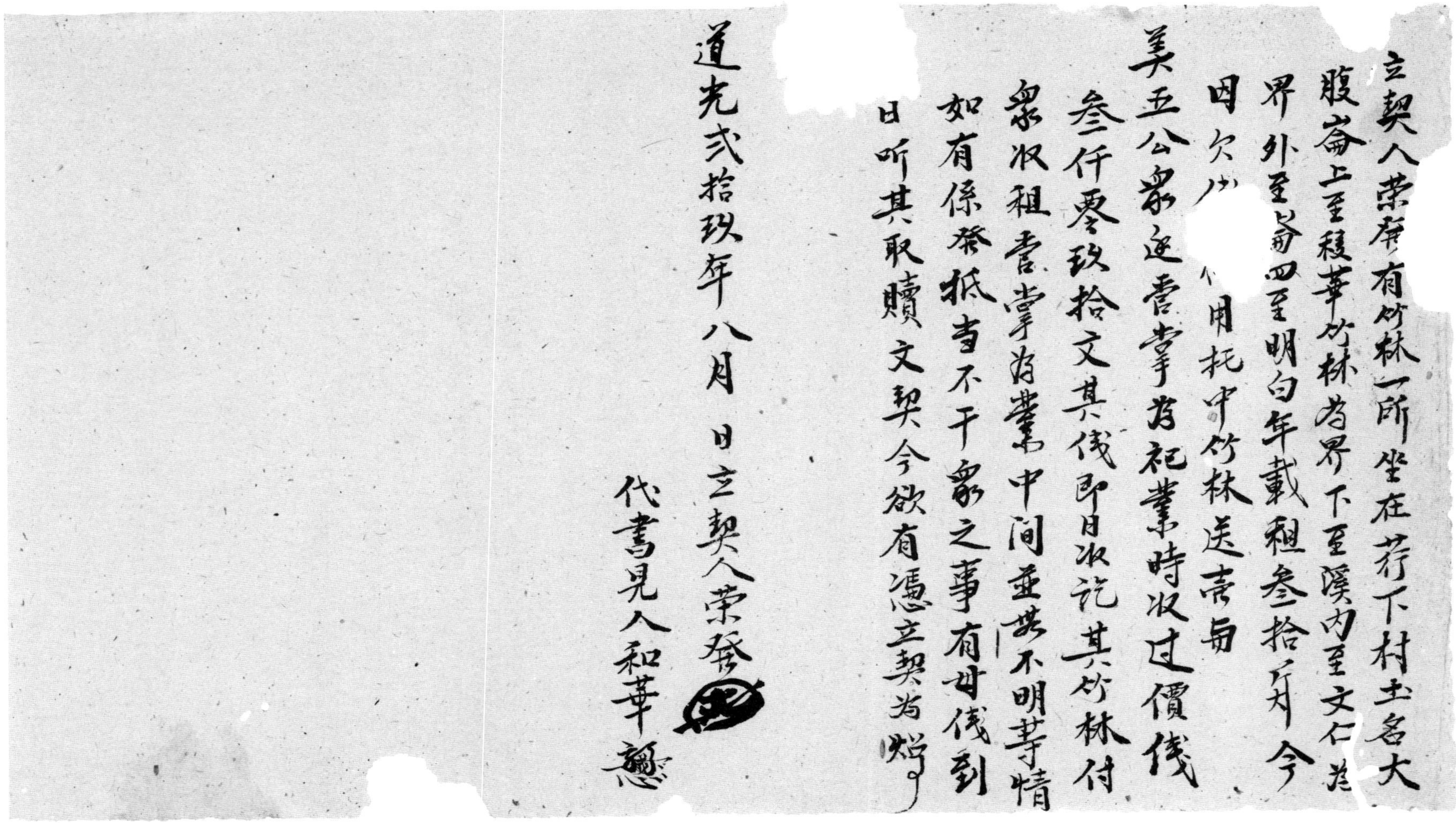

立契人荣發有竹林一所，坐在蕉下村，土名大
腹崙，上至稜華竹林為界，下至溪內，至文仁洋
界，外至崙，四至明白，年載租叁拾斤正，今
因欠少[illegible]用，托中竹林送賣與
美五公衆邊壹掌為祀業，時收过價錢
叁仟零玖拾文，其錢即日收訖，其竹林付
衆收租壹掌為業，中間並無不明等情，
如有係發抵当，不干衆之事，有發錢到
日，听其取贖文契，今欲有憑，立契為照。
道光弍拾玖年八月　日立契人荣發（押）
代書見人和華（押）

① FYXS219—FYXS247二十九件文書叠在一起保存。

立契人荣發有竹林一所，坐在荇下村，土名大
腹崙，上至棱華竹林為界，下至溪，内至文仁為
界，外至崙，四至明白，年載租叁拾斤大。今
因欠錢□用，托中竹林送賣與
美五公衆邊管掌為祀業，時收过價錢
叁仟零玖拾文，其錢即日收讫，其竹林付
衆收租管掌為業，中间並無不明等情，
如有係發抵当，不干衆之事。有母錢到
日，听其取贖文契。今欲有憑，立契為炤。①

道光弍拾玖年八月　　日立契人荣發（押）

代書見人和華（押）

①此處有挽結，類似『9』。

FYXS241　道光十八年（1838）廷科添契[1]　556×243mm

立添契廷科，有民田一段，坐在本鄉土名
粬窟垅，其租声登載原契，今見價值[illegible]
數訖。
美五公秉边添出田價钱壹仟壹伯文，其
钱即日收讫，其田付秉收租祭祀為業。如
欠租，将田付秉起耕，不敢阻当。今欲有
凴，立添契為照。

道光十八年八月　日　立添契人廷科（押）
代书侄啟极（押）

① FYXS219—FYXS247二十九件文書叠在一起保存。

立添契廷科有民田一段，坐在本鄉，土名釉窖墘，其租声登載原契。今見價值[未]敷，就□美五公衆边添出田價錢壹仟壹佰文，其錢即日收讫，其田付衆收租祭祀为業，如欠租，將田付衆起耕，不敢阻当。今欲有憑，立添契为炤。①

道光十八年八月　　日　　立添契人廷科（押）

代书侄啟扳（押）

①此處有挽結，類似『9』。

FYXS242 咸豐九年（1859）宗鉑送賣契[1] 516×238mm

契人宗鉑有屯田一段坐在泉水格村土名
浸塆仔一[illegible]拾[illegible]今因欠錢應用將田
送賣与
美五公眾為祀業時收过價錢壹仟伍佰文其錢
收訖其田付眾收租為業其屯米隨田完納中間並
無不明等情如是係有賣主抵当不干眾之事
今欲有憑立契為炤。

咸豐九年八月日立契人 宗鉑（押）
代書人 宗鈀（押）

① FYXS219—FYXS247二十九件文書叠在一起保存。

□契人宗銆有屯田一段，坐在泉水格村，土名浸壠仔，一[ ]拾斤大。今因欠錢應用，將田送賣與

美五公衆為祀業，時收过價錢壹仟伍佰文，其錢收訖，其田付衆收租為業，其屯米隨田完納。中間並無不明等情，如是係有賣主抵当，不干衆之事。今欲有憑，立契為炤。①

咸豐九年八月　日立契人宗銆（押）

代书人宗鈀（押）

①此處有挽結，類似『9』。

FYXS243　同治五年（1866）榮章送賣契[1]　494×223mm

立送契人榮章有民田一段坐在本鄉土名鴨母坵
載租叁拾伍斤今因欠乏應用托中送壽
掌爲祀業時收過錢叁仟伍百文
其乏即日收訖其田付衆收租貴掌爲業中
間並無不明等情如有係章抵当不干衆
之事有母乏到日听其取贖文字今欲有凭
立契爲照
同治伍年八月　日立契人榮章（押）
代書人兄榮湯（押）

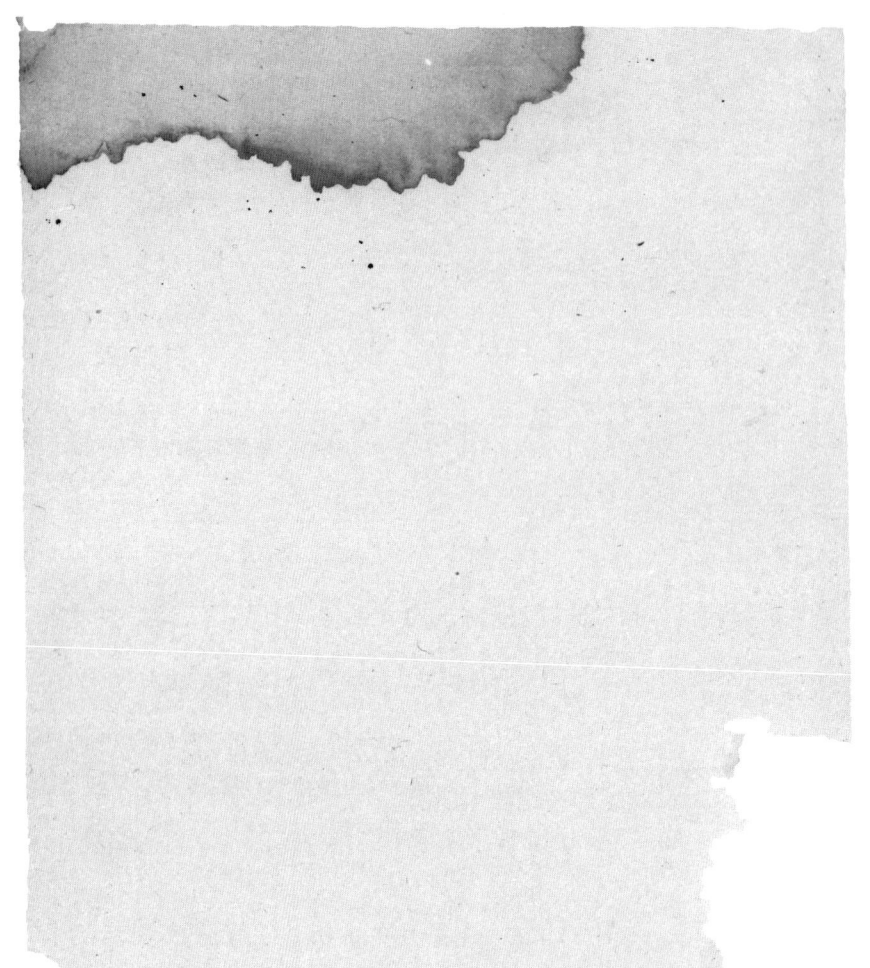

① FYXS219—FYXS247二十九件文書疊在一起保存。

「契人榮章有民田一段，坐在本鄉，土名鴨母壠
「載租叁拾伍斤。今因欠錢應用，托中送賣
美「　」掌為祀業。時收过錢叁仟伍佰文，
其錢即日收讫，其田付衆收租管掌為業，中
間並無不明等情。如有係章抵当，不干衆
之事。有母錢到日，听其取贖文字。今欲有凴，
立契為炤。①

同治伍年八月　　日立契人荣章（押）
代书人兄荣湯（押）

①此處有挽結，類似『9』。

FYXS244　光緒九年（1883）美五公衆等繳契①　538×239mm

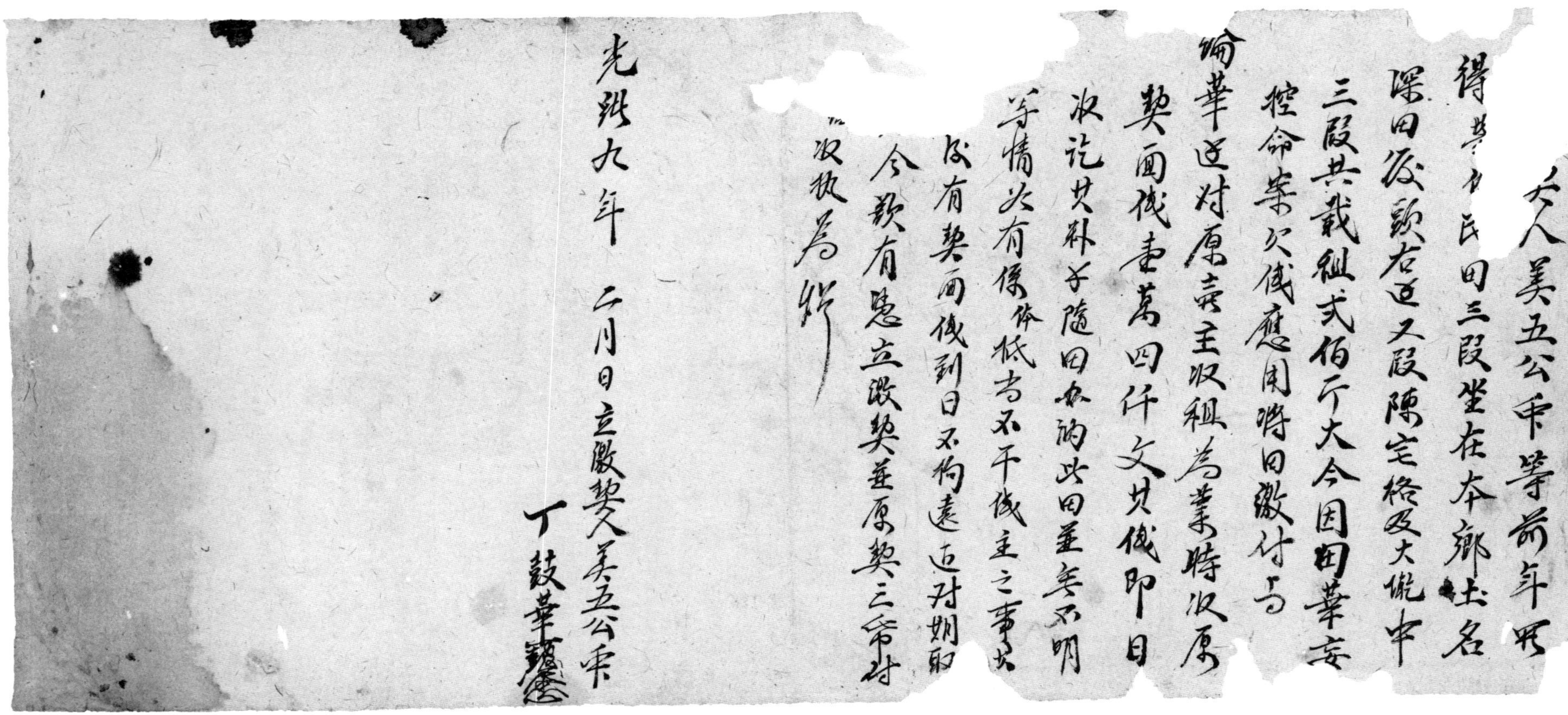

① FYXS219—FYXS247二十九件文書叠在一起保存。

[契人美五公衆等，前年買
得民粲体田三段，坐在本鄉，土名
深田後頭右邊，又段陳宅格及大埦中，
三段共載租式佰斤大。今因田華妄
控命案，欠錢應用，將田繳付与
綸華邊对原賣主收租為業，時收原
契面錢壹萬四仟文。其錢即日
收讫，其糧錢隨田办纳。此田並無不明
等情，如有係体抵当，不干錢主之事。其
□後有契面錢到日，不拘遠近，对期取
□。今欲有憑，立繳契並原契三帋付
□收执為炤。①

光緒九年二月　　日立繳契人　美五公衆

丁鼓華（押）

①此處有换結，類似『9』。

FYXS245　光緒九年（1883）美五公衆等送責契①　446×238mm

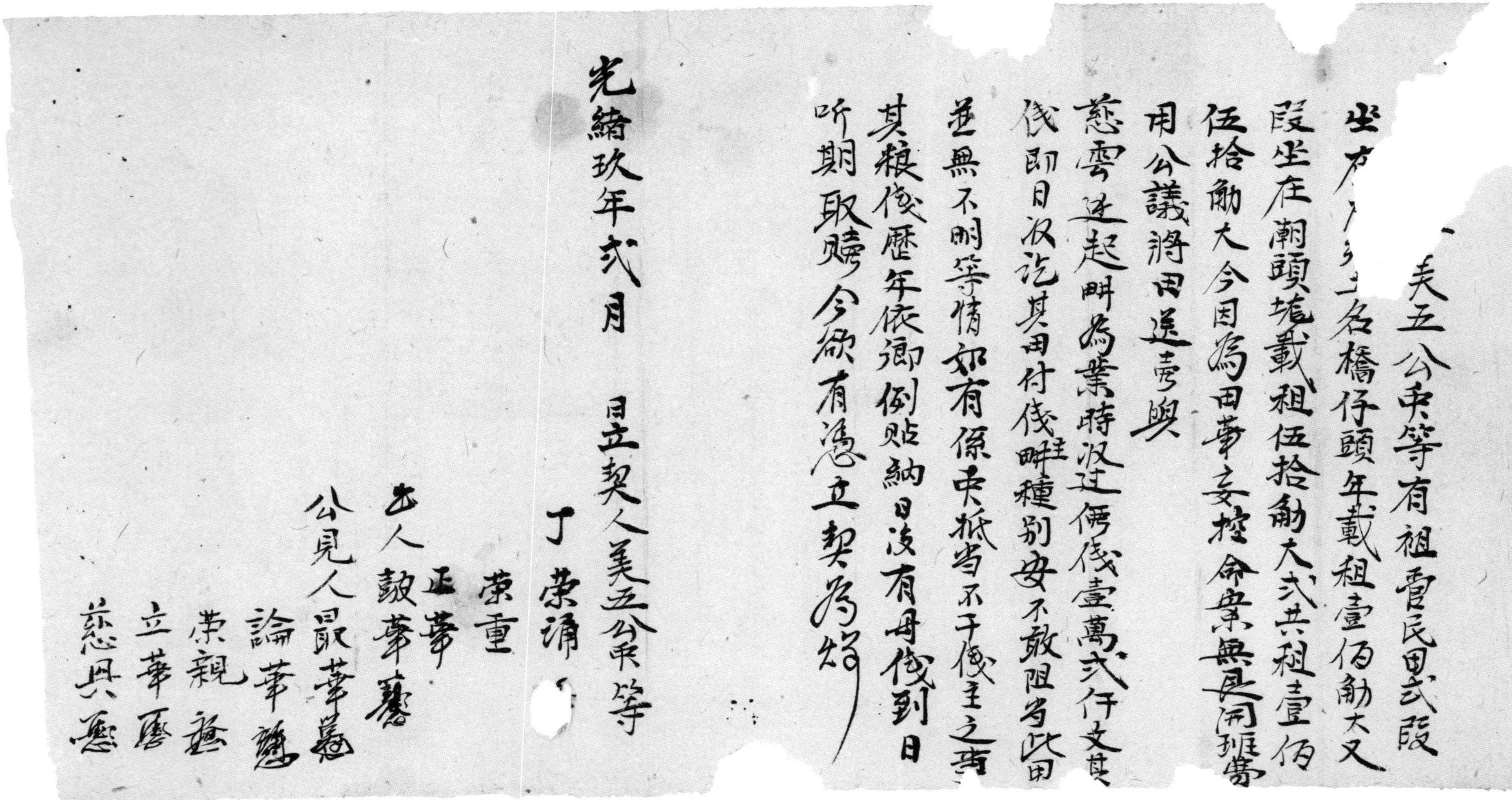
[illegible]美五公衆等有祖置民田弍段
坐[illegible]名橋仔頭年載租壹佰觔大又
段坐庄潮頭埕載租伍拾觔大弍共租壹佰
伍拾觔大今因為田事交控命衆無処開班費
用公議將田送壹與
慈雲述起畊為業時收过價錢壹萬弍仟文其
錢即日收訖其田付錢主畊種別安不敢阻当此田
並無不明等情如有係央抵当不干錢主之事
其粮錢歷年依額例貼納日後有母錢到日
听期取贖今欲有憑立契為炤

光緒玖年弍月　日立契人美五公衆等
丁 榮涌
榮重
正華
中人 敦華
公見人 最華
論華
榮親
立華
慈興

① FYXS219—FYXS247二十九件文書叠在一起保存。

「美五公衆等有祖管民田弍段，
坐在□□，土名橋仔頭，年載租壹佰觔大，又
段坐在潮頭壠，載租伍拾觔大，弍共租壹佰
伍拾觔大。今因為田華妄控命案，無艮開班費
用，公議將田送賣與
慈雲邊起畊為業，時收过價錢壹萬弍仟文，其
錢即日收讫，其田付錢主畊種別安，不敢阻当。此田
並無不明等情，如有係衆抵当，不干錢主之事。
其粮錢歷年依鄉例貼納，日後有母錢到日，
听期取贖。今欲有憑，立契為炤。①

光緒玖年弍月　　日立契人美五公衆等
丁荣诵（押）
荣重
正華
书人鼓華（押）
公見人最華（押）
論華（押）
荣親（押）
立華（押）
慈興（押）

①此處有挽結，類似『9』。

FYXS246　光緒九年（1883）美五公衆送賣契[1]　417×239mm

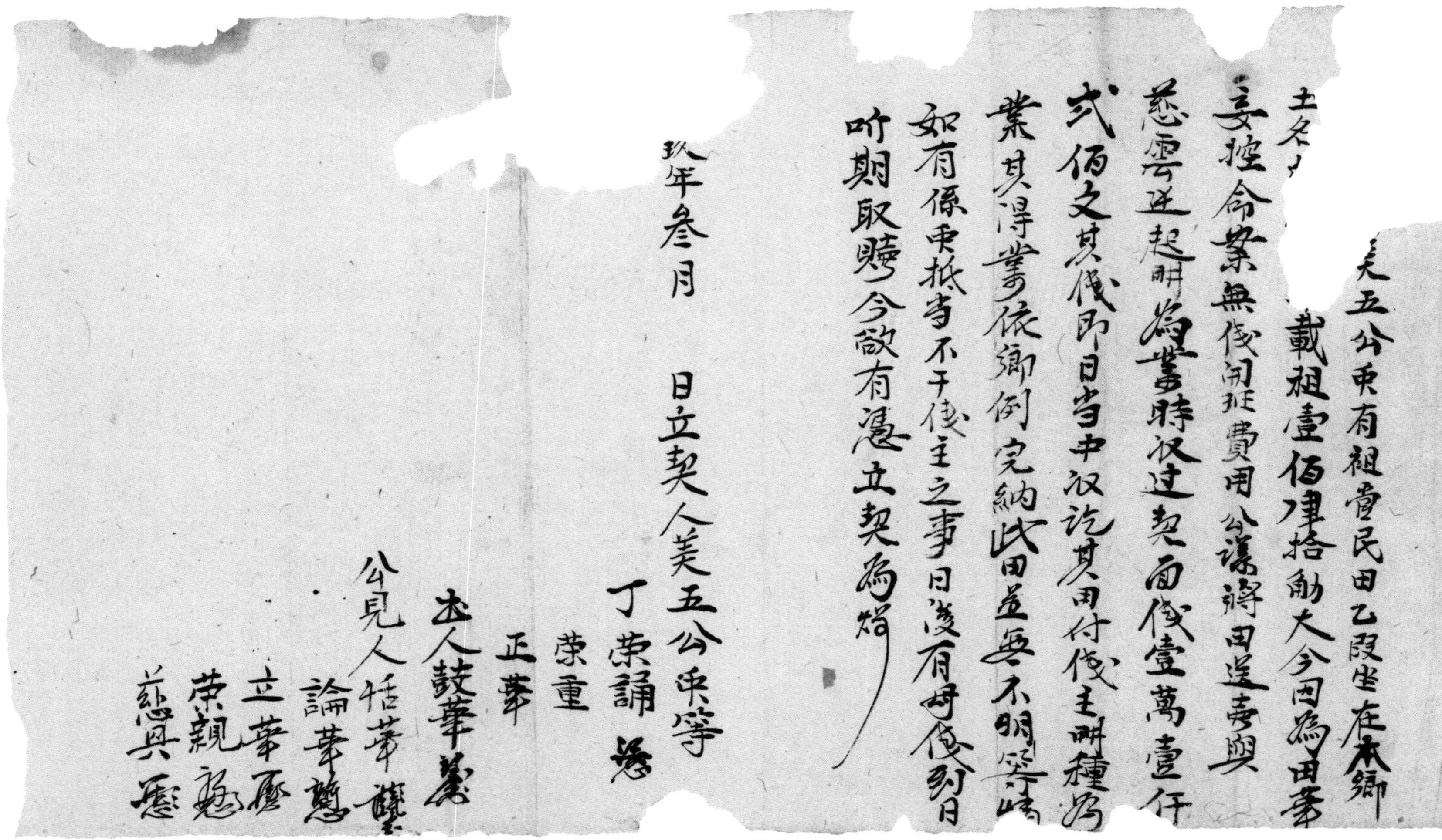
主名[illegible]美五公衆有祖置民田乙段坐在本鄉
載租壹佰肆拾觔大，今因為田業
妄控命案，無錢開班費用，公議將田送賣與
慈雲逆起耕為業，時收過契面錢壹萬壹仟
弍佰文。其錢即日當中收訖，其田付錢主耕種為
業。其得業依鄉例完納，此田並無不明等情。
如有係衆抵當，不干錢主之事。日後有母錢到日
听取贖。今欲有憑，立契為炤。
光緒玖年叁月　日立契人美五公衆等
丁衆誦
衆重
正華
杰人鼓華
公見人恬華
論華
立華
衆親
慈興

① FYXS219—FYXS247二十九件文書叠在一起保存。

[美五公衆有祖管民田乙段，坐在本鄉，土名[　]載租壹佰肆拾觔大。今因為田華妄控命案，無錢開班費用，公議将田送賣與慈雲邊起畊為業。時收过契面錢壹萬壹仟弍佰文，其錢即日当中收讫，其田付錢主畊種為業。其得業依鄉例完納。此田並無不明等情，如有係衆抵当，不干錢主之事。日後有母錢到日，听期取贖。今欲有憑，立契為炤。①

□□玖年叁月　　日立契人美五公衆等

丁荣誦（押）

荣重

正華

书人鼓華（押）

公見人恬華（押）

論華（押）

立華（押）

荣親（押）

慈興（押）

①此處有挽結，類似『9』。

FYXS247 民國十年（1921）垓六公衆丁轉賣契① 363×235mm

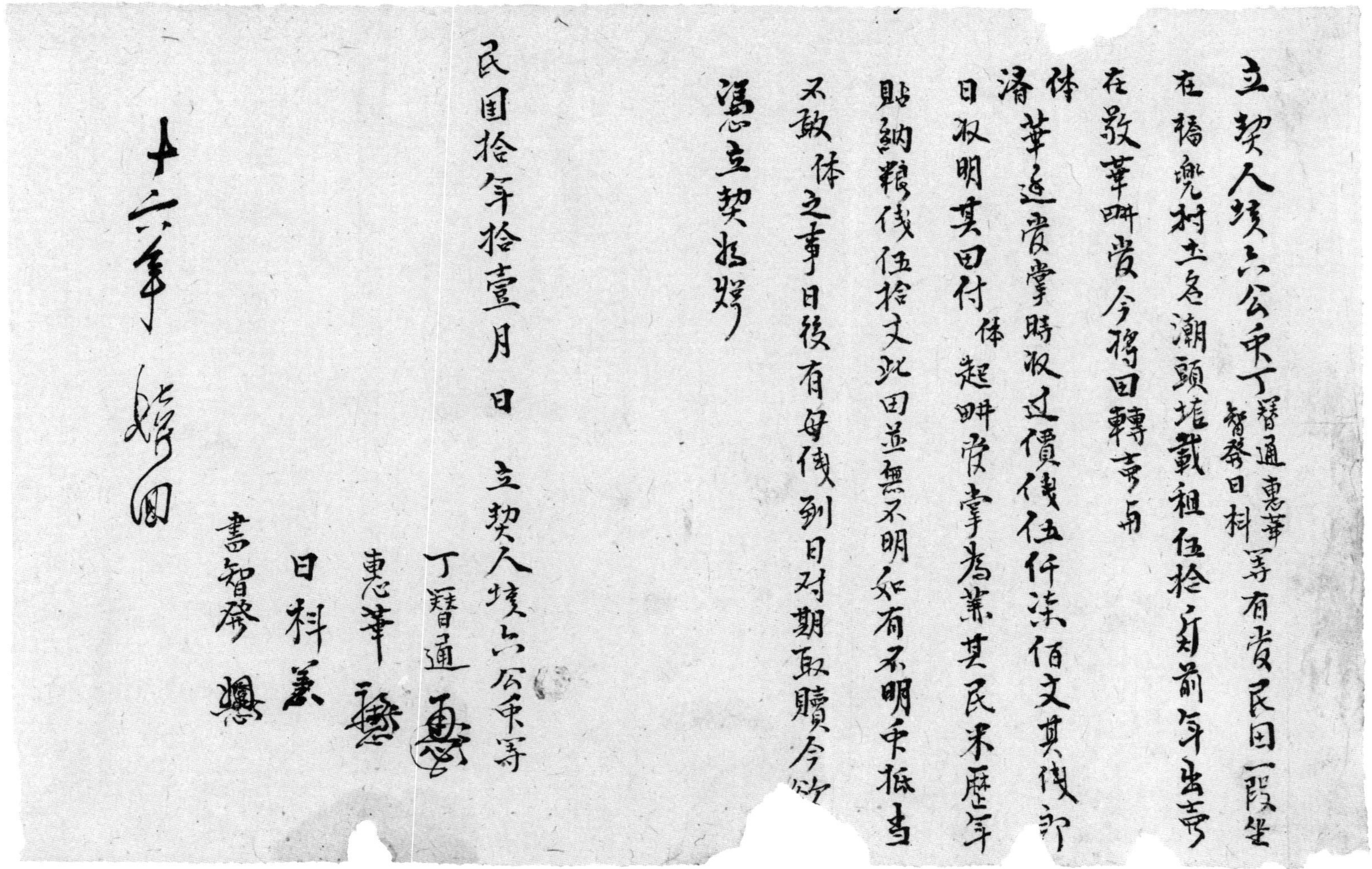

立契人垓六公衆丁鍔通、惠華、智發、日料等有承民田一段，坐
在楊梅村，土名潮頭堤，載租伍拾斤，前年出賣
在敦華邊承，今將田轉賣与
体滑華邊承掌。時收过價錢伍仟柒佰文，其錢即
日收明。其田付体起耕承掌為業，其民米歷年
貼納糧錢伍拾文。此田並無不明，如有不明，衆抵当，
不敢体之事。日後有母錢到日，对期取贖，今欲
凭，立契为照。
民国拾年拾壹月　日　立契人垓六公衆等
丁鍔通（押）
惠華（押）
日料（押）
書智發（押）
十六年贖回

① FYXS219—FYXS247二十九件文書疊在一起保存。

立契人垓六公衆丁簪通、惠華、智發、日科等有管民田一段，坐
在橋兜村，土名潮頭壠，載租伍拾斤大，前年出賣
在敬華畔管。今將田轉賣與
体濟華邊管掌，時收过價錢伍仟柒佰文，其錢即
日收明，其田付体起畔管掌為業。其民米歷年
貼納粮錢伍拾文。此田並無不明，如有不明，衆抵当，
不敢体之事。日後有母錢到日，对期取贖。今欲□
憑，立契為炤。①

民国拾年拾壹月　日　立契人垓六公衆等
丁簪通（押）
惠華（押）
日科（押）
書　智發（押）

十六年贖回

①此處有挽結，類似『丿』。

FYXS248　崇禎二年（1629）廖偉卿繳契[1]　277×198mm

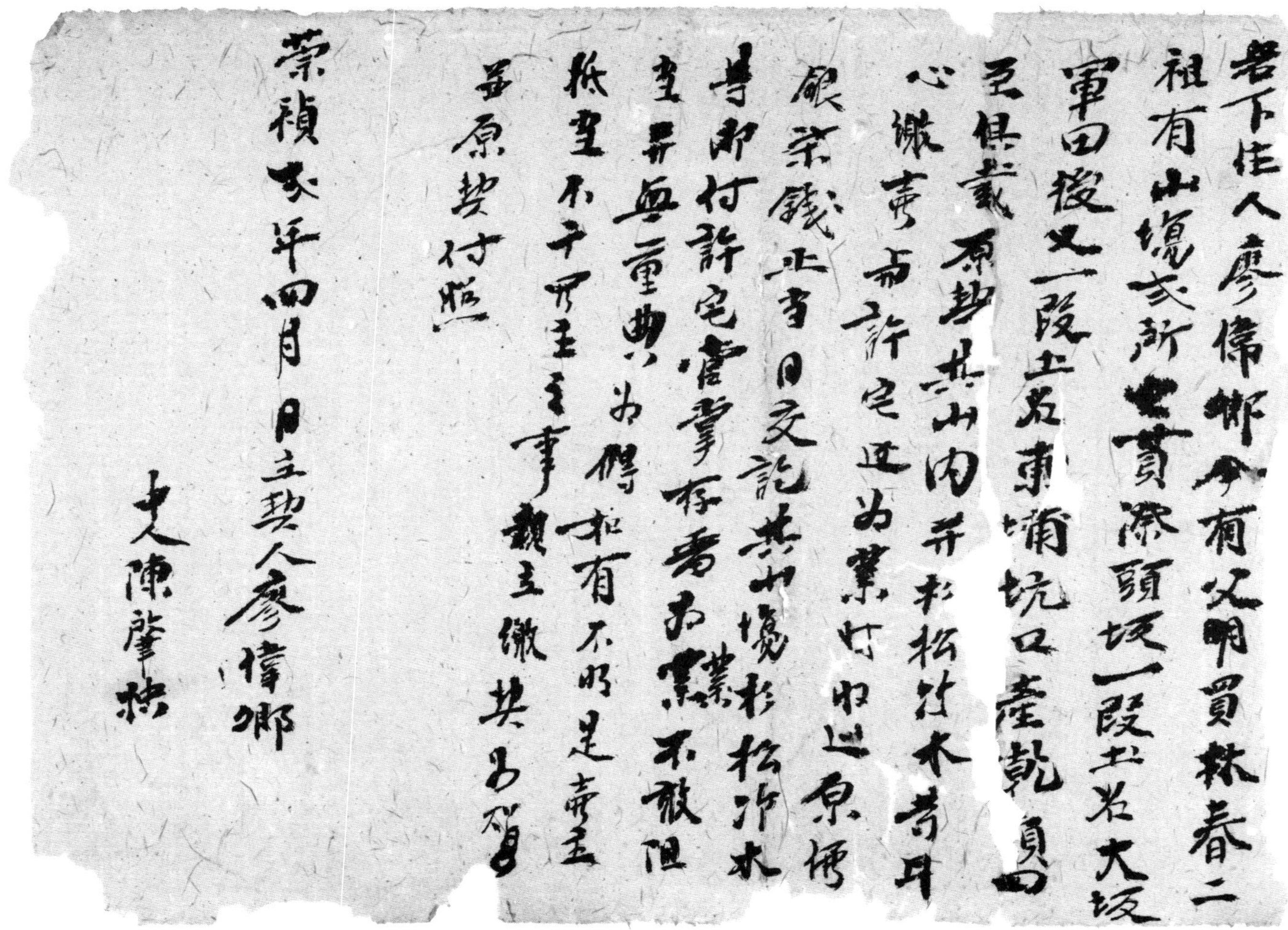

① FYXS248、FYXS249、FYXS250、FYXS251、FYXS252、FYXS253六件文書叠在一起保存。

岩下住人廖偉卿有父明買林春二

祖有山塲式所。坐貫滐頭坂一段，土名大坂

軍田後，又一段，土名東埔坑口産乾頭，四

至俱載原契，其山内并杉松竹木等，甘

心繳賣與許宅邊为業。时收过原價

銀柒錢正，当日交訖。其山塲杉松竹木

等即付許宅管掌存留为業，不敢阻

当，并無重典为碍。如有不明，是賣主

抵当，不干買主之事。親立繳契为炤。①

並原契付照。

崇禎式年四月　立契人廖偉卿

中人陳肇映

①此處有挽結，類似『9』。

FYXS249　嘉慶十八年（1813）廷忠就契[1]　559×248mm

① FYXS248、FYXS249、FYXS250、FYXS251、FYXS252、FYXS253六件文書叠在一起保存。

立契人廷忠有己分民田乙段，坐在奕下村，土名溪坂尾，壹坵載租弍拾斤。今因無錢應用，就在美五公衆邊为祀業。時收过價錢壹仟陆佰壹拾伍文，其錢收讫，其田付衆收租祭祀为業，其苗米随田办纳。田並無不明等情，如有不明，係忠抵当，不干衆之事。今欲有憑，立契为炤。①

嘉慶拾捌年八月　　日立契人廷忠（押）

中見人廷起

书人侄啟都（押）

---

①此處有挽結，類似『9』。

FYXS250　道光十五年（1835）成圢送賣契①　471×210mm

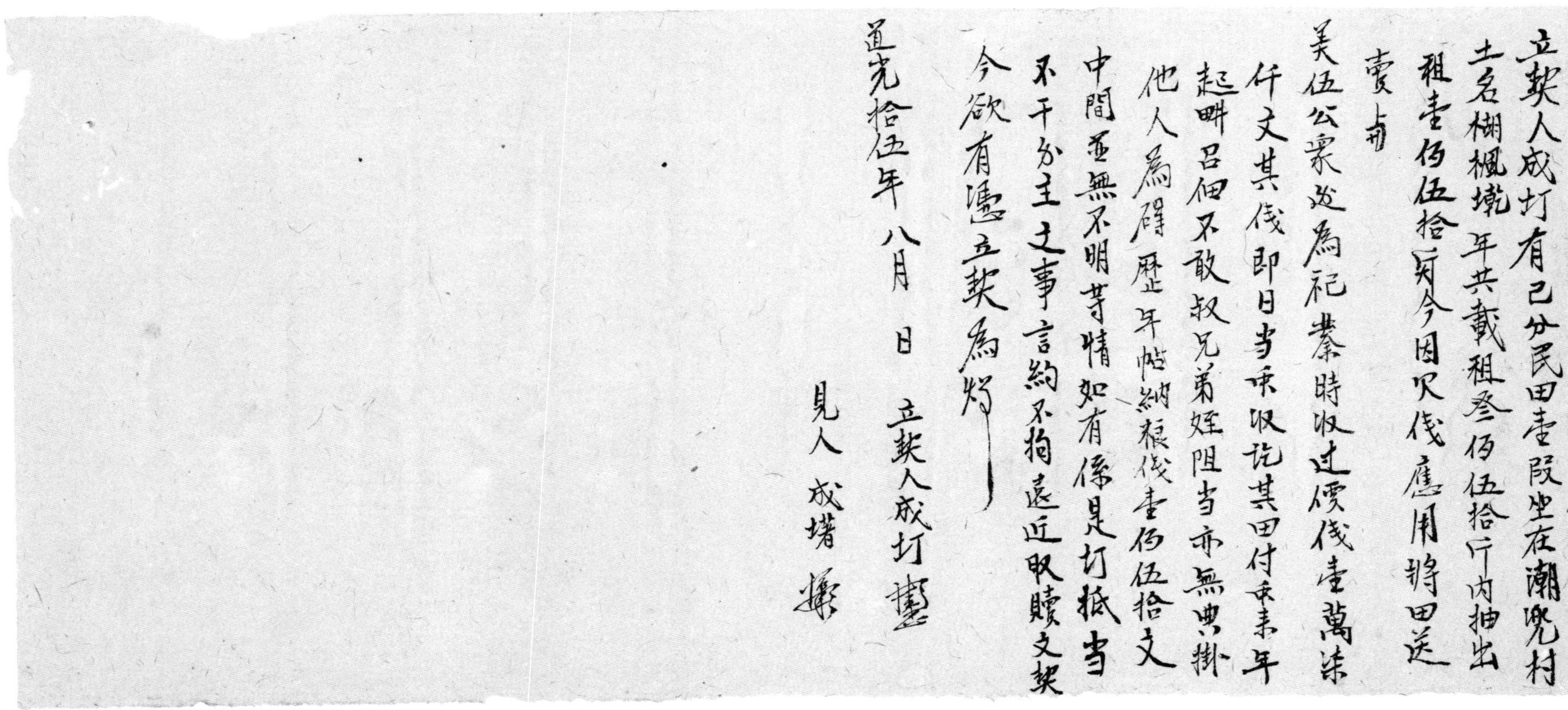

立契人成圢有己分民田壹段坐在潮兜村
土名榭楓墘　年共載租叁佰伍拾斤內抽出
租壹佰伍拾觔今因欠銭應用將田送
壹甫
美伍公衆近為祀業時收过價銭壹萬柒
仟文其銭即日当承收訖其田付承耒年
起耕呂佃不敢叔兄弟姪阻当亦無典掛
他人為碍歷年帖納粮銭壹佰伍拾文
中間並無不明等情如有係是圢抵当
不干分主之事言約不拘遠近取贖文契
今欲有憑立契為炤
道光拾伍年八月　日　立契人成圢（押）
見人　成堵（押）

① FYXS248、FYXS249、FYXS250、FYXS251、FYXS252、FYXS253六件文書叠在一起保存。

立契人成圩有己分民田壹段，坐在潮兆村，土名梆楓崁，年共載租叁佰伍拾斤，内抽出租壹佰伍拾斤大。今因欠錢應用，將田送

賣與

美伍公衆邊為祀業，時收过價錢壹萬柒仟文，其錢即日当衆收讫，其田付衆来年起畊召佃，不敢叔兄弟姪阻当，亦無典掛他人為碍，歷年帖納粮錢壹佰伍拾文。中間並無不明等情，如有係是圩抵当，不干錢主之事。言約不拘遠近取贖文契。今欲有憑，立契為炤。①

道光拾伍年八月　　日　　立契人成圩（押）

見人成墸（押）

①此處有挽結，類似『9』。

FYXS251 道光十九年（1839）榮皆送賣契① 554×245mm

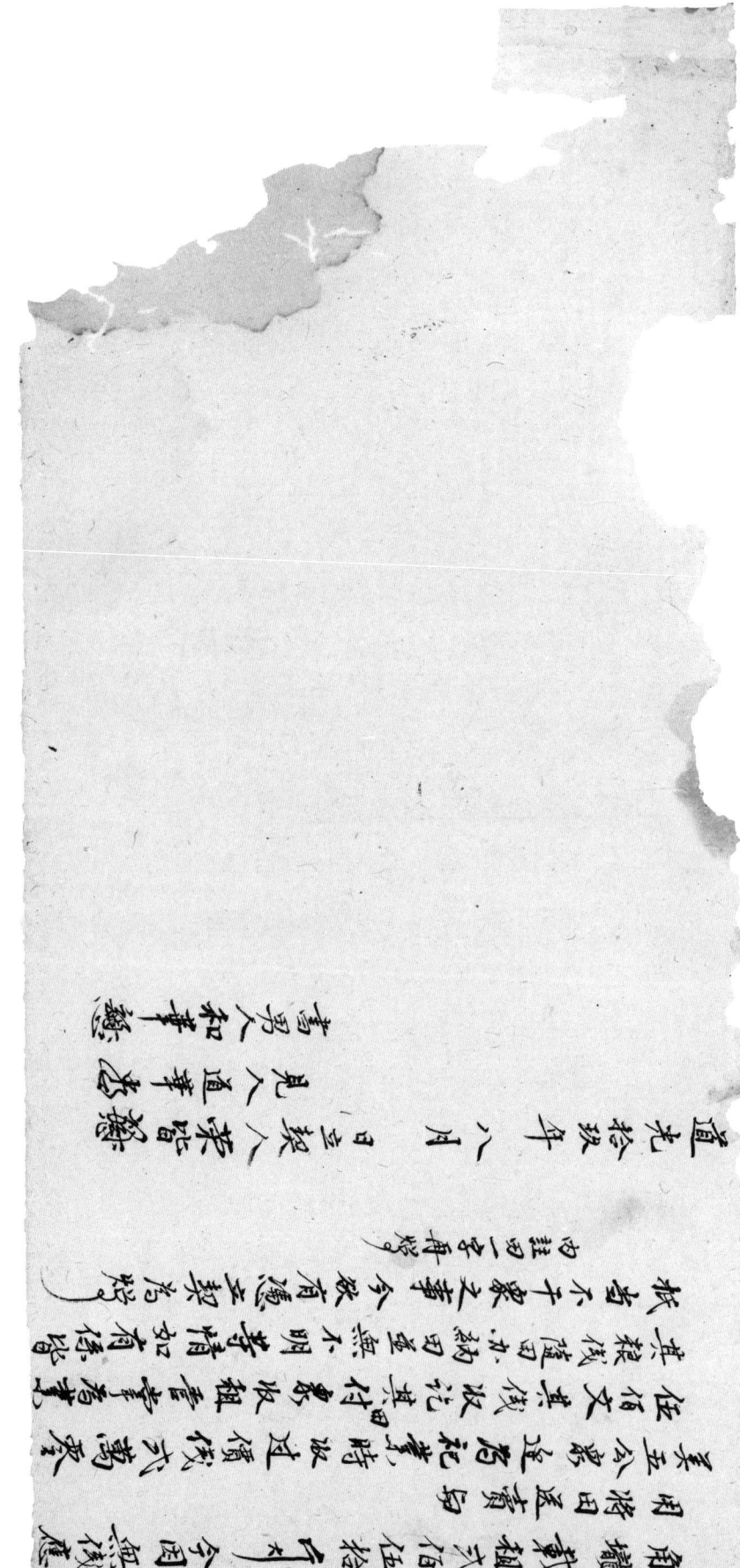

① FYXS248、FYXS249、FYXS250、FYXS251、FYXS252、FYXS253六件文書叠在一起保存。

立契人荣皆有民田一段，坐在恒奕村，土名羊
角壠，載租弍佰伍拾斤大。今因無錢應
用，將田送賣與
美五公衆邊為祀業，時收过價錢弍萬零
伍佰文，其錢收讫，其田付衆收租管掌為業，
其粮錢随田办納。田並無不明等情，如有係皆
抵当，不干衆之事。今欲有憑，立契為炤。
内註田一字再炤。①

道光拾玖年八月　　日立契人荣皆（押）
見人道華（押）
書男人和華（押）

①此處有挽結，類似『9』。

FYXS252　咸豐十年（1860）榮星送賣契[1]　481×225mm

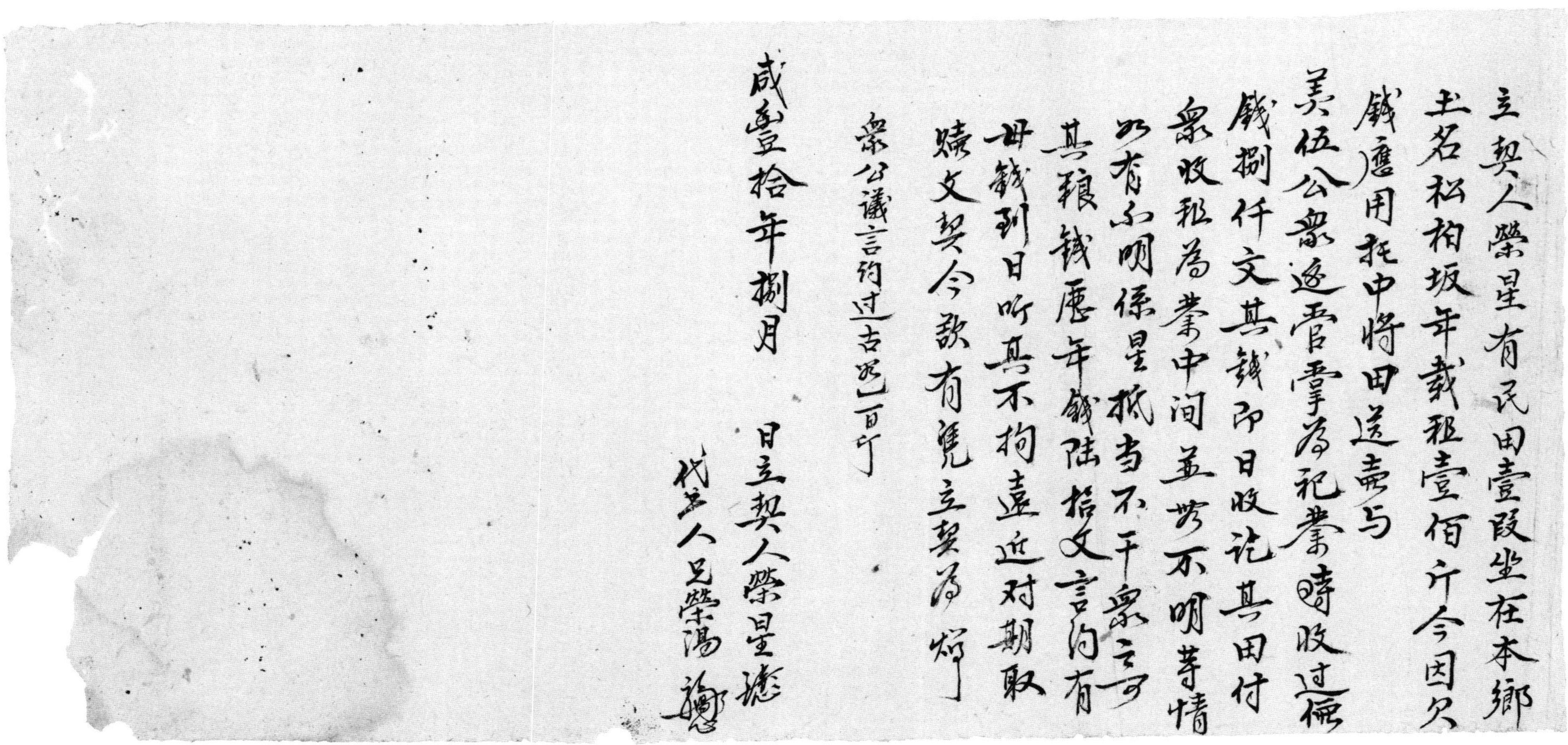

立契人榮星有民田壹段坐在本鄉
土名松柏坂年載租壹佰斤今因欠
錢應用托中將田送与
吳伍公衆邊管業爲祀業時收過價
錢捌仟文其錢即日收訖其田付
衆收租爲業中間並無不明等情
如有不明係星抵当不干衆之事
其粮錢應年錢陸拾文言約有
毋錢到日听其不拘遠近对期取
贖文契今欲有憑立契爲炤
衆公議言約过古次百丁
咸豐拾年捌月　日立契人榮星號
代筆人兄榮湯號

① FYXS248、FYXS249、FYXS250、FYXS251、FYXS252、FYXS253六件文書疊在一起保存。

立契人榮星有民田壹段，坐在本鄉，土名松柏坂，年載租壹佰斤。今因欠錢應用，托中將田送賣与美伍公衆邊管掌為祀業，時收过價錢捌仟文，其錢即日收讫，其田付衆收租為業。中間並無不明等情，如有不明，係星抵当，不干衆之事。其粮錢歷年錢陆拾文，言约有母錢到日，听其不拘遠近，对期取贖文契。今欲有凴，立契為炤。①

衆公議言約过古谷乙百斤

咸豐拾年捌月　　日立契人榮星（押）

代书人兄榮湯（押）

①此處有挽結，類似『9』。

FYXS253　同治三年（1864）榮重添契[1]　524×247mm

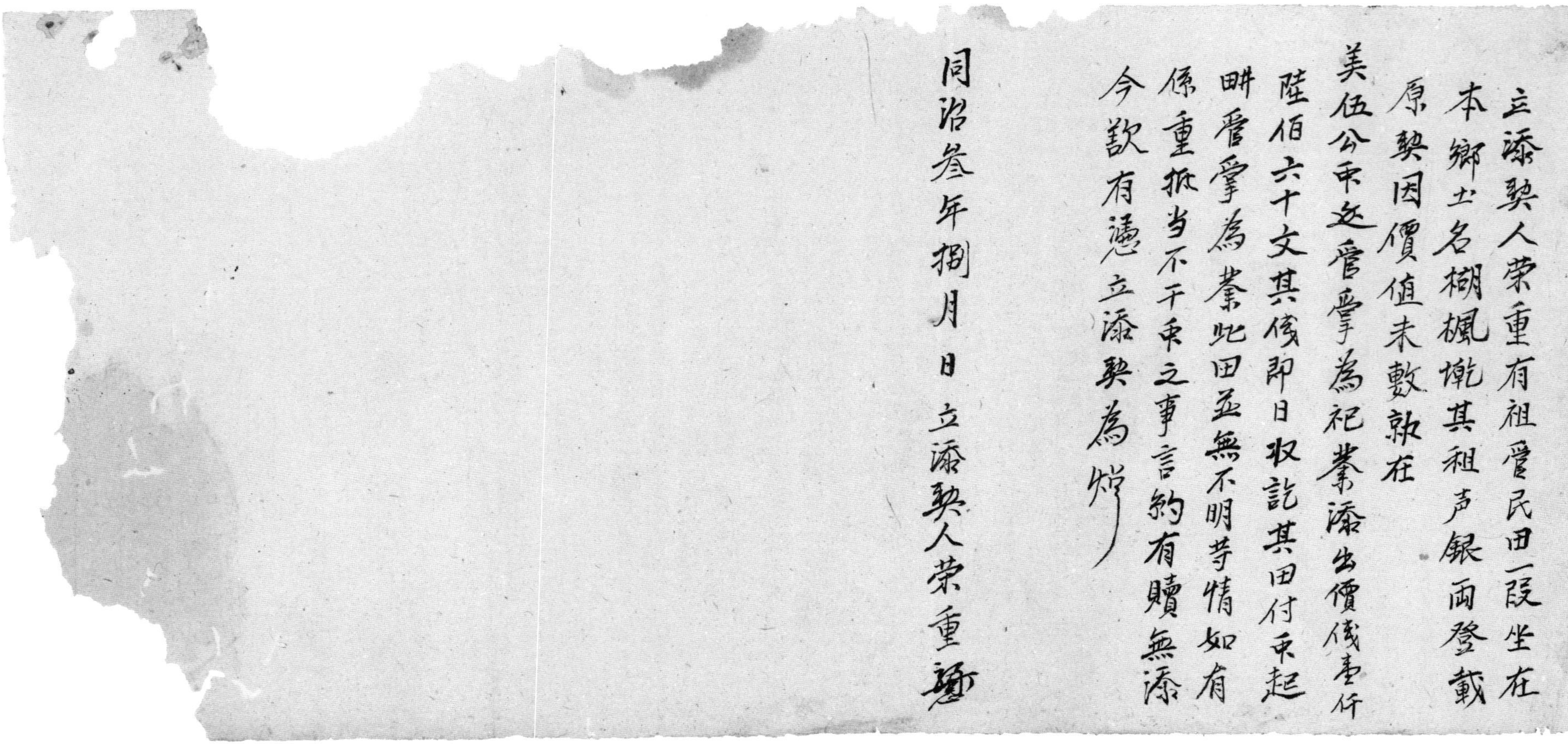
立添契人榮重有祖置民田一段坐在
本鄉土名楜楓墘其租声銀両登載
原契因價值未數款在
美伍公手边管掌為祀業添出價錢壹仟
陸佰六十文其錢即日收訖其田付手起
耕管掌為業此田並無不明等情如有
係重抵当不干手之事言約有贖無添
今欲有憑立添契為炤
同治叁年捌月日立添契人榮重(押)

① FYXS248、FYXS249、FYXS250、FYXS251、FYXS252、FYXS253六件文書叠在一起保存。

立添契人荣重有祖管民田一段，坐在
本鄉，土名榭楓墘，其租声、银両登載
原契。因價值未敷，就在
美伍公衆邊管掌為祀業，添出價錢壹仟
陸佰六十文，其錢即日收訖，其田付衆起
畊管掌為業。此田並無不明等情，如有
係重抵当，不干衆之事，言約有贖無添。
今欲有憑，立添契為炤。①

同治叁年捌月　日立添契人荣重（押）

①此處有挽結，類似『9』。

FYXS254　嘉慶六年（1801）廷心賣契①　325×228mm

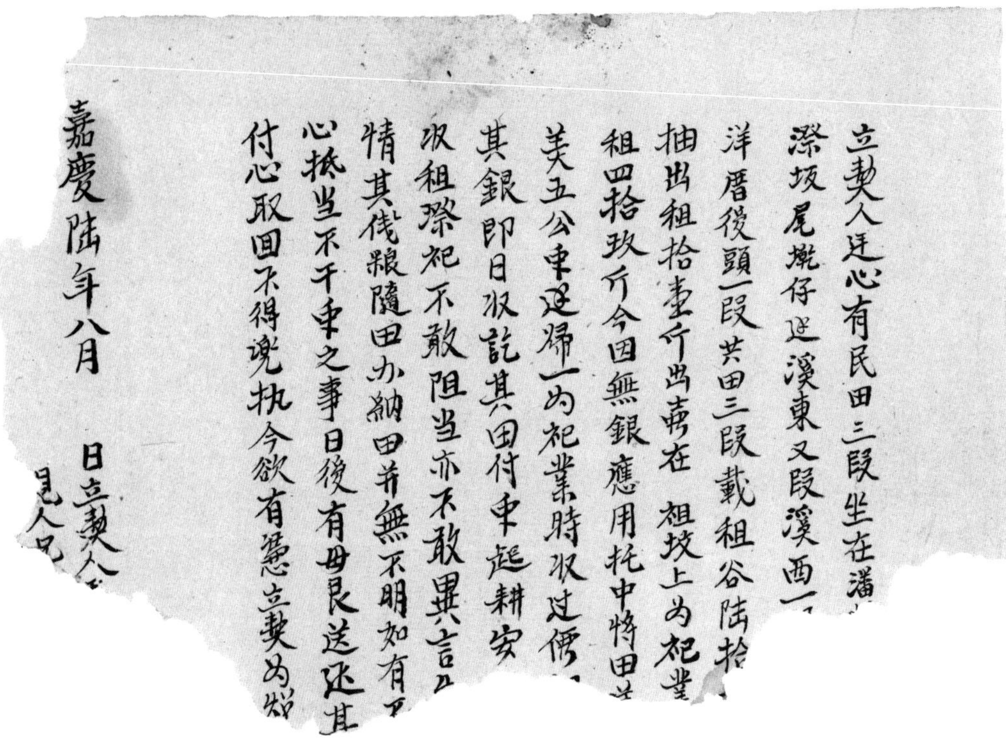
立契人廷心有民田三段坐在潘
漈坂尾墘仔廷溪東又段溪西一
洋厝後頭一段共田三段載租谷陆拾
抽出租拾叁斤出賣在　祖坟上為祀業
租四拾玖斤今因無銀應用托中將田
美五公秉廷歸一為祀業時收过價
其銀即日收訖其田付秉廷耕安
收租漈祀不敢阻当亦不敢异言
情其伐粮隨田办納田并無不明如有
心抵当不干秉之事日後有毋良送还其
付心取回不得谠执今欲有憑立契為照
嘉慶陆年八月　　日立契人
見人

①FYXS254、FYXS255、FYXS256、FYXS257四件文書叠在一起保存。

立契人廷心有民田三段，坐在潘[
漈坂尾垅仔邊溪東，又段溪西一[
洋厝後頭一段，共田三段，載租谷陆拾[
抽出租拾壹斤，出賣在祖坟上为祀業。[
租四拾玖斤。今因無銀應用，托中將田[
美五公衆邊歸一为祀業，時收过價[
其銀即日收訖，其田付衆起耕安[
收租漈祀，不敢阻当，亦不敢異言生說[
情，其錢粮随田办纳，田并無不明，如有[
心抵当，不干衆之事。日後有母艮送还，其[
付心取回，不得兜执。今欲有憑，立契为炤。①

嘉慶陆年八月　　日立契人[
見人兄[

…………（後殘）

①此處有挽結，類似『9』。

FYXS255　嘉慶二十年（1815）廷取添足契①　294×215mm

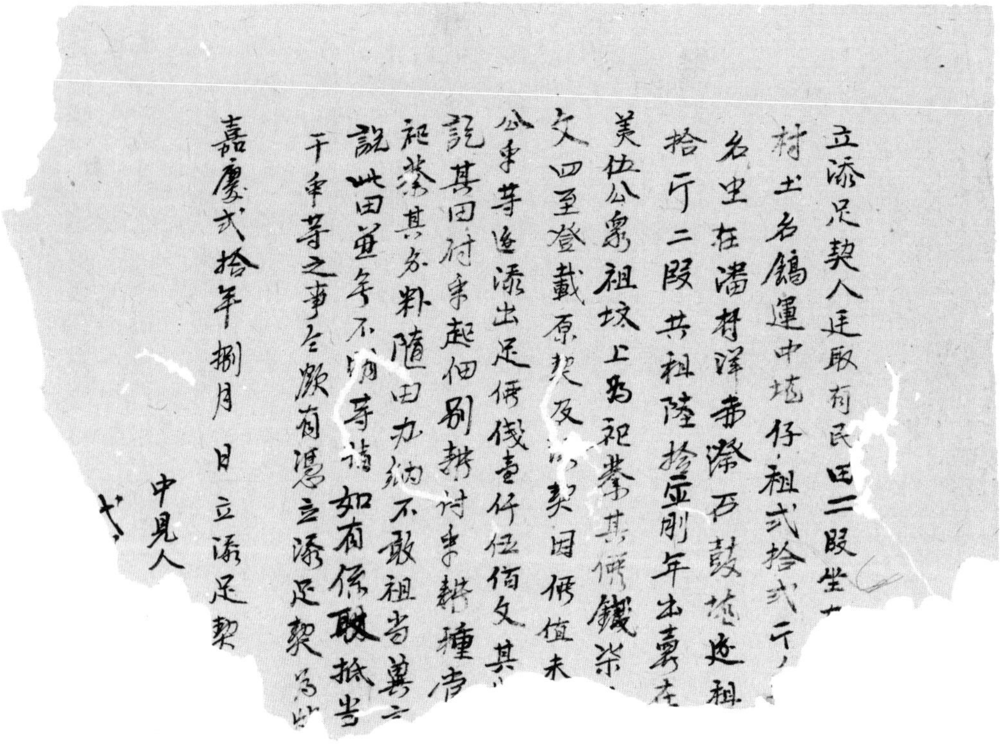

立添足契人廷取有民田二段坐
村土名鶴運中坵仔，租弍拾弍斤
名虫在潘村洋弗潑石鼓坵近祖
拾斤二段共租陸拾伍觔年出賣在
美伍公衆祖坟上爲祀祭其價錢柒
文四至登載原契及　契因價值未
公手等邊添出足價錢壹仟伍佰文其
說其田付手起佃别耕付手耕種
祀祭其分料隨田办納不敢祖当萬
說此田並無年不納等請如有係賊抵当
干手等之事合欲有憑立添足契爲此
嘉慶弍拾年捌月　日立添足契
中見人
弋

① FYXS254、FYXS255、FYXS256、FYXS257四件文書叠在一起保存。

立添足契人廷取有民田二段，坐[在]⌈
村，土名鎬運中壠仔租式拾式斤⌈
名，坐在潘村洋赤漈石鼓壠邊，租⌈
拾斤，二段共租陸拾斤，前年出賣在⌈
美伍公衆祖坟上為祀業，其價錢柒⌈
文，四至登載原契及[添]契。因價值未⌈
公衆等邊添出足價錢壹仟伍佰文，其⌈
訖，其田付衆起佃別耕，付衆耕種，管⌈
祀業，其錢糧随田办納，不敢祖当異[言]⌈
說。此田並無不明等情，如有係取抵当，[不]
干衆等之事。今欲有憑，立添足契為炤。①

嘉慶式拾年捌月　　日　　立添足契⌈

立見人⌈

[代]⌈

…………（後殘）

FYXS256　嘉慶二十三年（1818）廷取賣契[1]　379×225mm

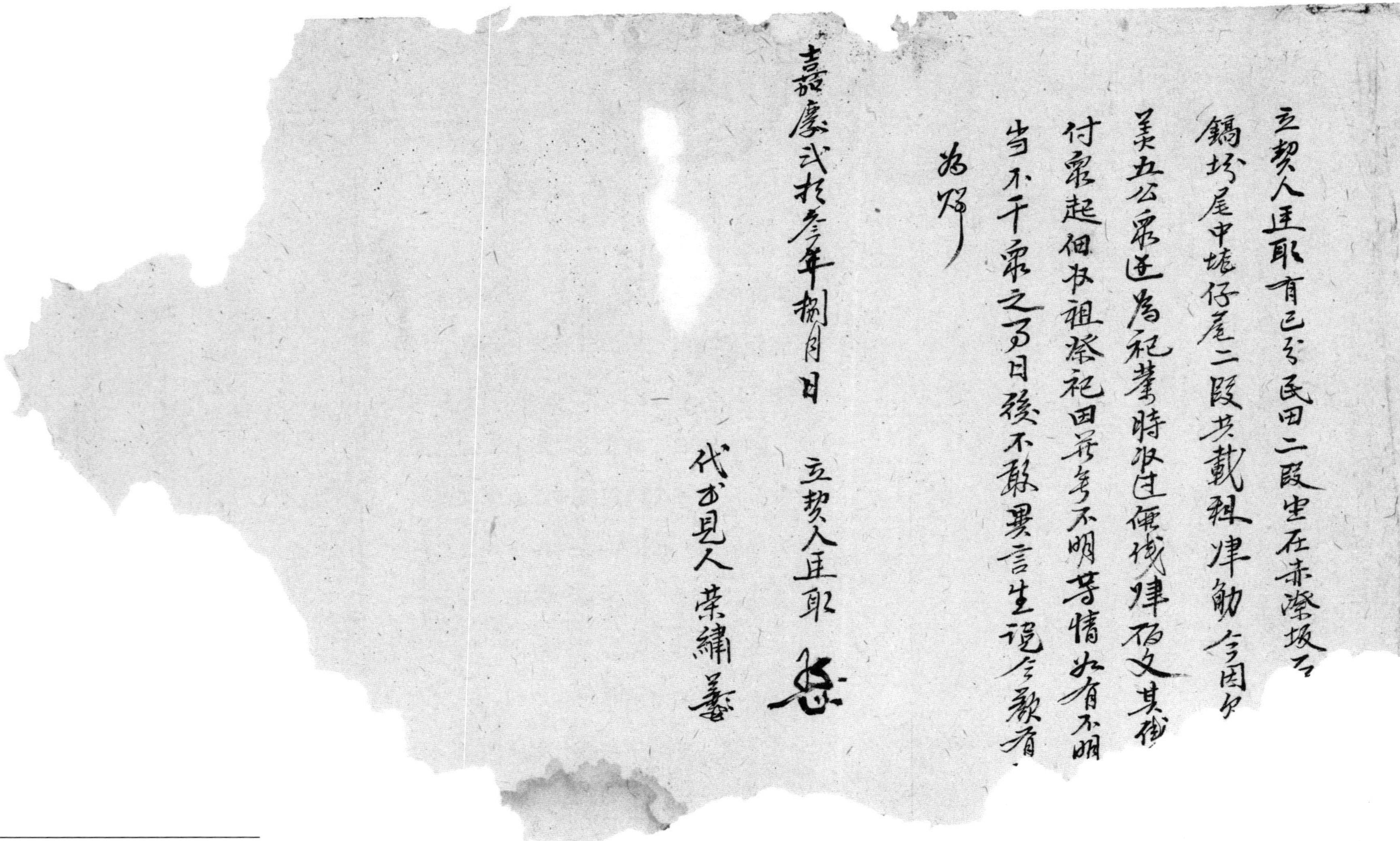

① FYXS254、FYXS255、FYXS256、FYXS257四件文書叠在一起保存。

立契人廷取有己分民田二段，坐在赤潦坂[
鏑坊尾中壠仔尾二段，共載租肆舶。今因欠[
美五公衆邊為祀業。時收过價錢肆佰文，其錢[
付衆起佃收租祭祀。田並無不明等情，如有不明[
当，不干衆之事。日後不敢異言生說。今欲有[
為炤。①

嘉慶弍拾叁年捌月　　日　立契人廷取（押）
代書見人宗繡（押）

①此處有挽結，類似『9』。

FYXS257　道光十八年（1838）啓清送賣契①　250×246mm

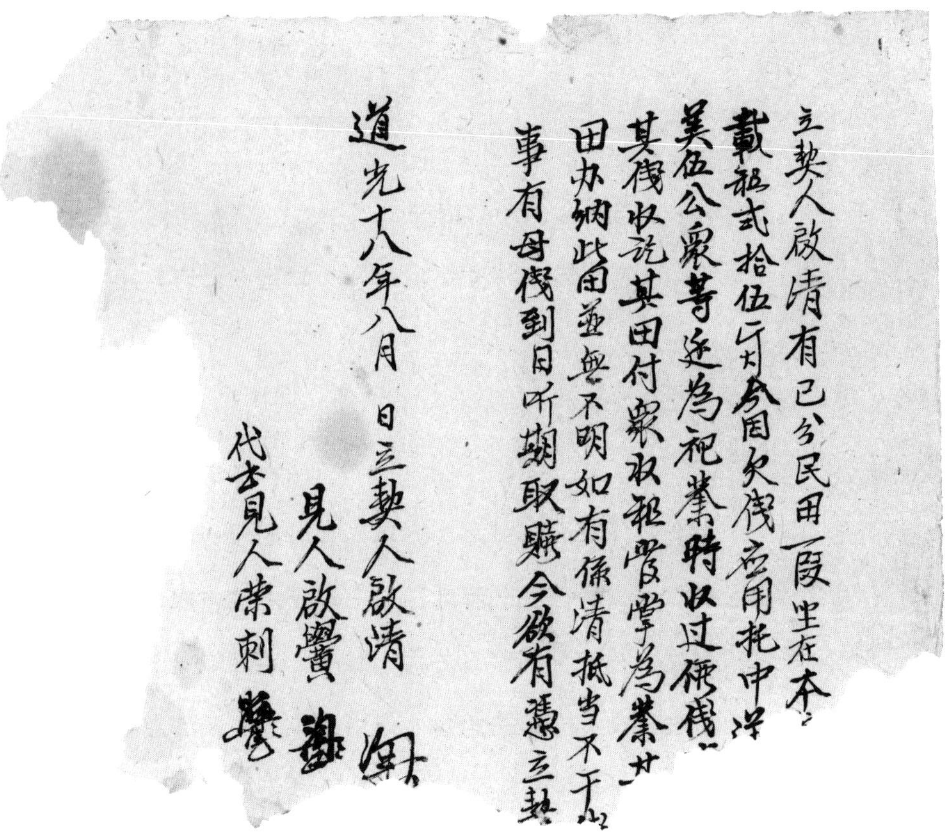

立契人啟清有已分民田一段坐在本…
載租式拾伍斤今因欠錢应用托中送…
吴伍公衆等邊為祀業時收过價錢…
其錢收訖其田付衆收租管掌為業…
田亦納此田並無不明如有係清抵当不干…
事有母錢到日听期取贖今欲有憑立契…
道光十八年八月　日立契人啟清（押）
見人啟黌（押）
代書見人崇刺（押）

① FYXS254、FYXS255、FYXS256、FYXS257四件文書叠在一起保存。

立契人啟清有己分民田一段，坐在本「

載租式拾伍斤大。今因欠錢应用，托中[送]「

美伍公衆等邊為祀業。時收过價錢「

其錢收讫，其田付衆收租管掌為業，[其]「

田办纳。此田並無不明，如有係清抵当，不干□□□

事。有母錢到日，听期取贖。今欲有憑，立契□□。

道光十八年八月　　日立契人啟清（押）

見人啟贇（押）

代书見人荣刺（押）

FYXS258 嘉慶六年（1801）廷取送就契① 453×250mm

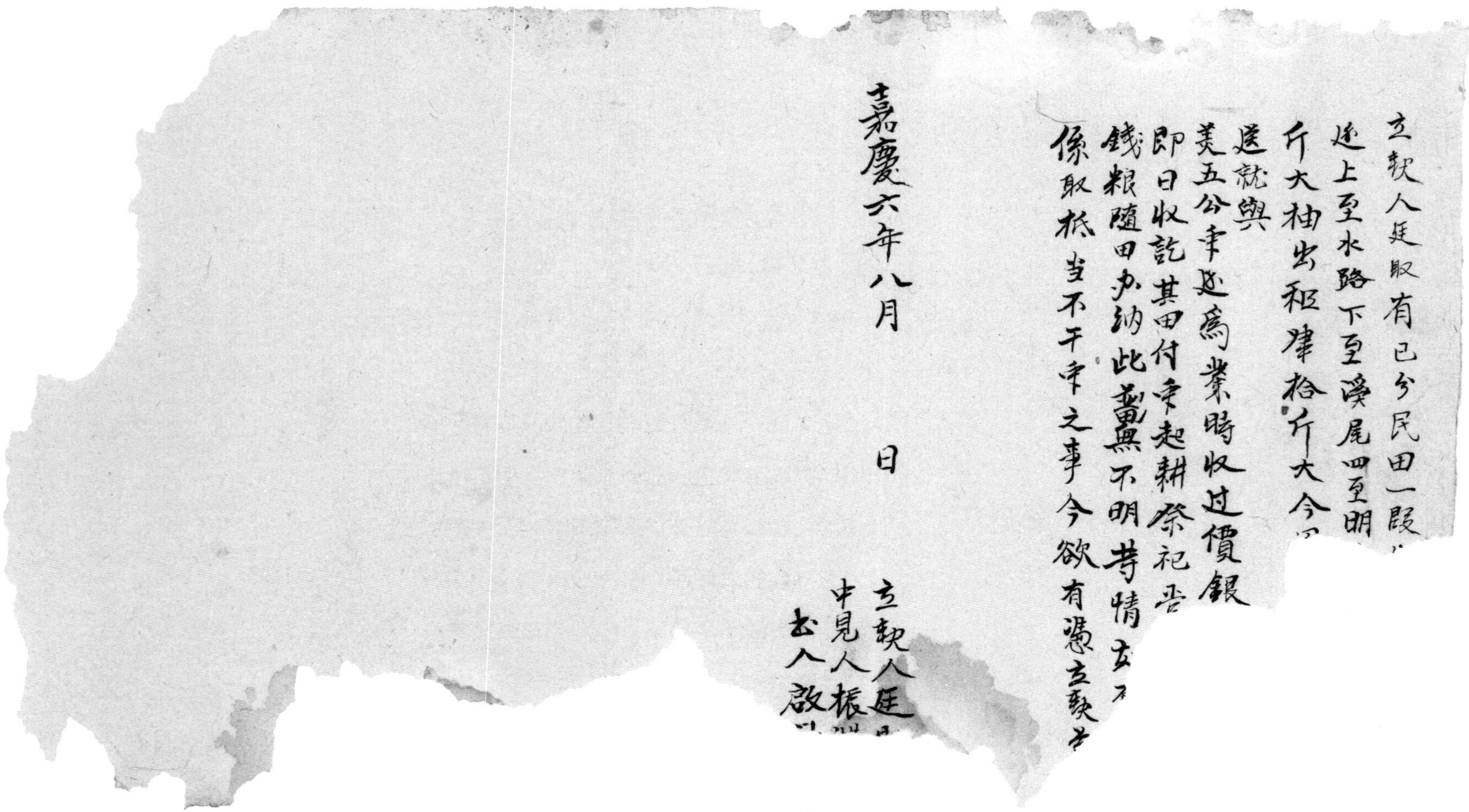

立𢭃人廷取有已分民田一段
延上至水路下至溪尾四至明
斤大柚出租肆拾斤大今
送就與
美五公爭延爲業時收过價銀
即日收訖其田付爭起耕祭祀
錢粮隨田办納此業無不明等情
係取柢当不干爭之事今欲有憑立𢭃
嘉慶六年八月 日
立𢭃人廷
中見人振
代書人啟

① FYXS258、FYXS259、FYXS260、FYXS261、FYXS262、FYXS263、FYXS264七件文書叠在一起保存。

立契人廷取有己分民田一段「
邊，上至水路，下至溪尾，四至明「
斤大，抽出租肆拾斤大。今「
送就與
美五公衆邊爲業，時收过價銀「
即日收訖，其田付衆起耕祭祀管「
錢粮隨田办納。此田並無不明等情，□□□□，
係取抵当，不干衆之事。今欲有憑，立契□□。

嘉慶六年八月　　日　立契人廷取「
中見人振「
书人啟「

FYXS259　嘉慶六年（1801）廷會承字①　215×250mm

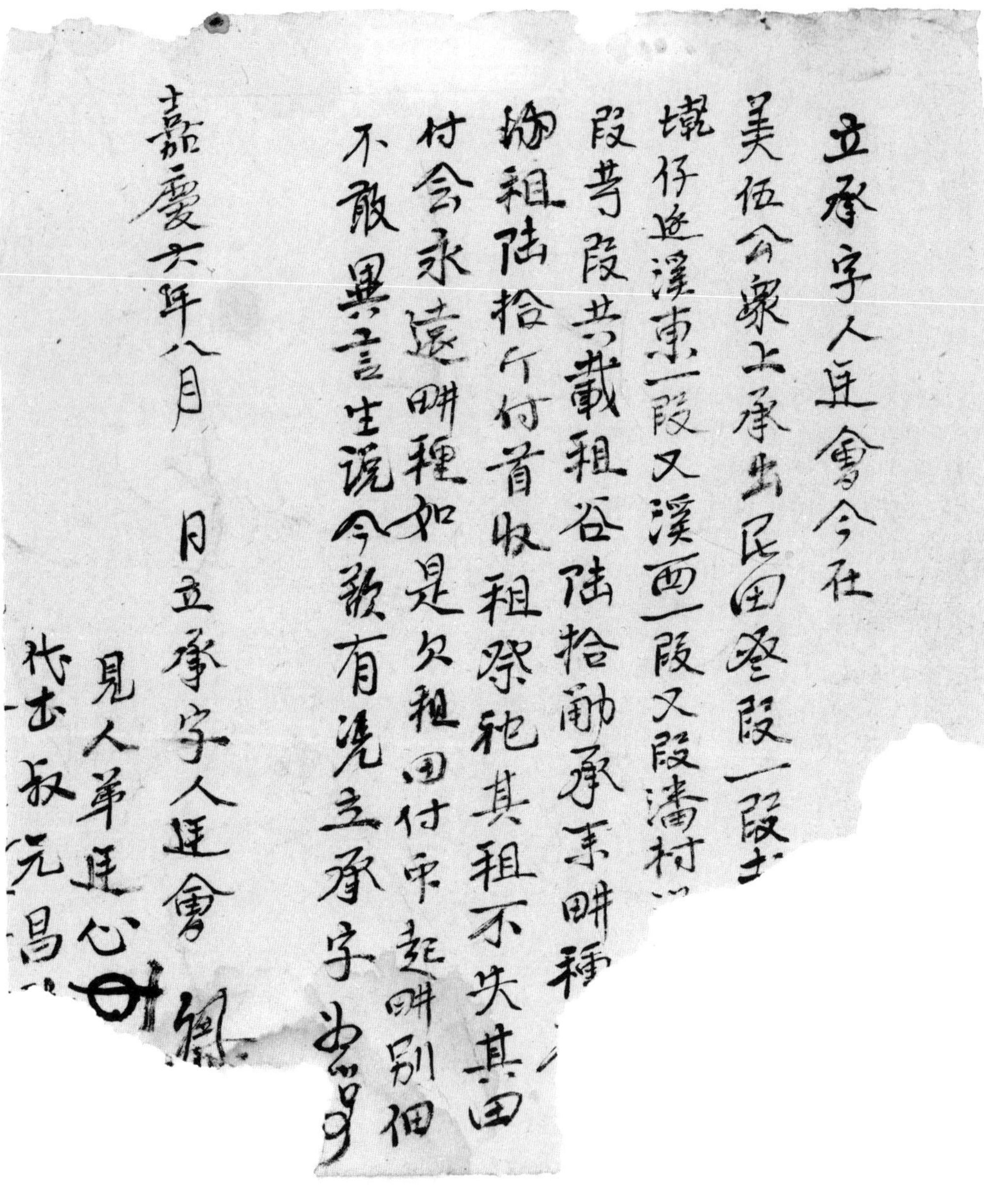

立承字人廷會今在
美伍公衆上承出民田叁段一段土
壠仔邊溪東一段又溪西一段又段潘村
段号段共載租谷陆拾觔承来耕種
物租陆拾斤付首收租祭祀其租不失其田
付會永遠耕種如是欠租田付衆起耕別佃
不敢異言生說今欲有憑立承字
嘉慶六年八月　　日立承字人廷會（押）
見人華廷心（押）
代书叔元昌

①此契原本前端完整，祇後部殘。托裱時，前部也有殘損，故文字不缺。且FYXS258、FYXS259、FYXS260、FYXS261、FYXS262、FYXS263、FYXS264七件文書疊在一起保存。

立承字人廷會，今在

美伍公衆上承出民田叁叚，一叚土名赤漈坂尾①

墘仔邊溪東一叚，又溪西一叚，又叚潘村洋厝後頭一②

叚等叚，共載租谷陆拾觔，承来畊種，歷年③

納租陆拾斤，付首收租祭祀，其租不失，其田

付会永遠畊種。如是欠租，田付衆起畊别佃，

不敢異言生说。今欲有凴，立承字为炤。④

嘉慶六年八月　日立承字人廷會（押）

見人弟廷心（押）

代书叔元昌（押）

……………（後殘）

①『名赤漈坂尾』五字，抄録時完整，托裱後殘損。

②『洋厝後頭一』五字，抄録時完整，托裱後殘損。

③『歷年』二字，抄録時完整，托裱後殘損。

④此處有挽結，類似『9』。

FYXS260　嘉慶二十年（1815）廷譽添足契[①]　487×233mm

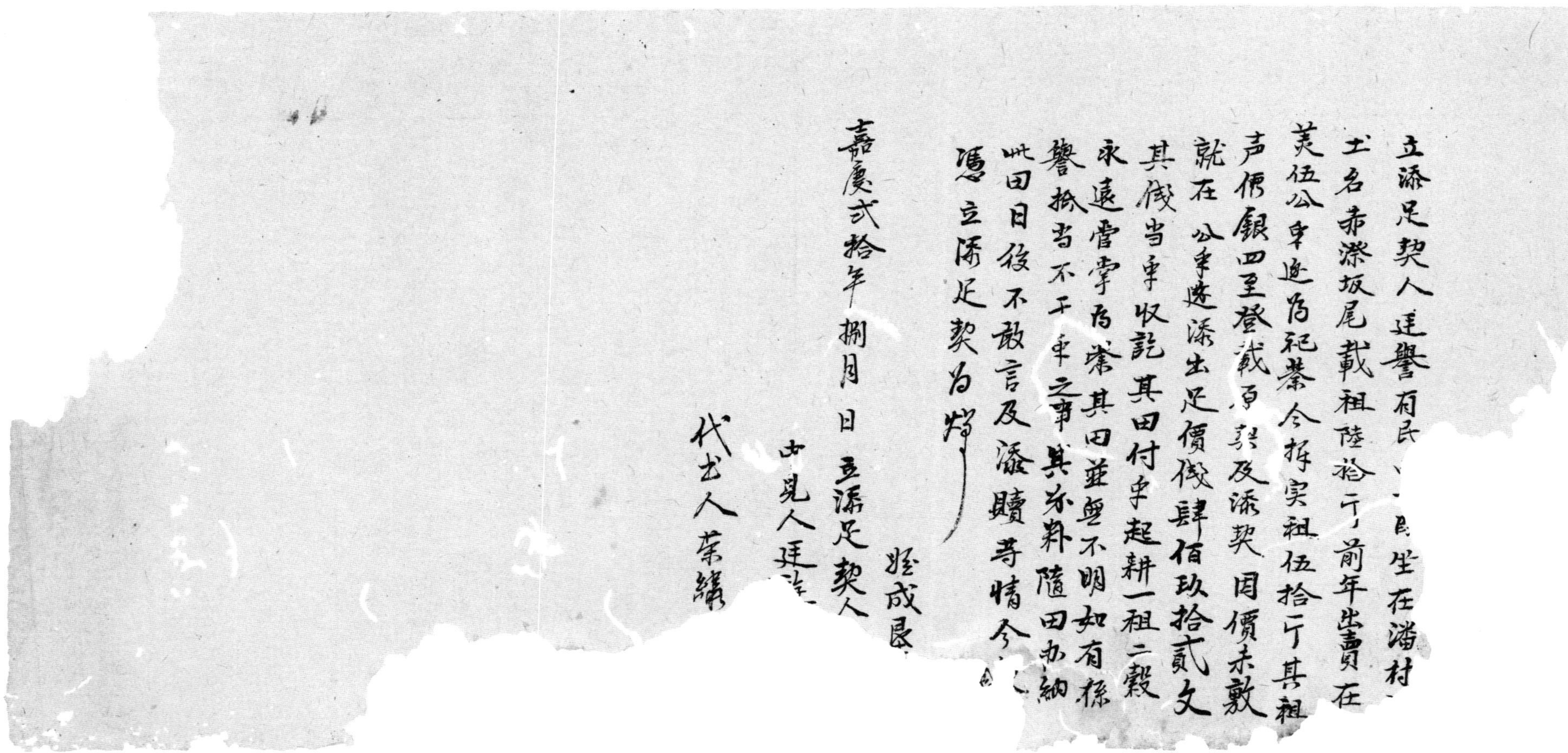
立添足契人廷譽，有民[illegible]民坐在淄村
土名赤漈坂尾，載租陸拾斤，前年出賣在
美伍公手邊爲祀業，今托实祖伍拾斤，其租
声價銀四至登載原契及添契，因價未敷，
就在公手邊添出足價銀肆佰玖拾貳文，
其銀当日收訖，其田付手起耕一祖二穀，
永遠管掌爲業，其田並無不明，如有條
譽抵当，不干手之事，其米料隨田办納。
此田日後不敢言及添贖等情，今[illegible]
憑立添足契爲炤。
嘉慶式拾年捌月　日　立添足契人　[illegible]成艮
在見人廷[illegible]
代书人榮績

① FYXS258、FYXS259、FYXS260、FYXS261、FYXS262、FYXS263、FYXS264七件文書叠在一起保存。

立添足契人廷譽有民田一段，坐在潘村□，
土名赤漈坂尾，載租陸拾斤，前年出賣在
美伍公衆邊爲祀業。今折实租伍拾斤，其租
声、價銀、四至登載原契及添契，因價未敷，
就在公衆邊添出足價錢肆佰玖拾貳文，
其錢当衆收訖，其田付衆起耕，一租二穀，
永遠管掌爲業。其田並無不明，如有係
譽抵当，不干衆之事，其錢糧隨田办納。
此田日後不敢言及添贖等情。今欲有
憑，立添足契爲炤。①

嘉慶弍拾年捌月　日　立添足契人]
侄成星]
中見人廷遊]
代书人宗鏽]

①此處有挽結，類似『9』。

FYXS261　嘉慶十八年（1813）成墾添契[1]　478×247mm

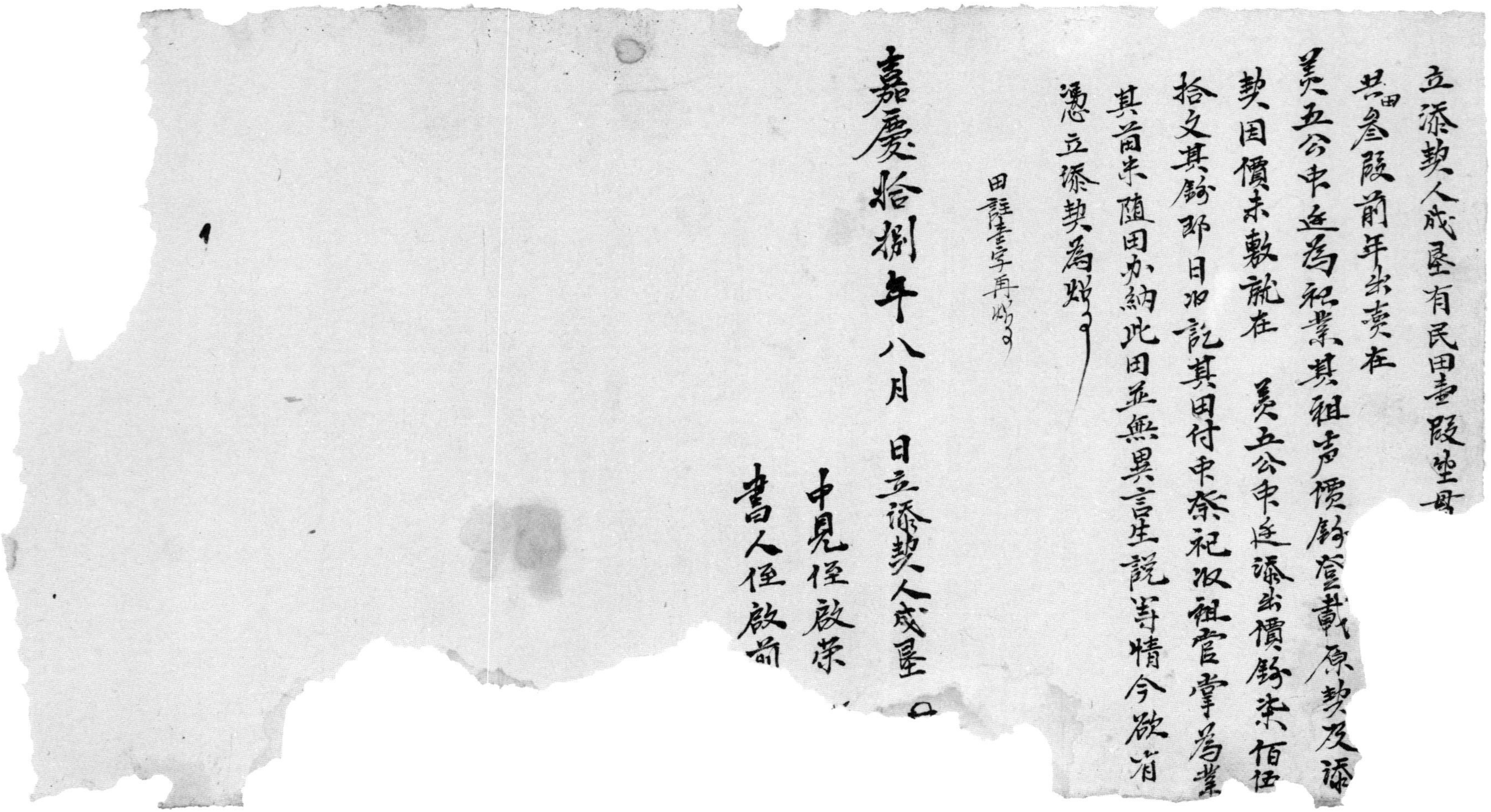

立添契人成墾，有民田壹段，坐[illegible]，
共田叁段，前年出賣在
美五公衆邊為祀業，其祖声價錢載原契及添
契，因價未敷，就在
美五公衆邊添出價錢柒佰伍
拾文，其錢即日収訖，其田付衆祭祀收租管掌為業。
其苗米隨田办納，此田並無異言生說寄情。今欲有
憑，立添契為炤。
田註壹字再炤
嘉慶拾捌年八月　日立添契人成墾（押）
中見侄啟荣
書人侄啟前

① FYXS258、FYXS259、FYXS260、FYXS261、FYXS262、FYXS263、FYXS264七件文書叠在一起保存。

立添契人成垦有民田壹段，坐[貫]]
共田三段，前年出賣在
美五公衆邊爲祀業，其租声，價錢登載原契及添
契，因價未敷，就在 美五公衆邊添出價錢柒佰伍
拾文，其錢即日收訖。其田付衆祭祀，收租管掌爲業，
其苗米隨田办納。此田並無異言生説等情。今欲有
憑，立添契爲炤。①
田註壹字再炤。②
嘉慶拾捌年八月 日立添契人成垦（押）
中見 侄啟宗]
書人 侄啟[前]]

---

①此處有挽結，類似『9』。
②此處有挽結，類似『9』。

FYXS262 道光十八年（1838）宗錠賣契[1] 432×249mm

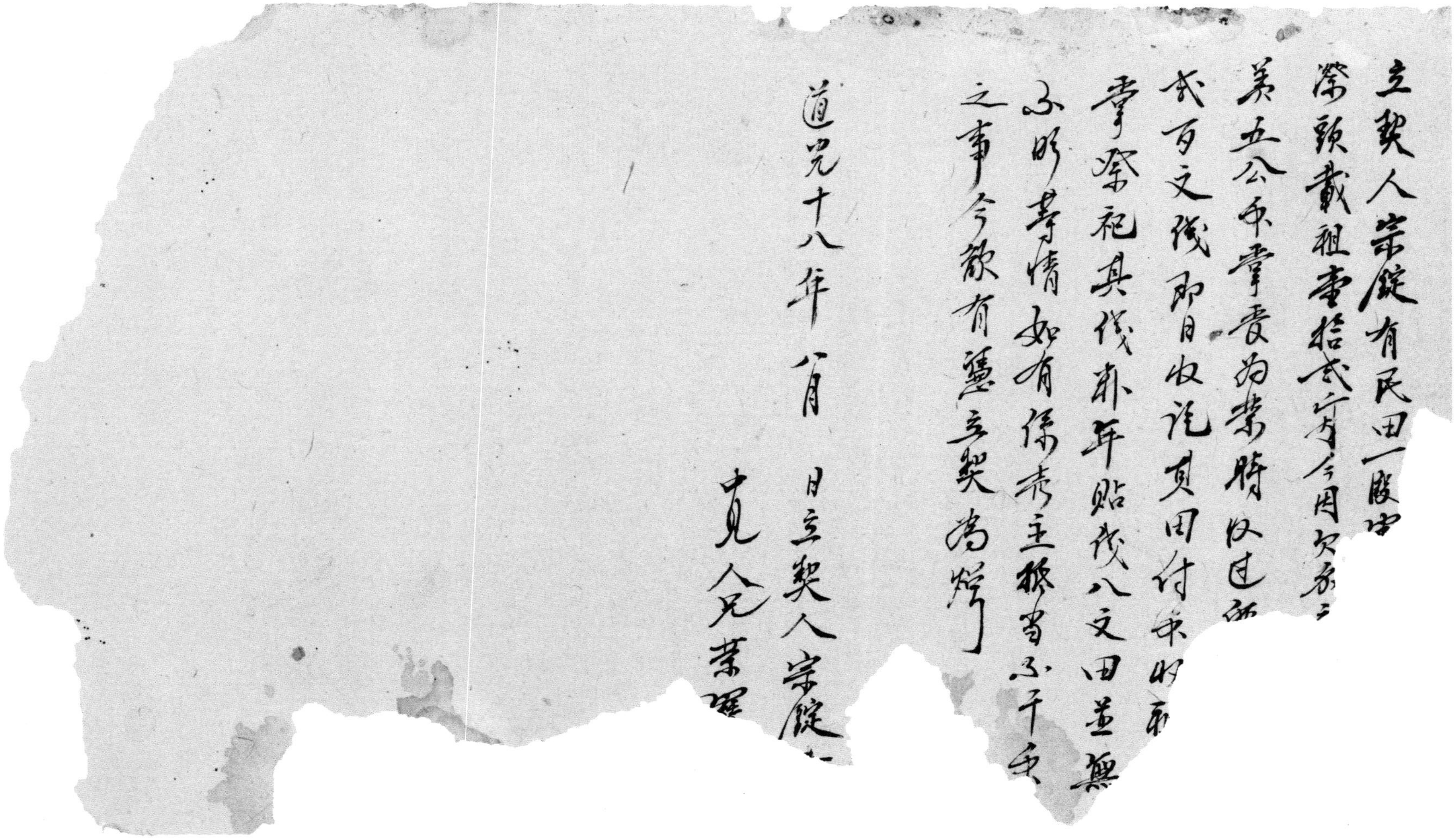

① FYXS258、FYXS259、FYXS260、FYXS261、FYXS262、FYXS263、FYXS264七件文書疊在一起保存。

立契人宗錠有民田一段，坐[
滐頭，載租壹拾弍斤大。今因欠錢[
美五公衆掌管为業，時收过價[
弍百文，錢即日收讫，其田付衆收租[
掌祭祀，其錢糧年貼錢八文，田並無[
不明等情，如有係賣主抵当，不干衆
之事。今欲有憑，立契為炤。①

道光十八年　八月　日立契人宗錠[
中見人兄荣[

①此處有挽結，類似『9』。

FYXS263　道光二十九年（1849）啓清送賣契①　502×234mm

立契人啓清有已分民田壹段
星堂房[illegible]仔尾年載租[illegible]
應用托中送中送[illegible]
美五公衆邊為祀業時收過價錢[illegible]
当衆收訖其田付衆收租管業為[illegible]
田[illegible]納田並無不明苔情如有不[illegible]
不干衆之事今欲有憑立契人為照
道光弍拾玖年捌月　日立契人啓清（押）
代书人崇[illegible]（押）

① FYXS258、FYXS259、FYXS260、FYXS261、FYXS262、FYXS263、FYXS264七件文書疊在一起保存。

立契人啓清有己分民田壹段，[
星堂厝脚畬仔尾，年載租叁[
應用，托中送中送賣與
美五公衆邊为祀業，時收过價錢[
当衆收讫，其田付衆收租管掌为業，[
田办纳。田並無不明等情，如有不明，係[
不干衆之事。今欲有憑，立契人为炤。①

道光弍拾玖年捌月　日　立契人啟清（押）
代书人宗酌（押）

①此處有挽結，類似『9』。

FYXS264　道光二十九年（1849）啓清添契[1]　505×236mm

立添契人啓清，有已分民田
坪仔頭，其佃伐租声四至登出
就在
美五公兵边添出佃伐贰仟壹佰文廿
訖，其田付与起耕管業為業，其伐
此納田並無不明等情，如有不明，係清
不干兵之事。日後有賠者賠，今欲有憑，
添契為炤。
道光贰拾玖年捌月　　日立添契人啟清（押）
代書人　葉錦

① FYXS258、FYXS259、FYXS260、FYXS261、FYXS262、FYXS263、FYXS264七件文書叠在一起保存。

立添契人啓清有己分民田［

坆仔頭，其價錢、租声、四至登載［

就在

美五公衆邊添出價錢貳仟壹佰文，其［

讫，其田付衆起畊管掌为業，其錢［

办纳。田並無不明等情，如有不明，係清［

不干衆之事。日後有贖無添。今欲有憑□

添契为炤。①

道光弍拾玖年捌月　　日立添契人啟清（押）

代書人荣酌（押）

①此處有挽結，類似『9』。

FYXS265　嘉慶十八年（1813）廷章送賣契[①]　538×250mm

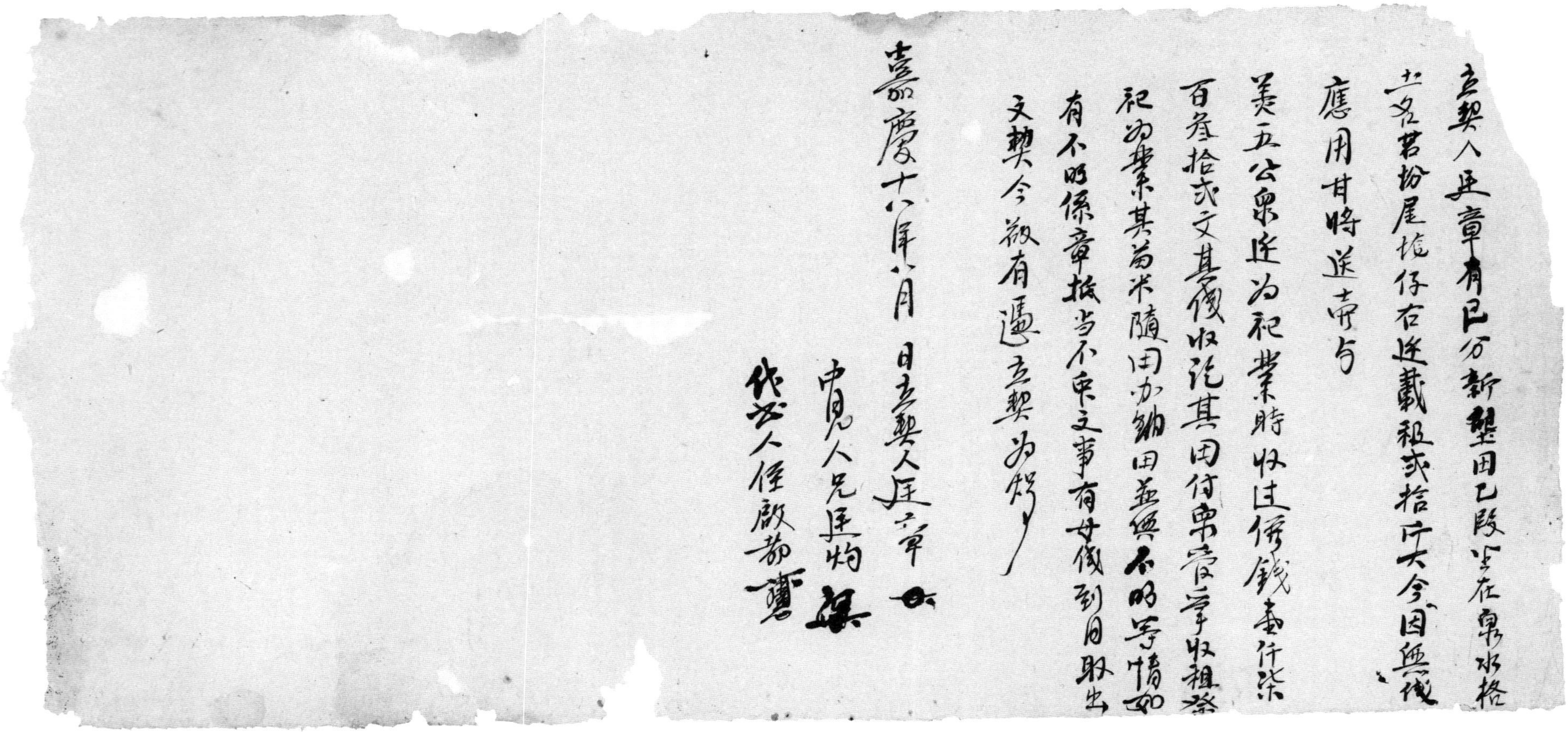

① FYXS265、FYXS266、FYXS267三件文書叠在一起保存。

立契人廷章有己分新墾田乙段，坐在泉水格，
土名若坊尾壠仔右邊，載租弍拾斤大。今因無錢
應用，甘將送賣与
美五公衆邊为祀業，時收过價錢壹仟柒
百叁拾弍文，其錢收讫，其田付衆管掌收租祭
祀为業，其苗米隨田办纳。田並無不明等情，如
有不明，係章抵当，不[①]衆之事。有母錢到日取出
文契。今欲有憑，立契为炤。[②]

嘉慶十八年八月　　日立契人廷章㊉
中見人兄廷灼（押）
代书人侄啟都（押）

①此處疑缺『干』字，編者注。
②此處有挽結，類似『9』。

FYXS266　嘉慶十八年（1813）啓都就契①　546×249mm

立契人啟都有民田乙段坐落本處水格土名官
林近另載租式拾陸斤今因無錢應用就在
美五公衆近管掌爲業時收過價錢貳仟零
捌拾陸文其價收訖其田付衆收租祭祀其當
米隨田办納田並無不明等情係都抵當
不干衆之事今欲有憑立契爲炤
嘉慶十八年十月　日立契人啟都（押）
中見人叔廷科（押）

① FYXS265、FYXS266、FYXS267三件文書叠在一起保存。

立契人啟都有民田乙段，坐在泉水格，土名官林邊，年載租式拾陸斤。今因無錢應用，就在美五公衆邊管掌为業。時收过價錢貳仟零捌拾陸文，其錢收讫，其田付衆收租祭祀，其苗米隨田办纳。田並無不明等情，[1]係都抵当，不干衆之事。今欲有憑，立契为炤。[2]

嘉慶十八年八月　日立契人啟都（押）

中見人叔廷科（押）

---

①此處疑缺『如有不明』，編者注。

②此處有挽結，類似『9』。

FYXS267 道光四年（1824）美五公、柏五公衆合約[1] 558×243mm

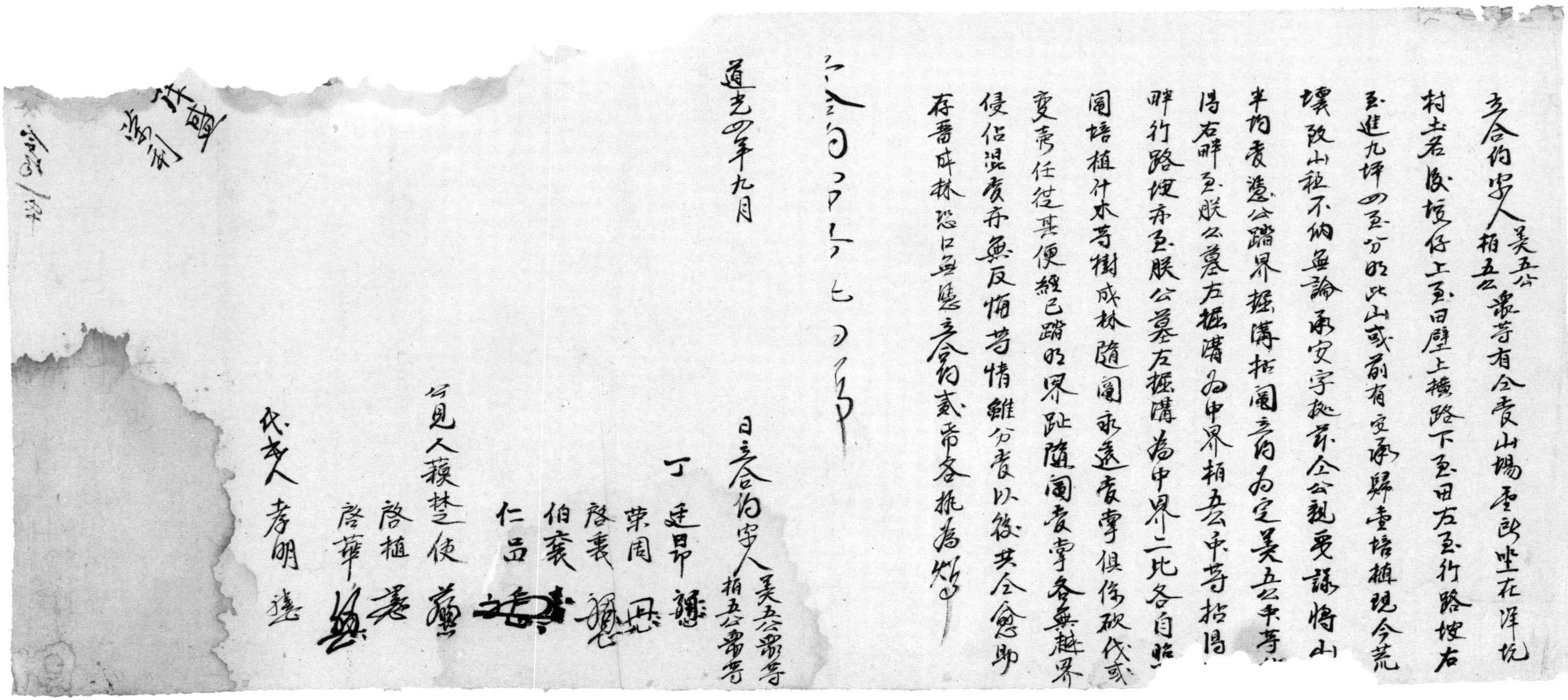

立合約字人美五公柏五公衆等有仝業山場壹所坐在洋坑村土名後垣仔上至田壁上横路下至田左至行路坡右至進九坪四至分明此山或前有安承歸壹培植現今荒壞致山租不納無論承安字批並仝公親受議將山半均業遂公踏界掘溝拈鬮立約為定美五公衆等拈得右畔至朕公墓左掘溝為中界柏五公衆等拈得畔行路坡亦至朕公墓左掘溝為中界二比各自照鬮培植竹木等樹成林随鬮永遠業掌俱係砍伐或變賣任從其便經已踏明界趾随鬮業掌各無越界侵佔混業亦無反悔等情雖分業以後共仝僉助存蓄成林恐口無憑立合約貳帋各執為炤

[illegible]

道光四年九月　日立合約字人美五公衆等　柏五公衆等

丁　廷印　荣周　啓襄　伯褒　仁品

見人蘇楚使　啓植　啓華

代書人孝明

合約　[illegible]

① FYXS265、FYXS266、FYXS267三件文書叠在一起保存。

立合約字人美五公栢五公衆等有仝管山塲壹所，坐在洋坑村，土名後垵仔，上至田壁上橫路，下至田，左至行路垵，右至進九坪，四至分明。此山或前有安承歸壹培植，現今荒壞，致山租不納，無論承安字批。茲仝公親要議，將山□半均管，憑公踏界。掘溝拈阄，立約为定。美五公衆等□得右畔至朕公墓左，掘溝为中界。栢五公衆等拈得□畔行路垵，亦至朕公墓左，掘溝為中界。二比各自照阄培植什木等樹成林，隨阄永遠管掌，俱係砍伐或变賣任從其便。經已踏明界趾，隨阄管掌，各無越界侵佔混管，亦無反悔等情。雖分管以後，共仝愈助存留成林。恐口無憑，立合約貳帋，各执為炤。①

□合約□□各執為炤②

道光四年九月 日立合約字人 美五公衆等 栢五公衆等

丁廷昂（押）

宗周（押）

啓表（押）

伯褒（押）

仁品（押）

公見人蘇楚使（押）

啓植（押）

啓華（押）

代书人孝明（押）

茂盛

宗利

（背面文字）：[ ]五公合約一帋

①此處有挽結，類似『9』。

②此處有挽結，類似『9』。且此九字爲半書，存右半部分。

FYXS268　嘉慶十八年（1813）廷科送賣契[1]　560×251mm

立契人廷科有已分民田乙段坐在宗水格土名
鴨母墘共載租式硌壹斗大今因無錢應用
甘將送賣與
美伍公衆邊管掌為業時收過價錢壹仟柒
百貳十五文其錢收訖其田付衆收租祭祀為業
田並無不明等情如有不明係科抵當不干衆
之事今欲有憑立契為炤
嘉慶十八年八月　日立契人廷科
中見人兄廷遊
代筆人侄啟郡

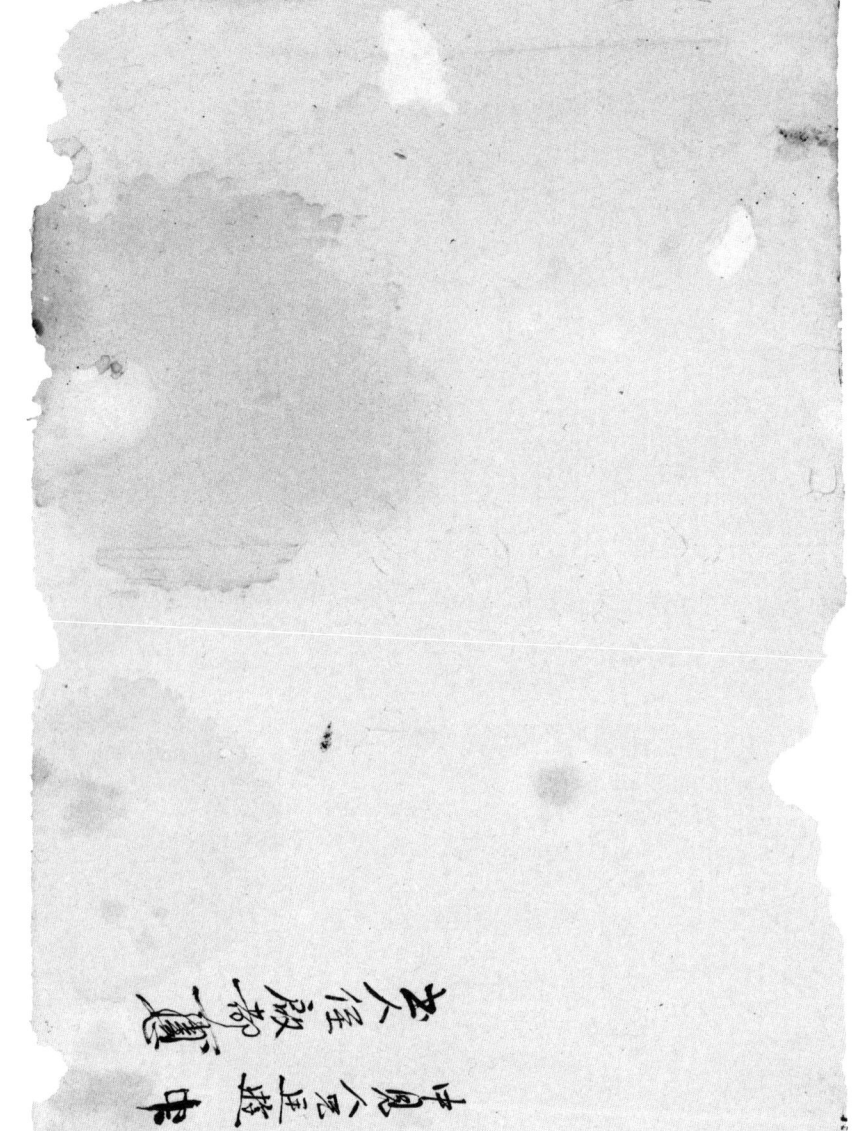

① FYXS268—FYXS276九件文書疊在一起保存。

立契人廷科有己分民田乙段，坐在泉水格，土名
鴨母壠，共載租式拾壹斤大。今因無錢應用，
甘將送賣與
美伍公衆邊管掌为業，時收过價錢壹仟柒
百式十五文。其錢收讫，其田付衆收租祭祀为業。
田並無不明等情，如有不明，係科抵当，不干衆
之事。今欲①憑，立契为炤。②

嘉慶十八年八月　　日立契人廷科（押）
中見人兄廷遊（押）
书人侄啟都（押）

①此處疑缺『有』字，編者注。
②此處有挽結，類似『9』。

FYXS269　道光四年（1824）啓曙賣契[1]　516×239mm

① FYXS268—FYXS276九件文書叠在一起保存。

立契人啓曙有新墾田一段，坐在潮兜村，土名潮
頭壠坎頭，載租谷叁拾斤。今因欠錢應用，將田
賣与
美五公衆邊管掌为業，時收过價錢弍仟捌百伍
拾文，錢即日收讫，其田付衆管掌收租为業。其
田後如是欠租，將田付衆起耕召佃，不敢阻当。此
田並無不明等情，如有係曙抵当，不干衆之事。
今欲有憑，立契為炤。①

道光肆年八月　日立契人啓曙（押）
中見人啓興（押）

①此處有挽結，類似『9』。

FYXS270 道光九年（1829）啓士送賣契① 558×250mm

立契人啟士有己分執壇園坪一所，坐在本鄉土
名茶坑凡蝦嶺墈，載租叁拾斤了，同欠鄉祠用，
折中將園坪送賣與
吳五公眾邊為祀業，時收過價銀叁仟文，其價即日
收訖，其園坪付眾前去收租為祀業，其鄉
底年照十式抒事文，此園坪並無不明等情，如有
啟士抵當，不干眾之事，今欲有憑，立契為照。

道光玖年八月　日立契人啟士（押）
中見人侄榮簪（押）
代書人　葉禎（押）

① FYXS268—FYXS276九件文書叠在一起保存。

立契人啟士有己分新墾园坪一所，坐在本鄉，土名东垳风蝦垵堧，載租叁拾斤大。今因欠錢应用，托中将园坪送賣與
美五公衆邊为祀業，時收过價錢叁仟文。其錢即日收讫，其园坪付衆管掌收租为祀業，其糧錢歷年貼錢弍拾壹文。此园坪並無不明等情，如有係士抵当，不干衆之事。今欲有憑，立契为炤。①

道光玖年八月　　日　　立契人啓士（押）

中见人侄荣簪（押）

代书人荣繡（押）

①此處有挽結，類似『9』。

FYXS271　道光十八年（1838）榮簪送賣契　555×248mm

立契人榮簪有民田一段，坐在本鄉土名楊仁堂右頂
路写抽出租伍拾伍斤，今因欠錢應用，送
孝翁
美五公承去為祀業，時收過價錢伍仟陸
百文，錢即日收訖，其租付承收入祭祀，其錢[illegible]
年貼錢叁拾捌文，田並無不明，如有係
簪抵當，不干承之事。今欲有憑，立契為據。
道光拾捌年八月　日　立契人　榮簪
中見人　啟達

① FYXS268—FYXS276九件文書叠在一起保存。

立契人宗簪有民田一段，坐在本鄉，土名仁楊堂后頭路等，抽出租伍拾伍斤大，今因欠錢應用，送賣與美五公衆邊為祀業，時收过價錢伍仟陆百文，錢即日收讫，其租付衆收入祭祀，其錢糧每年貼錢叁拾捌文。田并無不明，如有係簪抵当，不干衆之事。今欲有憑，立契为炤。①

道光拾捌年八月　日　立契人宗簪（押）

中見人啓建（押）

---

①此處有挽結，類似『9』。

FYXS272 道光二十九年（1849）文津送賣契[1] 503×224mm

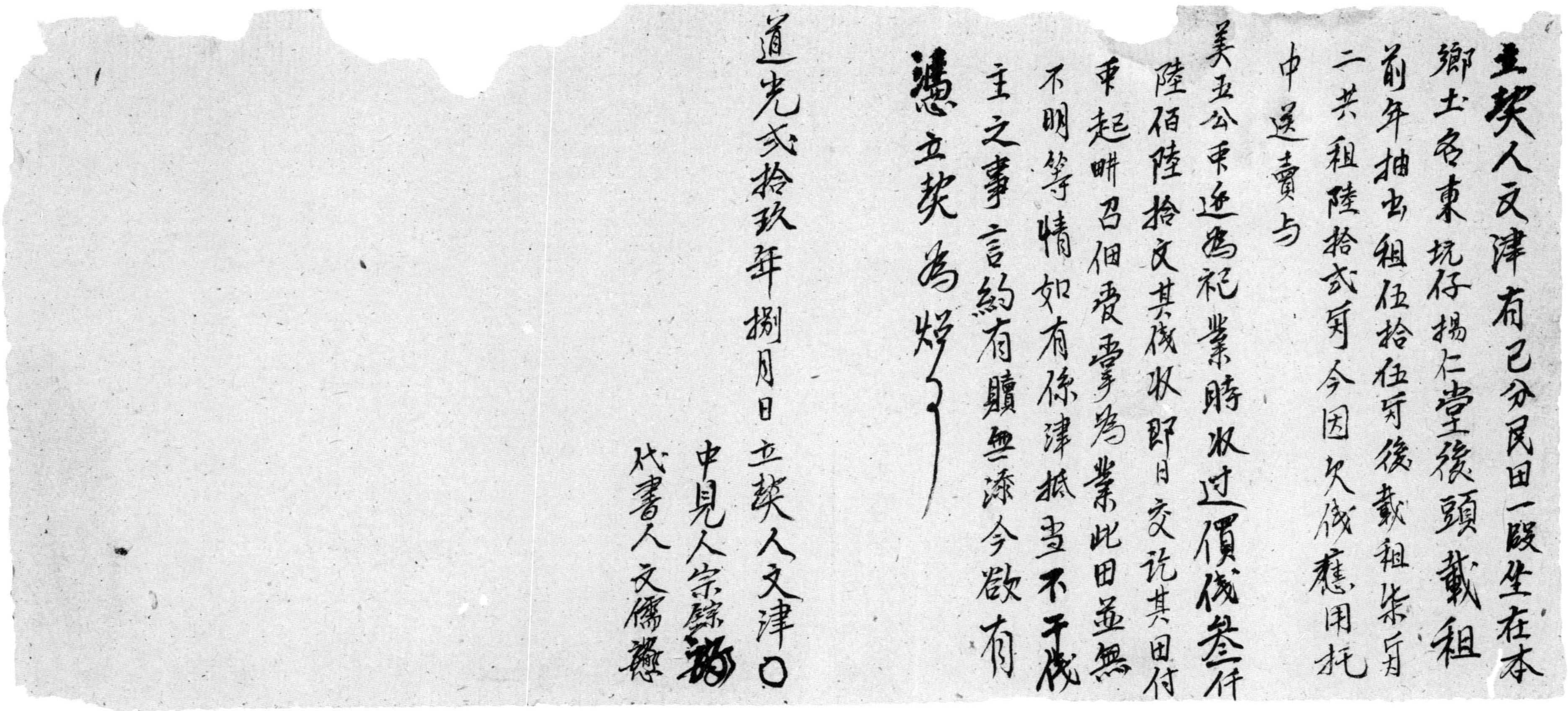

① FYXS268—FYXS276九件文書疊在一起保存。

立契人文律有己分民田一段，坐在本
鄉，土名東坑仔揚仁堂後頭，載租
前年抽出租伍拾伍斤大，後載租柒斤大，
二共租陸拾弍斤大。今因欠錢應用，托
中送賣与
美五公衆邊為祀業，時收过價錢叁仟
陸佰陸拾文。其錢收①即日交讫，其田付
衆起畊召佃，管掌為業。此田並無
不明等情，如有係津抵当，不干錢
主之事。言約有贖無添。今欲有
憑，立契為炤。②

道光弍拾玖年捌月　　日　立契人文律〇
中見人宗綜（押）
代書人文儒（押）

①此『收』字當爲衍字。
②此處有挽結，類似『3』。

FYXS273 道光二十九年（1849）啓日添盡足契① 508×226mm

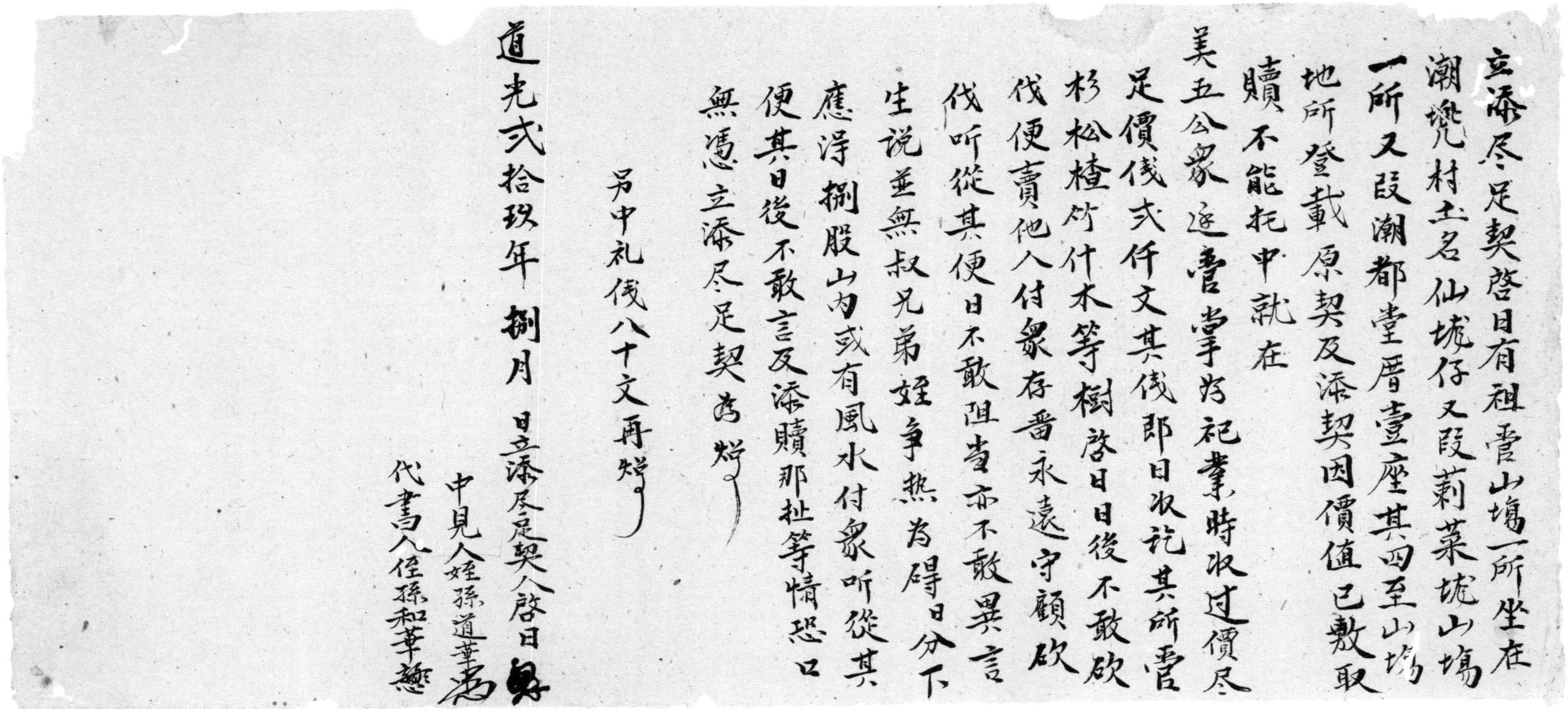

立添尽足契啓日有祖晉山塲一所坐在
潮墘村土名仙垅仔又段莿菜垅山塲
一所又段潮都壹厝壹座其四至山塲
地所登載原契及添契因價值已敷取
贖不能托中就在
美五公衆逐年掌为祀業時収过價尽
足價錢式仟文其錢郎日収讫其所晉
杉松楂竹什木等樹啓日日後不敢砍
伐便賣他人付衆存晋永遠守顧砍
伐听從其便日不敢阻當亦不敢異言
生說並無叔兄弟姪爭熱為碍日分下
應浮捌股山内或有風水付衆听從其
便其日後不敢言及添贖那扯等情恐口
無憑立添尽足契為炤
另中礼錢八十文再炤
道光式拾玖年 捌月 日立添尽足契人啓日（押）
中見人姪孫道華（押）
代書人侄孫和華（押）

① FYXS268—FYXS276九件文書疊在一起保存。

立添尽足契啓日有祖管山墳一所，坐在潮兜村，土名仙壠仔，又段莿菜壠山墳一所。又段潮都堂厝壹座，其四至山墳地所登載原契及添契，因價值已敷，取贖不能，托中就在美五公衆邊管掌為祀業，時收过價尽足價錢弍仟文，其錢即日收訖，其所管杉松楂竹什木等樹，啓日日後不敢砍伐便賣他人，付衆存留，永遠守顧砍伐，听從其便，日不敢阻当，亦不敢異言生说，並無叔兄弟姪争执為碍。日分下應得捌股，山内或有風水，付衆听從其便，其日後不敢言及添贖那扯等情。恐口無憑，立添尽足契為炤。①

另中礼錢八十文，再炤。②

道光弍拾玖年捌月　日立添尽足契人啓日（押）

中見人姪孫道華（押）

代書人侄孫和華（押）

---

①此處有挽結，類似『9』。

②此處有挽結，類似『9』。

FYXS274　咸豐八年（1858）啓道兄弟送賣契①　513×240mm

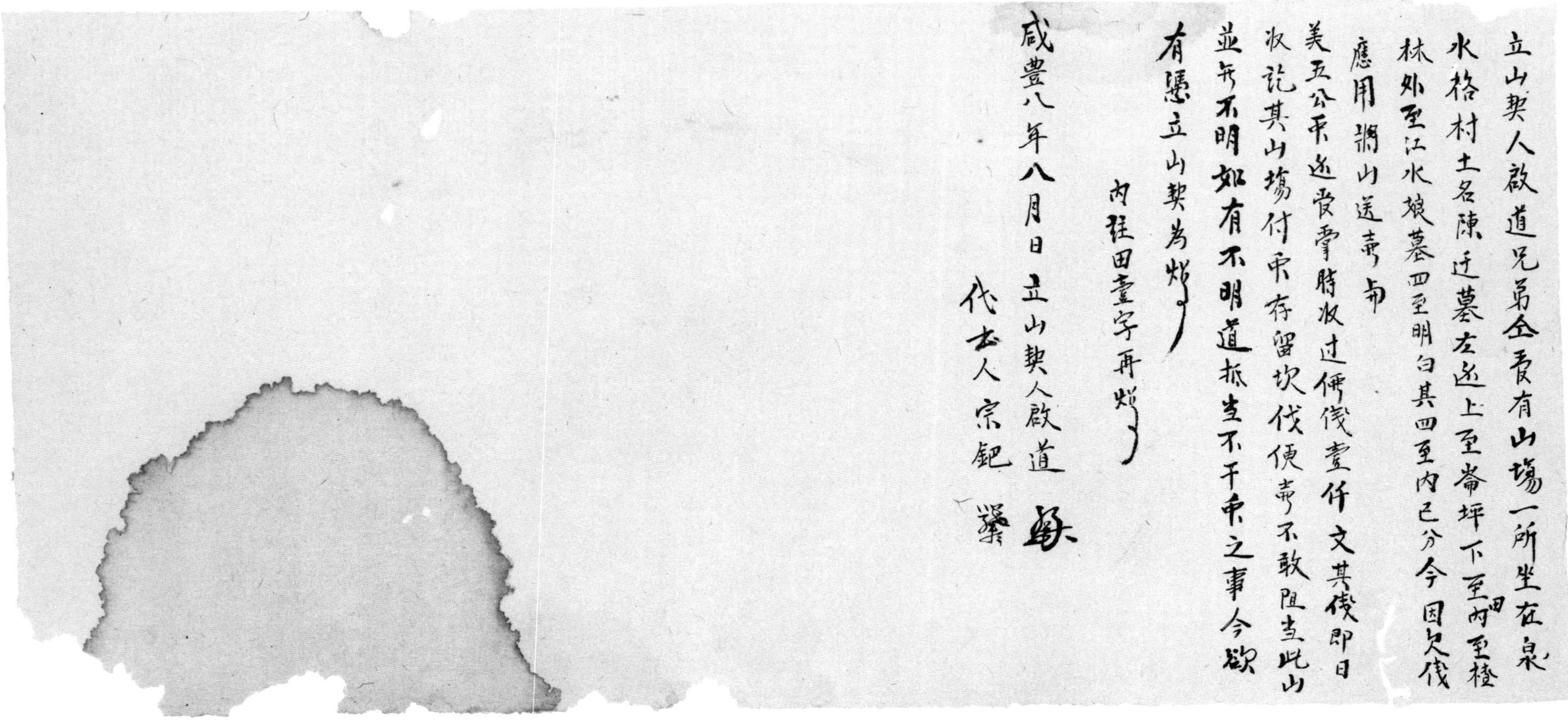
立山契人啟道兄弟仝有山場一所坐在泉
水格村土名陳迁墓左邊上至崙坪下至內田至楂
林外至江水娘墓四至明白其四至內已分今因欠伐
應用將山送賣與
美五公衆邊出價賣時收过便伐壹仟文其伐即日
收訖其山場付衆存留砍伐便賣不敢阻当此山
並無不明如有不明道抵当不干衆之事今欲
有憑立山契為炤
內註田壹字再炤
咸豐八年八月日　立山契人啟道
代書人　宗鈀　筆

---

① FYXS268—FYXS276九件文書叠在一起保存。

立山契人啟道兄弟仝管有山場一所，坐在泉

水格村，土名陳迁墓左邊，上至崙坪，下至田，内至楂

林，外至江水娘墓，四至明白，其四至内己分。今因欠錢

應用，將山送賣與

美五公衆邊管掌，時收过價錢壹仟文，其錢即日

收讫，其山場付衆存留坎伐便賣，不敢阻当。此山

並無不明，如有不明，道抵当，不干衆之事。今欲

有憑，立山契為炤。①

内注田壹字，再炤。②

咸豊八年八月　日　立山契人啟道（押）

代书人宗鈀（押）

①此處有挽結，類似『9』。

②此處有挽結，類似『9』。

FYXS275　光緒八年（1882）玉泉公衆與該六公衆換字① 527×238mm

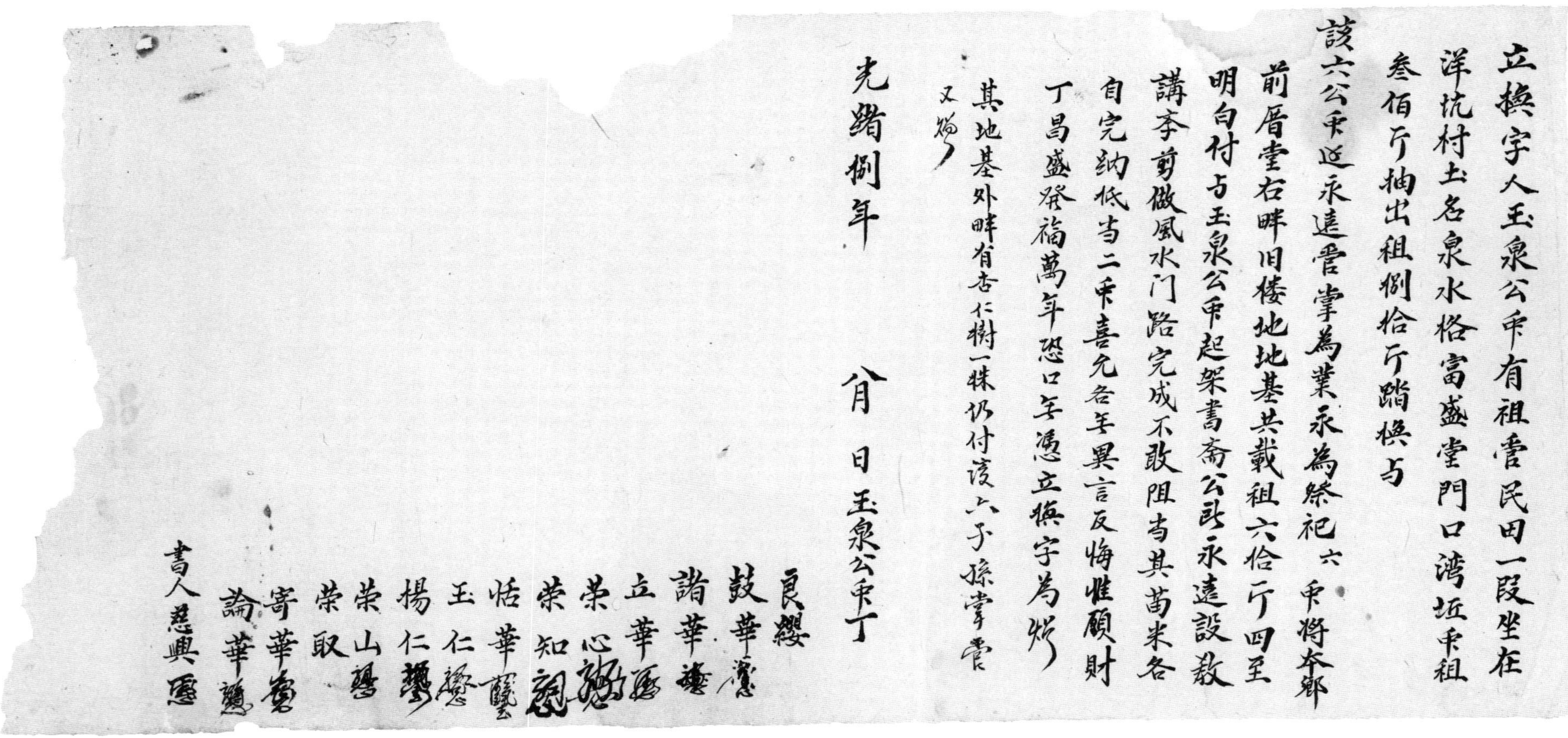

立換字人玉泉公眾有祖耆民田一段坐在
洋坑村土名泉水格富盛堂門口湾坵眾祖
叁佰斤抽出租捌拾斤踏換与
該六公眾近永遠管掌為業永為祭祀六眾將本鄉
前厝壹右畔旧樓地地基共載租六拾斤四至
明白付与玉泉公眾起架書齋公亦永遠設教
講李剪徵風水门路完成不敢阻当其萬米各
自完納低当二眾喜允各無異言反悔誰願財
丁昌盛發福萬年恐口無憑立換字為炤
其地基外畔有杏仁樹一株仍付該六子孫掌管
又炤
光緒捌年　八月　日　玉泉公眾丁
良纓
鼓華
諸華
立華
榮心
榮知
恬華
玉仁
揚仁
榮山
榮取
寄華
論華
書人慈興

① FYXS268—FYXS276九件文書叠在一起保存。

立換字人王泉公衆有祖嘗民田一段，坐在
洋坑村，土名泉水格富盛堂門口湾坵，衆租
叁佰斤，抽出租捌拾斤，踏換与
該六公衆邊，永遠管掌為業，永為祭祀，六衆將本鄉
前厝堂右畔旧楼地地基，共載租六拾斤，四至
明白，付与王泉公衆起架書斋公所，永遠設教
講孝，剪做風水门路完成，不敢阻当，其苗米各
自完纳抵当。二衆喜允，各無異言反悔，惟願財
丁昌盛，發福萬年。恐口無憑，立換字為炤。①
其地基外畔有杏仁樹一株，仍付該六子孫掌管，
又炤。②

光緒捌年　　八月　　日王泉公衆丁
良纓
鼓華（押）
諸華（押）
立華（押）
荣心（押）
荣知（押）
恬華（押）
玉仁（押）
揚仁（押）
荣山（押）
荣取
寄華（押）
論華（押）
書人慈興（押）

①此處有挽結，類似『9』。
②此處有挽結，類似『9』。

FYXS276　光緒二十九年（1903）簪桑、簪言、日檳歸回契[1]　414×200mm

① FYXS268—FYXS276九件文書疊在一起保存。

立归田契人簮桑言、日櫝承父繳得英池民田肆段，内抽出乙段，坐在本鄉，土名泉水格螃蟹仔水路，年載租肆拾觔大，送归與美五公衆等為祀業，时收过價錢叁仟叁佰文，其錢即日收讫，其田付衆起耕為業。今欲有憑，立归田契為炤。①

光绪弍拾玖年捌月　日立归田契人簮桑（押）

簮言（押）

日櫝（押）

①此處有挽結，類似『9』。

FYXS277　嘉慶十八年（1813）廷士就契①　439×252mm

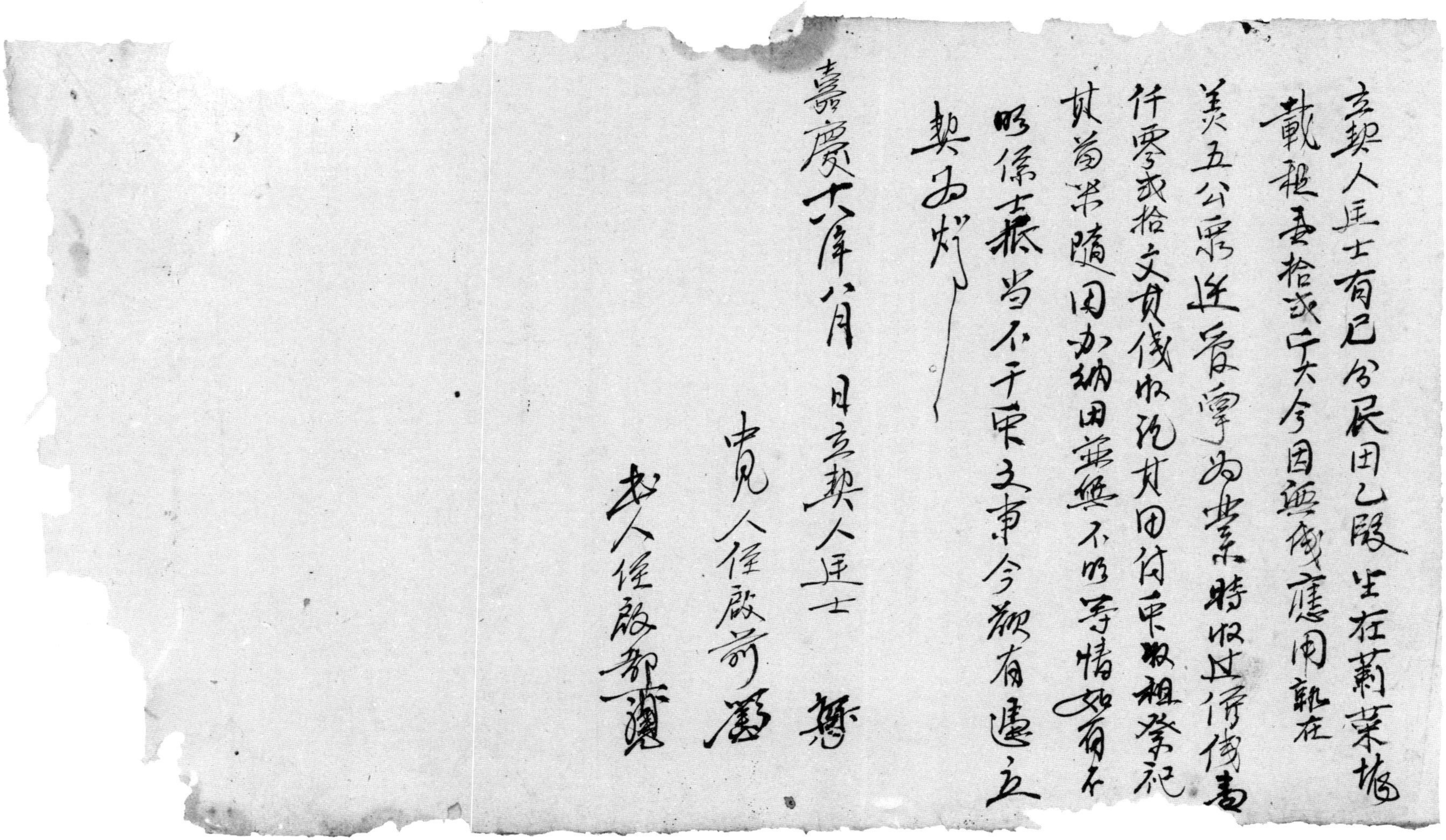
立契人廷士有已分民田乙段，坐在蕭菜塲，
載租壹拾弍斗大，今因無錢應用，就在
美五公衆邊賣掌為業，時收過價錢壹
仟零弍拾文，其錢收訖，其田付衆收租祭祀，
其苗米隨田办納，田並無不明等情，如有不
明，係士抵当，不干衆之事。今欲有憑，立
契爲照。
嘉慶十八年八月　日立契人廷士（押）
見人侄啟前（押）
代人侄啟郡（押）

① FYXS277、FYXS278二件文書疊在一起保存。

立契人廷士有己分民田乙段，坐在莿菜壠，

載租壹拾弍斤大。今因無錢應用，就在

美五公衆邊管掌为業，時收过價錢壹

仟零弍拾文，其錢收讫，其田付衆收租祭祀，

其苗米隨田办纳。田並無不明等情，如有不明，

係士抵当，不干衆之事。今欲有憑，立

契为炤。①

嘉慶十八年八月　　日立契人廷士（押）

中见人侄啟前（押）

书人侄啟都（押）

①此處有挽結，類似『9』。

FYXS278 道光二十九年（1849）道華送賣契① 489×228mm

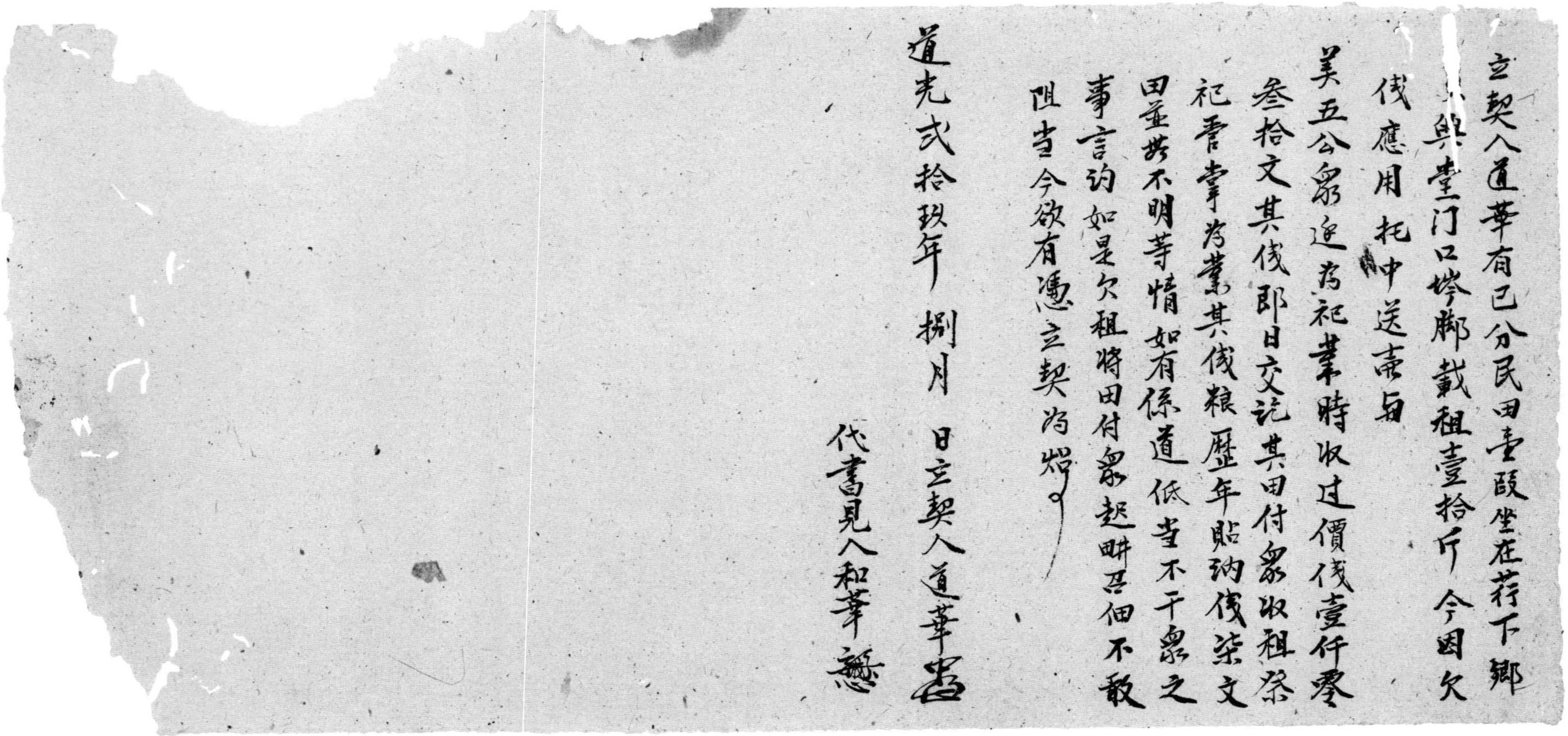

立契人道華有已分民田壹段坐在蓕下鄉
與堂门口塆廓 載租壹拾斤 今因欠
伐應用 托中送賣与
美五公衆邊爲祀業時收过價伐壹仟零
叁拾文其伐即日交訖其田付衆收租祭
祀管業爲業其伐粮歷年貼納伐柒文
田並無不明等情如有係道伍当不干衆之
事言約如是欠租將田付衆起耕召佃不敢
阻当今欲有憑立契爲照
道光式拾玖年 捌月 日立契人道華（押）
代書見人和華（押）

① FYXS277、FYXS278二件文書叠在一起保存。

立契人道華有己分民田壹𠪨，坐在荇下鄉
□興堂门口塝脚，載租壹拾斤，今因欠
錢應用，托中送賣與
美五公衆邊為祀業，時收过價錢壹仟零
叁拾文，其錢即日交讫，其田付衆收租祭
祀管掌為業，其錢粮歷年貼納錢柒文。
田並無不明等情，如有係道低当，不干衆之
事。言約如是欠租，將田付衆起畊召佃，不敢
阻当。今欲有憑，立契為炤。①

道光式拾玖年捌月　　日立契人道華（押）
代書見人和華（押）

①此處有挽結，類似『9』。

FYXS279　嘉慶二十年（1815）宗鈢添契[1]　490×234mm

立添契人宗鈢今在
美伍公衆等邊添出田仔頭田價錢柒
佰零柒文錢即收訖田付衆对佃廷迎
收租祭祀不敢異言生說等情今欲有
憑立添契為炤
嘉慶贰拾年八月　日立添契人宗鈢
見人伯啟德
依口代書廷迎
代书祖叔元昌

① FYXS279、FYXS280、FYXS281三件文書叠在一起保存。

立添契人宗鉥，今在

美伍公衆等邊添出田仔頭田價錢柒

佰零柒文，錢即收訖，田付衆对佃廷迎

收租祭祀，不敢異言生説等情。今欲有

憑，立添契为炤。①

嘉慶弍拾年八月　日　立添契人宗鉥

見人伯啟德（押）

代书　廷迎（押）

代书祖叔　元昌（押）

①此處有挽結，類似『9』。

FYXS280　嘉慶二十年（1815）振計殘契[1]　315×234mm

①FYXS279、FYXS280、FYXS281三件文書疊在一起保存。

…………（前殘）

嘉慶弍拾[　　]日立契人振计（押）

見人廷迎（押）

代书見人啓都（押）

（貼條文字）：廿一年在廷章首再換契一帋□□

失落原在廿年契存衆

FYXS281　某年簮錦送賣契①　132×197mm

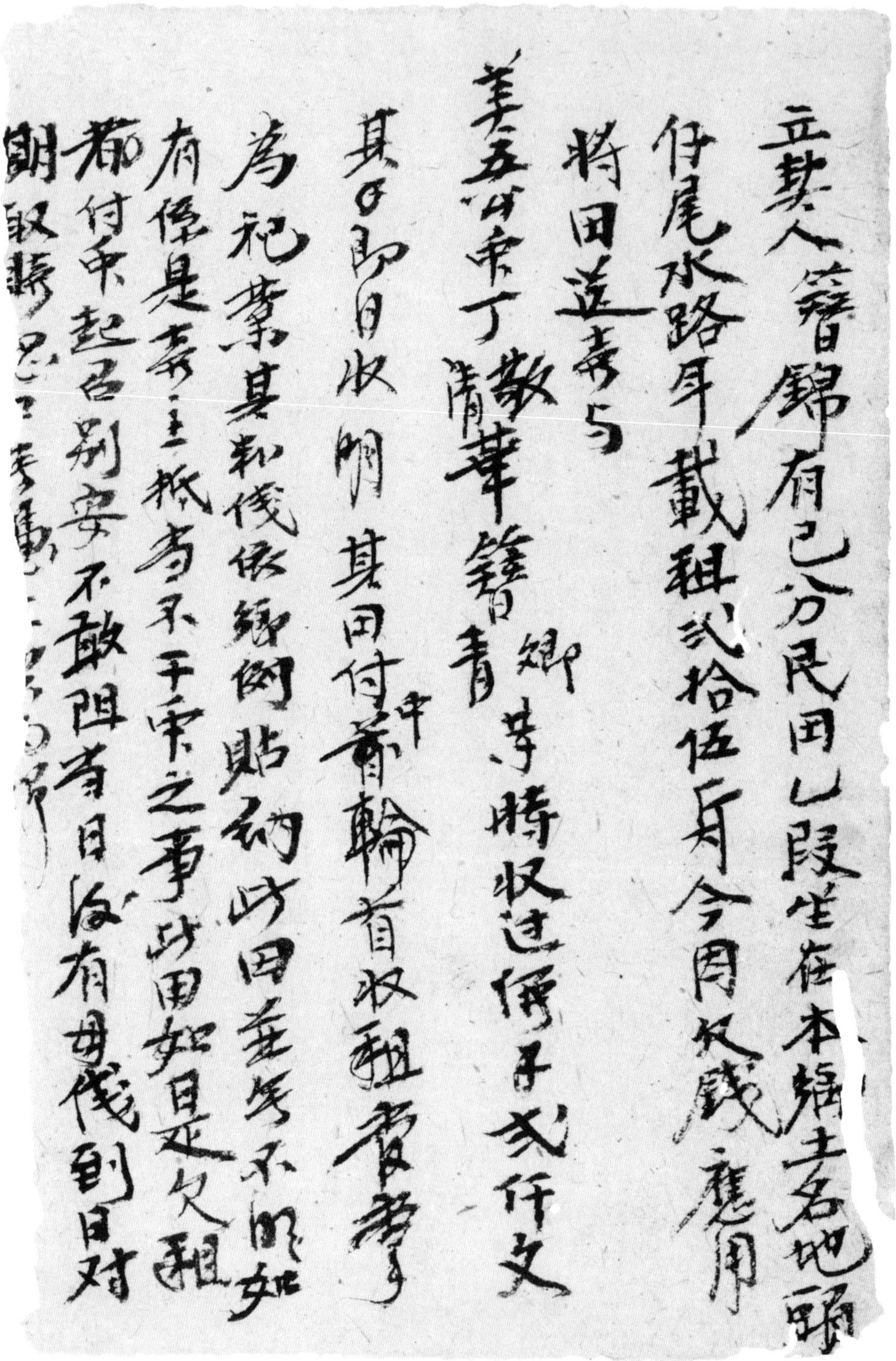
立契人簮錦有己分民田一段坐在本縣土名地頭
仔尾水路乎載租弍拾伍斤今因欠錢應用
將田送賣與
美五州秉丁敬清華簮青鄉等時收過價子弍仟文
其子即日收明　其田付中前輪首收租管業
為祀業其粈錢依鄉例貼納此田並無不明如
有係是賣主抵當不干秉之事此田如是欠租
都付秉起佃別安不敢阻當日後有母錢到日对
朗取贖恐口[illegible]立賣[illegible]

① FYXS279、FYXS280、FYXS281三件文書叠在一起保存。

立契人簪錦有己分民田乙段，坐在本鄉，土名地頭
仔尾水路，年載租式拾伍斤大。今因欠錢應用，
將田送賣与
美五公衆丁敬清華、簪卿青等，時收过價錢弍仟文，
其錢即日收明，其田付衆輪首收租管掌
為祀業，其糧錢依鄉例貼納。此田並無不明，如
有係是賣主抵当，不干衆之事。此田如是欠租
者，付衆起召別安，不敢阻当。日後有母錢到日，对
期取贖，恐口無憑，立契為炤。①

…………（後殘）

①此處有挽結，類似『9』。

FYXS282 咸豐三年（1853）文滑送賣契[1] 494×233mm

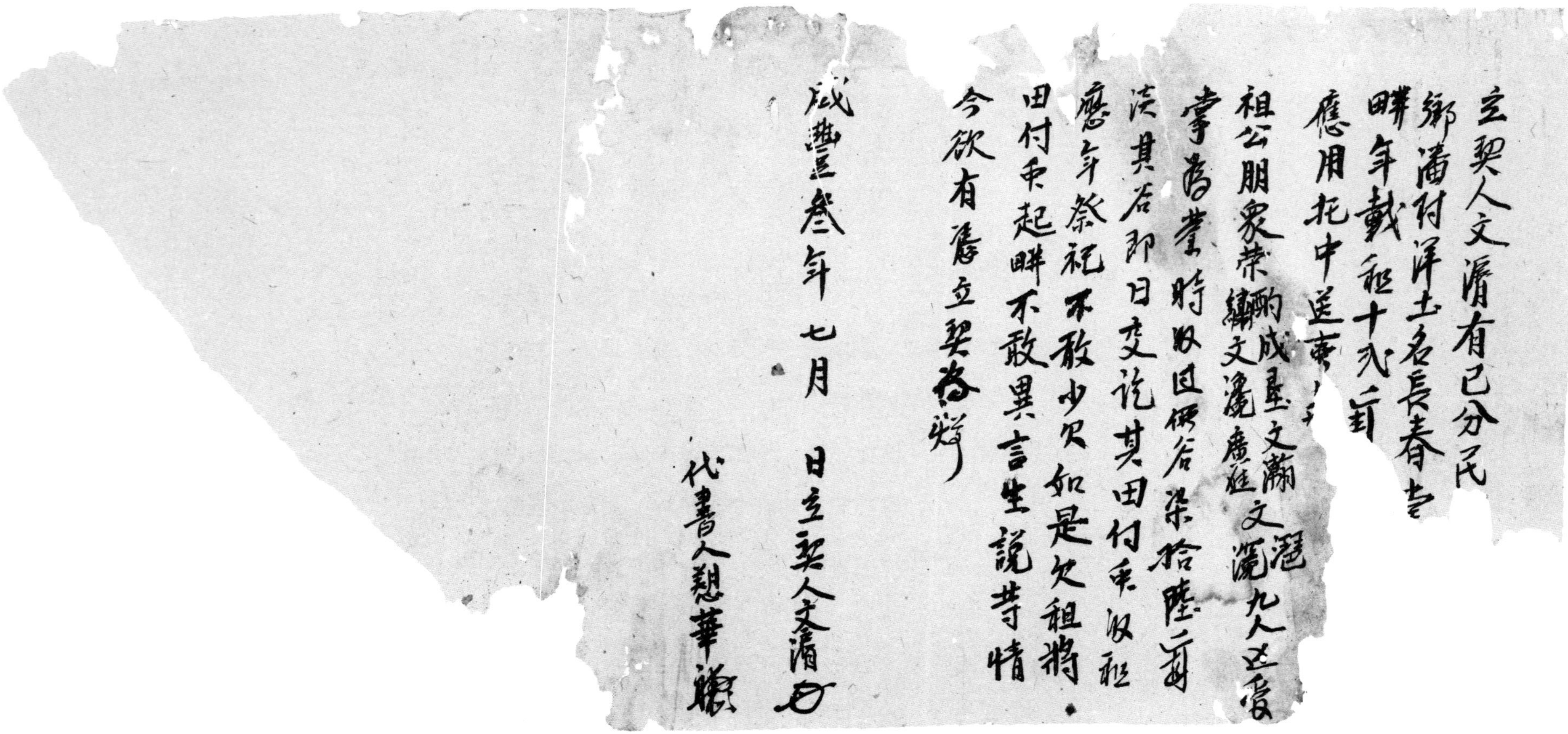
立契人文滑有已分民
鄉滿村洋土名長春壹
畔年載租十弍石
應用托中送賣
祖公朋衆荣駒成墨文瀚文湛
縣文瀧廣庭文瀧九人返受
掌為業時收回價谷柒拾陸石
滨其谷即日交訖其田付乘收租
應年祭祀不敢少欠如是欠租將
田付乘起畔不敢異言生說等情
今欲有憑立契為照
咸豐叁年七月　日立契人文滑（押）
代書人懇華（押）

① FYXS282、FYXS283二件文書叠在一起保存。此二纸叠在一起。

立契人文潽有己分民[

鄉潘村洋，土名長春堂[

畔，年載租十弍斤半[

應用，托中送賣與[

祖公朋衆荣酌、成昆、文瀚、文浯
繍 文瀺 廣進 文滖九人邊管

掌為業，時收过價谷柒拾陸斤直

淡，其谷即日交讫，其田付衆收租，

歷年祭祀，不敢少欠。如是欠租，将

田付衆起畊，不敢異言生説等情。

今欲有憑，立契為炤。①

咸豐叁年　七月　日立契人文潽（押）

代書人愬華（押）

①此處有挽結，類似『9』。

FYXS283　光緒八年（1882）玉泉公衆等合約①　388×210mm

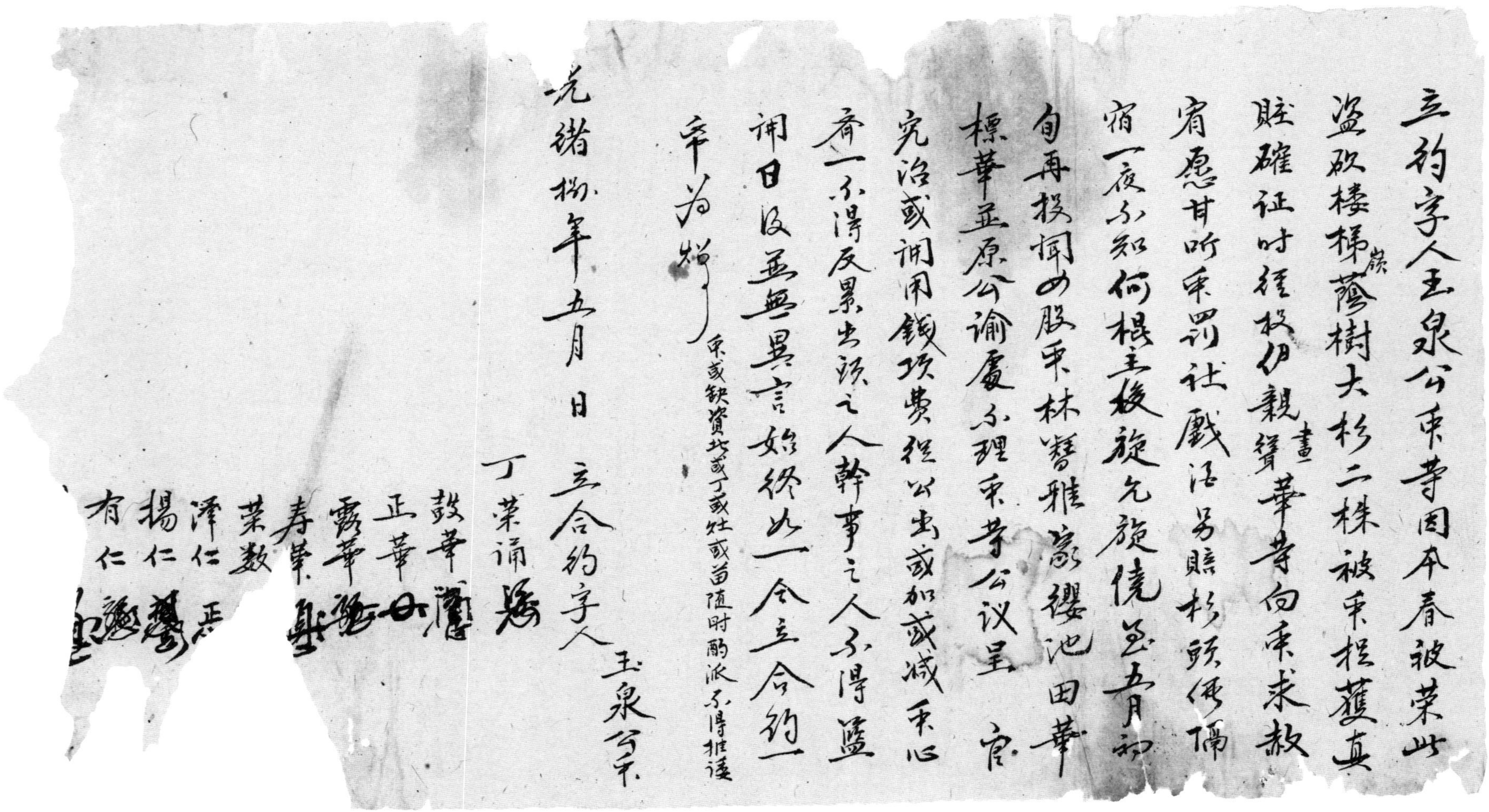
立約字人玉泉公衆等因本春被棻此
盜砍樓梯嵌蔭樹大杉二株被衆捉獲真
賍確证时経投伊親畫華等向衆求赦
宥愿甘听衆罰社戲洎另賠杉頭係傌
宿一夜不知何根主梭旋允旋僥至五月初
自再投闻四股衆林礬雅蕊纓池田華
標華並原公諭處不理衆等公议呈官
究治或调用錢項贵從公出或加或減衆心
齊一不得反累出頭之人幹事之人不得隘
调日後並無異言始終如一今立合約一
本为据　衆或缺資或丁或灶或苗随时酌派不得推諉
光緒捌年五月　日　立合約字人　玉泉公衆
丁菜诵
鼓華
正華
露華
壽榮
菜数
澤仁
揚仁
有仁

① FYXS282、FYXS283二件文書疊在一起保存。

立約字人玉泉公衆等，因本春被荣此
盜砍楼梯嶺蔭樹大杉二株，被衆捉獲，真
賍確证。时经投伊親畫聳華等，向衆求赦
宥，愿甘听衆罚社戲酒，另賠杉頭價。隔
宿一夜，不知何棍主唆，旋允旋僥。至五月初
旬，再投闻四股衆林簪雅家，缨池、田華、
標華並原公谕處不理。衆等公议，呈官
究治，或開用錢项费從公出，或加或減，衆心
齊一，不得反累出頭之人、幹事之人，不得籃
開。日後並無異言，始終如一，仝立合約一
帋為炤。①衆或缺資北，或丁、或灶、或苗，随时酌派，不得推诿。

光緒捌年五月　日立合約字人玉泉公衆
丁荣诵（押）
鼓華（押）
正華 ⊕
露華（押）
寿華（押）
荣数[
泽仁（押）
揚仁（押）
有仁（押）

…………（後殘）

①此處有挽結，類似『9』。

FYXS284　嘉慶八年（1803）廷順撈字　449×233mm

立撈字人廷順父今時有乜田一段
坐在土名洪坑父前年出賣在南
說兄边管掌為業其租十戶價
艮田至推米盡絕外收過完足今
就在
坂侄边撈出錢七百文其錢收訖
田付侄永遠管掌為業保此係
二比兩愿日後不敢言及撈扯等情
并無異言生說今欲有憑立
字為炤
嘉慶八年五月　日

立捞字人廷順父，今將有屯田一段，
坐在土名洪坑，父前年出賣在與
説兄邊管掌為業，其租声、價
艮、四至、推米尽絶外，收过完足，今
就在
坂侄邊捞出錢七百文，其錢收訖，
田付侄永遠管掌為業，保此係
二比両愿，日後不敢言及捞扯等情，
并無異言生説。今欲有憑，立[捞]
字为炤。①

嘉慶八年五月　日[

……（後殘）

①此處有挽結，類似『3』。

FYXS285　嘉慶八年（1803）啓忠添契　300×220mm

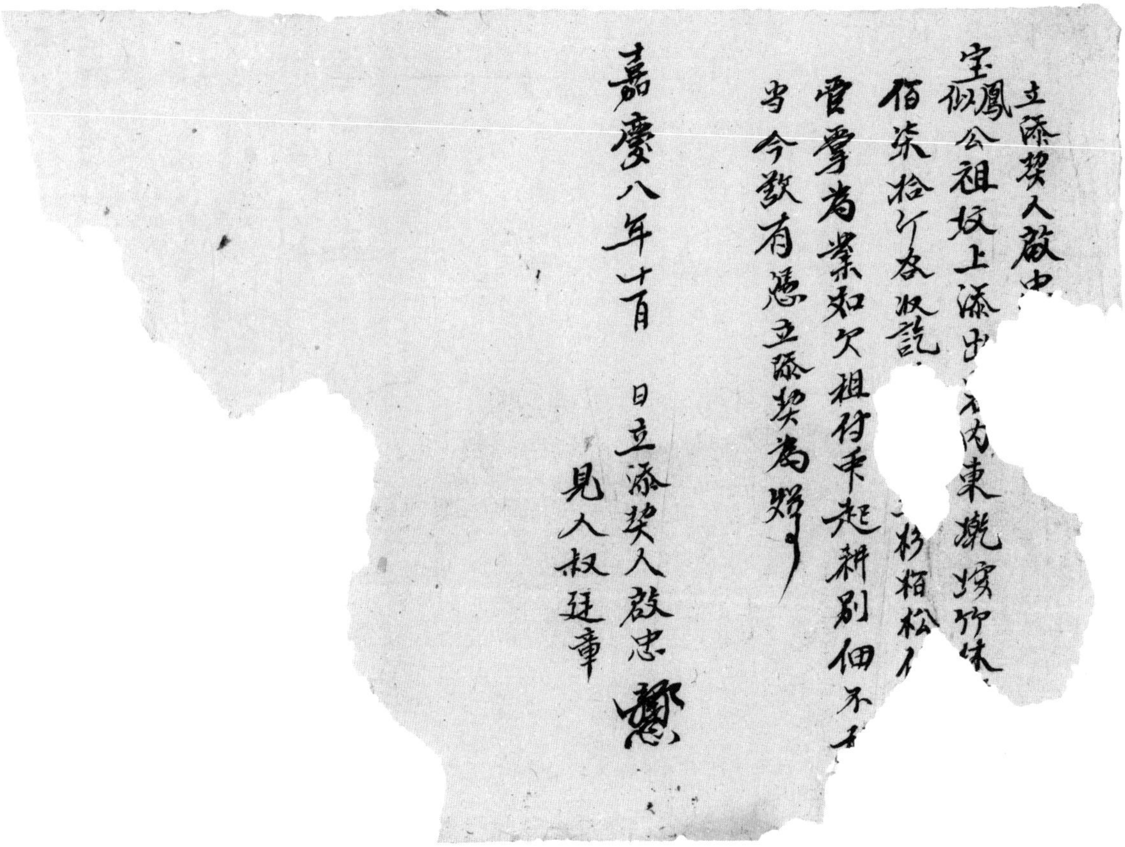

立添契人啟忠…
宝似鳳公祖坟上添出…内東墘墳竹林
佰柒拾斤各収訖…杉柏松仔
管掌為業如欠租付手起耕別佃不…
当今欲有憑立添契為照
嘉慶八年十月　日立添契人啟忠（押）
見人叔廷章

立添契人啟忠[　　]

宝鳳似公祖坟上添出□内東墈垵竹林[

佰柒拾斤谷，收訖[　　]杉栢松[

管掌為業，如欠租付衆起耕别佃，不[

当。今欲有憑，立添契為炤。①

見人叔廷章

嘉慶八年十一月　日立添契人啟忠（押）

---

①此處有挽結，類似『3』。

FYXS286　嘉慶十四年（1809）文賽送賣契　517×248mm

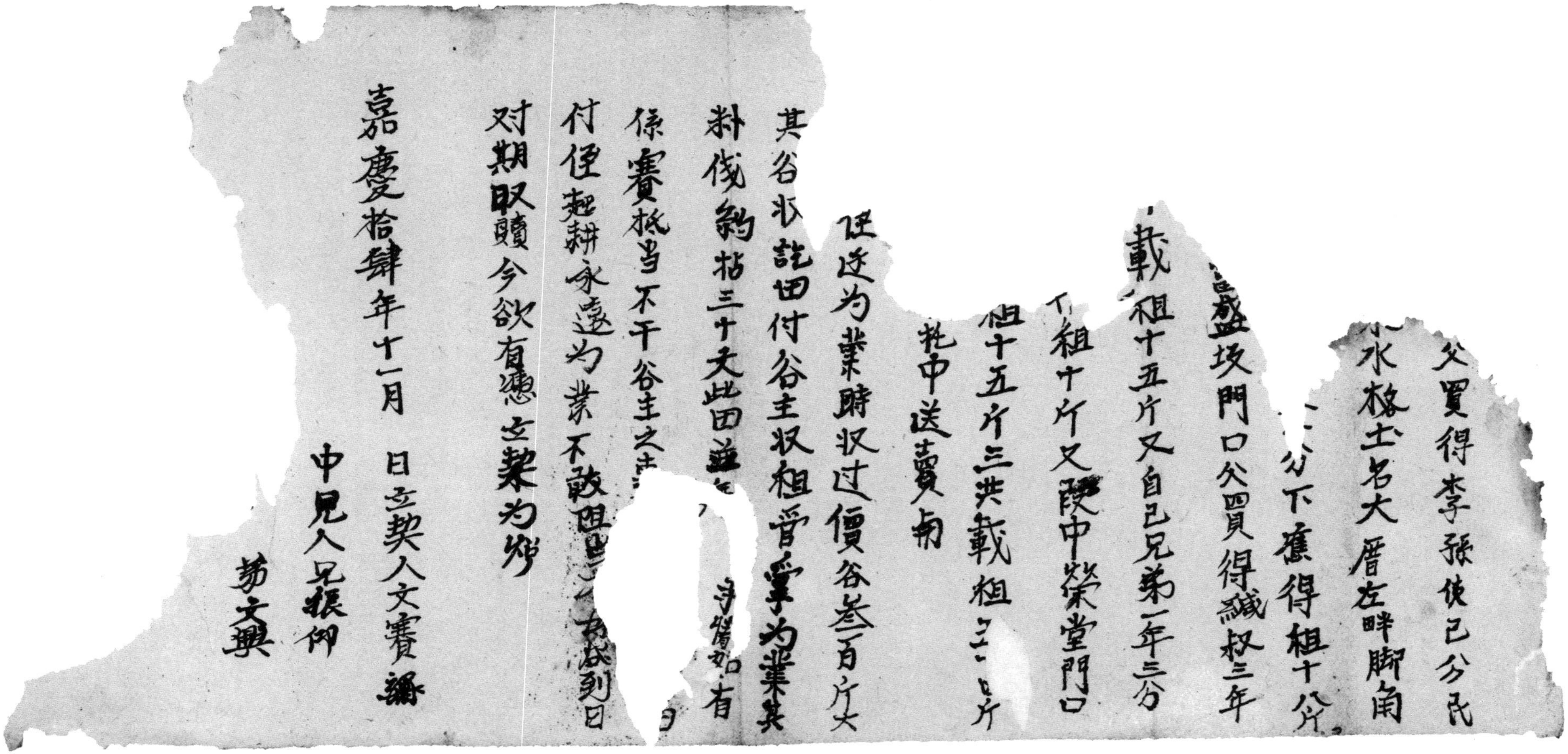
父買得李張侯己分民
水格土名大厝左畔脚角
分下應得租十斤
盛坎門口父買得鐵叔三年
載租十五斤又自己兄弟一年二分
租十斤又陂中榮堂門口
租十五斤三共載租二□□斤
託中送賣與
侄逆为業時收过價谷叁百斤大
其谷收訖田付谷主收租管掌为業其
料伐約拈三十丈此田並□□手續如有
係賽抵当不干谷主之事
付侄起耕永遠为業不敢阻□□□□到日
对期取贖今欲有憑立契为炤
嘉慶拾肆年十一月　日立契人文賽
中見人兄振仰
勢文興

[父買得李孫使己分民
[水格，土名大厝左畔脚角
[分下應得租十八斤
[盛坂門口，父買得緘叔三年
[載租十五斤，又自己兄弟一年三分
[租十斤，又段中榮堂門口
[租十五斤，三共載租五□□斤
[托中送賣與
[邊为業，時收过價谷叁百斤大，
其谷收訖，田付谷主收租管掌为業，其
糧錢約拈三十文，此田並無不明等情，如有，
係賽抵当，不干谷主之事。[
付佺起耕，永遠为業，不敢阻当。有母谷到日，
对期取贖。今欲有憑，立契为炤。

嘉慶拾肆年十一月　日立契人文賽（押）

中見人兄振仰

弟文興

FYXS287　嘉慶十五年（1810）蘇明起、郭廷玉添盡契　557×235mm

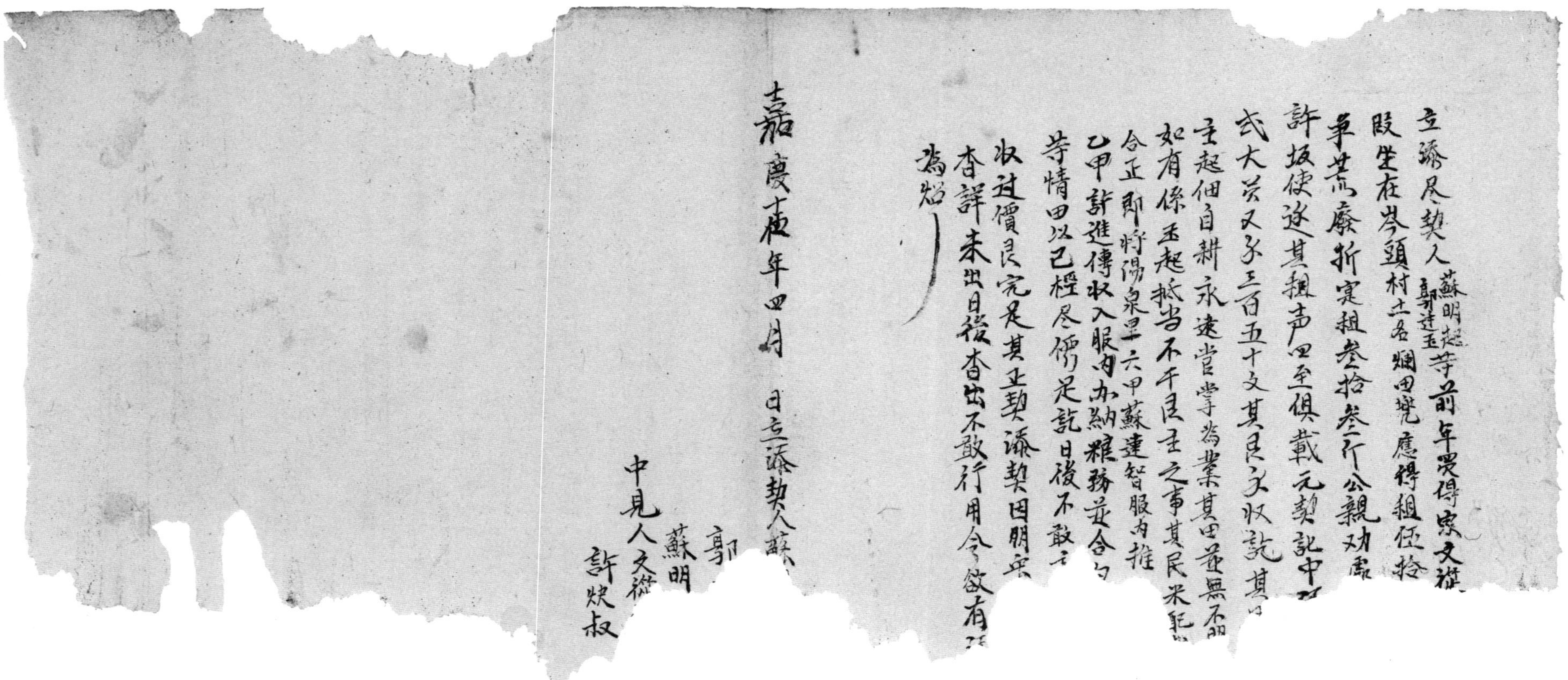
立添盡契人蘇明起、郭廷玉等前年買得宗文從
股坐在岑頭村土名畑田墘應得租伍拾
年荒廢折實租叁拾叁斤公親劝處
許坂使遂其租声田至俱載元契託中加
弍大艮又弍三百五十文其艮又收訖其田
主起佃自耕永遠當掌為業其田並無不明
如有係玉起抵当不干艮主之事其艮米記
合正即將陽泉里六甲蘇達智服內推
乙甲許進傳收入服內办納糧務並合
等情田以已經尽價足訖日後不敢言
收過價艮完足其正契添契因朋出
查詳未出日後查出不敢行用今欲有憑
為炤

嘉慶十五年四月　日立添契人蘇　郭
中見人文從　蘇明　許炊叔

立添艮契人蘇明起、郭廷玉等，前年買得宗文從［　］段，坐在岑頭村，土名爛田兜，應得租伍拾［　］爭荒廢，折寔租叁拾叁斤，公親劝處［　］許坂使邊，其租声四至俱載元契，託中［　］弍大員，又錢三百五十文，其艮錢收訖，其田［　］主起佃自耕，永遠管掌為業，其田並無不明［　］如有係玉、起抵当，不干艮主之事，其艮米配［　］合正，即將湯泉里六甲蘇連智服①內推［　］乙甲許進傳收入服②內办納粮務，並合勺［　］等情，田以已經足價足訖，日後不敢言［　］收过價艮完足，其正契、添契因朋衆［　］查詐未出，日後查出，不敢行用。今欲有［　］為炤。

嘉慶十伍年四月　　日立添契人蘇［　］郭［　］

中見人文從［　］蘇明［　］

許煥叔

---

①當爲『股』之誤字。

②當爲『股』之誤字。

FYXS288　嘉慶二十一年（1816）林景操兑契　344×248mm

[illegible]價銀貳拾[illegible]
[illegible]錢收訖其田[illegible]
大銀[illegible]載壹錢壹分[illegible]
[illegible]立[illegible]不明等情如有係林抵当不干[illegible]
[illegible]日成價母銀約日不拘遠近对期取續之欵有[illegible]
立[illegible]為[illegible]
嘉慶貳拾壹年[illegible]月　日立兑契人林景操（押）
中見人李殿中[illegible]

……（前殘）

]過價銀貳拾[

]錢收讫，其田[

]其粮銀配載壹錢壹分弍[

随田办纳，□□並無不明等情，如有係林抵当，不干[

事。日后有母銀到日，不拘遠近，对期取贖。今欲有凴，

立契为炤。①

嘉慶弍拾壹年叁月　　日立兑契人林景操（押）

中見人李殿中（押）

①此處有挽結，類似『3』。

FYXS289　嘉慶二十三年（1818）啓助繳兑契　463×246mm

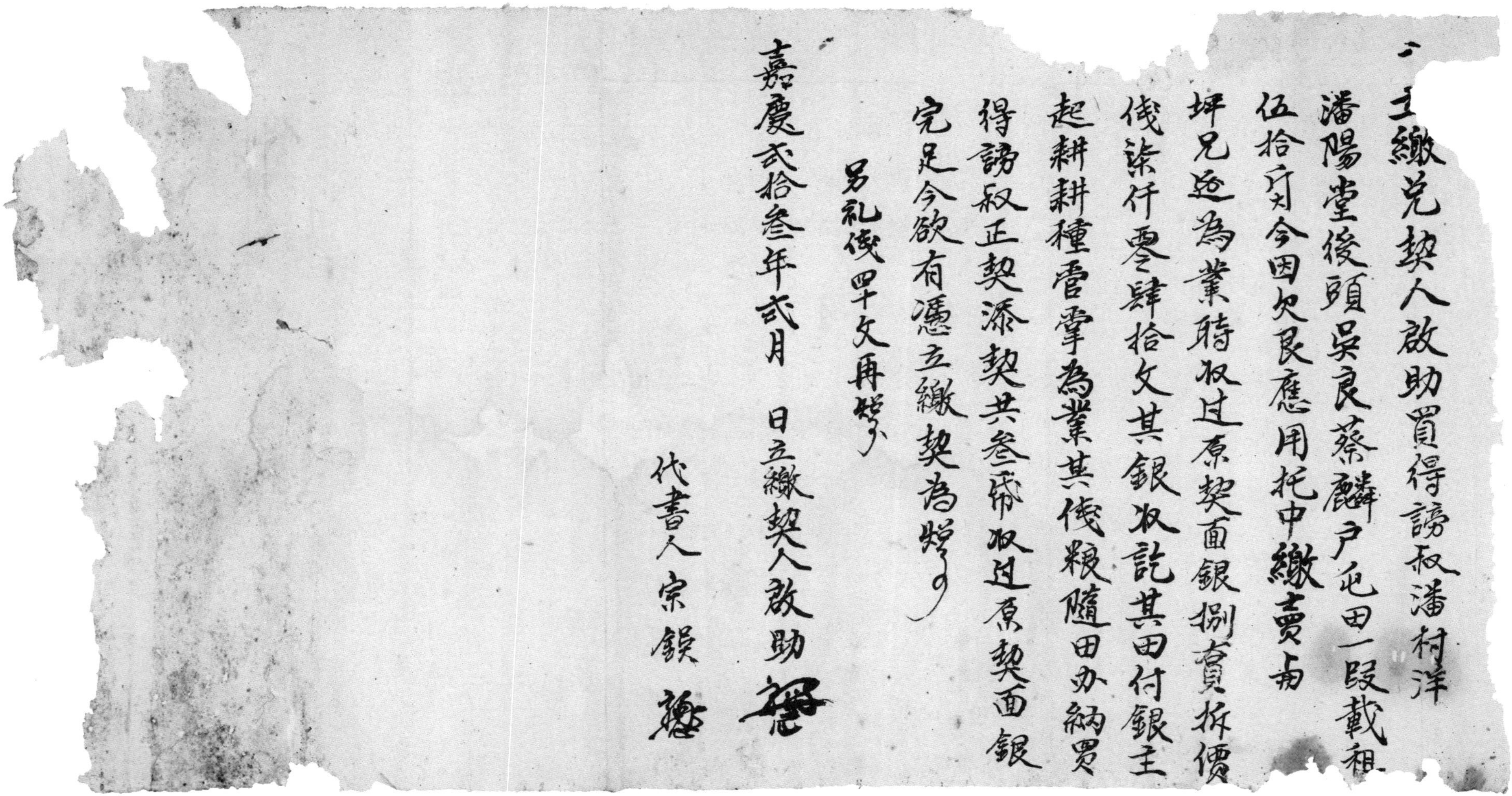

立繳兑契人啟助，買得謗叔潘村洋
潘陽堂後頭吳良蔡麟户內田一段，載租
伍拾斤。今因欠艮應用，托中繳賣與
坪兄邊為業，時収过原契面銀捌貫折價
錢柒仟零肆拾文，其銀収訖，其田付銀主
起耕耕種管掌為業，其錢糧隨田办納，買
得謗叔正契、添契共叁帋，収过原契面銀
完足。今欲有憑，立繳契為照。
另礼錢四千文再照。
嘉慶式拾叁年式月　日立繳契人啟助（押）
代書人宗銀（押）

立缴兑契人啟助買得謗叔潘村洋
潘陽堂後頭吴良蔡麟户屯田一段，載租
伍拾斤大，今因欠艮應用，托中缴賣與
坪兄邊為業，時收过原契面銀捌大員，折價
錢柒仟零肆拾文，其銀收訖，其田付銀主
起耕，耕種管掌為業，其錢粮隨田办納，買
得謗叔正契、添契共叁帋，收过原契面銀
完足。今欲有憑，立缴契為炤。①
另礼錢四十文，再炤。②

嘉慶弍拾叁年弍月　　日立缴契人啟助（押）
代書人宗錤（押）

①此處有挽結，類似『9』。
②此處有挽結，類似『9』。

FYXS290　嘉慶二十三年（1818）林智教推座關　490×240mm

…………（前殘）

許［　　］錢［　　］收訖，其田永付［

］立推産関為炤。

嘉慶廿三年捌月　　日立推産闗人林智教（押）

中見人景日伯（押）

FYXS291 道光三年（1823）林宗暟繳契 560×246mm

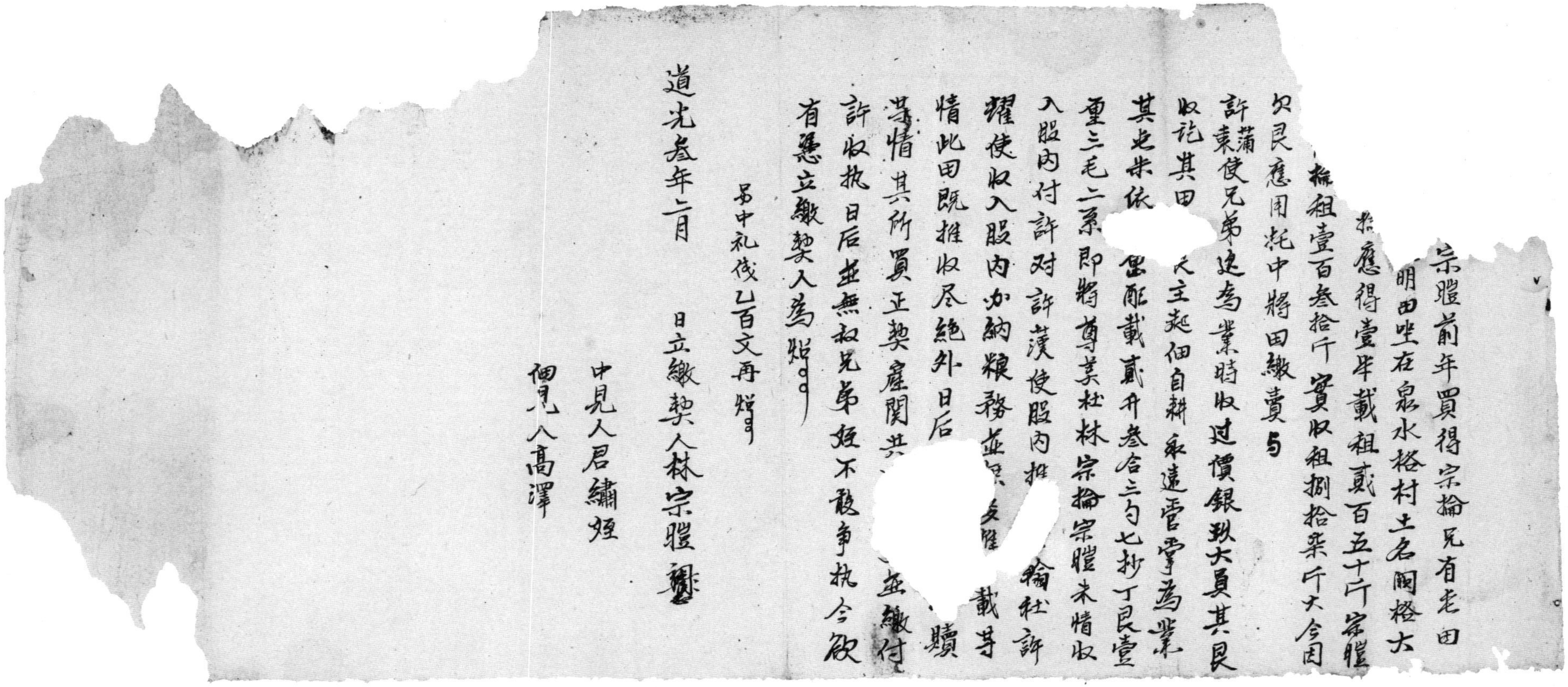

宗暟前年買得宗掄兄有老田
明田坐在泉水格村土名岡格大
於應得壹半載租貳百五十斤宗暟
撥租壹百叁拾斤 實收租捌拾柒斤大今因
欠艮應用托中將田繳賣与
許蒲秉使兄弟边為業時收过價銀玖大員其艮
收訖其田[illegible]主起佃自耕永遠管業為業
其也米依[illegible]照配載貳升叁合三勺七抄丁艮壹
垂三毛二系即將莫杜林宗掄宗暟未情收
入服內付許对許濩使服內拍[illegible]掄杜許
耀使收入服內办納粮務並[illegible]載ヰ
情此田既推收尽絶外日后[illegible]贖
等情其所買正契屋閬共[illegible]並繳付
許收執日后並無叔兄弟姪不敢爭執今欲
有憑立繳契人為炤
另中礼伐乙百文再炤
道光叁年六月 日立繳契人林宗暟（押）
中見人君繡姪
佃見人高澤

[宗暟前年買得宗掄兄有屯田

[明田，坐在泉水格村，土名阙格大

[應得壹半，載租貳百五十斤，宗暟

[租壹百叁拾斤，實收租捌拾柒斤大，今因

欠艮應用，托中將田繳賣与

許蒲衷使兄弟邊為業，時收过價銀玖大員，其艮

收讫，其田□艮主起佃自耕，永遠管掌為業，

其屯米依□□配載貳升叁合三勺七抄，丁艮壹

厘三毛二系，即將尊美社林宗掄、宗暟、未情收

入股内，付許对許漢使股内推[ ]社許

耀使收入股内办納粮務，並無多推少載等

情，此田既推收尽絶外，日后[ ]贖

等情，其所買正契産關共[ ]並繳付

許收执。日后並無叔兄弟姪不敢争执。今欲

有憑，立繳契人為炤。①

另中礼錢乙百文，再炤。②

道光叁年二月　日立繳契人林宗暟（押）

中見人君繡姪

佃見人高澤

①此處有挽結，類似『§』。

②此處有挽結，類似『§』。

FYXS292　道光三年（1823）李尚圭添盡契　559×248mm

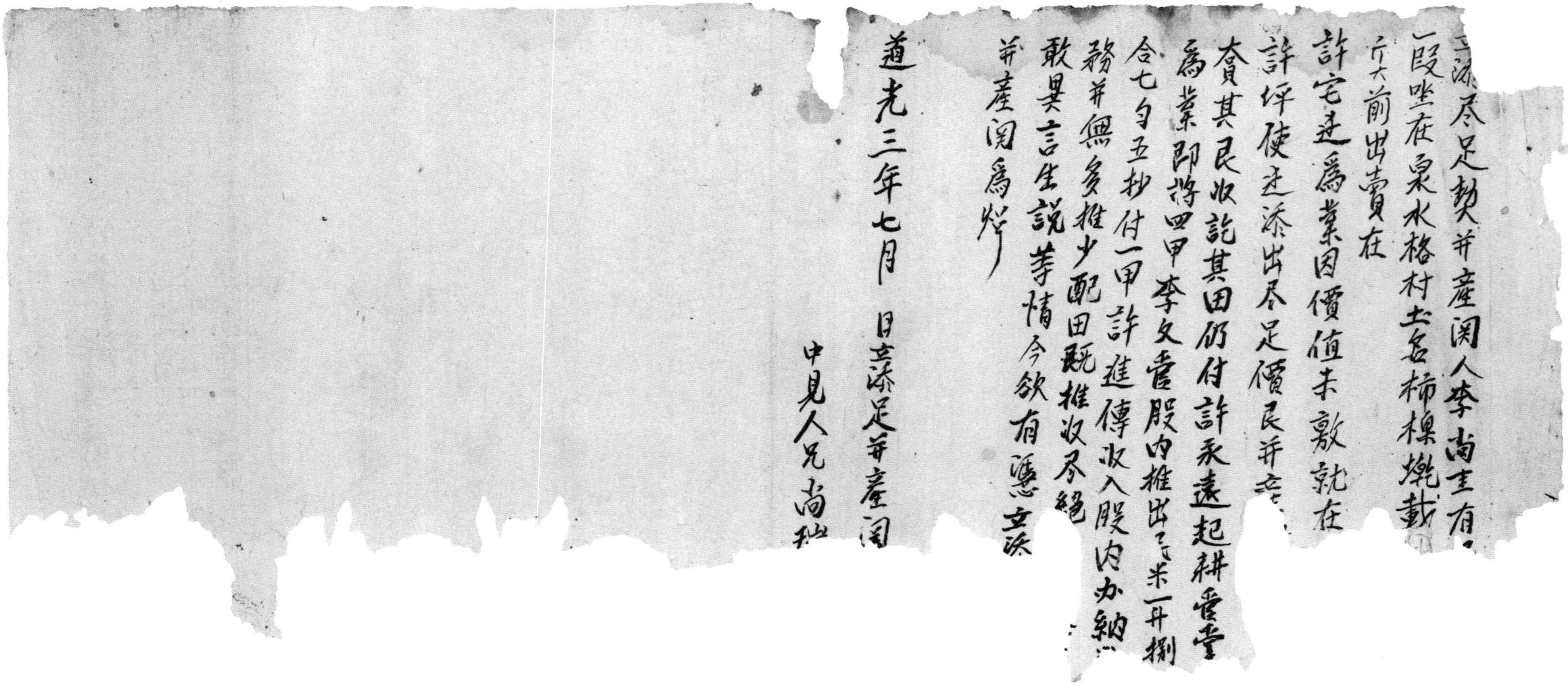

立添盡足契并產関人李尚圭有
一段坐在泉水格村土名柿樸嶺載
斤六前出賣在
許宅邊爲業因價值未敷就在
許坪使邊添出盡足價艮并產
交其艮收訖其田仍付許永遠起耕管
爲業即將四甲李文雷股内推出米一升捌
合七勺五抄付一甲許進傳收入股内办納
務并無多推少配田既推收盡絶
敢異言生説等情今欲有憑立添
并產関爲炤
道光三年七月　日立添足并產関
中見人兄尚拙

立添尽足契并産關人李尚主，有」
一段，坐在泉水格村，土名柿榠墘載」
斤大，前出賣在
許宅邊爲業，因價值未敷，就在」
許坪使邊添出尽足價艮并産」
大員，其艮收訖，其田仍付許永遠起耕管掌
爲業，即將四甲李文管股内推出民米一升捌」
合七勺五抄，付一甲許進傳收入股内办納，」
務，并無多推少配，田既推收尽絶，」
敢異言生説等情。今欲有憑，立添」
并産關爲炤。

道光三年七月　　日立添足并産關
中見人兄尚端」

FYXS293　道光三年（1823）啓助立賣田契　553×198mm

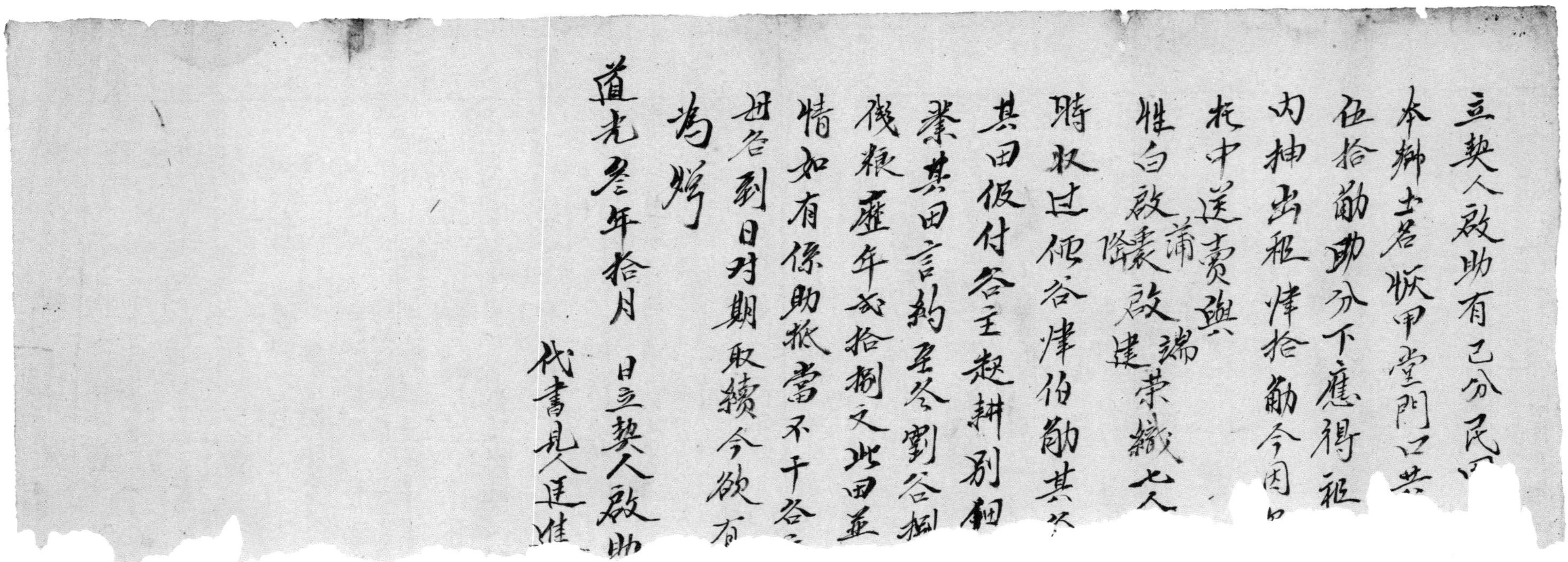
立契人啟助有己分民田
本鄉土名坑甲堂門口共
伍拾觔，助分下應得租
内抽出租肆拾觔，今因
托中送賣與
姓白啟蒲 隆袁 啟端 啟建 秉織 七人
時收过價谷肆伯觔，其谷
其田仍付谷主起耕别佃
業，其田言約至冬劉谷捌
錢粮歷年貳拾捌文，此田並
情，如有係助抵當，不干谷主
丗名到日对期取續，今欲有
為照
道光叁年拾月　日立契人啟助
代書見人廷准

立契人啟助有己分民田「
本鄉，土名恢甲堂門口，共「
伍拾觔，助分下應得租「
內抽出租肆拾觔，今因欠「
托中送賣與
性白、啟衷〔蒲隆〕、啟〔端建〕、荣織七人「
時收过價谷肆佰觔，其「
其田仍付谷主起耕別佃「
業，其田言約至冬□谷捌「
錢粮歷年式拾捌文，此田並「
情，如有係助抵當，不干谷主「
母谷到日，对期取續①。今欲有「
為炤。

道光叁年拾月　　日立契人啟助「
代書見人廷進「

①此『續』字當爲『贖』之誤字。

FYXS294　道光十年（1830）成圩當樟床、猪仔契　354×245mm

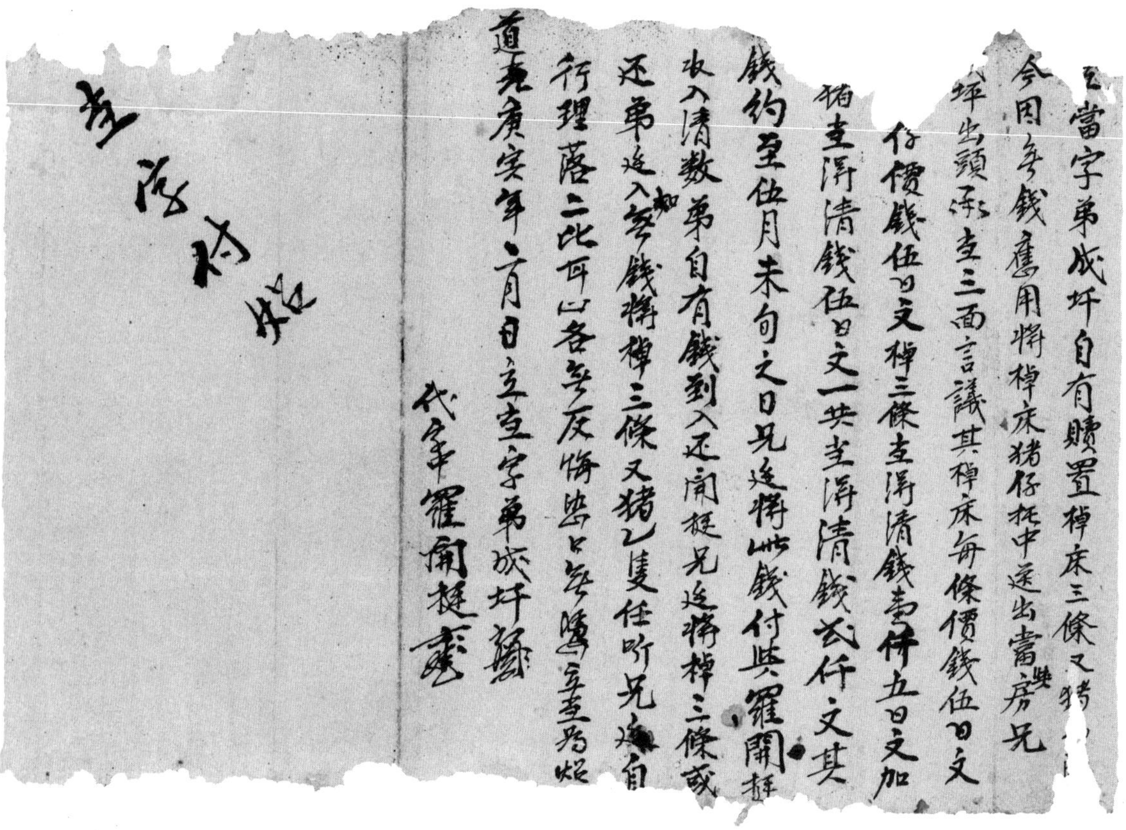
立當字弟成圩自有贖置樟床三條又猪…
今因乏錢應用將樟床猪仔托中送出當與房兄
成埠出頭承當三面言議其樟床每條價錢伍百文
仔價錢伍百文樟三條立淨清錢壹仟五百文加
猪立淨清錢伍百文一共立淨清錢弍仟文其
錢約至伍月末旬之日兄送將此錢付與羅開挺
收入清數弟自有錢到入還開挺兄送將樟三條或
還弟送入乏錢將樟三條又猪乙隻任聽兄送自
行理落二比甘心各無反悔恐口無憑立當為照
道光庚寅年　月　日立當字弟成圩筆
代筆羅開挺書
立當村炤

立當字弟成圩自有贖置棹床三條，又[猪]「
今因無錢應用，將棹床猪仔托中送出當與房兄
」坪出頭承当，三面言議，其棹床每條價錢伍百文，
」仔價錢伍百文，棹三條，当得清錢壹仟伍百文，加
」猪当得清錢伍百文，一共当得清錢弍仟文，其
錢约至伍月未旬之日，兄邊將此錢付與羅開挺
收入清数。弟自有錢到入还開挺兄邊，将棹三條或
还弟邊入；如無錢将棹三條又猪乙隻任听兄边自
行理落。二比甘心，各無反悔。恐口无憑，立当為炤。

道光庚寅年二月日立当字弟成圩（押）

代字中羅開挺（押）

当字付炤

FYXS295　道光十一年（1831）啓蒲添契　542×236mm

立添契人啟蒲有已分民田一段坐在本鄉
粉坂其租声便艮登載原契因便就在
啟恩边添出佛艮式贠錢乙千九百肆拾
其艮收訖其田付艮主耕種管掌為業
田並無不明等情如有係兄抵当不干艮
事今欲有凭立添契為炤

道光十一年十一月　日立添契人啟蒲
中見人叔廷昂
书男荣利

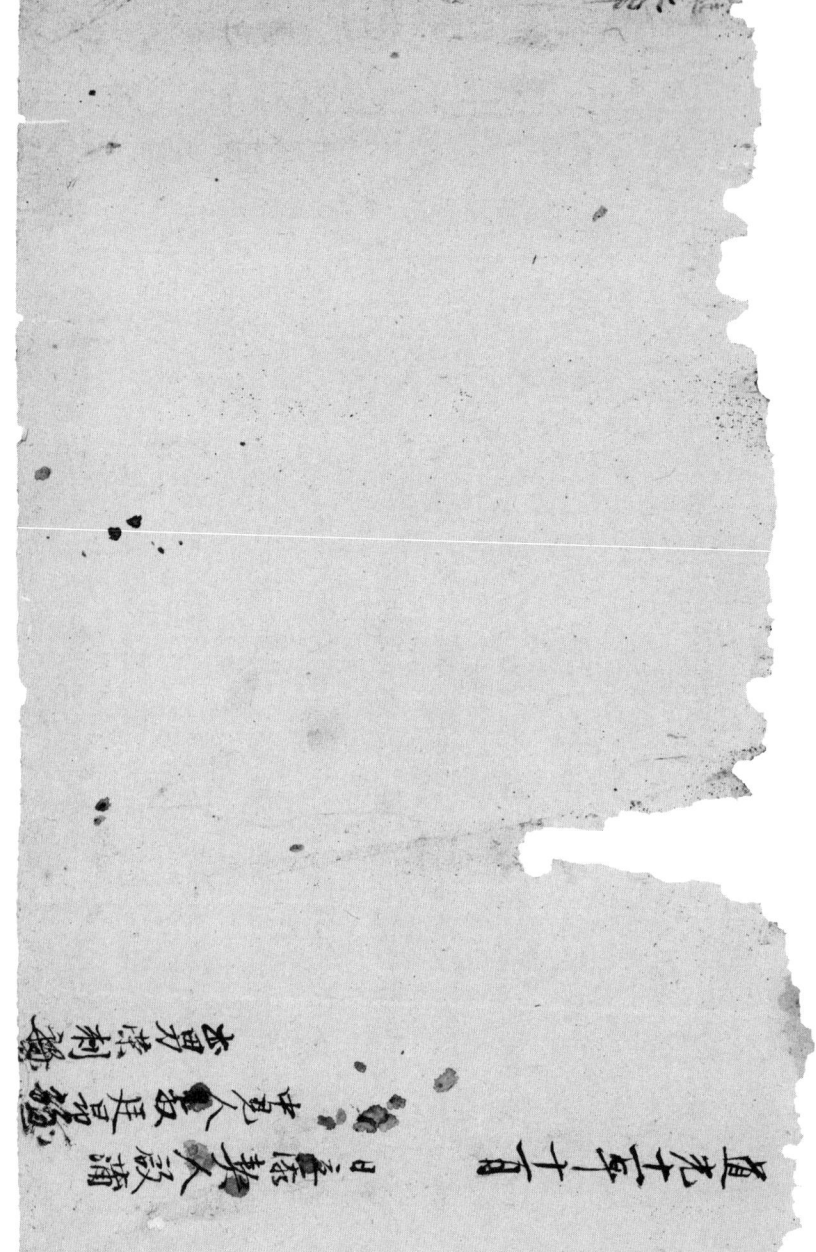

立添契人啟蒲，有己分民田一段，坐在本鄉[

粉坂，其租声、價艮登載原契，因價就在

啟恩邊添出價艮弍大員，折錢乙千九百肆拾[

其艮收訖，其田付艮主耕種管掌為業，

田並無不明等情，如有係兄抵当，不干艮[主]□

事。今欲有憑，立添契為炤。

道光十一年十一月 日立添契人啟蒲

中見人叔廷昂（押）

书男荣刺（押）

FYXS296　嘉慶十年（1805）林景日收條　143×242mm

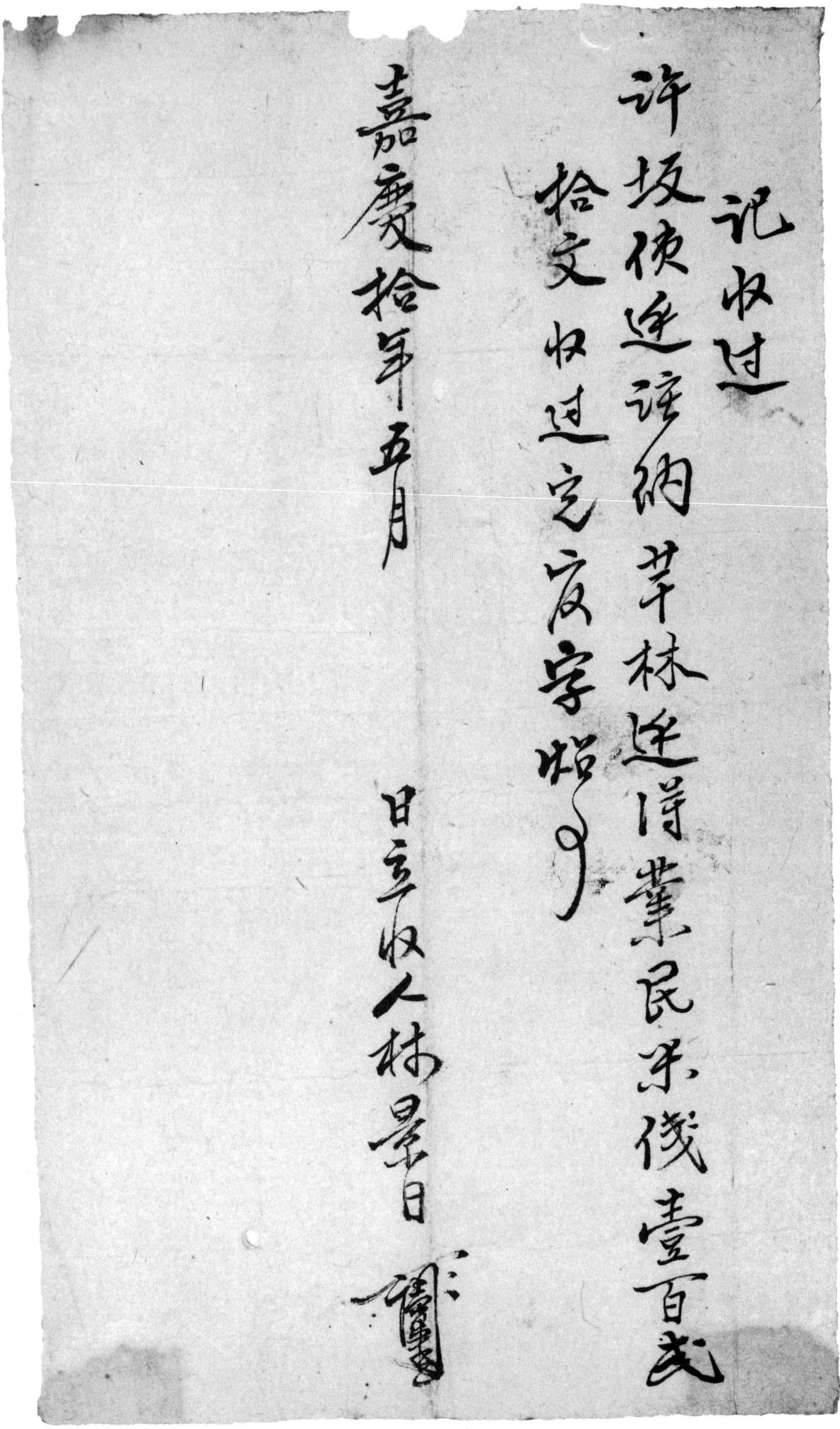

記收過

許坂侯達詮納芊林達得業民米錢壹百弍

拾文收過完足字照

嘉慶拾年五月

日立收人林景日（押）

记收过

许坂使邊该納芊林邊得業民米錢壹百式

拾文，收过完官，字炤。

嘉慶拾年五月　　日立收人林景日（押）

FYXS297　道光十六年（1836）林廷夏挪扯字　547×245mm

立挪扯字人林廷夏承父在日出賣在
許宅边坐在洋坑村土名泉水楼
潘村洋共載租五佰斤正經尽便
廷說推產尽絕明白今許自田
架屋無碍之田今憑公劝喻執在
許鋭使廷公親劝出酒礼伐
弍仟文其伐即日当中交訖其
田付許日後剪徵風水移上左右
脚手花臺季土牛稠糞茅巷林不敢
阻当日後并無叔兄弟侄争拔等情
此係二比甘心兩愿日後永無異言
反悔亦不敢言及挪扯酒礼之資
今欲有憑立挪扯字為炤。

另中礼伐弍佰四十文再炤。

道光拾六年七月　日　立挪扯字人林廷夏（押）

中見人林宗藩（押）

代书見人林廷載（押）

立那扯字人林廷夏，承父在日出賣在
許宅邊，坐在洋坑村，土名泉水格
潘村洋，共載租五佰斤，已經尽價
足訖，推産尽絶明白，今許自田
架屋無碍之田，今憑公劝喻，執在
許鋭使邊公親劝出酒礼錢
弍仟文，其錢即日当中交訖，其
田付許，日後剪做風水，移上左右
脚手花臺秀土牛稠糞巷，林不敢
阻当，日後並無叔兄弟侄争执等情，
此係二比甘心两愿，日後永無異言
反悔，亦不敢言及那扯酒礼之資。
今欲有憑，立那扯字爲炤。①
另中礼錢弍佰四十文，再炤。②

道光拾六年七月　日立那扯字人
林廷夏（押）
中见人林宗藩（押）
代书見人林廷載（押）

---

①此處有挽結，類似『9』。
②此處有挽結，類似『9』。

FYXS298　道光十六年（1836）榮廪送賣契　542×243mm

立契人榮廪有佃田一段，坐在本鄉土名湯村洋
尾石古兜，年載佃租叁拾伍斤，今因無錢應用，
托中將佃田送賣與
張公聖昆成坪場成塵宗鉄宗鐵文瀚前去八人邊為業，將收
過價錢陸伯兩滾，其錢收訖，其佃田付與起佃起耕
種掌管為業，其佃田並無不明等情，如有不明，係廪
抵當，不干乘之事，日後有母錢到日，對期取贖，今欲
有憑，立契人為照。
內改今字再照
道光拾陸年玖月　日立契人榮廪
中見人兄榮宝
代書人榮朙

立契人荣廪有佃田一段，坐在本鄉，土名潘村洋
尾石古兜，年載佃租叁拾伍斤大，今因無谷應用，
托中將佃田送賣與
張公聖君成場、成坢、成壥、宗錐、宗針、宗鍼、宗鑛、文瀚朋衆八人邊为業，時收
过價谷陆百斤直淡，其谷收讫，其佃田付衆起佃起耕耕
種掌管为業，其佃田並無不明等情，如有不明，係廪
抵当，不干衆之事。日後有母谷到日，对期取贖。今欲
有憑，立契人为炤。①
内改今字，再炤。②

道光拾陸年玖月　日立契人荣廪（押）
中見人兄荣宝
代书人荣酌（押）

①此處有挽結，類似『9』。
②此處有挽結，類似『9』。

FYXS299　道光二十年（1840）啓固送賣契　554×245mm

□人啟固有己分民田一段坐在本鄉土名
□畓年共載租弍佰斤固分下應得租
伍拾斤今因乏銀應用托中送賣與
□兄弟邊為業時收过價钱捌仟捌
□拾文其钱収讫其田付钱边耕种管
為業其钱粮随田办納田並無不明等
如有不明係固抵当不干钱主之事有母
□□敢贖今欲有憑立契為炤

另中礼钱乙百文再炤

道光弍拾年三月　日立契人啟固（押）
見人啟添（押）

]人啟固，有己分民田一段，坐在本鄉，土名
]崙年共載租弍佰斤，固分下應得租
伍拾斤，今因乏銀應用，托中送賣與
]鋒兄弟邊為業，時收过價錢捌仟捌
]拾文，其錢收讫，其田付錢主起畊畊種，管
□為業，其錢粮随田办納，田並無不明等
□，如有不明，係固抵当，不干錢主之事，有母
錢到日取贖。今欲有憑，立契爲炤。①

另中礼錢乙百文，再炤。②

道光弍拾年三月　　日立契人啟固（押）
見人啟添（押）

①此處有挽結，類似『9』。
②此處有挽結，類似『9』。

FYXS300　道光二十一年（1841）文瀚送賣契　501×232mm

立契人文瀚有已分屯田壹段坐在本鄉土名
深坑頭大格坵，共載租壹百伍拾伍斤，瀚已分
應得租伍拾壹斤拾两。今因欠錢應用，托中送
堯甸
鐵叔邊管掌為業，時收過價錢叁仟文，其錢收
訖。其田付錢主收租管掌為業，其錢粮隨田办納。
此田并無不明等情，如有係侄抵当，不干錢主
之事。有母艮到日听期取贖。今欲有憑，立契人
為炤。

道光廿壹年五月　日立見契　文瀚（押）
在見人　崇釗（押）

立契人文瀚有己分屯田壹叚，坐在本鄉，土名深壠頭大格坵，共載租壹百伍拾伍斤，瀚己分应得租伍拾壹斤拾両，今因欠錢應用，托中送

賣與

鍼叔邊管掌為業，時收过價錢叁仟文，其錢收讫，其田付錢主收租管掌為業，其錢粮隨田办纳，此田並無不明等情，如有係侄抵当，不干錢主之事，有母艮到日，听期取贖。今欲有憑，立契人為炤。①

道光二十壹年五月　日立兑契文瀚（押）

书見人荣刺（押）

①此處有挽結，類似『9』。

FYXS301　道光二十五年（1845）文瀚送賣契　498×233mm

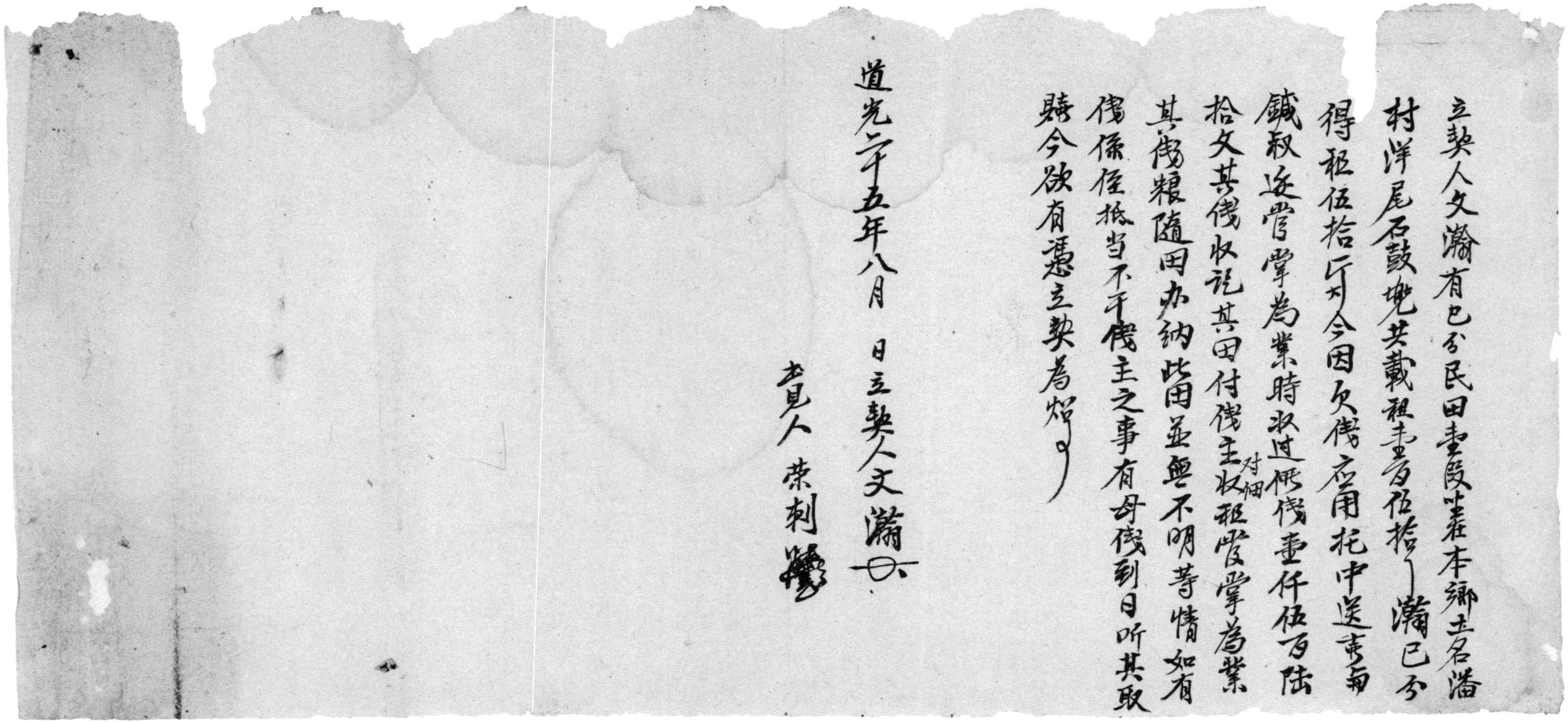

立契人文瀚有己分民田壹段坐落本鄉土名潘
村洋尾石鼓塊共載租壹百伍拾斤瀚己分
得租伍拾斤对今因欠錢應用托中送賣与
鐵叔邊嘗掌為業時收过佛錢壹仟伍百陆
拾文其錢收訖其田付錢主收租对佃嘗掌為業
其錢糧隨田办納此田並無不明等情如有
錢係侄抵当不干錢主之事有母錢到日听其取
贖今欲有憑立契為炤

道光廿五年八月　日立契人文瀚（押）

在見人　榮利（押）

立契人文瀚有己分民田壹段，坐在本鄉，土名潘村洋尾石鼓兜，共載租壹百伍拾斤。瀚己分得租伍拾斤大，今因欠錢应用，托中送賣與鋮叔邊管掌為業，時收过價錢壹仟伍百陆拾文，其錢收讫，其田付錢主对佃收租管掌為業，其錢粮随田办纳，此田並無不明等情。如有錢係侄抵当，不干錢主之事。有母錢到日，听其取贖。今欲有憑，立契為炤。①

道光二十五年八月　日立契人文瀚（押）

书見人荣刺（押）

①此處有挽結，類似『9』。

FYXS302　道光二十七年（1847）絲華添契　495×227mm

立添契人絲華祖前年出賣荥鐵轉繳賣在荥霄
兄弟民田一段坐在泉水格村土名公祖坂其租声良
面四至登載原契今思價值未敷托中就在茆
霄兄弟边晉亭為業時添出價錢壹仟弍
百文其錢收訖其田仍旧付錢主起佃永遠耕
[illegible]其苗米隨田办納田並無不明係絲抵当言
約有贖無添吩從其便日後不敢異言生說等情
今欲有憑立添契為炤

道光二十七年三月　日　立添契人絲華（押）
中見祖啟添（押）

立添契人絲華，祖前年出賣宗織，轉繳賣在宗霄兄弟民田一段，坐在泉水榕村，土名公祖坂，其租声、艮両、四至登載原契，今思價值未敷，托中就在與□霄兄弟邊管掌為業，時添出價錢壹仟弍佰文，其錢收訖，其田仍旧付錢主起佃，永遠畊種，其苗米隨田办納，田並無不明，係絲抵当。言約有贖無添，听從其便，日後不敢異言生說等情。今欲有憑，立添契為炤。①

道光二十七年三月　日　立添契人絲華（押）

中見祖啟添（押）

①此處有挽結，類似『9』。

FYXS303　道光二十七年（1847）崇酌添契　492×228mm

立添契人崇酌前年出賣在　崇鐵轉賣承
居屋一段坐在本鄉土名泉水格公祖坟其路良
税爲四至壁載原契合思價値已數未能取
取贖托中就在弟
胥兄弟近處掌管將添出洋錢壹仟捌
但其錢收訖其田仍旧任主耕種听從其便日
文　無異言反悔等情今欲有憑立添契爲照

道光廿七年六月　日立添契人崇酌（押）

中見人兄崇先

立添契人荣酌，前年出賣在　荣織轉賣来
民田一段，坐在本鄉，土名泉水格公租坂，其價艮
租声四至登載原契，今思價值已敷，未能取
取贖，托中就在與
□兄弟邊管掌为業，將添出價錢壹仟捌
佰文，其錢收讫，其田仍旧錢主畊種，听從其便，日
]無異言反悔等情。今欲有憑，立添契为炤。

道光廿七年六月　日立添契人荣酌（押）
中見人兄荣先

FYXS304　道光二十八年（1848）謝山村陳朱啓兄弟送賣契　510×230mm

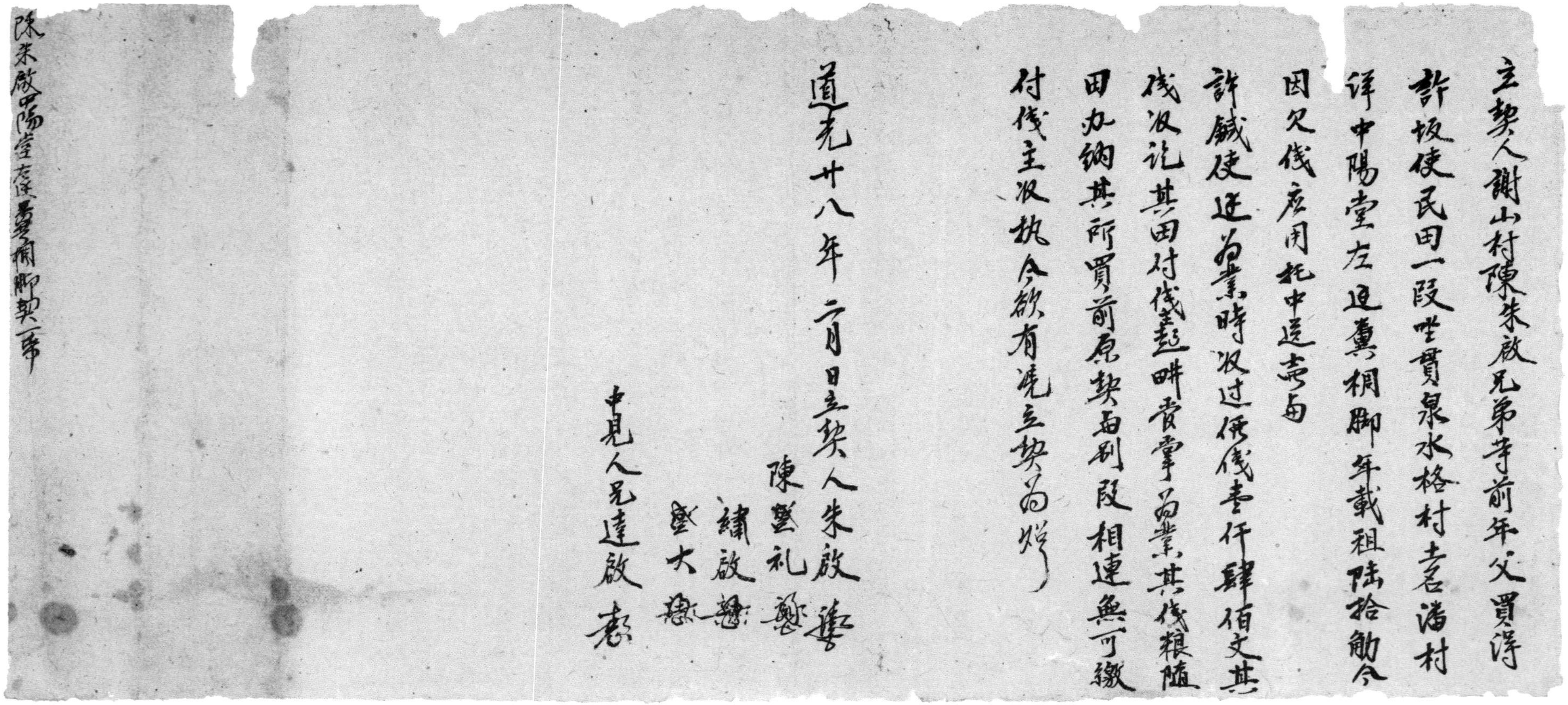
立契人謝山村陳朱啟兄弟等前年父買洋
許坂使民田一段坐貫泉水格村土名潘村
洋中陽堂左邊蕉桐腳年載租陸拾觔今
因欠錢應用托中送壹向
許鋮使邊爲業時收过佛錢壹仟肆佰文其
錢收訖其田付錢主畊掌爲業其錢粮隨
田办納其所買前原契因刷段相連無可繳
付錢主收执今欲有凭立契爲炤
道光廿八年　二月　日立契人朱啟
陳鑾礼
緒啟
鑾大
中見人兄達啟
陳朱啟中陽堂左邊蕉桐腳契一帋

陳未啟中陽堂左邊糞桶脚契一帋。

立契人謝山村陳未啟兄弟等，前年父買得許坂使民田一段，坐貫泉水格村，土名潘村洋中陽堂左邊糞桶脚，年載租陸拾觔。今因欠錢应用，托中送賣與許鍼使邊为業，時收过價錢壹仟肆佰文，其錢收讫，其田付錢主起畊管掌为業，其錢粮隨田办纳，其所買前原契與別段相連，無可繳付錢主收執。今欲有憑，立契为炤。

道光廿八年二月　日立契人未啟（押）

陳盛礼（押）

繡啟（押）

盛大（押）

中見人兄達啟（押）

FYXS305　道光二十八年（1848）榮刺送賣契　483×230mm

立契人榮刺有已分民田壹段，坐在本鄉土名内垵
嶺仔頭路内，分下得租弍拾肆斤大。今因欠錢应
用，托中送去與
法主公朋衆逐成、慶揚坪、宗鋮、文滑瀚等，時收过佛谷壹
佰柒拾斤，面淡其谷，就其田付衆收租管掌
為業，其錢粮十七文田付谷主，並無不明等情。如
有係刺抵当，不干錢主之事。有母谷到日，听期
取贖。今欲有憑，立契為炤。

道光二十八年七月　日立契人榮刺（押）

立契人荣刺，有己分民田壹叚，坐在本鄉，土名内垵

嶺仔頭路内，分下得租弍拾肆斤大，今因欠錢应

用，托中关①賣與

法主公朋衆邊成塲塵、坪、宗鍼、文瀚湑等，時收过價谷壹

佰柒拾斤直淡，其谷收讫，其田付衆收租管掌

為業，其錢粮十七文，田付谷主並無不明等情，如

有係刺抵当，不干錢主之事。有母谷到日，听期

取贖。今欲有憑，立契為炤。②

道光二十八年七月　日立契人荣刺（押）

①當爲『送』之誤字。

②此處有挽結，類似『9』。

FYXS306　道光二十八年（1848）榮刺送賣契　510×231mm

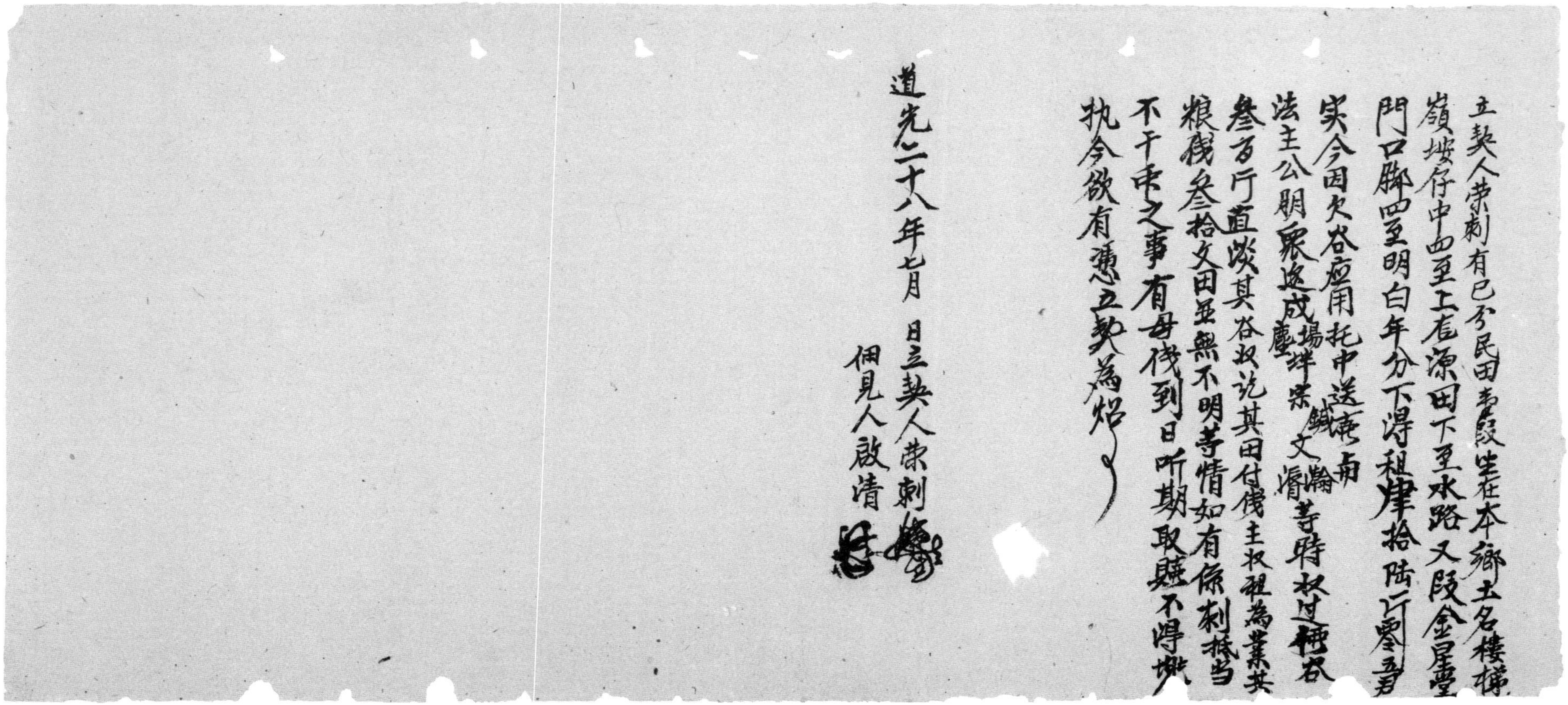

立契人榮刺有己分民田壹段坐在本鄉土名樓梯
嶺墘仔中四至上至源田下至水路又段金星堂
門口腳四至明白年分下得租肆拾陸斤零五
实今因欠谷應用托中送與南
法主公朋衆造成場坪宗鍈 文瀚 等時收過價谷
叁百斤直淡其谷收訖其田付錢主收租為業其
粮錢叁拾文田並無不明等情如有係刺抵当
不干衆之事有母錢到日听期取贖不得墩
執今欲有憑立契為炤

道光二十八年七月　日立契人榮刺（押）
佃見人啟清（押）

立契人荣刺有己分民田壹段，坐在本鄉，土名樓梯
嶺垵仔中，四至上龍源田，下至水路，又段金星堂
門口脚，四至明白，年分下得租肆拾陆斤零五两
实，今因欠谷应用，托中送賣與
法主公朋衆邊成場塵、坪、宗鍼、文瀚湑等，時收过價谷
叁百斤直淡，其谷收讫，其田付錢主收租為業，其
粮錢叁拾文，田並無不明等情，如有係刺抵当，
不干衆之事，有母錢到日，听期取贖，不得兜
执。今欲有憑，立契為炤。①

道光二十八年七月　日立契人荣刺（押）
佃見人啟清（押）

①此處有挽結，類似『9』。

FYXS307　咸豐三年（1853）成墾送賣契　519×230mm

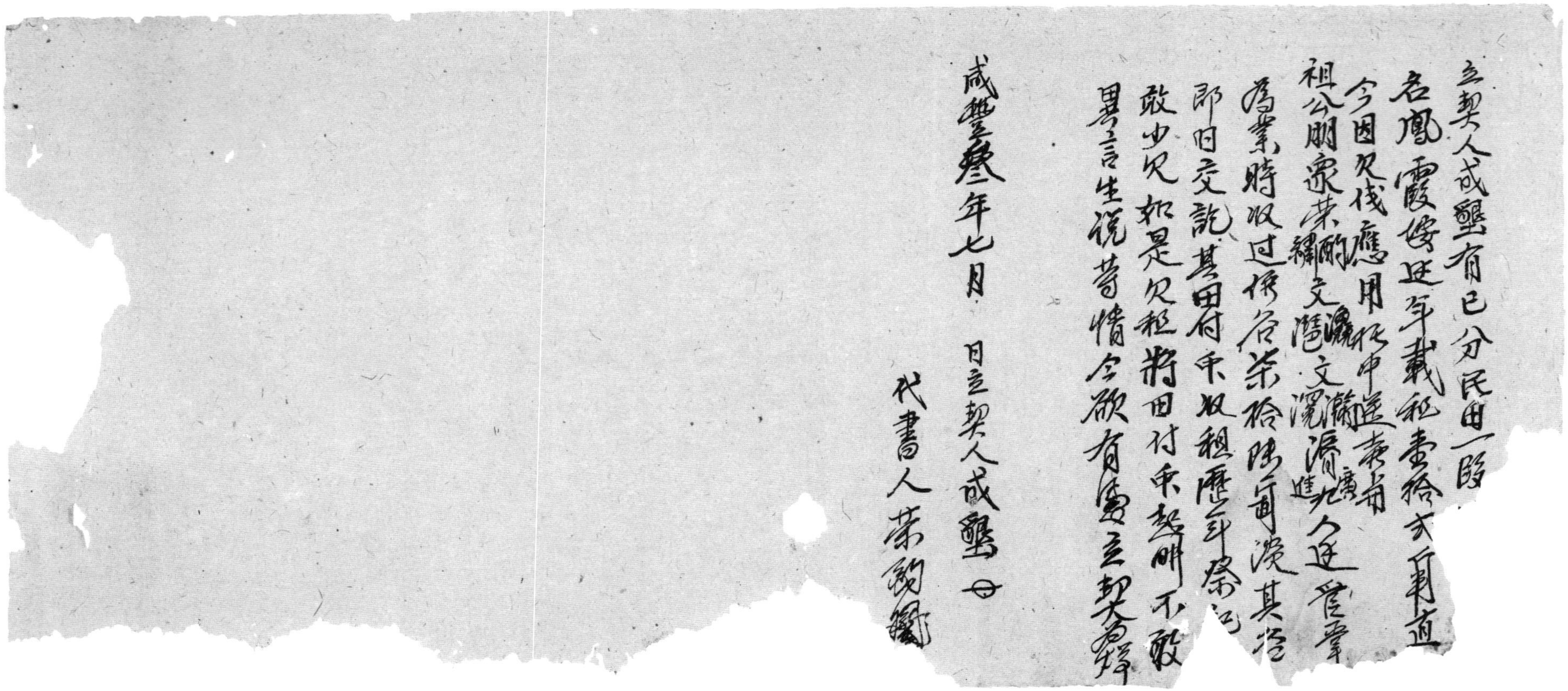

立契人成墾有已分民田一段
名鳳霞塆廷坪載租壹拾弍斤有道
今因欠錢應用托中送表弟
祖公朋家葉繼酌文瀛文滯文灊濟廣進九人迭管掌
為業時收过價谷柒拾陸斤滿其谷
即日交訖其田付汞收租歷年奈己
敢少欠如是欠租將田付汞起耕不敢
異言生說恐情今欲有憑立契為據

咸豐叁年七月　日立契人成墾　㊉

代書人葉鈞鑾

立契人成鑾有己分民田一段[

名鳳霞垵邊，年載租壹拾弍斤半直，

今因欠錢應用，托中送賣與

祖公朋衆荣酌、繡、文瀺、浥、文瀚、涴、湑、廣、進九人邊管掌

為業，時收过價谷柒拾陆斤直淡，其谷

即日交訖，其田付衆收租，歷年祭祀，□

敢少欠，如是欠租，將田付衆起畊，不敢

異言生説等情。今欲有憑，立契为炤。

咸豐叁年七月　　日立契人成鑾（押）

代書人荣酌（押）

FYXS308 咸豐三年（1853）文瀚、廣進送賣契 533×250mm

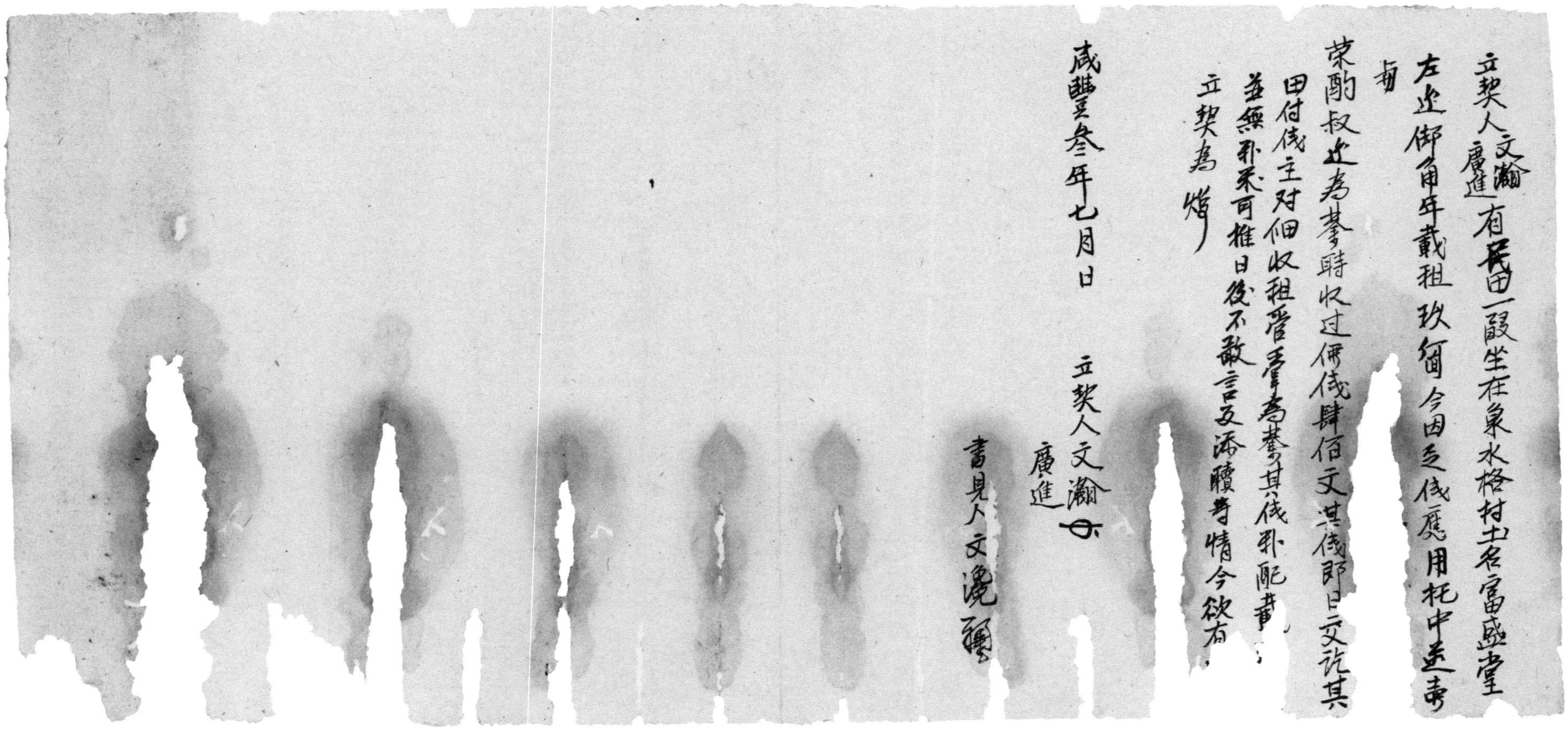
立契人文瀚廣進有民田一段坐在泉水格村土名富盛堂
左边御角年載租玖甌今因乏钱應用托中送賣
與
荣酌叔边為業時收过價钱肆佰文其钱即日交訖其
田付钱主对佃收租管業為業其钱并配貼
並無找來不可推日後不敢言及添贖等情今欲有
立契為照
咸豐叁年七月日
立契人文瀚
廣進
書見人文逸親

立契人文瀚、廣進有民田一段，坐在泉水格村，土名富盛堂左邊脚角，年載租玖斤直，今因乏錢應用，托中送賣與
荣酌叔邊為業，時收过價錢肆佰文，其錢即日交讫，其田付錢主对佃收租管掌為業，其錢糧配載[　並無糧米可推，日後不敢言及添贖等情。今欲有□，立契為炤。①

咸豐叁年七月日　　立契人文瀚（押）
廣進
書見人文瀺（押）

①此處有挽結，類似『9』。

FYXS309　咸豐三年（1853）琵華賣田契　392×228mm

租歷年存祀不敢少欠，如是欠租，將收……

付衆起佃，不敢異言生端等情。今

有憑，立契為據。

咸豐叁年七月　日立契人琵華（押）

……（前殘）

租歷年祭祀，不敢少欠，如是欠租，將

□対衆起畔，不敢異言生説等情。今

□有憑，立契為炤。①

咸豐叁年七月　日立契人毘華（押）

①此處有挽結，類似『9』。

FYXS310　咸豐四年（1854）廣進送賣契　491×232mm

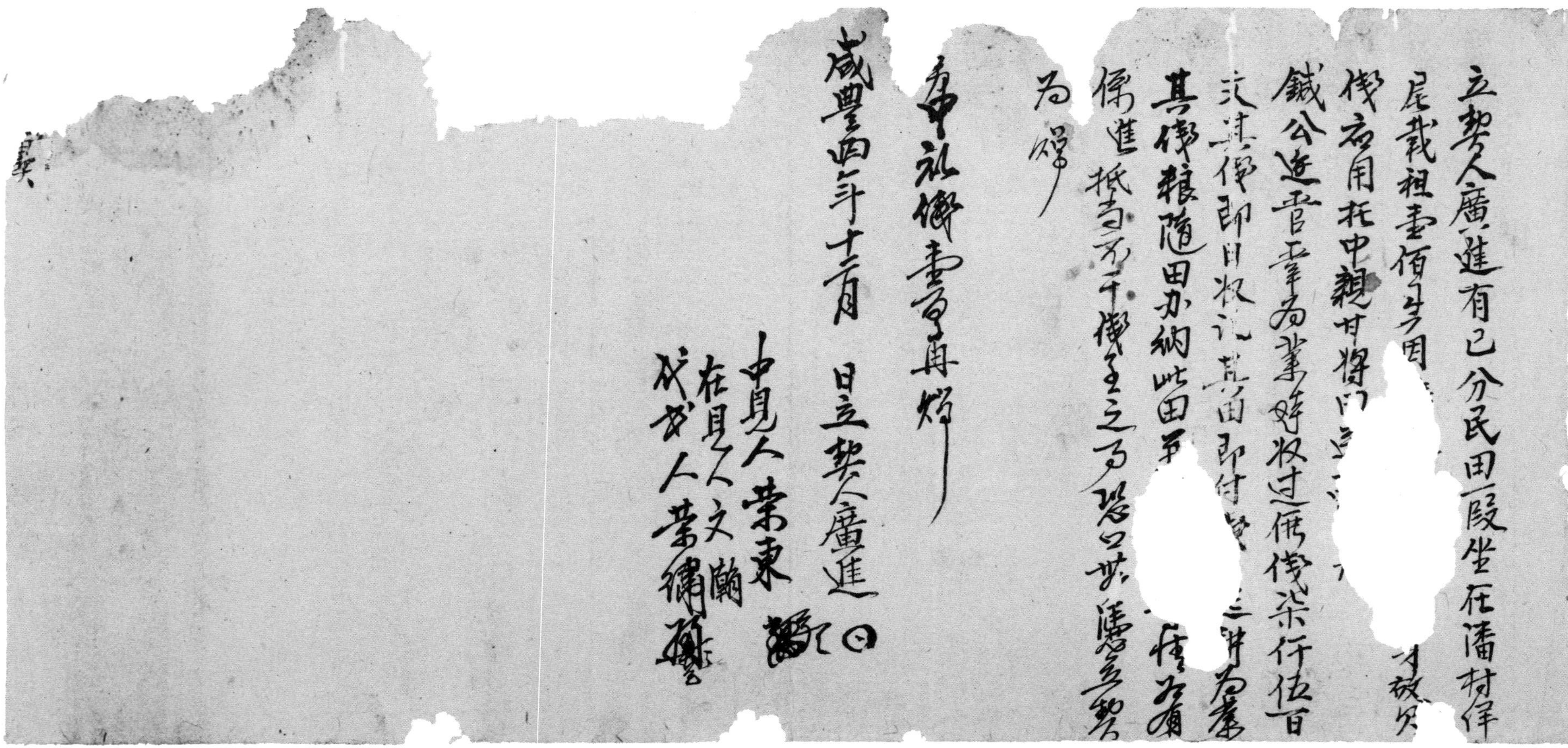
立契人廣進有己分民田壹段坐在潘村洋
尾載租壹佰斤因[illegible]付放買
俾應用托中親甘得門[illegible]
錢公邊賣斷為業將收过俾錢柒仟伍百
文其俾即日收訖其田即付[illegible]三耕為業
其俾粮隨田办納此田[illegible]廣有
係進抵當不干俾主之事恐口無憑立契
為照
再中親鄉壹再焐
咸豐四年十二月　日立契人廣進
中見人葉東
在見人文蘭
代书人葉[illegible]
契

立契人廣進有己分民田一段，坐在潘村洋尾，载租壹佰斤，今因[　　]故，欠錢应用，托中親甘將田送賣與鋮公邊管掌为業，時收过價錢柒仟伍百文，其錢即日收讫，其田即付錢□起畊为業，其錢粮隨田办纳，此田並[　　]情，如有係進抵当，不干錢主之事。恐口無憑，立契为炤。

另中礼錢壹百，再炤。

咸豐四年十二月　日立契人廣進（押）

中見人荣東（押）

在見人文瀚

代书人荣繡（押）

FYXS311　咸豐五年（1855）榮繡、廣進送賣契　520×232mm

立契人榮繡、廣進有己分民田一段，坐落□
陽門口及洋尾二段，共載租谷弍拾□□角通□
因新入祭祀，送去与
祖公盟衆榮爾、成堂、文歷、瀛、文曆、湖、文濟、文滂衆边為祭祀，時收
过係谷壹百伍拾弍□，其谷收訖，其田即付衆
收租，以為祭祀，不敢拖欠。如是欠租，将田付衆
起耕，不敢異言生端。恐口無憑，立契為照。

咸豐五年七月　日立契人榮繡、廣進（押）

立契人荣繡廣進有己分民田一段，坐在［
陽门口及洋尾二段，共載租谷弍拾［
因新入祭祀，送賣與
祖公盟衆荣酌成垦、文瀲文湣、文瀚文潸、文瀀衆邊为祭祀，時收
过價谷壹百伍拾弍斤直淡，其谷收讫，其田即付衆
收租，以为祭祀，不敢拖欠，如是欠租，將田付衆
起耕，不敢異言生说。恐口無①，立契为炤。

咸豐五年七月　　日立契人荣繡（押）
廣進（押）

---

①此處疑缺一『憑』字，編者注。

FYXS312　咸豐五年（1855）文瀚添契　485×229mm

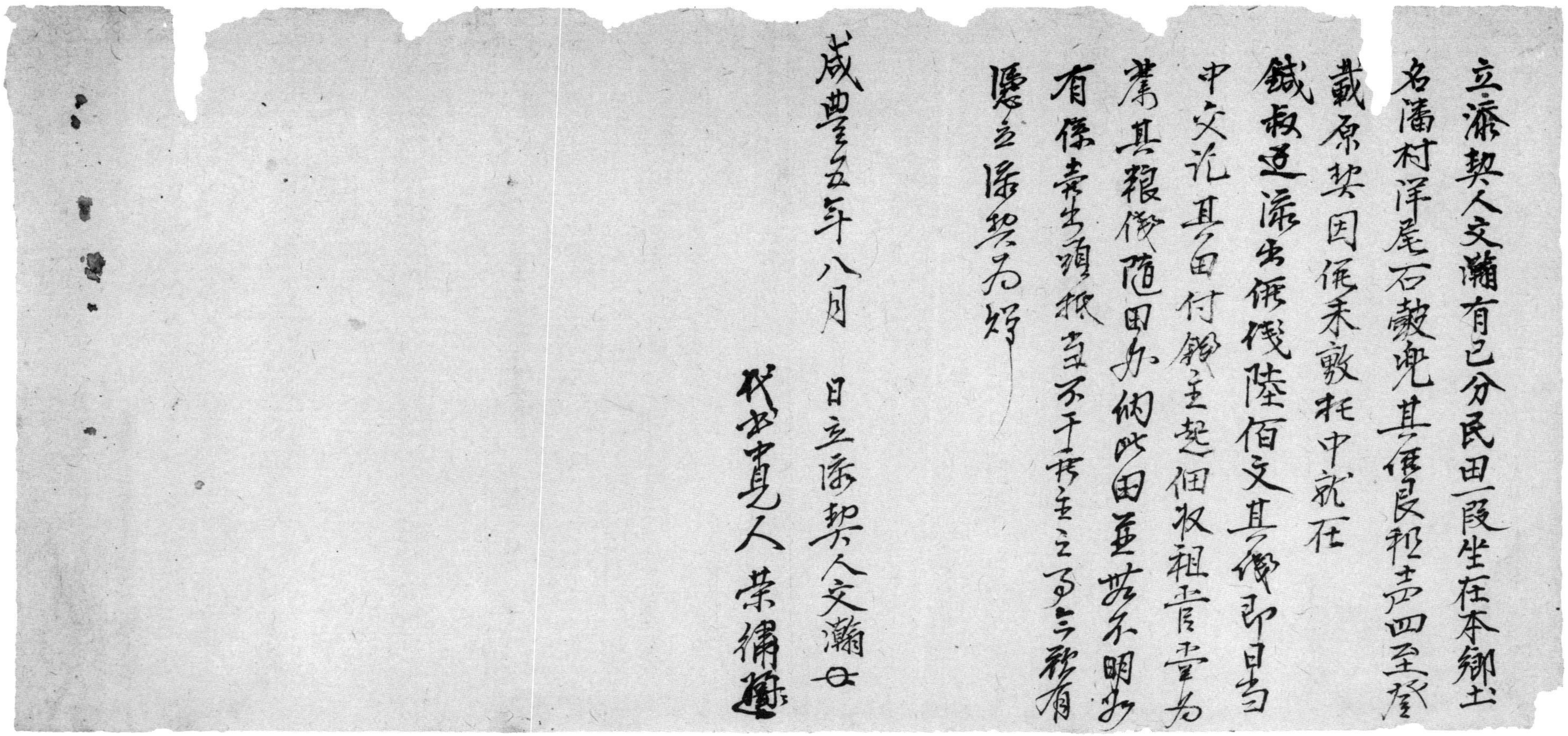
立添契人文瀚有已分民田一段，坐在本鄉土
名蒲村洋尾石鼓兜，其田良租壹石，四至登
載原契。因乏禾穀耗，中就在
鐵叔邊添出佛錢陸佰文，其錢即日當
中交訖，其田付錢主起佃收租壹為
業，其粮錢隨田办納。此田並無不明，如
有係弟出頭抵當，不干錢主之事。今欲有
憑，立添契為好。
咸豐五年八月　日立添契人文瀚（押）
代書中見人　崇備（押）

立添契人文瀚，有己分民田一段，坐在本鄉，土
名潘村洋尾石鼓兜，其價艮、租声、四至登
載原契，因價未敷，托中就在
鍼叔邊添出價錢陸佰文，其錢即日当
中交讫，其田付錢主起佃收租管掌为
業，其粮錢隨田办纳，此田並無不明，如
有係賣出頭抵当，不干買主之事。今欲有
憑，立添契为炤。

咸豐五年八月　　日立添契人文瀚（押）

代书中見人荣繡（押）

FYXS313　咸豐七年（1857）文瀚送賣契　528×248mm

立契人文瀚有己分民田壹段坐在本鄉土名東
坑仔車碓𡍼共載租柒[illegible]
租叁拾柒觔今因欠錢應用托中送賣與
叔
荣爾边為業時收過價錢壹仟肆佰文其
錢即日收訖其田付錢主對田收租管[illegible]
為業此田並無粮米配載並無叔兄弟
侄爭執如有不明係瀚祇當不干錢主之
事今欲有憑立契為照

咸豐七年七月　日立契人文瀚（押）
代書見人翹華（押）

立契人文瀚，有己分民田一段，坐在本鄉，土名東
坑仔車碓邊，共載租柒拾[
租叁拾柒斤半，今因欠錢應用，托中送賣與
叔
荣酌邊為業，時收过價錢壹仟肆佰文，其
錢即日收訖，其田付錢主对佃收租，管掌
為業，此田並無粮米配載，並無叔兄弟
侄争執，如有不明，係瀚抵當，不干錢主之
事。今欲有憑，立契為炤。①

咸豐七年七月　　日立契人文瀚（押）
代書見人愬華（押）

①此處有挽結，類似『§』。

FYXS314　咸豐七年（1857）文瀼等送賣契抄件　406×198mm

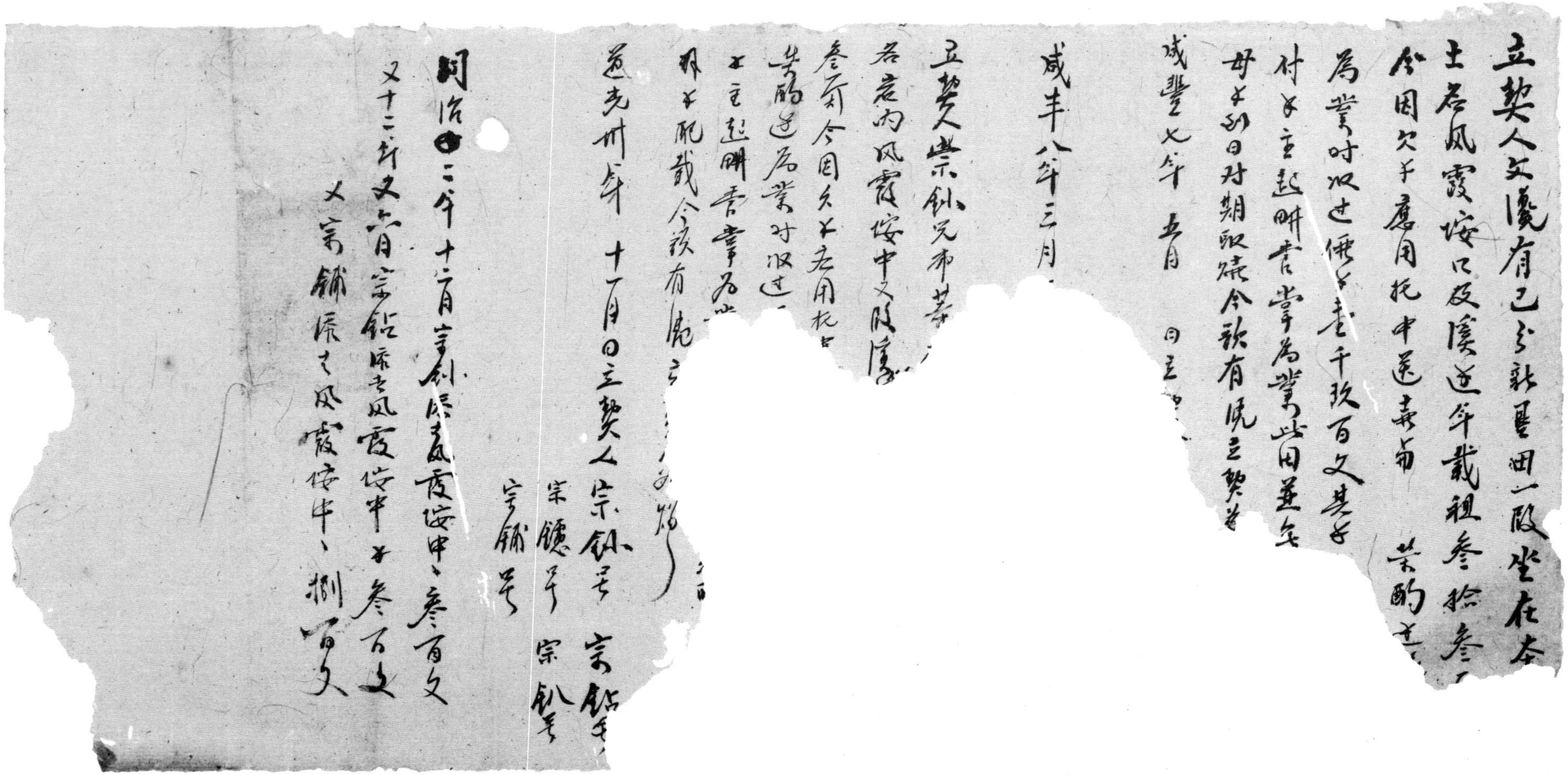
立契人文瀼有己分新置田一段坐在本
土名风霞垵□及溪边年载租叁拾叁
今因欠手应用托中送与弟 荣酌
为业时收过佛钱壹千玖百文其钱
付身亲手收明其田听弟为业此田并无
母身幼日对期取赎今欲有凭立契为
咸丰七年 五月 日立
咸丰八年三月
立契人崇钦兄弟
名在内风霞垵中之股
叁分今因欠钱应用托
与胞兄为业时收过
钱亲手收明当为
业此截今欲有凭立
道光卅年 十一月日立契人 宗钦 宗钻
宗镳 宗钦
宗铺
同治十二年十二月宗钦原有风霞垵中叁百文
又十二年又二月宗钻原有风霞垵中叁百文
又宗铺原有风霞垵中捌百文

立契人文纔，有己分新垦田一段，坐在本]
土名风霞垵口及溪邊，年載租叁拾叁]
今因欠錢應用，托中送賣與　宗酌邊]
為業，時收过價錢壹千玖百文，其錢]
付錢主起畔管掌為業，此田並無]
母錢到日，对期取贖。今欲有憑，立契為]
咸豐七年　五月　日立契人]

咸豐八年三月]

立契人宗鈔兄弟等]
名岩內风霞垵中，又段溪]
叁斤大，今因欠錢应用，托中]
宗酌邊為業，時收过]
錢主起畔管掌为業]
糧錢配載。今欲有憑，立□□炤。
道光卅年　十二月　日立契人宗鈔号　宗鉆号
宗鑢号　宗釟号
宗鋪号

同治二年十二月宗鈔添去风霞垵中錢叁百文。
又十二年又六月，宗鉆添去风霞垵中錢叁百文。
又宗鋪添去风霞垵中錢捌百文。

FYXS315　咸豐九年（1859）文瀚兑契　528×241mm

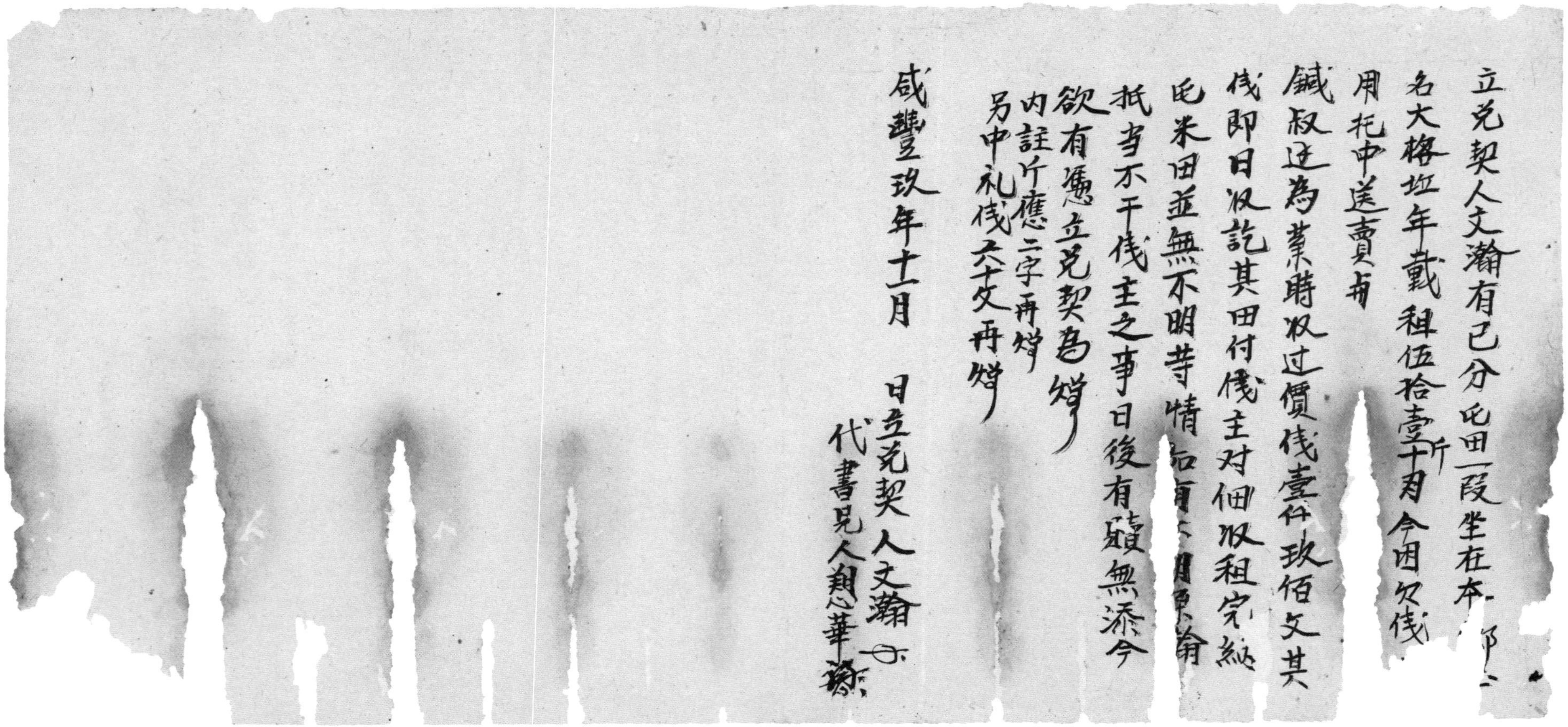
立兑契人文瀚有已分㐂田一段坐在本[illegible]
名大椿垅年載租伍拾壹斤十月今因欠钱
用托中送賣与
鍼叔迁為業時收过價钱壹仟玖佰文其
钱即日收訖其田付钱主对佃收租完納
㐂米田並無不明等情如有〻明系瀚
抵当不干钱主之事日後有贖無添今
欲有憑立兑契為照
内註斤應二字再照
另中礼钱六十文再照
咸豐玖年十二月　日立兑契人文瀚（押）
代書見人翔華

立兑契人文瀚有己分屯田一段，坐在本鄉，土
名大格坵，年載租伍拾壹斤十兩。今困[1]欠錢□
用，托中送賣與
鍼叔邊為業，時收过價錢壹仟玖佰文，其
錢即日收訖，其田付錢主对佃收租完納
屯米，田並無不明等情，如有不明，係瀚
抵当，不干錢主之事，日後有贖無添，今
欲有憑，立兑契為炤。
內註斤、應二字，再炤。
另中礼錢六十文，再炤。

咸豐玖年十一月　日立兑契人文瀚（押）
代書見人愬華（押）

①當爲『因』之誤字。

FYXS316　同治三年（1864）榮科添契抄件　130×180mm

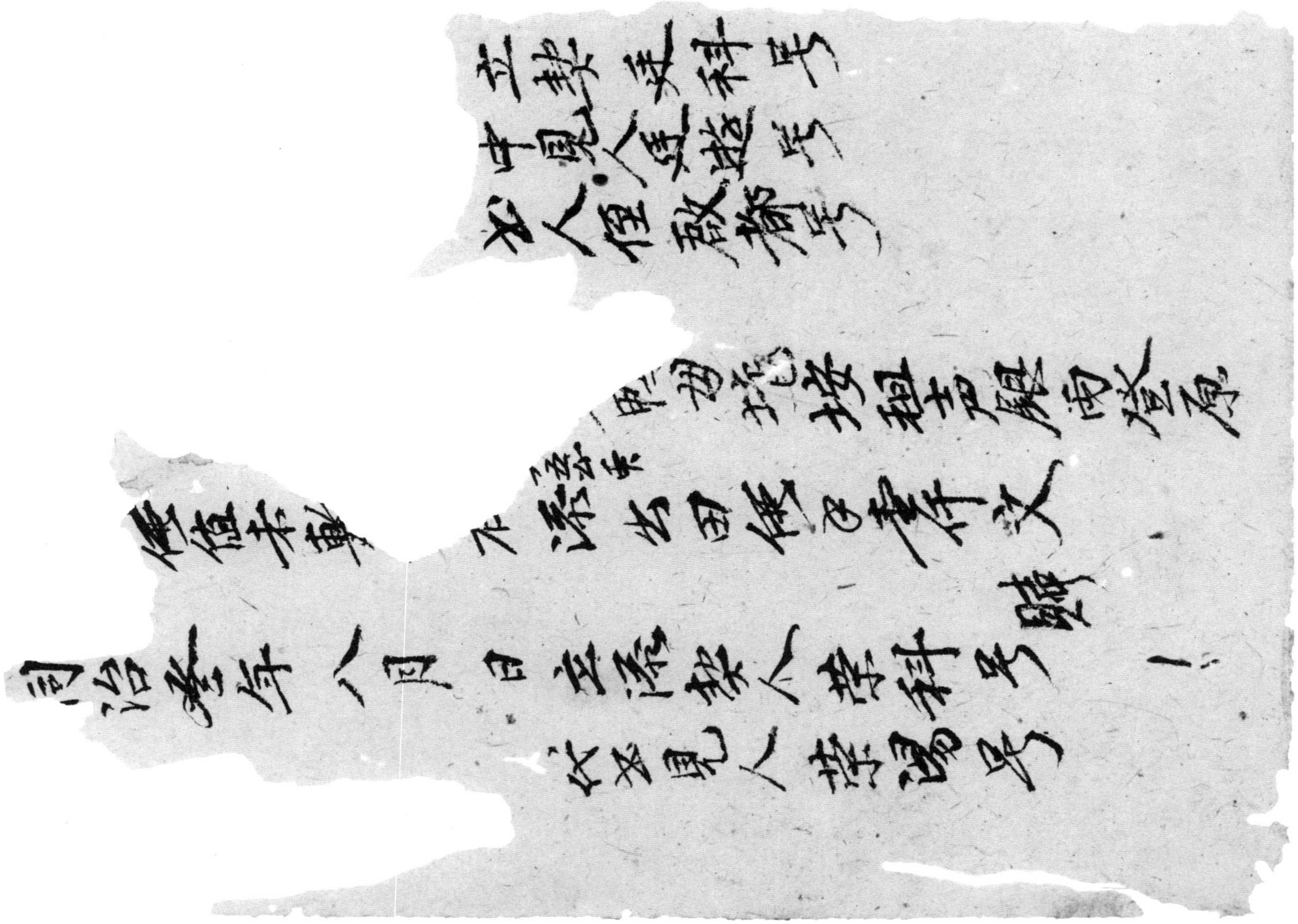

立契廷科号
中見人廷遊号
代人任啟都号
……甲二坳地按租壹声腿両登原
……不……壹兵添出田便錢壹仟文
便值未動……贖
同治叁年八月日立添契人榮科号 一一
代笔見人榮陽号

……（前殘）

⌐立契廷科　号

⌐中見人廷遊号

⌐书人侄啟都号

⌐鴨母壠垵租声、銀両登原

⌐價值未敷，⌐　⌐美五公衆添出田價錢壹仟文。

贖

同治叁年八月　日立添契人荣科号

代书見人荣湯号

FYXS317　光緒四年（1878）滎汪約換字　457×223mm

[illegible]有因内應得抽出租壹
[illegible]業，永遠耕種為業，此係是
[illegible]光華等報向清劝補并將東執
[illegible]田地出賣踏界付註起耕，下堂日後各無
異言反悔。註杉柏坂民米自出完，交抵。華等甚
內坂之田拆還上米自出完，交抵出各人自完，不
得致[illegible]得生說，此田段不明，共各人抵當
不敢[illegible]等情弊事。今欲有憑，立約換
之者[illegible]抵壹帋為照。

為中礼錢叁千[illegible]文

三[illegible]

光緒肆年　八月　日　立約換字人　荣註

見人　荣生

田華

代書人　纓池

[illegible]約換字

……………（前殘）

[百斤大，内应得抽出租壹

[

[管掌，永遠耕種为業，此係是

[兑華等投公向清劝裕，甘將东埖

[田地当公踏界，付註起架下堂，日後各無

異言反悔，註松相坂民米自当完官，抵華等岩

内坂之田折色屯米，自当完官抵当，各人自完，不

得致累□□得生说。其田叚不明者，各人抵當，

不敢□□等情滋事。今欲有凴，立约换

字弍□，各执壹帋为照。

另中礼錢壹千文，再照。

立合同貳弍帋各執□□為照。①

光绪肆年八月　日　立约换字人荣註（押）

公見人荣生（押）

田華（押）

代書人纓池（押）

富貴綿遠

---

①此十二字爲半書，存右半。

FYXS318 光緒四年（1878）李文義送賣契 465×218mm

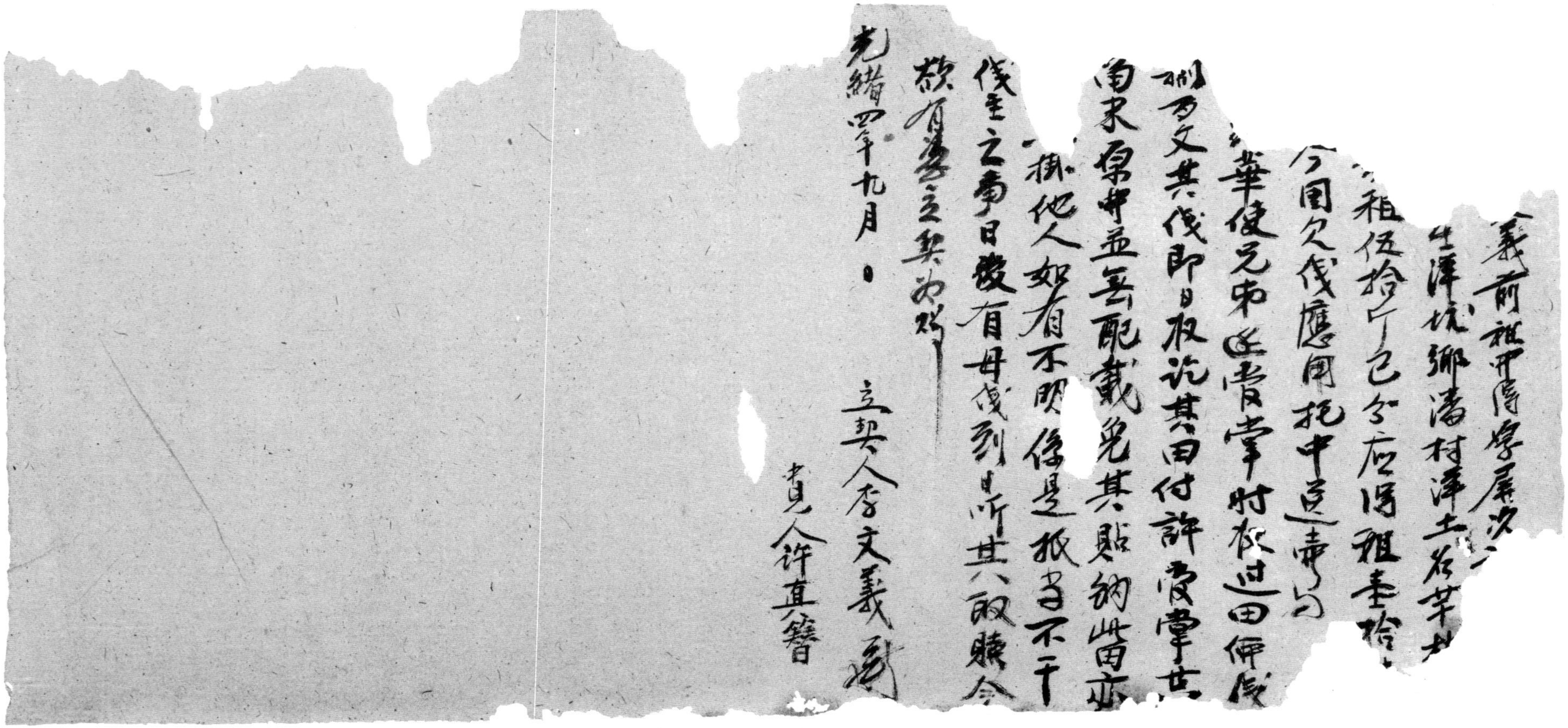

義前祖手得學屏次……
坐洋坑鄉濤村洋土名芊……
租伍拾斤已分應得租壹拾……
今因欠錢應用托中送賣與
華使兄弟邊賣掌時收過田價
制乃文其錢即日收訖其田付許處掌共
當米原甲並無配載免其貼納此田亦
掛他人如有不明係是抵當不干
錢主之事日後有毋錢到日所其人取贖仝
欲有憑立契為照
光緒四年九月 日
立契人李文義（押）
中見人許直簪

［義前祖買得厚屏次］
［在洋坑鄉潘村洋，土名芊林］
［租伍拾斤，己分应得租壹拾］
［今因欠錢應用，托中送賣与
［華使兄弟邊管掌，时收过田價錢
捌百文，其錢即日收訖，其田付許管掌，其
苗米原買並無配載，免其貼纳。此田亦
□□掛他人，如有不明，係是抵当，不干
錢主之事。日後有母錢到日，听其取贖。今
欲有憑，立契为炤。①

光緒四年九月　日　立契人李文義（押）
中見人许真簪

①此處有挽結，類似『9』。

FYXS319　光緒四年（1878）厚屏次祖衆丁李尚化、通章、文宿等送賣契　463×212mm

立契人厚屏次祖衆丁李尚化、通章、文宿等有祖置
民田一段坐在洋坑泉水格土名芋林近年載租
伍拾斤叁分應得乙分壹拾六斤劾大今田欠錢
公費應用托中送與
許鼓華兄弟近爲業時收过價錢捌百文其
錢收訖其田付許耕種收租管掌其苗米並無
公股配載免其貼納此田並無典掛不明爲碍
知有係李抵当不干許之事今欲有憑立契
爲照

另中礼錢伍拾文再照

光緒四年拾弍月　日立契人厚屏次祖衆丁
李尚化
通章
書文宿

中見人許真簪

立契人厚屏次祖業丁李尚化 通章 文宿等有祖管

民田一段，坐在洋坑泉水格，土名芋林邊，年載租伍拾斤大，叁分應得乙分壹拾六斤十兩大，今因欠錢公費應用，托中送賣與許鼓華兄弟邊為業，時收过價錢捌百文，其錢收訖，其田付许耕種收租管掌，其苗米並無公股配載，免其貼納。此田並無典掛不明為碍，如有係李抵当，不干许之事。今欲有憑，立契為炤。

另中礼錢伍拾文，再炤。

光绪四年拾弍月　日立契人厚屏次祖業丁

李尚化（押）

通章（押）

文宿（押）

中見人許真簪

書（押）

FYXS320 光緒五年（1879）李文義盡斷契 464×217mm

立尽断契人李文義有[illegible]曾次祖二房田段坐落
[illegible]村洋土名芋林丘已分祖十六斤[illegible]
許鼓華兄弟管業，今思併值未穀[illegible]
兄弟添出不足，併價柒百文，其價收訖，其田
許永遠耕種收租為業，其[illegible]不原典主因次
祖衆公股已配別處，明白並無配載，日後不敢言
人生米道衆，此田日後亦[illegible]言及添贖等情，今
恐有憑，立尽断契為照。

光緒五年三月 日 立尽断契人李文義（押）

中見人許真[illegible]

[李文義，有買得次祖二房田一段，坐在[

[村洋，土名芊林邊，己分租十六斤十兩零前[

[許鼓華兄弟管掌，今思價值未敷，就在

[兄弟添出尽足價錢柒百文，其錢收訖，其田

付許永遠耕種收租为業，其苗米原買主因次

祖衆公股已配别處明白，並無配載，日後不敢言

□□米遺累，此田日後亦不敢言及添贖等情。今

欲有憑，立尽断契为炤。①

光緒五年三月　　　　日　立尽断契人李文義（押）

中見人許真簪

①此處有挽結，類似『9』。

FYXS321　光緒五年（1879）厚屏次祖衆丁李尚化、通章、文宿等盡斷契　468×212mm

人厚屏次祖衆丁李尚化、通章、文宿等有民
洋坑泉水格土名芊林，已除外尚存租[illegible]
前年出賣在許敦華兄弟已管[illegible]
價錢登載原契，今因價值未敷，就在
敦華兄弟已添出盡價錢伍百伍拾文，其錢
[illegible]訖，其田付許永遠管掌耕種收租爲業。
祖配載別段明白[illegible]公股苗米可配此
係李甘心歡允，日後不敢言及苗米遺累，此田
係是公費缺用，並無叔兄弟姪稱執，和有此情，
係李自頭抵當，不干許之事。此田嗣後亦不敢
言及添贖等情。今欲有憑，立盡斷契爲炤。

另中礼錢四十文再炤。

光緒伍年三月　日立盡斷契人厚屏次祖衆丁　李尚化（押）
通章（押）
書文宿（押）
中見人許奠簪

收[illegible]

[人厚屏次祖褰丁李通章等有民
文宿
尚化
[洋坑泉水格，土名芊林邊，除外尚存祖]
[前年出賣在 許鼓華兄弟邊管掌
[價錢登載原契。今因價值未敷，就在
□鼓華兄弟邊添出尽價錢伍百伍拾文，其錢
□讫，其田付许永遠管掌耕種收租為業。
[祖配載別段明白□□公股苗米可配，此
係李甘心歡允，日後不敢言及苗米遺累，此田
係是公費缺用，並無叔兄弟侄稱執，如有此情，
係李出頭抵当，不干许之事，此田嗣後亦不敢
言及添贖等情。今欲有憑，立尽断契為炤。

另中礼錢四十文，再炤。

光緒伍年三月 日立尽断契人厚屏次祖褰丁 李尚化（押）
通章（押）
書文宿（押）
中見人许真簪

（背面文字）：对面管林邊。

FYXS322　光緒九年（1883）榮吉送賣契　542×224mm

立契人榮吉有祖置民田一段，坐在本鄉土
梧桐墘，年共載租肆伯斤，內抽出租弍伯斤，
今因無艮俑班費用，托中將田送賣與
鼓莘侄邊為業，時收豆契面錢壹萬文，其
即日当中收訖。其田付錢主收租為業，其
錢歷年每佰斤貼納陸擔文。此田並無
等情，如有不明，係吳吉抵当，不干鼓之
日後有母錢到日，对期取贖，不欲有憑

光緒九年　月　日立契人榮吉
中見　榮桂
代書　兜琪莘

立契人棠吉有祖管民田一段，坐在本鄉，土□
梧桐㟁，年共載租肆佰斤，內抽出租弍佰斤。
今因無艮開班費用，托中將田送賣與
皷華伍邊為業，時收过契面錢壹萬文，其□
即日当中收讫，其田付錢主收租為業，其□
錢歷年每佰斤貼納陸拾文。此田並無□□
等情。如有不明，係是吉抵当，不干皷之□。
日後有母錢到日，对期取贖。今欲有憑，]

光緒九年二月　日立契人棠吉
中見棠桂
代書兒琪華（押）

FYXS323　光緒二十四年（1898）國場收字　312×203mm

立收字人國場承祖有此以業剩
屯田一段坐在本鄉土名富村洋坂
其載屯租伍拾斤今因欠銀將田送歸
田畝
馥華兄邊管田耕種時收過契面銭完
足其銭收訖其田聽其管田其屯米丁艮
隨田办納其原世契字一时查尋未出
日後尋出不敢行用今欲有憑立收字為照
光緒弍十四年十一

立收字人国場，承祖有買得荣刺
屯田一段，坐在本鄉，土名潘村洋坂，
共載屯租伍拾斤，今因欠銀，將田送歸
囬與
皷華兄邊管囬畊種，时收过契面錢完
足，其錢收讫，其田听其管囬，其屯米丁良
隨田办纳，其原買契字一时查尋未出，
日後尋出，不敢行用。今欲有憑，立收字为炤。

光緒弍十四年十一[

…………（後殘）

FYXS324　光緒三十二年（1906）叔某人送賣契　422×195mm

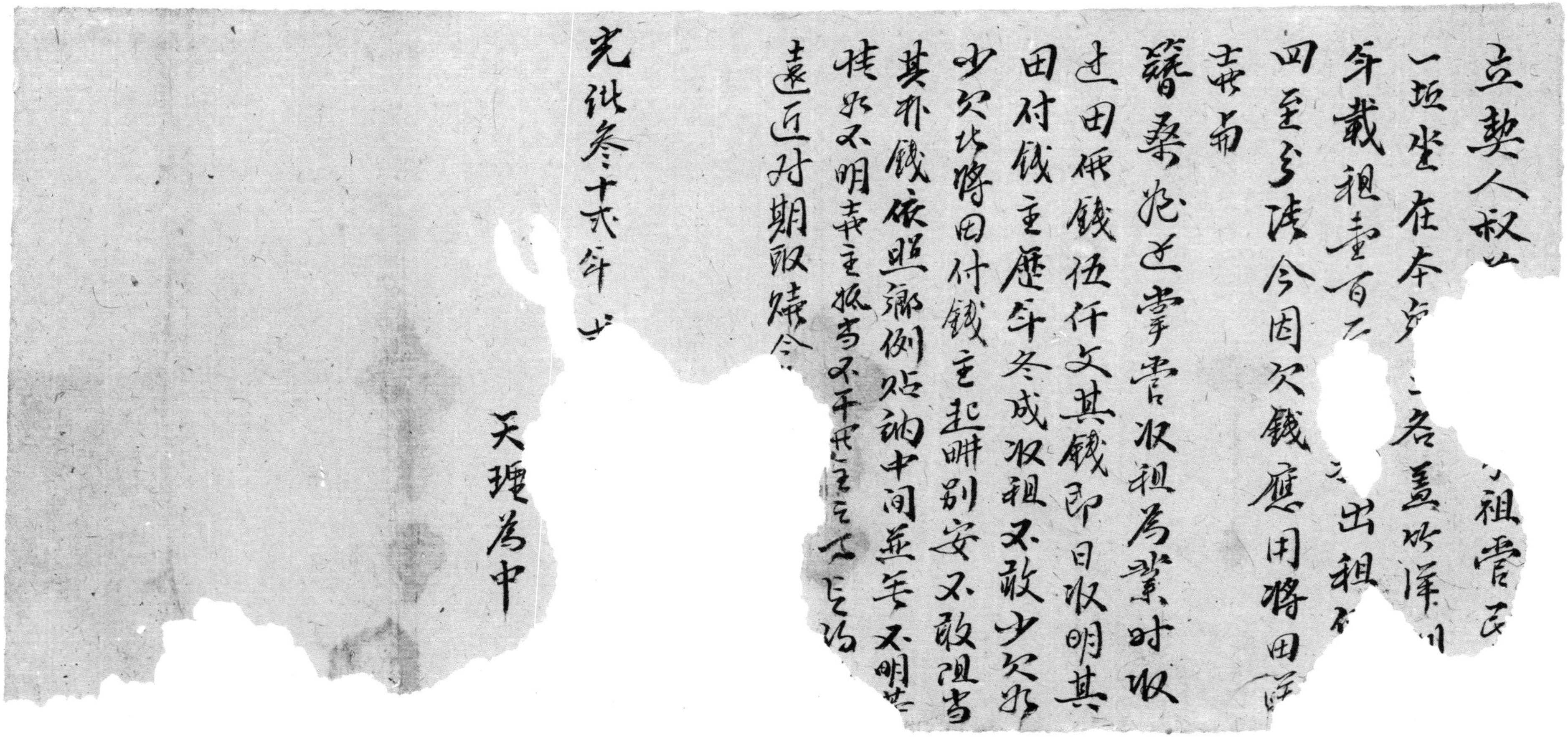
立契人叔[illegible]
一坵坐在本處[illegible]名益坑洋[illegible]
年載祖壹百[illegible]出祖[illegible]
四至分清，今因欠錢應用，將田[illegible]
出賣
送與姪[illegible]掌管收祖為業，時收
過田價錢伍仟文，其錢即日收明，其
田付錢主歷年冬成收祖，不敢少欠，如
少欠，比將田付錢主起耕別安，不敢阻當
其田錢依照鄉例贴納中间，並無不明
情來不明，叔主抵當，不干[illegible]之事，[illegible]
遠近對期取贖，今[illegible]
光緒叁十式年[illegible]
天理為中

立契人叔「　」祖管民「
一坵，坐在本鄉，土名盖竹洋「
年載租壹百斤，「　」出租「
四至分清，今因欠錢應用，將田送
賣與
簪桑姪邊掌管收租為業，时收
过田價錢伍仟文，其錢即日收明，其
田付錢主歷年冬成收租，不敢少欠，如
少欠，□將田付錢主起畊别安，不敢阻当，
其糧錢依照鄉例贴纳，中间並無不明等
情，如不明，賣主抵当，不干買主之事，言約「
遠近，对期取贖。今「

光緒叁十弍年　弍「

天理為中

FYXS325　民國十四年（1925）溱貴賣盟分契　332×230mm

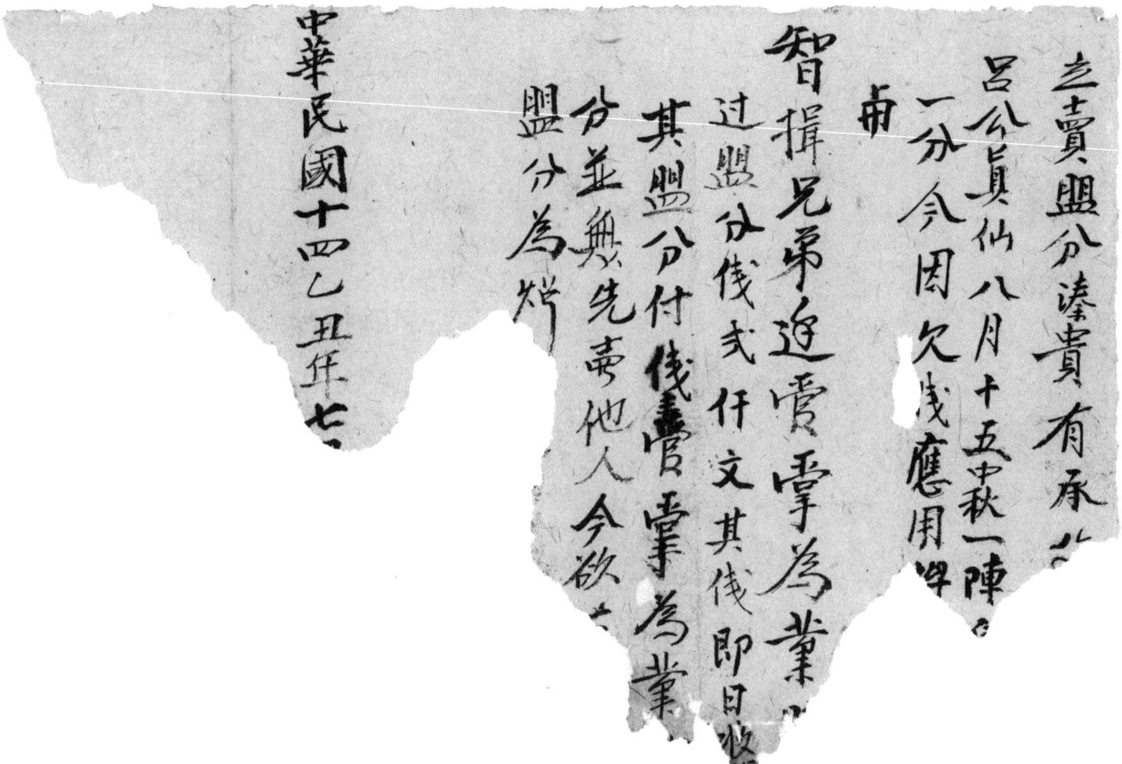
立賣盟分溱貴有承
呂公眞仙八月十五中秋一陣
一分今因欠錢應用将
南
智揖兄弟邊賣掌為業
过盟分錢式仟文其錢即日收
其盟分付錢主掌為業
分並無先與他人今欲
盟分為炤
中華民國十四乙丑年七

立賣盟分湊貴有承［

吕公真仙八月十五中秋一陣［

一分。今因欠錢應用［

與

智揖兄弟邊管掌為業，［

过盟分錢弍仟文，其錢即日收［

其盟分付錢主管掌為業［

分並無先賣他人。今欲［

盟分為炤。

中華民國十四乙丑年七月［

……（後殘）

FYXS326　民國三十五年（1946）富機、文彩約字　465×195mm

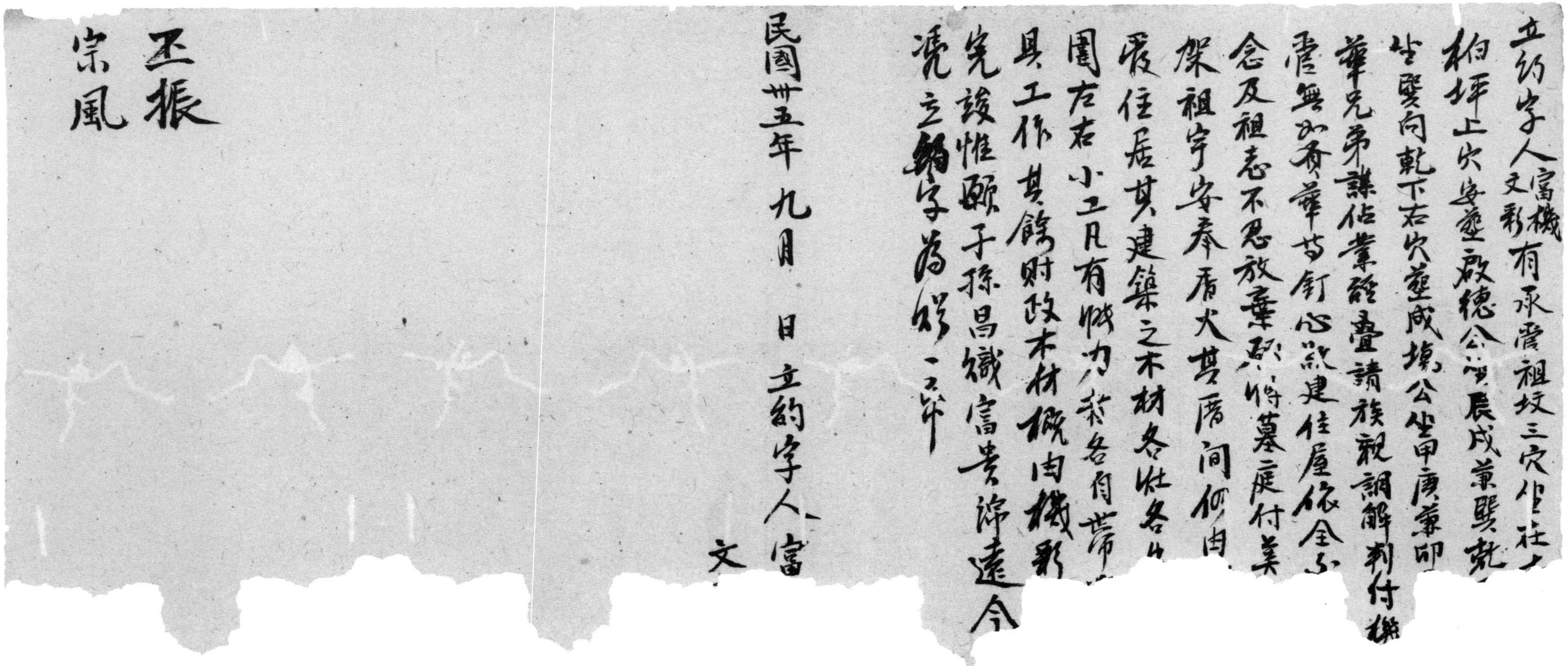
立约字人富機文彩有承震祖坟三穴坐社…
柏坪上穴安葬啟德公坐辰戌兼巽乾…
坐巽向乾下右穴葬咸墉公坐甲庚兼卯…
華兄弟謀佔葬疊請族親調解判付機
震無如喬華苟釘心欲建住屋依全…
念及祖志不忍放棄耽將墓庭付…
架祖守安奉屋犬其屋間何由…
震任居其建築之木材各姓各出…
園左右小工凡有體力者各自帶…
具工作其餘財政木材概由機彩…
究該惟願子孫昌熾富貴綿遠合
憑立約字為照一二紙
民國卅五年九月　日　立約字人富
文
丕振
宗風

立約字人富機文彩有承管祖坟三穴，坐在[
柏坪上穴安葬啟德公，坐辰戌兼巽乾[
坐巽向乾，下右穴葬成墉公，坐甲庚兼卯[
華兄弟謀估，業經叠請族親調解，判付機[
管，無如賢華等釘心欲建住屋依仝[
念及祖志，不忍放棄，□將墓庭付美[
架祖宇安奉香火，其厝間仍由[
管住居，其建築之木材，各灶各出[
圍，左右小工，凡有能力者，各自帶[
具工作，其餘財政木材，概由機彩[
完竣，惟願子孫昌熾，富貴綿遠。今[
憑，立約字為炤一帋。

民國卅五年九月　日立約字人富機[
文彩[

宗風丕振

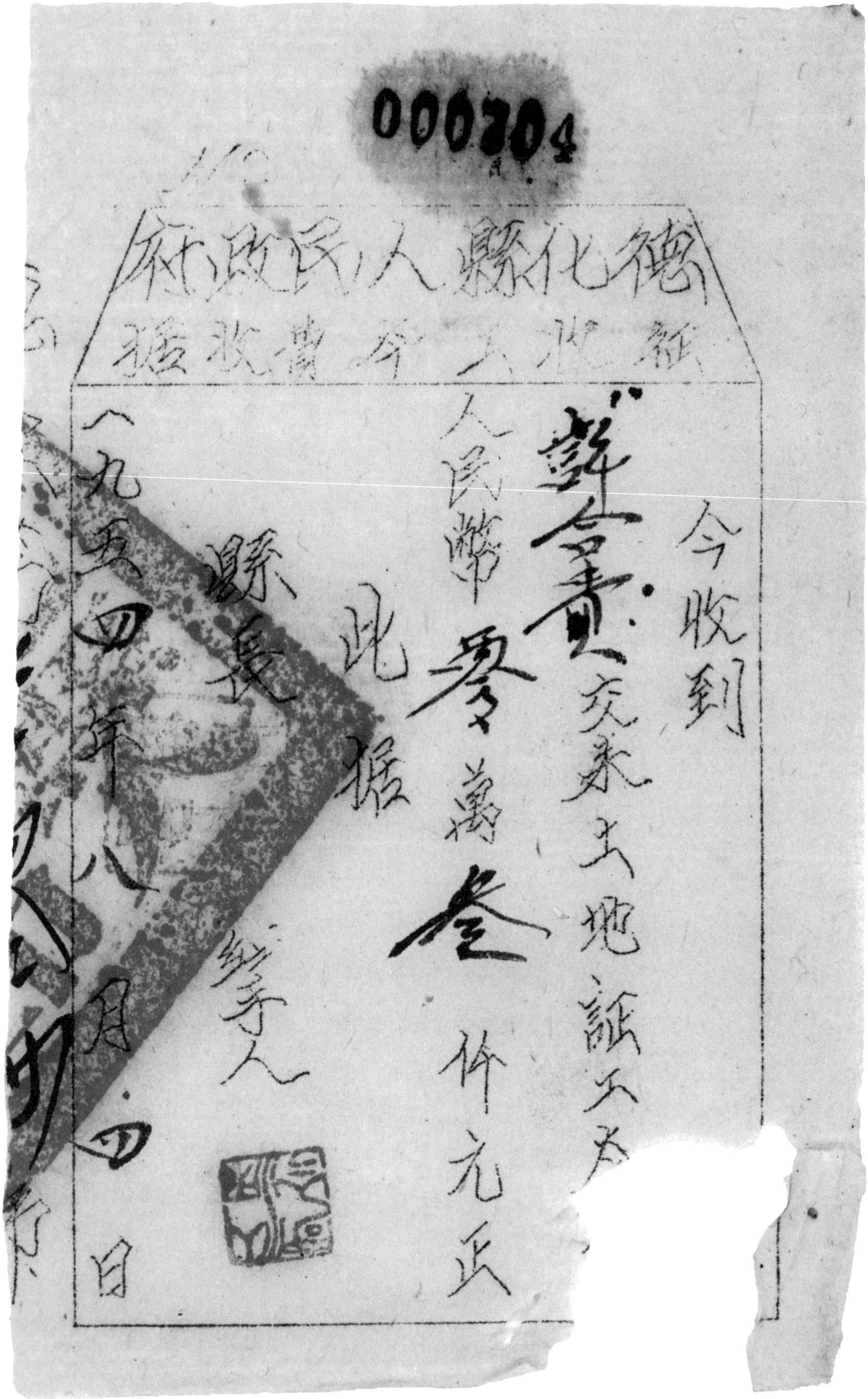

000704

德化縣人民政府

征收土地證工本費收據

今收到

許合貴交來土地証工本費

人民幣零萬叁仟元正

此據

縣長

經手人

一九五四年八月四日

FYXS327　一九五四年許合貴土地證工本費收據　81×130mm

000704

德化縣人民政府
征收工本費收据

今收到
許合貴交来土地証工本費
人民幣零萬叁仟元正
此据
縣長　經手人
一九五四年八月四日

化字第 004479 號

德化縣人民政府

一九五〇年農業稅收據聯

業主姓名／代理人：許生春

農業人口

地畝：拾壹畝叁分陆厘

賦元：貳元柒角貳分

負担產量　千　百　十　斤

應征農業稅　千　百　十　斤

減免數　千　百　十　斤

實應征農業稅　千　百　十　斤

地力附加　千　百　十　斤

合計　千　百　十　斤

夏季已征數　千　百　十　斤

實征數　千　百　十　斤

住址：五區双陽鄉洋坑村

一九五〇年　月　日

縣長

經收員

清冊　字　號

FYXS328　一九五〇年許生春農業稅收據　67×284mm

號004479第字化

府政民人縣化德

聯据收税業農年○五九一

	減免數	應征農業税	負担産量	賦元	地畝	主業 代理人 姓名
一九五年 月 日 縣長 經收員			壹	弍	拾壹	许生春
	千	千	千			
			陆			
	百	百	百	元	畝	農業人口
			叁	柒	叁	
	拾	拾	拾	角	分	
			弍	弍	陆	
	斤	斤	斤	分	厘	
	實征數	夏季已征數	合計	地方附加	實應征農業税	
	○		○	○	○	住址
	千	千	千	千	千	
	壹		壹	○	○	五區双陽鄉洋坑村
	百	百	百	百	百	
	弍		弍	弍	玖	
	十	十	十	十	十	
	柒		柒	玖	捌	
	斤	斤	斤	斤	斤	
號			字			册清

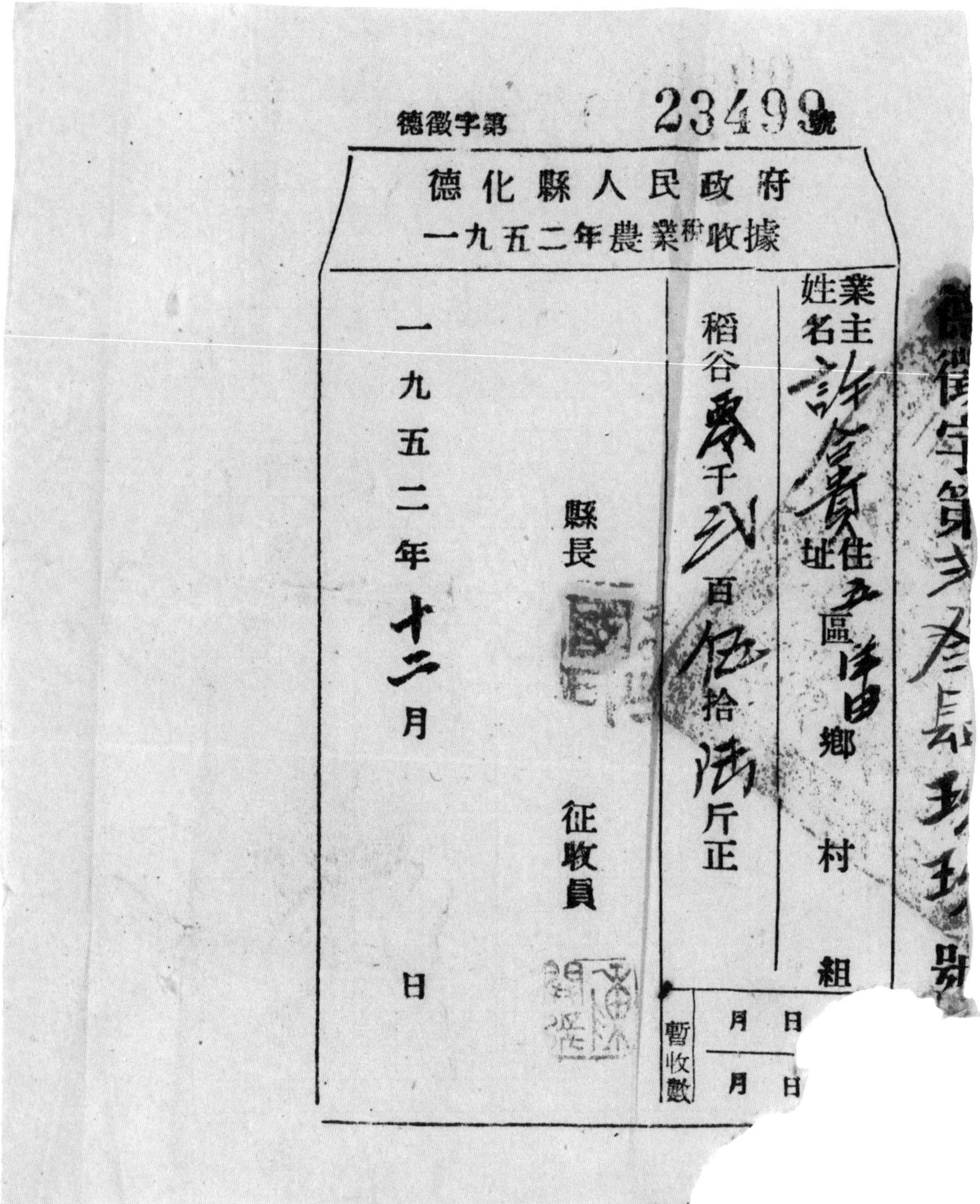

德徵字第 23499 號

德化縣人民政府
一九五二年農業税收據

業主姓名 許合貴 住址 五區洋田鄉 村 組

稻谷 叁千弍百伍拾陸斤正

縣長

征收員

一九五二年十二月 日

暫收數 月 日
月 日

FYXS329 一九五二年許合貴農業税收據 109×134mm

德徵字第 23499 號

德化縣人民政府
一九五二年農業税收據

業主姓名	稻谷
許合貴	零千弍百伍拾陸斤正
住址 五區洋田鄉 村 組	
月 日	暫收數
月 日	

縣長　征收員

一九五二年十二月　日

德徵字第弍叁肆玖玖號

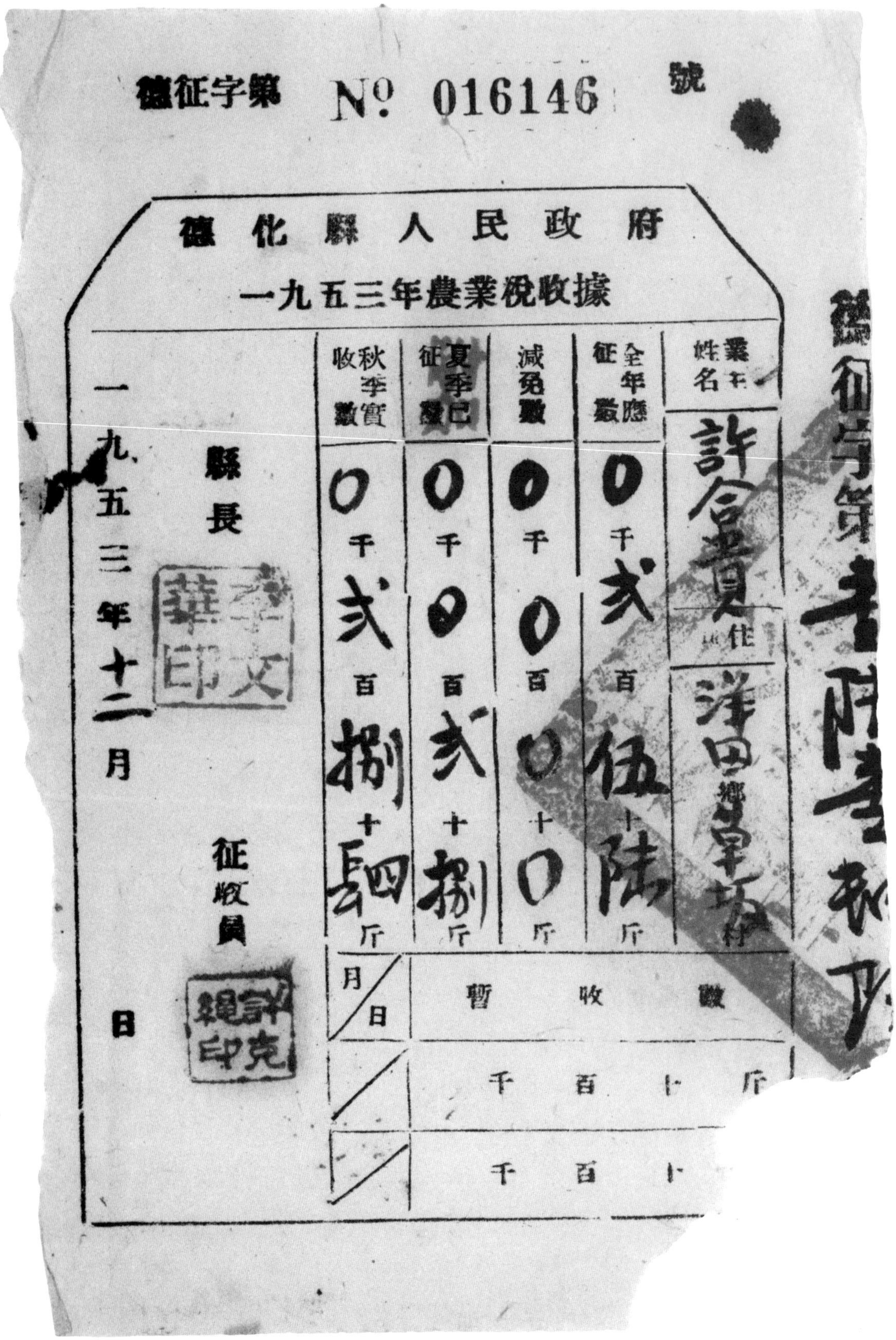

德征字第 №016146 號

德化縣人民政府

一九五三年農業税收據

業主姓名	全年應征數	減免數	夏季已征數	秋季實收數
許合貴 住 洋田鄉草坂村	0千貳百伍十陸斤	0千0百0十0斤	0千0百貳十捌斤	0千貳百捌十四斤

月/日	暫收數
	千　百　十　斤
	千　百　十

縣長 李文華印

征收員 許克緄印

一九五三年十二月　日

FYXS330　一九五三年許合貴農業税收據　98×149mm

德征字第 NO. 016146 號

德化縣人民政府
一九五三年農業税收據

秋季實徵數	夏季預征數	減免數	全年應征數	業主姓名
○	○	○	○	許合貴
千	千	千	千	住址
式	○	○	式	洋田
百	百	百	百	
捌	式	○	伍	鄉
拾	拾	拾	拾	草坂
肆	捌	○	陆	
斤	斤	斤	斤	村

月 日	暫收数
	千　百　十　斤
	千　百　十　斤

縣長　征收員

一九五三年月日

德征字第壹陸壹肆陸

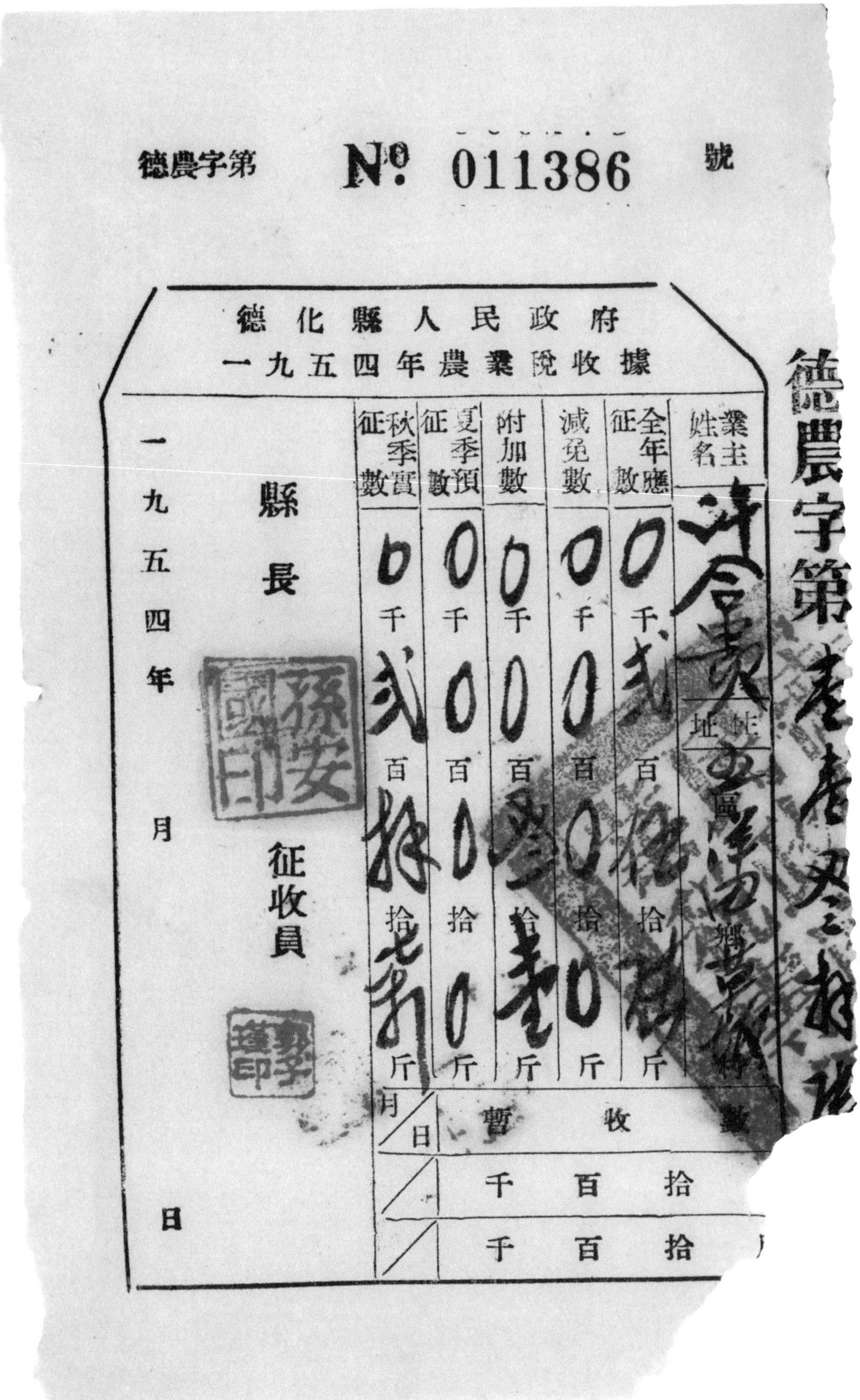
德農字第 No. 011386 號

德化縣人民政府
一九五四年農業稅收據

業主姓名	全年應征數	減免數	附加數	夏季預征數	秋季實征數
許合貴	0千弍百[illegible]拾[illegible]斤	0千0百0拾0斤	0千0百叁拾叁斤	0千0百0拾0斤	0千弍百捌拾[illegible]斤

住址 五區洋坑鄉

縣長 （孫安國印）

征收員 （[illegible]印）

一九五四年 月 日

月	日	暫收		
		千	百	拾
		千	百	拾

德農字第壹[illegible]

FYXS331　一九五四年許合貴農業稅收據　89×147mm

德農字第 NO.011386 號

德化縣人民政府
一九五四年農業稅收據

秋季實徵數	夏季預征數	附加數	減免數	全年應征數	業主姓名
○	○	○	○	○	许合贵
千	千	千	千	千	住址
弍	○	○	○	弍	五
百	百	百	百	百	區
捌	○	叁	○	伍	洋田
拾	拾	拾	拾	拾	鄉
柒	○	壹	○	陆	草坂
斤	斤	斤	斤	斤	村

月　日	暫收数
	千　百　十　斤
	千　百　十　斤

縣長
徵收員
一九五四年　月　日

德農字第壹壹叁捌陸號

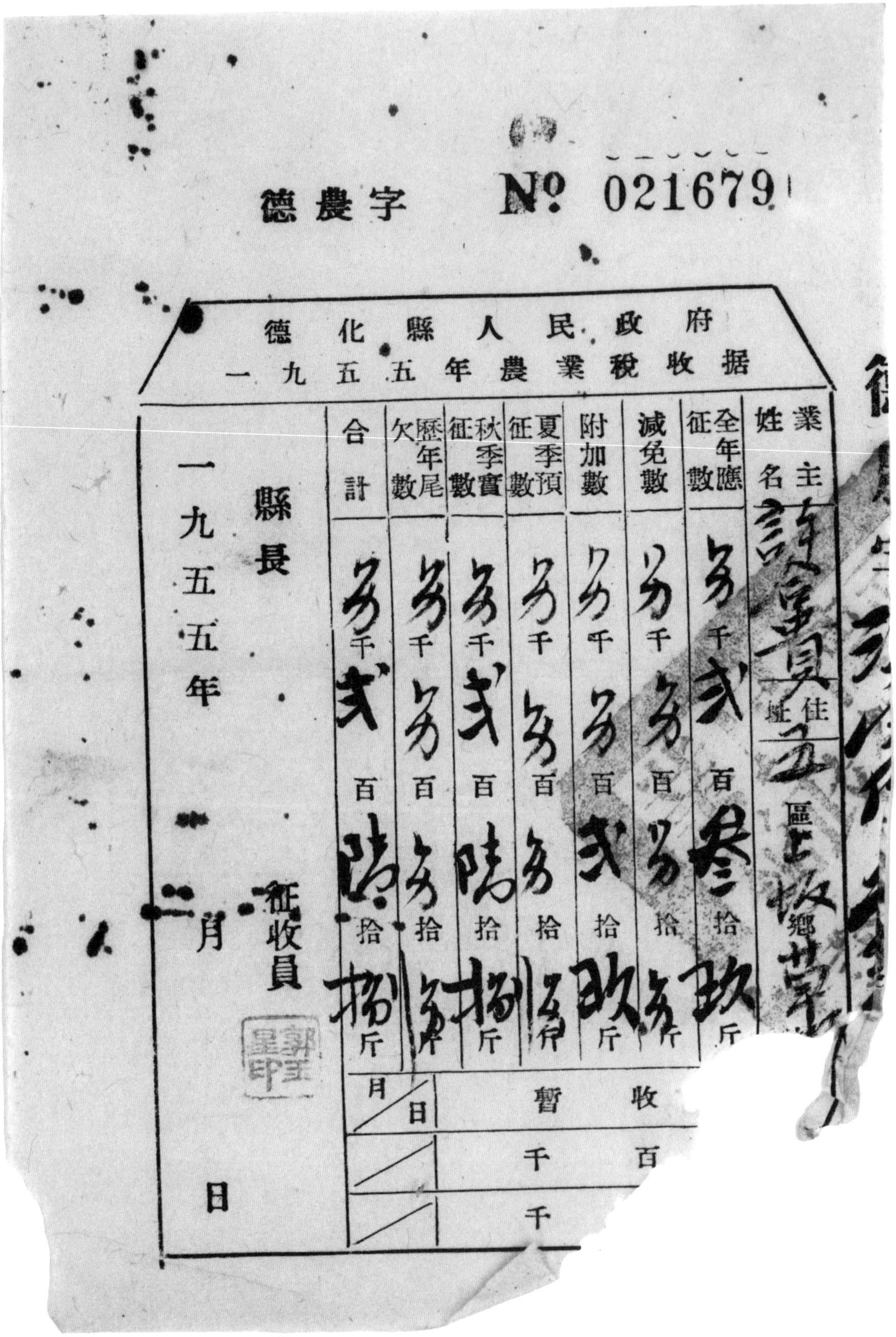

德農字 No 021679

德化縣人民政府
一九五五年農業税收据

業主姓名	許合貴
住址	五區上坂鄉
全年應征數	另千弍百叁拾玖斤
減免數	另千另百另拾另斤
附加數	另千另百弍拾玖斤
夏季預征數	另千另百另拾另斤
秋季實征數	另千弍百陆拾捌斤
歷年尾欠數	另千另百另拾另斤
合計	另千弍百陆拾捌斤

縣長

征收員 郭玉星印

一九五五年二月　日

月	日	暫收
		千　百
		千

FYXS332　一九五五年許合貴農業税收據　100×148mm

德農字 NO.021679

德化縣人民政府
一九五五年農業稅收据

業主姓名	全年應征數	減免數	附加數	夏季預征數	秋季實征數	歷年尾欠數	合計
許合貴	另	另	另	另	另	另	另
住址	千	千	千	千	千	千	千
五	式	另	另	另	式	另	式
區	百	百	百	百	百	百	百
上坂	叁	另	式	另	陸	另	陸
鄉	拾	拾	拾	拾	拾	拾	拾
草	玖	另	玖	另	捌	另	捌
	斤	斤	斤	斤	斤	斤	斤

月／日	暫收数
	千　百　十　斤
	千　百　十　斤

縣長

征收員

一九五　年　月　日

FYXS333　一九五六年許合貴農業稅收據　149×105mm

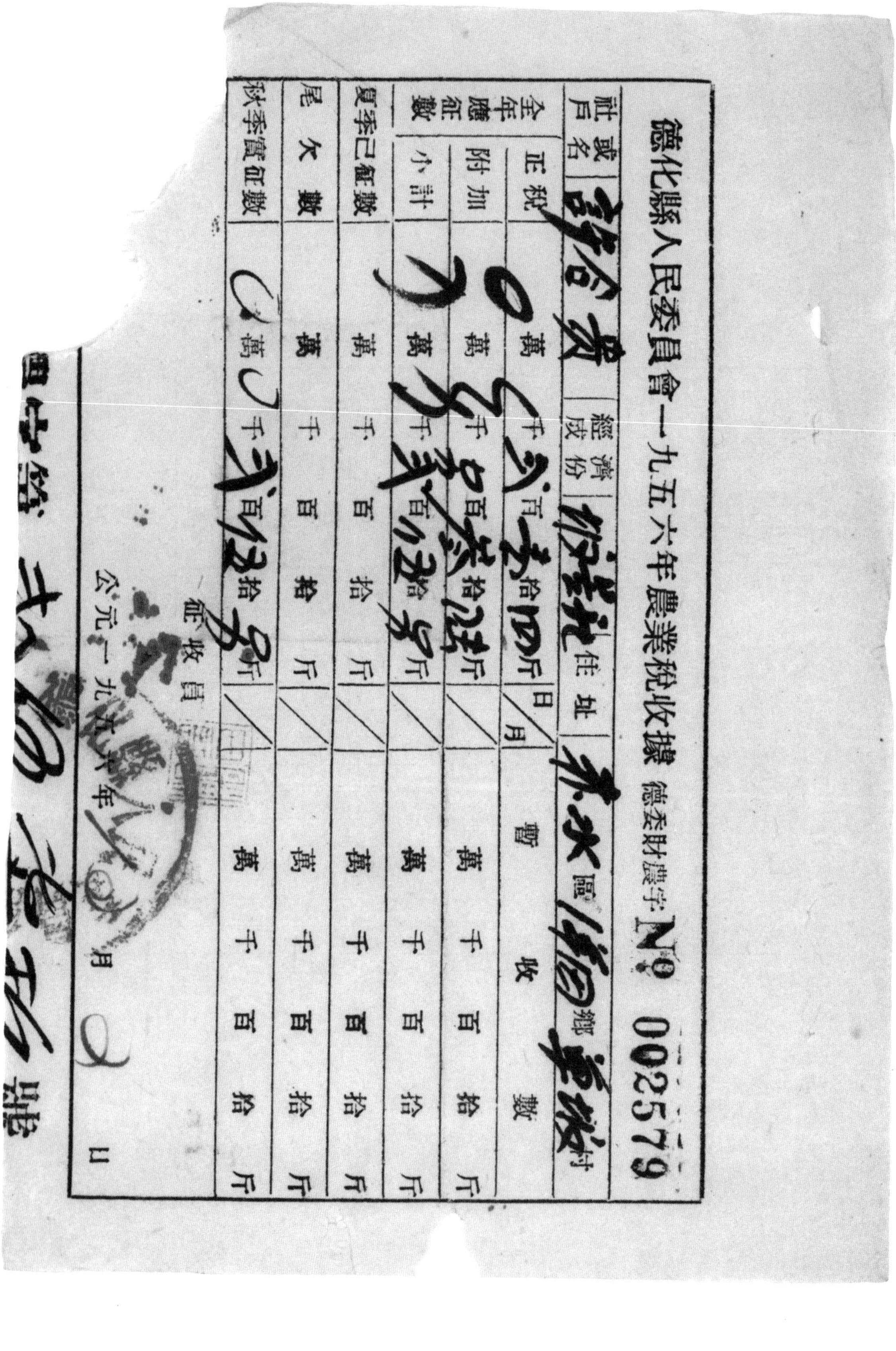

德化縣人民委員會一九五六年農業稅收據　德委財農字 No 002579

社戶或名	許合貴	經濟成份	[illegible]	住址 [illegible]區[illegible]鄉[illegible]村
全年應征數	正稅	萬 千 百 拾 斤	日 月	收數
	附加	萬 千 百 拾 斤		萬 千 百 拾 斤
	小計	萬 千 百 拾 斤		萬 千 百 拾 斤
夏季已征數		萬 千 百 拾 斤		萬 千 百 拾 斤
尾欠數		萬 千 百 拾 斤		萬 千 百 拾 斤
秋季實征數		萬 千 百 拾 斤		萬 千 百 拾 斤

征收員

公元一九五六年　月　日

德化縣人民委員會一九五六年農業税收據 德委財農字 NO.002579																						
社或户名		許合贵		經濟成份			坂□社				住址		赤水	區		洋田		鄉	草坂			村
全年應征數	正税	另	萬	另	千	弍	百	壹	拾	四	斤	日／月	暫收數									
	附加	另	萬	另	千	另	百	叁	拾	陆	斤	／		萬		千		百		拾		斤
	小計	另	萬	另	千	弍	百	伍	拾	另	斤	／		萬		千		百		拾		斤
夏季已征數			萬		千		百		拾		斤	／		萬		千		百		拾		斤
尾欠數			萬		千		百		拾		斤	／		萬		千		百		拾		斤
秋季實征數		○	萬	○	千	弍	百	五	拾	另	斤	／		萬		千		百		拾		斤
征收員 公元一九五六年12月2日																						

農字第弍伍柒玖號

德化縣第五區洋圆鄉信用合作社

股票

股金 股額貳萬元

社員 姓名 許文彩

理事主任

會計

195 年 1 月 日

一、本證不得轉讓，或對外担保，或抵換債務。

二、本證如有遺失，須經社員代表證明，經理事主任批准，方可以查明補發。

FYXS334　一九五五年許文彩股票　136×82mm

（文字略）

FYXS335 一九八三年許文彩股票（正面） 124×70mm

（正面文字）：

德化县供销合作社联合社

貳元　008308

FYXS335　一九八三年許文彩股票（反面）　124×70mm

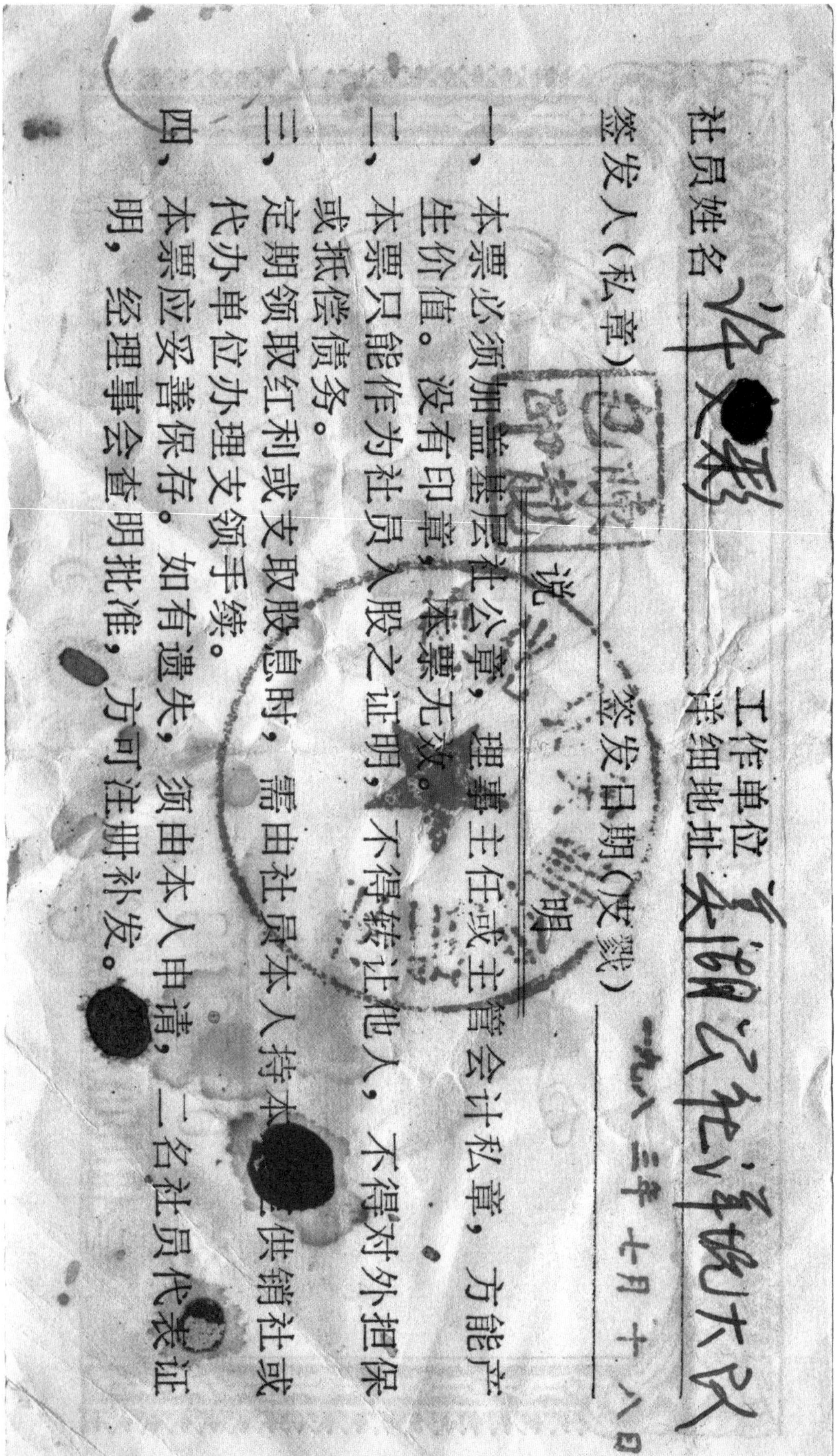

社员姓名 许文彩　　工作单位 详细地址 东湖公社洋坑大队

签发人（私章）　　签发日期（支戳） 一九八三年七月十八日

说　　明

一、本票必须加盖基层社公章，理事主任或主管会计私章，方能产生价值。没有印章，本票无效。

二、本票只能作为社员入股之证明，不得转让他人，不得对外担保或抵偿债务。

三、定期领取红利或支取股息时，需由社员本人持本票到供销社或代办单位办理支领手续。

四、本票应妥善保存。如有遗失，须由本人申请，二名社员代表证明，经理事会查明批准，方可注册补发。

（反面文字）：[1]

社员姓名：许文彩　工作单位详细地址：美湖公社洋坑大队

签发人（私章）：陳龍包印　签发日期（皮戳）：一九八三年七月十八日

说　明

一、本票必须加盖基层社公章，理事主任或主管会计私章，方能产生价值。没有印章，本票无效。

二、本票只能作为社员入股之证明，不得转让他人，不得对外担保或抵偿债务。

三、定期领取红利或支取股息时，需由社员本人持本票至供销社或代办单位办理支领手续。

四、本票应妥善保存。如有遗失，须由本人申请，二名社员代表证明，经理事会查明批准，方可注册补发。

---

① 反面蓋紅色印章，内容爲“德化县美湖供销社”。

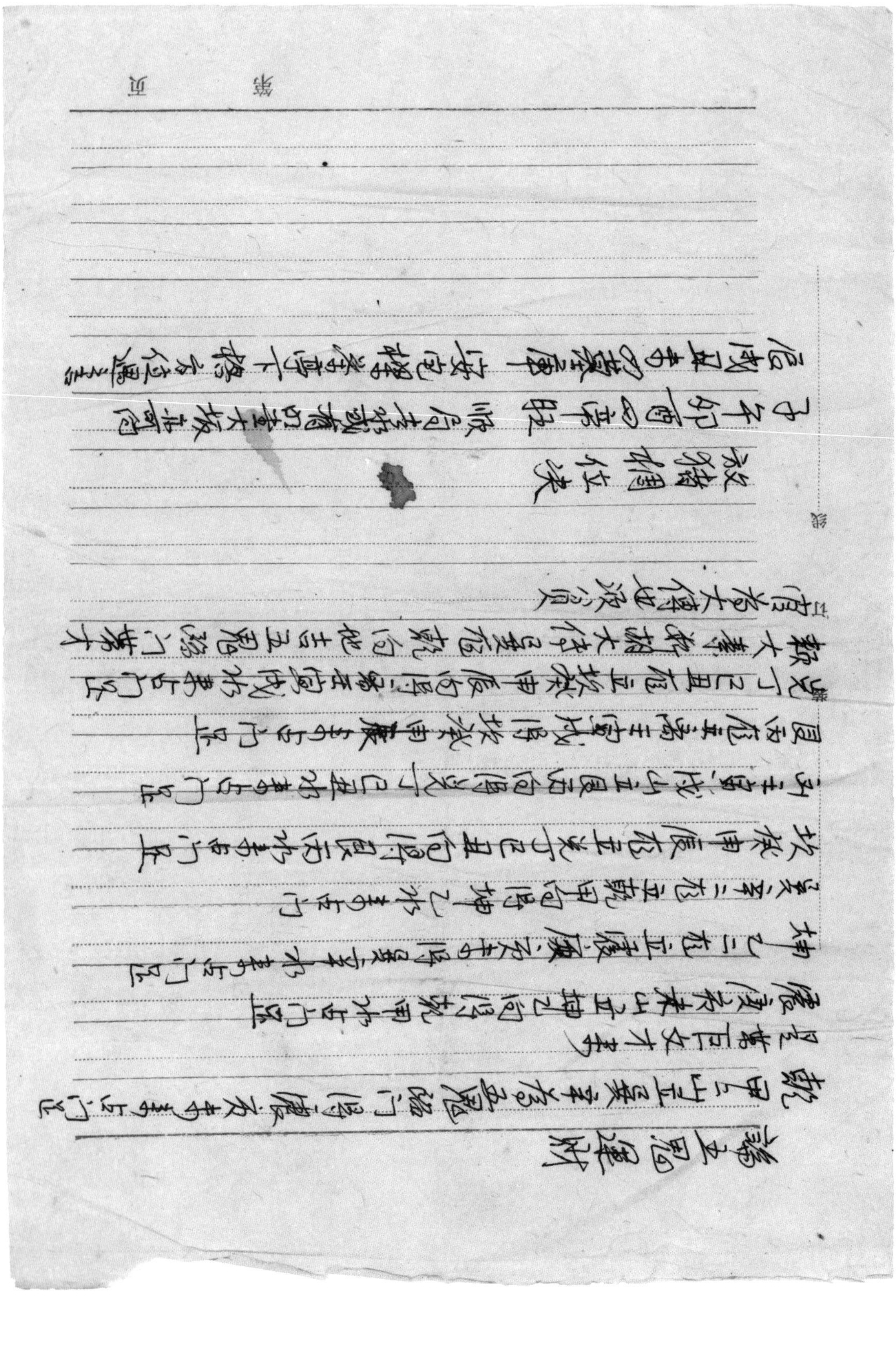

FYXS336 論五鬼運財、放猪裯位訣 266×190mm

論五鬼運財

乾甲二山立巽辛為五鬼臨門得震亥未來占门足

是帶巨文才来

震庚亥未山立坤乙向得乾甲水占门足

坤乙二龍立震庚亥未得巽辛水来占门足

巽辛二龍立乾甲向得坤乙水来占门

坎癸申辰龍立兑丁巳丑向得艮丙水来占门足

凶壬寅戌山立艮丙向得兑丁巳丑水来占门足

艮丙龍立离壬寅戌得坎癸申辰来占门足

兑丁己丑龍立坎癸申辰向得离壬寅戌水来占门足

頬大素断胡大传巽龍乾向地吉五鬼臨门带才

官为大傳也須贫

放猪槅位決

子午卯酉四帝旺　順局去水或有明堂大坂亦可向

辰戌丑未四墓庫　安宅櫟禁亭下格方位遇之吉

FYXS337 掌算訣等 270×190mm

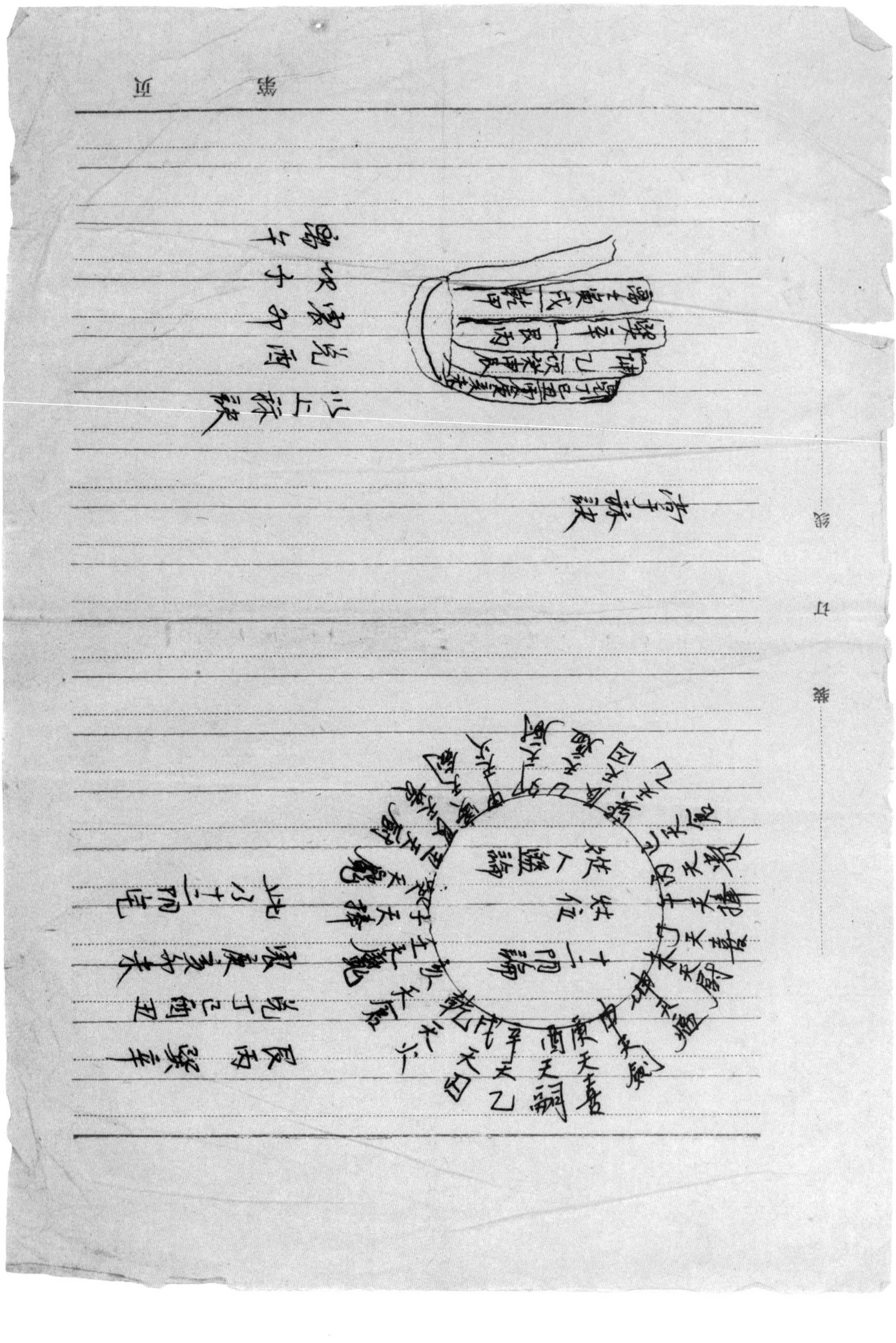

（文字略）

FYXS338　架門頭用人盤、放門路例圖　270×190mm

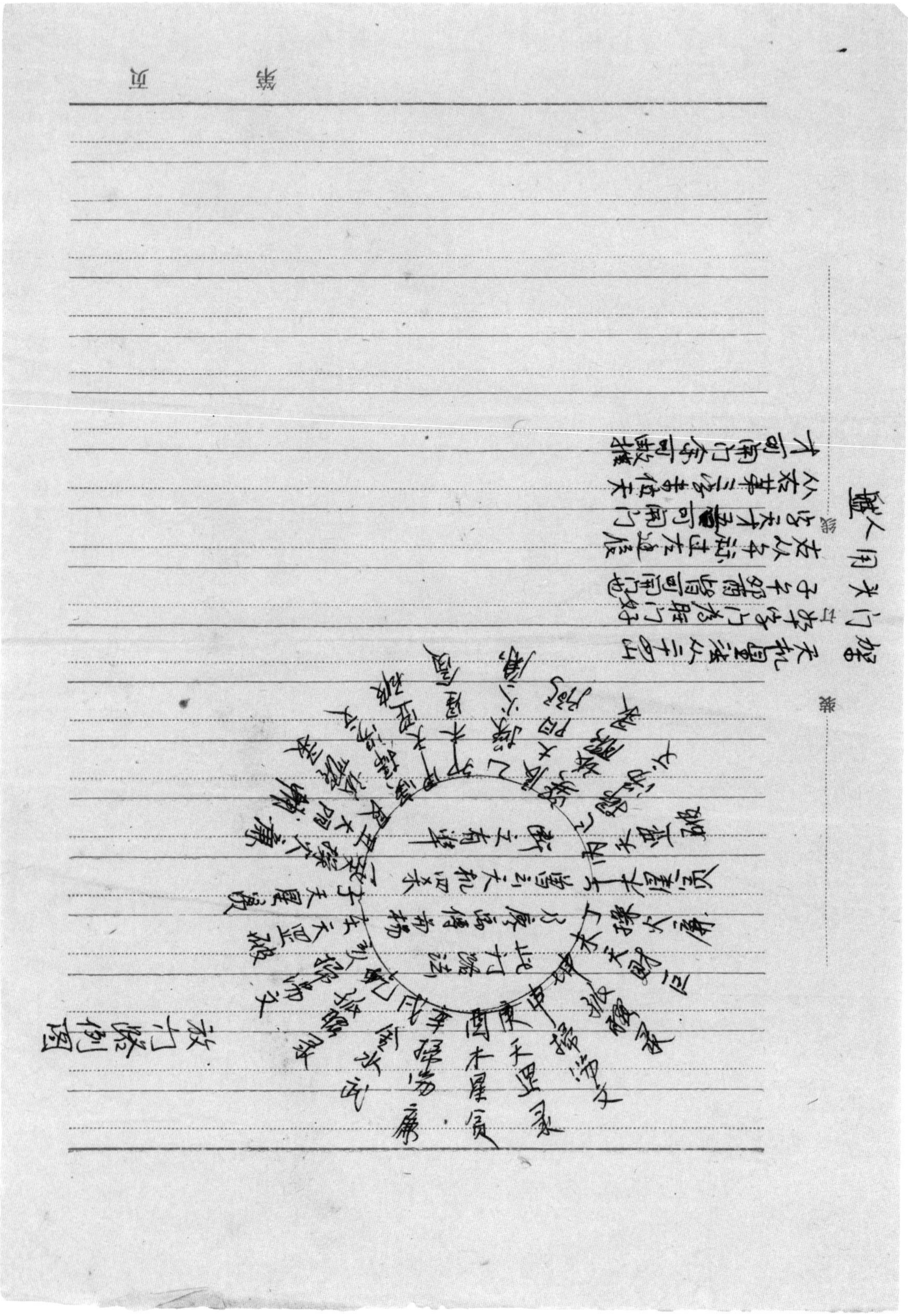

（文字略）

FYXS339　論竈位陰陽同宮推　270×190mm

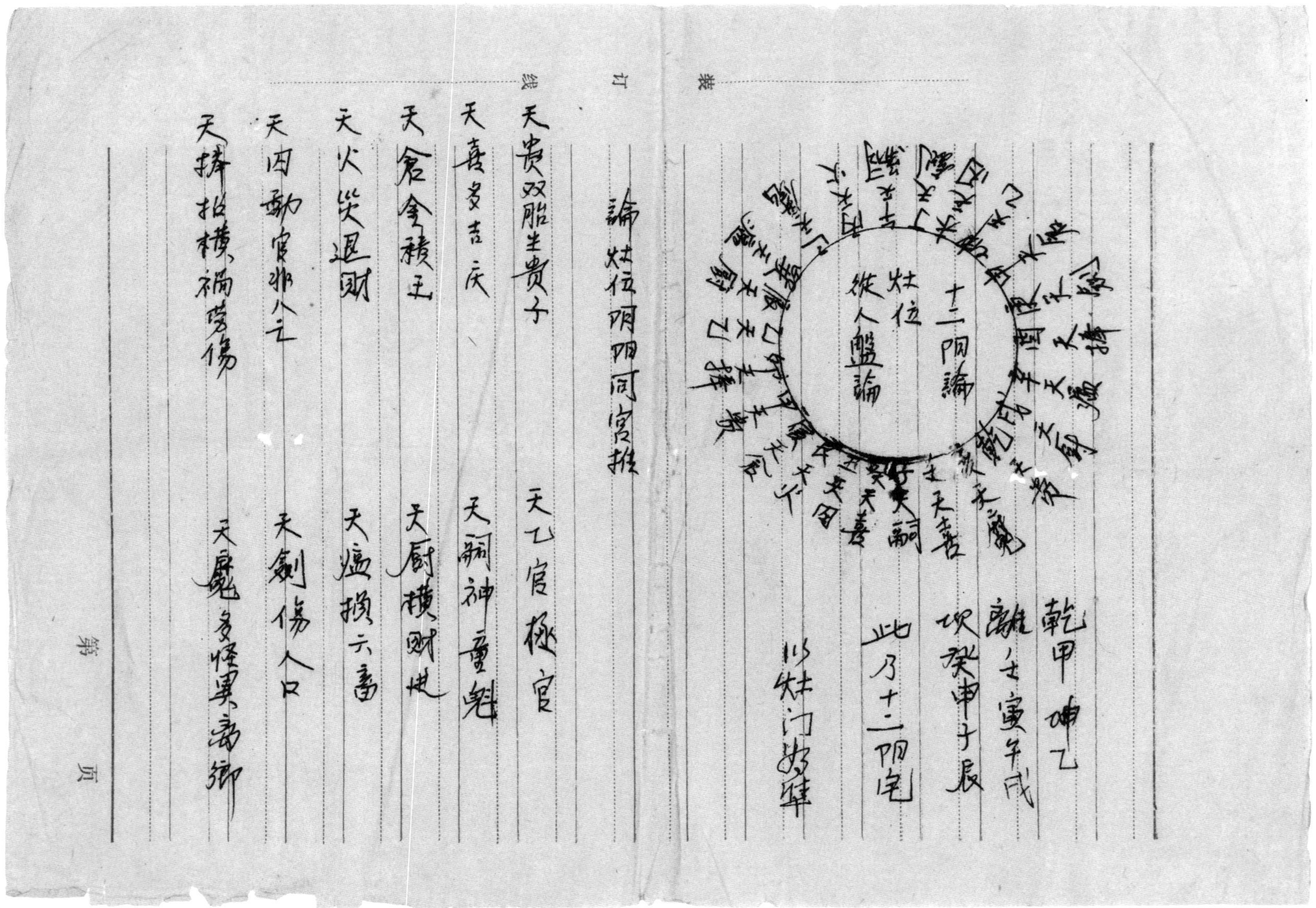

（文字略）

FYXS340　某年榮桂送賣契　207×138mm

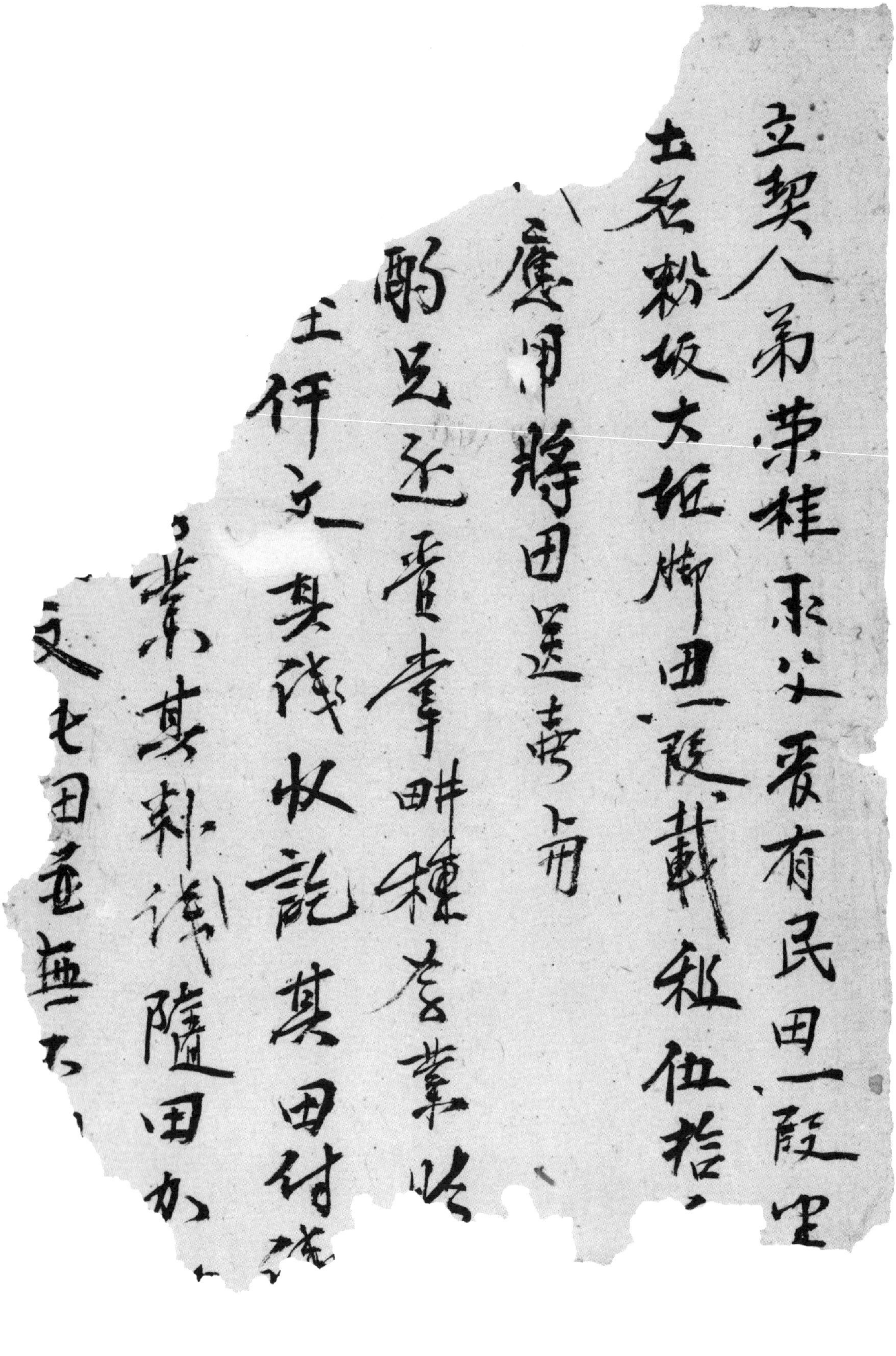
立契人弟榮桂承父置有民田一段坐
土名粉坂大坵脚田一段載租伍拾
應用將田送賣與上用
酌足送賣本家耕種存業收
土仟文其錢收訖其田付
業其料錢隨田办
文之田並無大

立契人弟荣桂，承父管有民田一段，坐[

土名粉坂大坵脚田一段，載租伍拾[

]應用，將田送賣與

]酌兄邊管掌畊種為業，時[

]陸仟文，其錢收訖，其田付錢[

]業，其糧錢隨田办[

]文，此田並無不明[

……（後殘）

FYXS341 包契紙一 230×70mm

文瀚代將坵田契
又大雲御角契
文瀚車碓丘田契

文瀚代格坵田契

又大厝脚角契

文瀚車碓邊田契

FYXS342　包契紙二　217×250mm

啟蒲中濟李尚盛文光俵濤村尾石古兜民租一畝

正契添尽契並閱在內　此契原繇俵送過歸的

啟蒲買得李尚登文光使潘村尾石古兜民租［
正契添尽契、産関在内，此契原係使送囬歸酌

FYXS343　訴狀抄件　263×204mm

為瀝情僉明懇恩察奪事緣武生許捷登等以砍
蔭等事控許恁棠經棠即童生許學源具訴叨蒙
仁憲提裁訊断各遵在案旋因登等到鄉，要行估賣，適棠患
恙不能向议，是以央公亏元等向登商议，讵登等挟一己見不
容講理，遂忿拂回，去架诬違抗罪名，致蒙提讯管押，此皆棠
因疾不能赴案剖明，自取延緩之咎。窃思登批称，要管紅坑
崙山場，周圍存蔭護坟，粮米亦收入户等语，求察崙右
尚隔一垵墘田畝，焉能越界藉佔，即蔭樹亦屬附近周圍
焉有四里內之山尽为伊坟蔭，其为藉佔可知。至收米以征册
為憑，空言何補，乞吊閲立明。况该山杉樹者少，大樹並無一
株，植俾實屬無幾，即有松樹什木，俾又甚賤，且蔭樹
居多，就使通山一尽估賣，亦不值二百余千之数，似此
時幸息元等念屬祖遺，承管旦被越藉
□包粘絵圖，说瀝情冒
亍

為瀝情僉明、恳恩察奪事。緣武生許捷登等以砍
蔭等事控許慈棠，經棠即童生許學源具诉叨蒙
仁憲提票讯断，各遵在案。旋因登等到鄉要行估賣，適棠患
恙，不能向议，是以央公与元等向登商议，讵登等挾一己見，不
容講理，遂忿拂，回去架诬違抗罪名，致蒙提讯管押。此皆棠
因疾不能赴案剖明，自取延緩之咎。窃思登抝称買管紅坑
崙山塲周圍存蔭護坟，粮米亦收入户等语，求察崙右
尚隔一垵壠，田畝焉能越界藉佔，即蔭樹亦属附近周圍，
焉有四里内之山尽为伊坟蔭，其为藉佔可知。至收米以征册
為憑，空言何補，乞吊阅立明。况该山杉樹者少大樹，並無一
株值價，实属無幾所有，松樹什木價又甚賤，且蔭樹
居多，就使通山一尽估賣，亦不值二百余千之数，似此
」時幸息元等念属祖遺承管，旦被越藉
」已粘絵圖说瀝情冒

……（後殘）

四、賬簿

FYXB001　乾隆年祀產經營及祭祀賬本001　245×250mm

陕叁拾捌年冬該母利穀叁佰玖拾觔
元樞叁拾捌年冬該母利穀弍伯零伍觔 又來入廷鄉对面共母利弍十六 租米壹拾五斤
一廷覺借去叁拾捌年母钱叁伯文
一廷考借去叁拾捌年冬母利谷弍伯弍拾五斤
又來入廷鄉母钱柒百陸拾伍文該利弍百弍拾捌文共母利玖百
玖拾叁文
一元舉借去叁拾捌年冬母利穀玖斤 又來入廷鄉叁拾年母钱壹百
零肆至叁拾捌年該母利壹百叁拾四文 其钱稿收明
一廷卿借去叁拾捌年母钱壹百柒七拾文
一元勲欠叁拾陸年冬祖谷伍拾斤利未加
一元鎬自耕衆田租伍拾觔

……………（前殘）

□□□叁拾捌年冬，該母利穀叁佰玖拾觔。

[一]元樞叁拾捌年冬，該母利穀弍佰零伍觔又未入廷卿对面租谷壹拾五斤共母利弍十二斤。

一廷覺借去叁拾捌年母錢叁佰文。

一廷考借去叁拾捌年冬母利谷弍佰弍拾五斤。

又未入廷卿母錢柒百陸拾伍文，該利弍百弍拾捌文，共母利玖百玖拾叁文。

一元舉借去叁拾捌年冬母利穀玖斤，又未入廷卿叁拾年母錢壹百零肆。至叁拾捌年，該母利壹百叁拾四文（其錢稿收明）。

一廷卿借去叁拾捌年母錢壹百七拾文。

一元勲欠叁拾陸年冬租谷伍拾斤，利未加。

一元鎬自耕衆田租伍拾觔。

FYXB001　乾隆年祀産經營及祭祀賬本002　240×250mm

[illegible]廷卿租子乙有[illegible]

一收元樞次錢弍百五十[illegible]

一共收錢壹仟陸伯捌拾捌文

宰豬壹熟、肉拾伍觔半，折生肉弍拾觔零拾兩，乞作生五[illegible]

共該肉錢壹仟零叁拾文　又買竹紙弍弍拾文　二共用錢壹零叁十[illegible]

除用外尚長錢陸伯叁拾捌文

乾隆叁拾捌年　八月　日墓首廷鶴

……（前殘）

⌐收廷卿租錢乙百⌐

一收元樞谷錢弍百五十⌐

上共收錢壹仟陸佰捌拾文。

宰猪烹熟肉拾伍觔半，折生肉弍拾觔零拾兩，[每]斤生五折⌐

共該肉錢壹仟零叁拾文。又買竹紙錢弍拾文，二共用錢壹零五十[文]，

除用外，尚長錢陸佰叁拾捌文。

乾隆叁拾捌年　八月　日墓首元①鎬。

---

①此字由『廷』改『元』。

FYXB001 乾隆年祀産經營及祭祀賬本003 267×251mm

□叁拾玖年八月廿八日祭双鯉崙仔
詠六公墓所值有錢穀芳名開列
一廷愼欠卅九年冬該母利谷肆百叁拾伍觔
一廷覺欠卅九年八月母錢肆百叁拾文 又欠柿子廿千文
一廷芳欠卅九年冬母利谷叁百叁拾柒觔
又欠卅九年八月母錢壹仟弍百玖拾文
一元舉欠卅九年冬母谷壹拾叁觔半
一元熙欠卅九年冬母利穀壹百六拾捌觔
一元琦欠卅九年冬母利錢弍百肆拾文
一元鎬欠卅九年八月母錢伍百捌拾玖文
又欠卅九年冬母利租米柒拾伍觔
一元樞欠卅九年冬母利谷捌拾伍觔
一廷国欠杉錢卅九年八月母錢捌一百文
一元樞自畊衆田乙伍拾觔
□□文

乾隆叁拾玖年八月廿八日祭双鯉崙仔

該六公墓所值有錢穀芳名開列

一廷慎欠卅九年冬該母利谷肆百叁拾伍觔。

一廷覺欠卅九年八月母錢肆百叁拾文，又欠柿錢廿十文。

一廷考欠卅九年冬母利谷叁百叁拾柒觔。

又欠卅九年八月母錢壹仟弍百玖拾文。

一元舉欠卅九年冬母谷壹拾叁觔半。

一元勳欠卅九年冬母利穀壹百六拾捌觔。

一元琦欠卅九年冬母利錢弍百肆拾文。

一元鎬欠卅九年八月母錢伍百捌拾玖文。

又欠卅九年冬母利租谷柒拾伍觔。

一元樞欠卅九年冬母利谷捌拾伍觔。

一廷国欠杉錢卅九年八月母錢捌百文。

一元樞自畊衆田租伍拾觔。

□拾文。

……（後殘）

FYXB001　乾隆年祀產經營及祭祀賬本004　285×250mm

文

羊猪乙處重稟熟廿拾玖觔半　折生肉卅九觔半　每斤生四十八錢見

共該錢乙仟玖百文

乾隆叁拾玖年八月　日墓首元桓（押）

公買人廷倚（押）

廷卿（押）

秉書廷覽（押）

…………(前殘)

]百文

宰猪乙隻，重烹熟，廿拾玖觔半，折生肉卅九觔半，每斤生四十八錢。見

共該錢乙仟玖百文。

乾隆叁拾玖年八月　日墓首元樞(押)

公算人廷脩(押)

廷卿(押)

秉書廷覺(押)

FYXB001　乾隆年祀產經營及祭祀賬本005　289×250mm

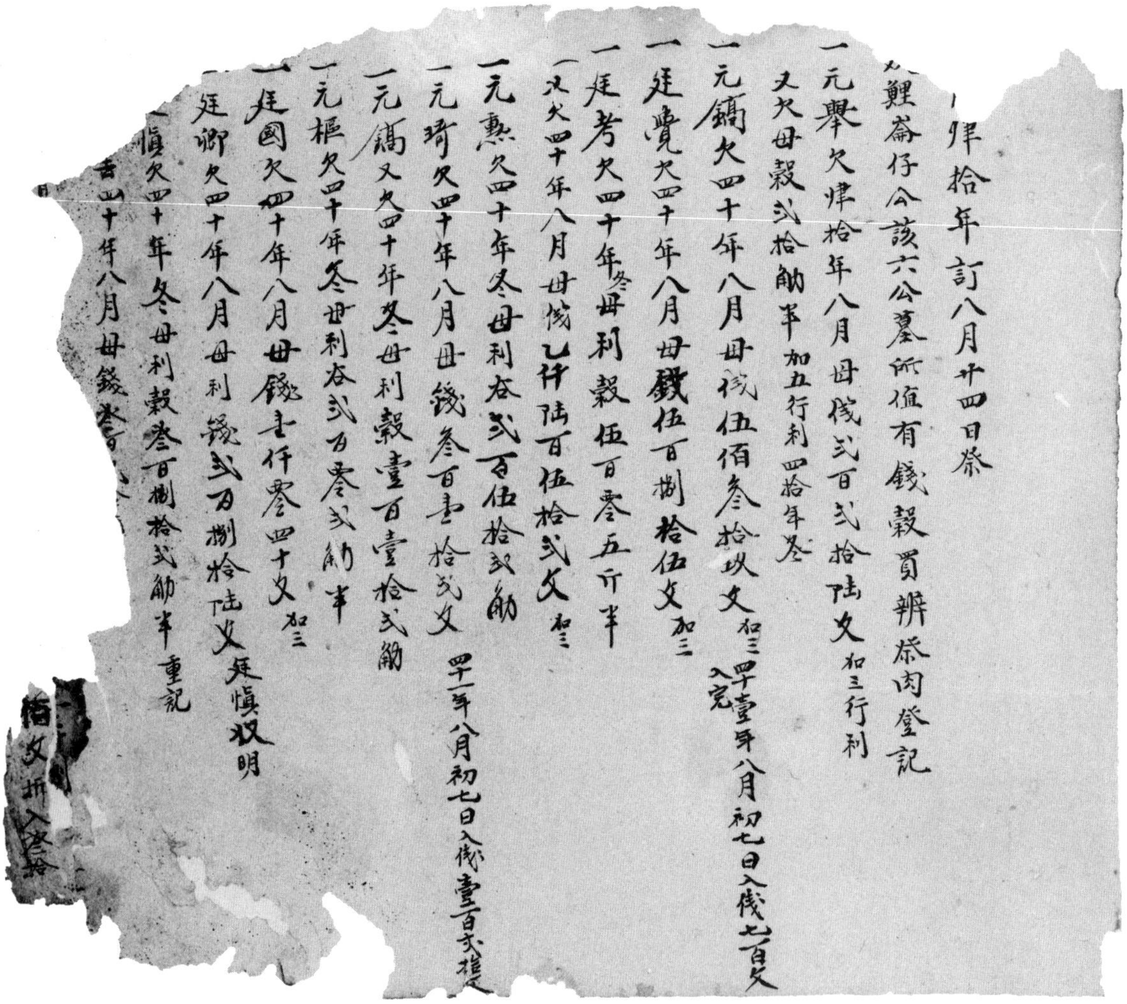
律拾年訂八月廿四日祭
鯉蓊仔公該六公墓所值有錢穀買辦祭肉登記
一元舉欠肆拾年八月母錢弍百弍拾陆文 加三行利
又欠母穀弍拾觔半 加五行利四拾年冬
一元鏑欠四十年八月母錢伍佰叁拾玖文 加三 四十壹年八月初七日入錢七百文 入完
一廷覺欠四十年八月母錢伍百捌拾伍文 加三
一廷考欠四十年冬母利穀伍百零五斤半
一又欠四十年八月母錢乙仟陆百伍拾弍文 加三
一元熏欠四十年冬母利共弍百伍拾弍觔
一元琦欠四十年八月母錢叁百壹拾弍文 四十一年八月初七日入錢壹百文推
一元鎬又欠四十年冬母利穀壹百壹拾弍觔
一元樞欠四十年冬母利共弍万零弍觔半
一廷國欠四十年八月母錢壹仟零四十文 加三
廷鄉欠四十年八月母利錢弍万捌拾陆文 廷慎收明
一慎欠四十年冬母利穀叁百捌拾弍觔半 重記
各四十年八月母錢叁百[illegible]
栢文 折入叁拾

□□肆拾年訂八月廿四日祭

双鯉崙仔公、該①六公墓所值有錢穀買辨祭肉登記：

一元舉欠肆拾年八月母錢弍百弍拾陸文，加三行利。

又欠母穀弍拾觔半，加五行利，四拾年冬。

一元鎬欠四十年八月母錢伍佰叁拾玖文，加三。四十壹年八月初七日入錢七百文。入完。

一廷覺欠四十年八月母錢伍百捌拾伍文，加三。

一廷考欠四十年冬母利穀伍百零五斤半。

又欠四十年八月母錢乙仟陆百伍拾弍文，加三。

一元勲欠四十年冬母利谷弍百伍拾弍觔。

一元琦欠四十年八月母錢叁百壹拾弍文。四十一年八月初七日入錢壹百弍拾文。

一元鎬又欠四十年冬母利穀壹百壹拾弍觔。

一元樞欠四十年冬母利谷弍百零弍觔半。

一廷國欠四十年八月母錢壹仟零四十文，加三。

一廷卿欠四十年八月母利錢弍百捌拾陸文，廷慎收明。

□廷慎欠四十年冬母利穀叁百捌拾弍觔半，重記。

〔去四十年八月母錢叁百〕　〔佰文，折入叁拾

……………（後殘）

①此處「該」疑應爲「垓」字，編者注。

[illegible]

斤丰

年冬該勞蓭坪对面租穀伍拾觔

隆肆拾年八月　苗

日墓首廷愼

公算人元楚
廷脩

秉書人廷讚

FYXB001　乾隆年祀產經營及祭祀賬本006　275×251mm

…………（前殘）

]斤半

]年冬，該劳□坪对面租穀伍拾觔。

□隆肆拾年八月　廿四　日墓首廷慎（押）

公算人元楚（押）

廷脩（押）

秉书人廷覺（押）

FYXB001 乾隆年祀產經營及祭祀賬本007 283×250mm

[illegible]拾壹年八月廿四日祭
一鯉崙仔公該六公墓所值有錢穀買辦祭肉登記
一元夆欠四十壹年借出母錢弍百玖拾叁文 加三行利
又欠母穀叁拾觔半 加五行利
一廷覺欠四十壹年母錢柒百陸拾文
一元勲欠四十一年冬母谷叁百柒拾捌觔 加五行利
一元琦欠四十一年冬母錢弍百捌拾弍文
一元鶚欠四十一年冬母穀壹百陸拾伍觔
一元樞欠四十一年冬母利谷叁百零叁觔半
一廷国欠四十一年八月母利錢捌百五拾弍文 加三
一振討新借去母錢伍百文 加三行利
一廷慎欠四十一年八月母利錢肆（四）百弍拾叁文 加三行利
又欠四十一年冬母利谷陸百肆拾捌觔 加五行利
廷考欠四十一年八月母利錢弍仟壹百肆拾柒文 加三行利
一脩新借去母艮壹員 加三行利 折錢陸百伍拾文 另收叁仁錢十叁文
措山隻重叁拾五觔三千入穀叁百觔除入外尚欠
一[illegible]

□□肆拾壹年八月廿四日祭

□鯉崙仔公該六公墓所值有錢穀買辦祭肉登記。

一元舉欠四十壹年，借出母錢弍百玖拾叁文，加三行利。

又欠母穀叁拾觔半，加五行利。

一廷覺欠四十壹年母錢柒百陸拾文。

一元勲欠四十一年冬母谷叁百柒拾捌觔，加五行利。

一元琦欠四十一年冬母錢弍百捌拾弍文。

一元鎬欠四十一年冬母穀壹百陸拾伍觔。

一元樞欠四十一年冬母利谷叁百零叁觔半。

一廷国欠四十一年八月母利錢捌百五拾弍文，加三。

一振討新借去母錢伍百文，加三行利。

一廷慎欠四十一年八月母利錢肆百弍拾叁文，加三行利。

又欠四十一年冬母利谷陸百四拾捌觔，加五行利。

□廷考欠四十一年八月母利錢弍仟壹百肆拾柒文，加三行利。

□□脩新借去母艮壹員，加三行利，折錢陸百伍拾文。另收杏仁錢十叁文。

]猪乙隻，重叁拾伍 觔□□入穀叁百觔，除入外尚[欠][

……（後殘一行）

FYXB001　乾隆年祀產經營及祭祀賬本008　283×250mm

□拾壹年八月

日墓首　廷考□

公筭人　廷慎（押）

廷脩（押）

書人　世際（押）

□□□拾壹年八月　　日墓首　廷考（押）
公筭人（押）
廷慎（押）
廷脩（押）
书人世際（押）

FYXB001 乾隆年祀産經營及祭祀賬本009 275×250mm

…拾弍年捌月廿四日祭
…里崙仔設六公墓所有錢谷買办祭肉登記
一收元奇乑弍百伍拾文
一收元鎬谷壹百觔折乑柒百文
一收廷固利乑弍百伍拾伍文
一收廷取利乑壹百伍拾文
一收廷慎利乑壹百弍拾柒文
又收谷壹百斤折乑柒百文
一收廷孝（利）乑弍百文
一收廷覺利乑弍百弍拾捌文
一收元樞谷叁拾觔折乑弍百壹十文
自廷脩利乑壹百玖拾捌文
…收杏仁乑壹文
…四十二年借出母錢叁百捌拾壹文
…律合

□□肆拾弍年捌月廿四日祭

□里崙仔該六公墓所有欠錢谷買办祭肉登記：

一收元奇錢弍百伍拾文。

一收元鎬谷壹百觔，折錢柒百文。

一收廷国利錢弍百伍拾伍文。

一收廷取利錢壹百伍拾文。

一收廷慎利錢壹百弍拾柒文。

又收谷壹百斤，折錢柒百文。

一收廷考利錢弍百文。

一收廷覺利錢弍百弍拾捌文。

一收元樞谷叁拾觔，折錢弍百壹十文。

⌋自廷脩利錢壹百玖拾捌文。

⌋收杏仁錢壹文。

⌋欠四十二年借出母錢叁百捌拾壹文⌈

⌋肆拾⌈

……（後殘）

FYXB001　乾隆年祀產經營及祭祀賬本010　283×250mm

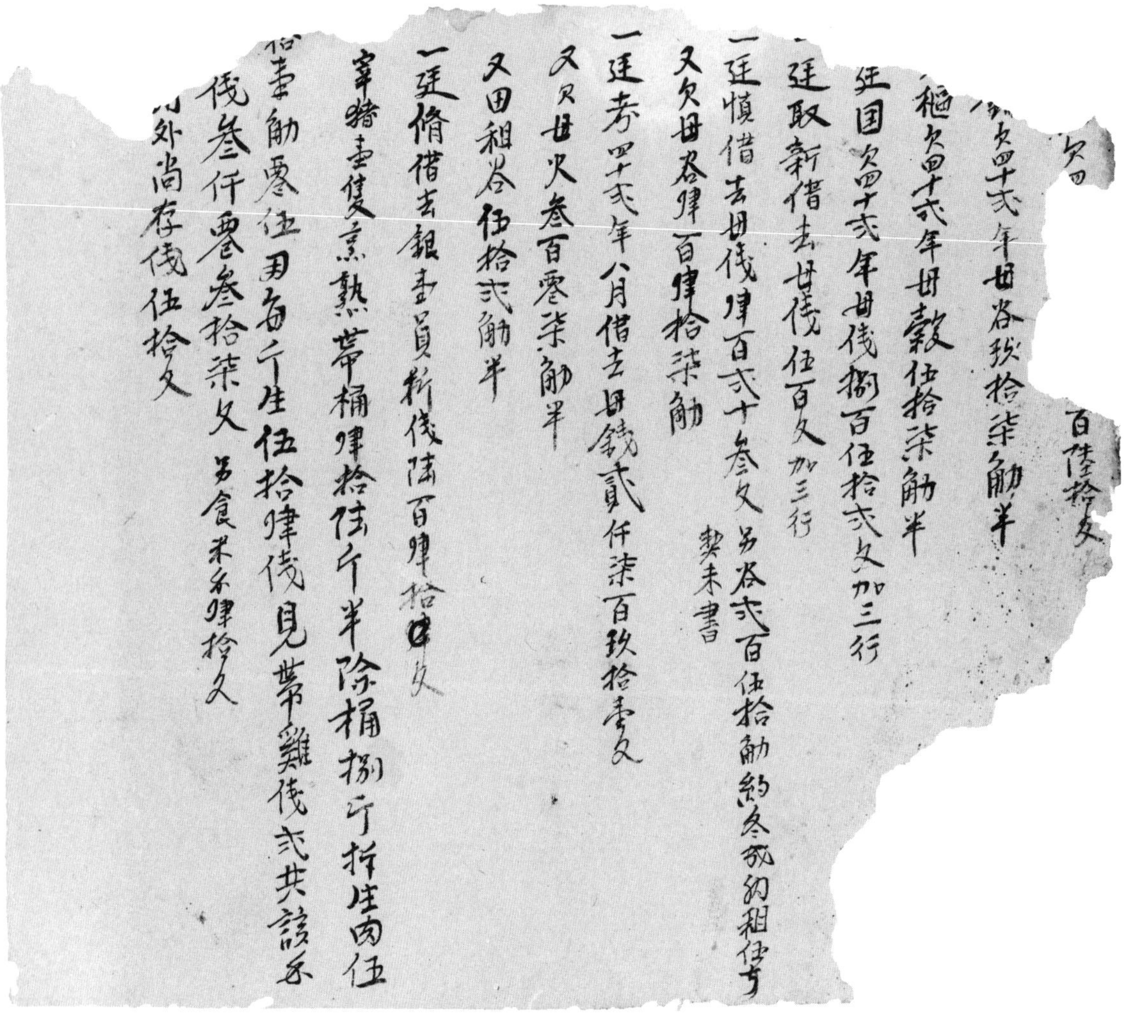
□欠田……百陸拾文
□欠四十弍年田谷玖拾柒觔半
□梔欠四十弍年田穀伍拾柒觔半
□廷国欠四十弍年母錢捌百伍拾弍文加三行
□廷取新借去母錢伍百文加三行
一廷慎借去母錢肆百弍十叁文　另谷弍百伍拾觔約冬成納租伊古
契未書
又欠母谷肆百肆拾柒觔
一廷寿四十弍年八月借去母錢貳仟柒百玖拾壹文
又欠母火叁百零柒觔半
又田租谷伍拾弍觔半
一廷脩借去銀壹員析錢陸百肆拾□文
宰豬壹隻烹熟帶桶肆拾陸斤半除桶捌斤折生肉伍
拾壹觔零伍兩每斤生伍拾肆錢見帶雞錢弍共該系
錢叁仟零叁拾柒文　另食米系肆拾文
□外尚存錢伍拾文

┐欠四┌　　┐百陸拾文

┐[鎬]欠四十弍年母谷玖拾柒觔半。

┐樞欠四十弍年母穀伍拾柒觔半。

□廷国欠四十弍年母錢捌百伍拾弍文，加三行。

一廷取新借去母錢伍百文，加三行。

一廷慎借去母錢肆百弍十叁文。另谷弍百伍拾觔，約冬成纳租伍十斤。契未書。

　又欠母谷肆百肆拾柒觔。

一廷考四十弍年八月借去母錢貳仟柒百玖拾壹文。

　又欠母火[1]叁百零柒觔半。

　又田租谷伍拾弍觔半。

一廷脩借去銀壹員，折錢陸百肆拾文。

宰猪壹隻，烹熟，帶桶肆拾陆斤半，除桶捌斤，折生肉伍[拾]壹觔零伍兩，每斤生伍拾肆錢，見帶雞錢弍共該錢

┐錢叁仟零叁拾柒文另食米錢肆拾文。

┐外尚存錢伍拾文。

---

①此處原文爲『火』，當爲『谷』之誤字。

FYXB001　乾隆年祀産經營及祭祀賬本011　285×250mm

拾弍年捌月　廿日　首人廷脩

公衆人廷慎

元纏

元鎬

收人元樞

有契弍紙付廷脩收執

四十三年廷慎開頭墘契一紙付廷脩收執　嘉慶七年契交東

四十八年元樞洪脚坡正契一紙付廷脩收契騰面

乾隆肆拾叁年八月苗日祭

凌裡崙仔祖坟所有借欠錢谷開列

一收廷慎谷伍拾斤折錢肆百弍拾伍文

一收廷耆分伍拾文

一收杏仁分壹百文

一該劳工錢平□外分叁百玖拾柒文

一收□外捌拾伍文

]拾弍年捌月　　廿四日首人廷脩（押）

公筭人廷慎（押）

元纁（押）

元鎬（押）

书人元樞（押）

有契弍紙，付廷脩收執。

四十三年，廷慎潮頭壠契一紙，付廷脩收執。嘉慶七年契交衆。

四十八年，元樞洪脚歧正契一紙，付廷脩收契贖田。

乾隆肆拾叁年八月廿四日祭

雙裡崙仔祖坟所有借欠錢谷開列：

一收廷慎谷伍拾斤，折錢肆百弍拾伍文。

一收廷考錢伍佰文。

一收杏仁錢壹百文。

一该芳蘆坪租錢弍百玖拾柒文。

一收[　　　]錢捌拾伍文。

FYXB001　乾隆年祀產經營及祭祀賬本012　284×250mm

一收[illegible]　百伍拾伍文

共收錢壹仟陸百陸拾弍文，宰豬[illegible]

骨外拆生肉肆指叁斤，每斤肆拾肆[illegible]

錢弍仟叁百叁拾弍文，除收外，尚該補肉錢陸[illegible]

百柒拾文　○○○　另食米二外分四指文

另收廷慎利分壹百弍指陸文，此錢振謗借去

振謗借去母錢壹百弍拾陸文

廷國借去母錢捌百伍拾弍文

廷取借去母錢陸百伍指文

廷覺借去母錢壹千叁百伍拾肆文

廷脩借去母錢伍佰叁指伍文

廷慎借去母錢肆佰弍指叁文

另該罰肉二斤

一收［　　］百伍拾伍文。

共收錢壹仟陸百陸拾弍文，宰豬壹［

骨外，折生肉肆拾叁斤，每斤伍拾肆［

錢弍仟叁百叁拾弍文，除收外尚該補肉錢陸

百柒拾文。另食米二升，錢四拾文。

另收廷慎利錢壹百弍拾陸文，此錢振謗借去。

振謗借去母錢壹百弍拾陸文。

廷國借去母錢捌百伍拾弍文。

廷取借去母錢陸百伍拾文。

廷覺借去母錢壹千弍百伍拾肆文。另該罰肉三斤。

廷脩借去母錢伍佰叁拾伍文。

廷慎借去母錢肆佰弍拾叁文。

FYXB001　乾隆年祀産經營及祭祀賬本013　283×249mm

共該谷陸百玖拾柒斤寫入潮頭乾祖伍拾斤價谷伍百
斤又新首收去谷陸拾斤除外尚欠壹百叁拾柒斤
一元櫃借去母穀捌拾伍斤至四十三年冬該
又該四拾壹冬对面田租拾伍斤至四十弍年冬該母利谷廿弍斤
又該四拾弍年冬对面田租弍拾五斤
一元鎬至四拾叁年冬該母利谷壹百肆拾陆斤
一元㙮至四拾叁年冬該母利陆拾捌斤
又借去母錢肆佰捌拾伍文　共四十五年入明
一廷考欠四拾弍年冬谷叁百零柒斤又該母錢弍仟柒百玖
拾伍文時付首收本伍百文其利未加歷年約納租錢肆百文
乾隆肆拾叁年捌月　日首人王
代筆人

⌉共该谷陆百玖拾柒斤，寫入潮頭墘租伍拾斤，價谷伍百斤，又新首收去谷陆拾斤，除外尚欠壹百叁拾柒斤。

一元樞借去母穀，至四十三年冬该捌拾伍斤。

又該四拾壹冬对面田租拾伍斤，至四十弍年冬，该母利谷廿弍斤。

又该四拾弍年冬对面田租弍拾五斤。

一元鎬至四拾叁年冬该母利谷壹百肆拾陆斤。

一元舉至四拾叁年冬该母利陆拾捌斤。

又借去母錢肆佰捌拾陆文。二共四十五年入明。

一廷考欠四拾弍年冬谷叁百零柒斤，又该母錢弍仟柒百玖拾壹文，時付首收錢伍佰文，其利未加，歷年約納租錢肆百文。

乾隆肆拾叁年捌月　日首人廷⌈

⌈

公筭人⌈

FYXB001 乾隆年祀產經營及祭祀賬本014 282×251mm

肆拾肆年八月廿四日祭
復裡崙祖坟所有錢谷租声開列于後
振謂借去毋錢叁百叁拾玖文
廷國借去毋錢捌佰五拾弍文
廷取借去毋錢捌百肆拾伍文
廷覺借去毋錢壹仟弍百伍拾肆文
廷脩借去毋錢叁百文
廷慎借去毋錢肆百弍拾叁文
元文借去毋錢弍百文
啟任借去毋錢壹百弍拾柒文
一廷慎該租五拾斤
一元樞該租弍拾五斤
一該蒡蘆坪皮对面租樹拾斤
〔廷脩册〕
收元華利錢一百肆拾伍文

肆拾肆年八月廿四日祭

雙裡崙祖坂所有錢谷、租声開列于後：

振誼借去母錢叁百叁拾玖文。

廷國借去母錢捌佰五拾弍文。

廷取借去母錢捌百肆拾伍文。

廷覺借去母錢壹仟弍百伍拾肆文。

廷脩借去母錢叁百文。

廷慎借去母錢肆百弍拾叁文。

元文借去母錢弍百文。

啟任借去母錢壹百弍拾柒文。

一廷慎该租五拾斤。

一元樞该租弍拾五斤。

一該劳蘆坪及对面租六拾斤，廷脩畊。

收元舉利錢一百肆拾陆文。

FYXB001　乾隆年祀産經營及祭祀賬本015　284×250mm

元樞谷弍拾伍觔折米弍百文
一收元鎬谷弍拾陸觔折米弍百〇捌文
一收廷國利米弍百伍拾伍文
一收廷芳錢肆百文
一收廷脩租谷陸拾伍斤折米五下弍拾文
一收啟會杏仁及柿租米壹百文
一收廷愼谷壹百斤折米捌百文

宰豬一隻熏熟實肉弍拾玖斤每斤出骨十一兩實折生肉肆拾
叁斤每斤五拾係米見共該肉米弍千四百〇捌文另食米六升折
米壹百肆拾肆文合共用米弍千伍百五拾柒文
上共收錢叁仟零弍拾玖文除用外長余錢肆百柒拾弍文

一收元樞谷弍拾伍觔，折錢弍百文。
一收元鎬谷弍拾陆觔，折錢弍百〇捌文。
一收廷國利錢弍百伍拾伍文。
一收廷考錢肆百文。
一收廷脩租谷陸拾伍斤，折錢五百弍拾文。
一收啟會杏仁及柿租錢壹百文。
一收廷慎谷壹百斤，折錢捌百文。

宰猪一隻，烹熟，实肉弍拾玖斤，每斤出骨十一両，实折生肉肆拾叁斤，每斤五拾陆錢，見共该肉錢弍千四百〇捌文，另食米六升，折錢壹百肆拾肆文，合共用錢弍千伍百五拾柒文。

上共收錢叁仟零弍拾玖文，除用外，長衆錢肆百柒拾弍文。

FYXB001　乾隆年祀産經營及祭祀賬本016　283×250mm

元[illegible]借去母穀叁拾斤　四十五年入明

元峰該肆拾叁冬谷伍拾捌斤　四十五年入明利讓他

啟任借去母穀捌拾肆斤（押）　四十五年入明　其本元昌借去

啟妙借去母穀捌拾肆斤（押）

啟爲借去母穀捌拾肆斤

元鎬寫入松柏湖租拾斤載佃價捌百文折入谷壹百斤其利讓大拾斤

其一紙付廷慎收執

乾隆肆拾肆年捌月　日

同人　廷慎（押）

公弟　元文（押）

元德（押）

元峰（押）

元埜（押）

書人　廷考（押）

□樞借去母穀叁拾斤。　　四十五年入明。

元舉該肆拾叁冬谷陸拾捌斤。　　四十五年入明，利讓他。

啟任借去母穀捌拾肆斤。　　四十五年入明，其錢元昌借去。

啟妙借去母穀捌拾肆斤。

啟為借去母穀捌拾肆斤。

元鎬寫入松柏湖租拾斤，載價錢捌百文，折入谷壹百斤，其利讓弍拾斤。

契一紙，付廷慎收执。

乾隆肆拾肆年捌月　　日首人廷慎（押）

元文（押）

公筭元纁（押）

元舉（押）

元楚（押）

书人　廷考（押）

FYXB001 乾隆年祀産經營及祭祀賬本017 283×250mm

陆肆拾伍年八月廿六日設祭
隻裡崙仔祖坟首人買办祭肉并雞一隻重烹熟出
骨外析生肉伍拾叁斤〇肆兩每斤伍拾捌分見共該
肉分叁千〇玖拾文另食米陆升析分壹百伍拾文合
共用分叁千弍百肆拾文
一收元埜潮頭租伍拾斤分肆百文
一收廷愼蘆旁坪及对面租分陆百捌拾文
一收自元举錢柒百玖拾文
又收自谷陆拾捌斤析分五佰肆拾文
一收啟為谷叁拾斤除去潮頭垅弍年利分柒拾文又除去為首
分十六文外該实錢壹百伍拾肆文
一收廷考錢肆百捌拾文
一收元樞租分弍百一文除去開旁蘆坪工分壹百弍十文除去利分
卅五文实分伍拾伍文

乾隆肆拾伍年八月廿六日設祭

雙裡崙仔祖坟首人買办祭肉并雞一隻，重烹熟出
骨外，折生肉伍拾叁斤〇肆兩，每斤伍拾捌錢，見共该
肉錢叁千〇玖拾文，另食米陆升，折錢壹百伍拾文，合
共用錢叁千弍百肆拾文。

一收元楚潮頭租伍拾斤，錢肆百文。
一收廷慎蘆劳坪及对面租錢陆百捌拾文。
一收自元舉錢柒百玖拾文。
又收自谷陆拾捌斤，折錢五佰肆拾文。
一收啟為谷叁拾斤，除去潮頭垅弍年糧錢柒拾文，又除去為首
錢十六文外，该实錢壹百伍拾肆文。
一收廷考錢肆百捌拾文。
一收元樞租錢弍百一十文，除去開劳蘆坪工錢壹百弍十文，除去糧錢
卅五文，实錢伍拾伍文。

FYXB001　乾隆年祀産經營及祭祀賬本018　284×248mm

收元鎬租錢捌拾文今[illegible]外完分柒拾叁文
一收啟會杏仁分壹百文
上共收分叁仟貳百柒拾貳文除猪錢買办外長錢
叁拾貳文扎还元鎬借去

所出錢谷開列
一元昌借去母錢伍佰陸拾文
一廷國借去母錢壹仟壹百〇柒文
一廷覺借去母錢壹仟文
一振謗借去母錢肆百文
一廷取借去母錢柒百文
一廷吉借去母錢肆百文
一廷玉借去母錢肆百文
一廷會借去母錢肆百文
瑱借去母錢壹百肆拾柒文

一收元鎬租錢捌拾文，除□外实錢柒拾叁文。
一收啟會杏仁錢壹百文。
上共收錢叁仟弍百柒拾弍文，除猪錢買办外，長錢叁拾弍文，扒还元鎬借去。

所出錢谷開列：

一元昌借去母錢伍佰陸拾文。
一廷國借去母錢壹仟壹百〇柒文。
一廷覺借去母錢壹仟文。
一振謗借去母錢肆百文。
一廷取借去母錢柒百文。
一廷吉借去母錢肆百文。
一廷玉借去母錢肆百文。
一廷會借去母錢肆百文。
□□慎借去母錢壹百肆拾壹文。

FYXB001 乾隆年祀産經營及祭祀賬本019 285×250mm

一□□借去母錢壹百捌拾叁文
一廷脩借去母錢貳百文
一廷益借去母錢叁百文
一元鎬借去母錢肆百叁拾捌文
一啟妙借去母谷壹百貳拾陸觔
一啟為借去母谷捌拾壹觔
另元峯自耕租谷叁拾伍觔
元樞對面該本年又仝租伍拾觔
每年首人值祭買辦祭肉訂肉伍拾觔

乾隆肆拾伍年捌月　日首人元峯（押）
公筭元文（押）
元楚（押）
廷慎（押）
代人廷考（押）

□□□借去母錢壹百捌拾叁文。
一廷脩借去母錢弍百文。
一廷益借去母錢叁百文。
一元鎬借去母錢肆百叁拾捌文。
一啟妙借去母谷壹百弍拾陆觔。
一啟為借去母谷捌拾壹觔。
另元舉自畊租谷叁拾伍觔。
元樞對面该本年冬租伍拾觔。

歷年首人值祭買办祭肉，訂肉伍拾觔。

乾隆肆拾伍年捌月　日首人元舉（押）

公筭元文（押）

元楚（押）

廷慎（押）

书人　廷考（押）

FYXB001　乾隆年祀産經營及祭祀賬本020　282×252mm

隆陸年捌月廿四日祭双理山公墓登記
一元麹耕朝頭墘租五十斤折米四百七十五文
一元樞耕对面租五十斤　折米四百七十五文
○一又耕蕩舊坪租叁拾五斤折米叁百三十二文重記（此租元事出）
一元鎬租壹拾斤　折米玖拾五文合共租米乙千三百七十捌文
共收利米壹仟捌佰陸拾柒文合租共米叁仟弍百四十五文又拿
猪壹隻重肆拾捌斤生折價弍仟玖佰捌拾捌文每斤陸
拾弍米見食米陸升半折米弍百文合共叁仟壹百捌拾
捌文除用外尚良米伍拾柒文
一収廷国利钱叁佰叁拾叁文
一収廷覺利钱叁佰文
一収振謗利钱壹佰弍拾文
一収見脩利钱陸拾文
一敉利钱貳佰壹拾文

□□肆陸年捌月廿四日，祭双理崙墓登記：

一元楚耕朝頭墘租五十斤，折錢四百七十五文。

一元樞耕対面租五十斤，折錢四百七十五文。

○一又耕芳蘆坪租叁拾五斤，折錢叁百三十二文。重記。

此租錢元舉出。

一元鎬租壹拾斤，折錢玖拾五文，合共租錢乙千三百七十捌文。

共收利錢壹仟捌佰陸拾柒文，合租共錢叁仟弍百四十五文。宰猪壹隻，重肆拾捌斤生，折價錢弍仟玖佰捌拾捌文，每斤陸拾弍錢，見食米陸升半，折錢弍百文，合共叁仟壹百捌拾捌文，除用外，尚長錢伍拾柒文。

一收廷国利錢叁佰叁拾弍文。

一收廷覺利錢叁佰文。

一收振謗利錢壹佰弍拾文。

一收廷脩利錢陸拾文。

□□□敢利錢貳佰壹拾文。

FYXB001 乾隆年祀產經營及祭祀賬本021 285×250mm

利錢壹百貳拾文
一收廷玉利錢壹佰貳拾文
一收廷會利錢壹佰貳拾文
一收廷慎利錢肆拾貳文
一收啟抄利錢伍拾伍文
一收元鶴利錢壹佰叁拾文
一收元昌利錢壹佰陸拾捌文
一收廷益利錢玖拾文
所借錢各開列
廷国借去母錢壹仟壹佰零柒文
元昌借去母錢壹佰陸拾文
一仅借去母錢壹仟壹佰文

□□□□利錢壹百弍拾文。
一收廷玉利錢壹佰弍拾文。
一收廷會利錢壹百弍拾文。
一收廷慎利錢肆拾弍文。
一收啟妙利錢伍拾伍文。
一收元鎬利錢壹佰叁拾文。
一收元昌利錢壹佰陸拾捌文。
一收廷益利錢玖拾文。

所借錢谷開列：

廷国借去母錢壹仟壹佰零柒文。
元昌借去母錢壹佰陸拾文。
□□借去母錢壹仟壹佰文。

FYXB001　乾隆年祀産經營及祭祀賬本022　282×250mm

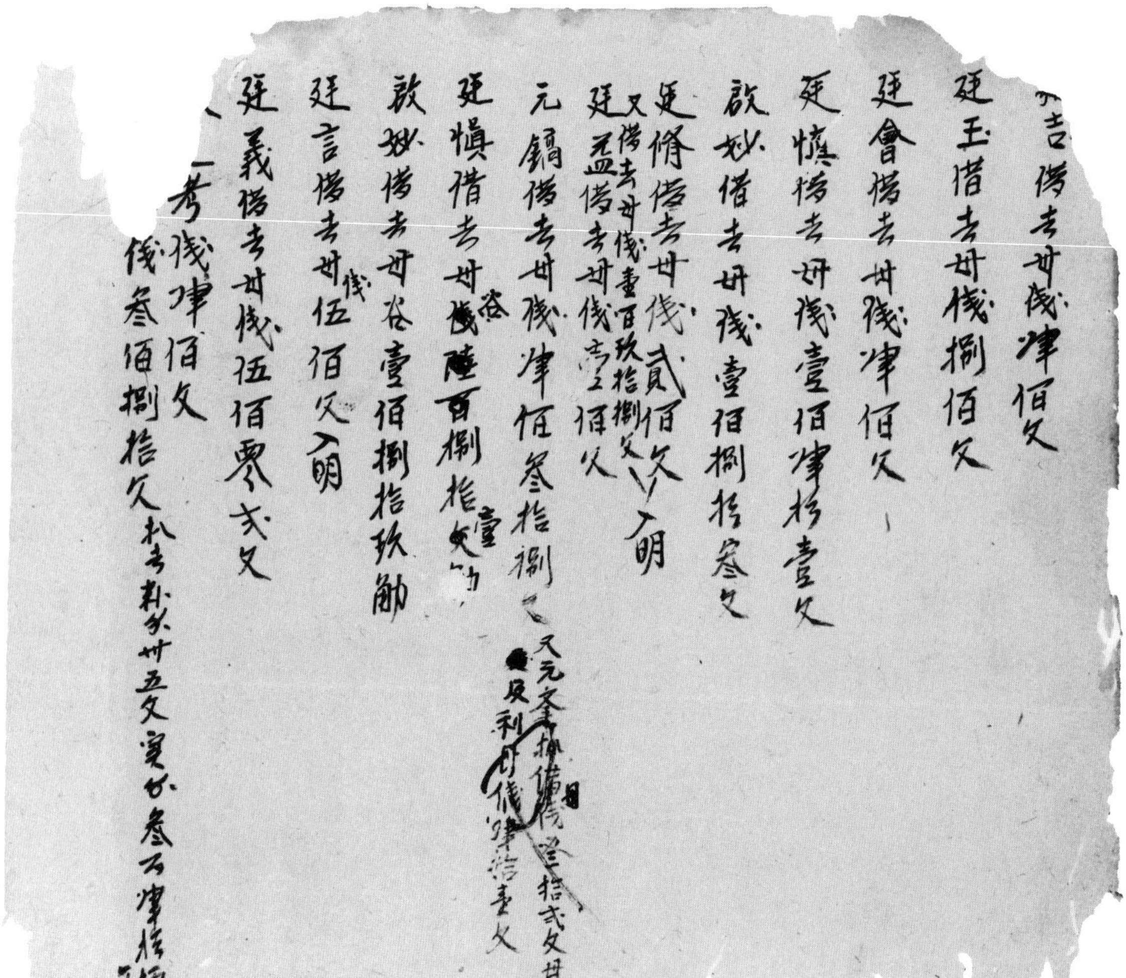
□吉借去廿錢肆佰文
廷玉借去廿錢捌佰文
廷會借去廿錢肆佰文
廷愷借去廿錢壹佰肆拾壹文
啟妙借去廿錢壹佰捌拾叁文
廷脩借去廿錢貳佰文入明
又借去廿錢壹百玖拾捌文
廷孟借去廿錢壹佰貳拾文
元鎬借去廿錢肆佰叁拾捌文
又元家抽借錢叁拾弍文廿
及利廿錢肆拾壹文
廷慎借去廿谷陸百捌拾壹觔
啟妙借去廿谷壹佰捌拾玖觔
廷言借去廿錢伍佰文入明
廷義借去廿錢伍佰零弍文
一秀錢肆佰文
錢叁佰捌拾文扎去糾父廿五文實欠叁百肆拾伍文

廷吉借去母錢肆佰文。

廷玉借去母錢捌佰文。

廷會借去母錢肆佰文。

廷慎借去母錢壹佰肆拾壹文。

啟妙借去母錢壹佰捌拾叁文。

廷脩借去母錢貳佰文。

又借去母錢壹百玖拾捌文，入明。

廷益借去母錢壹佰文。

元鎬借去母錢肆佰叁拾捌文，又元舉扒借母錢叁拾弍文，母及利，母錢肆拾壹文。

廷慎借去母谷捌拾壹觔。

啟妙借去母谷壹佰捌拾玖觔。

廷言借去母錢伍百文，入明。

廷義借去母錢伍佰零弍文。

□□考錢肆佰文。

一錢叁佰捌拾文。扒去糧錢卅五文，实錢叁百肆拾伍文。

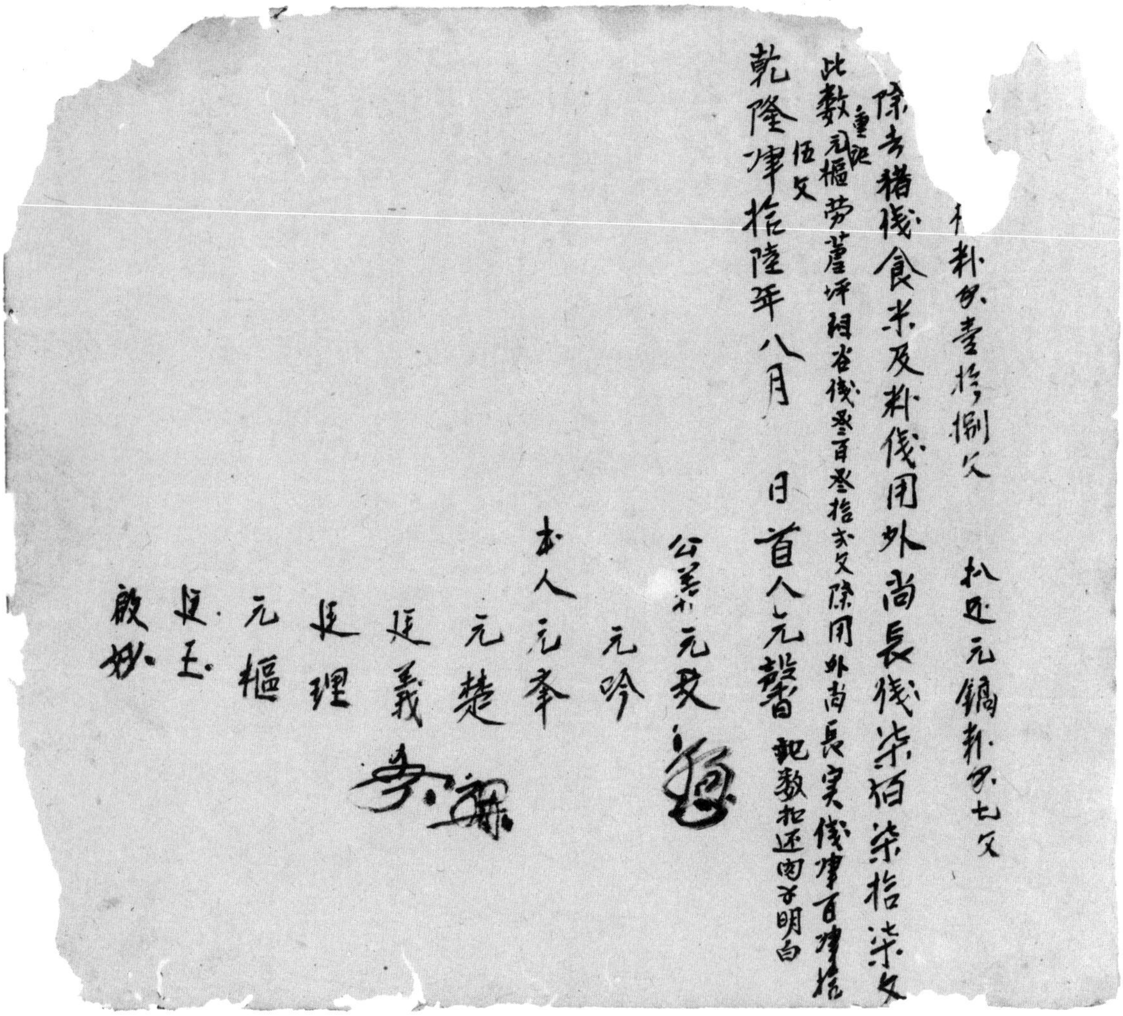

[illegible]料銀壹拾捌文　扒延元鍋料銀七文

除去豬錢食米及料錢用外尚長錢柒佰柒拾柒文

此數元樞重記勞蘆坪祠谷錢叁百叁拾弍文除用外尚長实錢肆百肆拾伍文

乾隆肆拾陸年八月　日首人元謦　託數扣还田子明白

公眾元叟

元吟

本人元峯

元楚

廷義

廷理

元樞

廷玉

啟妙

FYXB001　乾隆年祀產經營及祭祀賬本023　284×250mm

]糧錢壹拾捌文。　扒还元鎬糧錢七文。

除去猪錢、食米及糧錢用外，尚長錢柒佰柒拾柒文。

此數重记，元樞蒡蓎坪租谷錢叁百叁拾弍文，除用外尚長实錢肆百肆拾伍文。

記數扣还肉錢明白。

乾隆肆拾陸年八月　日首人元馨

公筭元文（押）

元吟

书人元舉

元楚（押）

廷義（押）

廷理

元樞

廷玉

啓妙

FYXB001　乾隆年祀產經營及祭祀賬本024　265×252mm

鯉崙仔祖坟計報有公租穀[illegible]

一元楚之畘潮頭壠租伍拾觔

一元樞畘对面租伍拾觔

又畘蔦蘆坪租叁拾伍觔

一元稿畘蔦蠏仔租壹拾觔

工共収租谷壹百肆拾伍觔每百觔依　祖価捌百伍拾文算折価

壹仟贰百叁拾玖文

宰猪壹隻烹熟肆贰觔出骨十一兩折生肉陆拾壹觔零壹兩每觔

生依鄉価陆拾捌見該肉價肆。仟壹百伍拾叁。文　一扒还元樞补子

拾捌文　又扒还廷镇补子叁拾五文　又扒还元穞补子七久除扣祖外

尚該補肉子並补子在内贰仟玖百[illegible]拾壹文

一扒杏仁錢壹百文　一扒廷考利錢肆百文　一扒廷慎利谷四斤折

錢叁百肆拾文　一扒元夆利谷拾七斤半折子壹百肆拾捌文

□鯉崙仔祖坟所致有公祖[

一元楚畊潮頭墘租伍拾觔。

一元樞畊対面租伍拾觔。

又畊劳蘆坪租叁拾伍觔。

一元稿畊蒡蠏仔租壹拾觔。

上共收租谷壹百肆拾伍觔，每百觔依 祖價捌百伍拾文算，折價錢壹仟弍百叁拾弍文。

宰猪壹隻，烹熟，肆弍觔，出骨十一算，折生肉陆拾壹觔零壹兩，每觔生依鄉價陆拾捌。見該肉錢肆仟壹百伍拾叁文。一扒还元樞糧錢拾捌文，又扒还廷慎糧錢叁拾五文。又扒还元稿糧錢七文，除收租外，尚該補肉錢並糧錢在内弍仟玖百捌拾壹文。

一扒杏仁錢壹百文。　一扒廷考利錢肆百文。一扒廷慎利谷四十斤，折錢叁百肆拾文。　一扒元舉利谷拾七斤半，折錢壹百肆拾捌文。

FYXB001　乾隆年祀産經營及祭祀賬本025　269×250mm

一收元昌利子肆拾八文
一收廷吉利子壹百弍拾文
一收廷會利子壹百弍拾文
一收廷修利子壹百弍拾文
一收元禡利子壹百叁拾文
一收廷泰利子壹百五十文
……子叁百三十弍文
一收廷取利子叁百叁拾文
一收廷玉利子弍百肆拾文
一收廷慎利子肆拾弍文
一收廷瀛利子叁拾文
一收廷言利子壹百五十文
共收利子壹仟捌百壹拾弍文
其餐食米壹斗折子弍百捌拾文
一總上共用錢肆仟肆百玖拾叁文除收外該首人肉子肆百陸拾壹文將廷取分下扒出錢四百六十一文还肉子明白

各借錢谷開具
一元奉借去母谷叁拾伍觔
一廷慎借去母谷捌拾壹觔
一啓炊借去母谷弍百捌拾叁觔
一廷同借去母錢……

]叁百三十弍文。　一收元昌利錢肆拾八文。

一收廷取利錢叁百叁拾文。　一收廷吉利錢壹百弍拾文。

一收廷玉利錢弍百肆拾文。　一收廷會利錢壹百弍拾文。

一收廷慎利錢肆拾弍文。　一收廷修利錢壹百弍拾文。

一收廷益利錢叁拾文。　一收元稿利錢壹百叁拾文。

一收廷言利錢壹百五十文。　一收廷義利錢壹百五十文。

共收利錢壹仟捌百壹拾弍文。

算数食米壹斗，折錢弍百捌拾文。

一捴上共用錢肆仟肆百玖拾叁文，除收外，该首人肉錢肆百陆拾壹文，将廷取分下扒出錢四百六十一文，还肉錢明白。

各借錢谷開具：

一元舉借去母谷叁拾伍觔。

一廷慎借去母谷捌拾壹觔。

一啓妙借去母谷弍百捌拾叁觔。

一廷国借去母錢壹[

…………（後殘）

FYXB001　乾隆年祀産經營及祭祀賬本026　267×250mm

一廷宫借去母銭肆百文
一廷玉借去母銭捌百文　廷国入手壹百零五，廷玉再借，共借去銭玖百零五文
一廷會借去母銭肆百文
一廷鎮借去母銭壹百肆拾壹文
一啓妙借去母銭弍百叁拾七文
一廷益借去母銭壹百文，再借子壹百
一元禧借去母銭肆百叁拾捌文
一廷言借去母銭伍百文入明
一廷義借去母銭伍百零叁二文
一廷考借去母谷叁百零叁柒斤　又欠母銭弍仟柒百玖拾壹文
衆議酌本年八月出契，如不出契，依照銭加三、谷加五行利
一廷敢借去母子陸百叁拾玖文　此數寧猪扣明
□借去母銭柒百文

……（前殘）

一廷吉借去母錢肆百文。

一廷玉借去母錢捌百文。廷国入錢壹百零五，廷玉再借，共借去錢玖百零五文。

一廷會借去母錢肆百文。

一廷慎借去母錢壹百肆拾壹文。

一啓妙借去母錢弍百叁拾七文。

一廷益借去母錢壹百文，再借錢壹百。

一元稿借去母錢肆百叁拾捌文。

一廷言借去母錢伍百文，入明。

一廷義借去母錢伍百零二文。

一廷考借去母谷叁百零柒斤。又欠母錢弍仟柒百玖拾壹文。

衆議約来年八月书契，如不书契，依照錢加三、谷加五行利。此数宰猪扣明。

一廷取借去母錢陆百叁拾玖文。

□借去母錢柒百文。

母錢壹百文

所畊田租及借錢穀母利一齊八月廿四到祖坟現交如無現交

罰肉叁斤

乾隆肆拾柒年八月

日 全首人 廷取

公見人 元楚

元奇

元稿

廷理

秉筆 廷豐

FYXB001 乾隆年祀産經營及祭祀賬本027 270×250mm

]母錢壹百文。

所畊田租及借錢穀母利一齊，八月廿四到祖坟現交，如無現交，

罰肉叁斤。

乾隆肆拾柒年八月　日墓首人廷取（押）

公算人　元楚（押）

元奇（押）

元稿（押）

廷理（押）

秉筆　廷覺（押）

FYXB001 乾隆年祀產經營及祭祀賬本028 270×250mm

□肆拾捌年八月致□

收理崙祖坟所有錢谷租声登記

一廷国借去本錢壹仟文

一元昌借去本錢壹百陸拾文再借本錢弍百弍拾四文

一廷吉借去本錢肆百文

一廷玉借去本錢玖百零五文再借本錢壹百文

一廷會借去本錢肆百文

一廷慎借去本錢壹百肆拾壹文再借本錢壹百零捌文

一啓妙借去本錢弍百叁拾柒文

一廷益借去本錢弍百文

一元鎬借去本錢肆百叁拾捌文

一廷義借去本錢伍百零弍文

一廷覺借去本錢壹仟文

□去本錢壹百文

乾隆肆拾捌年八月致祭[

双裡崙祖坟所有錢谷、租声登記：

一廷国借去母錢壹仟文。

一元昌借去母錢壹百陸拾文，再借母錢弍百弍拾四文。

一廷吉借去母錢肆百文。

一廷玉借去母錢玖百零五文，再借母錢壹百文。

一廷會借去母錢肆百文。

一廷慎借去母錢壹百肆拾壹文，再借母錢壹百零捌文。

一啓妙借去母錢弍百叁拾柒文。

一廷益借去母錢弍百文。

一元鎬借去母錢肆百叁拾捌文。

一廷義借去母錢伍百零弍文。

一廷覺借去母錢壹仟文。

]去母錢壹百文。

FYXB001　乾隆年祀産經營及祭祀賬本029　280×248mm

……去卅錢壹百伍拾柒文
……卅錢陸百叁拾玖文
……起畊湖頭墘租伍拾斤
一元樞畊对面租伍拾斤
又畊蕩崑坪叁拾伍斤　此谷元樞冐田
一元鎬畊蕩灘仔租叁拾斤
一廷村借去卅錢柒百壹拾伍文
一振謗借去卅錢壹百文
一收元棐租伍拾斤折錢肆百伍拾文
一收元鎬租拾斤折錢玖拾文
一收元峯利谷壹拾柒斤半折錢壹百伍拾柒文
共收利錢壹仟柒百零玖文又收租谷錢并利谷錢陸百
玖拾柒文總共收利錢并谷錢弍仟肆百零陸文除去廷取
上年為首肉錢柒百捌拾肆文除去元鎬料錢七文外尚存
錢壹仟陸百壹拾伍文
□杏仁錢壹百文

┐去母錢壹百伍拾柒文。
┐母錢陸百叁拾玖文。
一元楚畊潮頭墘租伍拾斤。
一元樞畊対面租伍拾斤。　此谷元樞寫田。
又畊蒡蘆坪叁拾伍斤。
一元鎬畊蒡蠏仔租壹拾斤。
一廷材借去母錢柒百壹拾伍文。
一振謗借去母錢壹百文。
一收元楚租伍拾斤，折錢肆百伍拾文。
一收元鎬租拾斤，折錢玖拾文。
一收元舉利谷壹拾柒斤半，折錢壹百伍拾柒文。
共收利錢壹仟柒百零玖文，又收租谷錢并利谷錢陸百玖拾柒文，揔共收利錢并谷錢弍仟肆百零陸文，除去廷取上年為首肉錢柒百捌拾肆文，除去元鎬糧錢七文外，尚存錢壹仟陸百壹拾伍文。
┐杏仁錢壹百文。

……（後殘）

FYXB001　乾隆年祀産經營及祭祀賬本030　275×248mm

九年做……

一啓炒傷去廿谷肆百弍拾肆丁

一廷愼傷去廿谷陸拾丁

一買元榲洪脚岐田租谷弍拾丁價錢柒佰陸拾陸文

又價谷捌拾伍丁

一廷愼添去湖頭墘田價、谷陸拾丁契未出

廷考牢豬壹隻重陸拾伍丁半每斤陸拾捌錢見

共該肉錢肆仟肆百肆拾伍文又食米錢壹百伍拾

文合共錢肆仟伍百玖拾伍文扣入前數錢穀明

白其利錢當衆剩讓，

乾隆肆拾捌年八月　日首人廷考（押）

公弟人元文（押）

元楚（押）

元馨書（押）

……………（前殘）

「元舉借」

一啓妙借去母谷肆百弍拾肆斤。

一廷慎借去母谷陸拾斤。

一買元樞洪脚岐田租谷弍拾斤，價錢柒佰陸拾陸文。

又價谷捌拾伍斤。

一廷慎添去潮頭墘田價谷陸拾斤，契未书。

廷考宰猪壹隻，重陸拾伍斤半，每斤陸拾捌錢，見

共该肉錢肆仟肆百肆拾伍文，又食米錢壹百伍拾

文，合共錢肆仟伍百玖拾伍文，扣入前数，錢穀明

白，其利錢当衆求讓。

乾隆肆拾捌年八月　　日首人廷考（押）

公筭人元文（押）

元楚（押）

元馨（押）

FYXB001　乾隆年祀産經營及祭祀賬本031　272×270mm

[illegible]裡斎祖坟所有錢谷租声開列

一元䒷畊潮頭垅租伍拾斤　　折價五百文

一元樞畊对面租伍拾觔　　折價肆百弍拾五文

又畊旁薑坪租叁拾伍斤　　折價弍百玖拾柒文

一元鎬畊旁蠏仔租壹拾觔　　折價捌拾伍文

一元樞該洪脚岐租谷弍拾觔　　折價一百柒拾文

一收叔妣谷弍拾斤　　折價壹百柒拾文　本年荒歉元樞讓去租價壹百肆拾柒文

上共收租谷錢共仟伍百文

所借錢谷開列于後

一廷國借去母錢壹仟文

一元昌借去母錢叁百捌拾肆文

□后借去母錢肆百文

偕去母錢壹仟零伍文

〔　　〕

雙裡崙祖坟所有錢谷、租声開列：

一元楚畊潮頭壠租伍拾斤。　折入錢五百文。

一元樞畊对面租伍拾觔。　折入錢肆百弍拾五文。

　又畊蒡蘆坪租叁拾伍斤。　折錢弍百玖拾柒文。

一元鎬畊蒡蠏仔租壹拾觔。　折錢捌拾伍文。

一元樞该洪脚岐租谷弍拾觔。　折錢一百柒拾文。

一收啟妙谷弍拾斤。　折錢壹百柒拾文。本年荒歉，元樞讓去租錢壹百肆拾柒文。

上共收租谷錢共仟伍百文。

　所借錢谷開列于後：

一廷國借去母錢壹仟文。

一元昌借去母錢叁百捌拾肆文。

〔〕吉借去母錢肆百文。

〔〕借去母錢壹仟零伍文。

FYXB001　乾隆年祀産經營及祭祀賬本032　268×251mm

□去母錢肆百文

□借去母錢叁百肆拾玖文

一敘妙借去母錢弍百叁拾柒文

一廷孟借去母錢弍百文

一元鎬借去母錢肆百叁拾捌文

一廷義借去母錢伍百〇弍文

一廷覺借去母錢壹仟文

一敘任借去母錢壹百文

一元舉借去母錢壹百伍拾柒文

一廷取借去母錢陸百叁拾玖文

一廷材借去母錢柒百壹拾伍文

一元舉借去母谷叁拾伍斤

一敘妙欠肆拾捌年母谷肆百弍拾肆斤

]去母錢肆百文。

]慎借去母錢弍百肆拾玖文。

一啓妙借去母錢弍百叁拾柒文。

一廷益借去母錢弍百文。

一元鎬借去母錢肆百叁拾捌文。

一廷義借去母錢伍佰〇弍文。

一廷覺借去母錢壹仟文。

一啟任借去母錢壹百文。

一元舉借去母錢壹百伍拾柒文。

一廷取借去母錢陸百叁拾玖文。

一廷材借去母錢柒百壹拾伍文。

一元舉借去母谷叁拾伍斤。

一啟妙欠肆拾捌年母谷肆百弍拾肆斤。

[　　　　　]

FYXB001 乾隆年祀產經營及祭祀賬本 033 264×250mm

宰豬壹隻烹熟出骨拾壹兩算折生肉肆拾伍觔弍
兩每斤生柒拾錢見共該肉分叁仟壹百陆拾文
收租錢壹仟伍百文又收利錢弍仟叁百伍拾陆文
又收杏仁分壹百文又收元舉利谷錢壹百柒拾伍文
合共收租并利分錢肆仟壹百叁拾壹文
一元樞料錢拾捌文　一除元鎬料錢柒文　一除廷慎料分廿文
又除洪腳歧料分十叓　另算數食米陆外分壹百伍拾文
一總共該肉錢并料錢食米共用錢叁仟叁百捌拾肆文
除用外尚長錢柒佰肆拾柒文
上年錢分伍拾合文
[illegible]四拾五年起至四拾玖年止共該料分弍百壹拾[illegible]
[illegible]錢伍百捌拾柒文　振謳借去

〔　　　〕

宰猪壹隻，烹熟，出骨拾壹両，筭折生肉肆拾伍觔〇弍両。每斤生柒拾錢。見共该肉錢叁仟壹百陆拾文。

收租錢壹仟伍百文，又收利錢弍仟叁百伍拾陆文。

又收杏仁錢壹百文，又收元舉利谷錢壹百柒拾伍文。

合共收租錢并利錢肆仟壹百叁拾壹文。

一元樞糧錢拾捌文，一除元鎬糧錢柒文，一除廷慎糧錢卅五文。

又除洪脚岐糧錢十四文，另筭数食米陆升，錢壹百伍拾文。

一総共该肉錢并糧錢食米共用錢叁仟叁百捌拾肆文。

除用外尚長錢柒佰肆拾柒文。

┐上年杏仁錢伍拾文。

┐蓙坪四拾五年起至四拾玖年止，共该糧錢弍百壹拾文。

┐錢伍百捌拾肆文，振謳借去。

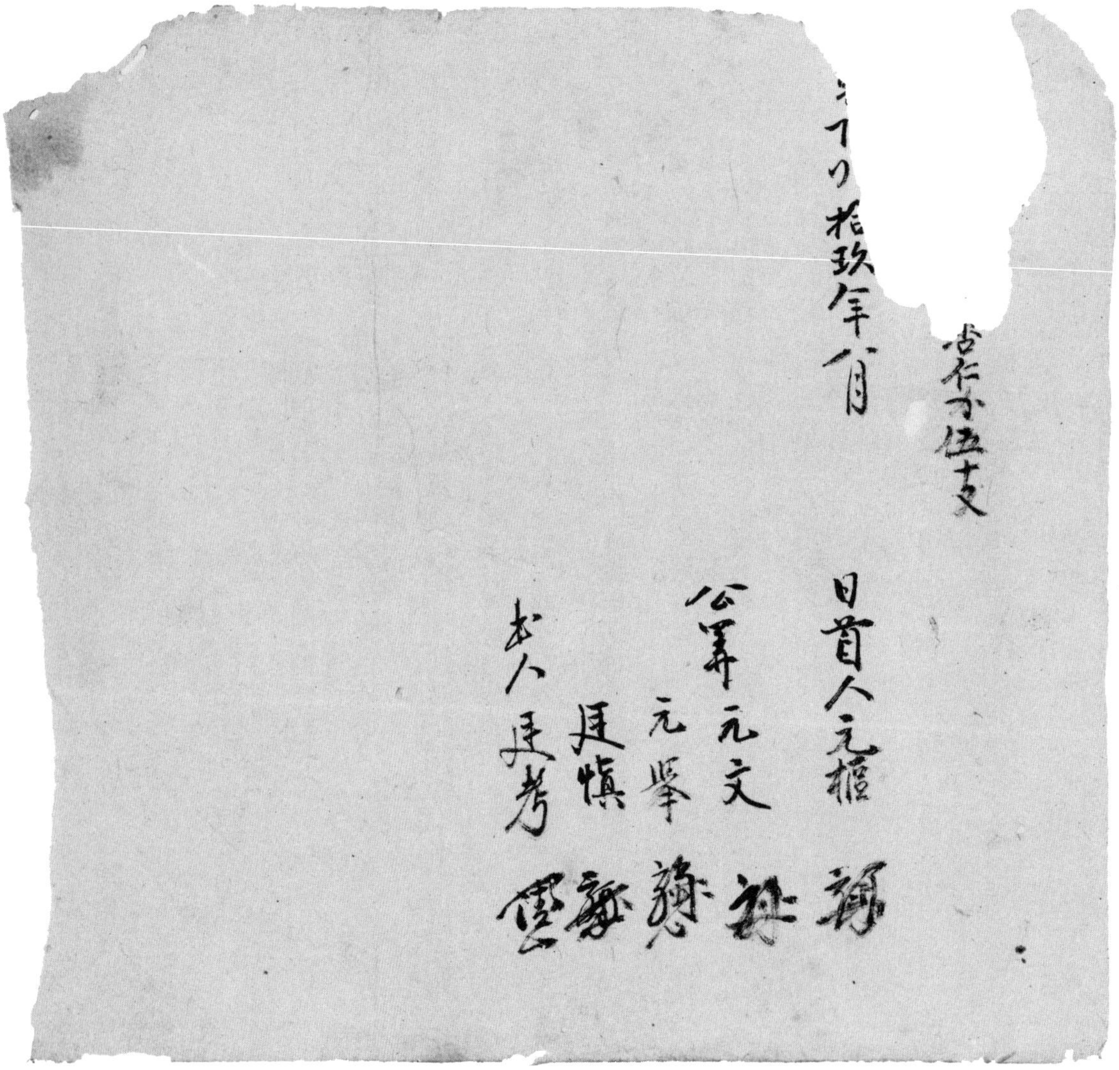

……伍十文
……拾玖年　月
日　首人　元樞（押）
公衆　元文（押）
元舉（押）
廷慎（押）
書人　廷考（押）

FYXB001　乾隆年祀産經營及祭祀賬本034　269×250mm

一杏仁錢伍十文。

乾隆肆拾玖年八月　　日首人元樞（押）

公筭　元文（押）

元舉（押）

廷慎（押）

书人　廷考（押）

FYXB001　乾隆年祀產經營及祭祀賬本035　279×251mm

乾隆伍拾年八月廿四日致蓉

𡺸裡崙祖坟所有租声伐谷開列于後

一元楚畊潮頭垅租伍拾觔

一元樞畊对面租伍拾觔

又畊蕩薹坪租叄拾伍觔

又該洪脚岐租弍拾觔

一元鎬該蕩𤩽仔租壹拾觔

所借伐谷開列

一兵國借去母伐壹仟文

[illegible]有去母伐叄百捌拾肆文

[illegible]𠃑母伐肆百文

乾隆伍拾年八月廿四日致祭

雙裡崙祖坟所有租声、錢谷開列于後：

一元楚畊潮頭壠租伍拾觔。

一元樞畊对面租伍拾觔。

又畊蒡蘆坪租叁拾伍觔。

又该洪脚岐租式拾觔。

一元鎬该蒡蠏仔租壹拾觔。

所借錢谷開列：

一廷國借去母錢壹仟文。

一借去母錢叁百捌拾肆文。

一去母錢肆百文。

FYXB001　乾隆年祀產經營及祭祀賬本036　279×251mm

……母錢壹仟壹百〇伍文
一……去母錢肆百文
一廷慎借去母錢弍百肆拾玖文
一啟妙借去母錢弍百叁拾柒文
一元鎬借去母錢肆百叁拾捌文
一廷義借去母錢伍百〇弍文
一廷覺借去母錢壹仟文
一啟任借去母錢壹百文
一廷取借去母錢陸百叁拾玖文
一廷材借去母錢柒百壹拾伍文
一元峰借去母錢壹百伍拾柒文　寫田
又借去母谷伍拾弍斤　寫田
一廷喜借去母錢伍百捌拾肆文
啟姉欠[illegible]拾捌年母谷肆百斤[illegible]肆

┐母錢壹仟壹百〇陸文。

┐去母錢肆百文。

一廷慎借去母錢弍百肆拾玖文。

一啟妙借去母錢弍百叁拾柒文。

一元鎬借去母錢肆百叁拾捌文。

一廷義借去母錢伍百〇弍文。

一廷覺借去母錢壹仟文。

一啟任借去母錢壹百文。

一廷取借去母錢陸百叁拾玖文。

一廷材借去母錢柒百壹拾伍文。

一元舉借去母錢壹百伍拾柒文。　寫田。

又借去母谷伍拾弍斤。　寫田。

一廷喜借去母錢伍佰捌拾肆文。

一啓妙欠肆拾捌年母谷肆百弍拾肆┌

FYXB001　乾隆年祀産經營及祭祀賬本 037　284×251mm

一□慎借去母谷玖拾觔

收钱谷登記

一收廷國利钱叁百文

一收廷吉利米壹百弍拾文

一收廷会利米壹百弍拾文

一收成懷母利钱弍百伍拾文

一收廷覺利钱叁百文

一收元峰利钱叁拾文

一收廷材利钱弍百壹拾肆文

一收廷敬、敬任、廷慎、妙利钱、利谷共伍百文

一收元替祖谷钱肆百文

一□□□且谷折米捌百文

□□拾斤折钱捌拾文

一收元昌利钱壹百壹拾伍文

一收廷玉利钱弍百文

一收元鎬利钱壹百叁拾壹文

一收廷義利钱壹百五拾文

一收敘任利钱叁拾文

一收廷取利钱壹百玖拾壹文

一收廷喜利钱壹百柒拾肆文

一查仁米壹百文廷慎收

一廷慎借去母谷玖拾斛。

收錢谷登記：

一收廷國利錢叁百文。

一收廷吉利錢壹百弍拾文。

一收廷会利錢壹百弍拾文。

一收成壤母利錢弍百陆拾文。

一收廷覺利錢叁百文。

一收元舉利錢叁拾文。

一收廷材利錢弍百壹拾肆文。

啓妙

一收廷慎利錢并谷利谷共陆百文。

啓任

一收元楚租谷錢四百文。

⌉租谷折錢捌百文。

⌉拾斤，折錢捌拾文。

一收元昌利錢壹百壹拾陆文。

一收廷玉利錢弍百文。

一收元鎬利錢壹百叁拾壹文。

一收廷義利錢壹百五拾文。

一收啟任利錢叁拾文。

一收廷取利錢壹百玖拾壹文。

一收廷喜利錢壹百柒拾肆文。

一杏仁錢壹百文，廷慎收。

□股合共錢肆仟弍百壹拾陸文
牢猪壹隻烹熟出骨外實肉弍拾捌觔半每斤
拾壹兩算計生肉肆拾壹觔半每斤陸拾捌錢足
共該肉錢弍仟捌百弍拾弍文　又食深伍斤析方
壹百弍拾文　又廷慎去粁力叁拾伍文
元樞去粁力叁拾弍文　又元鎬粁力柒文
又宅去粁力肆拾弍文　總共用錢弍百叁拾陸文
上共一總肉力並粁錢食仔共用錢叁仟叁伍拾捌文
內又除敎任利錢叁拾文除用外尚長家錢壹仟壹百
弍拾捌文　又除去付元舉田價力外尚實長錢玖百壹拾
捌文
一元舉合並錢共欠楊錢伍百玖拾文　时廷卿扎出錢弍百
壹拾文　共錢捌百文言約寫勞嘛仔派
𠔥未

FYXB001　乾隆年祀產經營及祭祀賬本038　283×251mm

﹇租谷共錢肆仟弍百壹拾陸文。

宰猪壹隻，烹熟，出骨外实肉弍拾捌觔半，每斤拾壹兩筭，折生肉肆拾壹觔半，每斤陆拾捌錢，見共该肉錢弍仟捌百弍拾弍文，又食米伍升，折錢壹百弍拾文。又廷慎去糧錢叁拾伍文。

元樞去糧錢叁拾弍文。又元鎬糧錢柒文。

又宅去糧錢肆拾弍文，總共用錢弍百叁拾陸文。

上共一総肉錢並糧錢食米共用錢叁仟零伍拾捌文。

内又除啟任利錢叁拾文，除用外，尚長衆錢壹仟壹百弍拾捌文。又除去付元舉田價錢外，尚实長錢玖百壹拾捌文。

□元舉谷並錢共欠折錢伍百玖拾文，时廷卿扒出錢弍百壹拾文，共錢捌百文，言约寫蒡蝌仔﹈　﹇契末书。

…………（後殘）

FYXB002　嘉慶年賬簿001　280×243mm

首人啟賢烹熟肉出骨除桶外實肉弍拾五斤每斤
十乙月筭拆生肉叁拾陸斤零陸兩 每斤生捌十
錢見共該肉伐弍仟玖佰壹拾文
一还仁球粮乄三十五文　又还啟德料乄三十五文
一还根詰料乄乙十四文　又还根董料乄七文
又还廷脩料乄乙十四文　共还料伐乙百零五文
筭數食米乙斗乙升半拆乄弍百柒拾六文
摠共用伐叁仟弍百玖拾壹文除收外尚欠肉伐
肆佰弍拾陸文　又扒啟賢自耕新租三十斤又扒
廷灼新租三十斤拆價伐四百陸拾八文湊肉外尚
長伐三十九文扒廷会上年肉伐弍十八文除还

……………（前殘）

首人啟賢烹熟肉，出骨除桶外实肉弍拾五斤，每斤
十乙兩箅，折生肉叁拾陆斤零陆両，每斤生捌十
錢，見共該肉錢弍仟玖佰壹拾文。

一还仁琰粮錢三十五文。又还啟德糧錢三十五文。
一还振詰糧錢乙十四文。又还振董糧錢七文。
又还廷脩糧錢乙十四文。共还糧錢乙百零五文。
箅数食米乙斗乙升半，折錢弍百柒拾六文。
揔共用錢叁仟弍百玖拾壹文，除收外尚欠肉錢
肆佰弍拾陆文。又扒啟賢自耕新租三十斤，又扒
廷灼新租三十斤，折價錢四百陆拾八文，凑肉外，尚
長錢三十九文。扒廷会上年肉錢弍十八文，除还

……………（後殘）

FYXB002　嘉慶年賬簿002　278×246mm

廷喜添丁谷五斤
啟忠添丁谷五斤
廷譽添丁谷五斤
廷鄉添丁谷五斤
啟高添丁谷五斤
□棠添丁谷五斤
□昌收華登文登对換墩仔垅換約字一帋又元穗
□字一帋共弍帋付元昌收執
一廷玉欠三年四年欠租谷叁拾斤再入田佃添字未出
嘉慶伍年八月　　日立首人啟賢
公筭人元昌
廷灼
秉筆人啟蒲　號

廷喜添丁谷五斤。
啟忠添丁谷五斤。
廷譽添丁谷五斤。
廷鄉添丁谷五斤。
啟高添丁谷五斤。
啟榮添丁谷五斤。
□□昌收華登、文登对换墩仔垅换約字一帋，又元纁
□□一帋，共弍帋，付元昌收执。
一廷玉欠三年、四年欠租谷叁拾斤，再入田價，添字未书。
嘉慶伍年八月　　日立首人啟賢
公笲人元昌
廷灼
秉筆人啟蒲（押）

嘉慶六年八月廿二日致祭
雙理峁二所祖坟置有公租錢各歷年付首収用買办祭肉等
名開列
一廷灼耕潮頭埯租伍拾了
一啟賢該壧仔墘租叁拾了
一廷脩該鳳塚㙇租貳拾了
一廷春耕嵝面[illegible]墓坪租叁拾了
□振詁該嶺仔逕租貳拾了
□□里該嵝𡾊仔租壹拾了
□□祝該峁仔租伍拾了
□廷吉該播村洋上水路租壹拾伍了
一啟儀杏仁錢貳佰伍拾文

FYXB002　嘉慶年賬簿003　283×245mm

嘉慶六年八月廿二日致祭

雙理崙二所祖墳置有公租錢谷歷年付首收用買办祭肉，芳名開列：

一廷灼耕潮頭壠租伍拾斤。

一啟賢该墩仔墘租叁拾斤。

一廷脩该鳳塜垵租弍拾斤。

一廷春耕螃蘆坪租叁拾斤。

一振詁该嶺仔邊租弍拾斤。

┐里该蒡蠏仔租壹拾斤。

┐該崙仔租伍拾斤。

□廷吉該播村洋上水路租壹拾伍斤。

一啟儀杏仁錢弍佰伍拾文。

FYXB002　嘉慶年賬簿004　280×243mm

一收廷吉利錢八十四文　又收啟德利錢一百三十五文
一收廷取利錢七十七文　又收廷立利錢一佰貳十八文
一收廷寶利錢三十三文　又收啟靜利錢四百八十文
共收利錢九百三十七文
一收廷灼租貳拾斤　又收廷春租谷三十斤
一收振詰租谷二十斤　又收廷立租壹拾斤
一收廷脩租貳拾斤　又收啟德租伍拾斤
一收廷吉租谷拾五斤　又收啟儀該杏仁錢貳百五十文
共收租谷壹佰陸拾伍斤折價錢乙千一百八十八文
三共收利錢並租錢杏仁錢合共收錢貳仟叁佰柒拾伍文又廷
寶欠母錢壹佰零玖文合共收錢貳仟肆佰捌拾肆文
首人廷昂
烹熟肉出骨除桶外實肉貳拾斤每斤拾壹月算豬生一斤
共豬生肉叁拾斤每斤陸拾捌錢見共該肉錢貳仟零肆拾文
一還廷灼仁琛錢三十五文一還啟德錢三十五文一還振詰錢乙
十四文一還廷立錢七文又還廷脩錢乙十四文共還錢壹
又還廷吉錢十一文

一收廷吉利錢八十四文。　又收啟德利錢一百三十五文。
一收廷取利錢七十七文。　又收廷立利錢一佰弍十八文。
一收廷實利錢三十三文。　又收啟静利錢四百八十文。
共收利錢九百三十七文。
一收廷灼租弍拾斤。　又收廷春租谷三十斤。
一收振詁租谷二十斤。　又收廷立租壹拾斤。
一收廷脩租弍拾斤。　又收啟德租伍拾斤。
一收廷吉租谷拾五斤。　又收啟儀该杏仁錢弍百五十文。
　共收租谷壹佰陆拾伍斤，折價錢乙千一百八十八文。
三共收利錢並租錢、杏仁錢合共收錢弍仟叁佰柒拾伍文，又廷
實入母錢壹佰零玖文，合共收錢弍仟肆佰捌拾肆文。

首人廷昂
烹熟肉，出骨除桶外，实肉弍拾斤半，每斤拾壹兩箅，折生一斤，
共折生肉叁拾斤，每斤陆拾捌錢，見共该肉錢弍仟零肆拾文。
一还仁琰糧錢三十五文，一还啟德糧錢三十五文，一还振詁糧錢乙
十四文，一还廷立糧錢七文，又还廷脩糧錢乙十四文，共还糧錢壹
又还廷吉糧錢十一文。①

①此行後添。

FYXB002　嘉慶年賬簿005　284×245mm

一十佰捌陸文廿一夜算穀食米一斗一升的尔貳佰玖拾柒文
一總共用錢貳仟肆佰伍拾叁文除收用外尚長衆錢叁
拾壹文湊廷啟賢上年為首肉舖白
一啟賢上年為首肉尔六十五文時湊去尔三十一文欠尔三十四
文和墩仔墈新祀米四斤
一廷昂出添丁母米叁佰斤實嫁利米乙百斤其母米交
付新首其利米歷年依祖例至八祭墓皆平文明其
利米乙百斤實撥價尔七百二十文每佰文加三行利候来
年祭墓母利交明廷昂借此穀扒去

佰一十陆文，廿一夜筭数食米一斗一升，的錢弍佰玖拾柒文。
一揔共用錢弍仟肆佰伍拾叁文，除收用外，尚長衆錢叁拾壹文，湊还啟賢上年為首肉明白。
一啟賢上年為首肉錢六十五文，時衆湊去錢三十一文，欠錢三十四文，扣墩仔墘新租谷四斤。

一廷昂出添丁母谷叁佰斤，实该利谷乙百斤，其母谷交付新首，其利谷歷年依祖價，至八祭墓，当衆交明，其利谷乙百斤，实折價錢七百二十文，每佰文加三行利，候来年祭墓，母利交明，廷昂借此数抄出。

FYXB002　嘉慶年賬簿 006　279×244mm

一廷吉借母錢弍佰捌拾文
一啟德借去母錢肆佰伍拾文
一廷取借去母錢弍佰伍拾陸文
一廷立借去母錢肆佰弍拾捌文
一啟靜借去母錢壹仟陸佰文
一廷昂借去母錢柒佰弍拾文 無收杏仁分乙百四十文 實借錢五百八十文 入明

六年添丁登記

啟嘉添丁錢五个 錢四百 啟滿添丁錢五个 錢四百文 廷士添丁錢五个 錢四百
啟都添二丁錢十个 錢八百文 共收新添丁錢二十五个直
一廷昂收五年添丁錢叁佰壹拾个至六年冬該母利錢肆佰叁拾伍个直付新首收放歷年用當盤坂胥鄰分佰加伍利筭
眾公議歷年訂內三十个生

一廷吉借母錢弍佰捌拾文。
一啟德借去母錢肆佰伍拾文。
一廷取借去母錢弍佰伍拾陆文。
一廷立借去母錢肆佰弌拾捌文。
一啟静借去母錢壹仟陆佰文。
一廷昂借去母錢柒佰弌拾文，無收杏仁錢乙百四十文，实借錢五百八十文，入明。

六年添丁登记：

啟嘉添丁谷五斤，折錢四十。啟滿添丁谷五斤，折錢四十文。廷士添丁谷五斤，折錢四十。
啟都添二丁谷十斤，折錢八十文。共收新添丁谷二十五斤直。
一廷昂收五年添丁谷叁佰壹拾斤，至六年冬，该母利谷肆佰叁拾伍斤直，付新首收放，歷年用富盛坂骨秤，每佰斤加伍利筭。

衆公議歷年訂肉三十斤生

FYXB002 嘉慶年賬簿 007 280×243mm

嘉慶六年八月 日首人 廷昂
公議人 元昌
廷取
書筆 廷寶 [illegible]

一坑仔迳眾杉一百株另帖五枝價艮弍十[illegible]大員眾田
艮一員實艮弍拾柒員 一契的廷脩民田一段坐在潘村洋土
名新厝角租壹佰了價艮八大員 又壽的廷章水[illegible]池
艮租弍佰了價艮十六員 又元昌借去母艮二員言約
至來年八月每員利錢二百文借字一帋取回 又廷春借去母
艮一員利錢二百文 契二帋承字二帋借字一帋共五帋

嘉慶六年八月　日首人廷昂

公筭人元昌

廷取

书筆　廷賓（押）

一坑仔邊衆賣杉一百株，另帖五枝，價艮弍十八大员，衆用艮一员，实艮弍拾柒员，一買的廷脩民田一段，坐在潘村洋，土名新厝角，租壹佰斤，價艮八大员。又賣的廷章水沄池民租弍佰斤，價艮十六員，又元昌借去母艮二员，言約至来年八月，每员利錢二百文，借字一帋取回。又廷春借去母艮一员，利錢二百文，契二帋，承字二帋，借字一帋，共五帋，

FYXB002 嘉慶年賬簿 008 280×243mm

付啟高新首収执
嘉慶柒年八月廿四日致祭
豐理崙二所祖坟置有公租錢谷歷年付首收用買办
祭品芳名開列
一廷灼耕潮頭堵租伍拾斤
一啟賢該墩仔墘租叁拾斤
一廷脩該鳳塚垵租弍拾斤
一廷春耕螃蘆坪租叁拾斤
一振詰耕嶺仔丘租弍拾斤
一廷立該螃蟹仔租壹拾斤
一啟德該崙仔租伍拾斤
一廷吉該猫村洋上水路租壹拾伍斤

付啟高新首收执。

嘉慶柒年八月廿四日致祭

雙理崙二所祖坟，置有公租錢谷。歷年付首收用，買办

祭肉，芳名開列：

一廷灼耕潮頭壠租伍拾斤。

一啟賢該墩仔墘租叁拾斤。

一廷脩該鳳埰垵租弍拾斤。

一廷春耕蟧蘆坪租叁拾斤。

一振詁耕嶺仔邊租弍拾斤。

一廷立該蟧蠏仔租壹拾斤。

一啟德該崙仔租伍拾斤。

一廷吉該播村洋上水路租壹拾伍斤。

FYXB002　嘉慶年賬簿009　280×245mm

一啟儀杏仁錢乙百一拾文
一廷脩該橋村洋新厝角租壹佰斤
一廷章該水沄池租弍佰斤

收利錢登記

一廷吉利尔八十四文
一廷取利尔七十七文
一收廷昂利尔乙百七十四文
一啟德利尔乙百三十五文
一啟靜利尔四百八十文
又收元昌利尔四百文
共收利錢壹仟叁佰伍拾文

一收廷灼租伍拾斤
一收振詁租弍拾斤
一收廷吉租拾伍斤
一收啟賢租弍拾捌斤
又收廷春租叁拾斤
又收廷脩租弍拾斤
又收啟德租伍拾斤
又收廷立租拾斤
共收租谷弍佰弍拾壹斤　实每百觔依租價柒佰伍拾文

一啟儀杏仁錢乙百一拾文。
一廷脩該播村洋新厝角租壹佰斤。
一廷章該水沄池租弍佰斤。

收利錢登記：

一廷吉利錢八十四文。　一啟德利錢乙百三十五文。
一廷取利錢七十七文。　一啟静利錢四百八十文。
一收廷昂利錢乙百七十四文。　又收元昌利錢四百文。
共收利錢壹仟叁佰伍拾文。
一收廷灼租伍拾斤。　又收廷春租叁拾斤。
一收振詁租弍拾斤。　又收廷脩租弍拾斤。
一收廷吉租拾伍斤。　又收啟德租伍拾斤。
一收啟賢租弍拾六斤。　又收廷立租拾斤。
共收租谷弍佰弍拾壹斤实，每百觔依祖價柒佰伍拾文□。

FYXB002　嘉慶年賬簿010　282×243mm

析價伐壹仟陸佰伍拾柒文又收杏仁伐乙百壹拾文
合共收利伐并租伐杏仁伐叁仟壹佰壹拾柒文又收
母錢伍佰捌拾文又收廷春杉艮一員折伐柒百弍文內
上年內尓三百三十七文实借母伐三百八十三文該利尓一百文合共母
伐四百八十三文合共收伐肆仟壹百八十文
首人啟高烹熟肉出骨除桶外实肉弍拾弍觔半每斤
拾壹刃筭共折生肉叁拾弍斤零拾叁刃每斤柒拾錢
見共該肉錢弍仟弍佰玖拾柒文筭数食米一斗柒升
折伐伍佰肆拾四文一丕仁琰朴伐三十五文一丕啟德朴尓
叁十五文一丕振詰朴尓乙十四文一丕廷立朴尓七文一丕
廷脩朴尓一十四文　又丕廷吉朴十一文共丕朴伐壹佰壹拾
陸文
一揔共用伐弍仟玖佰伍拾柒文除肉尓外尚剩伐壹仟弍佰弍十
三文除去廷春借母錢肆佰捌拾叁文除借外尚剩伐柒佰
四十文又收啟高添丁利谷一百斤折價伐八百文長尓五十
文在內共剩伐壹仟伍佰肆拾文又除啟德租伍拾斤折伐三
百七十五文除外尚剩伐壹仟壹佰陸拾伍文此尓付廷吉新借
內除元昌利伐四百文去入田價实剩伐柒佰陸拾伍文
另收啟德租伐叁佰七十五文合共伐壹仟一百四十文
此伐付廷士借去

折價錢壹仟陸佰伍拾柒文，又收杏仁錢乙百壹拾文，
合共收利錢並租錢、杏仁錢叁仟壹佰壹拾柒文，又收廷昂
母錢伍佰捌拾文，又收廷春杉艮一員，折錢柒百弍文，內除去
上年肉錢三百三十七文，实借母錢三百八十三文，該利錢一百文，合共母利
錢四百八十三文，合共收錢肆仟壹百八十文。

首人啟高烹熟肉，出骨除桶外实肉弍拾弍觔半，每斤
拾壹兩筭，共折生肉叁拾弍斤零拾叁兩，每斤柒拾錢，
見共該肉錢弍仟弍佰玖拾柒文，筭数食米一斗柒升，
折錢伍佰肆拾四文。一还仁琰糧錢三十五文，一还啟德糧錢
叁十五文，一还振詁糧錢乙十四文，一还廷立糧錢七文，一还
廷脩糧錢一十四文，又还廷吉糧十一文，共还糧錢壹佰壹拾
陸文。

一捴共用錢弍仟玖佰伍拾柒文，除肉錢外，尚剩錢壹仟弍佰弍十
三文，除去廷春借母錢肆佰捌拾叁文，除借外尚剩錢柒佰
四十文。又收啟高添丁利谷一百斤，折價錢八百文，長錢五十
文在內，共剩錢壹仟伍百肆拾文。又除啟德租伍拾斤，折錢三
百七十五文，除外尚剩錢壹仟壹佰陸拾伍文。此錢付廷士新借，
內除元昌利錢四百文，书入田價，实剩錢柒佰陸拾伍文。
另收啟德租錢叁佰七十五文，合共錢壹仟一百四十文。
此錢付廷士借去。

FYXB002　嘉慶年賬簿011　286×244mm

一廷脩民田一段坐在樒村洋新厝角租壹百斤價艮
八員契一帋一買廷章氷沄池民租弍拾斤價艮
拾陸員契一帋又叅字弍帋共四帋另元昌契一帋
共五帋
一廷吉借母錢弍佰捌拾文
一啟德借母錢肆佰伍拾文
一廷取借去母錢弍佰伍拾陸文
一廷立借去母錢肆佰二拾捌文又借回利錢壹佰弍拾捌文
一啟靜借去母錢壹仟陸佰文
一廷昂借去母錢柒佰弍拾文錯記
一廷春新借去母錢肆佰捌拾叁文又明
一廷士借去母錢壹仟壹佰肆拾文

一廷脩民田一段，坐在橎村洋新厝角，租壹百斤，價艮八大員，契一帋。一買廷章水沄池，民租弍佰斤，價艮拾陸員，契一帋。又承字弍帋，共四帋，另元昌契一帋，共五帋。

一廷吉借母錢弍佰捌拾文。

一啟德借母錢肆佰伍拾文。

一廷取借去母錢弍佰伍拾陸文。

一廷立借去母錢肆佰二拾捌文，又借囬利錢壹佰弍拾捌文。

一啟静借去母錢壹仟陆佰文。

一廷昂借去母錢柒佰弍拾文，錯記。

一廷春新借去母錢肆佰捌拾叁文，入明。

一廷士借去母錢壹仟壹佰肆拾文。

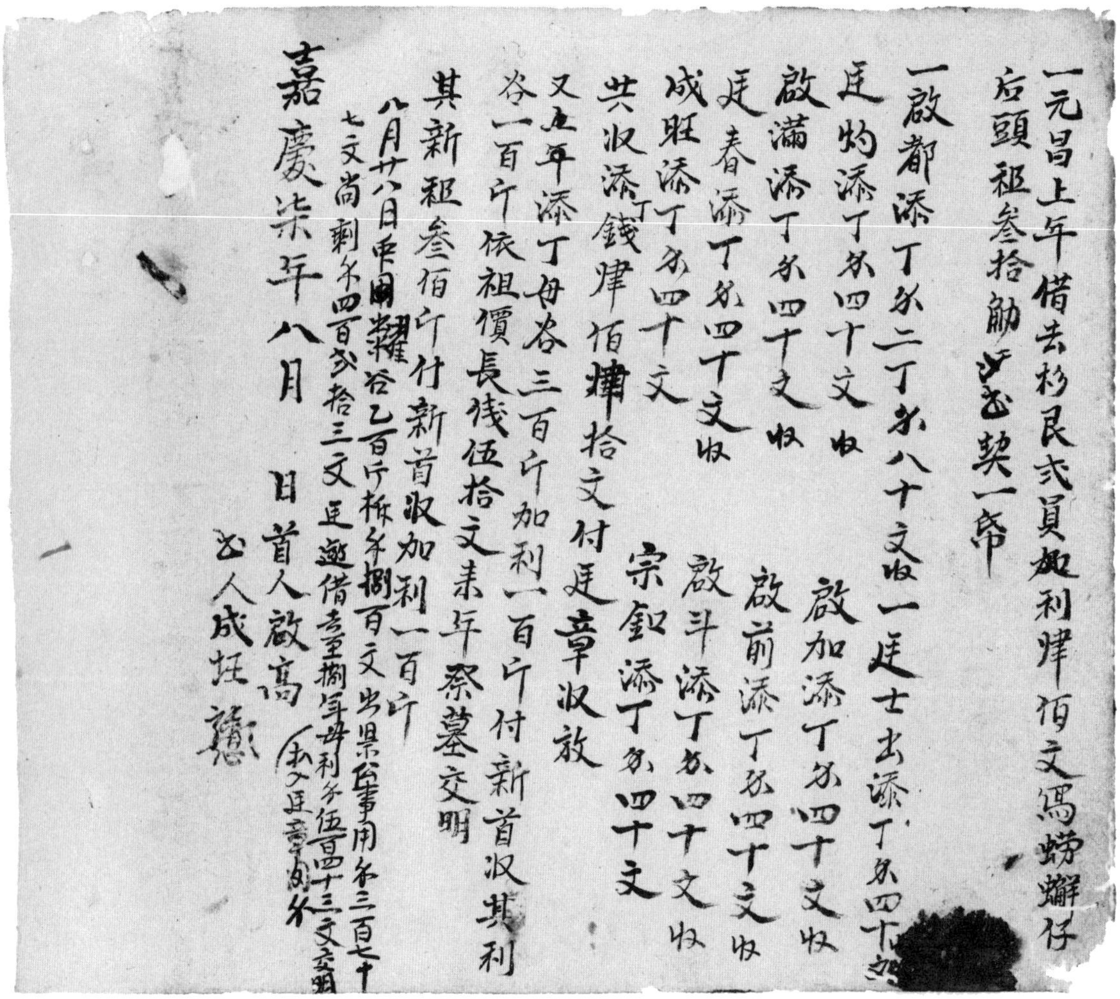
一元昌上年借去杉艮弍員加利肆佰文寫螃蟹仔
后頭祖叁拾觔正契一帋
一啟都添丁錢二丁錢八十文收　一廷士出添丁錢四十[illegible]
廷杓添丁錢四十文收　啟加添丁錢四十文收
啟滿添丁錢四十文收　啟前添丁錢四十文收
廷春添丁錢四十文收　啟斗添丁錢四十文收
成旺添丁錢四十文　宗釦添丁錢四十文
共收添丁錢肆佰肆拾文付廷章收放
又五年添丁母谷三百斤加利一百斤付新首收其利
谷一百斤依祖價長錢伍拾文来年祭墓交明
其新租叁佰斤付新首收加利一百斤
八月廿八日取回出糶谷乙百斤粜錢捌百文出県公事用錢三百七十
七文尚剩錢四百弍拾三文廷邀借去至捌年母利錢伍百四十三文交明
嘉慶柒年八月　日首人啟高　（私丁廷章借錢）
公人成旺　議

FYXB002　嘉慶年賬簿012　280×244mm

一元昌上年借去杉艮弍員，加利肆佰文，寫蟧蠏仔
后頭租叁拾觔，书契一帋。
一啟都添丁錢、二丁錢八十文，收。　一廷士出添丁錢四十文，收。
廷灼添丁錢四十文，收。　啟加添丁錢四十文，收。
啟滿添丁錢四十文，收。　啟前添丁錢四十文，收。
廷春添丁錢四十文，收。　啟斗添丁錢四十文，收。
成旺添丁錢四十文。　宗釦添丁錢四十文。
共收添丁錢肆佰肆拾文，付廷章收放。
又添丁母谷三百斤，加利一百斤，付新首收，其利
谷一百斤，依祖價，長錢伍拾文，来年祭墓交明。
其新租叁佰斤，付新首收，加利一百斤。
八月廿八日，衆耀谷乙百斤，折錢捌百文，出縣公事用錢三百七十
七文，尚剩錢四百弍拾三文，廷遊借去。至捌年，母利錢伍百四十三
文，交明。扒入廷章肉錢。

嘉慶柒年八月　　日首人啟高

书人成⿰土王（押）

FYXB002　嘉慶年賬簿013　280×244mm

六月廿六　衆文契收執一元昌收元纁契一紙元義契一紙
善登合約字一紙共三紙文采一建修收執建慎潮頭墘契
一紙文采一建士收執建玉契一紙啟為杉林契一紙建覺契一紙
共八三紙文采收執一建春收執建修鳳漈坊契一紙文采十
一新買元昌契一紙　又新買建修契一紙　建灼承字一紙　建賓
承字一紙　一建章契一紙　共新契並舊契拾叁紙付建賓收
收付與存首

八月廿八□衆交契收執，一元昌收元纏契一帋，元義契一帋，善登合約字一帋，共三帋交衆。一廷脩收執廷慎潮頭壠契一帋，交衆，一廷士收執廷玉契一帋，敵為杉林契一帋，廷覺契一帋，共三帋，交衆收執。一廷春收執廷脩鳳係垵契一帋，交衆。一新買元昌契一帋，又新買廷脩契一帋，廷灼承字一帋，廷實承字一帋，一廷章契一帋，共新契並舊契拾叁帋，付廷實收執，付衆存首。

FYXB002　嘉慶年賬簿014　280×244mm

嘉慶捌年八月廿四日致祭
雙理嵜二所祖坟置有公租錢谷歷年付首收用買办
祭肉芳名開列
一廷灼耕潮頭墘租伍拾斤
一啟賢耕墩仔墈租叁拾斤
廷脩誒鳳㙊垵租弍拾斤
一廷春後螃厔坪租叁拾斤
一振諾後嶺仔逕租弍拾斤
一廷立耕螃蠏仔租壹拾斤
一啟德耕嵜仔租伍拾斤
一廷吉耕播村洋上水路租壹拾伍斤
一啟儀杏仁租錢壹百乙十文
一啟都耕播村洋新厝角租壹百斤
一廷章耕泳泫迆右邊厝角租弍百斤
一元　利螃蠏仔租叁拾斤

嘉慶捌年八月廿四日致祭

雙理崙二所，祖坟置有公租錢谷，歷年付首收用買办

祭肉，芳名開列：

一廷灼耕潮頭壠租伍拾斤。

一啟賢耕墩仔崁租叁拾斤。

廷脩该鳳堘垵租弍拾斤。

一廷春该蟧蘆坪租叁拾斤。

一振诂该嶺仔邊租弍拾斤。

一廷立耕蟧蟹仔租壹拾斤。

一啟德耕崙仔租伍拾斤。

一廷吉耕播村洋上水路租壹拾伍斤。

一啓儀杏仁租錢壹百乙十文。

一啟都耕播村洋新厝角租壹百斤。

一廷章耕冰沄池租弍百斤。

一元□耕蟧蟹仔右邊厝角租叁拾斤。

FYXB002　嘉慶年賬簿015—016　356×235mm

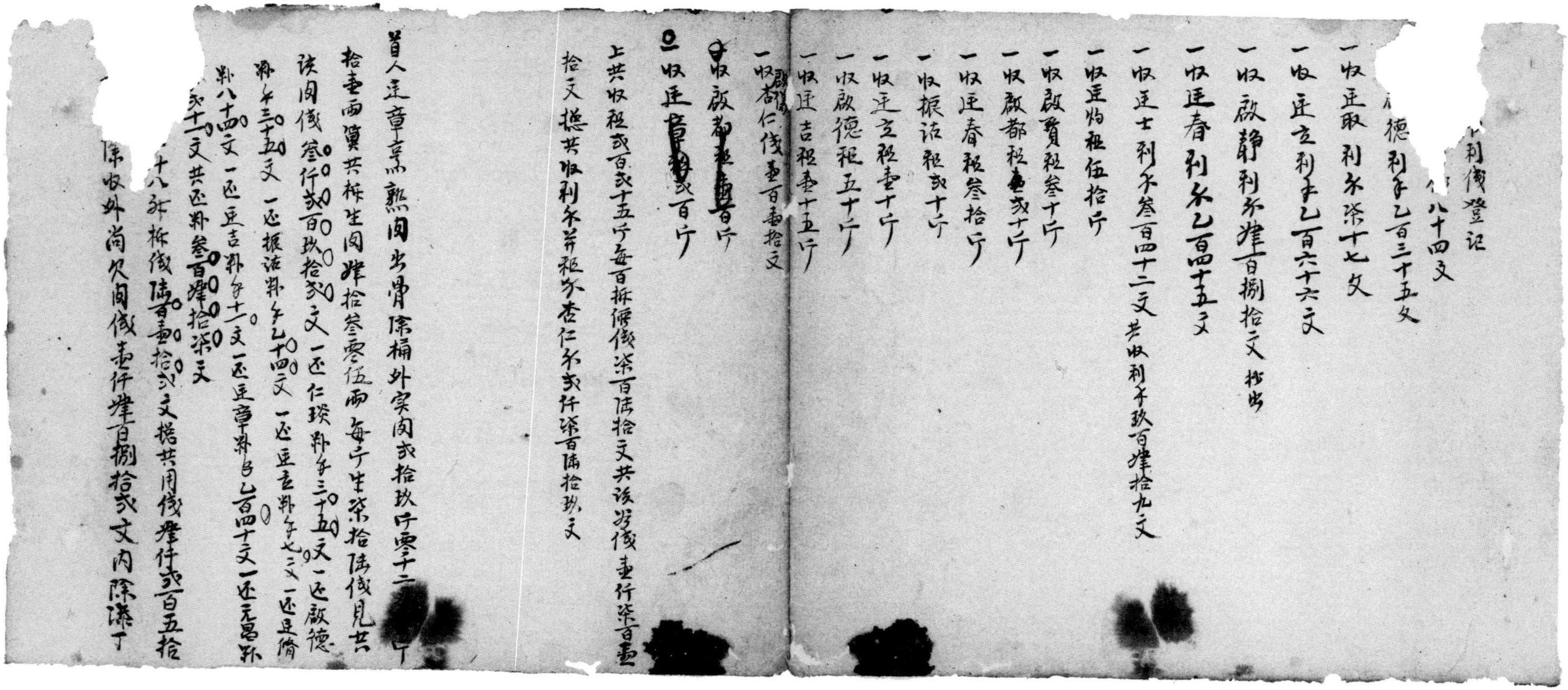
…利債登記
…八十四文
…德利乙百三十五文
一收正取利氽柒十七文
一收正立利乙百六十六文
一收啟静利氽肆百捌拾文　抄出
一收正春利氽乙百四十五文
一收正士利氽叁百四十二文　共收利氽玖百肆拾九文
一收正灼租伍拾斤
一收啟賢租叁十斤
一收啟都租壹贰十斤
一收正春租叁拾斤
一收振語租贰十斤
一收正立租壹十斤
一收啟德租五十斤
一收正吉租壹十五斤
一收啟都仁債壹百壹拾文
一收啟都租壹百斤
一收正官贰百斤
上共收租贰百贰十五斤每百扳價柒百陸拾文共該銀價壹仟柒百壹
拾文　總共收利氽并租氽去仁氽贰仟柒百陸拾玖文
首人正章土○熟肉出骨陸桶外実肉贰拾玖斤零十二斤
拾壹両價共扳生肉肆拾叁零伍両　每斤生柒拾陸價見共
該肉價叁仟玖百玖拾贰文　一还仁琰彩氽三十五文　一还啟德
彩氽三十五文　一还振語彩氽乙十四文　一还正立彩氽七文　一还正脩
彩八十四文　一还正吉彩氽十一文　一还正章彩氽乙百四十文　一还元昌彩
氽十一文　共还彩叁百肆拾柒文
十八斤扳價陸百壹拾贰文　總共用價肆仟贰百五拾
除收外尚欠肉價壹仟肆百捌拾贰文　內除添丁

]利錢登记。

]錢八十四文。

□□啟德利錢乙百三十五文。

一收廷取利錢柒十七文。

一收廷立利錢乙百六十六文。

一收啟静利錢肆百捌拾文，抄出。

一收廷春利錢乙百四十五文。

一收廷士利錢叁百四十二文，共收利錢玖百肆拾九文。

一收廷灼租伍拾斤。

一收啟賢租叁十斤。

一收啟都租弍十斤。

一收廷春租叁拾斤。

一收振诂租弍十斤。

一收廷立租壹十斤。

一收啟德租五十斤。

一收廷吉租壹十五斤。

一收啟儀杏仁錢壹百壹拾文。

一收啟都租壹百斤。

○一收廷章租弍百斤。

上共收租弍百弍十五斤，每百折價錢柒百陆拾文，共该谷錢壹仟柒百壹拾文，捴共收利錢并租錢、杏仁錢弍仟柒百陆拾玖文。

首人廷章烹熟肉出骨，除桶外实肉弍拾玖斤零十二兩，每斤拾壹両算，共折生肉肆拾叁零伍両，每斤生柒拾陆錢。見共该肉錢叁仟弍百玖拾弍文。一还仁琰糧錢三十五文，一还啟德糧錢三十五文，一还振诂糧錢乙十四文，一还廷立糧錢七文，一还廷脩糧八十四文，一还廷吉糧錢十一文，一还廷章糧錢乙百四十文，一还元昌糧錢弍十一文，共还糧叁百肆拾柒文。

]十八升，折錢陆百壹拾弍文，捴共用錢肆仟弍百五拾

]除收外，尚欠肉錢壹仟肆百捌拾弍文，内除添丁

刂……百二……併錢捌百壹拾文又扒廷遊母利錢伍百肆拾叁

合欠肉錢壹百貳拾九文時当帝湊还肉錢明白

另收廷章淑敵加丁米四十文又收敵蒲丁米四十文又收廷士

丁米四十文共收丁錢母利壹百伍拾陆文扣肉米壹百貳拾九

文補帝米貳十七文

帝收敵前丁米四十文

又帝收廷春丁米四十二文

又收廷春母錢肆百捌拾三文 共收錢伍百九拾文此米敵忠……

FYXB002 嘉慶年賬簿017 280×245mm

（殘三頁）

□百斤，折錢捌百壹拾文，又扒廷遊母利錢伍百肆拾叁

□欠肉錢壹百弍拾九文，時当衆凑还肉錢明白。

另廷章收啟加丁錢四十文，又收啟滿丁錢四十文，又收廷士丁錢四十文，共收丁錢母利壹百伍拾陸文，扣肉錢壹百弍拾九文，補衆錢弍十七文。

衆收啟前丁錢四十文。

又衆收廷春丁錢四十文。

又收廷春母錢肆百捌拾三文，共收錢伍百九拾文。此錢啟忠借

FYXB002 嘉慶年賬簿018 278×242mm

一廷吉借母錢貳百捌拾文

一啟德借母錢肆百伍拾文

一廷取借母錢貳百伍拾陸文

一廷立借母錢伍百伍拾陸文

一啟靜借母錢壹仟陸百文

一廷士借母錢壹仟壹百肆拾文

一廷章借母錢肆百捌拾文 啟靜利乄

一啟忠借母錢伍百玖拾文

衆公議歷年訂生肉四十斤

如烹生肉未熟 衆罰肉三斤

一廷章收添丁母谷叁百斤加利谷乙百斤付新首收其利谷乙百斤

大祖價長乄五十文 來年祭墓交明

斤加利谷六十六斤付新首收放繳

一廷吉借母錢弍百捌拾文。
一啟德借母錢肆百伍拾文。
一廷取借母錢弍百伍拾陆文。
一廷立借母錢伍百伍拾陆文。
一啟静借母錢壹仟陆百文。
一廷士借母錢壹仟壹百肆拾文。
一廷章借母錢肆百捌拾文，啟静利錢。
一啟忠借母錢伍百玖拾文。

衆公議，歷年订生肉四十斤。
如烹生肉未熟，衆罰肉三斤。
一廷章收添丁母谷叁百斤，加利谷乙百斤，付新首收其利谷乙百斤。
□祖價長錢五十文，来年祭墓交明。
□斤，加利谷六十六斤，付新首收放。

FYXB002 嘉慶年賬簿019 239×233mm

租弍拾斤
墓口租六十六斤半
竹畔溪仔逆租壹伯觔拆佚八百文
偹收谷佚開具
一收廷喜租柒拾斤
一收皇登租六拾斤
一收廷起租三十五斤
一收啓芃租捌拾伍斤
一收伯褒租拾斤
一收元璧租五拾斤
一廷葉租五十斤
一廷榜租弍拾斤
一收牲香租六十六斤半
一收自畔租佚捌伯文

一租式拾斤。

一墓口租六十斤半。

一畊溪仔邊租壹伯[1]觔，折錢八百文。

脩收谷錢開具：

一收廷喜租柒拾斤。

一收皇登租六拾斤。

一收廷起租三十五斤。

一收啟芃租捌拾伍斤。

一收伯衮租拾斤。

一收元璧租五拾斤。

一廷葉租五十斤。

一廷榜租式拾斤。

一收性香租六十六斤半。

一收自畊租錢捌伯文。

①此處『伯』，當爲『佰』之俗寫，下同，整理者注。

FYXB002　嘉慶年賬簿 020　245×232mm

一收東埔竹林租伐樹伯文
共收谷伍伯肆拾陸斤半並自耕在内每百
□依祖價八百本算另收東埔伐樹百
文一總共收伐伍仟壹伯弍拾二文
□猪一隻宰熟出□外每斤十一两折□
肆拾叁斤□折生肉陸拾弍觔叁□
斤生依鄉價柒拾弍文見共該肉伐肆
仟伍伯〇五文除肉本外尚長伐陸伯
壹拾柒文
一還廷考粿本三十五文　一還元璧粿本三十五文
廷葉粿本三十五文　一還信粿本四十二文
粿米四十七文　一還啓儒粿本十四文
本三十五文　共粿本二百四十三文
伐半折本壹伯□一文肉本□

一收東埔竹林租錢捌伯文。

共收谷伍伯 肆拾陸斤半，並自畊在內，每百

□依祖價八百錢筭，另收東埔錢捌百

文，一揔共收錢伍仟壹伯弍拾二文。

□猪一隻，烹熟，出骨外，每斤十一兩，折[

□肆拾叁斤，折生肉陸拾弍觔零[

斤生，依鄉價柒拾弍錢，見共該肉錢肆

仟伍佰〇五文，除肉錢外，尚長錢陸佰

壹拾柒文。

一廷考糧錢三十五文。　　一还元璧糧錢三十五文。

]廷葉糧錢三十五文。　　一还信糧錢四十二文。

]糧錢四十七文。　　一还啟爲糧錢十四文。

]錢三十五文。　　共糧錢二百四十三文。

]升半，折錢壹伯八□□文肉[

FYXB003 抄契簿 001—002 395×196mm

立契人成垢有民田壹坐左亭鄉土名
該三畝業坐盾门口田载租
送去与
年足收過价钱陸千一百四十文廿
其田付买收租管业贴钱三十五文 其年不
係本有係垢係吉不干买之事今欲有憑立契
其价
月 日 立契人成垢
中見人啟郁
代书人成墨
十年 上卅日將契折回寺水末田價錢叁
仟文將此卡 銷去科聯买賠田

美五公手有承祖管山場一所坐在
土名茹五嵛 祖媽額大妣該四以 其前後左右
界上至墓後頭軟腰路仔為界
下至墓前園坪為界 左至路 右至
頭園坪大墓為界
光緒三十二年 為業 景命 宗 事 刘
慈臨南陆何令文至民国六
十日東踏出茹五嵛樹柏松株付

立契人成垢有己分民田壹[1]，坐在本鄉，土名
□□□紫堂厝門口，田載租伍拾觔大，今因⌈
⌈送賣与
⌈公衆邊為祀業，时收过價錢陆千一百四十文，其⌈
⌈其田付衆收租，暦年貼錢三十五文，並無不□□
情，如有係垢係当，不干衆之事。今欲有憑，立契
為炤。

⌈月　日立契人成垢　号

中見人啟都　号

代书人成墨　号

⌈十年正卅日将契折回去，收来田價錢叁
仟文，將此錢開去科聯，衆贖回。

美五公衆有承祖管山塲一所，坐在
土名英五崙祖媽賴大娘 该四公，其前後左右
□界，上至墓後頭軟腰路仔为界，
下至墓前園坪为界，左至路，右至□
顕園坪大墓为界。

光緒三十二年为刘業景命案一事⌈
⌈慈臨肉錢陸佰余文，至民国六年⌈
十一日，衆踏出英五崙松柏拾株付臨⌈

---

① 此處疑缺『叚』字。

FYXB003 抄契簿 003—004 396×194mm

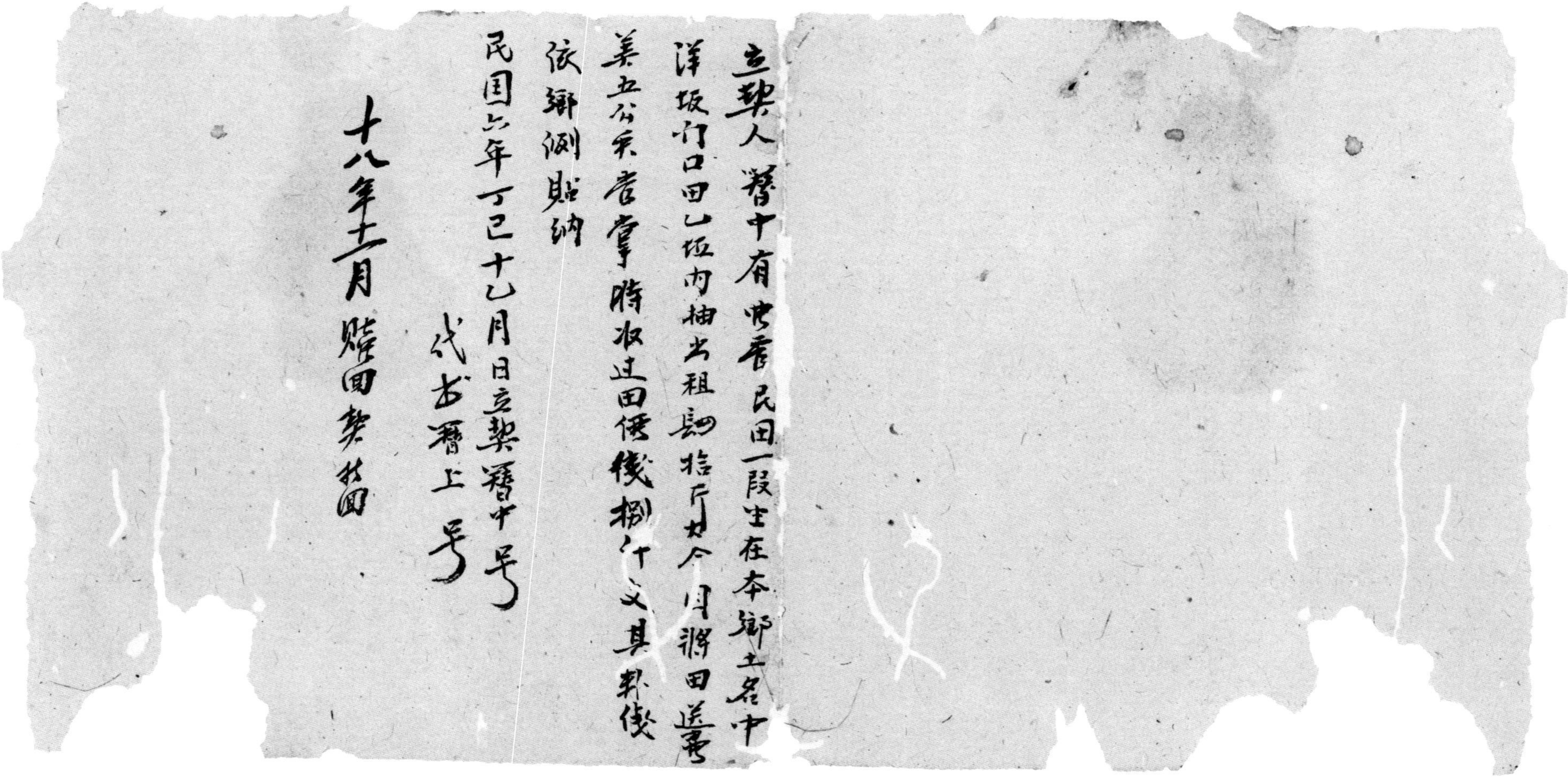
立契人胥中有世產民田一段坐在本鄉土名中
洋坂行口田山垅內抽出租穀拾斤今因將田送與
姜五公衆會掌時收过田價錢捌仟文其糧係
依鄉例貼納
民国六年丁巳十二月　日立契胥中　号
代书胥上　号
十八年十二月贖回契存

立契人簪中有買管民田一段，坐在本鄉，土名中洋坂门口，田乙坵，内抽出租肆拾斤大，今因將田送賣美五公衆管掌，時收过田價錢捌仟文，其糧錢依鄉例貼納。

民国六年丁巳十乙月　日立契簪中号

代书簪上号

十八年十一月贖回契折回。

（此頁空白）

FYXB003　抄契簿 005—006　394×196mm

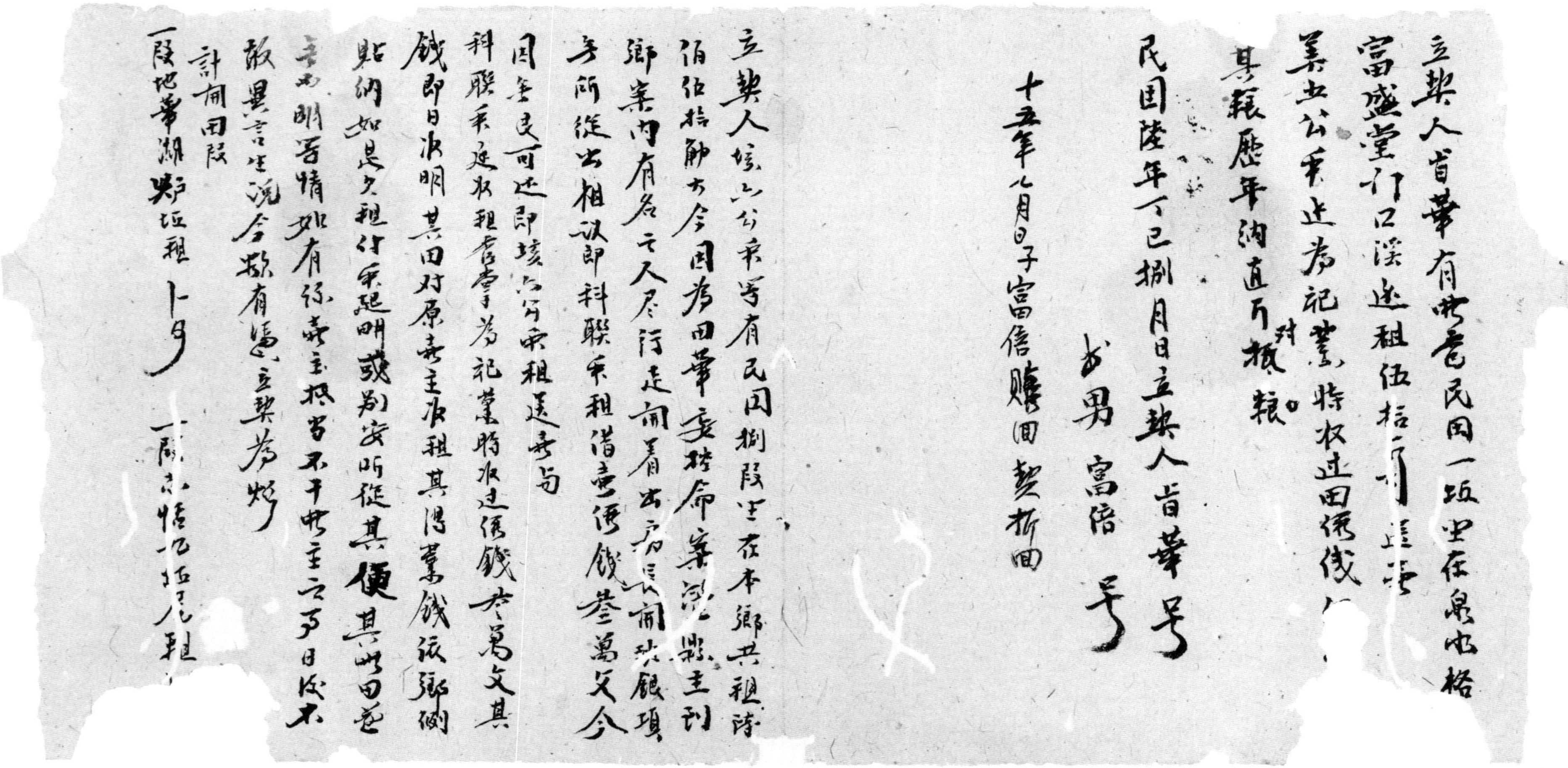

立契人旨華有買管民田一坵，坐泉水格富盛堂门口溪邊，租伍拾斤大，送賣美五公衆邊為祀業，時收过田價錢〡其粮歷年纳直斤对抵粮。

民国陆年丁巳捌月日立契人旨華号

书男　富倍号

十五年八月日子富倍贖田，契折田。

立契人垓六公衆等有民田捌段，坐在本鄉，共租陸佰伍拾觔大。今因為田華妄控命案，管縣主到鄉，案内有名之人尽行走開，着出房長開班銀項，無所從出，祖议即科聯衆租借賣價錢叁萬文，今因無艮可还，即垓六公衆租送賣與科聯衆邊收租管掌為祀業，時收过價錢叁萬文，其錢即日收明，其田对原賣主收租，其得業錢依鄉例貼纳，如是欠租，付衆起畊，或别安，听從其便。其此田並無不明等情，如有係賣主抵当，不干買主之事，日後不敢異言生说。今欲有憑，立契為炤。

計開田段：

一段地華湖炉坵租110斤　一段志恬九坵尾租〡

FYXB003　抄契簿 007—008　385×197mm

一段旋華湖炉垅　租[illegible]
及瓦窯頭
一段荣高金星堂右边　記号
一段湾垅租　記号
共租陸佰陸拾伍斤
另中礼钱捌佰文
光绪九年正月日立契人族六公秉等丁荣涌号

一段荣□湾村洋壠[illegible]
一段正華提仁堂脚[illegible]
一段荣高畊墘仔尾租

地華　旋華号
荣秀　荣重号
正華　中見美荣号
路華　代鼓華号

中国民国十年正月卅日贖回

一段旋華湖炉坵租115斤　一段荣惠潘村洋墘[
及瓦瑶頭
一段荣高金星堂右边80斤　一段止華揚仁堂脚角[
一段灣坵租　80斤　一段荣高畊垵仔尾租[
共租陸佰陸拾伍斤
另中礼錢肆佰文
光緒九年正月日立契人垓六公衆等丁荣诵号
地華　旋華号
荣東　荣重号
正華
路華　中見总棠号
书　鼓華号
至国民国十年正月卅日贖回。

（此頁空白）

FYXB003　抄契簿009—010　384×197mm

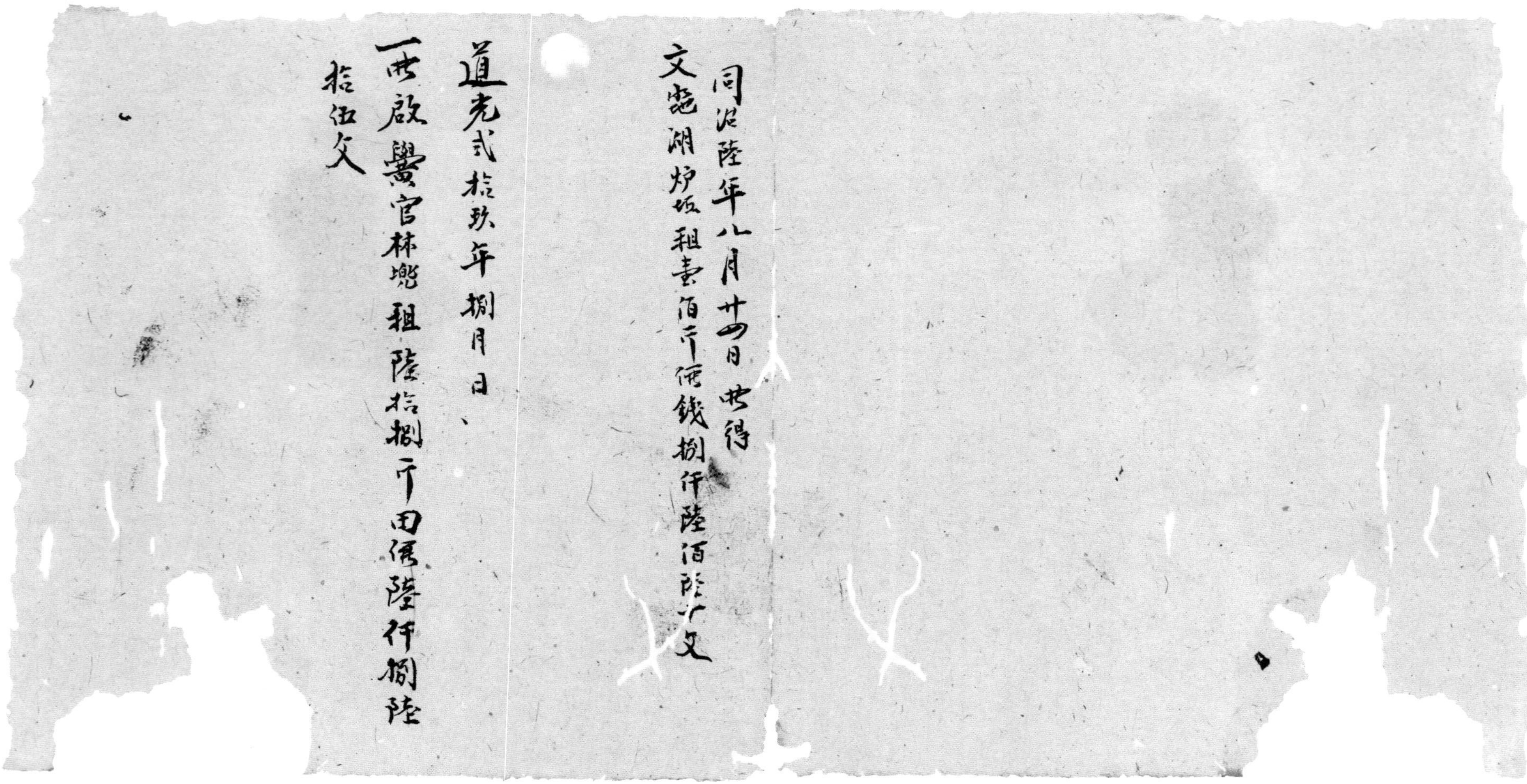
同治陸年八月廿四日出得
文堂湖炉坂租壹佰斤價錢捌仟陸佰陸十文
道光弍拾玖年捌月日
一出啟豐官林壠租陸拾捌斤田價陸仟捌陸
拾伍文

（此頁空白）

同治陸年八月廿四日買得

文水地湖炉坵租壹佰斤，價錢捌仟陸佰陸十文。

道光弍拾玖年捌月　日

一買啟爨官林兜租陸拾捌斤，田價陸仟捌陸拾伍文。

FYXB003 抄契簿 011—012 384×197mm

民國三拾三年甲申登記
蘇將本票依政府文書[illegible]
暫列于下

段号 地号 畝分 賦額 坐落

53 [illegible]分 塆仔後 青[illegible]
53 [illegible]分五[illegible] 富盈堂 日料
53 [illegible]分四[illegible] 敦仔塆 日料
57 [illegible]分四[illegible] 桥塆过溪 日料
[illegible] [illegible]厘五[illegible]十 深垄仔 大坑頭 富安
53 [illegible]分三[illegible] 蟒蠏仔 富安

[illegible]
[illegible]分四[illegible] 瀾格 合贵 [illegible]
[illegible]分四[illegible] 郑坑垱 九垣格路下 合贵

另桥塆凡桥仔頭[illegible]黄金標[illegible]
另[illegible]班租[illegible]实[illegible]

民國三拾三年甲申登記

茲將本衆依政府丈量田[

暫列于下：

段号	地号	畝分	賦額	坐落
53		三分五厘		墘仔後清
53		五分	五等 一〇△	富盛堂日科平升
53		一分五厘	四等 四十	敦仔墘日科
57		一分	四等 卅	桥兜过溪日科
52		五厘	五等 十	深龙仔 富安
				大坪园
53		一分	三等 卅	螃蟹仔富安□□

4931-14 20-14 三分四厘 四等 九十 濶格 合贵65/66册

四分 四等 一〇△ 郑坑垅 九垢格路下 合贵

另桥兜桥仔頭与露贵美五公合標暫開一〇畝二五△

另彎垢租八十斤，实按租二十斤。

FYXB004 光緒年美五公衆數001 520×235mm

美五公衆數

光緒伍年歲在己卯桂月日下浣日

（此頁空白）

美五公衆數

光緒伍年歲在己卯桂月日下浣［

FYXB004　光緒年美五公衆數002　524×235mm

荣吉　文滔　文溥　敏華

志悟光緒伍年八月添去九坵尾田価錢

陸佰文

榮吉　文潧　文溥　皷華

志恬　光绪伍年八月添去九坵尾田價錢陸佰文。

（此頁空白）

FYXB004　光緒年美五公衆數003—004　526×238mm

一汲志恬九坵尾田租壹佰斤

一汲日樹火烧山田租玖拾斤

一汲旋華湖炉迳田租肆拾弍斤

一汲文湑田租陆拾斤

一汲文灈田租伍拾斤

一汲宗鐺田租弍拾斤

一汲宗鏪田租伍拾伍斤

一汲宗鐙田租柒拾伍斤

一汲榮久田租弍拾斤

一汲鼓華田租壹佰拾斤

一汲榮東田租壹佰斤　陸年二月廿九折入本銀

一汲正鋸羲揚仁堂後頭租陆拾斤

一汲縉羲田租伍拾斤

一汲日視田租伍拾斤

上共汲租谷[illegible]　內榮東田新進入本　折干谷[illegible]

一汲榮重領仔迳　現耕　租入干谷[illegible]　行

又現當潮頭墘租干谷　撥榮東外實干谷[illegible]

實存大谷[illegible]

陸年二月末皆集公租收齊[illegible]

又入租[illegible]

一收志恬九坵尾田租壹佰斤直。

一收日樹火燒山田租玖拾斤直。

一收旋華湖炉邊田租肆拾弍斤直。

一收文潃田租陸拾斤直。

一收文澛田租伍拾斤直。

一收宗鐺田租弍拾斤直。

一收宗鏪田租伍拾伍斤直。

一收宗鐙田租柒拾伍斤直。

一收荣久田租弍拾斤直。

一收鼓華田租壹佰拾斤直。

一收荣東田租壹佰斤直。　陸年二月廿九，折入錢909。

一收正鋸華揚仁堂後頭租陸拾斤直。

一收縮華田租伍拾斤直。

一收日梘田租伍拾斤直。

上共收租谷882斤直，内荣東旧耕是入錢，折干谷782斤。

一收荣重領仔邊現畊租入干谷17斤。

又現当潮頭壠租干谷50斤　扣荣東外实干谷749斤直。实粜大斤575斤，

每百斤，127斤，秤失25斤，價錢7760。

陸年二月末皆華贖公租坂墓门口租100斤，入契面錢5400。

又入租錢776。

FYXB004　光緒年美五公衆數 005—006　525 × 238mm

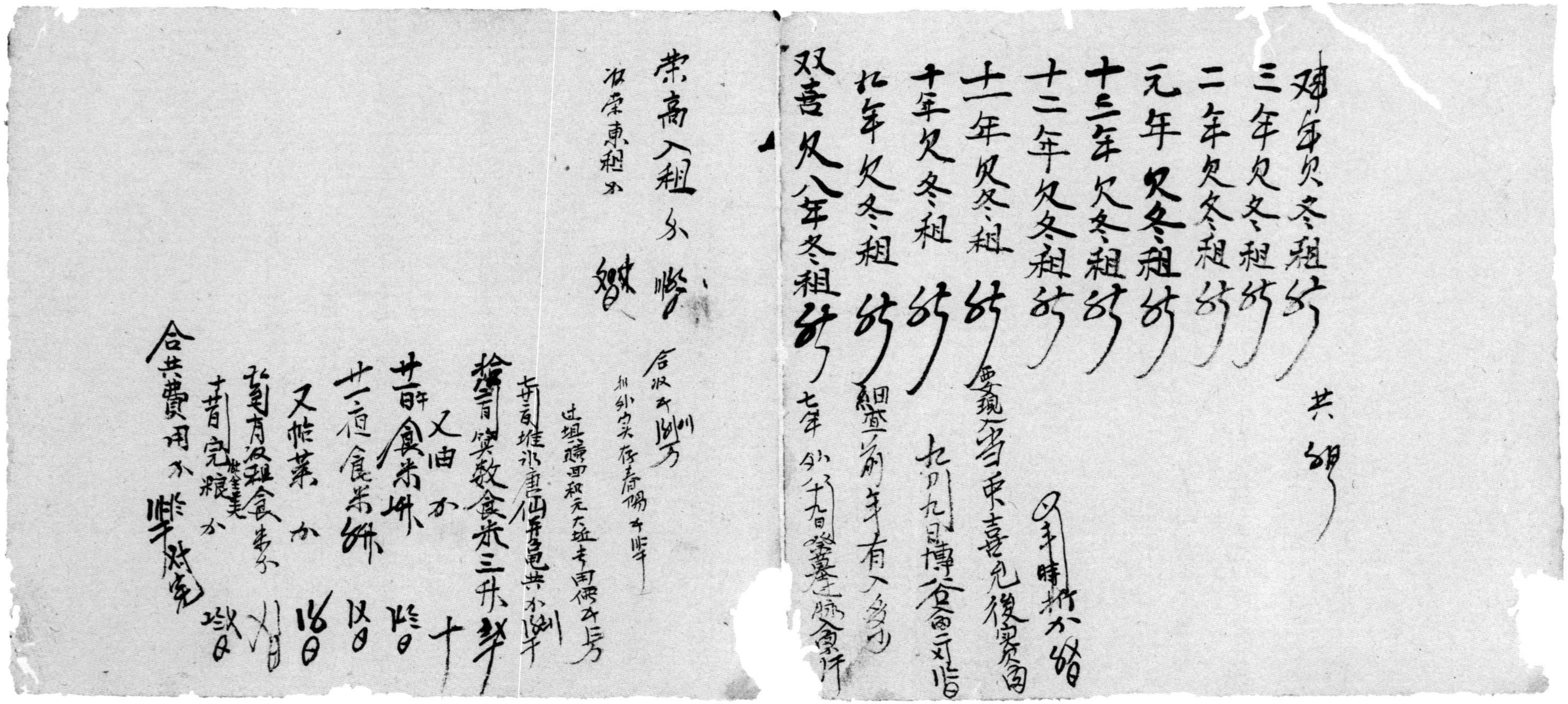

肆年欠冬租50斤。　共500斤。
三年欠冬租50斤。
二年欠冬租50斤。
元年欠冬租50斤。
十三年欠冬租50斤。　丰時折錢540。
十二年欠冬租50斤。　要現入当衆喜允後实欠肉。
十一年欠冬租50斤。
十年欠冬租50斤。　九月初九日博谷入肉二斤四兩270。
九年欠冬租50斤。　細查前年有入多少。
双喜欠八年冬租50斤。　七年外八月十九日祭墓过脉入肉錢1000。

荣高入租錢357，合收錢15202。
收荣東租錢909，扣外实存春陽錢3200。
过垻贖田和元大坵，去田價錢12000。
七月廿三日堆氷唐仙并亀共錢1572。
拾月二一日算數食米三升，84。
又油錢10。
廿一日午食米6升，168。
廿一宿食米5升，140。
又帖菜錢150。
九月至十月收租食米錢410。
十月廿一日杜全美完粮錢684。
合共費用錢3218，对完。

欠旧租登记

荣章欠同治捌年冬租 [illegible]面

肆年分谷文題入生面二斤

伍年分谷入面二丁

又欠九年冬租 [illegible]

欠拾年冬租 [illegible]

拾一年欠冬租 [illegible]

拾二年欠冬租 [illegible]

拾三年欠冬租 [illegible]

光绪元年欠冬租 [illegible]

弍年欠冬租 [illegible]

三年欠冬租 [illegible]

四年欠冬租 [illegible]

共[illegible]

陸年分谷过荣謁入鉴四丑

八年九谷入面十[illegible]

FYXB004　光緒年美五公衆數007　267×237mm

欠旧租登记：肆年八月十九日，文题入生肉二斤十二兩。

荣章欠同治捌年冬租55斤直，伍年八月十九日入肉二斤。

又欠九年冬租55斤。

欠拾年冬租55斤。

拾一年欠冬租55斤。

拾二年欠冬租55斤。

拾三年欠冬租55斤。

光绪元年欠冬租55斤。

弍年欠冬租55斤。

三年欠冬租55斤。

四年欠冬租55斤，共550斤。

陸年八月十九日过荣嚮入熟肉一斤十一兩。

八年八月十九日，入肉十四兩。

FYXB004　光緒年美五公衆數008　267×237mm

正華欠同治八年冬租[illegible] [illegible]
九年欠冬租[illegible] 又入[illegible]丁 收
拾年欠冬租谷[illegible]
拾一年欠租谷[illegible]
拾二年欠冬租[illegible]
拾三年欠冬租[illegible]
光緒元年欠冬租[illegible]
弍年欠冬租[illegible]
三年欠冬租[illegible]
四年欠冬租[illegible]
共[illegible] [illegible]

[illegible]年二月入[illegible]二斗七
又出[illegible]香灼[illegible]
又十九日出香灼[illegible]

田契未書

正華欠同治八年冬租100斤。　肆年八月十九日入生肉九斤半。

九年欠冬租　100斤。　又入荳丁 24。

拾年欠冬租谷100斤。

拾一年欠租谷100斤。

拾二年欠冬租100斤。

拾三年欠冬租100斤。

光绪元年欠冬租100斤。

弍年欠冬租100斤。　旬錢140。

三年欠冬租100斤。　七年八月十九日祭墓出介帋二刀。

四年欠冬租100斤。　共1000斤。

田契未書　陸年八月廿四日，入熟肉二斤七兩。

又出介帋香灼，

二合316。

又十九日出香灼帋，

FYXB004　光緒年美五公衆數 009—010　526×237mm

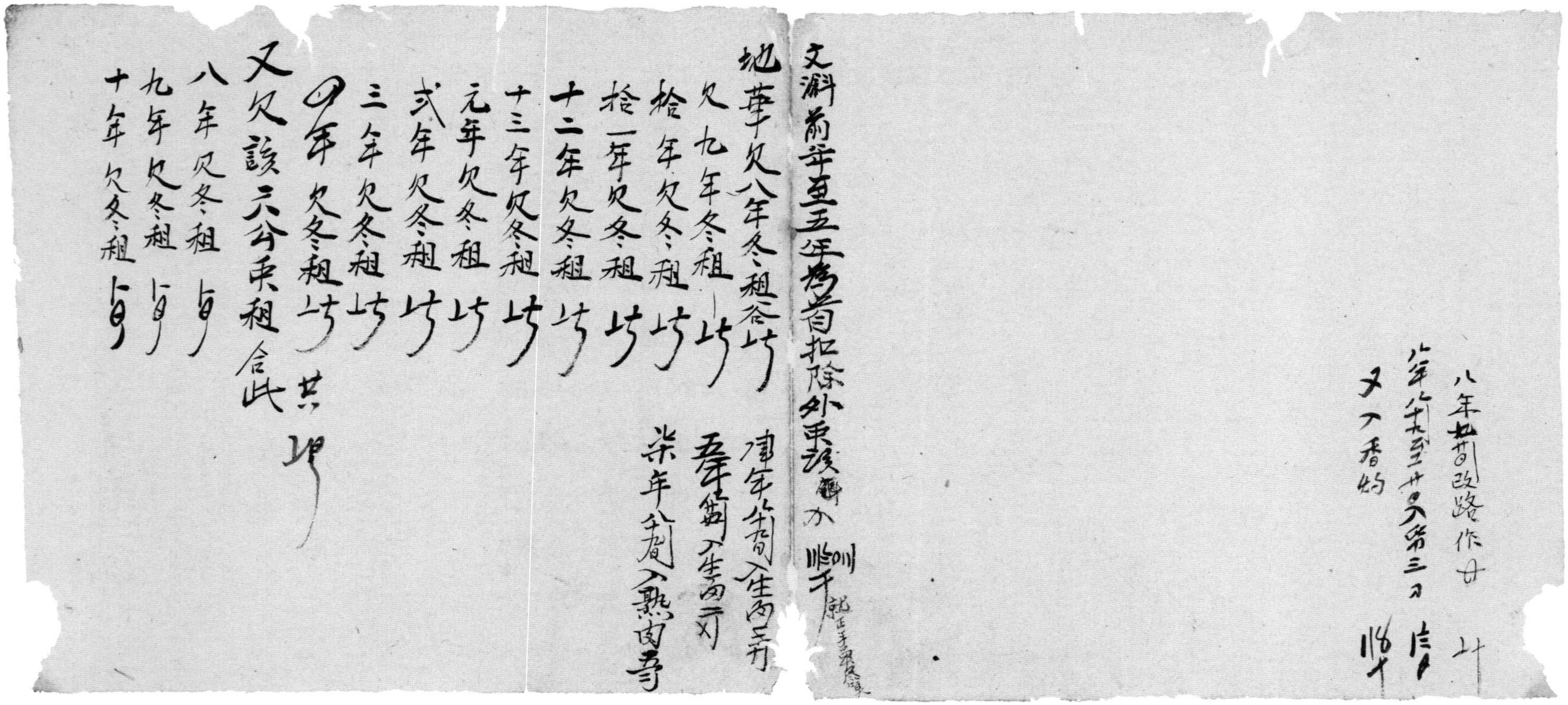

八年[illegible]改路作廿
[illegible]
又了香約
信　廿
[illegible]

文斛前年至五年為首扣除外乘該[illegible]办　[illegible]

地華欠八年冬租谷[illegible]　肆年[illegible]
欠九年冬租[illegible]　五年[illegible]
拾年欠冬租[illegible]　柒年[illegible]熟[illegible]
拾一年欠冬租[illegible]
十二年欠冬租[illegible]
十三年欠冬租[illegible]
元年欠冬租[illegible]
弍年欠冬租[illegible]
三年欠冬租[illegible]
四年欠冬租[illegible]　共[illegible]
又欠該六公衆租合此
八年欠冬租[illegible]
九年欠冬租[illegible]
十年欠冬租[illegible]

八年七月廿日 改路作⊕，60。

八年八月十九至廿日入帋三刀，180。

又入香灼，25。

文澍前年至五年為首，扣除外衆該錢3803，就正手单尽算。

地華欠八年冬租谷 60斤。 肆年八月十九日，入生肉三斤十兩。

欠九年冬租 60斤。 五年八月廿日，入生肉二斤四兩。

拾年欠冬租 60斤。 柒年八月十九日，入熟肉五斤二兩。

拾一年欠冬租 60斤。

十二年欠冬租 60斤。

十三年欠冬租 60斤。

元年欠冬租 60斤。

弍年欠冬租 60斤。

三年欠冬租 60斤。

四年欠冬租 60斤。 共600斤。

又欠該六公衆租 合此

八年欠冬租 110斤

九年欠冬租 110斤

十年欠冬租 110斤

FYXB004　光緒年美五公衆數 011—012　524×238mm

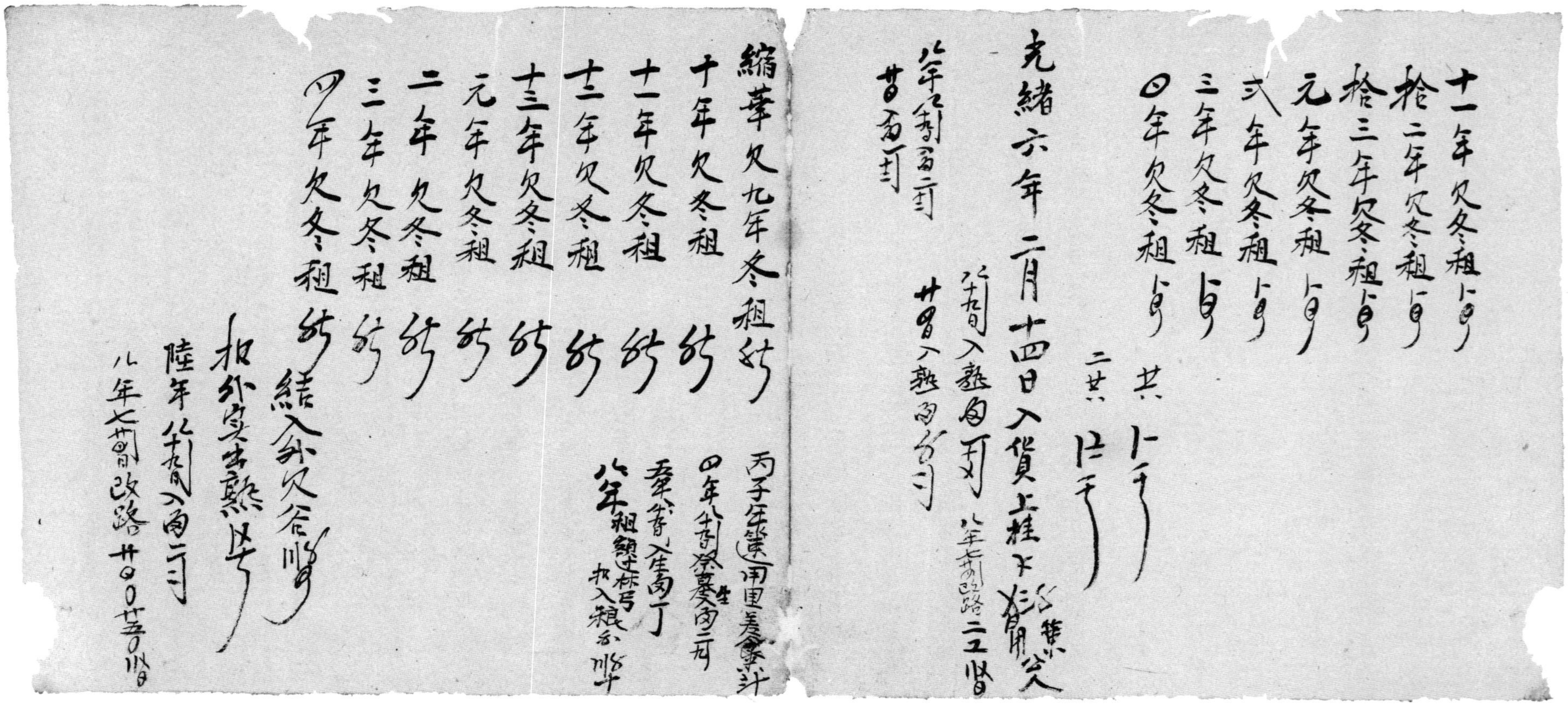
十一年欠冬租[illegible]
拾二年欠冬租[illegible]
拾三年欠冬租[illegible]
元年欠冬租[illegible]
弍年欠冬租[illegible]
三年欠冬租[illegible]
四年欠冬租[illegible]
共[illegible]
二共[illegible]
光緒六年二月十四日入貨上桂下[illegible]
縮華欠九年冬租[illegible]
十年欠冬租[illegible]
十一年欠冬租[illegible]
十二年欠冬租[illegible]
十三年欠冬租[illegible]
元年欠冬租[illegible]
二年欠冬租[illegible]
三年欠冬租[illegible]
四年欠冬租[illegible]

十一年欠冬租　110斤。
拾二年欠冬租　110斤。
拾三年欠冬租　110斤。
元年欠冬租　110斤。
弍年欠冬租　110斤。
三年次冬租　110斤。
四年欠冬租　110斤。　共1100斤。
二共1700斤。

光緒六年二月十四日入貨上桂錢435 策用公人。
八月十九日入熟肉一斤十四兩。八年七月廿四改路二工，240。
八年八月十九日入肉二斤十二兩。　廿四日入熟肉五斤二兩。
廿日入肉一斤十二兩。

縮華欠九年冬租50斤。　丙子年策用里差食米80。
十年欠冬租　50斤。　四年八月十九日祭墓生入肉二斤九兩。
十一年欠冬租50斤。　五年八月十九日入生肉一斤。
十二年欠冬租50斤。　八年租额过林有扣入粮錢35。
十三年欠冬租50斤。
元年欠冬租50斤。
二年欠冬租50斤。
三年欠冬租50斤。
四年欠冬租50斤。　结入外欠谷350斤。
扣外实出熟14斤。
陸年八月十九日入肉二斤二兩。
八年七月廿四日改路廿日〇廿五〇240。

FYXB004　光緒年美五公衆數 013—014　525 × 238mm

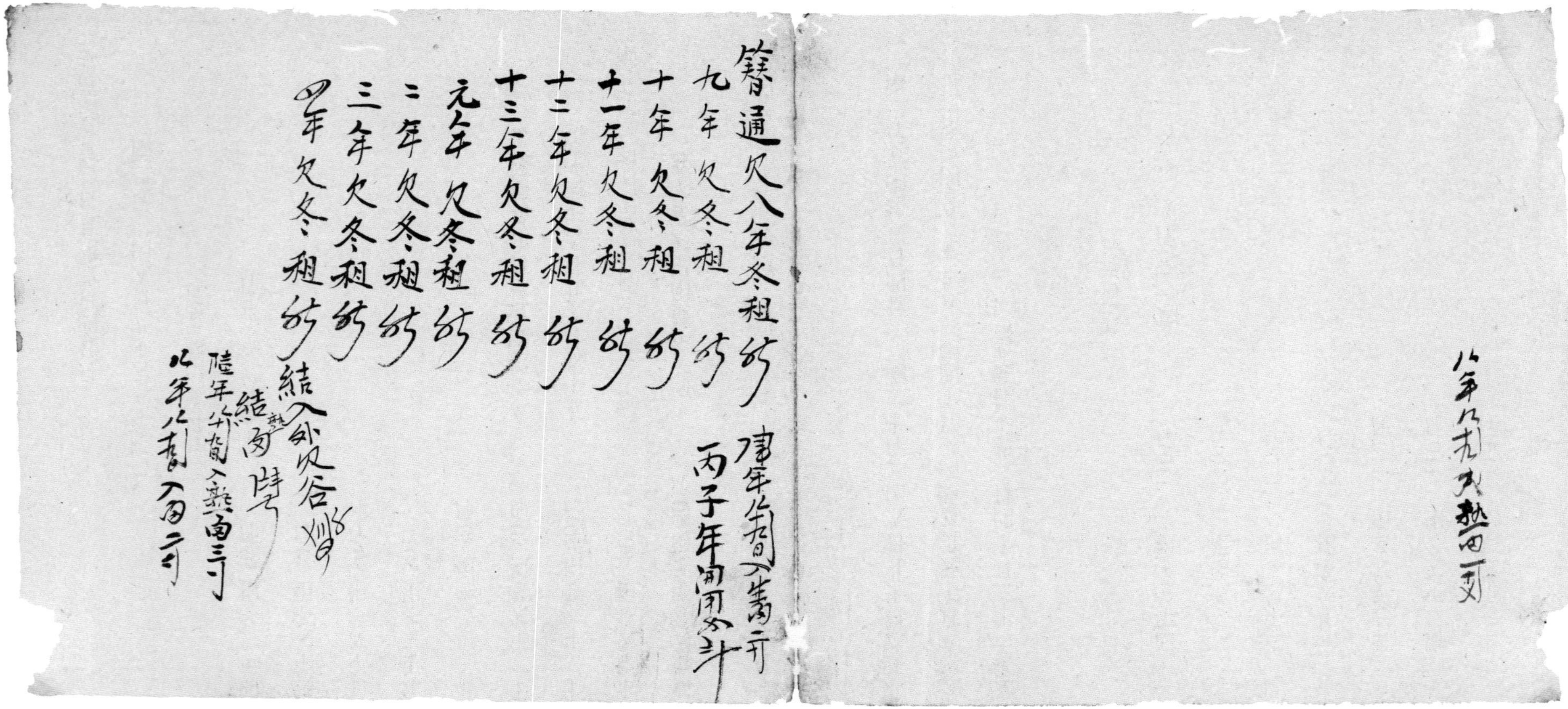

算通欠八年冬租纺
九年欠冬租纺
十年欠冬租纺
十一年欠冬租纺
十二年欠冬租纺
十三年欠冬租纺
元年欠冬租纺
二年欠冬租纺
三年欠冬租纺
四年欠冬租纺

八年八月十九入熟肉一斤十四兩。

簪通欠八年冬租50斤。

九年欠冬租　50斤。

十年欠冬租　50斤。

十一年欠冬租50斤。

十二年欠冬租50斤。

十三年欠冬租50斤。

元年欠冬租　50斤。

二年欠冬租　50斤。

三年欠冬租　50斤。

四年欠冬租　50斤。

肆年八月十九日入生肉二斤十兩。

丙子年開用錢80。

結入外欠谷435斤。

結熟肉十七斤八兩。

陸年八月十九日入熟肉三斤一兩。

八年八月十九日入肉二斤二兩。

FYXB004　光緒年美五公衆數 015—016　524×237mm

四年欠租[illegible]
三年欠租[illegible]
弍年欠租[illegible]
元年欠租[illegible]
十三年欠租[illegible]
十二年欠租[illegible]
十一年欠租[illegible]
十年欠租[illegible]
九年欠租[illegible]
揚仁堂後頂八年冬租[illegible]　田
[illegible]正　李現册

淵華欠八年冬租租[illegible]　[illegible]年八月[illegible]入[illegible]
七年冬过成[illegible]入[illegible]
九年欠冬租[illegible]
十年欠冬租[illegible]　[illegible]年八月[illegible]入[illegible]
十一年欠冬租[illegible]
十二年欠冬租[illegible]
十三年欠冬租[illegible]
元年欠冬租[illegible]
二年欠冬租[illegible]
三年欠冬租[illegible]
四年欠冬租[illegible]
結[illegible]欠谷[illegible]
折[illegible]
陸年八月[illegible]入[illegible]
[illegible]年八月[illegible]

四年欠租 62斤。
三年欠租 62斤。
弍年欠租 62斤。
元年欠租 62斤。
十三年欠租62斤。
十二年欠租62斤。
十一年欠租62斤。
十年欠租 62斤。
九年欠租 62斤。
揚仁堂後頭八年欠冬租62斤，田正鋸華現畊。

淵華欠八年冬租租50斤。
九年欠冬租 50斤。
十年欠冬租 50斤。
十一年欠冬租 50斤。
十二年欠冬租 50斤。
十三年欠冬租 50斤。
元年欠冬租 50斤。
二年欠冬租 50斤。
三年欠冬租 50斤。
四年欠冬租 50斤。

肆年八月十九日入生肉二斤十二兩。
九年冬过成垢為首入租25斤直。
五年八月十九日入熟肉一斤。
結入外欠谷400斤。
折熟肉16斤。
陸年八月十九日入熟四斤十五兩。
七年八月十九日烹肉入鹽三斤66。

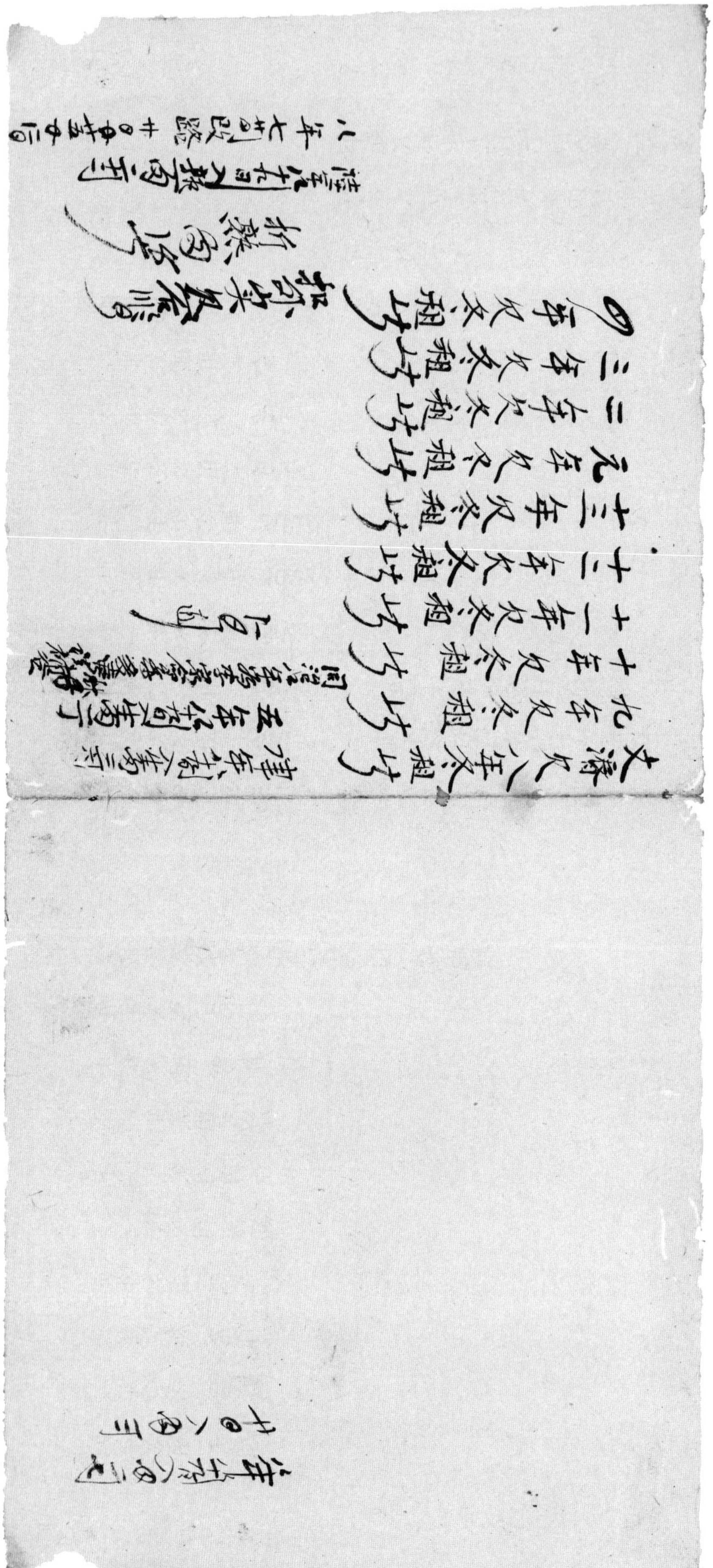

FYXB004 光緒年美五公衆數017—018 524×238mm

八年八月十九日入肉二斤七兩。
廿日入肉一斤二兩。

文湑欠八年冬租 60斤。
九年欠冬租 60斤。
十年欠冬租 60斤。
十一年欠冬租 60斤。
十二年欠冬租 60斤。
十三年欠冬租 60斤。
元年欠冬租 60斤。
二年欠冬租 60斤。
三年欠冬租 60斤。
四年欠冬租 60斤。

肆年八月十九日入生肉三斤六兩。
五年八月十九日入生肉二斤。
同治八年為李家命案，多賣林□该補谷 110斤直。
扣外实欠谷 380斤。
折熟肉 15斤。
陸年八月十九日入熟肉二斤十二兩。
八年七月廿日改路 廿日⦶ 廿五⦶ 120。

FYXB004　光緒年美五公衆數 019—020　525×238mm

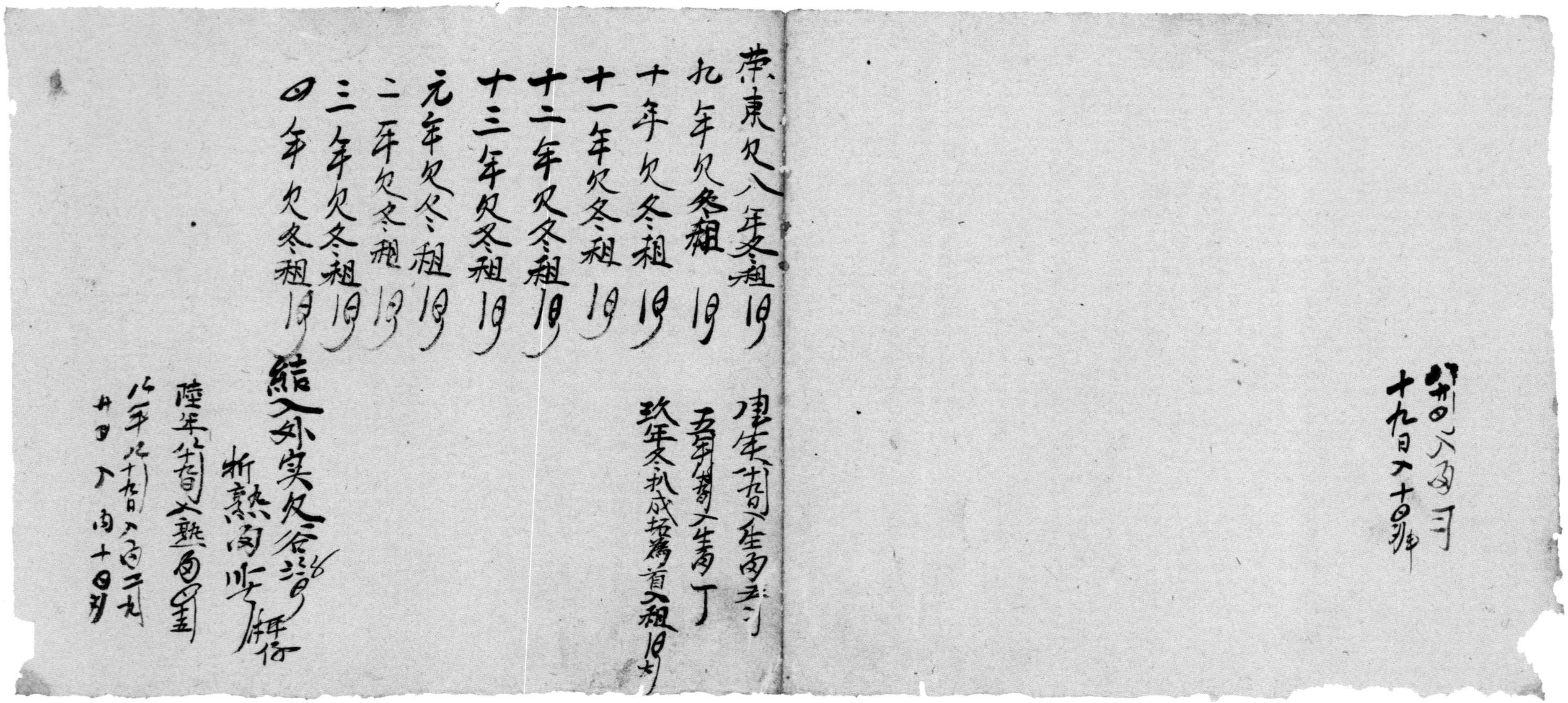

荣東欠八年冬租[illegible]
九年欠冬租[illegible]
十年欠冬租[illegible]
十一年欠冬租[illegible]
十二年欠冬租[illegible]
十三年欠冬租[illegible]
元年欠冬租[illegible]
二年欠冬租[illegible]
三年欠冬租[illegible]
四年欠冬租[illegible]
結入外実欠谷[illegible]
折熟[illegible]
陸年[illegible]
八年[illegible]
[illegible]
[illegible]
[illegible]
玖年冬[illegible]首入租[illegible]
[illegible]
十九日[illegible]

八月廿四入肉一斤二兩。

十九日入十四兩半。

荣東欠八年冬租 100斤。　肆年八月十九日入生肉五斤二兩。

九年欠冬租　100斤。　五年八月十九日入生肉一斤。

十年欠冬租　100斤。　玖年冬扒成垢為首入租100斤大。

十一年欠冬租　100斤。

十二年欠冬租　100斤。

十三年欠冬租　100斤。

元年欠冬租　100斤。

二年欠冬租　100斤。

三年欠冬租　100斤。

四年欠冬租　100斤。　結入外実欠谷775斤。　秤仔。

折熟肉31斤。

陸年八月十九日入熟肉四斤十五兩。

八年八月十九日入肉二斤九兩。

廿日入肉十四兩。

FYXB004　光緒年美五公衆數 021—022　525×238mm

同治八年冬欠
荣高欠租钏七
九年欠租钏七
拾年欠秕钏七
拾一年欠秕钏七
拾二年欠秕钏七
拾三年欠秕钏七
元年欠秕钏七
贰年欠秕钏七
叁年欠秕钏七
肆年欠秕钏七

肆年八月入生面二斤

陸年八月十九日入面八斤

（此頁空白）

同治八年冬欠

肆年八月十九日入生肉二斤二兩。

柒（?）高欠租　83斤。

九年欠租　83斤。

拾年欠租　83斤。

拾一年欠租　83斤。

拾二年欠租　83斤。

拾三年欠租　83斤。

元年欠租　83斤。

弍年欠租　83斤。

叁年欠租　83斤。

肆年欠租　83斤。

陸年八月月十九日入肉八斤半，熟。

FYXB004　光緒年美五公衆數 023—024　527×235mm

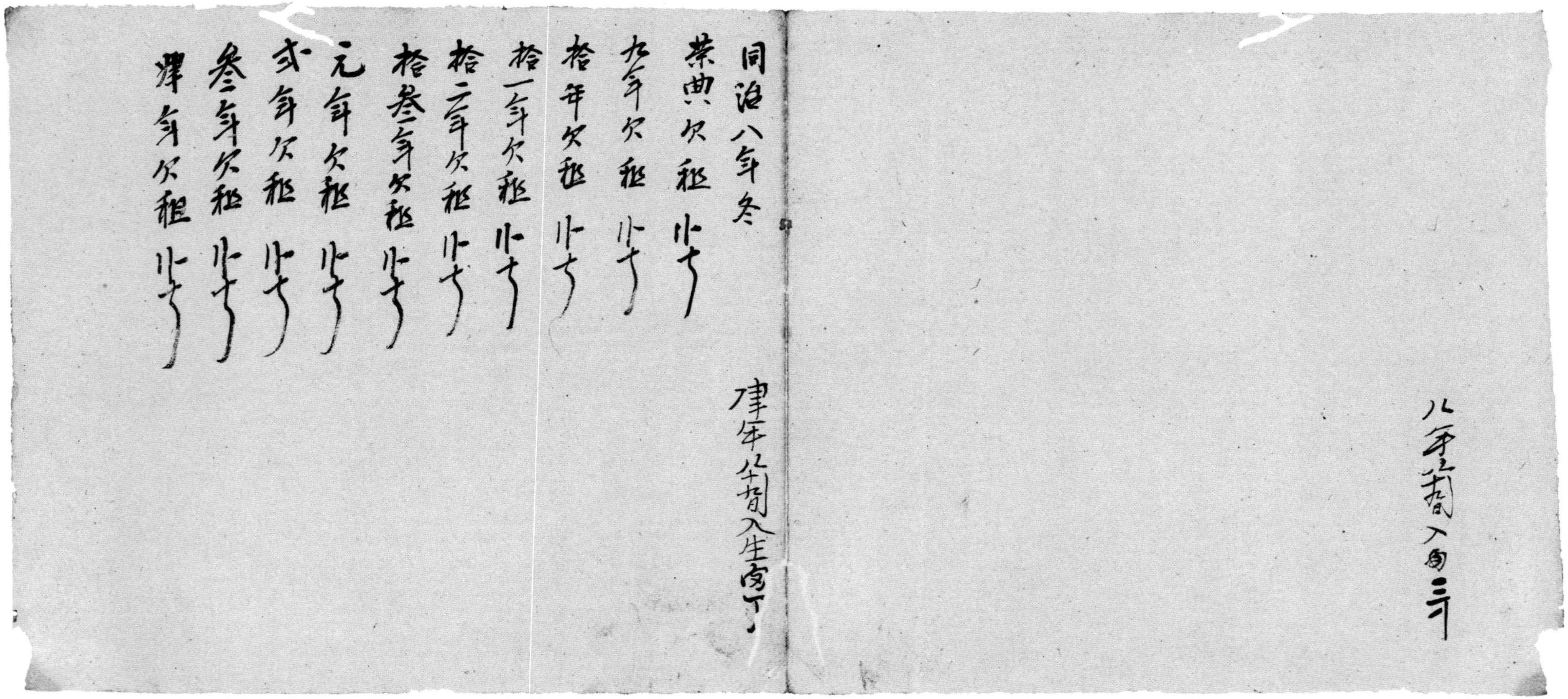
同治八年冬
棠典欠租 小十
九年欠租 小十
拾年欠租 小十
拾一年欠租 小十
拾二年欠租 小十
拾叁年欠租 小十
元年欠租 小十
式年欠租 小十
叁年欠租 小十
肆年欠租 小十
肆年分旬入生宮丁
八年分旬入白三

八年八月十九日入肉三斤一兩。

同治八年冬

荣典欠租 21斤。

九年欠租 21斤。

拾年欠租 21斤。

拾一年欠租21斤。

拾二年欠租21斤。

拾叁年欠租21斤。

元年欠租 21斤。

弍年欠租 21斤。

叁年欠租 21斤。

肆年欠租 21斤。

肆年八月十九日入生肉一斤。

FYXB004　光緒年美五公衆數 025—026　530×239mm

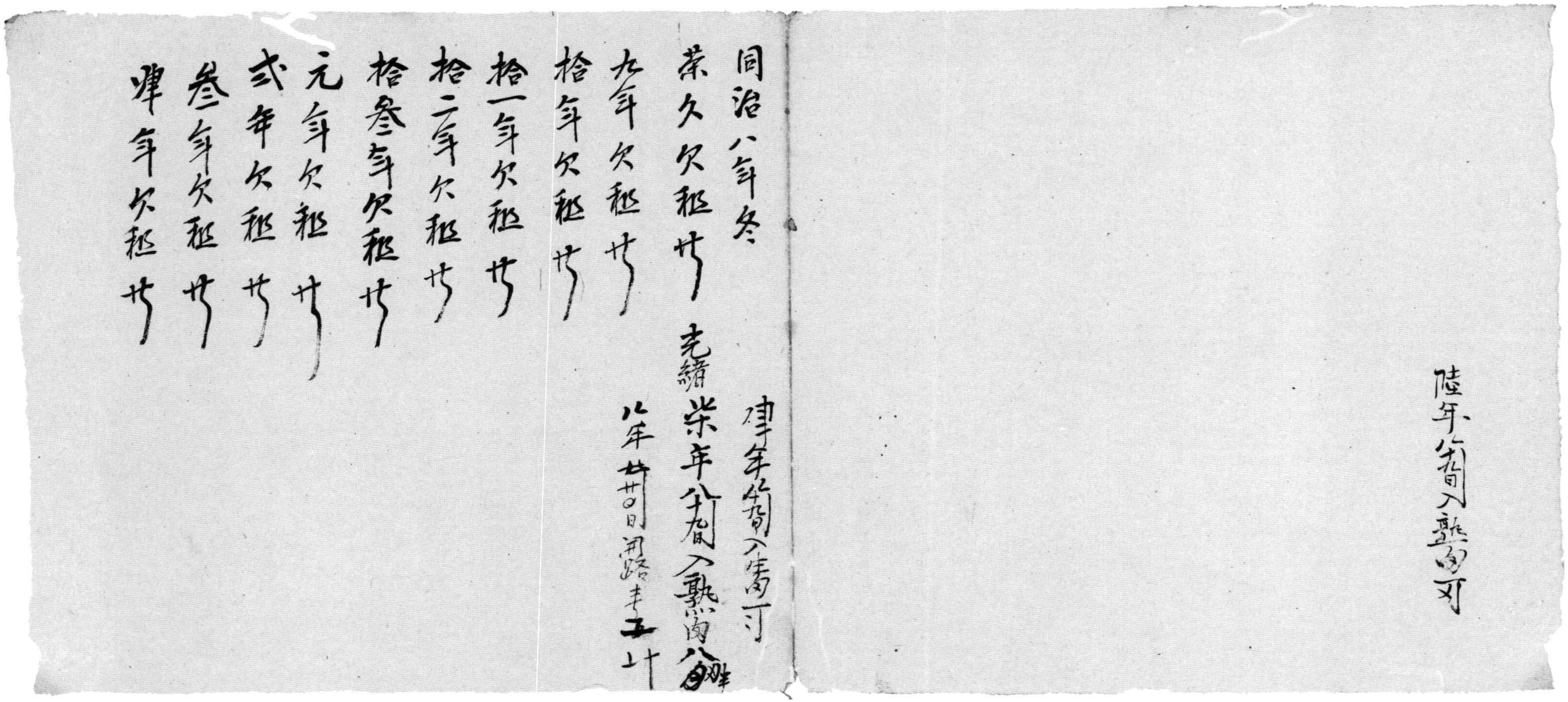
同治八年冬　肆年分旬入塾回可
柒久欠租廿〻　光緒柒年分旬入塾回分
玖年欠租廿〻　八年廿四日開路來五十
拾年欠租廿〻
拾一年欠租廿〻
拾二年欠租廿〻
拾叁年欠租廿〻
元年欠租廿〻
弍年欠租廿〻
叁年欠租廿〻
肆年欠租廿〻

陸年分旬入塾回对

同治八年冬

荣欠租廿斤。

九年欠租廿斤。

拾年欠租廿斤。

拾一年欠租廿斤。

拾二年欠租廿斤。

拾叁年欠租廿斤。

元年欠租廿斤。

弍年欠租廿斤。

叁年欠租廿斤。

肆年欠租廿斤。

肆年八月十九日入生肉一斤二兩。

光緒柒年八月十九日入熟肉八兩半。

八年七月廿四日開路半工，60。

陸年八月十九日入熟肉一斤四兩。

FYXB004　光緒年美五公衆數 027—028　525×238mm

同治八年冬
路義欠租計
九年欠租計
拾年欠租計
拾一年欠租計
拾二年欠租計
拾叁年欠租計
元年欠租計
弍年欠租計
叁年欠租計
肆年欠租計

肆年管入生面丁

（此頁空白）

同治八年冬

肆年八月十九日入生肉二斤一兩。

路華欠租　50斤。

九年欠租　50斤。

拾年欠租　50斤。

拾一年欠租50斤。

拾二年欠租50斤。

拾叁年欠租50斤。

元年欠租　50斤。

弍年欠租　50斤。

叁年欠租　50斤。

肆年欠租　50斤。

FYXB004 光緒年美五公衆數 029—030 524×238mm

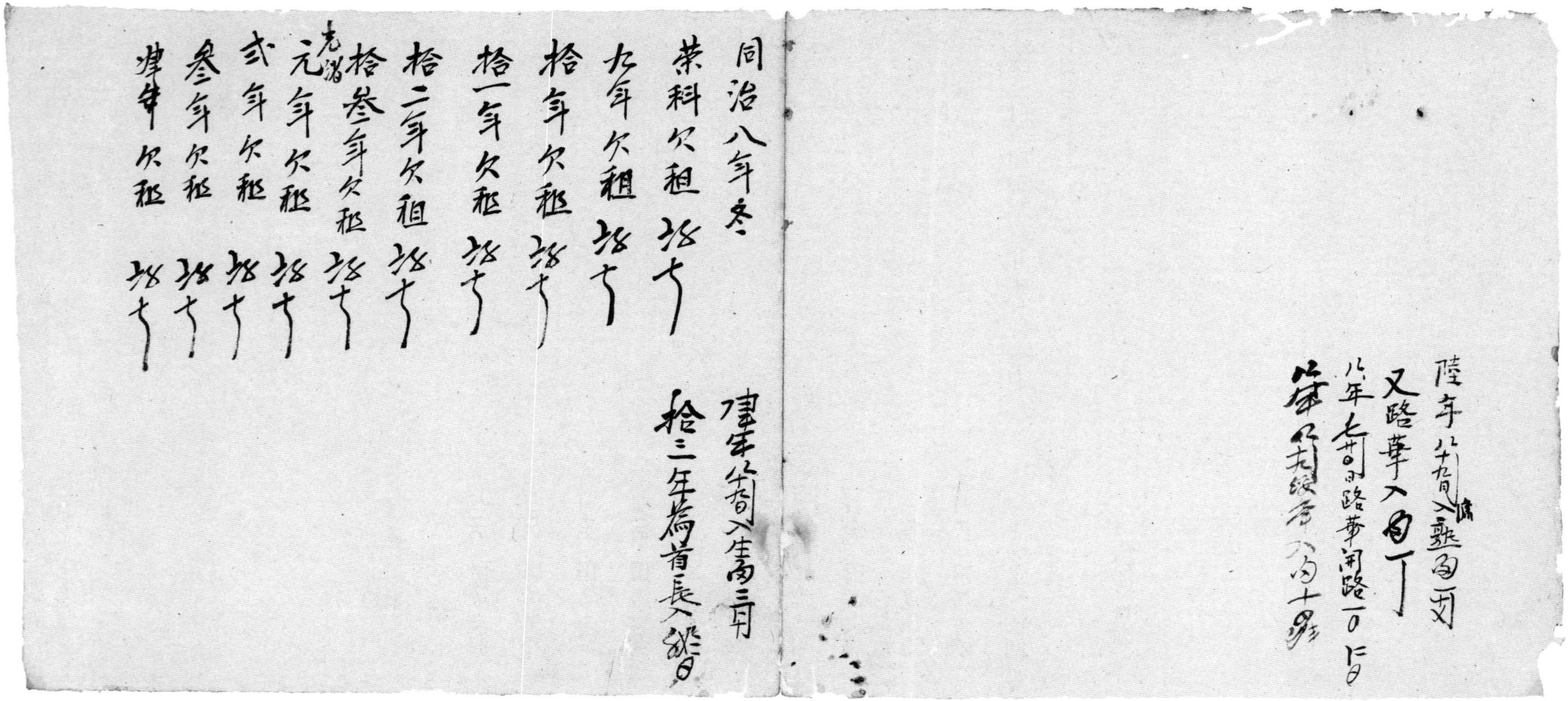

同治八年冬

荣科欠租

九年欠租

拾年欠租

拾一年欠租

拾二年欠租

拾叁年欠租

光緒元年欠租

式年欠租

叁年欠租

肆年欠租

肆年簡入生內三月

拾三年爲首長入

陸年

又路華入

八年

路華闲路

陸年八月十九日滽入熟肉一斤十四兩。

又路華入肉一斤。

八年七月廿四日路華開路一O 120。

八年八月十九綏華入肉十四兩半。

同治八年冬　　肆年八月十九日入生肉三斤十一兩。

荣科欠租　75斤。　　拾三年為首長入548。

九年欠租　75斤。

拾年欠租　75斤。

拾一年欠租75斤。

拾二年欠租75斤。

拾叁年欠租75斤。

光緒

元年欠租　75斤。

式年欠租　75斤。

叁年欠租　75斤。

肆年欠租　75斤。

FYXB004　光緒年美五公衆數 031—032　528×238mm

同治八年冬
旋義欠租刈十
九年欠租刈十
拾年欠租刈十
拾一年欠租刈十
拾二年欠租刈十
拾叁年欠租刈十
光緒元年欠租刈十
式年欠租刈十
叁年欠租刈十
肆年欠租刈十
共欠谷[illegible]作[illegible]
析入數洋[illegible]
陸年八月初九日入數洋三員

五年八月初[illegible]入洋[illegible]　扣租外
八年冬还
九年冬租谷式定入　刈十

陸年八月九日入數洋三員
八年八月[illegible]入[illegible]

陸年八月十九日入熟肉三斤十兩。

八年八月十九日入肉一斤十二兩。

同治八年冬　五年八月十九日入生肉二斤。

旋華欠租　42斤。　八年冬过　扒租50斤。

九年欠租　42斤。　九年冬租过成右入42斤。

拾年欠租　42斤。

拾一年欠租42斤。

拾二年欠租42斤。

拾叁年欠租42斤。

光緒

元年欠租　42斤。

弍年欠租　42斤。

叁年欠租　42斤。　折入熟肉13斤。

肆年欠租　42斤。　共实欠錢谷328斤。

陸年八月十九日入熟肉三斤五兩。

FYXB004　光緒年美五公衆數 033—034　524×238mm

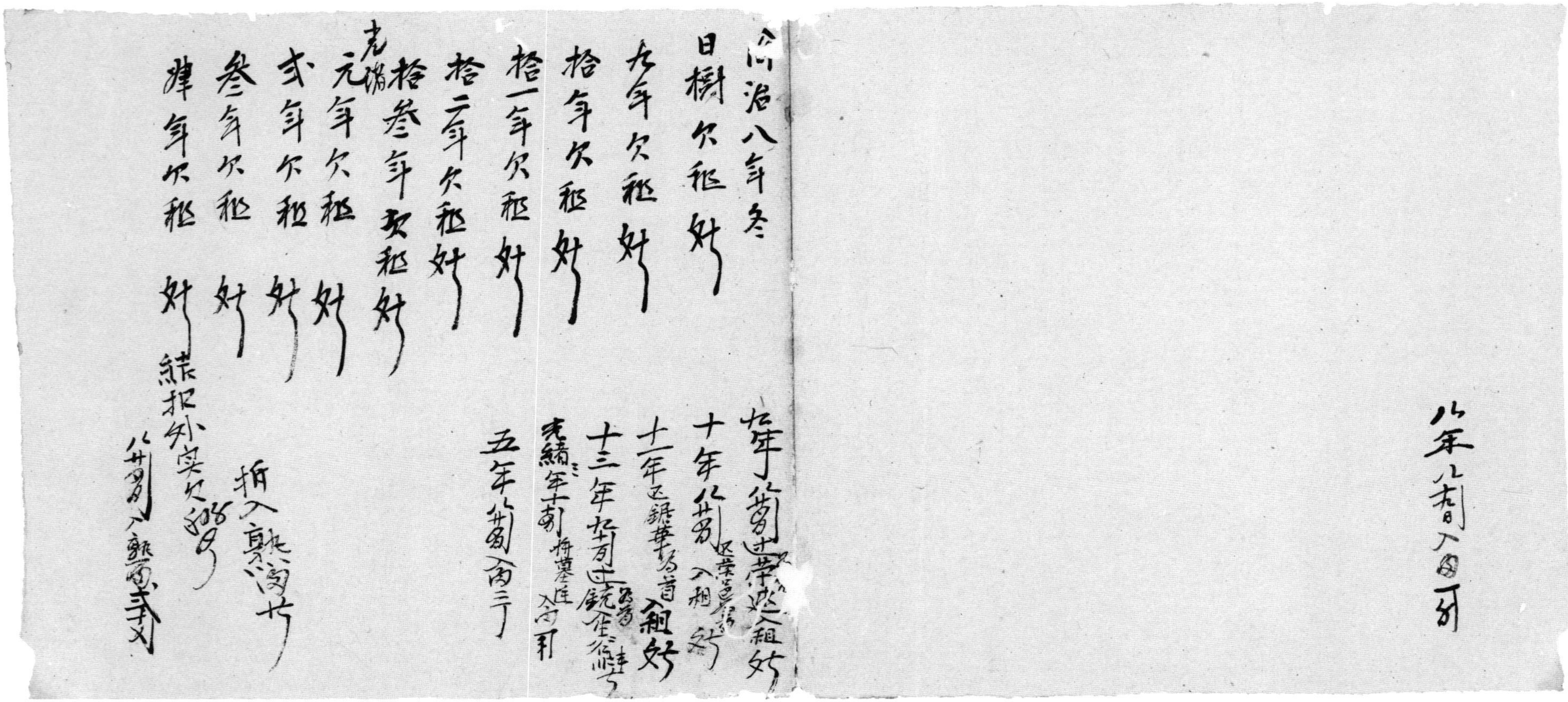

同治八年冬
日樹欠租 付
九年欠租 付
拾年欠租 付
拾一年欠租 付
拾二年欠租 付
拾叁年欠租 付
光緒元年欠租 付
弍年欠租 付
叁年欠租 付
肆年欠租 付
五年八月

八年八月十九日入肉一斤五兩。

同治八年冬　　九年八月廿四日过荣述入租90斤。
日樹欠租　90斤。十年八月廿四日还荣□□□入租90斤。
九年欠租　90斤。十一年还鋸華為首入租90斤。
拾年欠租　90斤。十三年九月十一日為首过銃入生谷37斤半。
拾一年欠租　90斤。
拾二年欠租　90斤。光緒三年十月十四日拚墓廷入肉一斤半。
拾叁年欠租　90斤。　五年八月廿四日入肉三斤。
光緒
元年欠租　90斤。
弍年欠租　90斤。
叁年欠租　90斤。　折入熟肉廿斤。
肆年欠租　90斤。　結扣外实欠505斤。
八月廿四日　入熟肉二斤十四兩。

FYXB004　光緒年美五公衆數 035—036　526×236mm

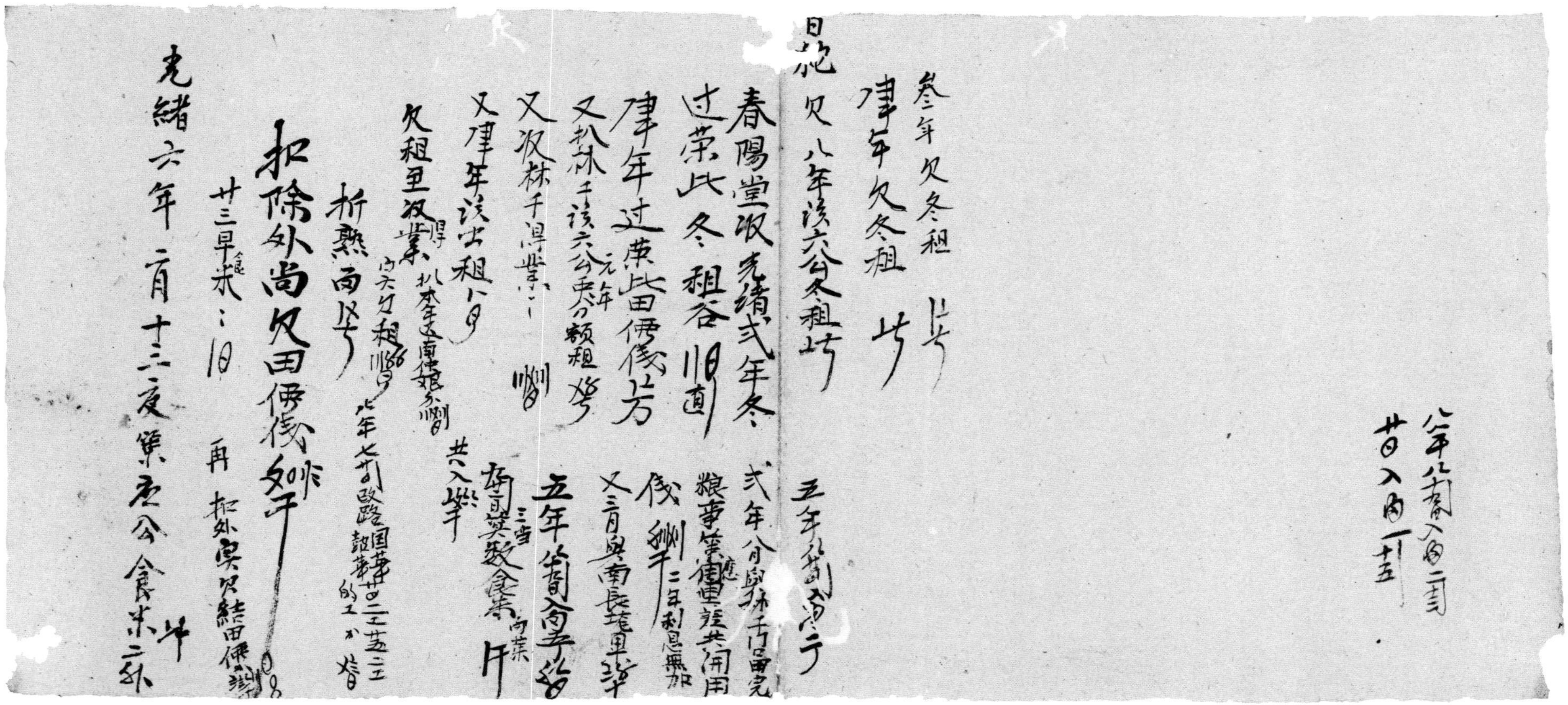

八年八月十九日入肉二斤十三兩。

廿日入肉一斤十五兩。

叁年欠冬租16斤。

肆年欠冬租60斤。

日柁欠八年该六公冬租60斤。　五年八月廿日入肉二斤。

春陽堂收光緒式年冬，　式年八月與林千门口田完。

过荣此冬租谷200斤直。　粮事策應里差共開用。

肆年过荣此田价錢16000。　錢5342，二年利息無加。

又扒林千该六公元年衆分额租45斤。　又三月興南長壠畢75。

又收林千得業　343。　五年八月十九日入肉五斤，560。

九月廿二日三当筭數食米肉菜1000。

又肆年该出租110斤。　共入6977。

欠租至收得業　扒本年还南仲娘錢343。

实欠租355斤，八年七月廿四日改路国華鼓華廿四二工、廿五二工，的工錢480。

折熟肉14斤。

扣除外尚欠田價錢9023，再扣外实欠結田價錢8863。

廿三早食米　100。

光緒六年二月十三夜策应公食米二升，60。

FYXB004　光緒年美五公衆數 037—038　530×241mm

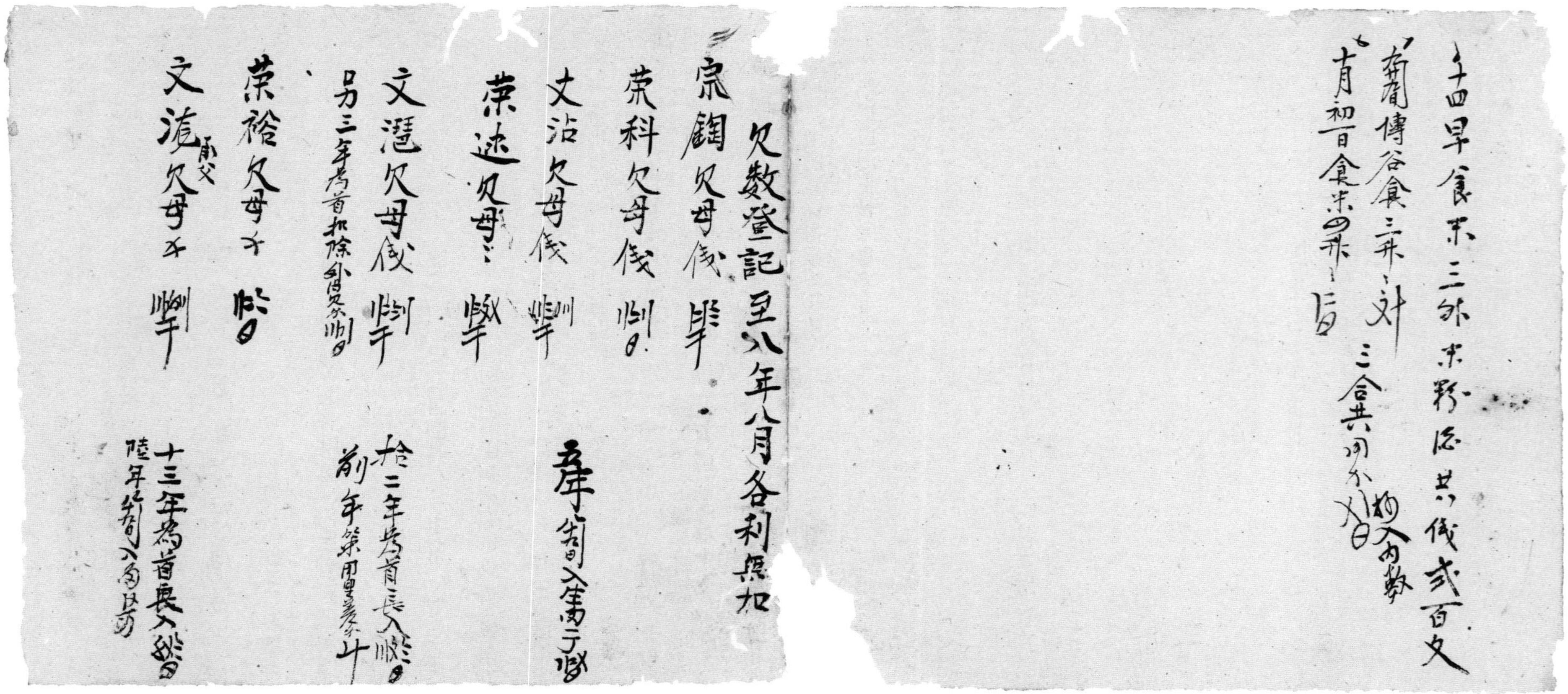

十四早食米三外米粉□共伐貳百文
蔣蘭傳谷食三升〻对　三合共同分　物入内数
十月初一日食米四升〻旨

欠数登記至八年八月各利照加
宗闢欠母伐
宗科欠母伐
文沾欠母伐
宗述欠母〻
文選欠母伐
宗裕欠母子
文渡欠母子

十四早食米三升，米粉酒共錢弍百文。

九月廿九日傳谷食三升，90。　抄入内数，

十月初一日食米四升，120。　三合共用錢410。

欠数登記至八年八月，各利無加。

宗錭欠母錢1218。

荣科欠母錢272。

文沾欠母錢3303。　五年八月十九日入生肉二斤，224。

荣逑欠母錢2394。

文湛欠母錢2782。　拾二年為首長入398。

另三年為首，扣除外得欠錢320。　前年策用里差錢60。

荣裕欠母錢　227。　十三年為首，長入548。

文瀧承父欠母錢　3653。　陸年八月十九日入肉十四兩。

FYXB004 光緒年美五公衆數 039—040 532×238mm

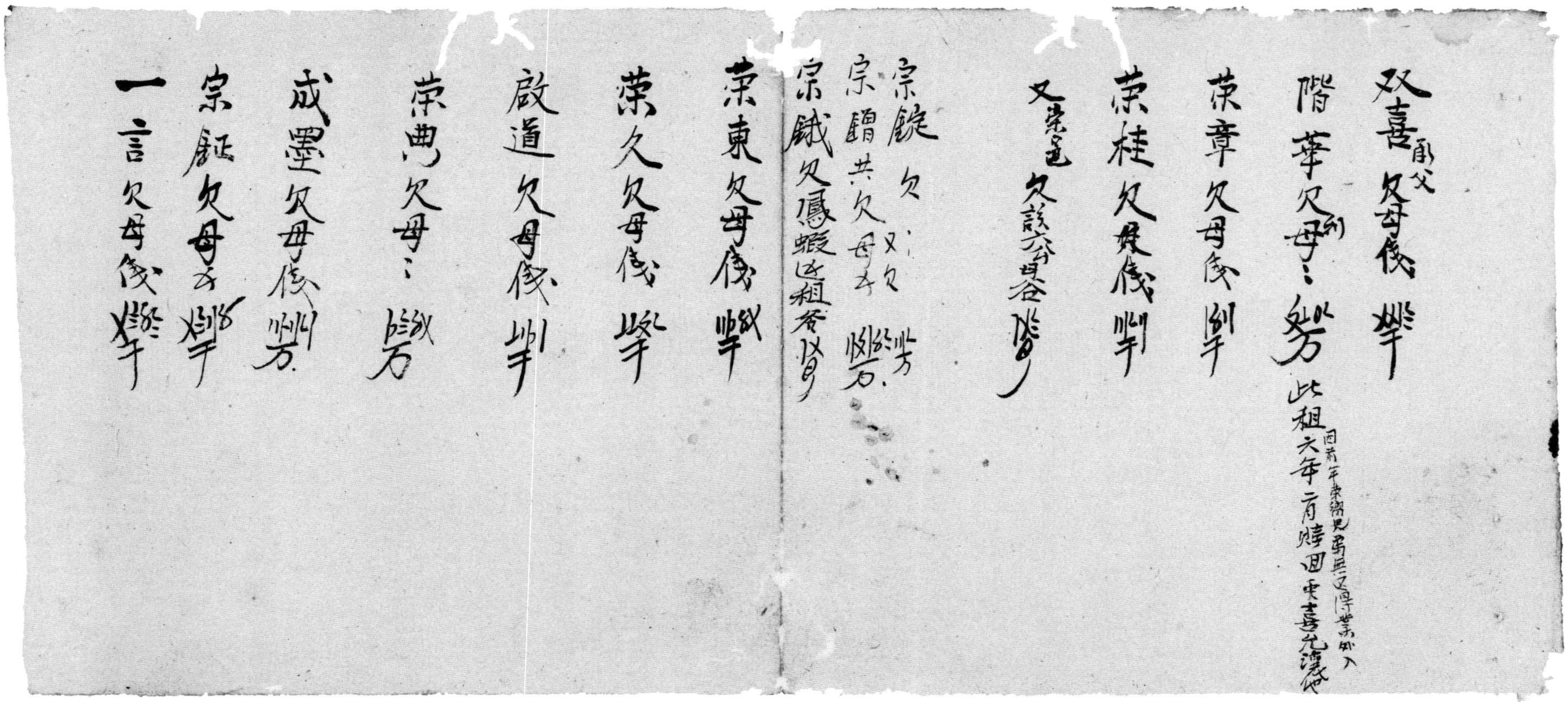
双喜前父欠母伐[illegible]
階華欠母二[illegible]
此祖六年有時田[illegible]
榮章欠母伐[illegible]
榮桂欠銀伐[illegible]
又榮邑欠該六谷其谷[illegible]
宗鍵欠
宗蹈共欠母二[illegible]
宗鐵欠[illegible]此租谷[illegible]
榮東欠母伐[illegible]
榮久欠母伐[illegible]
啟道欠母伐[illegible]
榮典欠母二[illegible]
成墨欠母伐[illegible]
宗鉦欠母二[illegible]
一言欠母伐[illegible]

双喜承父欠母錢　4418。

階華欠母利錢　96060。　因前年荣嚮兄弟無还得業外入此租六年二月贖田，衆喜允讓他。

荣章欠母錢　1520。

荣桂欠母錢　3620。

又荣邑欠該六公母谷148斤。

宗錠欠　36000。

又欠

宗鐀共欠母錢　29157。

宗鋨欠鳳蝦邊租谷140斤。

荣東欠母錢　3054。

荣久欠母錢　6696。

啟道欠母錢　6201。

荣典欠母錢　10854。

成墨欠母錢　31261。

宗鉦欠母錢　4825。

一言欠母錢　4858。

光緒九年公項支銀共計四十三両一

計開

一 大租谷 一 大租谷 一 海租 一 大租
銀三両 銀四両 銀貳両 銀□□
一 大租谷 一 大租 無 一 大租
銀四両 銀貳両 銀四両
一 大租
銀三両六
一 大租 一 大租 一 大租
銀六両四 銀肆両 銀三両
一 大租
銀貳両六
除去公項開消之外存銀
在首事 □□□ 手

該六公分額欠数至十二年。

文沾欠母谷 207斤。 陸年八月十九日入熟肉二斤。

又合文潘欠母谷 613斤。 八年八月十九日入肉一斤九两。

文溥
文瀧 宗鐙欠錢 1401。

茉逑欠母谷 183斤。

文潘欠母谷 613斤。 五月廿九
陸年八月十九日还宗華與錢283。

（此頁空白）

FYXB004　光緒年美五公衆數043—044　530×240mm

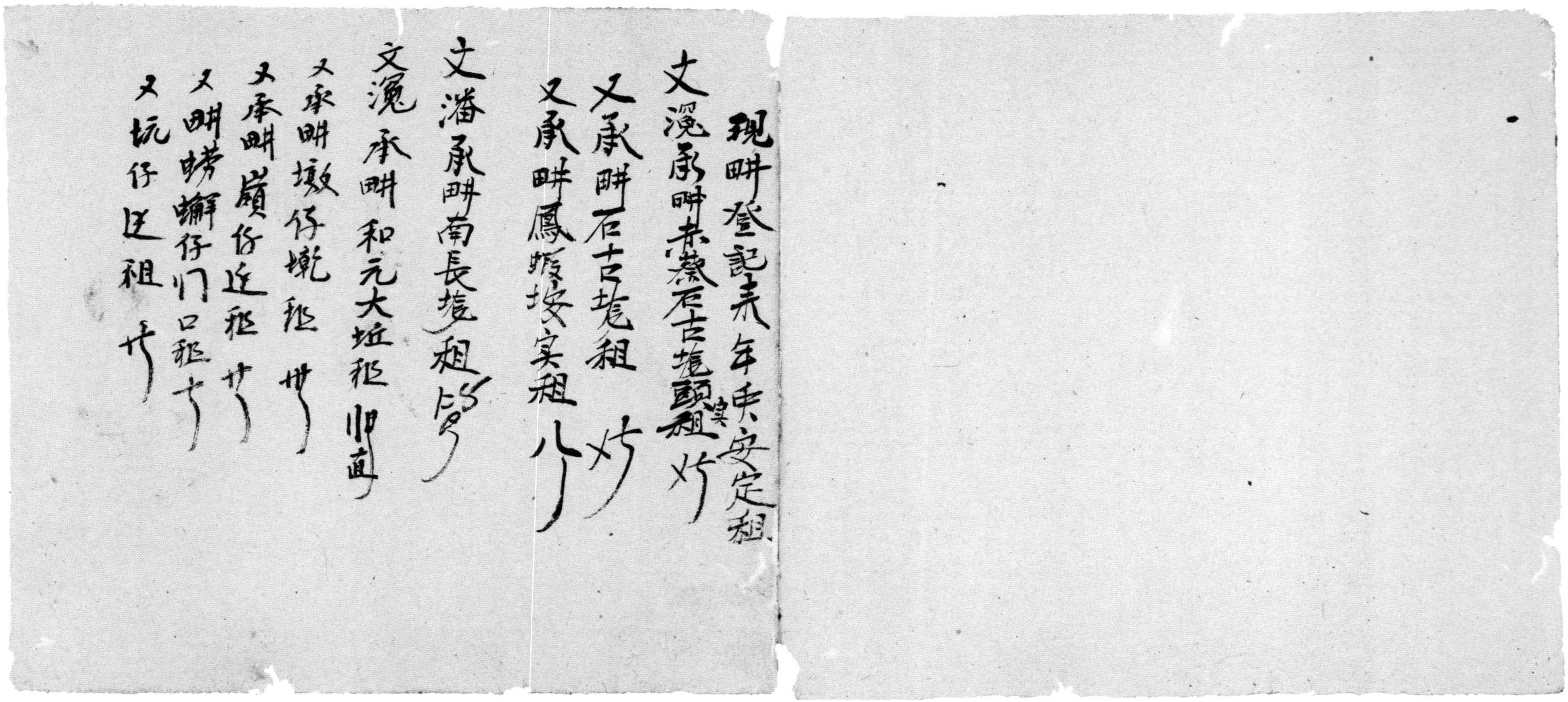
現畊登記未年秉安定租
文滖承畊赤漈石古壠頭㵲租 炒
又承畊石古壠租 炒
又承畊鳳蝦垵実租 八
文潘承畊南長壠租 卪
文滖承畊和元大垃租 卯直
又承畊墩仔墘租 卅
又承畊嶺仔近租 廿
又畊蠘蠏仔门口租 十
又坑仔迀租 廿

现畔登記来年業安定租：

文溪承畔赤蔡石古壠頭实租40斤。

又承畔石古壠租 40斤。

又承畔鳳蝦垵实租 八斤。

文潘承畔南長壠租 125斤。

文溪承畔和二元大坵租200斤直。

又承畔墩仔墘租卅斤。

又承畔嶺仔邊租 廿斤。

又畔螃蠏仔门口租十斤。

又坑仔邊租廿斤。

（此頁空白）

FYXB004　光緒年美五公衆數 045—046　528×238mm

光緒六年九月廿九日來收
縮義現畊合共收未生谷〢〣斤　美五公秤
一收志恬九垃尾租谷壹百斤　折入干谷〦〤斤
一收春陽堂租壹百壹拾斤　生
一收宗鏳租谷伍拾伍斤
一收宗鐙租谷柒拾肆斤　折入干谷玖拾斤
一收正華承畊遠華租谷叁拾斤　折入干谷〢〥斤
一收双喜深田脚角租貳拾斤　折入干谷〡〥斤
一收旋華現畊南長塆租谷〢〣斤　折入干谷〡〢斤

又深垅仔租　〢〨七

又深壠仔租25斤。

光緒六年九月廿九日衆收

縮華現畔合共收来生谷393斤直，美五公秤。

一收志恬九坵尾租谷壹百斤直，折入干谷85斤直。

一收春陽堂租壹百壹拾斤直生。

一收宗鏞租谷伍拾伍斤直。

一收宗鐙租谷柒拾肆斤直，折入干谷59斤直。

一收正華承畔遠華租谷叁拾斤直，折入干谷24斤。

一收双喜深田脚角租弍拾斤直，折入干谷16斤。

一收旋華現畔南長壠租谷125斤直，折入干谷102斤直。

FYXB004　光緒年美五公衆數 047—048　533×238mm

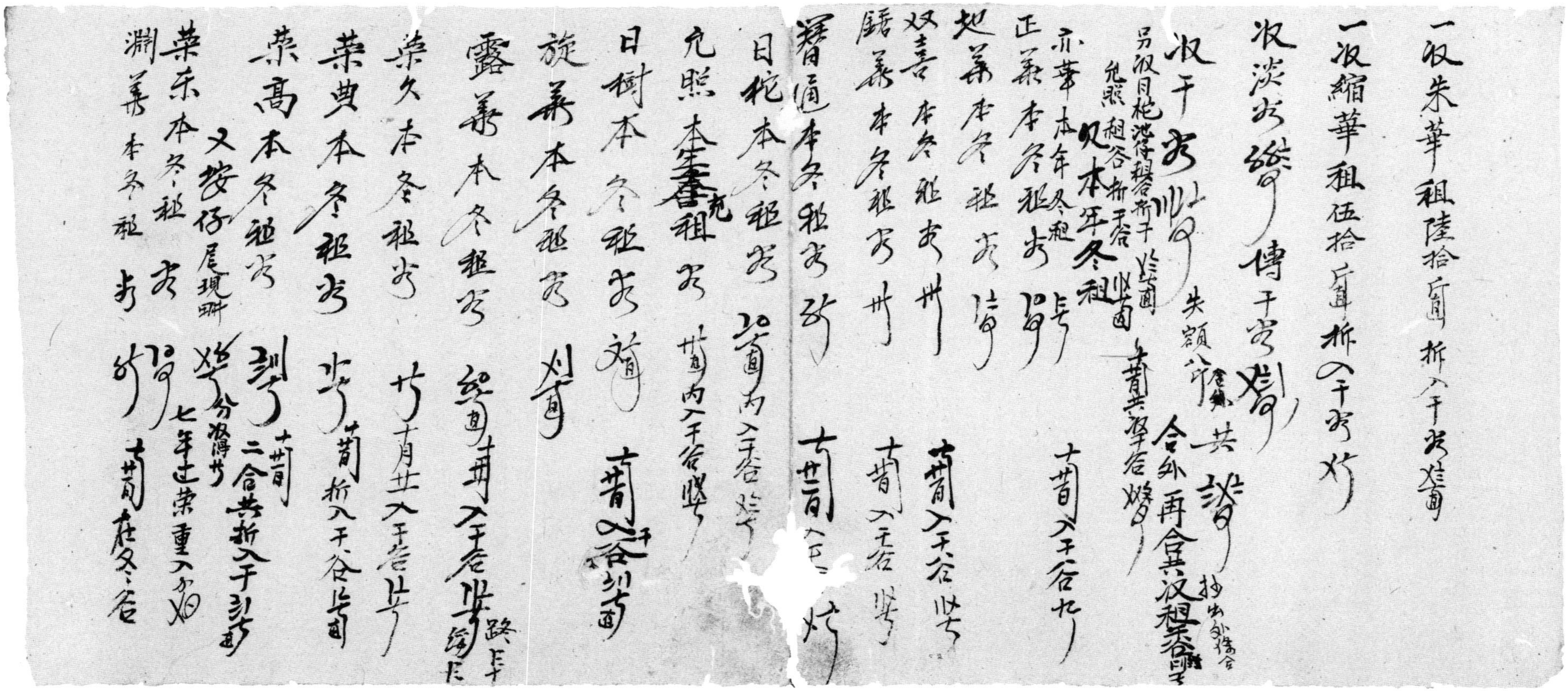

一收朱華租陸拾斤直，折入干谷48斤直。

一收縮華租伍拾斤直，折入干谷40斤。

收淡谷558斤，博干谷481斤。

共847斤。　　抄出外條合。

收干谷366斤。　失額八斤。　合外再合共收租干谷1228斤。

另收日柁池仔租谷，折干（谷）48斤直。

允照租谷折干谷24斤直。　十月廿一日，共收干谷449斤。

欠本年冬租：

亦華本年冬租12斤。　十月廿一日入干谷九斤。

正華本冬租谷100斤。

地華本冬租谷170斤。

双喜本冬租谷卅斤。　十月廿一日入干谷24斤。

鋸華本冬租谷卅斤。　十月廿一日入干谷24斤。

簪通本冬租谷50斤。　十月廿二日入干谷46斤。

日柁本冬租谷60斤直，内入干谷48斤。

允照本年充租谷卅斤直，内入干谷24斤。

日樹本冬租谷90斤直，十月廿一日入干谷72斤直。

旋華本冬租谷42斤直。

露華本冬租谷50斤直，十月廿一入干谷26斤，路13，绥13。

荣久本冬租谷廿斤，十月廿一入干谷16斤。

荣典本冬租谷21斤，十月廿一日，折入干谷16斤直。

荣高本冬租谷83斤，十月廿一日，二合共折入干81斤直。

又垵仔尾現畊45斤，分收得廿斤。

荣东本冬租谷100斤，七年过荣重入錢400。

淵華本冬租谷50斤，十月廿一日　在冬谷。

FYXB004　光緒年美五公衆數 049—050　532×238mm

六月初八日

一收宗鐙入か [illegible] 斤　还許慶元富盛拜祖か [illegible]

京華挑青か [illegible]

又扎旋華出青 [illegible]

十卄日

收階華入租干谷 [illegible]　合內共收干谷 [illegible]

內收淡谷 [illegible]　總合內共收干谷 [illegible]

至卄日

現挽桊重潮頸坭租谷 [illegible]　扎潘仁之果子か [illegible]　扎入溪仔迹田便か [illegible]

桊章欠か [illegible] 斤

桊鄉斤

桊科現入か斤来还慶元郭袍

前年與階華因為有無还得業，投公挣斷桊科三人壽帐か [illegible]

至十一月寺乘撙，以上本年冬租合共存在春陽谷 [illegible]

開明

十一月初七日，迹桊重寺溪仔迹田便後寺谷 [illegible] 折か [illegible]

迹日轉備寺干谷 [illegible]

迹鼩華寺谷 [illegible] 存春陽 [illegible]

又現業谷 [illegible]

又失額干谷 [illegible]

对開明

六月初八日

一收宗鐙入錢1000。　　还許慶元富盛拜祖錢2043。

京華扯来錢1043。

後七月十八收去竹林租錢400。

又扒施華出去錢283。

十月廿一日

收階華入租干谷68斤直，合内共收干谷448斤。

内收淡谷558斤，博干481斤。至十一月廿一日総合内共收干谷1288斤，

抄出。

現摠栄重潮頭壠租谷50斤直550，扒泽仁去果子钱15，扒入溪仔邊田价

錢400抄出。

栄章欠錢2000。

栄嚮1000，扒栄桶200，400还淵華出借。

欠600约鴨母壠田價，契未书。

栄科現入錢1000，衆还慶元拜祖。

前年與堦華因為首無还得業，投公拌断栄科章嚮三人喜帖錢4000。

至十一月廿一日当衆摶干，以上本年冬租合共存在春陽干谷1288開明。

七年五月廿七日，过栄重去溪仔邊田價錢去干谷315斤，折錢4250。

过日轉借去干谷95斤直。

过淵華去谷410斤直，5525，此錢存春陽4750，抄外。

又現粜谷368斤直，錢4750。

又失額干谷380斤直，共粜1250斤直。

对開明。

FYXB004　光緒年美五公衆數 051—052　522×236mm

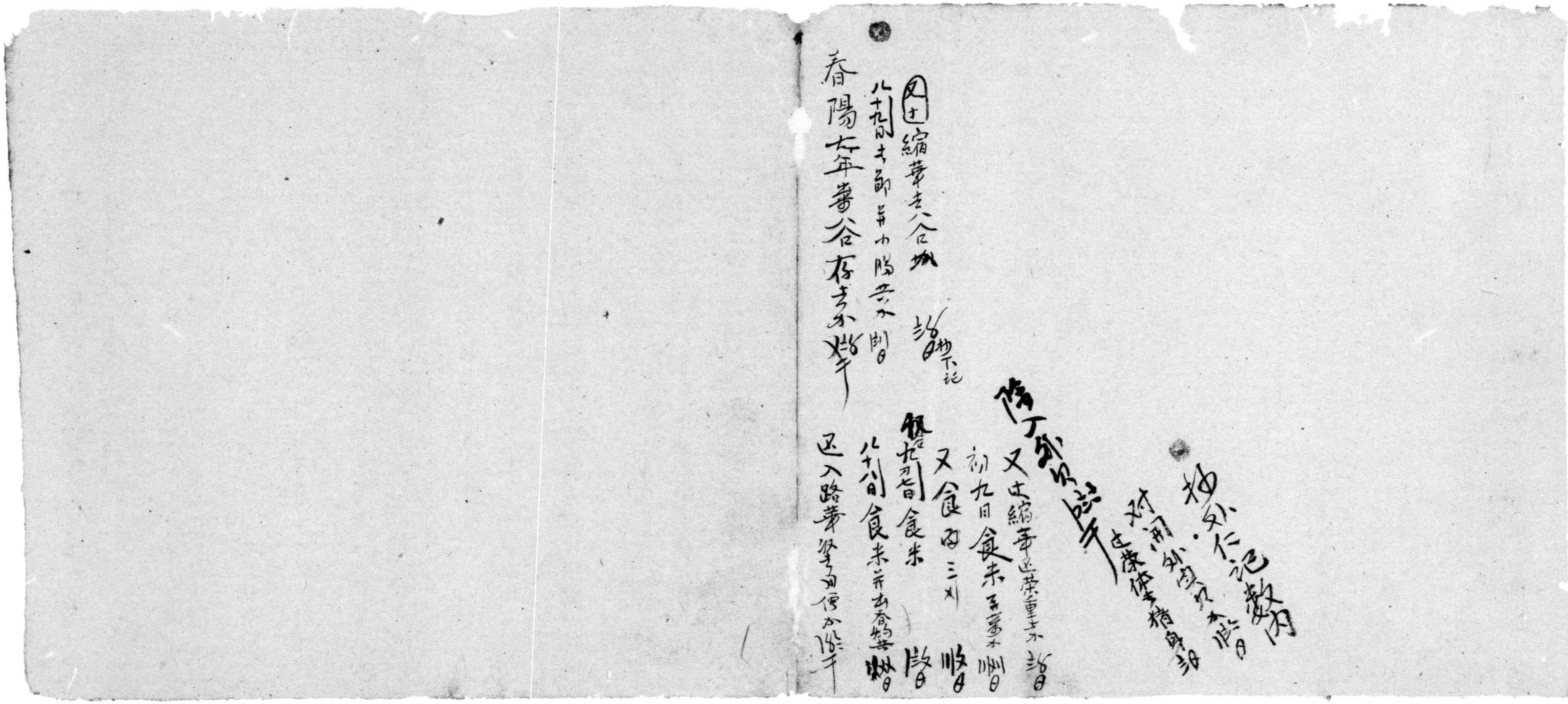

又十縮華去谷坘850，抄下记。

八月十九日去節并小腸共錢182。

春陽七年桼谷存去錢4750。

抄外仁记数内，

对開外实欠錢287。

除入外欠1087 过菜体去猪身800，

又过縮華还菜重去錢850。

初九日食米并菜錢342。

又食肉三斤四兩，390。

收谷九月初七食米189。

八月十八日食米并出香灼共244。

还入路華收去田價錢1580。

（此頁空白）

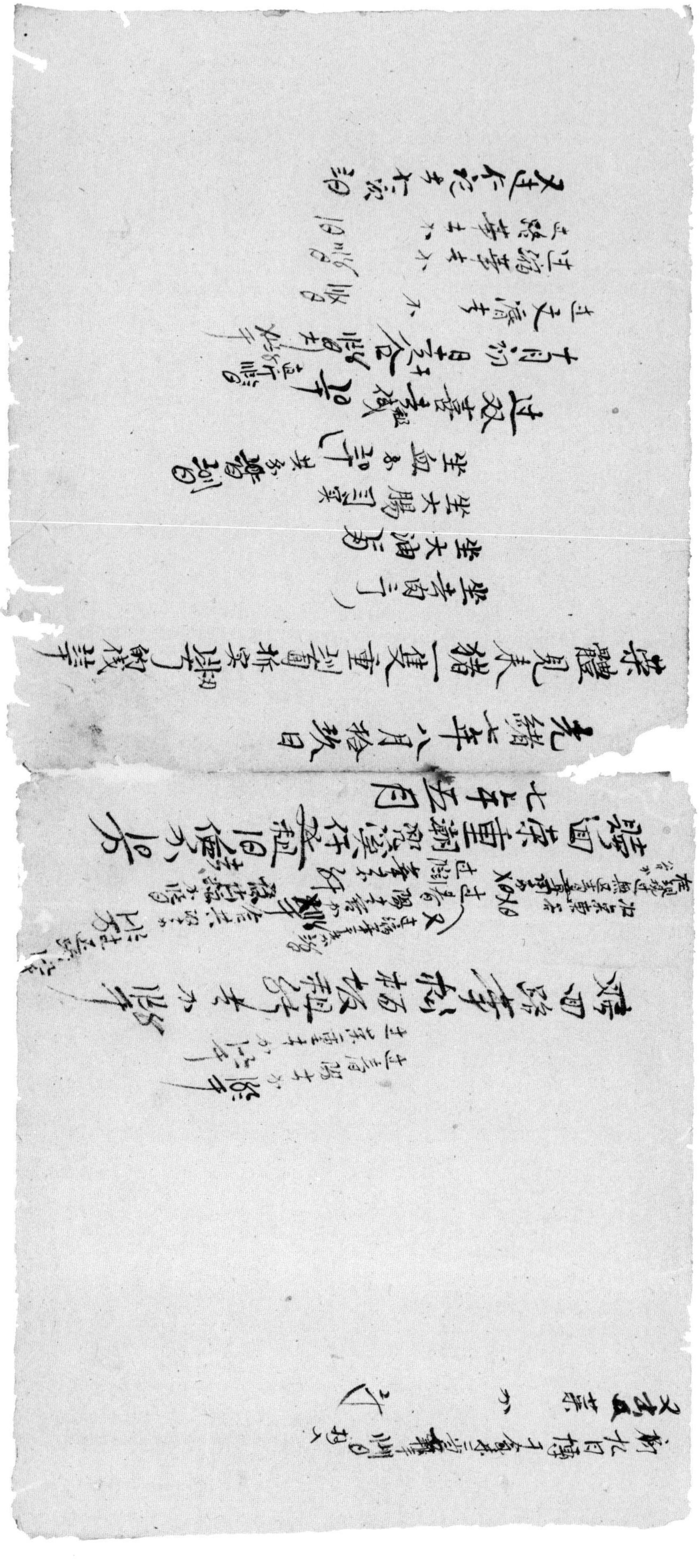

FYXB004　光緒年美五公衆數 053—054　528 × 237mm

初九日博[illegible]日收入

又去[illegible]菜[illegible]

贖田路亭松柄坂租錢去[illegible]

过青陽去[illegible]

去菜重去[illegible]

在现过無[illegible]

过[illegible]

又过[illegible]

贖回荣重[illegible]溪仔租旧價[illegible]

七年五月

光緒七年八月拾玖日

荣體見来猪一隻重[illegible]折实[illegible]的钱[illegible]

坐青肉[illegible]

坐大油[illegible]

坐大腸[illegible]

坐血[illegible]共[illegible]

过双喜[illegible]錢[illegible]

十月初[illegible]日去谷[illegible]

过文濟去[illegible]

过[illegible]華去[illegible]

过路華去[illegible]

又过仁[illegible]去[illegible]

又过仁记去錢一次800。

过路華去錢100。

过縮華去錢350。

过文滑去錢340。

十月初 日去干谷275斤大、4675。

过双喜去租錢60。

坐血錢70、共錢702。

坐大腸一斤三两实。

坐大油一两一錢。

坐去肉三斤。

荣體見来猪一隻、重73斤直、折实68斤12两、的錢8800。

光緒七年八月拾玖日

七年五月

賣田荣重湖兜溪仔邊租100、去價錢10000。

该出粮錢280。

谷錢

又过縮華手去錢850、合共收去錢11170、过还路1170。

在现抗过無还青章用錢400、过春陽去谷錢4250、过淵華去錢5000、

收桌東谷400。

賣田路華松柏坂租50斤、去錢2750。

过荣重去錢1170。

过春陽去錢1580。

又出菜錢70。

初九日博干食米一当十斤半、抄入。

FYXB004　光緒年美五公衆數 055—056　530×239mm

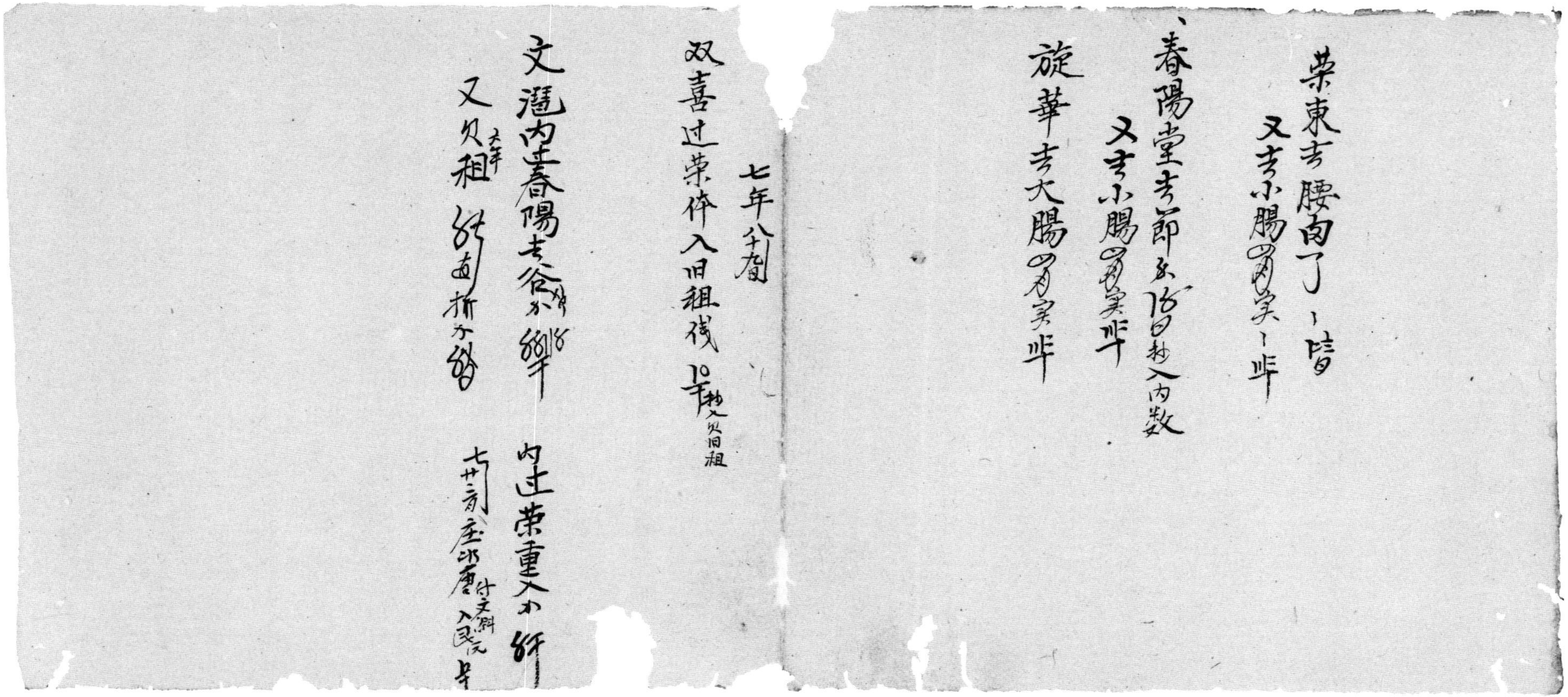
荣東去腰肉丁丨旨
又去小腸の角実丨乍
、春陽堂去節乡16日秒入内数
又去小腸の角実乍
旋華去大腸の角実乍

七年八月旬
双喜过荣倅入旧祖伐 10斤 秒入贝旧祖
文逓内去春陽去谷か 鄉 内过荣重入か 纤
又贝祖 大年 纤面折か的 七廿前 座小廣 付文斛 入艮元 斗

荣東去腰肉一斤，128。

又去小腸四兩，實32。

春陽堂去節錢150，抄入内数。

又去小腸四兩实，32。

旋華去大腸四兩实，32。

七年八月十九日

双喜过荣体入旧租錢1000，抄入欠旧租。

文漗内过春陽去谷錢410斤，5525，内过荣重入錢5000。

又欠六年租50斤直，折錢540。　七月廿三日，庄

水唐付文斛入艮一元，1000。

FYXB004　光緒年美五公衆數 057—058　520×238mm

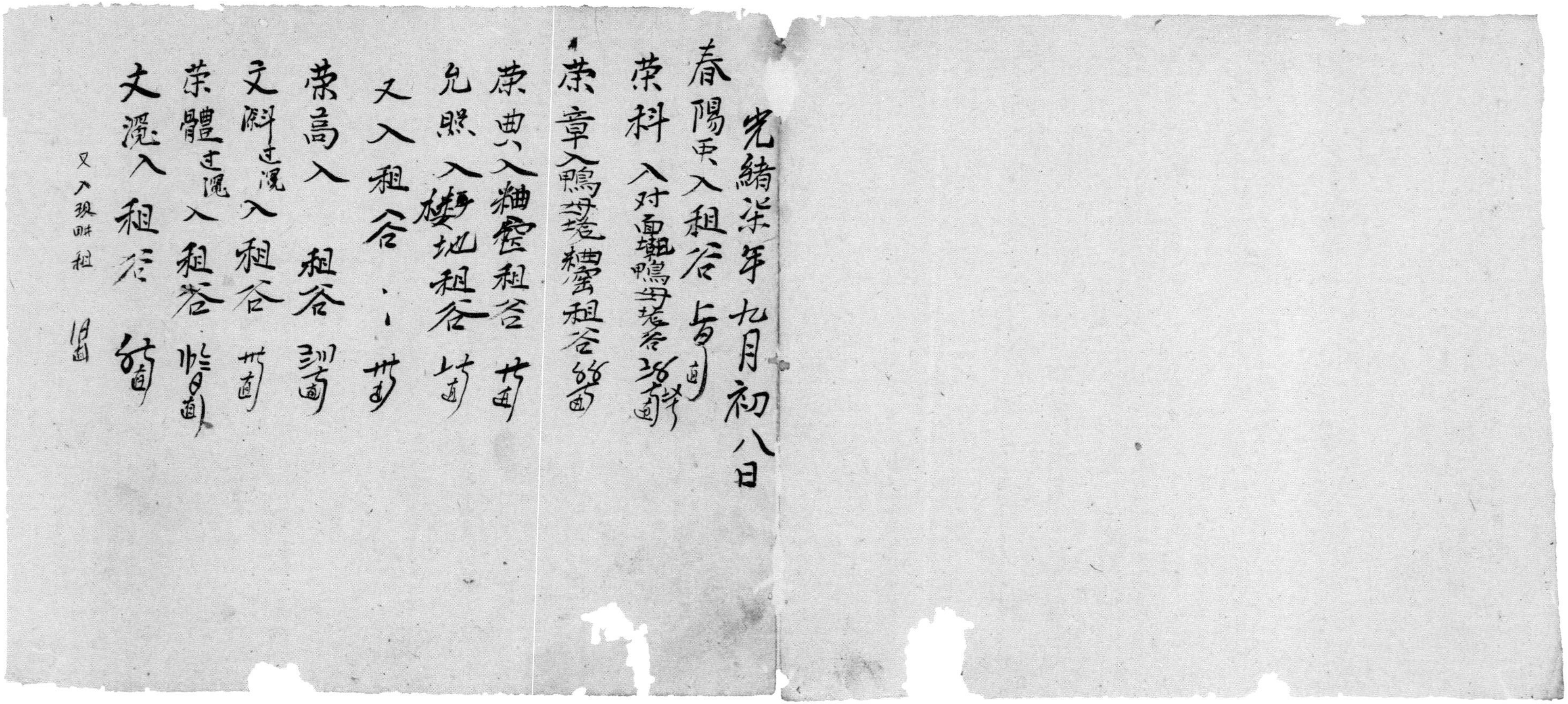
光緒柒年九月初八日
春陽由入租谷 [illegible]
荣科入对面坵鴨母墘谷 [illegible]
荣章入鴨母墘坵租谷 [illegible]
荣典入坵租谷 [illegible]
允照入樓坵租谷 [illegible]
又入租谷 [illegible]
荣高入　租谷 [illegible]
文淵过溉入租谷 [illegible]
荣體过溉入租谷 [illegible]
文溉入租谷 [illegible]
又入坝畔租 [illegible]

（此頁空白）

光緒柒年九月初八日

春陽衆入租谷110斤直。

荣科入对面墘鴨母壠谷75斤直，74斤。

荣章入鴨母壠籼窑租谷55斤直。

荣典入籼窑租谷廿斤直。

允照入楼地租谷60斤直。

又入租谷　　卌斤直。

荣高入　　租谷83斤直。

文漖过瀸入租谷卅斤直。

荣體过瀸入租谷208斤直。

文瀸入租谷　　50斤直。

又入现畊租　100斤直。

FYXB004　光緒年美五公衆數 059—060　530×237mm

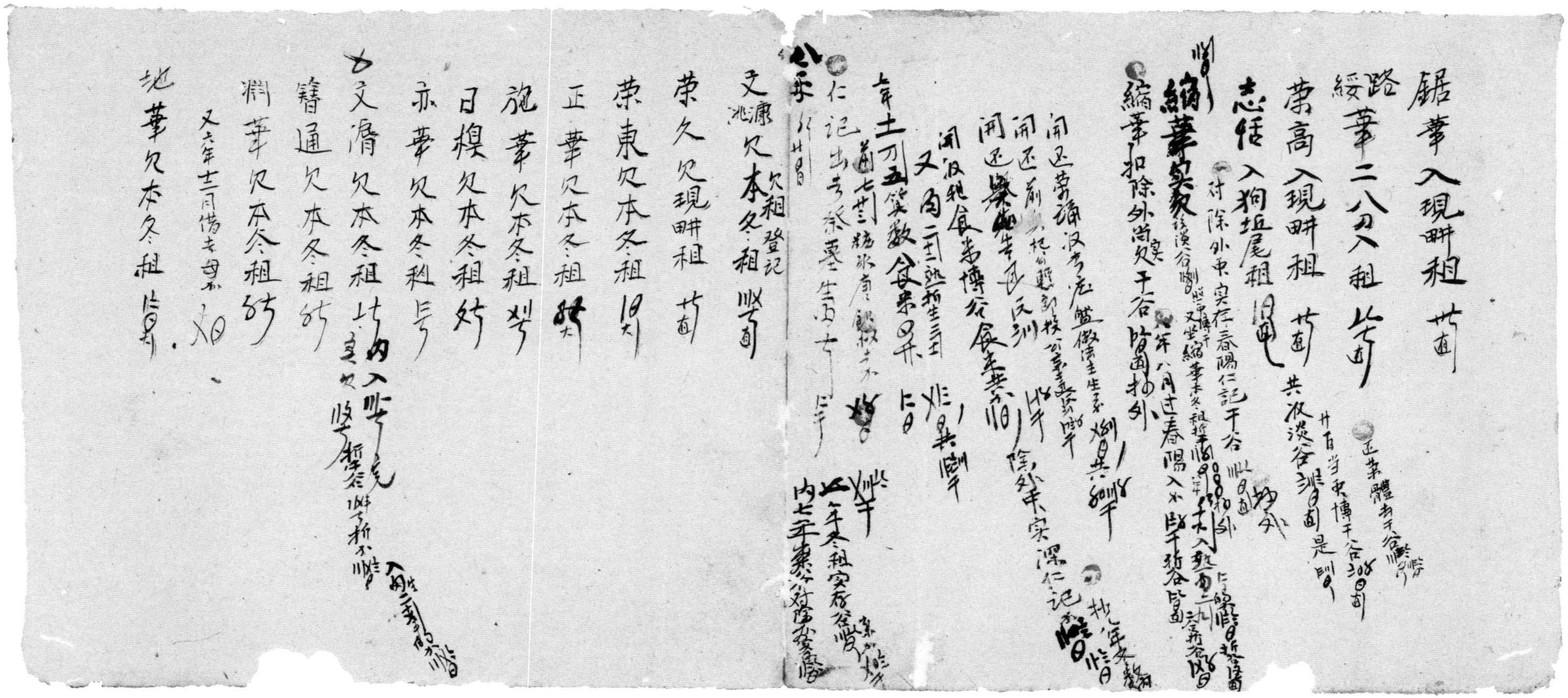

錫華入現畊租　卅斤直。
綏路華一分入租　66斤直。　　还荣體去干谷338斤。
荣高入現畊租　廿斤直。　　廿一日当衆博干谷705斤直。
志恬入狗坵尾租旧100斤直，共收淡谷838斤直，是133斤。

对除外衆实存春陽仁記干谷366斤直，抄外。
縮華实欠该淡谷293斤，照衆博干，又坐縮華本冬租折干251斤　抄外。　八年八月十九日
入熟肉二斤九兩，120，的錢288，折谷19斤直。
○八年八月过春陽入錢1750，折谷126斤直，二合折谷145斤。
○縮華扣除外尚实欠干谷106斤直，抄外。
開还荣诵收去庄盤做法主生去錢452，共5035。
開还前與杞公□郎投公亲去艮一元，71，1085。
開还□□去艮一元，73，1115。
開收租食米博谷食米共錢200。除外衆实深仁记錢218。抄八年冬数内。
又肉二斤十二兩熟，折生三斤十一兩，413，共2383。
七年十一月初五，算数食米四升，120。
前七月廿三粧米唐，鈋叔去錢450，4367。
仁记出去祭墓生肉十斤，1200。　　七年冬租实存谷366斤，粜錢4080。
八年八月廿四日　　　　　　内年七粜谷对除外实存237。

欠租登记：
文洮濂欠本冬租　34斤直。
荣久欠現畊租　廿斤直。
荣東欠本冬租　100斤大。
正華欠本冬租　50斤大。
施華欠本冬租　42斤。
日模欠本冬租　90斤。
亦華欠本冬租　12斤。
△文濱欠本冬租60斤，内入31斤完。
实欠29斤，折干谷24斤半，折錢348。入生肉二斤十四兩半，的錢347。

簪通欠本冬租　50斤。
淵華欠本冬租　50斤。
又六年十二月借去母錢　400。
地華欠本冬租　170斤大。

FYXB004　光緒年美五公衆數 061—062　532×237mm

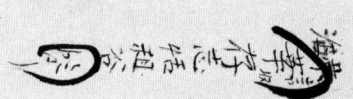

文準该出添丁　錢　40，还脉收。
文滑该出添丁　錢　40，还脉收。
衆收荣喜地華添丁　錢　80。
荣重欠添丁　錢　40。
又欠橋兜溪仔邊租錢1060。
荣诵、治華收存志恬租谷108斤。
縮華内实欠293斤，折干谷251斤。
八月十九日入肉二斤九兩，錢288，扣谷19斤。
縮華过入鼓華手并入肉扣外尚欠干谷106斤直。
至捌年八月　谷價1750。

（此頁空白）

FYXB004　光緒年美五公衆數 063—064　535×238mm

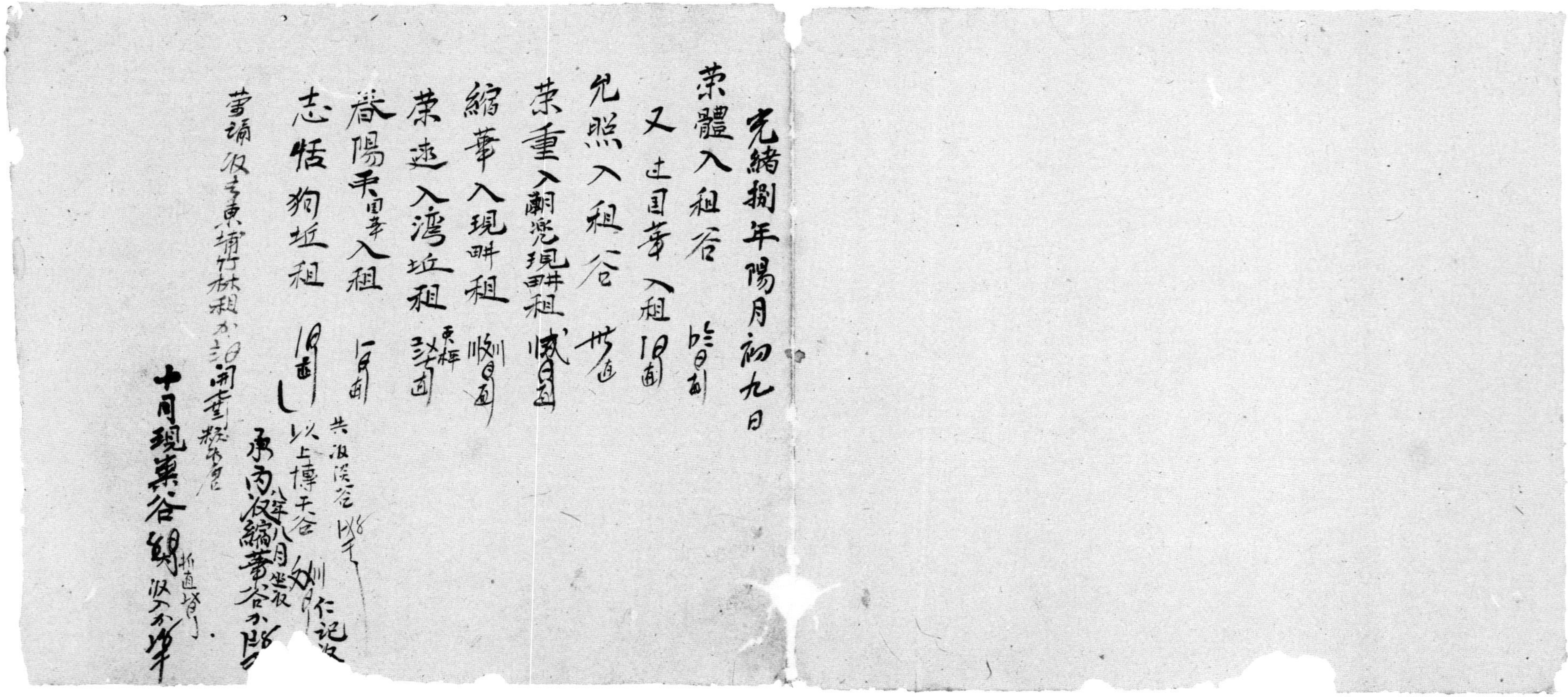
光緒捌年陽月初九日
榮體入租谷　[illegible]
又土囗笔入租　[illegible]
允照入租谷　[illegible]
榮重入翻兜現畊租　[illegible]
緒華入現畊租　[illegible]
榮遠入灣垃租　[illegible]
春陽手囗笔入租　[illegible]
志恬狗垃租　[illegible]
共收淨谷　[illegible]
以上撙干谷　[illegible]
承丙收緒華谷　[illegible]
[illegible]
十月現粜谷　[illegible]

（此頁空白）

光緒捌年陽月初九日

荣體人租谷　108斤直。

又过国華人租　100斤直。

允照人租谷　卅斤直。

荣重人潮兜現畊租　200斤直。

縮華人現畊租　393斤直。

荣逑人湾坵租　84斤直，粜秤。

春陽粜国華人租　110斤直。

志恬狗坵租　100斤直。　以上博干谷943斤，仁记收。共

收淡谷1145斤。

承内八年八月坐收收縮華收谷錢

1750。

荣诵收去東埔竹林租錢800，閏七月廿三，粧水唐。

十月現粜谷500斤大，折直640斤，收入錢6500。

FYXB004 光緒年美五公衆數 065—066 530×239mm

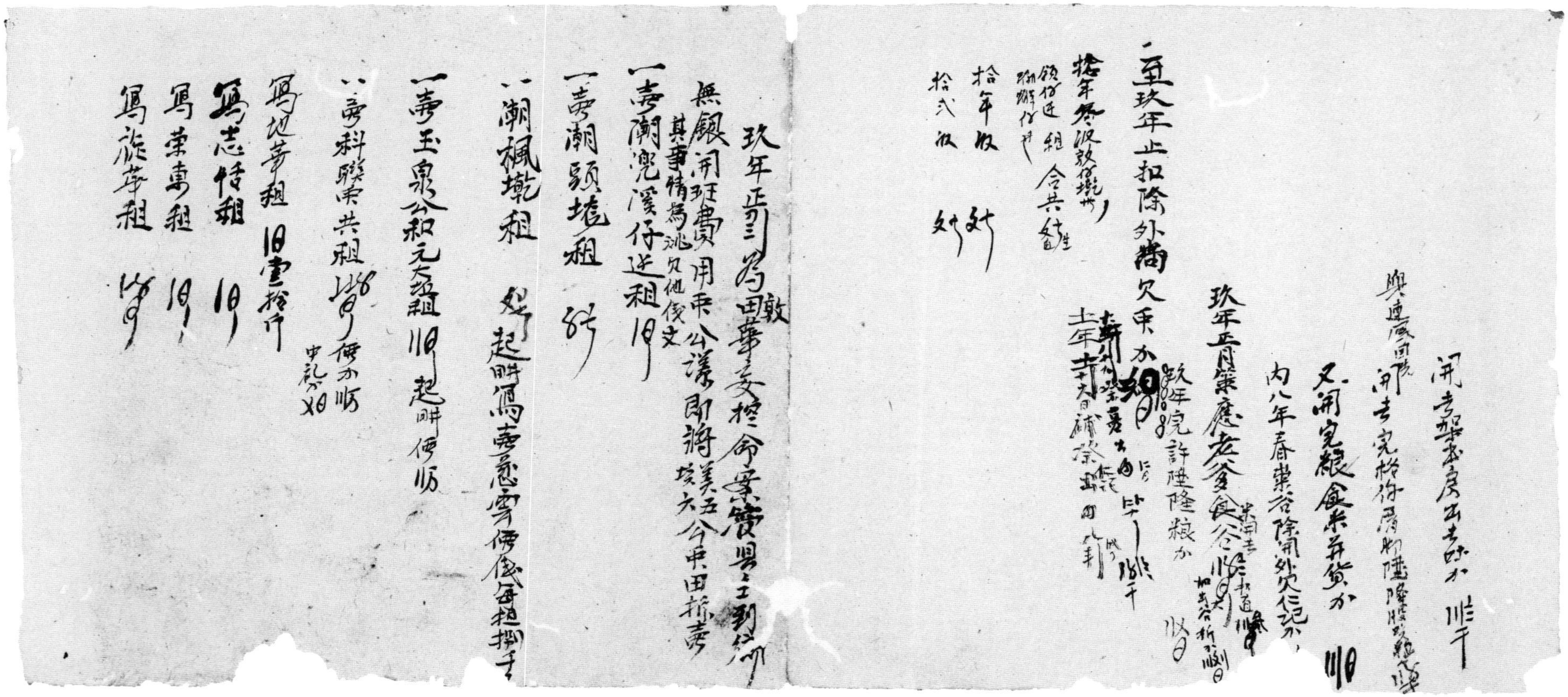

開去架书房去吐錢3800。
與連風回先
開去完格仔厝腳陞降股□租錢2500。
又開完粮食米并貸錢300。
內八年春粜谷除開外欠仁记錢[
玖年正月策應老爹食米開去谷258斤大，扒直300斤。
加出谷折錢392。
玖年完許陞隆粮錢240。
至玖年止扣除外尚欠衆錢240。
拾年冬收敦仔崁卅斤。 十年八月十九，祭墓出肉12斤11兩，1518。
頌仔邊租 合共90斤直生。 十一年十一月十六日，補祭仁記出肉八斤半。
□蠏仔廿斤。
拾年 收 90斤。
拾弍 收 90斤。

玖年正月初三為敦田華妄控命案管县主到鄉，無銀開班費用，衆公議，
即將美五垓六公衆田折賣。
其事情為洮欠他錢文。
一賣潮兜溪仔邊租100斤。
一賣潮頭壠租 50斤。
一潮楓崁租 92斤。 起畊寫賣慈雲價錢每担捌千文。
一賣玉泉公和元大垢租200斤，起畊價二万。
一賣科聯衆共租665斤，價錢三万。
中礼錢400。
寫地華租 一百壹拾斤。
寫志恬租 100斤。
寫荣東租 100斤。
寫旋華租 115斤。

FYXB004　光緒年美五公衆數 067—068　532 × 236mm

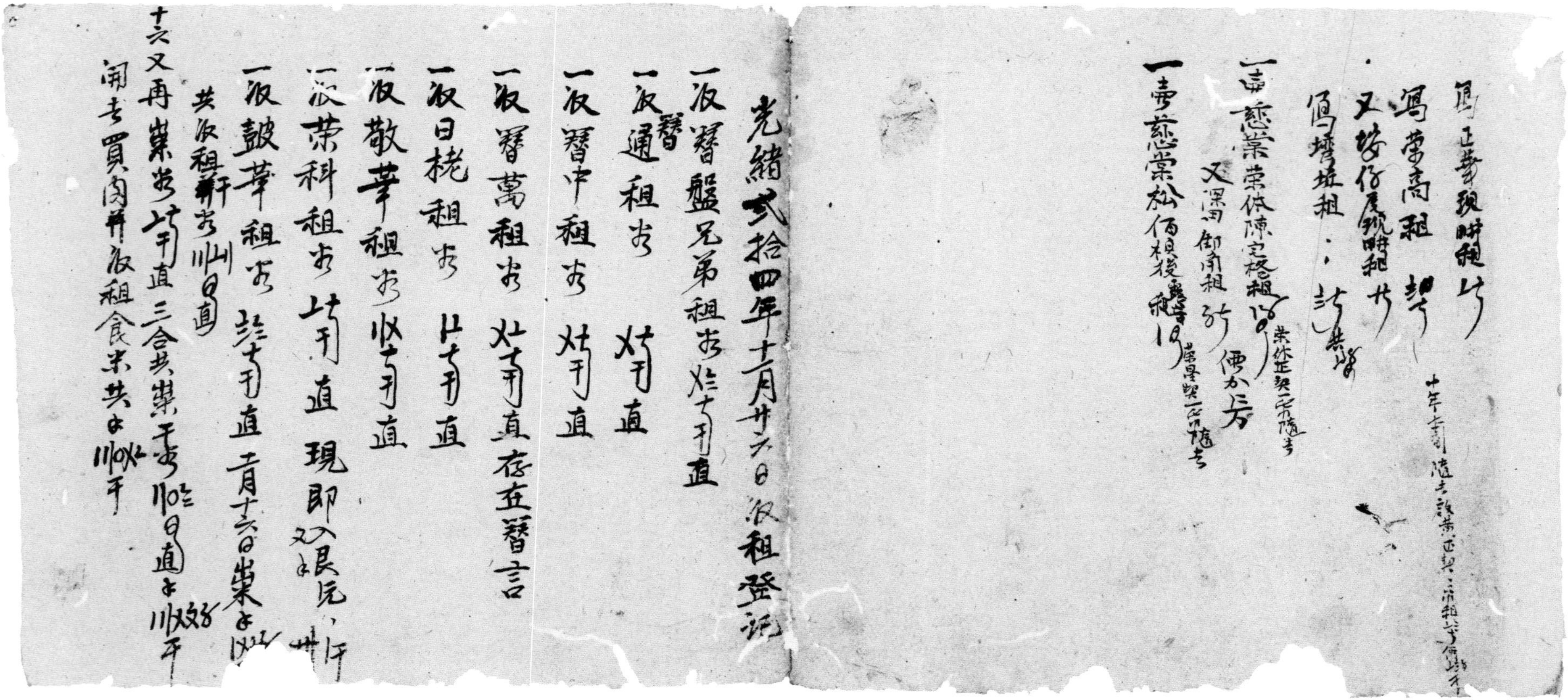

光緒貳拾四年十一月廿六日收租登記

一收習盤兄弟租谷

一收習通租谷

一收習中租谷

一收習萬租谷

一收日桃租谷

一收敬華租谷

一收榮科租谷

一收鼓華租谷

共收租谷

十六又再粜谷

開去買肉并收租食米

寫正華現畊租60斤。

寫荣高租80斤。十年七月十六日随去啟黄正契一帋，租68斤，

價6850。

又坆仔尾現畊租廿斤。

寫塆坵租　80斤，共665斤。

一賣慈棠，荣体陳宅格租150斤，荣休正契一帋隨去。

又深田脚角租50斤，價錢一万二。

一賣慈棠，松佰榠後露華租100斤，荣星契一帋隨去。

光緒弍拾四年十一月廿六日收租登记：

一收簪盤兄弟租谷　48斤干直。

一收簪通租谷　40斤干直。

一收簪中租谷　40斤干直。

一收簪萬租谷　46斤干直，存在簪言。

一收日栳租谷　16斤干直。

一收敬華租谷　24斤干直。

一收荣科租谷　60斤干直。　現即入艮一元，一千。

又錢　卅。

一收皷華租谷　88斤干直。十一月十六日粜錢1465。

共收租干谷362斤直。

十六又再粜谷60斤干直，三合共粜干谷208斤直，錢3495。

開去買肉并收租食米共錢3046。

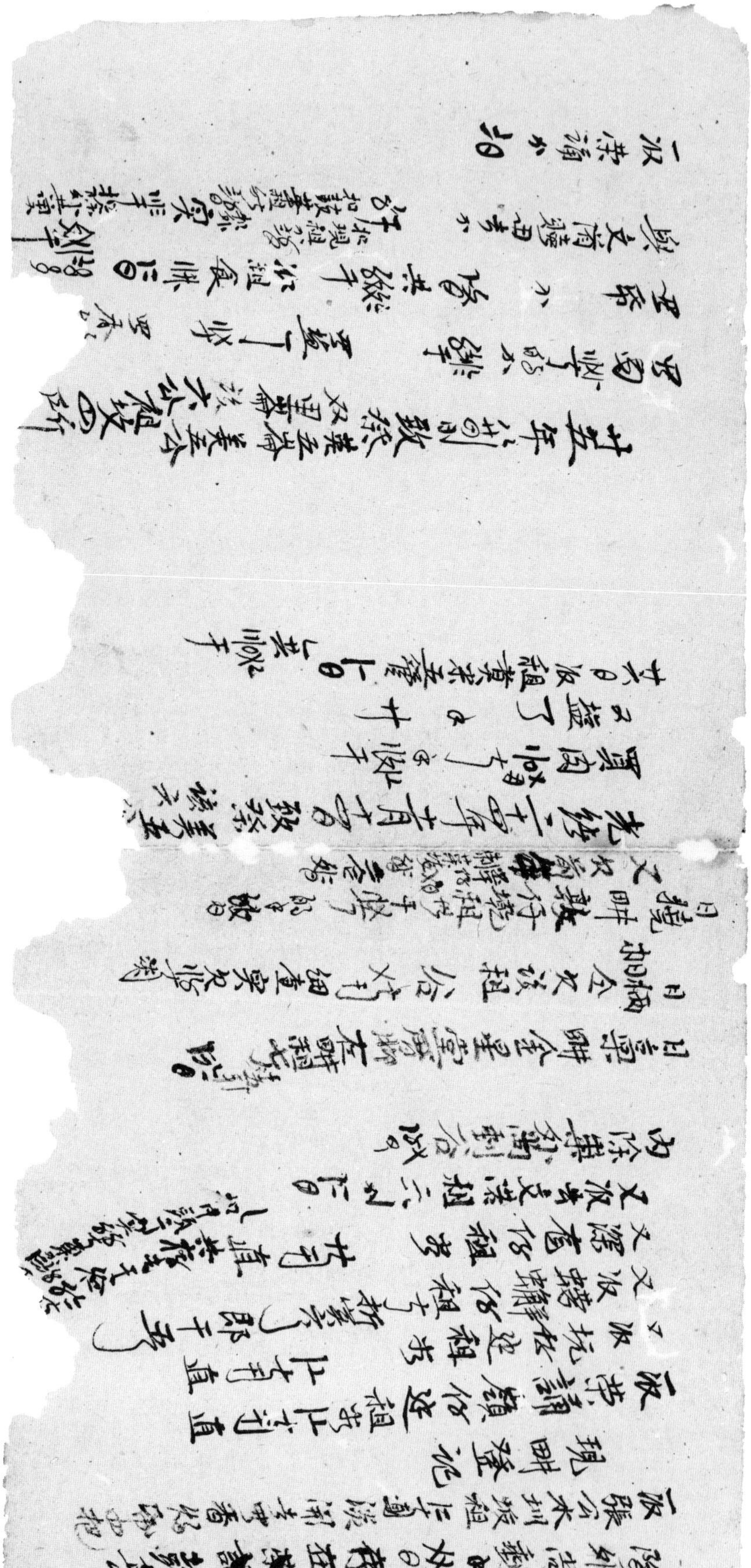

FYXB004　光緒年美五公衆數069—070　532×234mm

除外尚剩錢449，外扣存在鼓華。
一收張公水圳坂租12斤直淡，開去買香灼㡊四把。
現畊登记：
一收荣誦嶺仔邊租谷16斤干直。
又收坑仔邊租谷　16斤干直。
又收蟧蠏仔租十斤，折实六斤，即干五斤。
又深龍仔租谷　廿斤干直。
又收去文诺租六斤，錢120。　扣□頭二斤，实55斤，粜錢1375。共存去干谷57斤。
内除粜外尚剩谷154斤。
日稾畊金星堂厝脚在畊租七斤，十五斤半，137。
日𣗳相仝欠该租谷40斤干，细查实欠25斤淡。
日橈畊敦仔墘租卅斤，干24斤，的錢590。
又欠前年书午仔400，剌荣壠512，二合912。

光绪二十四年十一月十四日致祭美五该六公，
買肉二十斤四兩，錢2916。
又鹽一斤，錢廿。
廿六日收租煑米五管110，一共3046。

廿五年八月廿四日，致祭英五畨双里畨美五公该六公祖坟四所，
買肉34斤11兩，的錢5828。買盐一斤，24，買香灼[□
買㡊 錢 119，共5997。收租食二升，120。
與文消贖由去錢5000，扣現租錢850。扣鼓華租50斤，850，扣外。实3300，扣除外共用錢9417。
一收荣诵錢700。

FYXB004　光緒年美五公衆數071—072　528×236mm

一収朱華〻〻
一収日柄良氏洲
一収日枕〻
一収露迎〻
一収日模風氏洲
一収鼓華〻
収本年冬租谷
前十三年十月廿四日
地華前年収去草坑仔𠊎
露華前年収去草坑良氏　实用
荣誦内
樃収去草坑仔剌業
渊華前年収去草坑仔𠊎

廿五年冬収
醬萬畊茶㴇組
醬中畊鸟蝦组捌斤
荣誦畊崩仔迳组弍拾斤
又畊蟧蟖仔组陸斤
又畊坑仔迳组弍拾觔
又畊深塘仔组弍拾伍觔
日樹承畊湖炒坂迳组壹拾柒觔
日敬華畊中洋坂後頭组弍拾觔
日襄畊入
日樗畊墩仔墘租叁拾觔
鼓華兄弟収租租壹佰壹拾斤

一收朱華錢585。
十二月又粜谷錢813。
一收日柄良一元，73。
一收日粒錢1595。
一收簪通錢500。
一收日橈良一元，73。
一收鼓華錢449，6342。
收本年冬租谷187斤，粜出錢3000。
收日稟新旧二年14斤，224，合共收9566。 扣除外存鼓錢149。
抄外
前十三年十月廿四日
地華前年收去歪坑仔錢975，卅乙年八月廿日入交仔惀。
後欠錢100。
露華前年收去歪坑良一元，实用去675。
约入錢768。
荣誦内欠谷錢675。三十一年八月廿二日入錢227。
扣去泥壠仔完糧開明。
橈收去歪坑仔刺菜龍錢502。廿五年八月廿三日祭祀入明。
渊華前年收去歪坑仔錢305。

廿五年冬收
簪萬畊赤漈租25斤，入25斤。
簪中畊鳳蝦垵租捌斤。
荣誦畊嶺仔邊租弍拾斤，入46斤。
又畊螃蠏仔租陸斤。
又畊坑仔邊租弍拾觔。
又畊深壠仔租弍拾伍觔。
日樹承畊湖炉坧邊租壹拾柒觔。
日粒
敬華畊中洋坂後頭租弍拾觔，入廿斤。
日稟畊金星堂门口租柒觔，入七斤。
日樗畊墩仔墩租叁拾觔，折干谷24斤，31.7，的錢762，入錢700。
收租
鼓華兄弟租壹佰壹拾斤，实入96斤。

FYXB004　光緒年美五公衆數 073[①]

①此頁圖托裱後丟失。

（此葉夾小條兩張）

荣章该錢□百
正華該錢〡
縮華該錢 〣〥百過脉收
箐通該 〤〥百
正鋸蕭該錢 〨〇百
淵華該錢 〤〥百
朱華該錢 〤〇百过脉收
荣东该錢 〧□百过脉□
旋華该錢 〤〇百
□科该錢 〦〇百 入□
日樹该錢 〥〇百
荣久该錢 〣〇百

七年 漮入〥十斤
络绥華该錢 〤〇百
荣典该錢 〢〥百 入〡百
春阳该錢 〥〇百
荣高该錢 〡〇千
地華该〥肉錢廿斤
双喜该出錢□
文壠该出錢 〦百入〡百
文沾该出錢〥百

十月收禀新旧二年租谷 对面

收荣科租廿十[illegible]

收荣诵入租廿九[illegible]

收朱华租廿[illegible]

收韩通租[illegible]

收炳租[illegible]

收枝租廿[illegible]

收鼓华租廿七[illegible]

又坐[illegible]

又

現寒谷[illegible] 没

未良[illegible]

又来[illegible]

除禀外剩谷[illegible]

对除外長去[illegible]

去良[illegible]

前[illegible]

[illegible]去本冬[illegible]

[illegible]賣[illegible]中洋坂[illegible]租[illegible]

便[illegible]

FYXB004 光緒年美五公衆數 074 152×209mm

对面

十月初一日 收稟新旧二年租14斤。 現粜淡谷177斤，仁记糧。

收荣科租74斤。 来良三元。

收荣诵入租46斤直。 又粜54斤，850。

收朱華租60斤。 除粜外剩谷202斤，博干谷168，国華收。

对除外長去錢401。

收簪通租50斤。 去良四元。

收柄租50斤。 前八月廿日 欠去錢195。

扣去本冬50斤，的錢850。

收粒 租70斤。 湞贖来中洋坂门口租50斤。

價錢 五千。

收鼓華租46斤，实入100斤。

又坐[ ]谷二升 54斤。

又出[ ]又[ ]

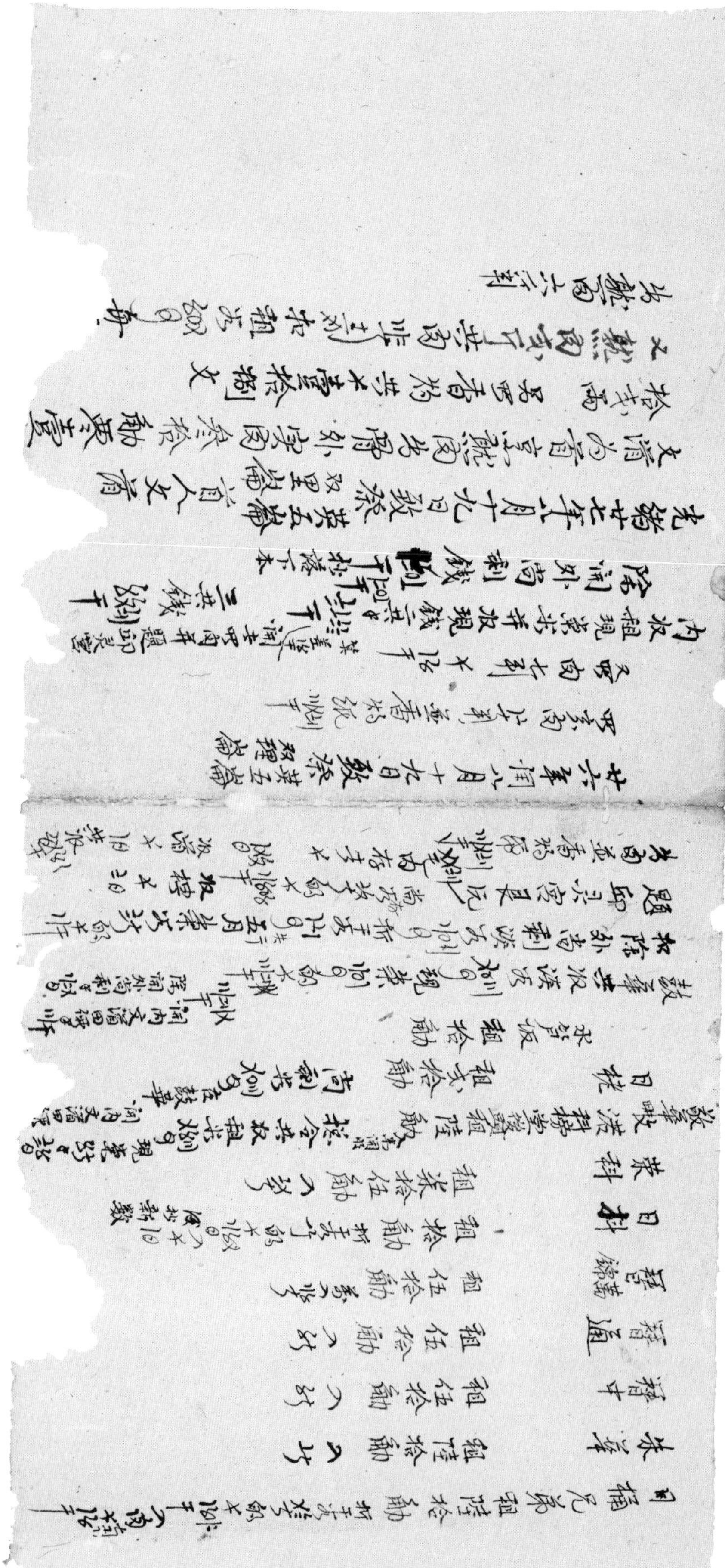

FYXB004 光緒年美五公衆數 075—076 530×239mm

日桶兄弟租陸拾觔 折干[illegible]入肉[illegible]
朱華 租陸拾觔 入廿
釋中 租伍拾觔 入[illegible]
釋通 租伍拾觔 入[illegible]
釋錦萬 租伍拾觔 [illegible]
日科 租拾觔 折[illegible] 後抄新數
榮科 租柒拾伍觔 入[illegible]
敬華收 滐科榜堂䕶頭租陸觔 總合共收租[illegible]現衆[illegible]
日桃 租弍拾觔 尚剩[illegible]在敬華 開內文溜田[illegible]
水竹坂 租拾觔
敬華共收淡[illegible]現衆[illegible] 開內文溜田[illegible] 除開外尚剩[illegible]
扣除外尚剩淡[illegible]折干[illegible]五月衆[illegible]
題印灵宮[illegible]
出肉並香燭爆[illegible]肉存[illegible]
廿六年閏八月十九日致祭 英五嵩 双理崙
四斤肉[illegible]並香燭紙[illegible]
又四肉七斤[illegible]
內收租現衆[illegible]并收現錢二[illegible] 開去四肉并題印灵宮
除開外尚剩錢[illegible] 抄落下本 三共錢[illegible]
光緒廿七年八月十九日致祭 英五嵩 双里崙 首人文湝
文湝為首烹熟肉出骨外實肉叁拾觔零壹
拾弍兩 另四香燭共[illegible]壹拾捌文
又熟肉弍斤共肉[illegible]扣租[illegible]每
出熟肉六斤半

日桶兄弟租陸拾觔，折干谷48斤，的錢1522。入肉七斤半，錢1500。

朱華　租陸拾觔　入60斤。

簪中　租伍拾觔　入50斤。

簪通　租伍拾觔　入50斤。

簪錦萬　租伍拾觔　萬入25斤。

日抖　租拾觔　折干谷八斤，的錢254，入錢一百，後抄新数。

荣科　租柒拾伍觔　入74斤。

敬華文畊渃科榜堂後頭租陸觔，入米開明，捴合共收租谷453斤。現枈50斤，錢850，開内文消田價。

日栳　租弍拾觔　尚剩谷403斤，在鼓華。

水笋坂租拾觔。

鼓華共收淡谷403斤，現枈201斤，的錢3224，開内文消田價錢二千，

除開外尚剩錢224。

扣除外尚剩淡谷202斤，折干谷161斤，失二斤。五月枈谷80斤，的錢二千。

題邱灵宫艮一元。尚存谷79斤，的錢2505收樗錢700。

出肉並香灼帋3472，4472，内存去錢149，收消錢100，共收5454。

廿六年闰八月十九日致祭英五崙双理崙。

買亥肉十六斤半，並香灼纸3472。

又買肉七斤半，錢1500。

内收租現枈谷并收現錢，二共錢8678，算差1500，開去買肉并題邱灵宫，三共錢5972。

除開外尚剩錢1206，抄落下本。

光绪廿七年八月十九日致祭英五崙双理崙，首人文消。

文消为首烹熟肉出骨外，实肉叁拾觔零壹拾弍两，另買香灼共錢壹拾捌文。

又熟肉弍斤，共肉三十二斤十二兩，扣租谷504斤，每[

出熟肉六斤半。

FYXB004　光緒年美五公衆數077—078　526×234mm

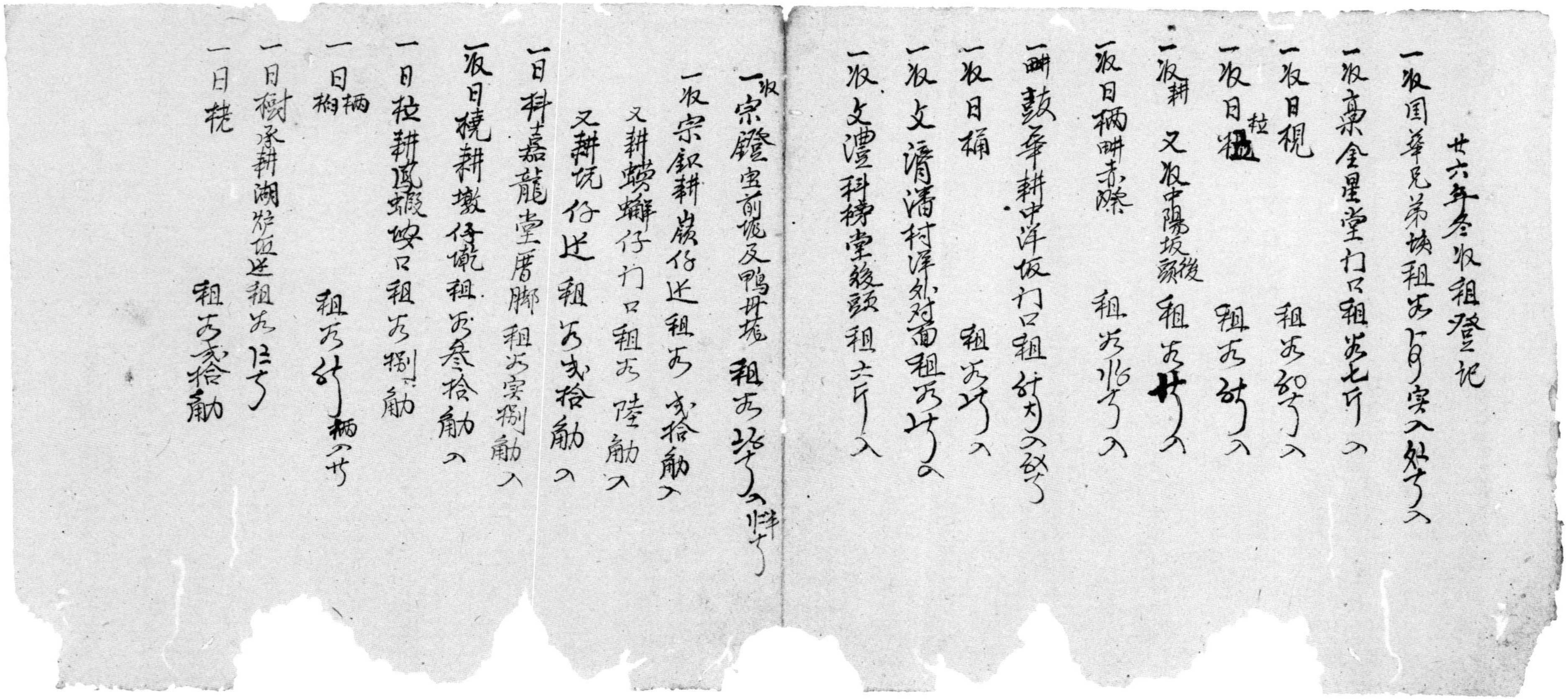
廿六年冬收租登記
一收周華兄弟坑租〼〼實入〼〼入
一收高泉金星堂门口租〼七斤〼
一收日視　租〼〼〼入
一收日粒猛　租〼〼〼入
一收耕　又收中陽坂頭後　租〼〼〼入
一收日柄畊赤際　租〼〼〼入
一畊鼓華耕中洋坂门口租〼〼〼〼
一收日桶　租〼〼〼入
一收文濱潘村洋外对面租〼〼〼
一收文澧科榜堂後頭租六斤〼入
一收宗鐙虫前垅及鴨毋墘　租〼〼〼〼
一收宗叙耕崗仔近租〼贰拾觔〼
又耕螃蟹仔门口租〼陸觔入
又耕坑仔近租〼贰拾觔〼
一日科嘉龍堂厝脚租〼実捌觔入
一收日榜耕墩仔岗租〼叁拾觔〼
一日粒耕凤蝦坳口租〼捌觔
一日柄杓　租〼〼柄〼〼
一日樹承耕湖炉坂近租〼〼〼
一日梲　租〼贰拾觔

廿六年冬收租登记：

一收国華兄弟该租谷110斤，实入96斤入。

一收稟金星堂门口　租谷七斤入。

一收日棿　　租谷　50斤　入。

一收日柆　　租谷　50斤　入。

一收耕　又收中陽坂頭後租谷　廿斤　入。

一收日檷畊赤漈　租谷　25斤　入。

一畊鼓華耕中洋坂门口租　50斤大入54斤。

一收日桶　　租谷　　60斤　入。

一收文湑潘村洋外对面租谷　60斤　入。

一收文澧科榜堂後頭租　　六斤　入。

一收宗鐙宝前壠及鴨母壠　租谷75斤　入22斤半。

一收宗釦耕嶺仔邊租谷　弍拾觔　入。

又耕螃蠏仔门口租谷　陸觔　入。

又耕坑仔邊租谷弍拾觔　　入。

一日科嘉龍堂厝脚租谷实捌觔　入。

一收日橈耕墩仔墘租谷叁拾觔　入。

一日柆耕鳳蝦垵口租谷捌觔。

一日檷柏　租谷50斤　檷入廿斤。

一日樹承耕湖炉坵邊租谷17斤。

一日栳　　租谷弍拾觔。

FYXB004　光緒年美五公衆數 079—080　525×235mm

上共收實租谷伍佰伍拾肆觔半　除四兩伍

佰零四斤後尚剩谷伍拾零半斤　折干

收干實谷肆拾斤的半卅日除四香灼尽干

廿九年七月廿日查算數米五升的半

四角一九的半收貼菜五十文共錢伍仟

拾捌文除外尚剩錢弍佰零伍文

抄过新數

光緒弍拾柒年　九月收租登记　首人周華

一收榮誦耕巔仔坐租谷廿

又耕坑仔坐租谷廿

又耕螃蟹仔租谷六

一收簪通　租谷廿

一收朱華租谷廿

一收簪萬　租谷廿

一收敬華　耕科榜堂段頭租六

一收日拉耕中洋坂段頭租谷廿

一收日榮耕敎仔墘　租谷卅

一收榮科耕宅前壠鴨母𡉏租谷廿

上共收实租谷伍佰拾肆觔半，除買肉伍
佰零四斤後，尚剩淡谷伍拾零半斤，折干
谷肆拾斤，的錢763。除買香灼18。
2400算。
廿八年七月廿日宿，算数煑米五升，的錢一
買亥肉一斤九兩，的錢250，貼菜五十文，共錢伍[佰]□
拾捌文除外尚剩錢弍佰零伍文，抄过新数。

光緒弍拾柒年九月收租登记，首人国華。
一收菜涌畔嶺仔邊租谷　廿斤。
又畔坑仔邊租谷　廿斤。
又畔螃蟖仔租谷　六斤。
一收簪通　租谷　40斤。
一收朱華　租谷　60斤。
一收簪萬　租谷　25斤。
一收敬華畔科榜堂後頭租　六斤。
一收日柆畔中洋坂後頭租谷　廿斤。
一收日梁畔敦仔垅租谷　卅斤。
一收菜科畔鸭母垅宝前垅租谷　50斤。

FYXB004 光緒年美五公衆數 081—082 522×234mm

一收齊大財金星堂门户租谷七丁
一收齊桑租谷[illegible]
一收齊鎰兄弟租谷[illegible]
一收陽華財嘉隆堂厝户租谷八丁 一共收租穀[illegible]
平订公議租每佰斤出熟肉六斤
光緒式拾捌年八月十九日致祭
美五公
该六公 烹熟肉出骨外 肉[illegible]斤 扣租穀[illegible]
除外尚剩租谷[illegible]折千[illegible] 價洋算 的[illegible]
另[illegible]又[illegible]
十九直算数[illegible]的[illegible]又熟肉[illegible]生肉[illegible]
的[illegible]又菓[illegible]菓米粉[illegible]共费用钱[illegible]佰柒
拾文 平該補首[illegible] 另收文首钱式佰文 又收日柄租式拾一斤的[illegible]
二共[illegible]除外首該補 平钱[illegible]日[illegible]新數

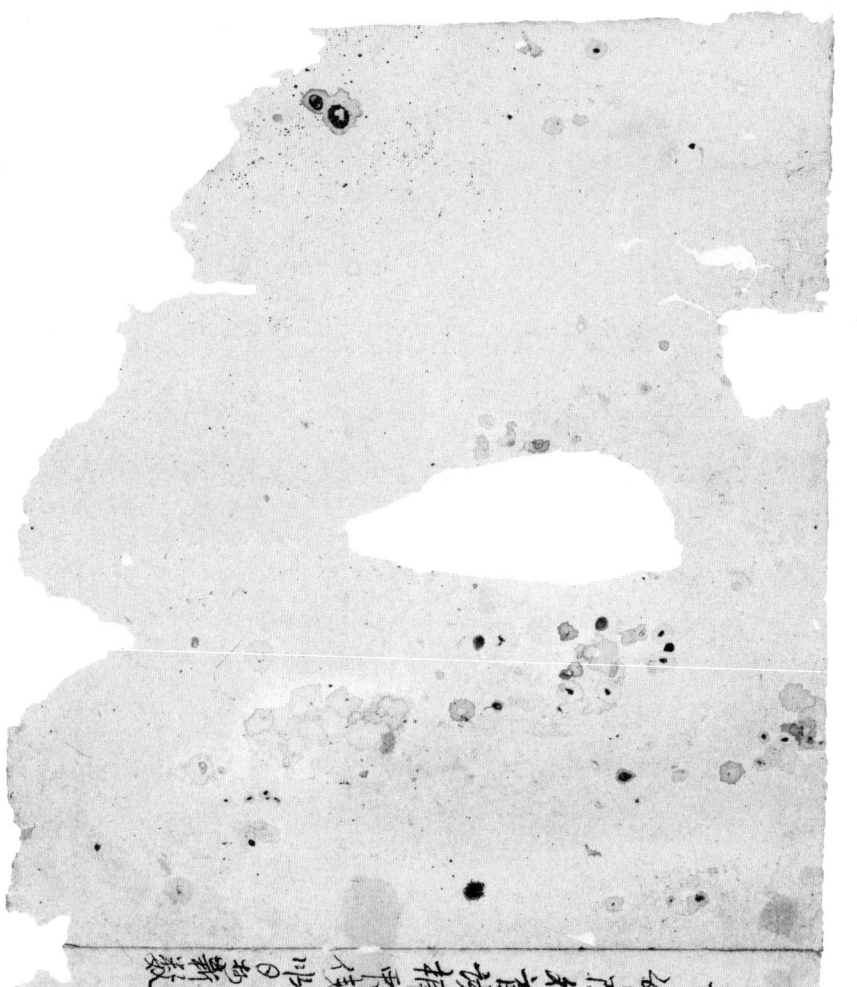

一收簪大畊金星堂门口租谷　七斤。

一收簪桑　租　谷　　110斤。

一收簪盤兄弟租谷　60斤。

一收陽華畊嘉隆堂厝□租谷八斤。　一共收租穀462斤。

　　衆订公議租每佰斤出熟肉六斤半。

光緒弍拾捌年八月十九日致祭。

美五公
该六公烹熟肉出骨外，□肉二十六斤半，扣租穀408。

　　價2300筭。

　除外尚剩租谷54斤，折干谷43斤，的錢794。

另買介㡍錢12，又香灼錢廿。

十九晢算数煑米五升，的錢230。又熟肉二斤一兩，折生肉二斤半，

的錢400，又菜錢菓米粉二盆，錢200，共費用錢玖佰柒

拾文，衆该補首錢176。另收文湔錢弍佰文，又收日檷租弍拾斤，

的錢348，

二共錢548，除外首该補衆錢372。抄新数。

（此頁空白）

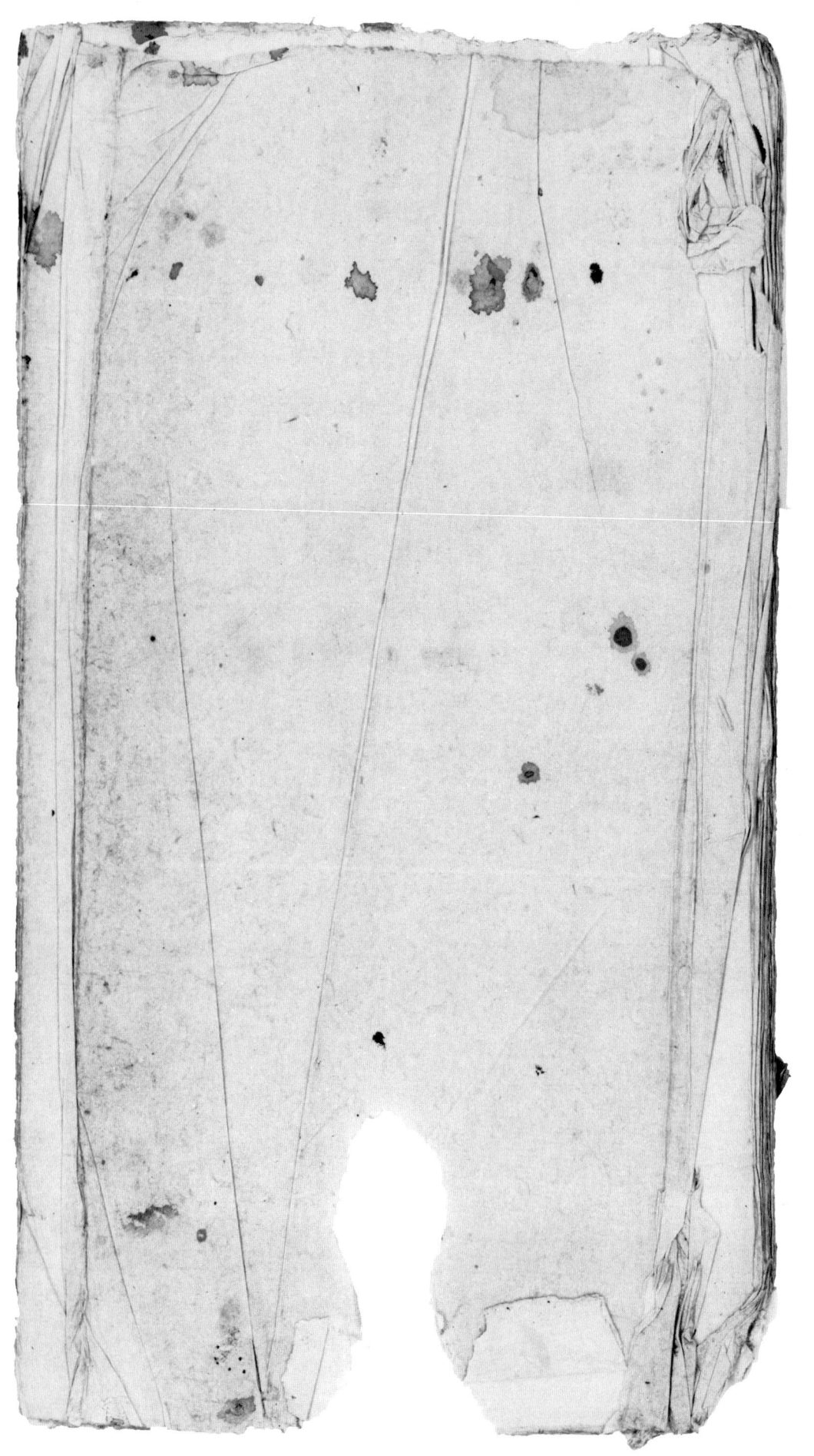

FYXB005　同治年糧賬001　122×222mm

（此頁空白）

丁卯年四月十八日

溫鏡使收去許榮春田糧米 〡〇〇〤斗 星

十二月十二日

收去榮春田糧銀 將去良 元三 空 〤斗

又完榮春州丁良 單三

收〤斗共州田糧良 〡〤斗 又斗尾 三月

換良去斗 十二月去斗

其年五拾斗 共斗 〤斗 完

FYXB005 同治年糧賬002 122×222mm

（此頁空白）

丁卯年四月十八日　单一。

温鐃使收去许荣春县米　2.0025斗。

十一月十七日　時去良乙元31，的錢1055。

收去荣春县丁良1.2489錢，单三。　并米[

又完荣春州丁良2.5975錢，共州县丁良3.847錢，又錢尾[

十七日全□去錢　538。

换良去錢98。

去冬米五升，錢180，共去錢816，完。

FYXB005　同治年糧賬003　122×222mm

五月初一日
林大欽收去許榮春卅米弍斗　早一秤　去良元[illegible]　叫手[illegible]

十二月初三日
完榮春米　收斗[illegible]　早三秤　共米[illegible]斗[illegible]
另早四秤手[illegible]　十二月初[illegible]去良元[illegible]

收[illegible]
共錢并草手[illegible]
[illegible]十七年十二月[illegible]

限[illegible]
[illegible]完生手[illegible]
代林金[illegible]包良[illegible]早一　共[illegible]作三人分[illegible]
六年十[illegible]月洋尾[illegible]田

五月十八日
邱永[illegible]收去許進[illegible]良[illegible]　早三　去良元
回　[illegible]月十[illegible]日去良元[illegible]　又[illegible]
[illegible]月十四日去[illegible]
十二月[illegible]去[illegible]
又去[illegible]

盧欣欽收去李大[illegible]良[illegible]　早一秤
十二月廿日　去[illegible]

五月初一日　单一張。

林大使收去许荣春州米弍斗，去艮乙元705，的錢1038。

十一月初三日　单三張。

完荣春州米3.96斗，共米5.96斗，錢3122。時去艮乙元70，的錢1030。

另单四张，錢32。

十一月廿五日去艮乙[

欠□　共錢并算錢3155。七年十二月初七日去錢　15，明[

陳事先 完每分出錢48，朋衆二分，出錢96，作三人分，一分出錢32。

代林全盛折色艮柒分箅一，共錢240，作五分出。

六年十一月洋尾朋田。

五月十八日　　单三。

邱永使收去许進衷民糧艮7.382錢，该退乙元。

106　六月十八日去艮乙元72，又錢尾480。

九月十四日去錢400。

十二月初八日去錢80。

又去奏銷錢100。

盧欣使收去李大業民糧艮5.31分，去錢150。

十一月廿一日　单一张。

FYXB005　同治年糧賬004　122×222mm

同治叁年四月初九日連

溫道鑑官收去許蒂春吳米〣〤斗係〥〤〡干　去良元〢〤〡〡干

六月廿六日

完許蒂春州〩〦良〣〤〥　〣〡〤〢[illegible]　單三

共該良元　單四十〣〢

又錢尾　〢〣日共〢〤〣〡　長〢〡〡〣

長〣〡

有廿七日去良元〢〣〤〡〡

六月初八日

鄧永使收去許進遠袁氏那良〢〣〡　係良元

單の　〥〢尾〡〢

現去良元〢〣〤〡干

有二百去〢

〡〢又〡〤〡〡

[illegible]欣使收邑李大業氏那良〢〡　單未采

十二月十七日　去〢〡日寄[illegible]親收

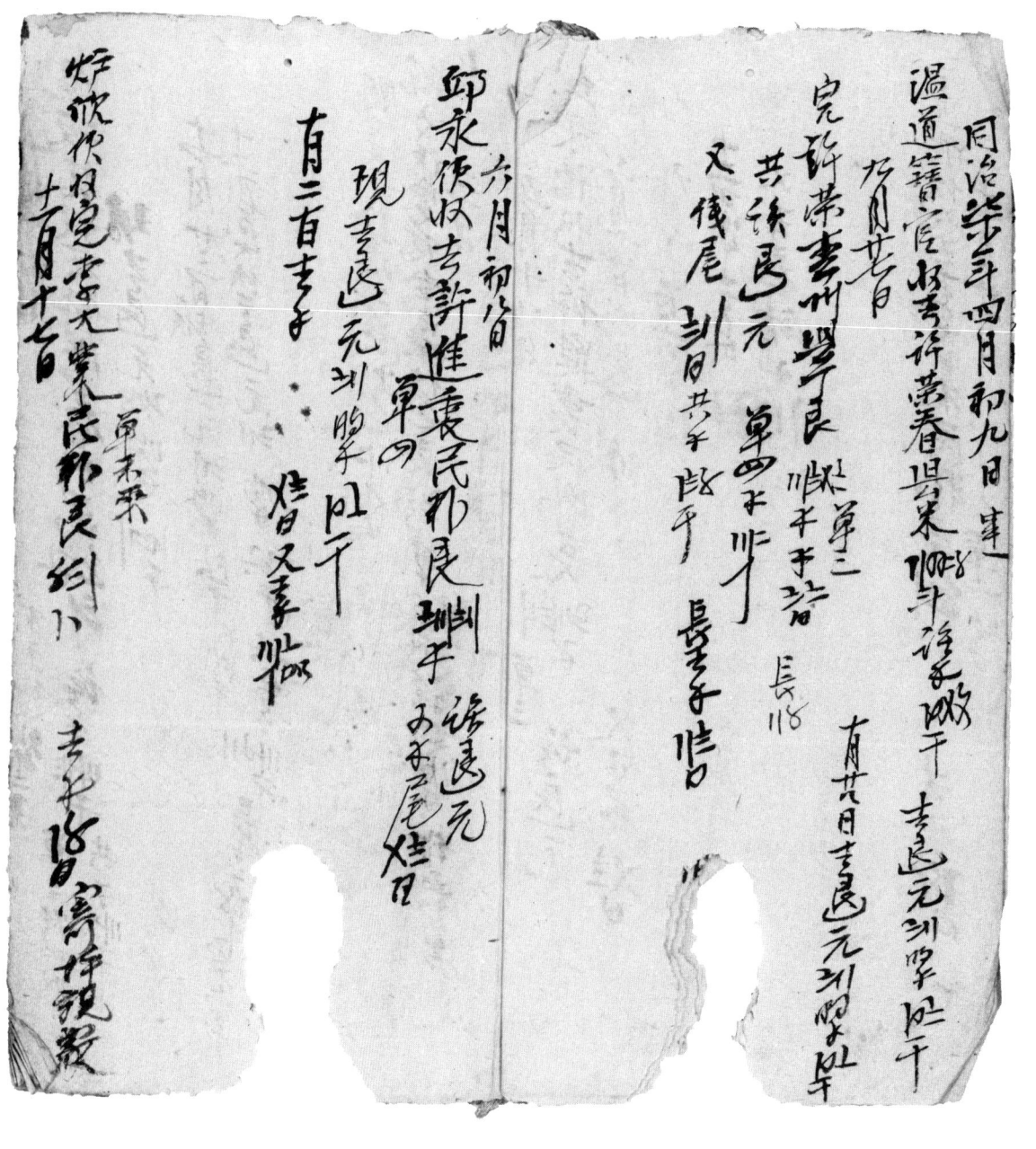

同治柒年四月初九日　串一。

温道簪官收去许荣春县米2.0025斗，该錢1049。去艮乙元72，的錢1070。

九月廿七日　单三。　　十月廿八日去艮乙元72，的錢1060。

完许荣春州县丁艮3.847錢，錢770，長25。

共该艮乙元　　单四，錢32。

又錢尾820，共錢1850，長去錢280。

六月初八日

邱永使收去許進衷民糧艮7.382錢，该艮乙元。又錢尾480。

单四。

現去艮乙元72，的錢1060。

十月二十日去錢480，又去錢36加。

单未來。

炉欣使收完李大業民糧艮5.31分，去錢150，寄坪親家。

十一月十七日

FYXB005　同治年糧賬005　122×222mm

值十四日

温坂先收去許榮春[illegible]米穀計　錢[illegible]千　草[illegible]收

[illegible]共[illegible]千

[illegible]去良[illegible]元[illegible]

十一月廿二日大伙去良[illegible]元[illegible]

十二月[illegible]日大伙去良[illegible]元[illegible]　共去[illegible]千

朋得二分[illegible]

陈文伙完林全盛[illegible]去良[illegible]　草[illegible]　錢[illegible]收　作五分[illegible]

十一月

同治八年己巳九月初[illegible]日

鄭永伙

林碌先收去許進[illegible]民[illegible]良[illegible]　草[illegible]收

[illegible]去良[illegible]元[illegible]

十二月[illegible]去[illegible]　信

炉伙[illegible]收去完李大業民[illegible]良[illegible]　草[illegible]去[illegible]收

十一月初十日

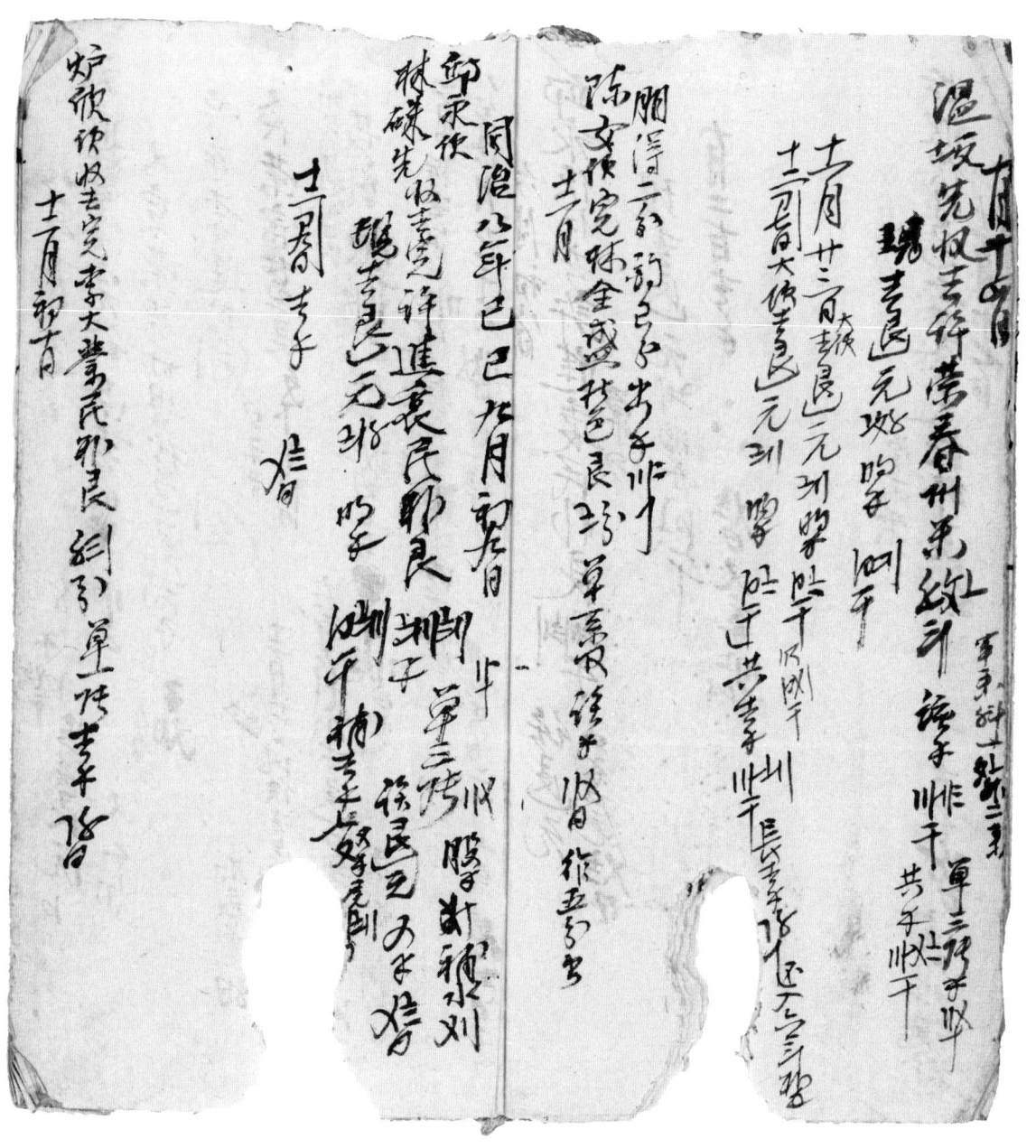

十月十四日　　事来5斗，96，外二。

温坂先收去许荣春州米5.196斗，该錢3123。单三张，錢2400，共錢3147。

□去艮乙元695，的錢1022。

十一月廿三日大使去艮乙元72，的錢1070，□1041。

十二月初七日　大使去艮乙元72，的錢1070，乙共去錢3162，長去錢65，还入六年糧錢。

朋得二分酌己分出錢32。

陈女使完林全盛折色艮七分，单系收，该錢240，作五分出。

十二月

同治八年己巳九月初九日　21。

邱永使 / 林硃先收去完许進衷民糧艮7.382錢，单三張，24，该艮乙元，又錢480，股錢40，補水42。

現去艮乙元715，的錢1073，補去錢□□文錢□□。

十二月初九日　去錢480。

炉欣使收去完李大業民糧艮5.31分，单一张，去錢150。

十二月初十日

FYXB005 同治年糧賬006 122×222mm

八年十一月十七日 基
温道簪官完許榮書旧年米〢〤斗 子〡㗎 共該艮伍卜
又完榮書卅旧年谷艮式千〡 又千〡
李李遅代完 艮〢
又代榮富谷艮文下千旧

借去卅斗 計二張
共千 收〡 收千〡 収千〡 計〡七〡
九年五月〡吉艮〡 〡
十一月廿〡伏吉〡 時去千 〡

一月〡〡 長〡〡
八年十一月在〡 〡 道簪存数〡 〡 〡 〡

八年十二月初〡日
林大俠〡完榮書卅米五斗 〡 〡 共〡千 時去艮〡
十八日起来算 〡 共〡 〡千
十二日大俠吉艮〡

〡
九年八月〡日吉艮〡 〡
〡 長〡

温道〡完林全盛〡艮〡 〡 作兵〡 〡
十一月二十日
〡千〡

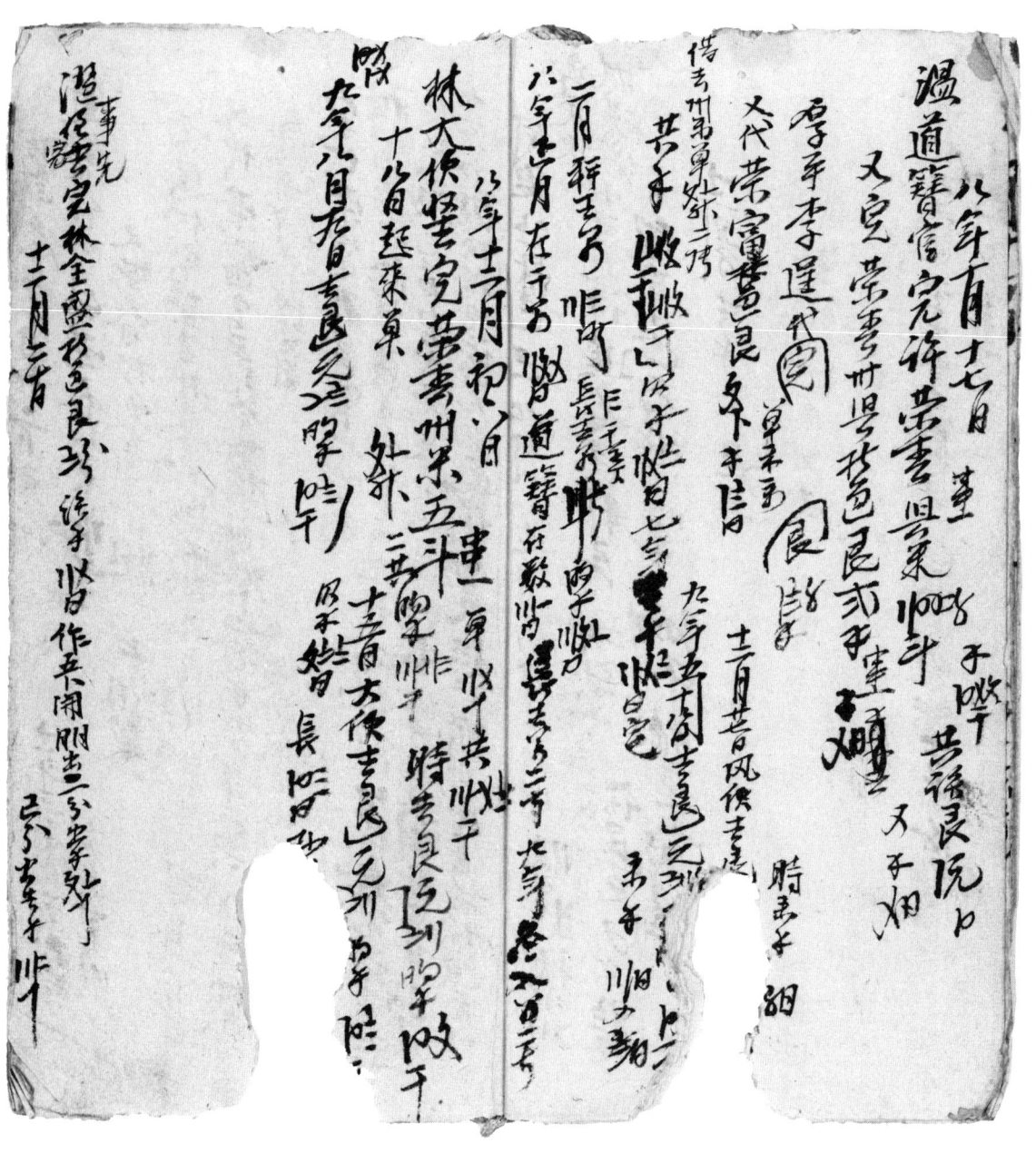

八年十月十七日　　　串一。

温道簪官完许荣春县米2.0025斗，共该艮一元，錢1049，又錢400。

又完荣春州县折色艮弍錢，串一，錢400。

厚平李逞代完　　艮1.85錢。

又代荣富折色艮九分，錢180，单未来。　十二月廿七日，风使去[　　　]时来錢500。

借去州米9.6升，二張。　九年五月十八日，去艮乙元[　　]米錢300，入800。

共錢1629，欠錢247。七年去錢247，完。

二月秤去谷330斤，長去谷20斤，1300箅，的錢396。

八年正月在干谷294，道簪在数310，長去谷二十斤。　九年冬入谷二十斤。

八年十二月初六日

林大使收去完荣春州米五斗，串一单24，共3147，二共的錢3123。時去艮一元72，的錢1090。十五日 大使去艮乙元72，的錢1080。

十八日起來单　9.6升。十五日大使去艮乙元72，的錢1090，欠錢977，長103，抄[

114。

九年八月十九日去艮乙元68，的錢1080。

湿侄事先完去完林全盛折色艮七分，该錢240，作五分開明，出二分，出錢96。

十二月二十日　　　己分出去錢32。

FYXB005　同治年糧賬007　122 × 222mm

玖年庚午十月廿一日算[illegible]

置簿 安收去許榮春出來 [illegible] 千收[illegible]千 十年十二月廿一日收[illegible]

又榮春 收過番良 [illegible]千 千烟葉一 [illegible]九年十一[illegible]

李廷代完榮春 收過番良[illegible]千

又代榮富完年鄉堂收 收過番良[illegible]卜七九千 [illegible]草一 共[illegible]千 [illegible]

[illegible]算四[illegible]

澄壽寄米[illegible]月折抬年錢

澄見壽米旧

去年[illegible]

宗代榮富 收良四卜七九正

租[illegible]百五十大斤[illegible]蘭良[illegible]收過良九卜 酌山居用 收紙[illegible]完 榮春[illegible]

良山卜[illegible]完宗代榮春 收過[illegible]良 [illegible] 收過良 收紙[illegible] 鄭完收

九年分[illegible]後視[illegible]完[illegible]收過良[illegible] [illegible]自[illegible]

閏十月十三日

林大便收去許榮春卅斤五斗七升二合[illegible] [illegible]千收 時去良[illegible]

內[illegible]代完[illegible] 合[illegible] [illegible]千

九年十月十二日去良長去[illegible]

十年五月初一日去良[illegible]的[illegible]

[illegible]除入外後[illegible]

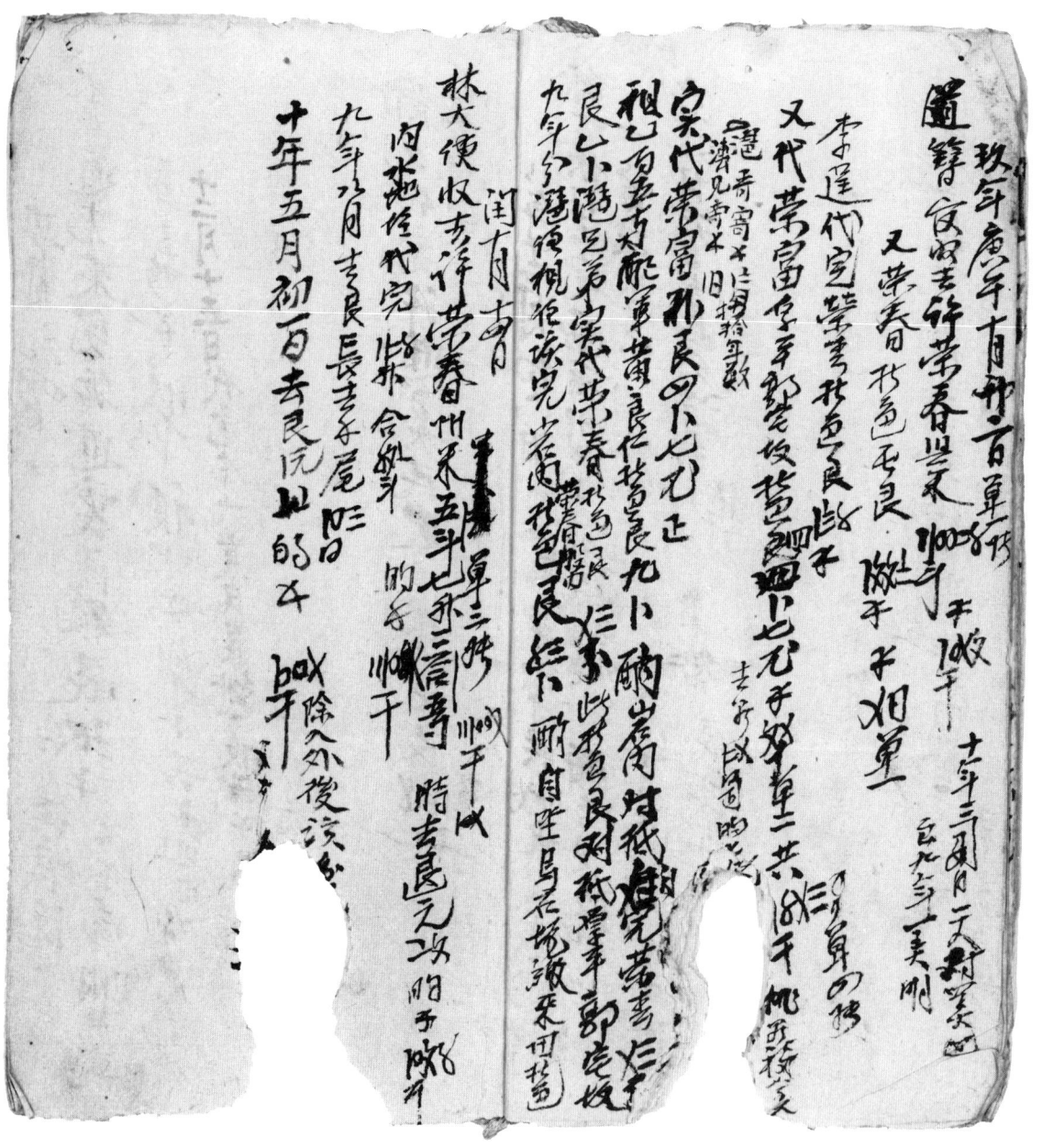

玖年庚午十月初二日单一张。

道簭官收去许荣春县米2.0025斗，錢1049。十年三月初四日二人对筭过。良九年筭明。

又荣春折色屯艮1.997錢，錢400，单一。

李逞代完榮春折色艮1.85錢。

又代荣富原平郭宅坂折色艮四分七厘，錢94，单二，共1543，挑谷□□□，去谷124斤直，

的錢［　］。□算四張。

澭哥寄錢170，抄拾年数。

溥兄寄錢100。

实代荣富糧艮四分七厘正。

租乙百五十斤大，配军黄良仁折色艮九分，酌岩内对抵，自完荣春430。

艮乙分，澭兄弟实代荣春折色艮五分三厘，此折色艮对抵厚平郭宅坂。

九年分澭侄、梘侄该完岩内荣春股内折色艮五分三厘，酌自坐□石壠繳来田折色。

闰十月十四日

林大使收去许荣春州米五斗七升三合五勺，单三张，3009，114，

時去艮乙元69，的錢1095。

内水地侄代完2.25升，合5.96斗，的錢3040。

九年八月去艮長去錢尾103。

十年五月初一日去艮一元66，的錢1004，除入外後该錢［

FYXB005　同治年糧賬008　122×222mm

十二月初六日
李道先來完許進裏民粮艮〤〡年　錢艮〤〦　又年尾〢〡
單三張收　收米　補水手洲　共米〣〡〡　加耗米　共〣〡
十二月十五日代完李大業民艮〤〡分收去米〤〡
蔚見代完許進裏民米〢〨兩　扣艮〢〨〡〢
九年分
事
陳四先收去林泉盛民艮〤〡　共米　收自瀧收作為出
完當美杜
自己分該出米〡〨
又完九年分德智扣艮〡〤
事先完李德智八年分扣艮〡〤　二共米〤〡〡　自十二月去米〤〡
坪祖家代完十二月　日
前寄李〡

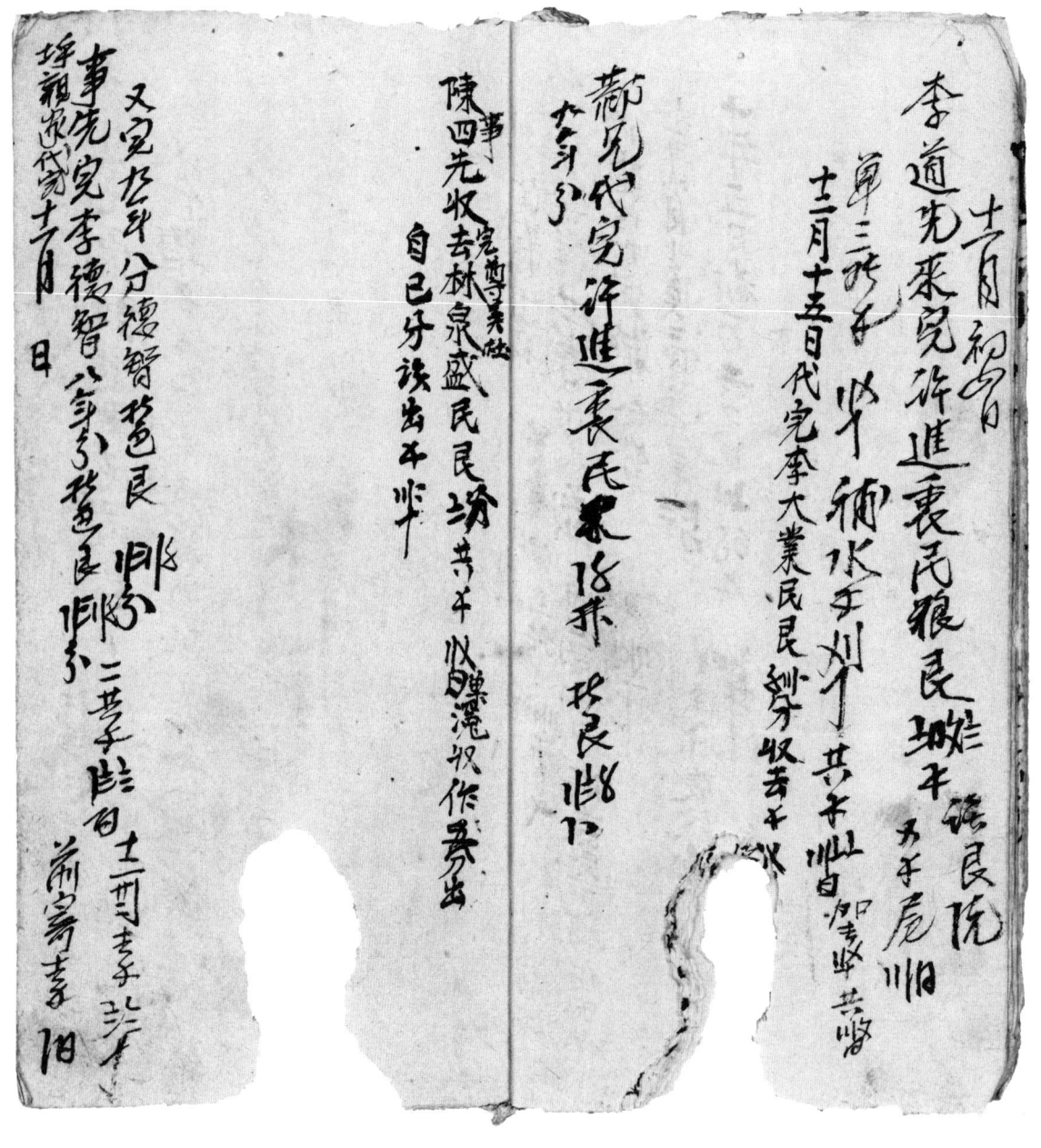

十一月初四日

李道先來完许進衷民粮艮7.098錢，该銀一元，又錢尾300。

单三张，錢24，補水錢42，共錢366，加去24，共390。

十二月十五日代完李大業民艮5.31分，收去錢[

□兄代完许進衷民米1.5升，折艮2.85分。

九年分

陳四事先收完尊美社去林泉盛民艮七分，共錢240，单澆收，作五分出，

自己分该出錢32。

又完九年分德智折色艮2.325分。

事先完李德智八年分折色艮2.325分，二共錢188，十二月廿二日去錢88。

前寄去錢一百。

坪親家代完十一月　日

FYXB005　同治年糧賬 009　122×222mm

同治拾年分民米

李道先完許進裹民粮民[illegible]分　該民米[illegible]　補水[illegible]

又代湿哥赤蔡墘米糸合折丁民[illegible]分　合起串　該[illegible]　另加補[illegible]

又代完李大業民粮民[illegible]八　串一串　該[illegible]

九月廿七日　共集串四串　現去民米[illegible]　後該[illegible]尾[illegible]

十一月[illegible]日

辛未拾年捌月十六日　換來串一串　米[illegible]　會加[illegible]

溫顏官完許榮春縣米[illegible]　串二串　米[illegible]　現去[illegible]

拾月十九日又完榮春州縣丁民[illegible]　來串[illegible]

又代完榮富丁民[illegible]　另串三[illegible]　合共[illegible]

現去伐仟合共去[illegible]　对英明

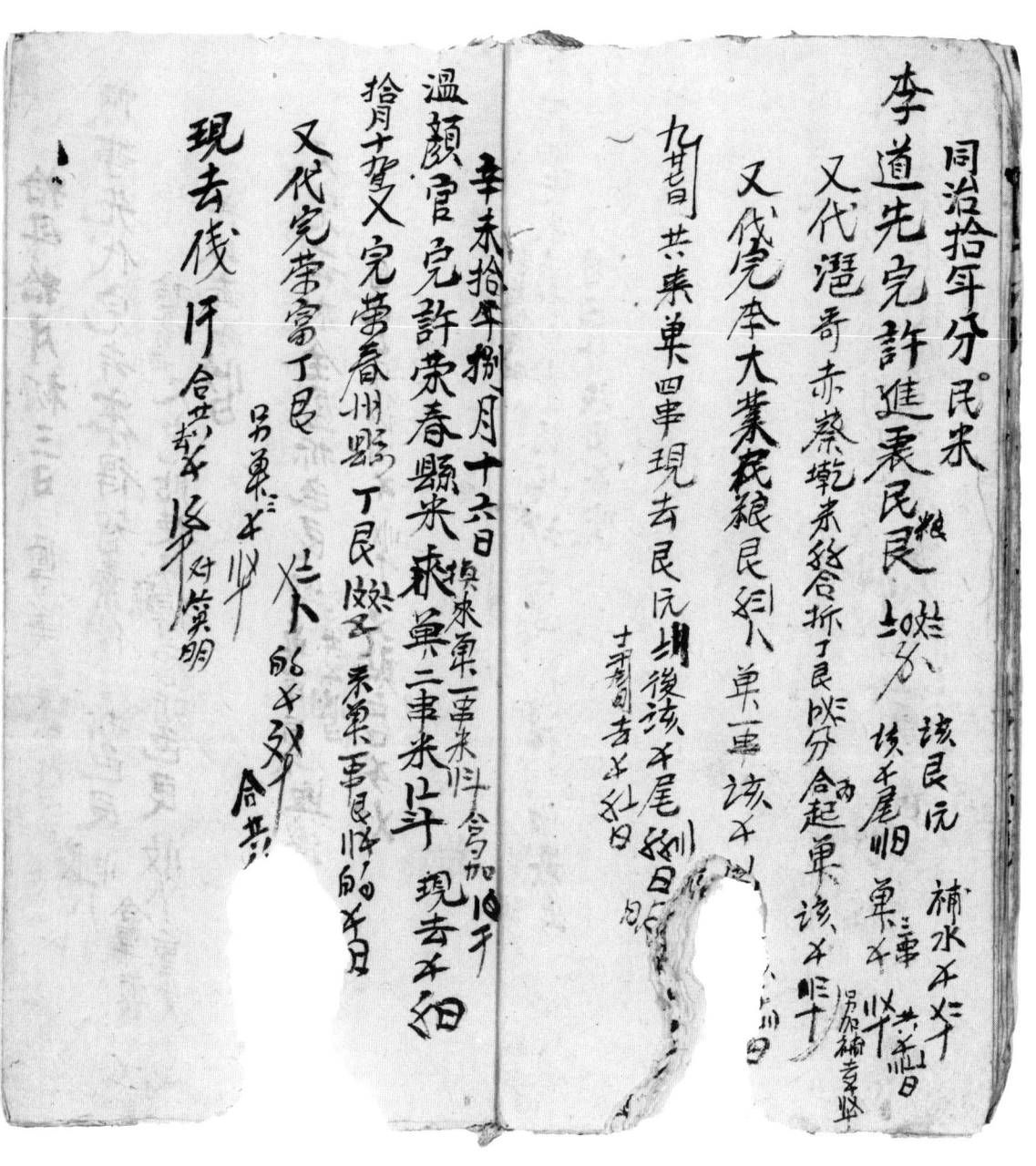

同治拾年分民米

李道先完許進衷民粮艮7.098錢。该艮一元，補水錢42，该錢尾300，单三串，錢24，共錢366。

又代湣哥赤蔡埈米5.5合，折丁艮1.043分，合丙起单该錢33，另加補去錢24。

又代完李大業民粮艮5.31分，单錢一串，该錢[

九月廿七日，共来单四串，現去艮一元72，後该錢尾553。[

十二月十九日去錢560。

辛未拾年捌月十六日

温顔官完許荣春縣米來单二串，米1.6斗，换來单一串米二斗，合勺加1000，現去錢500。

拾月十九日，又完荣春州縣丁艮1.997錢，来单一串，艮二錢，的錢□百。

又代完荣富丁艮4.7分，的錢94，合共[

另单三，錢24。

現去錢一千，合共去錢1500，对筭明。

拾年拾月初三日 尊美社
陳事先代完去李得智素使分折色艮 〡〤〡 合秉東
拾年自拆 又完貼使分額得智折色艮 收〡重完
共收去钱〡〤
又完去林全盛折色艮 場巢軍自收 與溪
共钱〡〤
自己乙分該出钱 收〡 又貼户口钱廿
又該户口钱八文

拾弍月初七日
林大官完許春夢州來〡〤 合計〡〤的钱 〡〤收钱 〡〤千
十二月做拔三付的钱
十二年三月扒去埔面钱〡〤
〡〤千 收鏊叔艮完〡〤的钱〡〤千
扒鋪叔钱
來碗仔二付的钱〡〤
來紅柚乙合的钱〡〤
十八日收治華钱〡〤
扒溥兄粮钱 〡〤 鐙叔收去
〡〤十二月初八日 溯兄來谷 初十日來谷 共〡〤 〡〤二的钱〡〤 十八日公大付乃姚去谷 〡〤

拾年拾月初三日　尊美社

陳事先代完去李得智素使分折色艮2.325分。

拾年自折，又完貼使分額得智折色艮2.9分，合单一串，重完，共收去錢219。

又完去林全盛折色艮七分，单一串自收，共錢252，與溪[

自己乙分该出錢34，又貼户口錢40。

又该户口錢八文。

拾弍月初七日

林大官完許荣春州米5.735斗，合单，的錢3029。

十一月做扳三付，的錢5500。收鍪叔艮一元70，的錢1070。

扒鋪叔錢[

十一年三月十四日，扒去埔囬錢360。

来碗仔二付的錢。

来红釉七合，的錢70。

十八日收治華錢330。

扒溥兄粮錢280，此錢鐙叔收去。

初十日来谷廿斤直。

△十二月初八日浣兄来谷61斤直，二的錢826。十八日公大付□挑去谷80斤。

FYXB005 同治年糧賬011 122×222mm

同治拾壹年分八月廿八日

温契官收去許荣春畧米〡〇〢八斗 去曾焕書串〡〇八斗 來单二串米 时去钱〡仟文

又收去荣春州畧丁良〡〇〢 來单一串良〤〤〤八〇

又代完荣富丁良〡〡〤〤八〡 串十二 去术米目

去外该还他尾

串三張 的〤〡

合共去〤〡川〤

九月初八日

李道先生完去许進衰民粮良〡〇〤〤 该去良完足重 该尾〤〡

又代完湛哥赤蔡墩業谽折丁良〡川〤的〤〢

又代李大業民粮良〢〤的〤〡〤日）合

壹

弍月十二日去良〡〤的〤 〡〇八〤〡〤

还〡〡下〤〤〤

陳水官代完去

李得智素使分折色良弍分〢八

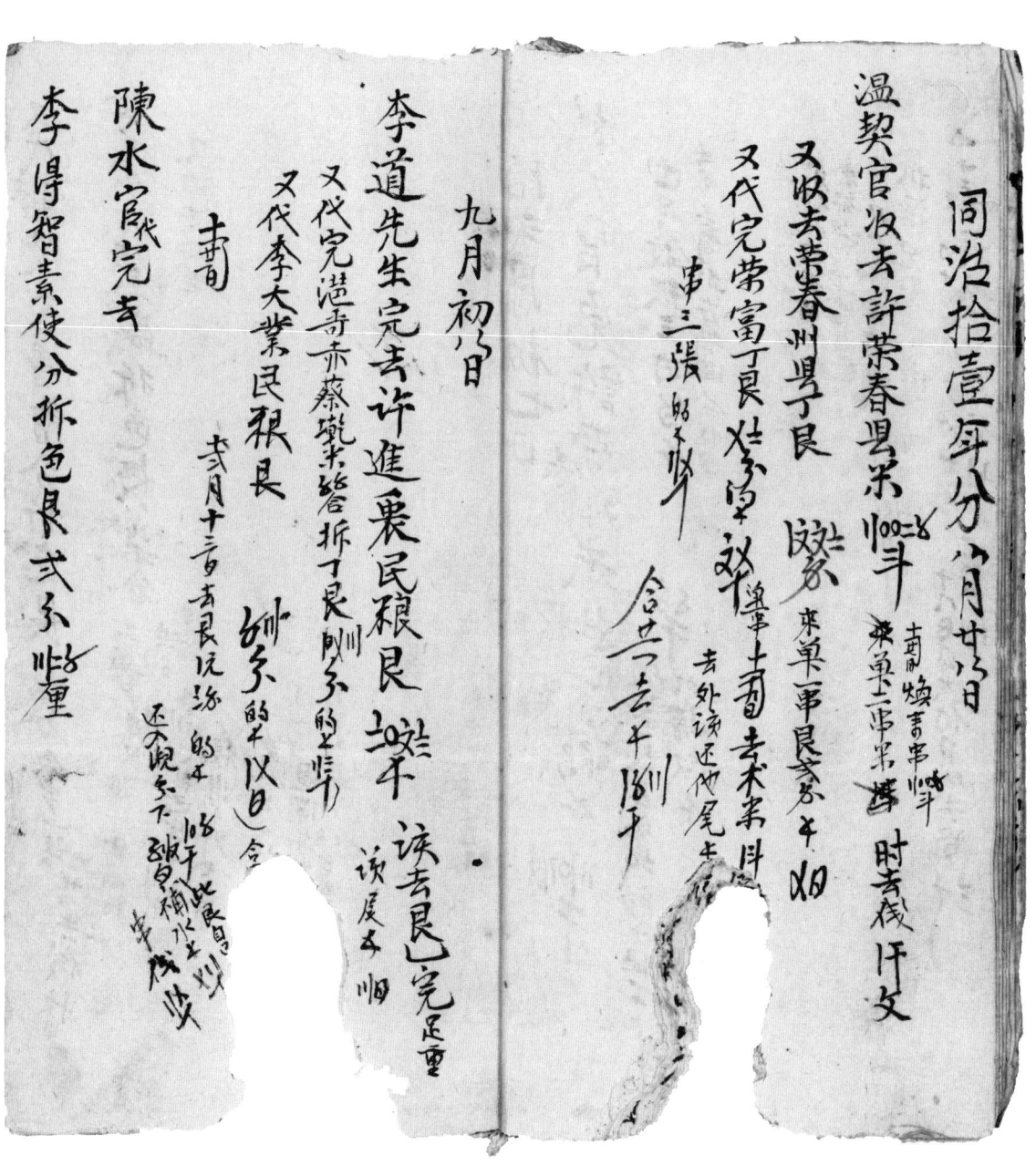

同治拾壹年分八月廿八日

温契官收去許荣春县米2.0025斗。十一月廿七日，焕来串2.0025斗，单二串米，时去錢一千文。

又收去荣春州县丁艮1.997錢。来单一串，艮弌錢，錢400。

又代完荣富丁艮4.7分，的錢94。单一串，十一月十九日，去术米一斗，[

去外该还他尾錢[

串三张，的錢24。

合共去錢1530。

九月初八日

李道先生完去许進衷民粮艮7.098錢。该去艮乙完，足重。该尾錢300。

又代完湛哥赤蔡垅米5.5合，折丁艮1.043分，的錢23。

又代李大業艮粮艮 5.31分，的錢140，合[

十一月廿一日　十弌月十三日去艮一元7錢，的錢1050，此艮自己[

还入泥分下529，補水錢42，串錢24。

陳水官代完去

李得智素使分折色艮弌分3.25厘。

又代貼使李得智分折色艮 （完） 收分 合串一張 艮共去錢

又代完林金盛折色艮柒分 共〇 串一張自收

自己出本 親出本 濟出本 自出年 出公

十一月初八日

温坂先完去許榮春州米 斗 合 的米 單 来串對 又單 文 去壽 来單

初八日去艮 廿六日去艮

去外谈还他

式月廿日去本

又代完貼使李得智分折色艮2.9分，合串一張，二共去錢219。

又代完林全盛折色艮柒分，单一串，自收。

共252。

自己出錢162，

梘出錢40，欠十文。

湑淣出錢⌈

潖溪年出⌈

自出公⌈

十一月初八日

温坂先完去许荣春州米5.735斗，来单五斗，欠单7.35升，合单的錢3029。十二月廿一日来单7.35升。

初八日去艮一元715。

廿六日去艮一元⌈

去外该还他⌈

十弍月廿一日去錢890，完。

FYXB005　同治年糧賬 013　122×222mm

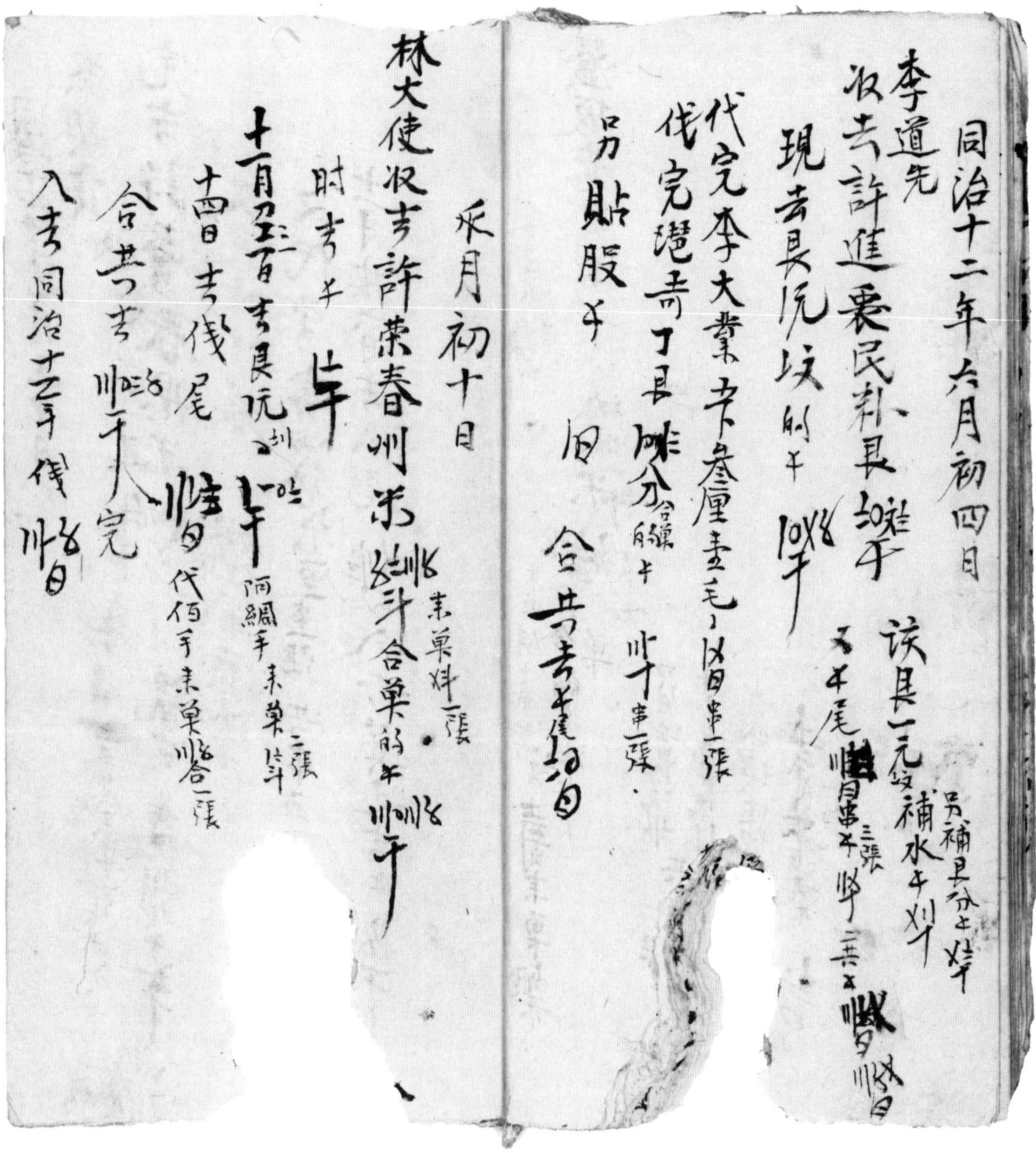
同治十二年六月初四日
李道先
收去許進衆民糧艮
現去艮洋
代完李大業
代完壽丁艮
另貼股
合共去
林大使收去許榮春糧米
月初十日
時去
十月二十二日去艮洋
十四日去代尾
合共去　完
入去同治十二年代

同治十二年六月初四日

李道先

收去許進衷民糧艮7.098錢。该艮一元69，補水錢42，另補艮分錢48，

又錢尾330，串三張，錢24，二共錢354。

現去艮一元69，的錢1045。

代完李大業五分叁厘壹毛，140，串一張。

代完湦哥丁艮1.043分，合单的錢31，串一张。

另貼股錢一百，合共去錢尾700。

瓜月初十日

林大使收去許荣春州米5.735斗，合单的錢3035。來单四斗，一張。

时去錢1600。

十一月初三日去艮一元72，1107，阿錭手来单1.7斗，二張。

十四日去錢尾268，代佰手来单3.5合，一張。

合共去3035，完。

入去同治十二年錢315。

FYXB005　同治年糧賬014　122×222mm

同治十二年七月二十日

溫契良

完去許學春粟米[illegible]斗 串一張 來年 仝正 十月廿六來串一張 米一升〇〇二勺五 現去長尾刈拆十斤

又完去丁長 [illegible]錢 串一張 長二千

又代學富四分柒厘 串一張 共串五張

十一月廿六日去爰尾 [illegible]合 共算過去十 [illegible]斤

陳水先完去李得智粟使分下折色𠮟長 [illegible]分

十月十七日

又完贈使分下折色𠮟長 弍分九厘 合串一張 共[illegible]

完去林全盛折色𠮟長柒分 來串一張 日收 錢十 [illegible]

渼壽

渼壽二八出年[illegible]

棍[illegible]自去李[illegible]

渼出年[illegible]

濱

同治十六年七月三十日

温契官

完去許榮春县米2.0025斗，現去艮一元72，折錢1100。串二张，屯米1.9斗，

十一月廿六来串一張，米一升〇〇二勺五。

又完去丁艮1.997錢，串一張，艮二錢。

又代荣富四分柒厘，串一張，共串五張[

十一月廿六日去錢尾438，合共筭过，去錢□。

十月十七日

陳水先完去李得智素使分下折色屯艮2.325分。

又完貼使分下折色屯艮弍分九厘，合串一張，共[

完去林全盛折色屯艮柒分，来串一張，自收，的錢254。

㴭哥

𣿟哥三人出錢150。

梘姪

自出去錢39，㳙湑出錢68。

FYXB005　同治年糧賬 015　122×222mm

同治拾叁年五月初一日
李道先收許進東民粮艮〡〢〤來第乙張字現去艮完訖
扣澤華完訖
又隱壽〥分　又李大業〡〢〥
共該艮〥
股分計〤〡
共該分尾〥
又再完李大業〡〢〥
貼公第分廿合分〡

六月初三日
溫契官收去許夢春與米〡〢〣〤　書張訖
的千〤〣　現去艮〤〥　的千〤〣
又完丁艮〥〢　串四張
又代榮寧艮〤〥　十二月廿三日去千〤〥
陳水先完去李得智折色艮來使分〤〥　的千〤〥
一又去林全盛折色艮〤分　的千〤〥
縮溯規　春記出〡〢〣
洩濟出〤〥

同治拾叁年六月初一日

李道先收许進吏民粮艮7.098錢，来串乙張，四錢，現去艮一完72，

扣澤華完4.3分。

又滙哥1.04分，又李大業5.31分，140。

共该艮一元。

股錢50，水42，共该錢尾470。

又再完李大業5.31分，錢110，貼公事錢廿，合錢[六百]。

六月初三日

温契官收去许荣春县米2.003斗，串一張二斗，的錢1048，現去艮一

元725，的錢1025。

又完丁艮1.997錢，串四張。

又代荣富丁艮4.7分，十二月廿三日去錢470。

陈水先完去李得智折色艮素使分下5.225分，的錢219。

又去林全盛折色艮七分，的錢254，淵縮梘三人出錢150。

春记出錢36，淣湑出錢68。

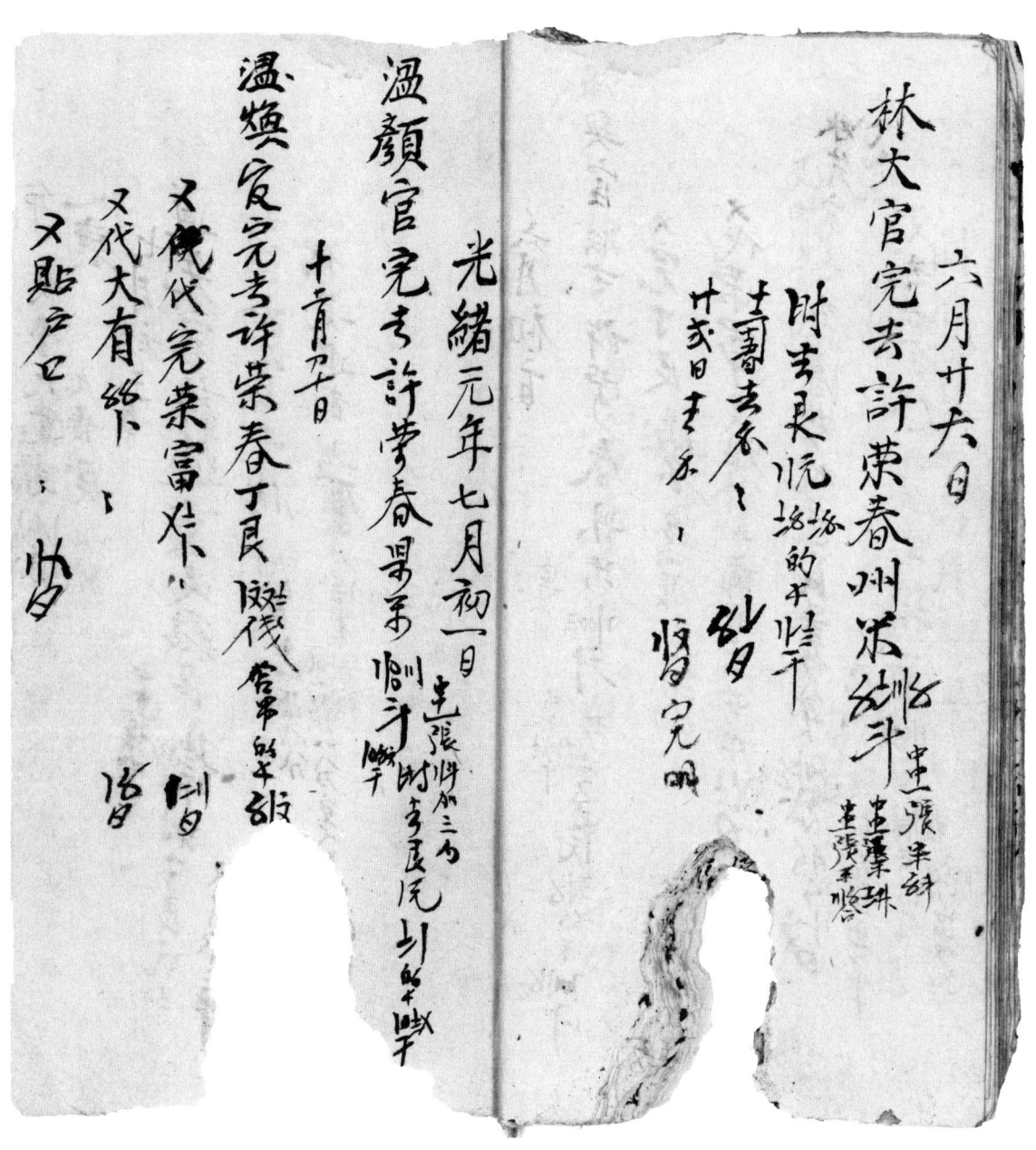

FYXB005　同治年糧賬016　122×222mm

六月廿六日

林大官完去許荣春𠸄米糍斗　出張半斗　出張半斗

　時去錢伍佰陸拾文

　十二月去錢

　廿弍日去錢

光緒元年七月初一日

溫顏官完去許荣春𠸄米斗半　出張斗三升

　時去錢

十二月廿七日

溫煥官完去許荣春丁良𠸄米　付錢

　又代完荣富米

　又代大有米

　又貼户口

六月廿六日

林大官完去許荣春州米5.735斗。串一張，米五斗；串一張，米七斗；串一張，米3.5合。

时去艮二元7錢，7錢，的錢2180。

十二月十五日去錢560。

廿弍日去錢290，完明。

光緒元年七月初一日

温顔官完去許荣春县米2.003斗1059，串乙張，二斗加三勺，时去艮一元71，的錢1084。

十二月初十日

温焕官完去许荣春丁艮1.997錢，合串的錢519。

又代完荣富4.7分，122。

又代大有5.5分，150。

又貼户口，240。

FYXB005　同治年糧賬 017　122×222mm

十四年　收李大業艮〡川錢
許進裏　又受艮〤分
李道先　七月初二日
完許進裏民糧艮上〤年時去艮玩訓
　　　　又去〤　永康
十一月初二日去錢〤日　又一張八分
又代完進都五厘卜年　又一張一分宜户

九月初九日
林大官完去許崇春〤〤時去去〤斤
十月廿九日去艮〤日　去壹張〤〤
又去艮玩〤〤上年
十一月廿叁日去艮〤柝多斤

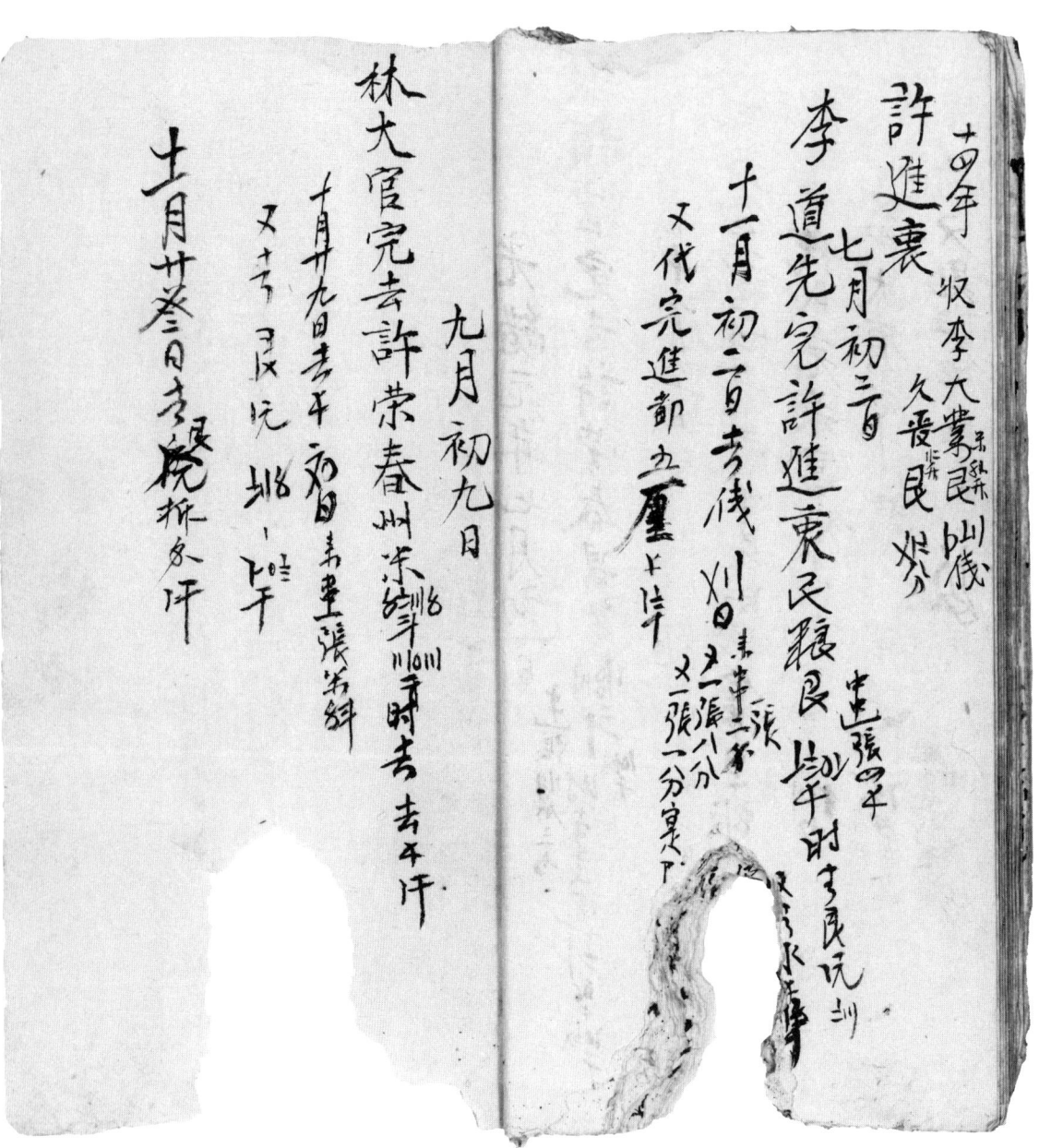

十四年　收李大業米5.6升，艮1.062錢。

許進衷　久管艮4.17分，2.2升。

七月初三日

李道先完許進衷民粮艮6.806錢，时去艮一元73，串乙張，四錢。

十一月初二日去錢420，来串一张，二錢。

又一張，八分。

又一張，一分，寔[

又代完進都五厘，錢17。

九月初九日

林大官完去許荣春州米5.735斗，3030。时去去錢一千。

十月廿九日去錢900，来串一張，米五斗。

又去艮一元725，1108。

十一月廿叁日去艮一元，折錢一千。

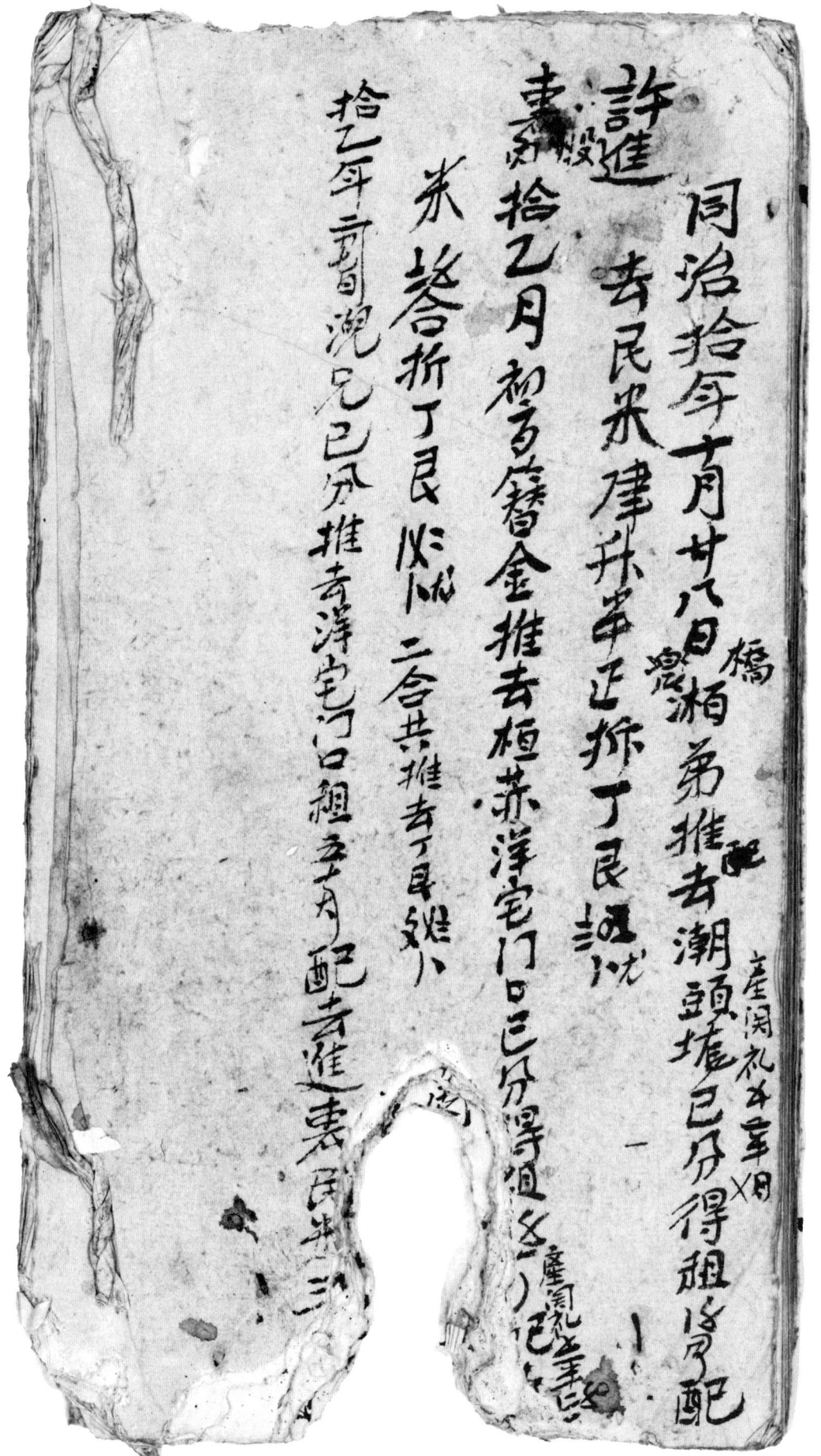

FYXB005　同治年糧賬018　122×222mm

同治拾年十二月廿八日喬湘弟推去潮頭墟已分得租谷□配
許進去民米肆升半正折丁艮[illegible]
裹(股)拾乙月初十日嚮金推去桓恭洋宅門口已分得租谷□配
米叁折丁艮[illegible]　二合共推去丁艮[illegible]
拾乙年十二月湘兄已分推去洋宅門口租五十斤配去進裹民米三

同治拾年十月廿八日橋兜湘弟推去潮頭壠己分得租150斤，配

去民米肆升半正，折丁良八分〇六毫。産關礼錢一半400。

許進衷股内，拾乙月初二日，簪金推去桓茶洋宅门口己分得[ ]産関礼錢一半[

米7.5合，折丁良一分四厘二毫，二合共推丁去良9.48分。

拾乙年二月初七日浣兄己分推去洋宅门口租五十斤大，配去進衷民米[

FYXB006 光緒四年（1878）州屯實徵001 115×216mm

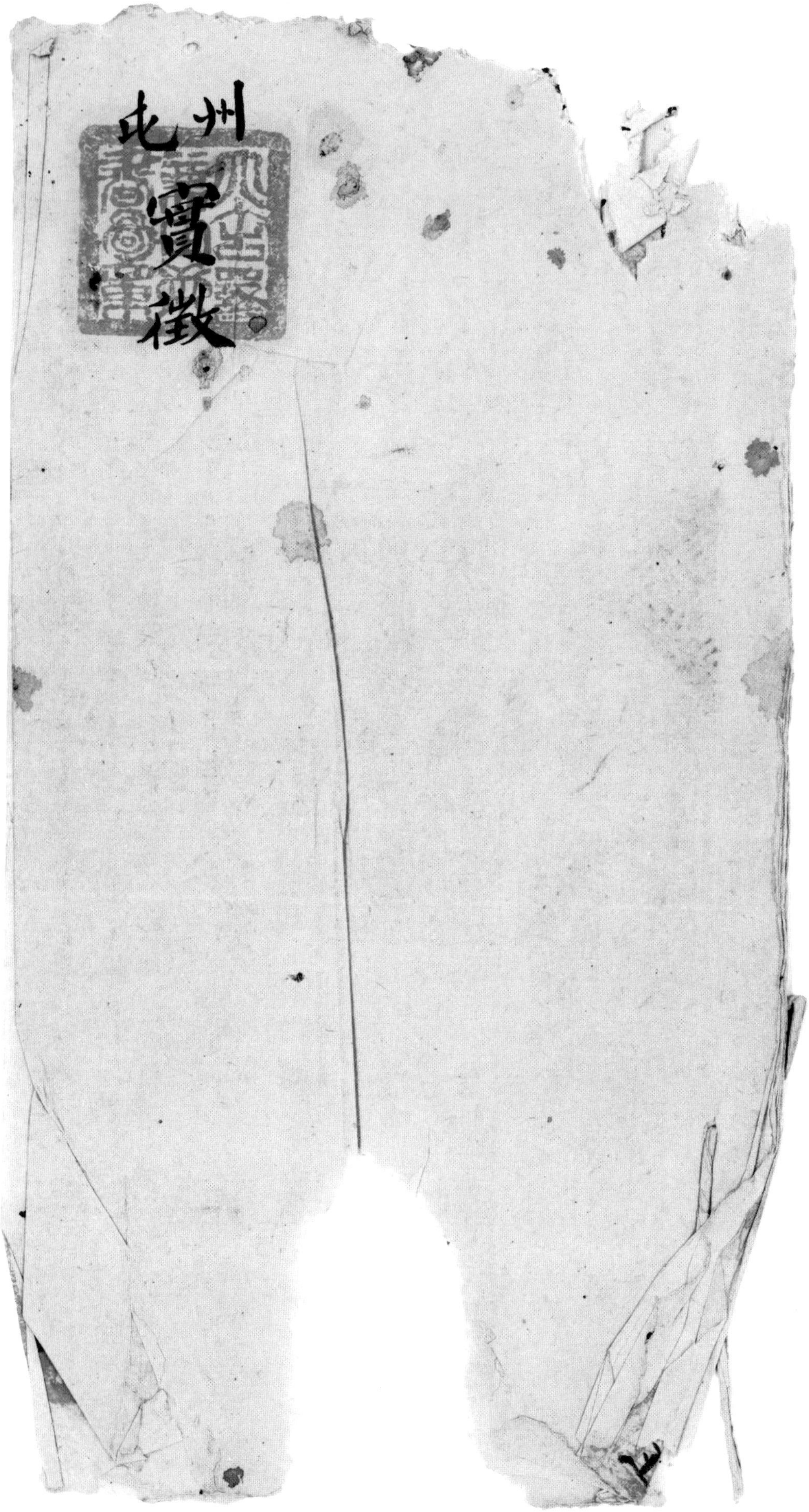
州屯
實徵

州
屯實徵①

①此處蓋有紅色正方形陽文篆書印章，内容爲『大屯羅兼全册書圖章』。

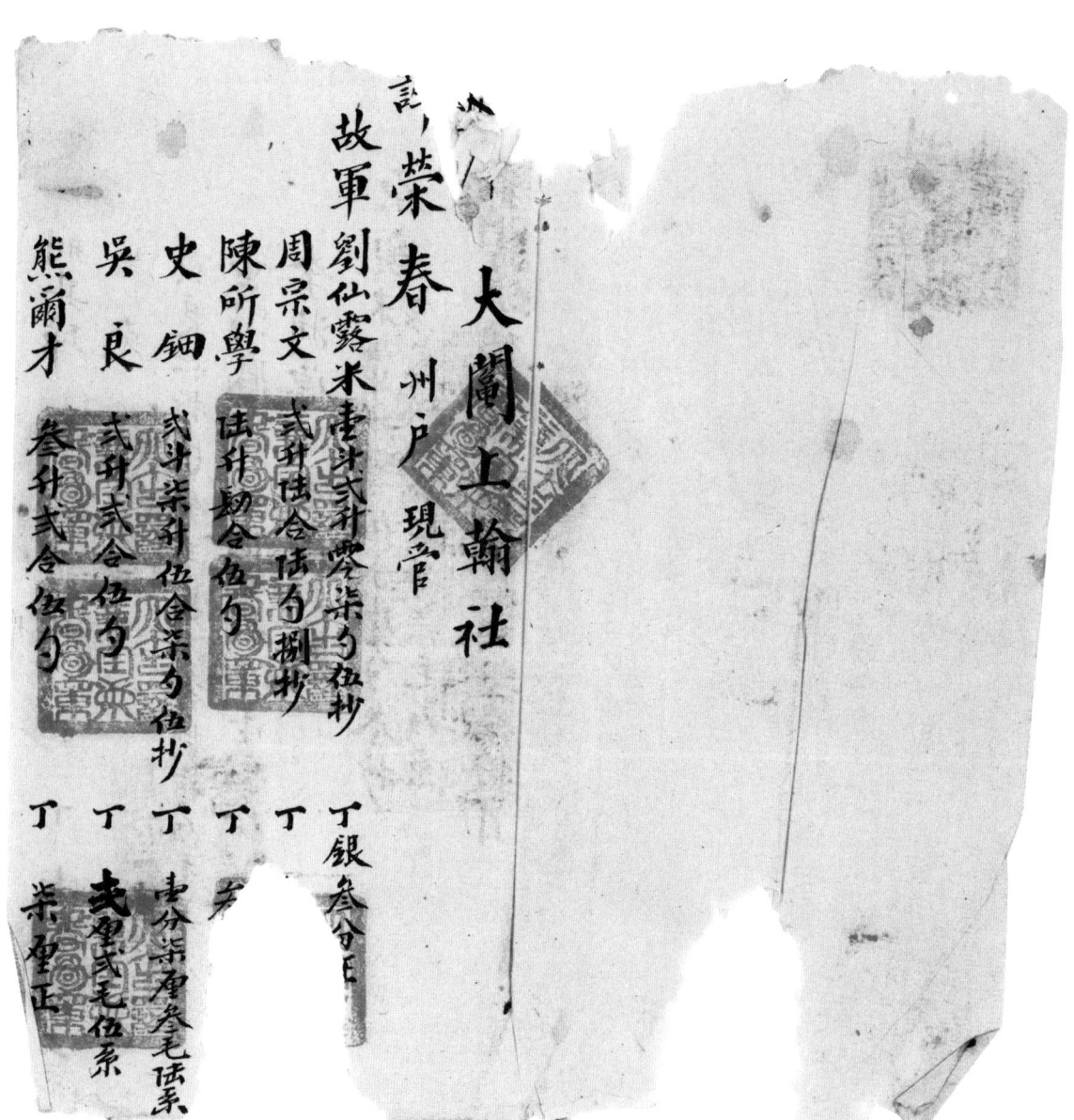

FYXB006　光緒四年（1878）州屯實徵002　115×216mm

大闇上翰社

許榮春　州戶　現官

故軍劉仙露　米壹斗弍升零柒勺伍抄　丁銀叁分正

周宗文　弍升陸合陸勺捌抄　丁

陳所學　陸升肆合伍勺　丁　弍

史鈿　弍斗柒升伍合柒勺伍抄　丁　壹分柒厘叁毛陸系

吳良　弍升弍合伍勺　丁　弍厘弍毛伍系

熊爾才　叁升弍合伍勺　丁　柒厘正

（此頁空白）

大闔上翰社

許　榮　春　　卅户　現管

故軍劉仙露米壹斗弍升零柒勺伍抄　　丁銀叁分[正]

周宗文　弍升陆合陆勺捌抄　　丁〡

陳所學　陆升肆合伍勺　　丁　叁〡

史　鈿　弍斗柒升伍合柒勺伍抄　　丁　壹分柒厘叁毛陆系

吴　良　弍升弍合伍勺　　丁　弍厘弍毛伍系

熊爾才　叁升弍合伍勺　　丁　柒厘正

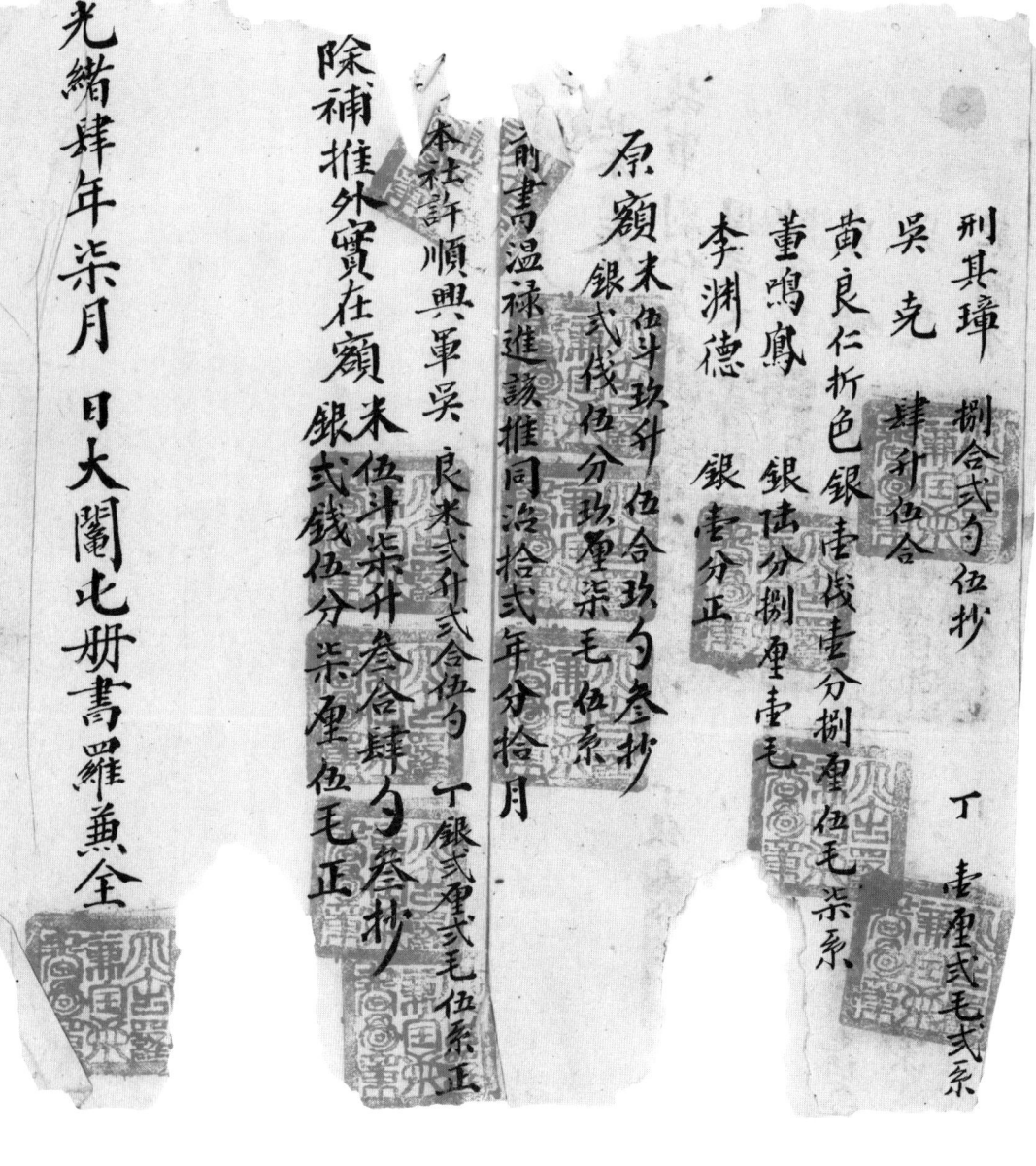

FYXB006　光緒四年（1878）州屯實徵003　115×216mm

刑其瑋　捌合式勺伍抄　丁　壹厘式毛式系

吴　克　肆升伍合

黄良仁折色銀壹錢壹分捌厘伍毛柒系

董鳴鳳　銀陸分捌厘壹毛

李淵德　銀壹分正

原額米伍斗玖升伍合玖勺叁抄

銀式錢伍分玖厘柒毛伍系

前書温禄進該推同治拾式年分拾月

本社許順興單吴　良米弍升弍合伍勺　丁銀弍厘弍毛伍系正

除補推外實在額米伍斗柒升叁合肆勺叁抄

銀式錢伍分柒厘伍毛正

光緒肆年柒月　日大闉屯册書羅兼仝

刑其璋　捌合弍勺伍抄　丁　壹厘弍毛弍系

吴　克　肆升伍合

黄良仁折色銀壹錢壹分捌厘伍毛柒系

董鳴鳳　銀陸分捌厘壹毛

李渊德　銀壹分正

原額米伍斗玖升伍合玖勺叁抄

銀弍錢伍分玖厘柒毛伍系

前書温禄進該推同治拾弍年分拾月

本社許順興軍吴　良米弍升弍合伍勺　丁銀弍厘弍毛伍系正

除補推外實在額米伍斗柒升叁合肆勺叁抄

銀弍錢伍分柒厘伍毛正

光緒肆年柒月　日大闗屯册書羅兼全

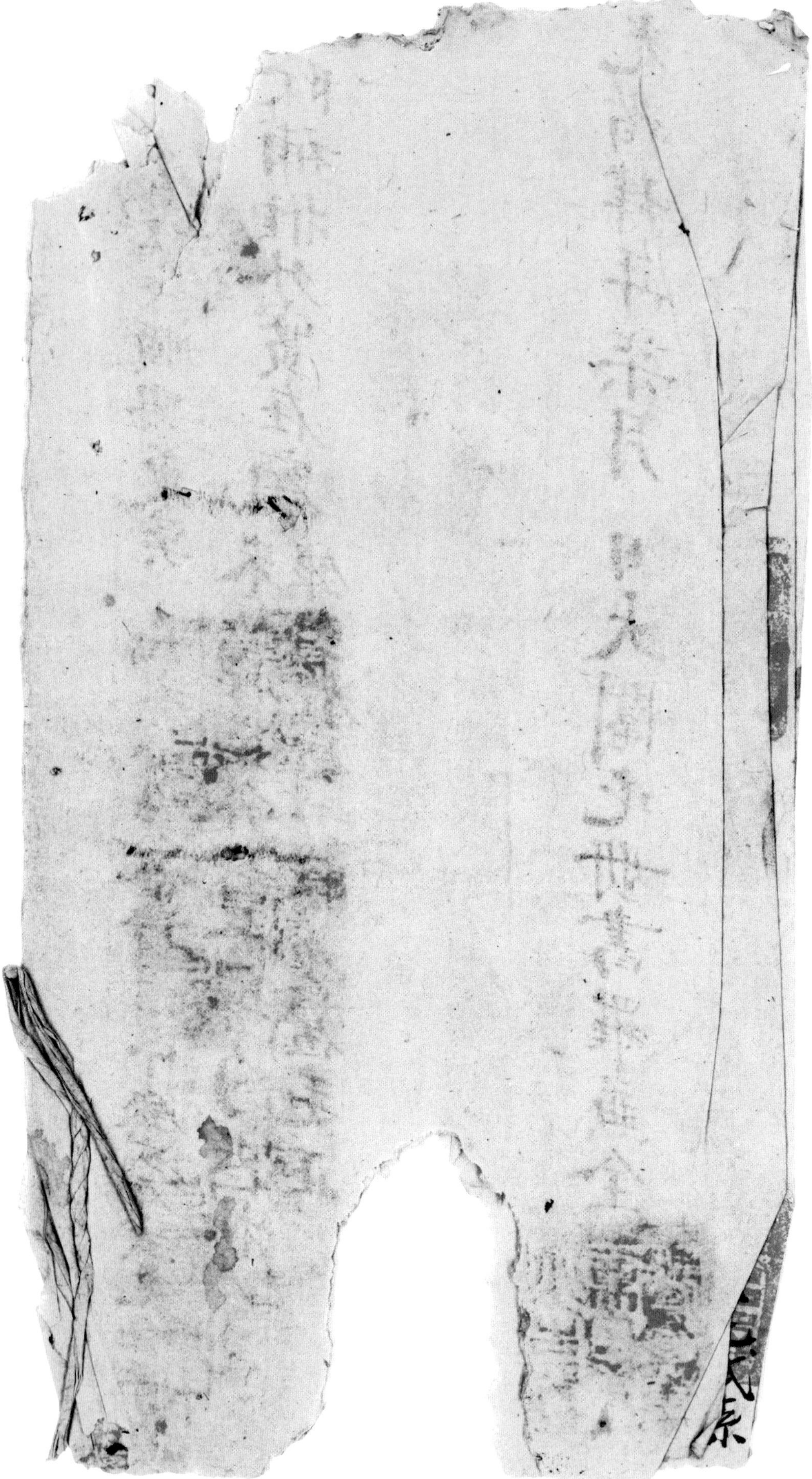

FYXB006　光緒四年（1878）州屯實徵004　115×216mm

（此頁空白）

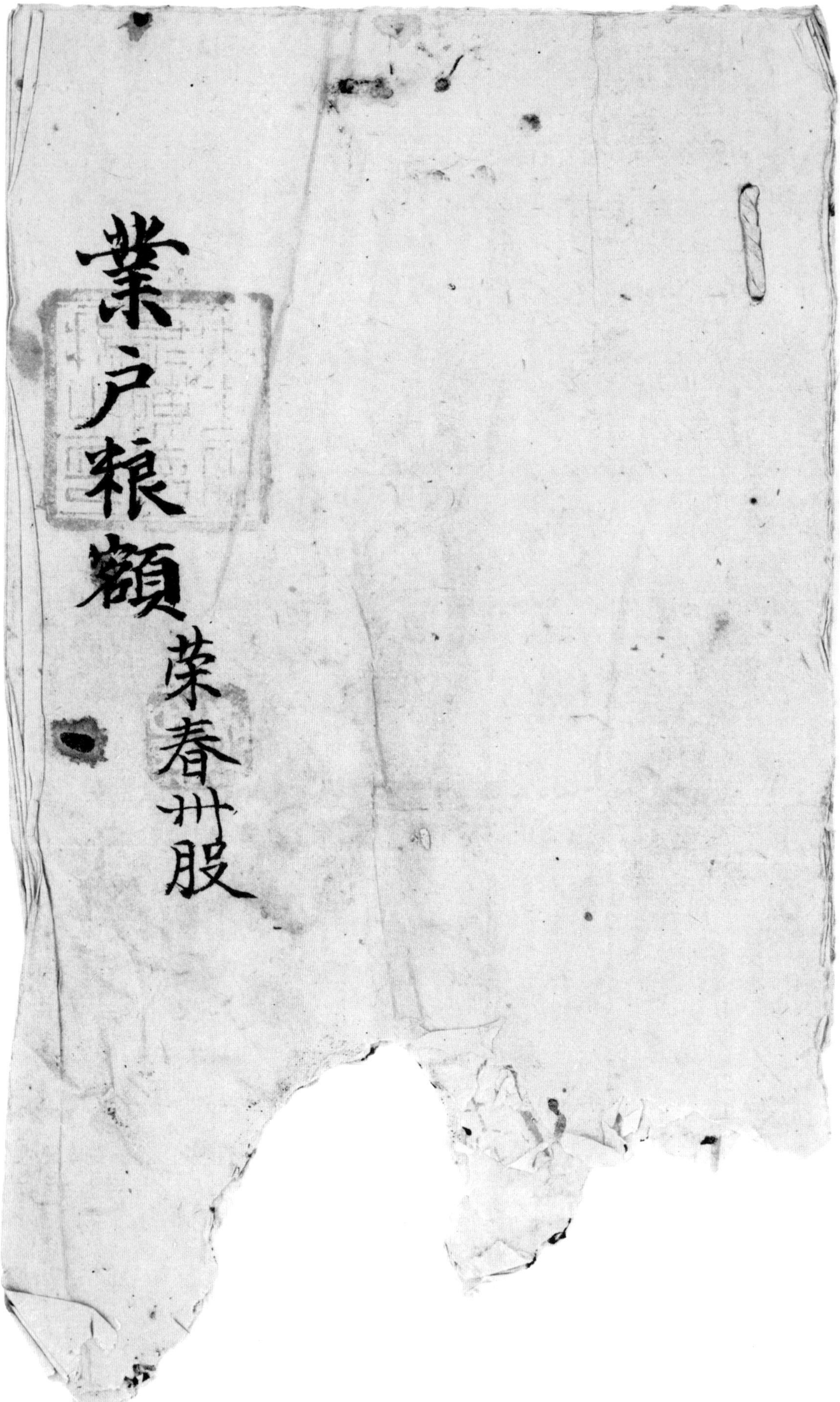
業户粮額
榮春卅股

FYXB007　光緒十四年（1888）業戶糧額001　111×185mm

業户粮額[1] 荣春州股

①此處蓋有紅色正方形陽文篆書印章，内容爲『大屯册書陳德揚之印』。

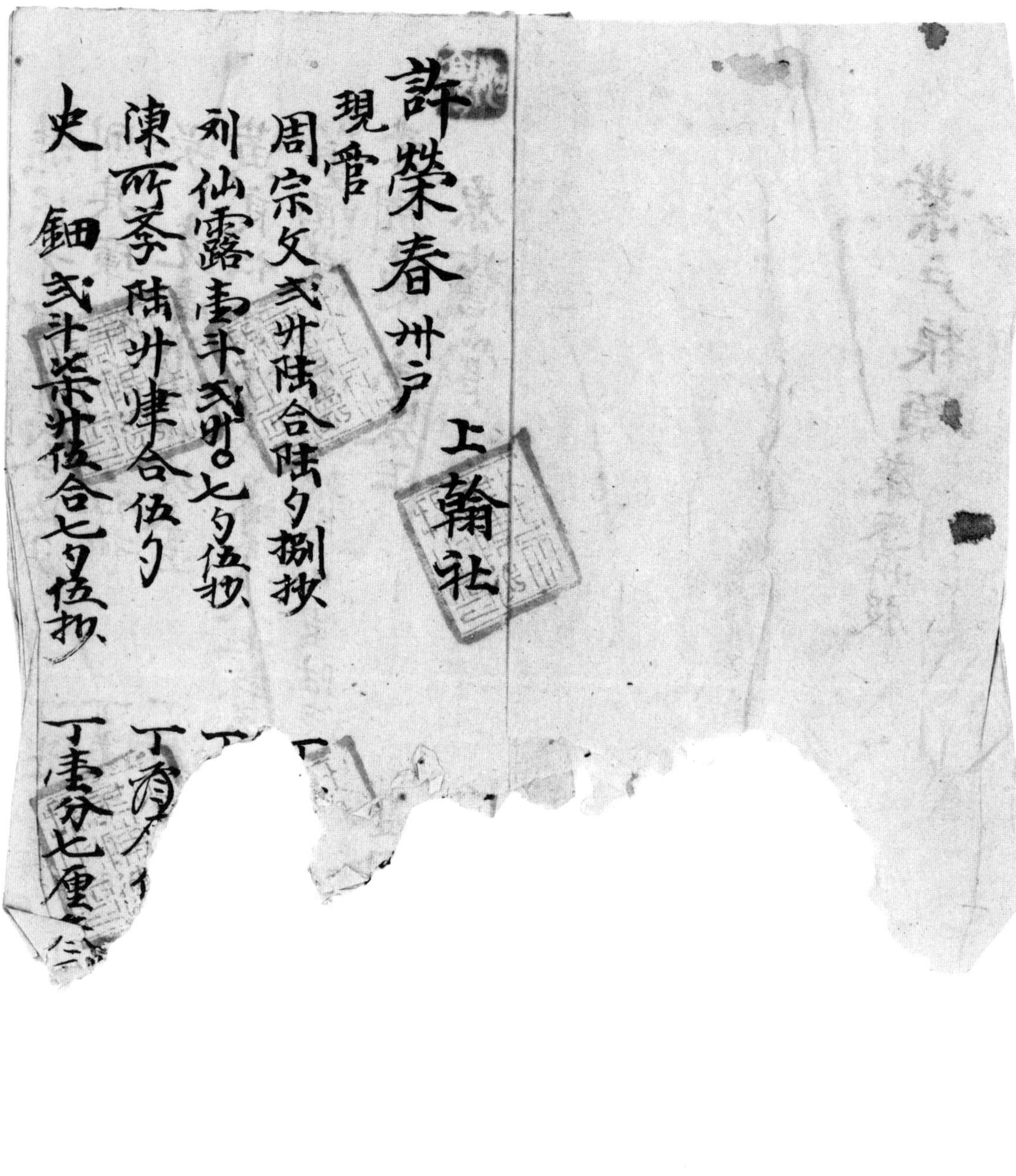
許榮春 卅戶 上翰社
現管
周宗文 弍升陸合陸勺捌抄
劉仙露 壹斗弍升〇七勺伍抄
陳所蓁 陸升肆合伍勺
共 鈿 弍斗柒升伍合七勺伍抄
丁
丁
丁齊
丁壹分七厘

FYXB007 光緒十四年（1888）業戶糧額002 111×185mm

許榮春[①]州户　上翰社
現管
周宗文弍升陆合陆勺捌抄　丁[
刘仙露壹斗弍升〇七勺伍抄　丁[
陳所李陆升肆合伍勺　丁叁厘[
史　鈿弍斗柒升伍合七勺伍抄　丁壹分七厘[

①此處蓋有紅色正方形陰文篆書印章，内容爲『如面晤』。

FYXB007　光緒十四年（1888）業户糧額003　111×185mm

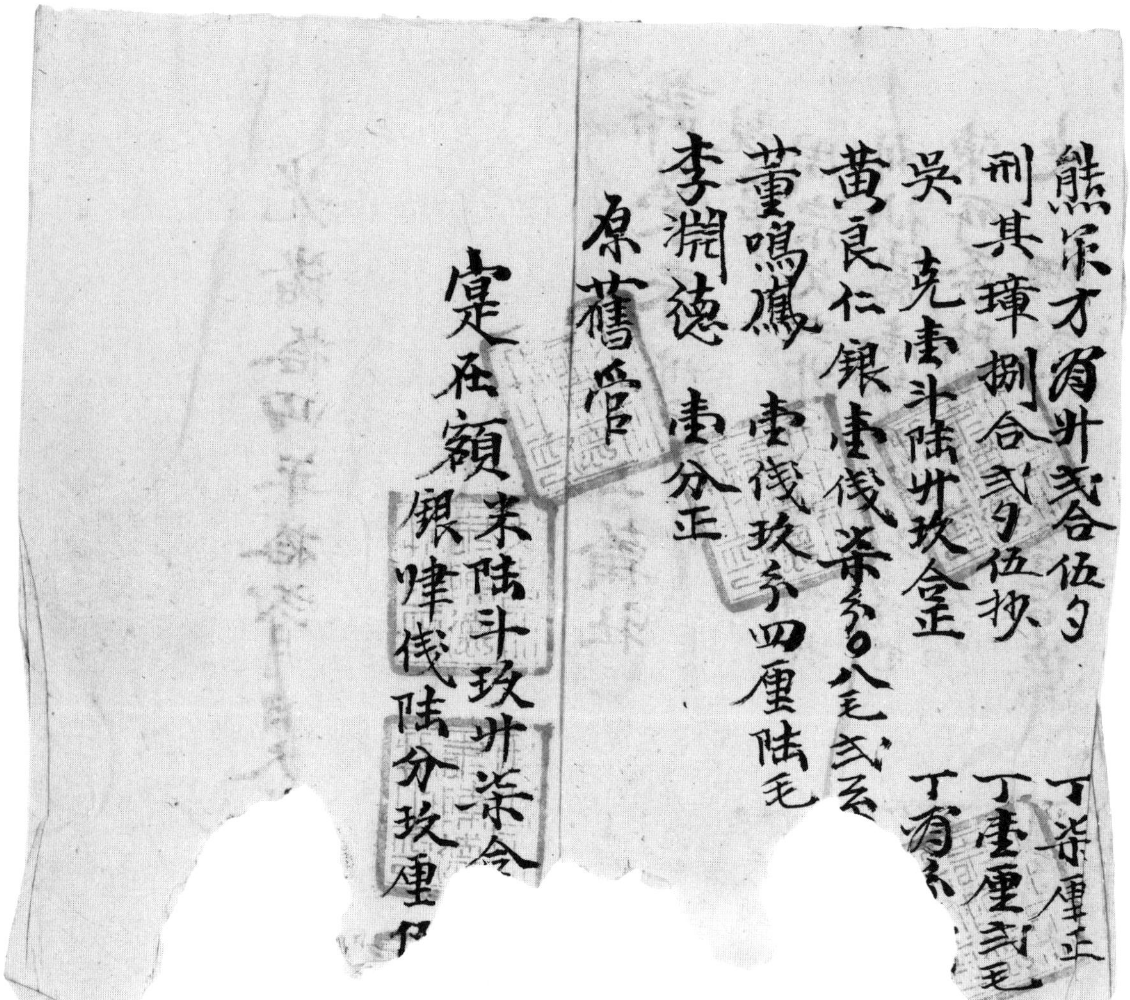

熊宗才　肖廿弍合伍勺　丁柒厘正
刑其璋　捌合弍勺伍抄　丁壹厘弍毛柒糸
吴　尭　壹斗陆廿玖合正　丁有糸
黄良仁　銀壹伐柒分八毛弍系
董鳴鳳　壹伐玖分四厘陆毛
李淵德　壹分正
原舊管
寔在額　米陆斗玖廿柒合
銀肆伐陆分玖厘

熊尔才叁升弍合伍勺　　丁柒厘正

刑其璋捌合弍勺伍抄　　丁壹厘弍毛弍[

吴　克壹斗陆升玖合正　　丁叁[

黄良仁銀壹錢柒分〇八毛弍系

董鳴鳳　壹錢玖分四厘陆毛

李淵德　壹分正

原舊管

寔在額米陸斗玖升柒合[

银肆錢陆分玖厘[

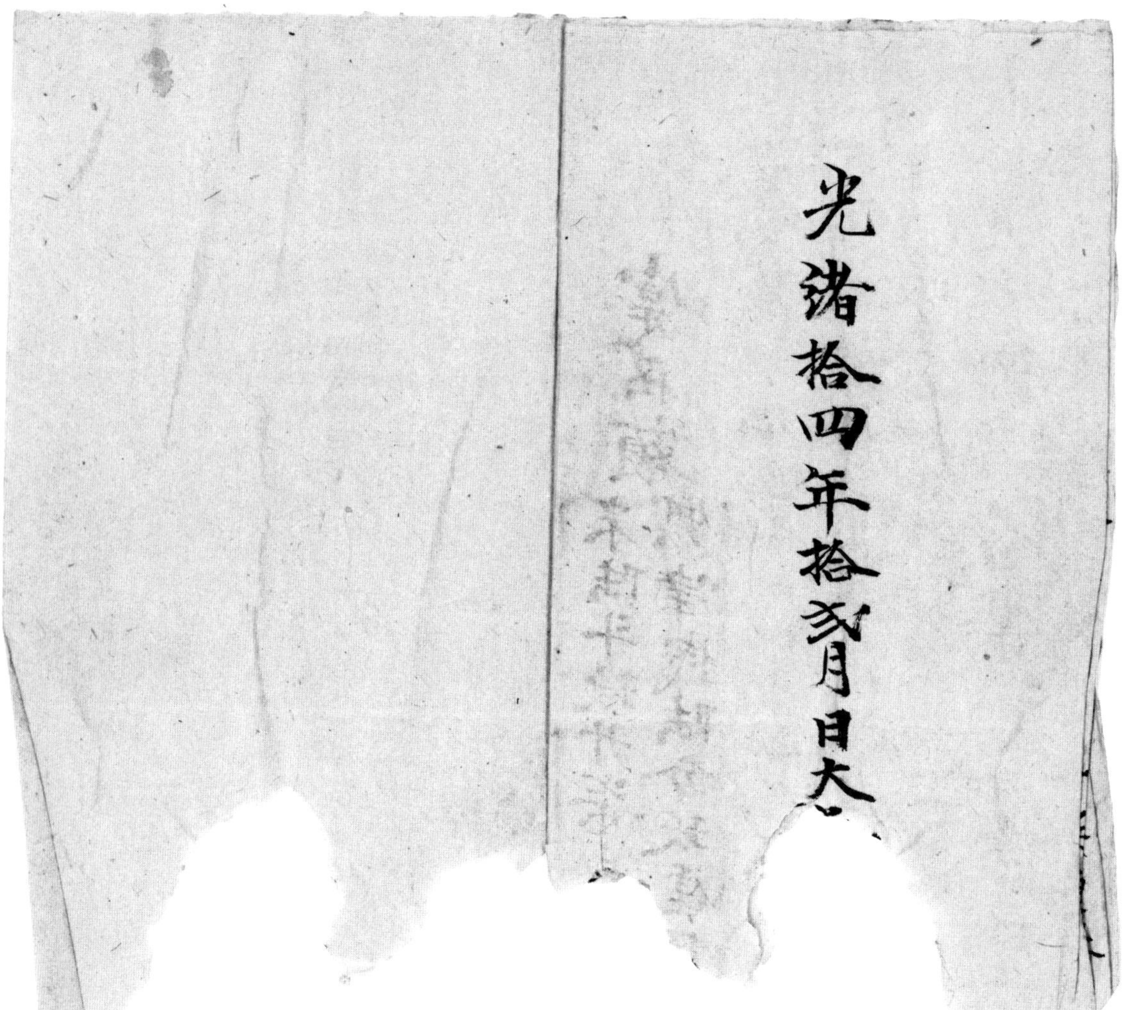
光緒拾四年拾弍月日大

FYXB007　光緒十四年（1888）業户糧額004　111×185mm

光緒拾四年拾弍月日大[

（此頁空白）

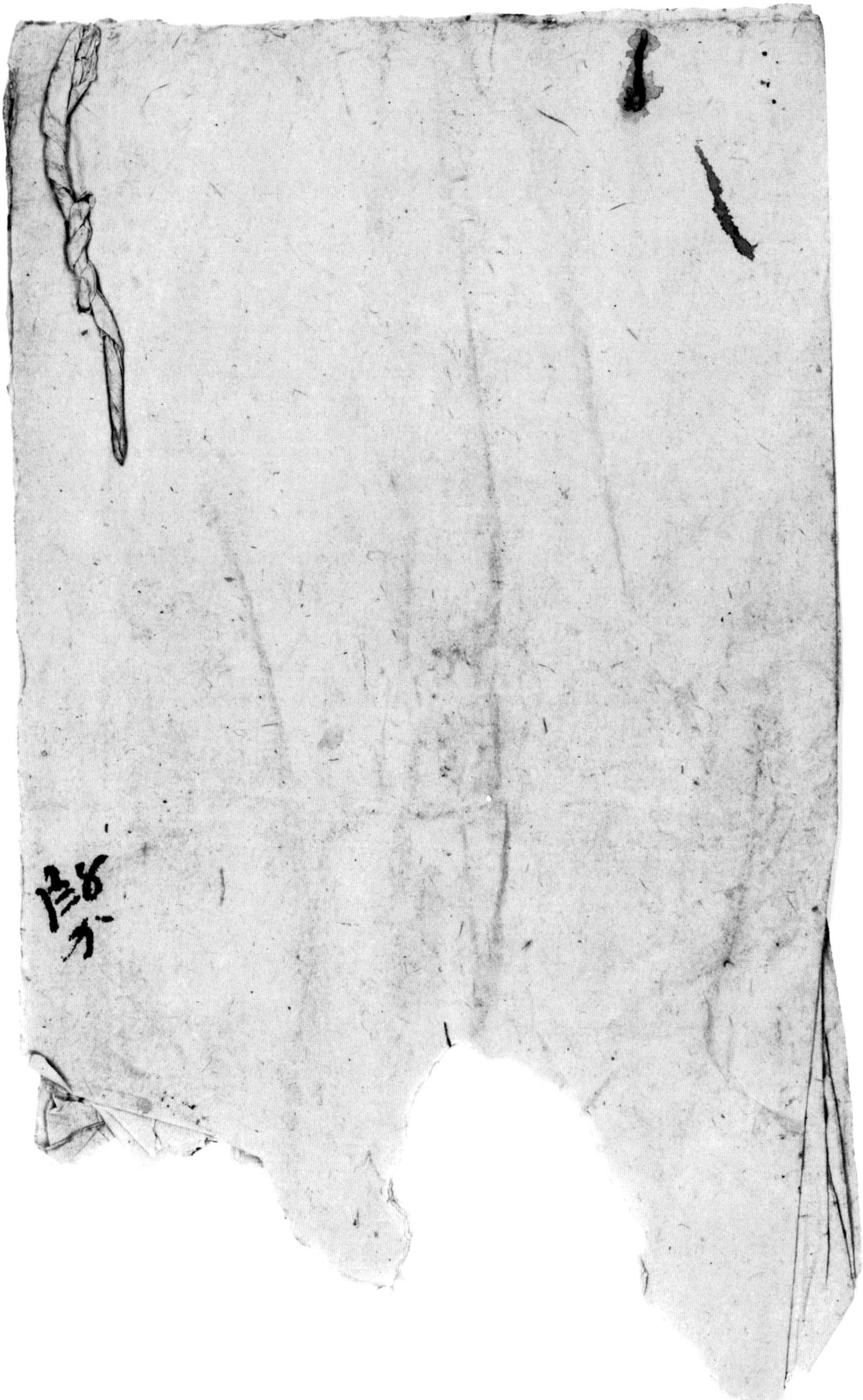

FYXB007 光緒十四年（1888）業户糧額005 111×185mm

1.85錢。

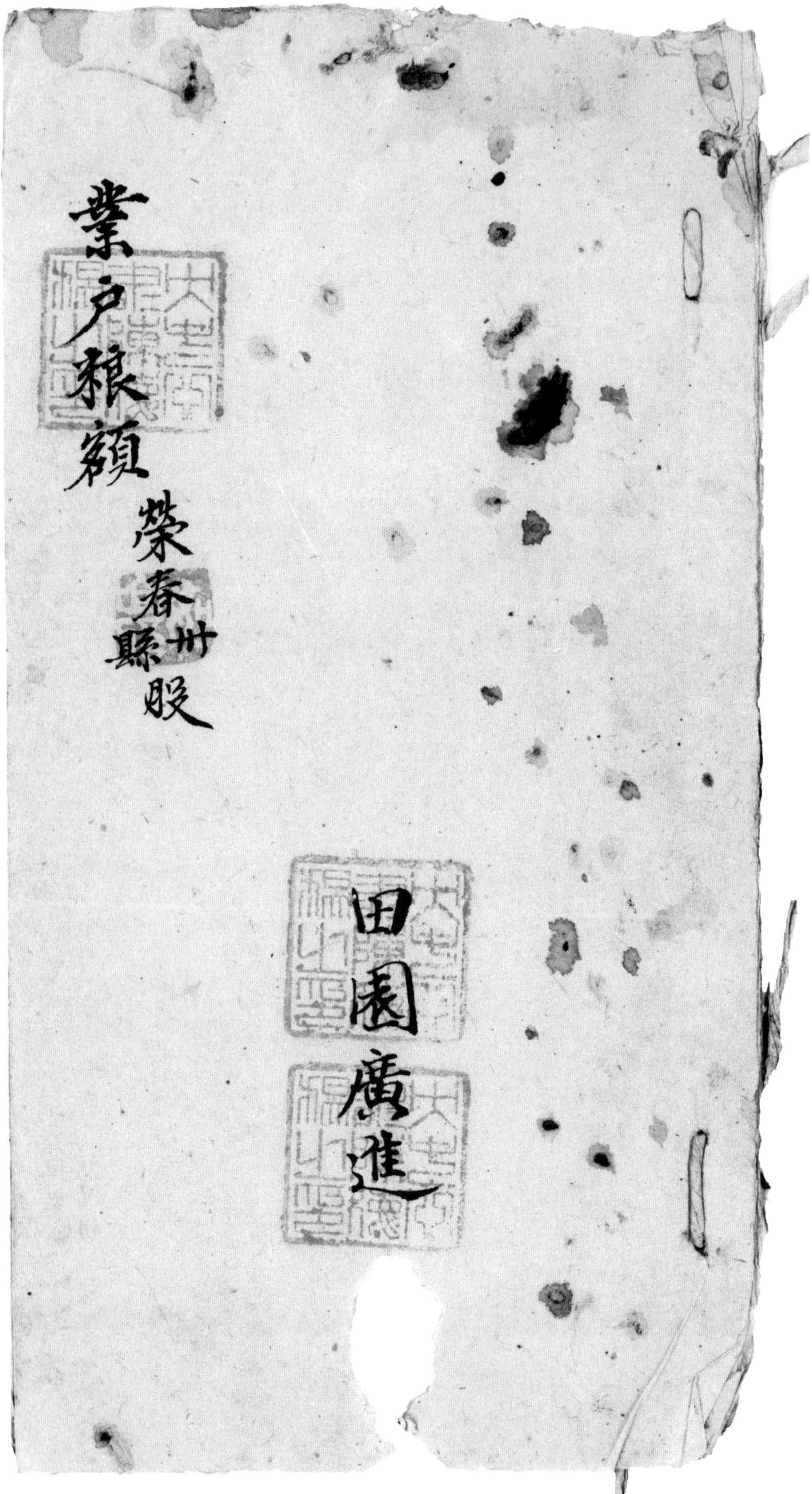

FYXB008　光緒十九年（1893）業户糧額 001　107×205mm

田園廣進

業户粮額[1] 榮春州縣股[2]

①此處蓋有紅色正方形陽文篆書印章，内容爲『大屯册書陳德揚之印』。
②此處蓋有紅色正方形陰文篆書印章，内容爲『如面晤』。

FYXB008　光緒十九年（1893）業戶糧額002　107×205mm

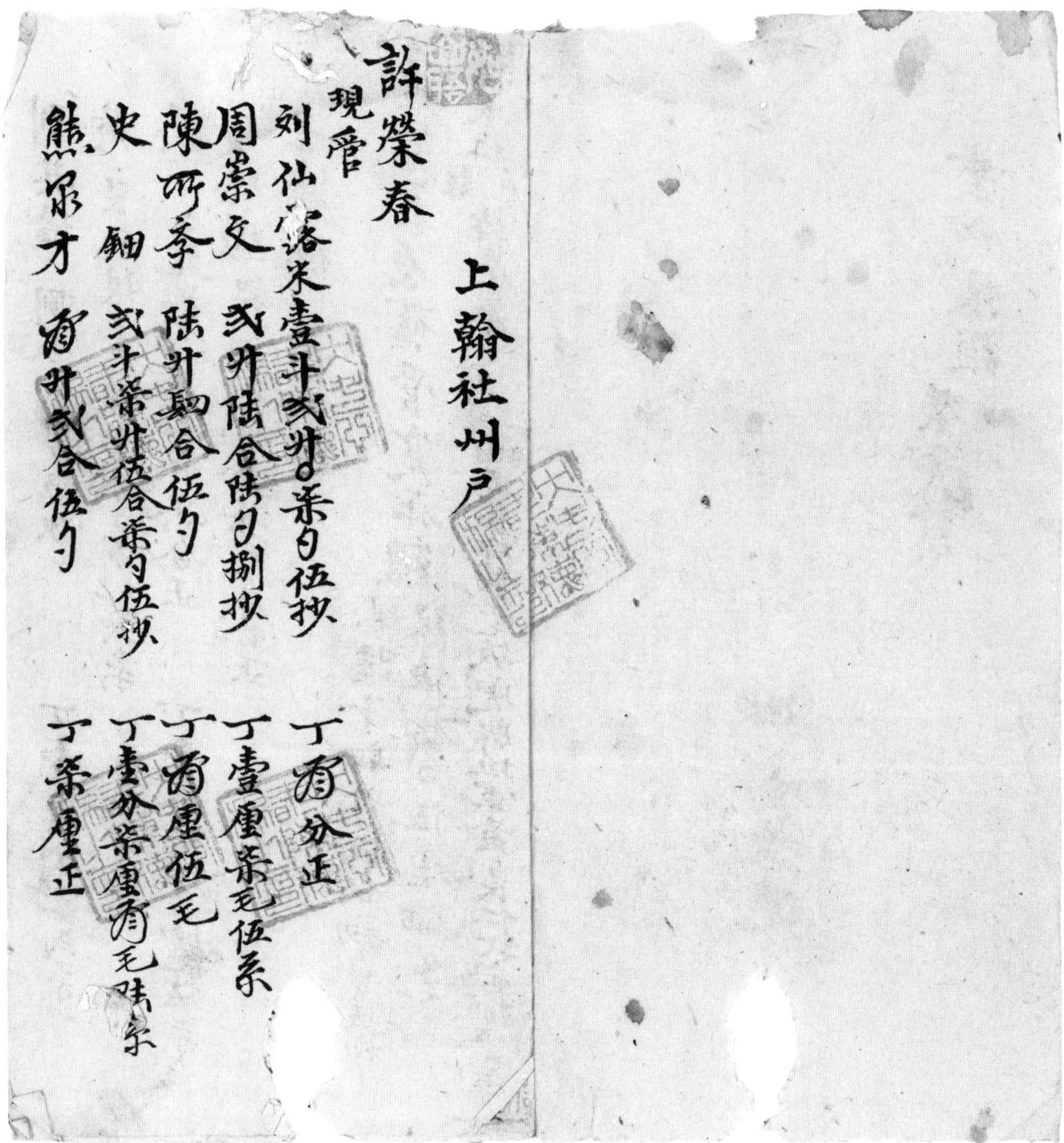
上翰社州戶
許榮春
現管
刘仙露米壹斗弍升〇柒勺伍抄
周崇文　弍升陆合陆勺捌抄
陳所李　陆升肆合伍勺
史　鈿　弍斗柒升伍合柒勺伍抄
熊衆才　肆升弍合伍勺
丁肆分正
丁壹厘柒毛伍系
丁肆厘伍毛
丁壹分柒厘肆毛陆系
丁柒厘正

（此頁空白）

上翰社州户

許榮春

現管

刘仙露米壹斗弍升〇柒勺伍抄　丁叁分正

周崇文　弍升陆合陆勺捌抄　丁壹厘柒毛伍系

陳所李　陆升肆合伍勺　丁叁厘伍毛

史　鈿　弍斗柒升伍合柒勺伍抄　丁壹分柒厘叁毛陆系

熊尔才　叁升弍合伍勺　丁柒厘正

FYXB008　光緒十九年（1893）業户糧額003　107×205mm

刑其璋　捌合弍勺伍抄　丁壹厘弍毛弍系

黄良仁　銀壹伐柒分〇捌毛弍系

吴　克　米壹斗壹升柒合正　丁壹分伍厘陸毛伍系

董鳴鳳　銀弍伐駟分柒厘壹毛正

李淵德　壹分正

續推拾九年分原舊冒寔在額　米陸斗駟升伍合駟勺伍抄

銀伍錢〇伍厘駟毫正

一推本社户　縣　許榮春丁皷華田在後坪郭宅坂虎脚垃軍黄良仁找色捌分〇伍毛

除推外

寔在額　米陸斗駟升伍合駟勺伍抄正

銀駟伐弍分駟厘捌毫正

光緒拾九年十弍月　日大屯册書陳德揚

刑其璋 捌合弍勺伍抄 丁壹厘弍毛弍系

黄良仁銀壹錢柒分〇捌毛弍系

吴 克米壹斗壹升柒合正 丁壹分伍厘陆毛伍系

董鳴鳳銀弍錢肆分柒厘壹毛正

李淵德 壹分正

續推拾九年分原舊管寔在額米陸斗肆升伍合肆勺伍抄
銀伍錢〇伍厘肆毫正

一推本社縣户許荣春丁 皷華田在後坪郭宅坂虎脚坵軍黄良仁折色捌分〇伍毛

除推外

寔在額米陆斗肆升伍合肆勺伍抄正
銀肆錢弍分肆厘捌毫正

光緒拾九年十弍月 日大屯册书陳德揚

FYXB008 光緒十九年（1893）業戶糧額004 107×205mm

上翰社縣戶
承接前朴出咸豐弍年分征底
許榮春
現管
蔡璘 米肆升。弍勺 丁壹釐正
吳克 伍升壹合柒勺伍抄 丁壹分壹釐壹毛肆系
陳道明 陸升。肆勺 丁肆釐捌毛壹系
王孫仔 伍升捌合正 丁駟釐駟毛伍系
黃良仁 銀壹錢。駟釐伍毛

（此頁空白）

上翰社縣户

許榮春　承接前糧书咸豐弍年分征底

現管

蔡　璘米叁升〇弍勺　丁壹厘正

吴　克　伍升壹合柒勺伍抄　丁壹分壹厘壹毛叁[

陳道明　陆升〇叁勺　丁叁厘捌毛壹系

王孫仔　伍升捌合正　丁肆厘肆毛伍系

黄良仁銀壹錢〇肆厘伍毛

FYXB008　光緒十九年（1893）業户糧額005　107×205mm

原舊管定在額米弍斗〇弍勺伍抄、
銀壹錢弍分四釐捌毛九系
續收光緒拾九年分
一收本社卅戶許榮春丁鼓華田在後坪郭宅坂虎脚垃軍黄良仁折
色銀捌分〇伍毫
合新收
定在額米弍斗〇弍勺伍抄
銀弍錢〇伍厘酒毫玖系
光緒拾九年拾弍月　日大造冊書陳德標

原舊管寔在額米弍斗〇〇弍勺伍抄
銀壹錢弍分肆厘捌毛九系
續收光绪拾九年分
一收本社州户許荣春丁皷華田在後坪郭宅坂虎脚坵軍黄良仁折
色銀捌分〇伍毫
合新收
寔在額米弍斗〇〇弍勺伍抄
銀弍錢〇伍厘叁毫玖系

光绪拾九年拾弍月　日大屯册书陳德揚

FYXB008　光緒十九年（1893）業户糧額006　107×205mm

（此頁是封底空白頁）

大屯業户實徵

崇春

FYXB009　光緒三十二年（1906）大屯業户實徵001　107×200mm

大屯業户實徵① 栄春②

①此處蓋有紅色長方形陽文楷書印章，内容爲『大屯册書陳』。
②此處蓋有紅色正方形陽文篆書印章，内容爲『大屯册書温國陳圖章』。

FYXB009　光緒三十二年（1906）大屯業户實徵002　107×200mm

許榮春　册户　上翰社

故軍刘仙露米式斗陸升捌合七勺五抄　丁陸分叁厘四毛

現管

陳所奇米陸升肆合五勺　丁叁厘[illegible]

周崇文米式升陸合陸勺八抄　丁壹[illegible]

史鈿米壹斗叁升五合捌勺　丁式分七厘[illegible]

熊尔才米叁升式合五勺　丁柒厘[illegible]

刑其璋米式升四合柒勺五抄　丁叁厘四毛六系

（此頁空白）

許荣春　州户　上翰社

現管

故軍刘仙露米弍斗陆升捌合七勺五抄　丁陆分弍厘四毛

陳所孝米陸升肆合五勺　丁叁厘伍毛

周崇文米弍升陆合陆勺八抄　丁壹厂

史　鈿米肆斗叁升五合捌勺　丁弍分七厘

熊尔才米叁升弍合五勺　丁柒厘正

刑其瑄米弍升肆合柒勺五抄　丁叁厘四毛六系

FYXB009　光緒三十二年（1906）大屯業户實徵003　107×200mm

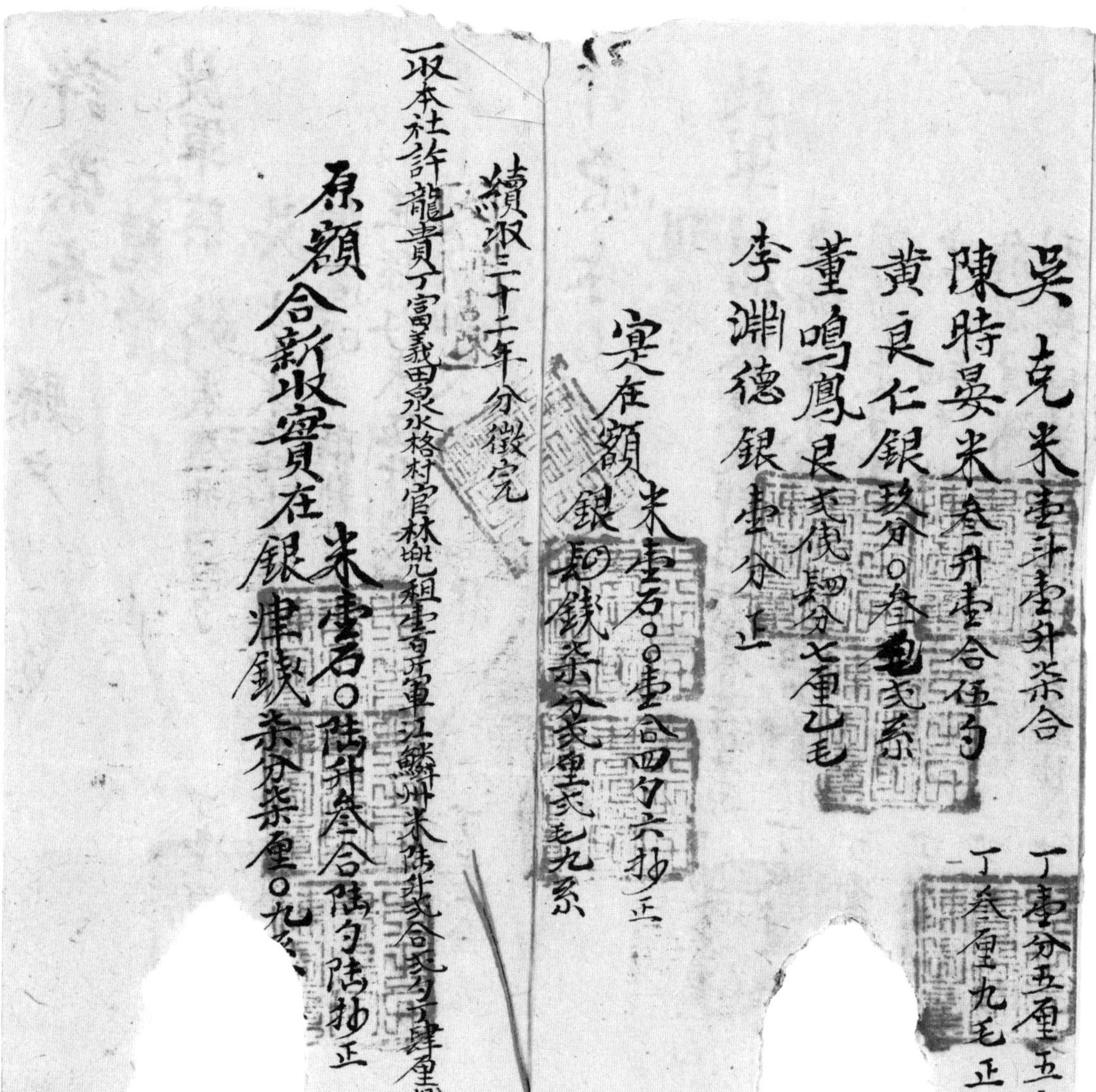
吳克　米壹斗壹升柒合　丁壹分五厘五毛
陳時晏　米叁升壹合伍勺　丁叁厘九毛正
黃良仁　銀玖分〇叁毛弍系
董鳴鳳　艮弍佰捌分七厘乙毛
李淵德　銀壹分正
實在額　米壹石〇〇壹合四勺六抄正
銀壹兩錢柒分弍厘弍毛九系
續收三十二年分徵完
一收本社許龍貴丁富義田泉水格村官林兜九租壹百斤軍江鏻册米陸升弍合弍勺丁肆厘捌毛正
原額合新收實在　米壹石〇陸升叁合陸勺陸抄正
銀肆錢柒分柒厘〇九系

吳　克米壹斗壹升柒合　　丁壹分五厘五毛

陳時晏米叁升壹合伍勺　　丁叁厘九毛正

黃良仁銀玖分〇叁毛弍系

董鳴鳳艮弍錢肆分七厘乙毛

李淵德銀壹分正

寔在額　米壹石〇〇壹合四勺六抄正
　　　　銀肆錢柒分弍厘弍毛九系

續收三十二年分徵完。

一收本社許龍貴丁富義田泉水格村官林兜租壹百斤，軍江鱗州米陸升弍合弍勺，丁肆厘捌毛正。

原額　合新收實在　米壹石〇陸升叁合陸勺陸抄正
　　　　　　　　　銀肆錢柒分柒厘〇九系一

FYXB009　光緒三十二年（1906）大屯業户實徵004　107×200mm

許榮春　縣户

現管

故軍蔡　鱗米叁升〇弍勺

吴　克米五升壹合七勺五抄

陳　道明米陆升〇叁勺

王　孫仔米伍升捌合五勺

史　鈿米壹斗陆升

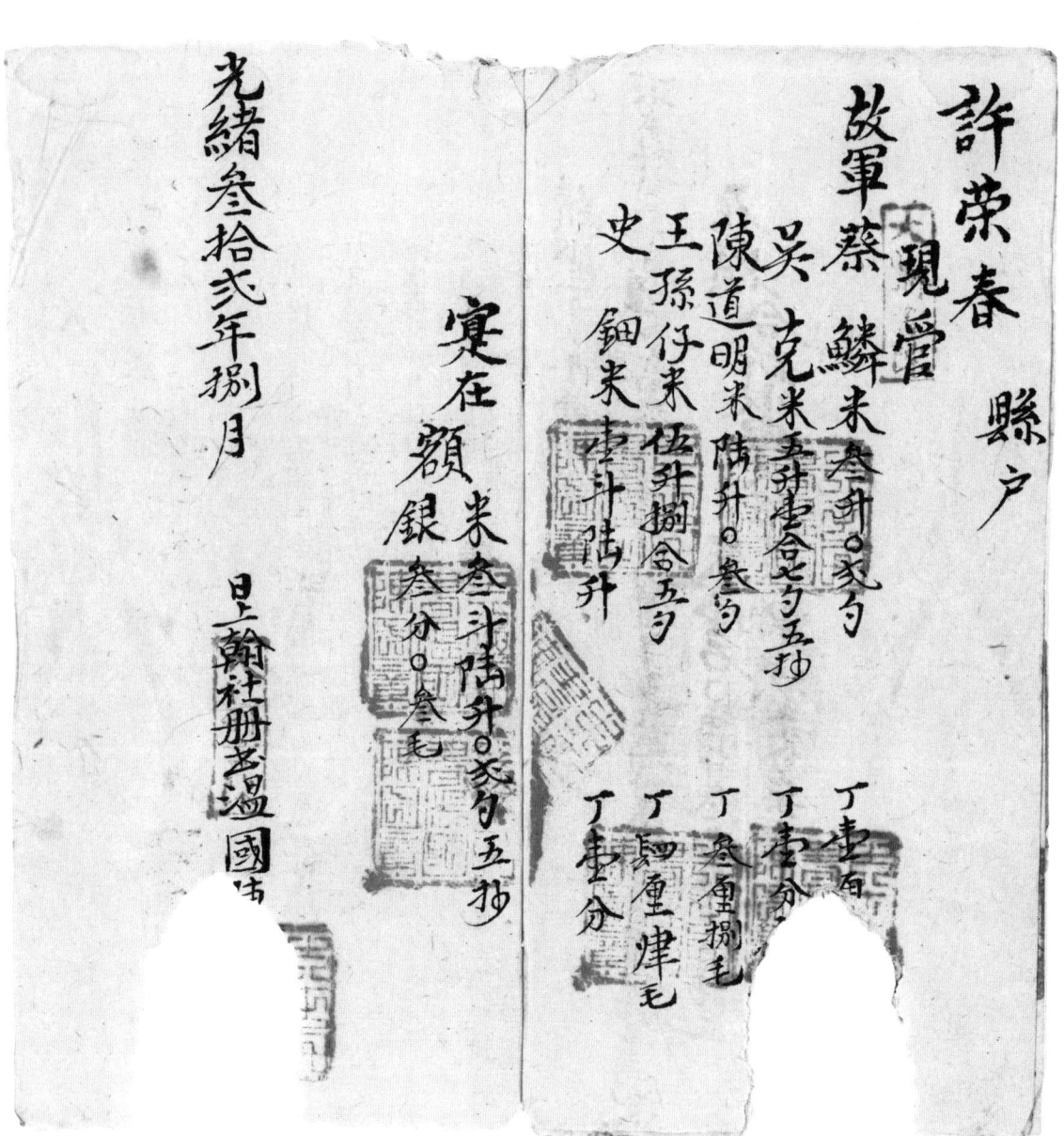

丁壹石

丁壹分

丁叁厘捌毛

丁駟厘肆毛

丁壹分

實在　額米叁斗陆升〇弍勺五抄

銀叁分〇叁毛

光緒叁拾弍年捌月

旦

翰社册書溫國[illegible]

縣户

許荣春

現管

故軍蔡　鱗米叁升〇弍勺　　丁壹厘

吴　克米五升壹合七勺五抄　丁壹分[

陳道明米陆升〇叁勺　　丁叁厘捌毛

王孫仔米伍升捌合五勺　丁肆厘肆毛

史　鈿米壹斗陆升　　丁壹分

寔在額米叁斗陆升〇弍勺五抄，
銀三分〇叁毛。

光緒叁拾弍年捌月　日上翰社册书，温国陳

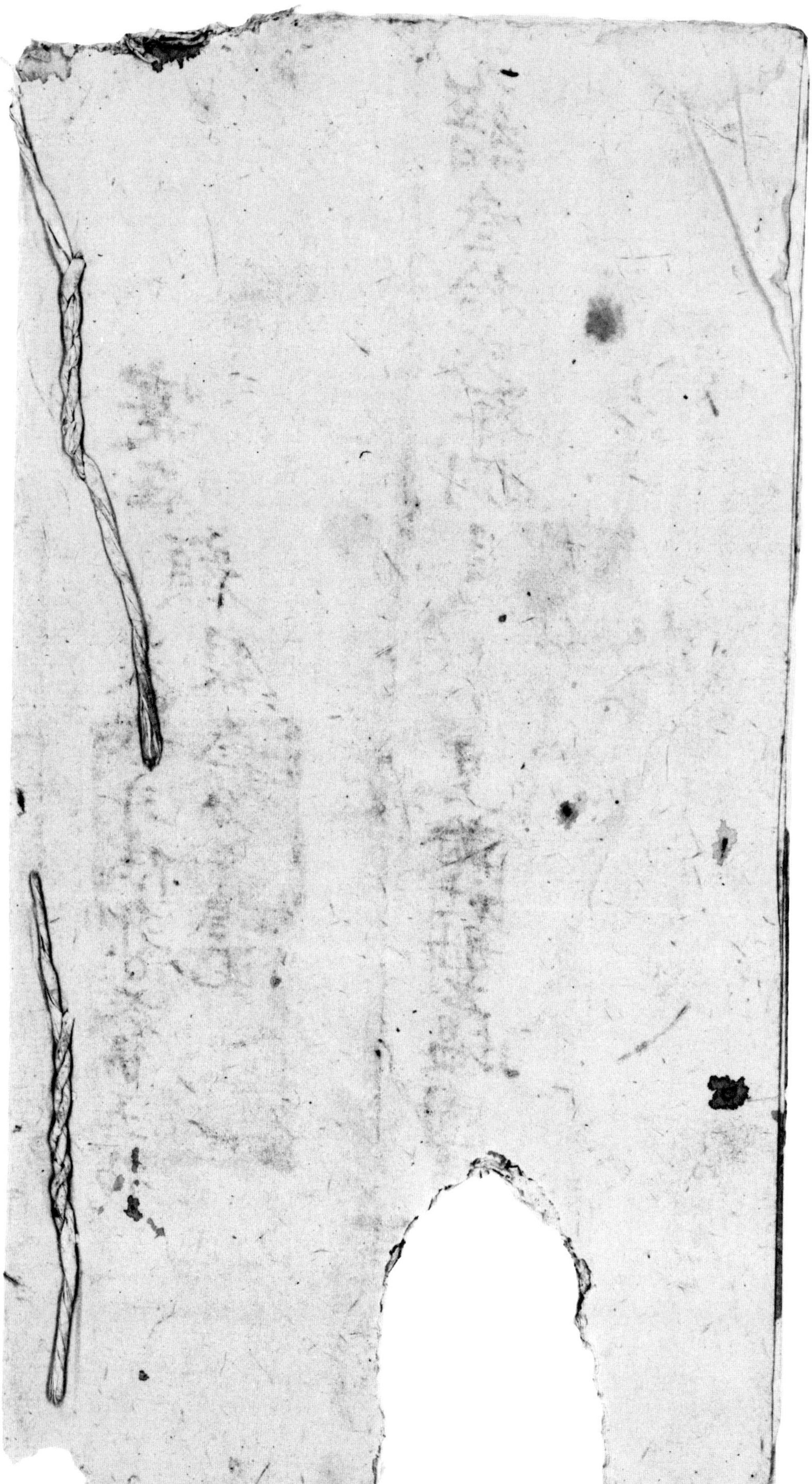

FYXB009 光緒三十二年（1906）大屯業户實徵005 107×200mm

（此頁是封底空白頁）

FYXB010　光緒三十四年（1908）業户實徵001　137×245mm

業户實征

業户實征[1]

①此處蓋有紅色正方形陽文篆書印章，内容爲『新化里册書張謙懷印』。

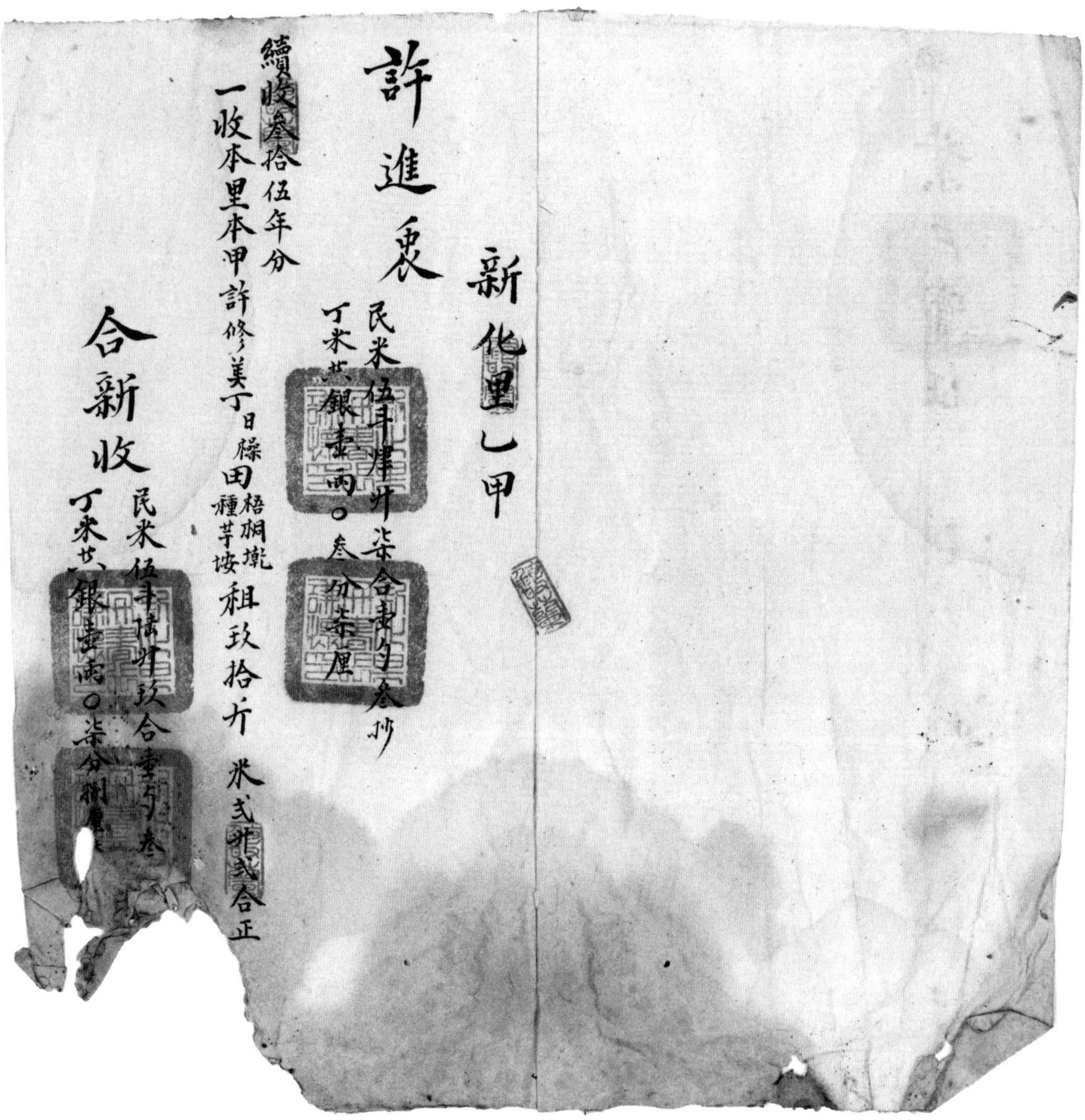

新化里乙甲

許進衮

民米伍斗肆升柒合貳勺叁抄

丁米廿、銀壹兩〇叁分柒厘

續收叁拾伍年分

一收本里本甲許修美丁日滌田梧桐墘種芋垵租玖拾斤 米弍升弍合正

合新收

民米伍斗陆升玖合壹勺叁

丁米廿、銀壹兩〇柒分捌厘

FYXB010 光緒三十四年（1908）業户實徵002 137×245mm

（此頁空白）

新化里[①]乙甲

許進衷

民米伍斗肆升柒合壹勺叁抄

丁米共銀壹両〇叁分柒厘

續收叁拾伍年分

一收本里本甲許修美丁日操田梧桐乾種芋垵租玖拾斤　米弍升弍合正

合新收民米伍斗陸升玖合壹勺叁

丁米共銀壹両〇柒分捌厘

①此處蓋有紅色長方形陽文篆書印章，内容爲『馥蘭』。

FYXB010　光緒三十四年（1908）業户實徵003　137×245mm

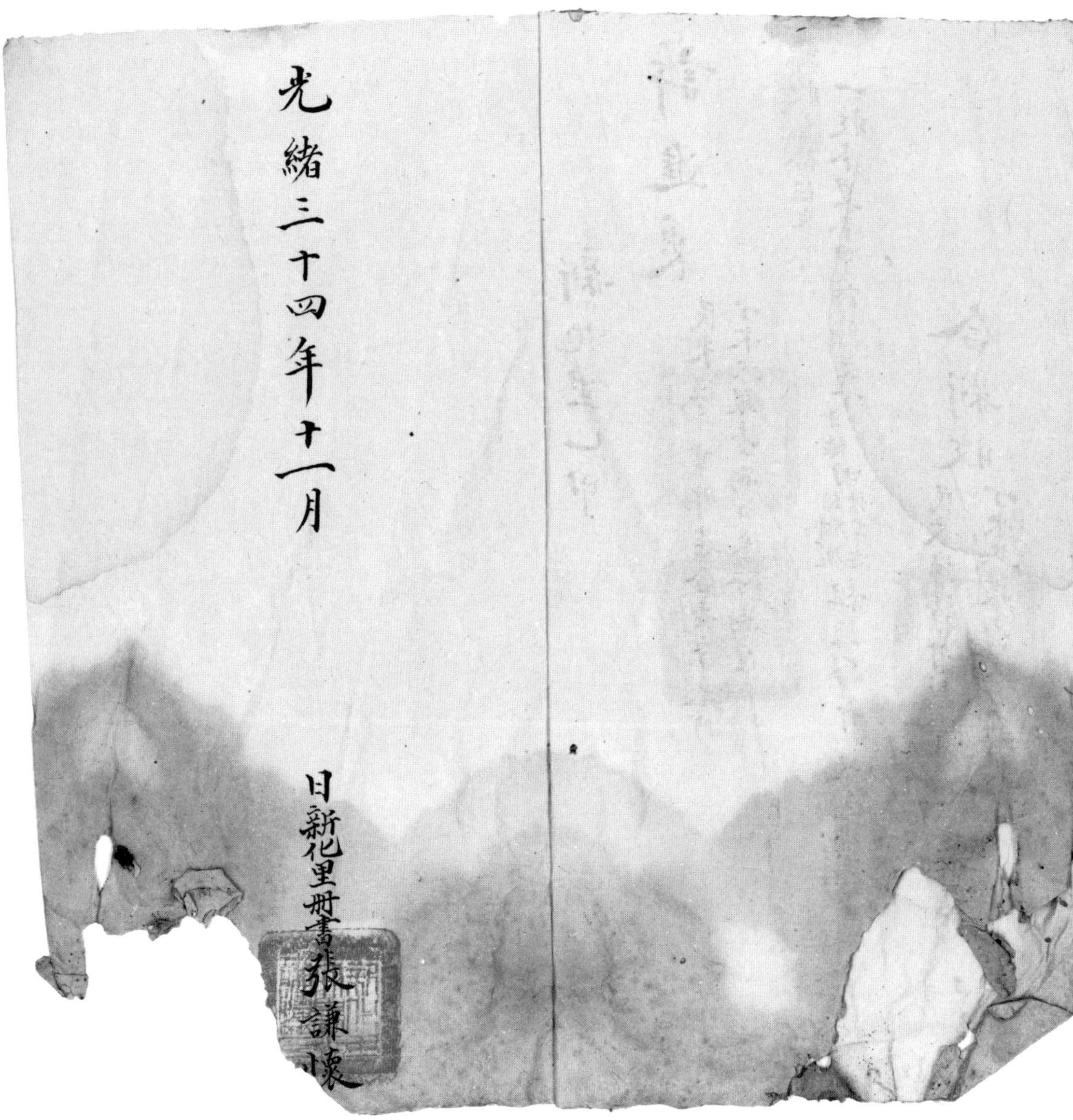

光緒三十四年十一月　日新化里册書張謙懷

（此頁空白）

光緒三十四年十一月　日新化里册書張謙懷

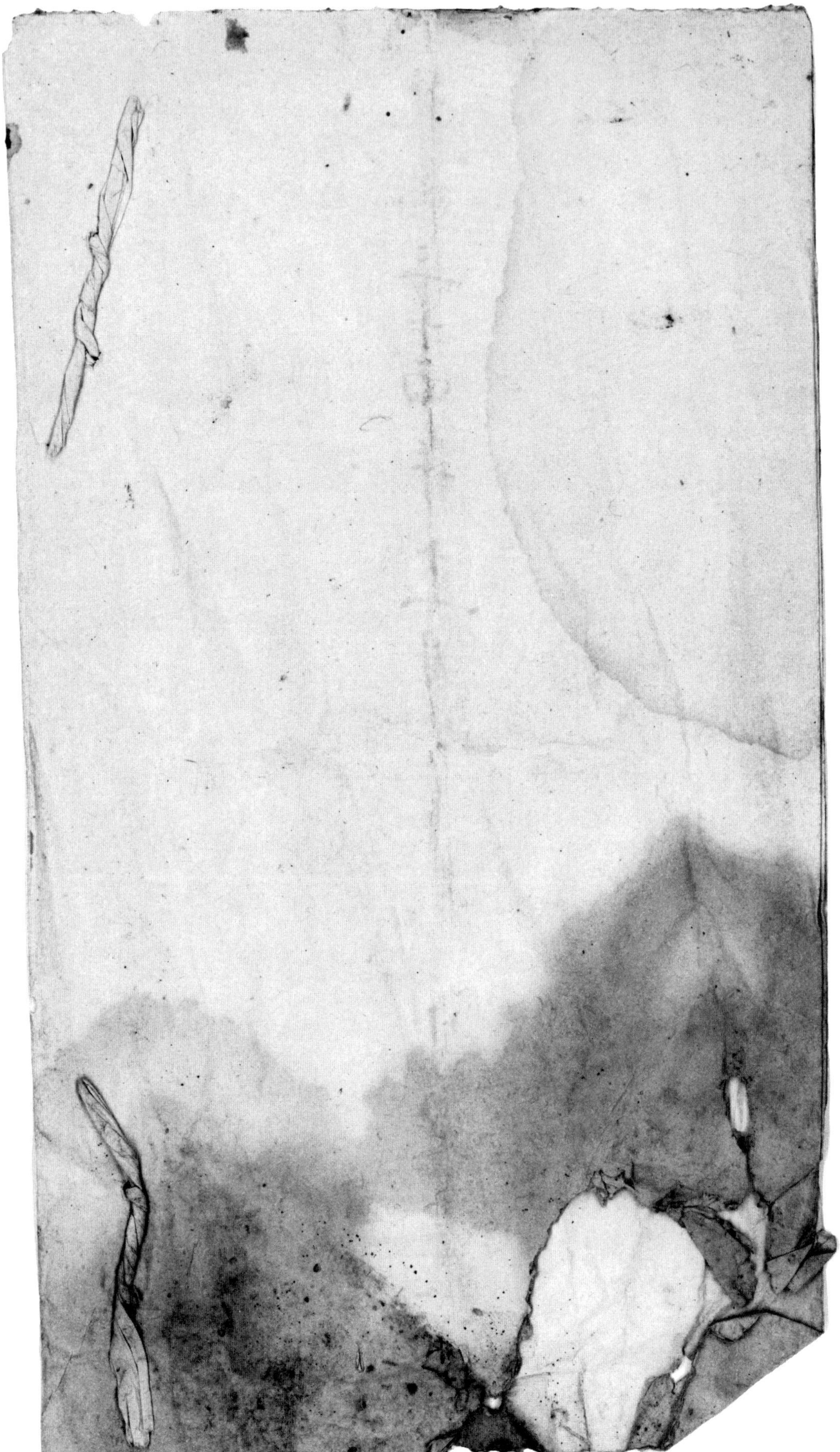

FYXB010　光緒三十四年（1908）業户實徵004　137×245mm

（此頁是封底空白頁）

FYXB011　家族會議記録簿001　190×178mm

（此頁是封面空白頁）

FYXB011　家族會議記録簿002　190×178mm

第一次臨時會議

時間：九月十一日下午一時

地址：富盛祖宇

出席者：玉壺　富長　智熠
天位　日科　祥仁　清泉
合璧　日樓　圭田　智利
合貴　智熠　心繼　日重
習烟

主席　合貴　紀錄　玉壺

行禮如儀

報告從略

討論事項

一、擬架美玉公祖宇于本保松栢坪

坐向　兼　庚外何等備

案の：

議決：各姓捐杉木一枝二尺圍

以上其餘由富機文移員

責完案

第一次臨時会議

時間：九月十一日　下午一時

地址：富盛祖宇

出席者：玉畫　富長　智熠

天位　日科　祥仁　清泉

合璧　日梼　圭田　智利

合貴　智熉　竹醮　日索

智烟

主席　合贵　紀録　玉畫

引禮如仪

報告从畧

讨論事項

1. 擬架美五公祖宇于本保松栢坪

坐　向　兼　应如何筹備

案

议决：各灶捐杉木一枝，二尺圍

以上，其餘由富機、文彩負

責完成。

FYXB011　家族會議記録簿003　190×178mm

什支經資：由富機負責
三份之二，文彩負三份之一
小工：九房美五公子孫有能
力者各自帶伙食器具
到該地工作。
祖宇落成之日安奉
美五公神主外，其房祠付
富機、文彩承自經營
下年回收開銷

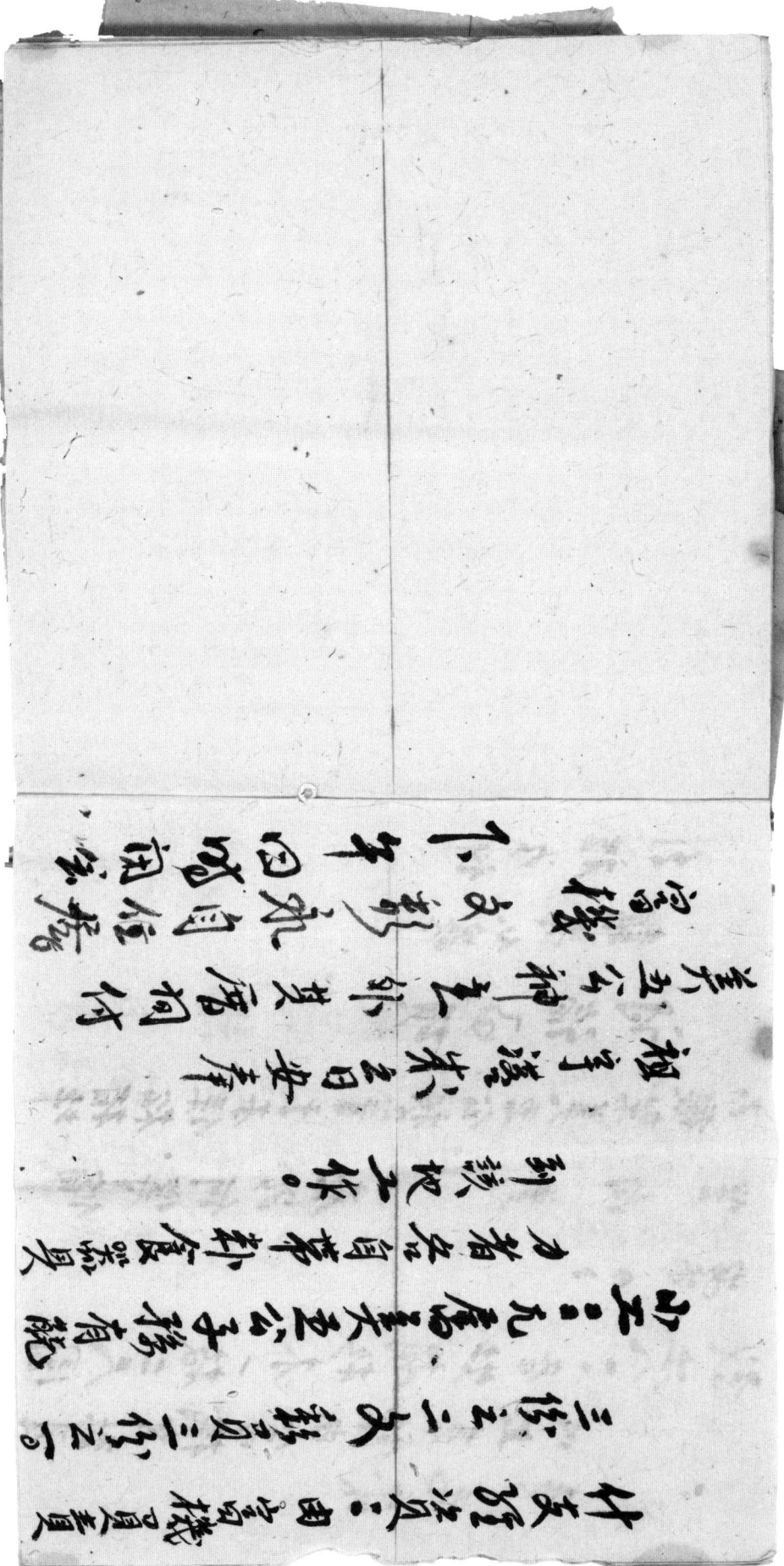

什支經資：由富機負責三份之二，文彩負三份之一。

小工：凡屬美五公子孫有能力者，各自帶糧食、器具到該地工作。

祖宇落成之日安奉美五公神主外，其厝間付富機、文彩永自住居。

下午四时闭会。

（此頁空白）

FYXB012　賬簿散件001　203×245mm

共契拾貳紙并添契約字在内付啓都收

執啓都出嶺字壹紙付新首啓茂收執

嘉慶拾捌年八月　日首人啓蒲

共契拾貳紙，并添契約字在内，付啓都收執，啓都书嶺字壹紙，付新首啓芃收執。

嘉慶拾捌年八月　日首人啓蒲

FYXB012　賬簿散件002　560×245mm

嘉慶拾捌年八月十九日致祭
英五崙三株樹楓樹二祖收置有公祖佺谷
歷年付墓首買辦芳名開具
一東埔竹林租佺捌佰文
二廷
一啓騰栈球漈頭坂竹林租肆拾伍斤
一啓光該漈頭坂双溪口東埔坑租捌拾伍斤
一伯寬該進口坪租拾斤
一振計該山格租伍[illegible]
一廷葉該瀨頭墘租
一性財該宅前墘租伍
又該糊窯租拾[illegible]
一啓像該租後苦坑租[illegible]
一廷喜該耕对面租伍
又糊窯租弍拾[illegible]
一啓都耕坑仔逐租壹
又潘村洋[illegible]壹拾[illegible]
一元昌該螃蠏[illegible]对[illegible]租
一廷章該瀨頭墘租拾伍斤
一成璽該赤漈租拾斤
又該赤漈坂尾租伍拾斤
一廷灼該水龍墓租壹百斤
一廷寶該公祖坂租柒拾斤
一廷取該赤漈坂租肆拾斤
一啓德該田仔頭厝门口租陸拾斤

嘉慶拾捌年八月十九日 致祭

英五崙三株樹楓樹二祖坟，置有公租錢谷

歷年付墓首買办，芳名开具：

一東埔竹林租錢捌佰文。

一啓騰代承滐頭坂竹林租肆拾伍斤。

一啓芃该滐頭坂双溪口東埔坑租捌拾伍斤。

一伯□该進口坪租拾斤。

一振計该山格租伍[

一廷葉该潮頭壠租[

一性財该宝前壠租伍[

又该紬窑租拾斤[

一啓儀该租後苦坑租[

一廷喜该耕对面租伍[

又紬窑租弍拾斤[

一啟都耕坑仔邊租壹[

又潘村洋□陸拾斤[

一元昌该螃蟹□水路租[

一廷章该潮頭壠租拾伍斤。

一成垦该赤滐租拾斤。

又该赤滐坂尾租伍拾斤。

一廷灼该水龍墓租壹百斤。

一廷實该公租坂租柒拾斤。

一廷取该赤滐坂租肆拾斤。

一啓德该田仔頭厝门口租陸拾斤。

FYXB012　賬簿散件003　188×248mm

嘉慶弍拾年八月　致祭

英五命三株栩楓樹弍祖坟置有公租分谷歷年付墓

首買办芳名開具

一東埔竹林祖鈞捌伯文

一啟騰代　承滌頭坂竹林祖肆拾伍斤

一崇發謨滌頭坂双溪口東埔坑祖捌拾伍斤

一伯衮夫納進口平祖壹拾斤

一振[illegible]　内山

一

嘉慶弍拾年八月　致祭

英五崙三株楜楓樹弍祖坟，置有公租錢谷，歷年付墓首買办，芳名開具：

一東埔竹林租錢捌伯文。

一啟騰代承漈頭坂竹林租肆拾伍斤。

一荣發該漈頭坂双溪口東埔坑租捌拾伍斤。

一伯褒該納進口坪租壹拾斤。

一振〔　　〕納山〔

一〔

FYXB012　賬簿散件 004　388 × 206mm

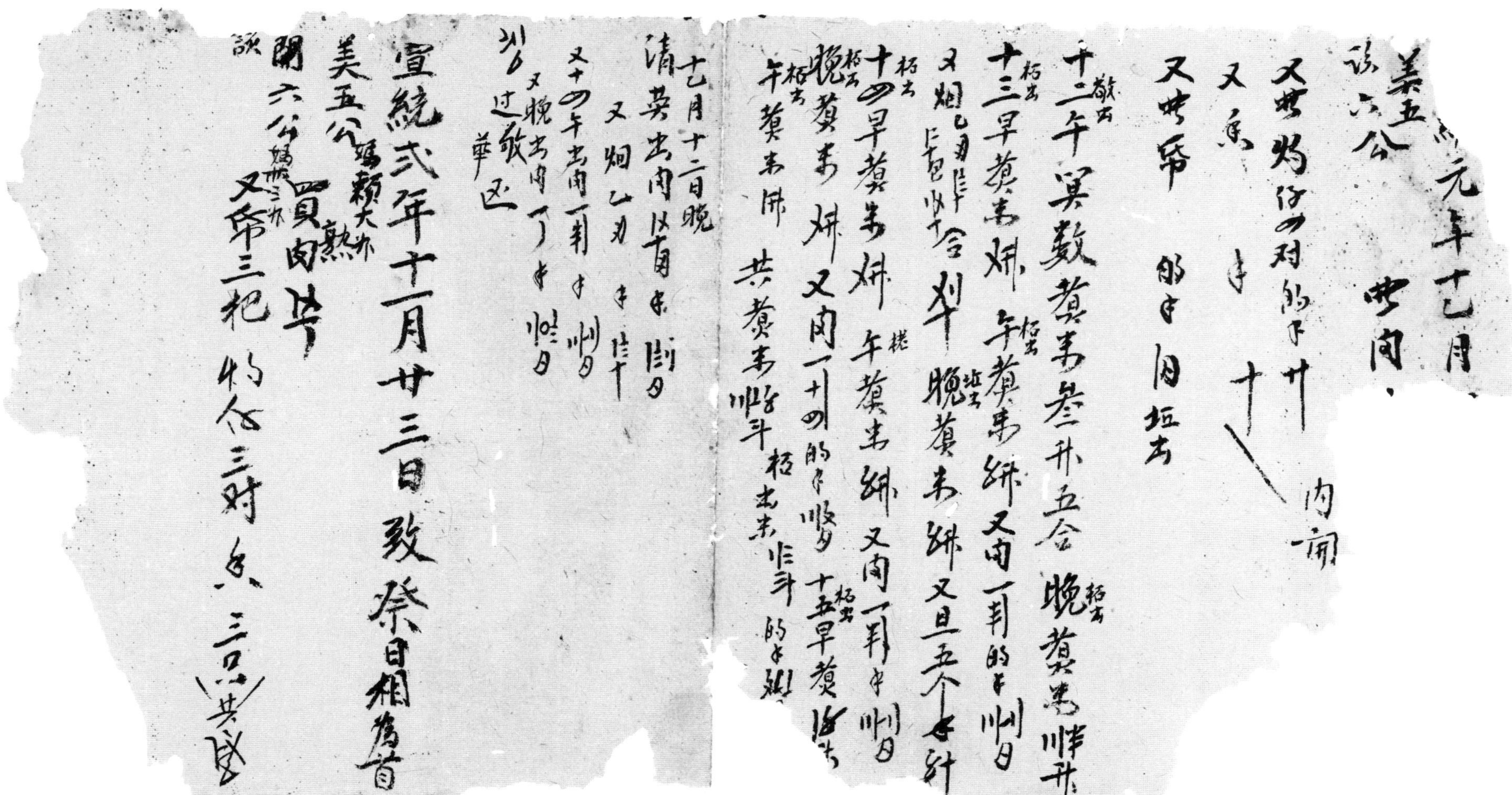
美五公 元年十二月 世同、
又世灼 廿
又 十
又世乐 日 坵出
十二午算数蕡米叁升五合 晚蕡米
十三早蕡米 午蕡米 又肉一斤
又烟
十四早蕡米 午蕡米 又肉一斤
晚蕡米 又肉一斤 十五早蕡
午蕡米 共蕡米
十二月十二日晚
清英出肉以肉
又烟
宣統弍年十一月廿三日致 蔡日相為首
美五公 熟肉
関六公 買肉共
又乐三把

光緒元年十乙月[

美五
该六 公　買肉[

又買灼仔四对，的錢廿。

又香，錢十，内開。

又買帋，的錢100，坵出。

十二年敬出算数煑米叁升伍合，晚柘出煑米三升半。

十三早柘出煑米四升，午柘出煑米五升，又肉一斤半，的錢312。

又烟乙兩18 12包24 合42，晚坵出煑米五升，又旦五个，錢50。

十四早柘出煮米四升，午桄煑米五升，又肉一斤半，錢312。

晚柘出煑米四升，又肉一斤十四兩，的錢390，十五早柘出煑[

午柘出煑米一升，共煑米3.65斗，柘出米2.3斗，的錢966。

十乙月十二日晚

清英出肉十四兩，錢182。

又烟乙兩，錢18。

又十四午出肉一斤半，錢312。

又晚出肉一斤，錢208。

72△过敬華还。

宣統弍年十一月廿三日致祭，日相為首。

美五公、媽賴大娘

该六公、媽林三娘　買熟肉14斤，

又帋三把，灼仔三对，香三只，共124。

FYXB012　賬簿散件005　427×208mm

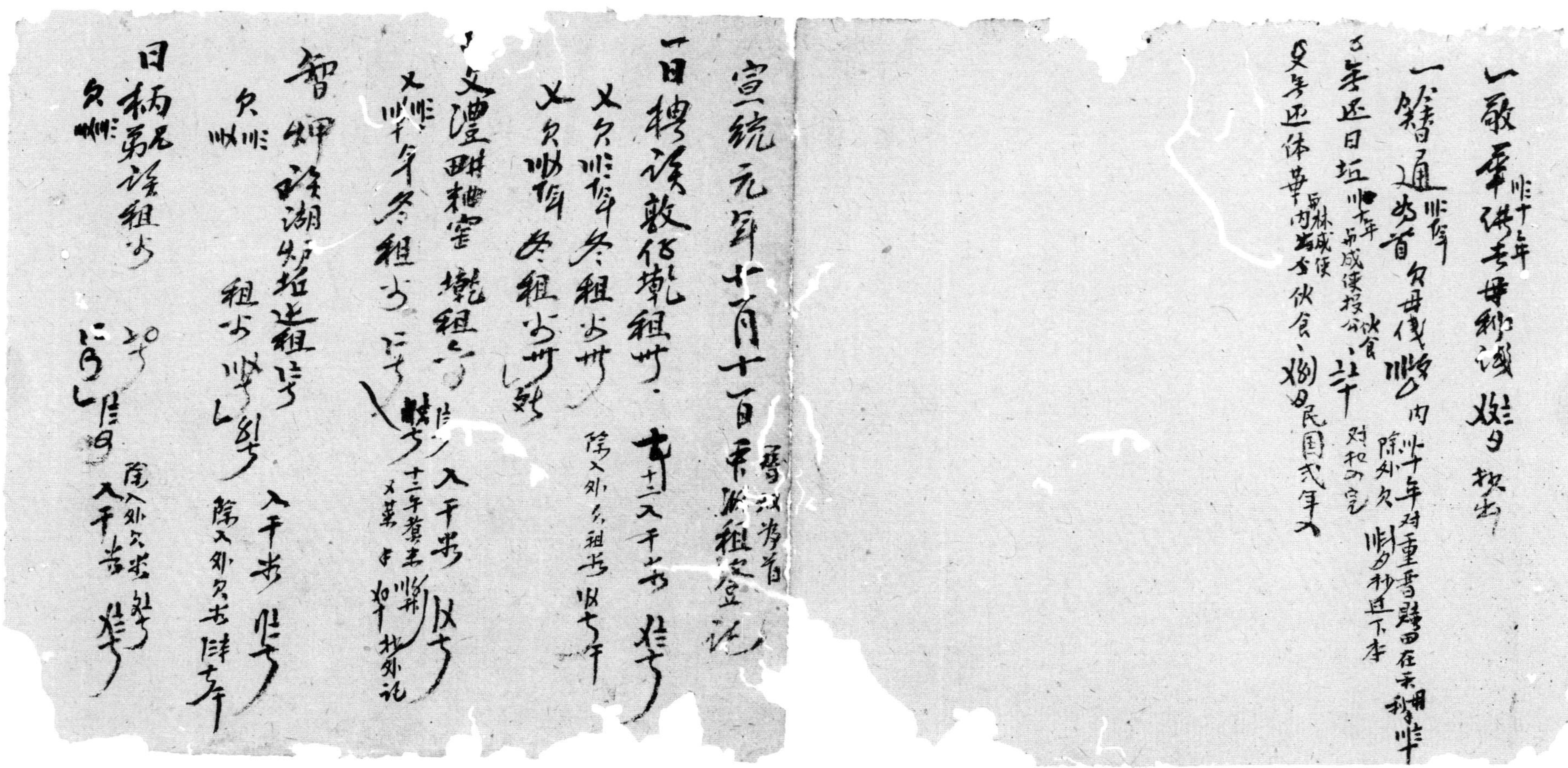

一敬華三十三年借去母利錢498，抄出。

一簪通三十二年為首，欠母錢369，内三十一年对重晋贖田，在衆用利錢38，

除外欠331，抄过下本。

無还日坵三十年與成使投公伙食76，对扣入完。

無还体華與林成使内出錢伙食452，民国弍年入。

宣统元年十一月十一日簪□為首，衆收租登记：

一日樗该敦仔墘租卅斤。

又欠三十三年冬租谷卅斤。

又欠三十四年冬租谷卅斤，90斤。

七月十二入干谷48斤，除入外欠租谷24斤干。

□文澧畊釉窑墘租六□

又三十三三十四年冬租谷12斤。

18斤入干谷14斤。十二年粜米3.5升，又菜錢40，抄外记。

智炣该湖炉坵邊租17斤。

欠三十三三十四租谷34斤，51斤入干谷27斤，除入外欠谷十三斤半干。

日柄兄弟该租谷60斤，

欠三十三三十四120斤，180斤除入外欠谷96斤，入干谷48斤。

FYXB012　賬簿散件006　190×248mm

一秉訓借去母銭柒伯文　再入蟳蛹仔田價

一秉提借去母銭柒伯文　再入田價

一秉寶借去母銭貳仟壹伯文

一振計借去母銭壹仟肆伯文

一啟囑借去母銭壹伯貳拾柒文

一秉知借去母銭伍伯壹拾陸文

一啟高借去母銭捌百[illegible]十　入明秉昂借去

一啟前借去[illegible]

一秉[illegible]

一

一　廷訓借去母錢柒伯文，再入蟧蠏仔田價。

一　廷捷借去母錢柒伯文，再入田價。

一　廷實借去母錢弍仟壹佰文。

一　振計借去母錢壹仟肆佰文。

一　啟曙借去母錢壹佰弍拾柒文。

一　廷知借去母錢伍佰壹拾陸文。

一　啟高借去母錢捌[佰]⌈　　　⌉入明，廷昂借去。

一　啟前借去⌈

一　廷實⌈

一　⌈

FYXB012　賬簿散件007　170×247mm

一進取利谷壹百二十一文　又啓明利谷二百四十文

一收進罾利谷二百四十一文　又收啓高利谷二百四十一文

合共收利錢捌仟肆佰捌拾壹文　內開除外実收利錢柒仟玖佰陸拾玖文

算數食米弍斗五升　折谷柒百五十文　又肉三斤價谷

弍百肆拾文　又还去补錢陸佰柒拾肆文　另竹席去六十一文

合共費用去錢肉錢并算數食米并补錢竹席谷壹總

共用去錢壹萬叁仟零壹拾文　又廿二夜食米菜錢并油鹽

陸拾文　壹總合共用錢壹萬叁仟陸佰叁拾文

可上……合共又租谷……

一廷取利錢弍百二十一文，又啓明利錢二百四十一文。

一收廷昂利錢二百四十一文，又收啓高利錢二百四十一文。

内開除外，实收利錢柒仟玖佰陸拾玖文。

合共收利錢捌仟肆佰捌拾壹文。

筭数食米弍斗五升，折錢柒百五十文，又肉三斤，價錢弍百肆拾文。　又还去糧錢陸佰壹拾肆文。另竹帋錢六十一文，合共費用去錢肉錢并筭数食米并糧錢竹帋錢，揔共用錢壹萬叁仟零壹拾文，又廿二夜食米菜錢并油錢陸佰文，壹揔合共用錢壹萬叁仟陸佰叁拾文。

□上［　　］合共收租并［　　］仟零［

FYXB012　賬簿散件008　195×247mm

又内除扌[illegible]……[illegible]扌壹文

已上除扑外尚[illegible]……[illegible]仟壹佰肆拾陸文

首人宰猪一隻烹熟内出骨除捅外实肉陸拾弍斤每斤拾壹两美

折筭玖拾斤零叁两每和生肉玖拾肆觔見共該肉觔捌仟

肆伯柒拾捌文又美數食米弍斗捌升的錢壹仟零叁拾陸

文又肉叁斤零肆两的錢叁伯零柒文共用錢玖仟捌伯弍拾

壹文廿二日食米壹斗肆升的錢伍佰壹拾捌文又菜錢並油觔

炉帋錢弍佰叁拾文揔共用錢壹萬肆零伍佰陸拾玖文

除収肉錢外尚欠首肉錢弍仟壹佰肆拾壹文　另払王廷曰印

……（前殘）

又内除［　　　　］壹文［

已上除糧外［　　　　］錢弍仟壹佰肆拾陸文。

首人宰猪一隻，烹熟肉出骨除桶外，实肉陸拾弍斤，每斤拾壹両笄，折生肉玖拾斤零叁兩，每斤生肉玖拾肆錢，見共该肉錢捌仟肆佰柒拾捌文，又笄数食米弍斗捌升，的錢壹仟零叁拾陸文，又肉叁斤零肆兩，的錢叁佰零柒文，共用錢玖仟捌伯弍拾壹文，廿二亱食米壹斗肆升，的錢伍佰壹拾捌文，又菜錢並油錢、竹帋錢弍佰叁拾文，揔共用錢壹萬零伍佰陸拾玖文。

除收肉錢外，尚欠首肉錢弍仟壹佰肆拾壹文。另扒廷昂。

FYXB012 賬簿散件009 180×249mm

宰猪一隻烹熟肉出骨外实肉柒拾弍斤半
每斤拾壹文算拆生肉壹伯零伍斤半另祭墓食
補肉半斤 又收火路生肉柒斤半 共生肉壹伯壹拾
叁斤半每斤生捌拾弍文 見共該肉分玖千叁伯
零柒文
算數食米三斗壹嘗的分壹仟零陆拾捌文 又肉
三斤半的分弍伯捌拾柒文合共分壹仟叁伯伍
拾伍文 共分料分伍伯柒十一文
搃

宰猪一隻，烹熟肉出骨外，实肉柒拾弍斤半，每斤拾壹兩筭，折生肉壹伯零伍斤半，另祭墓食補肉半斤，又收火路生肉柒斤半，共生肉壹伯壹拾叁斤半，每斤生捌拾弍文，見共该肉錢玖千叁伯零柒文。

筭数食米三斗壹管，的錢壹仟零陆拾捌文，又肉三斤半，的錢弍伯捌拾柒文，合共錢壹仟叁伯伍拾伍文，共分糧錢伍佰柒十一文。

捴「

FYXB012　賬簿散件010　210×247mm

又潘村洋租陸拾斤

一元昌該納蟒蠏仔水路及嶺仔㘭租柒拾斤　又該納官林㘭租貳拾陸斤

一秉章該納潮頭墘租伍拾斤

又該納苦坋尾墘仔租貳拾斤

一成昱該納赤漈租壹拾斤

又赤漈坂尾租伍拾斤

一秉灼該納水龍墓租壹佰斤

一秉寶該[illegible]……[illegible]合斤

一[illegible]取[illegible]

又潘村洋租陸拾斤，
又该納官林邊租弍拾陸斤。
一元昌该納蟧蠏仔水路及嶺仔邊租柒拾斤。
一廷章该納潮頭壠租伍拾斤，
又该納苦坋尾壠仔租弍拾斤。
一成垦该納赤溹租壹拾斤，
又赤溹坂尾租伍拾斤。
一廷灼该納水龍墓租壹佰斤。
一廷實该[　　]租柒拾斤。
一廷取[

FYXB012　賬簿散件011　175×248mm

一廷科該納鴨母垅祖弍拾壹斤
一啟荣該納石碎崙坑仔迯祖壹拾斤
一啟前該納東墈田角祖壹拾叁斤
一啟子該納鳳蝦垵口水路祖壹拾斤
一廷遊深垅仔祖伍斤　一廷訓該螃蟹仔祖十三斤
一水笱坂龍方岩丁田三坵是壹閣十九年争出祖壹拾弍斤
一李楊俠平坑仔弍拾年該納山祖錢陸伯文八月祭墓收
收祖各登記
又收廷章祖弍拾斤
一廷棠祖伍拾斤

一廷科該納鴨母壠租弍拾壹斤。

一啟荣該納石碎崙坑仔邊租壹拾斤。

一啟前該納東乾田角租壹拾叁斤。

一啟子該納鳳蝦垵口水路租壹拾斤。

一廷遊深壠仔租伍斤。一廷訓該螃蠏仔租十三斤。

一水笋坂龍方岩丁田三坵，是壹鬮，十九年争出租壹拾弍斤大。

一李楊使傘坑仔弍拾年該納山租錢陸伯文，八月祭墓收。

收租谷登記：

一廷葉租伍拾斤，又收廷章租弍拾斤。

一[

FYXB012　賬簿散件012　185×246mm

一成垦借去母錢壹佰捌拾貳文　酉立田價

一啓都借去母錢貳仟零捌拾陸文　寫官林逕租貳拾陸斤

一元昌借去母錢壹仟肆佰文　寫契

一啓春借去母錢壹佰柒拾叁文

一廷訓借去母錢柒佰文

一俊廷借去母錢柒佰文

一廷士去母錢玖佰壹拾文寫契

一

一成垦借去母錢壹佰捌拾弍文，□立田價。
一啓都借去母錢弍仟零捌拾陸文，寫官林邊租弍拾陸斤。
一元昌借去母錢壹仟肆佰文，寫契。
一啓春借去母錢壹佰柒拾叁文。
一廷訓借去母錢柒佰文。
一廷捷借去母錢柒佰文。
一廷士去母錢玖佰壹拾文，寫契。
一[

FYXB012　賬簿散件013　214×246mm

一[illegible]

一振計[illegible]

一廷葉該納潮頭垱租伍拾斤

一牲財該納宝前垱租伍拾斤

又該粬窐租壹拾斤

一啟像該納後荅坑租貳拾斤

一廷喜該納耕對面租伍拾斤

又粬窐租貳拾斤

一啟都耕坑仔逕租壹佰斤

一[

一振計[

一廷葉该納潮頭壠租伍拾斤。

一性財该納宝前壠租伍拾斤，

又该釉窑租壹拾斤。

一啟儀该納後苦坑租弍拾斤。

一廷喜该納耕對面租伍拾斤，

又釉窑租弍拾斤。

一啟都耕坑仔邊租壹佰斤。

FYXB012 賬簿散件014 202×247mm

文□……□坑仔尾 古契一帋

一成旦添契一帋價錢柒佰伍拾文田坐赤

漈坂墘仔尾 古添契一帋

一啓德添田仔頭價錢伍佰壹拾陸文契未古

一新買啓榮石碎崙坑仔迳祖拾乙價錢捌佰文 契一帋

一新買成坳下東墘啓華田角租壹拾叁勳價錢

壹仟零捌拾叁文 古契一帋

文[　　　　]契一帋。

一成垦添契一帋，價錢柒佰伍拾文，田坐赤

　漈坂乾仔尾书添契一帋。

一啓德添田仔頭價錢伍佰壹拾陸文，契未书。

一新買啟荣石碎崙坑仔邊租拾斤，價錢捌佰文，契一帋。

一新買成坬下東墘啓華田角租壹拾叁觔，價錢

　壹仟零捌拾叁文，书契一帋。

一
寫契

一啟前借去母錢壹佰柒拾叁文 寫契

一廷取借去母錢肆佰弍拾文 寫契

又借去本并祖錢叁佰壹拾陸文

一啟高借去母錢捌佰零伍文

一廷科借去母錢壹仟柒佰弍拾伍文 寫契

一啟前新借去母錢弍佰柒拾叁文

一［

一啓前借去母錢壹佰柒拾叁文，寫契。

一廷取借去母錢肆佰式拾文，寫契。

又借去本年租錢叁佰壹拾陸文。

一啓高借去母錢捌佰零伍文。

一廷科借去母錢壹仟柒佰式拾伍文，寫契。

一啓前新借去母錢式佰柒拾叁文。

FYXB012 賬簿散件016 242×261mm

簮桑出買肉16斤，錢3328。

又買香灼，錢卅。

又十二午起至十五早止，共賣米2.3斗，錢[

又共菜，錢260。

又買肉，錢1014。

又買烟，錢42。

FYXB012　賬簿散件017　162×248mm

一新買元昌祖叁拾觔價錢貳仟肆佰文
田坐嶺仔近路下濟書契一帋
一新買啓明祖壹拾玖觔價錢壹仟伍佰柒
拾文田坐瀨境水淀仔書契一帋
廷忠祖貳拾觔價錢壹仟陸佰壹拾伍
文仔尾本契一帋

一新買元昌租叁拾觔，價錢弍仟肆佰文。
田坐嶺仔邊路下，書契一帋。
一新買啓明租壹拾玖觔，價錢壹仟伍佰柒
拾文，田坐潮兜水渡仔，書契一帋。
一连忠租弍拾觔，價錢壹仟陆佰壹拾伍
一仔尾，书契一帋。

FYXB012　賬簿散件018　160×246mm

一子□該納赤漈坂祖肆拾亍
又該納鎬運中坵仔尾租弍拾弍亍
一敦德該納田仔頭厝門口租陸拾亍
一宗歛該納田仔頭厝門口租陸拾亍
一啟明該納潮塊水浚仔祖壹拾玖亍
一廷忠該納恒平溪仔坂尾弍拾亍
一廷士該納薊菜萑祖壹拾弍亍

一[　　　　]納赤滐坂租肆拾斤。
又該納鎬運中壠仔尾租弍拾弍斤。
一啟德該納田仔頭厝門口租陸拾斤。
一宗鉌該納田仔頭厝門口租陸拾斤。
一啟明該納潮兜水浚仔租壹拾玖斤。
一廷忠該納恒弈溪仔坂尾弍拾斤。
一廷士該納蒞菜壠租壹拾弍斤。

FYXB012　賬簿散件019　177×250mm

一衆收廷賓租錢陸佰零弍文　收还補啓滿錢
伍拾弍文除收外尚在錢伍佰伍拾文付
啓章新借去母錢伍佰伍拾文實無入啟章抄出
一廷昂借去母錢捌佰零伍文十九年扎去蒙秀內御

一衆收廷實租錢陸佰零弍文，扒还補啓蒲錢伍拾弍文，除扒外尚在錢伍佰伍拾文，付啓章新借去母錢伍佰伍拾文，實無入啟章抄出。
一廷昂借去母錢捌佰零伍文，十九年扒去荣發肉錢。

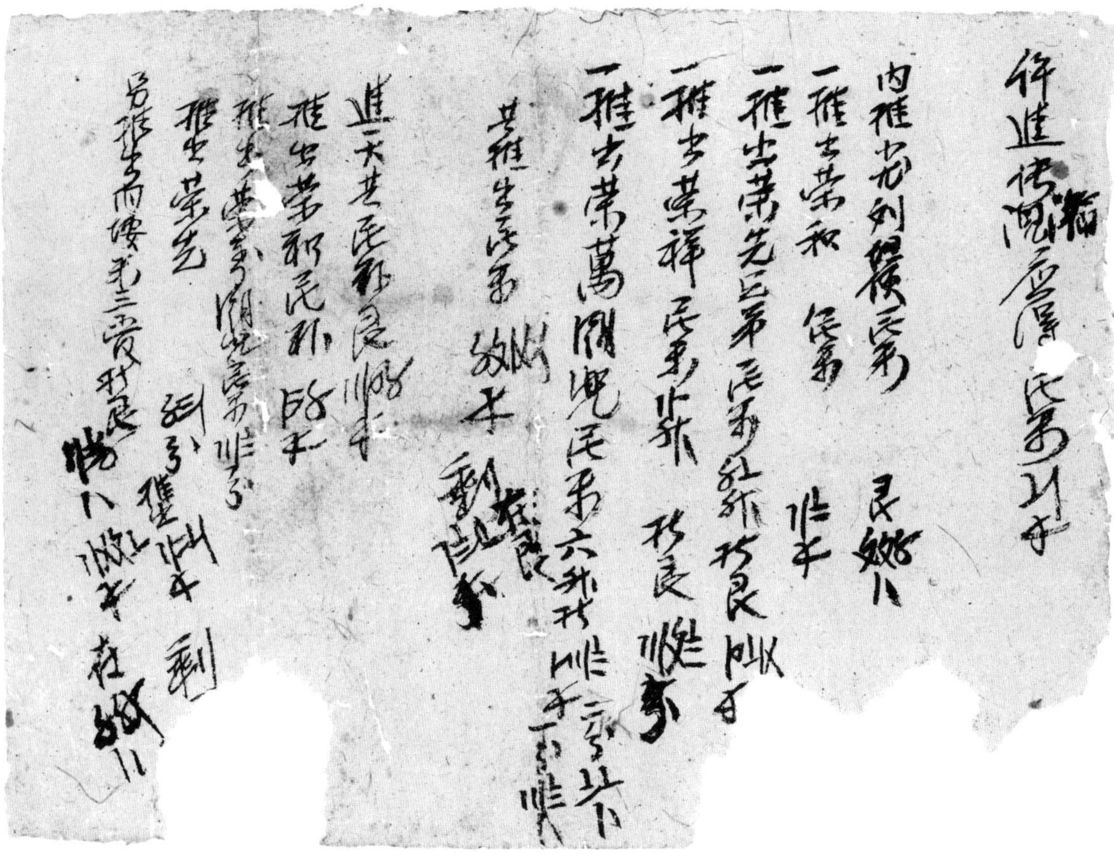
許進德[illegible]
內推出劉樑民弟 艮[illegible]
一推出榮和 民弟 [illegible]
一推出榮先、民弟 民弟紅[illegible] [illegible]
一推出榮祥 民弟[illegible] [illegible]
一推出榮萬、開兜民弟六[illegible]
共推出民弟 [illegible] 剩[illegible]
進一大共民[illegible]
推出榮新民[illegible]
推出榮開兜民弟[illegible]
推出榮光 [illegible] 剩
另推出兩樓[illegible]

FYXB012　賬簿散件020　250×187mm

许進传瀚況应得民米6.1錢。

内推小尤刘坦使民米，艮9.95分。

一推出荣和民米2.7錢。

一推出荣先兄弟民米5.6升，折艮1.0614錢。

一推出荣祥民米2.1升，折艮3.98分。

一推出荣萬潮兜民米六升，折1.138錢，二分7.6分，一分3.8分。

共推出民米5.9144錢，剩在艮1.86分。

進天共民粮艮3.05錢。

推出荣和民糧1.35錢。

推出荣釟潮兜民米3.8錢。

推出荣先5.31分，推出2.261錢，剩[

另推出内垵米三管折艮2.85分，2.496錢，在5.54分。

FYXB012 賬簿散件021 411×207mm

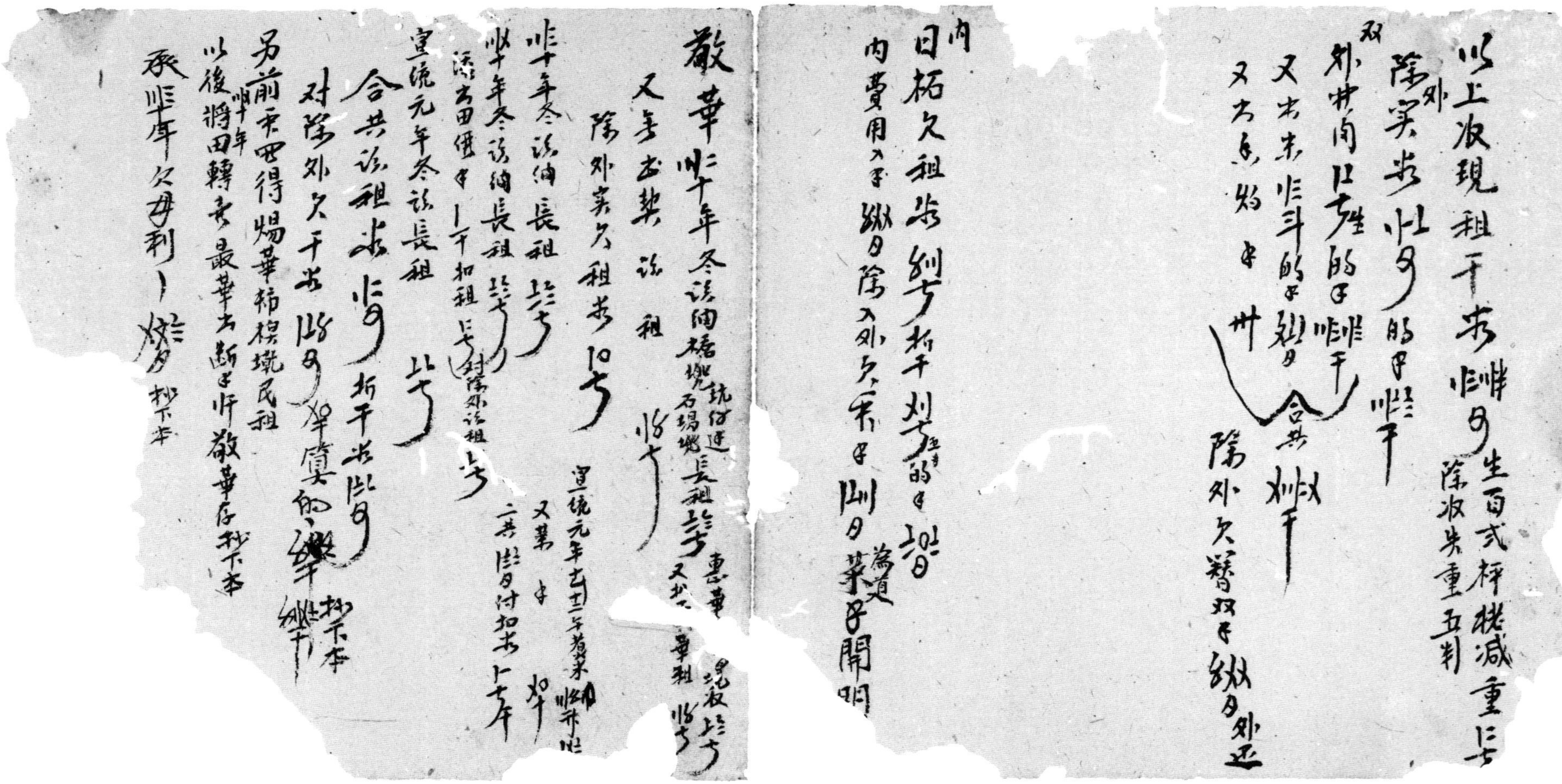

以上收現租干谷233斤半生，百式秤栳減重12□，除收失重五斤半。
除外实谷216斤，的錢3780。
双外買肉16斤生，的錢3328。又出米2.3斗，的錢966。又出香灼，
錢卅。合共4324。

除外欠簪双錢544，外还。

内
日柘欠租谷53斤，折干42斤5兩，的錢707。
内费用入錢544，除入外欠衆錢163，為首入菜錢開明。

敬華三十二年冬该纳橋兜坑仔邊石場兜長租78斤，惠華□坑收68
斤，又扒□華租25斤。

又無书契，该租25斤。
除外实欠租谷十斤。
三十三年冬该纳長租78斤。宣统元年十一月十二午责米3.5升147，
又菜錢40，二共187，付扣谷11斤干。
三十四年冬该纳長租78斤。
添出田價錢1000，扣租12斤，对除外该租□斤。
宣统元年冬该長租66斤。
合共该租谷220斤，折干谷176斤。
对除外欠干谷165斤，4000箕，的5247。抄下本。
另前衆買得煬華柿模壠民租。
三十四年
以後將田轉賣最華，出斷錢2000，敬華存，抄下本。
承三十三年欠母利錢498，抄下本。

FYXB012　賬簿散件022　422×206mm

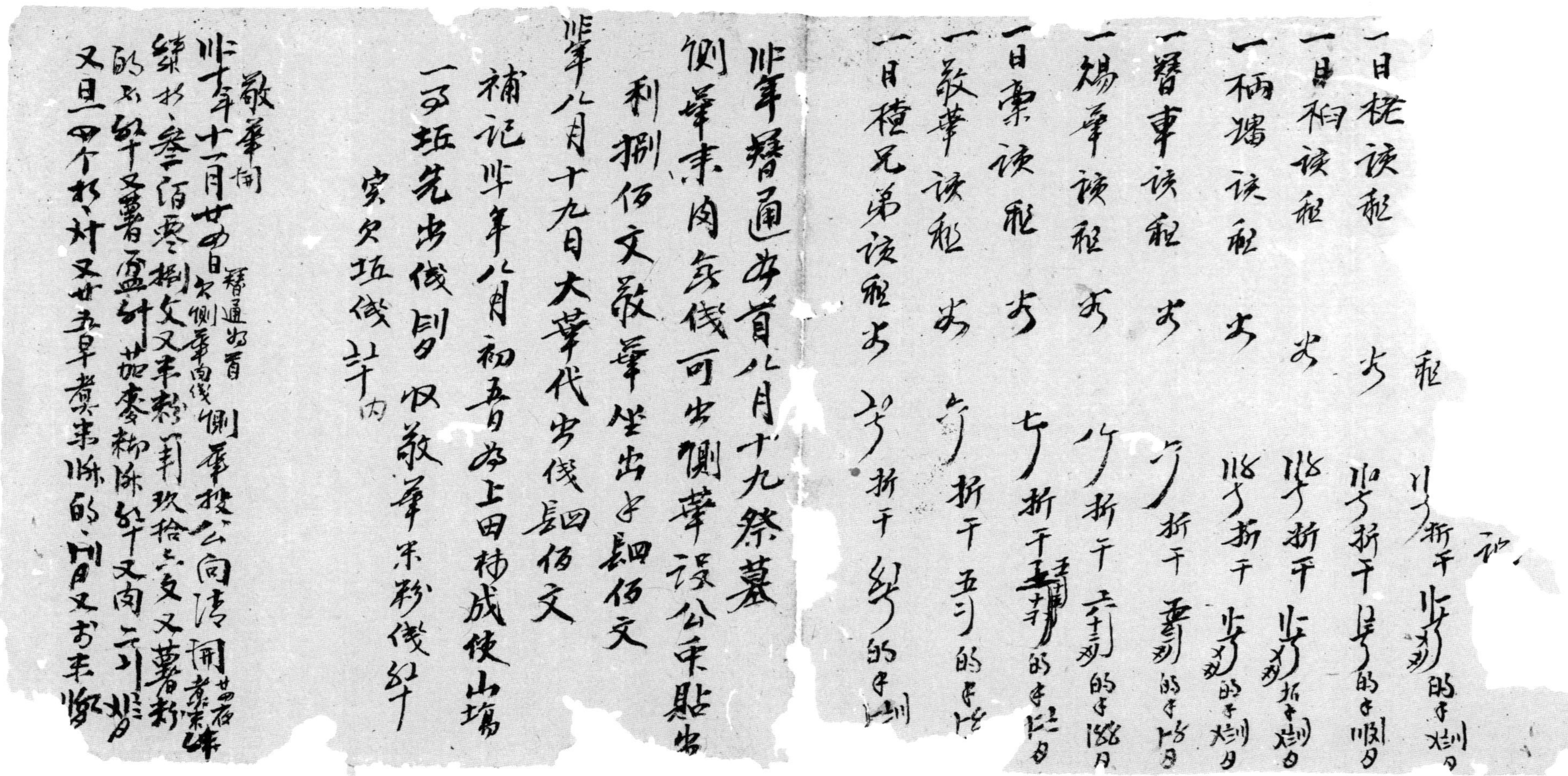
一日桄谈秤　出　秤　〢斤〤〨刄　的子〨〣日　祕
一日栶谈秤　出　〤〢斤〤〢刄　的子〢〤日
一柄𤫊谈秤　出　〢〨斤〤〨刄　折子〨〣日
一𥌓車谈秤　出　〢〨斤〤〨刄　的子〨〣日
一𥌓車谈秤　出　〣斤〤〨刄　的子〢〦日
一煬華谈秤　出　〦斤〤十〢刄　的子〢〨月
一日棠谈秤　出　七斤十〤刄　的子〢〣日
一敬華谈秤　出　〦斤五〣　的子〢〨
一日檤兄弟谈秤　出　〤斤〢〦　的子〢〣

卯年𥌓通出首八月十九祭墓
側華來肉無錢可出側華設公來貼出
利捌佰文敬華坐出〤錢〤佰文
卯年八月十九日大華代出錢〤佰文
補記卯年八月初五日爲上田柿成使山場
一可坵先出錢〢〣　收敬華米粉錢〤〨
実欠坵錢〢〨内

敬華衕
卯十年十一月廿四日　𥌓通出首　欠側華肉錢　側華找公向清衕　廿四夜來〤
練粉、叁佰零捌文　又米粉〤〤　判玖拾六文　又薯粉
的〢〤〢　又薯盈計　茄麥粉除〤〢　又肉〢〢
又旦一四个粉、计又廿五早煮米除的、〢月又〢〢來〤

……（前殘）

	租	□	折干21斤4兩	的錢483
一日栳该租	谷	20斤	折干17斤	的錢391
一目柏该租	谷	25斤	折干21斤4兩	的錢483
一楄璠该租	谷	25斤	折干21斤4兩	的錢483
一簪車该租	谷	6斤	折干5斤2兩	的錢115
一煬華该租	谷	8斤	折干6斤12兩	的錢155
一日稾该租	谷	7斤	折干5斤15兩	的錢127
一敬華该租	谷	6斤	折干5斤2兩	的錢115
一日楂兄弟该租	谷	60斤	折干51斤	的錢1173

三十二年簪通為首，八月十九祭墓。
側華来肉，無錢可出，側華设公衆貼出
利捌佰文，敬華坐出錢肆佰文。
三十三年八月十九日，大華代出錢肆佰文，
補记三十一年八月初五日為上田林成使山塲
一事，坵先出錢132，收敬華米粉錢56，
实欠坵錢76，内。

敬華開
三十二年十一月廿四日簪通為首，欠側華肉錢，側華投公向清開廿四夜煮米
五升半，折錢叁佰零捌文，又米粉一斤半，玖拾六文，又薯粉
的錢56，又薯盆50，茄麥糊一升56，又肉二斤六兩，418，
又旦四个，折錢40，又廿五早煮米二升，的錢112，又□米256。

FYXB012　賬簿散件 023　432×206mm

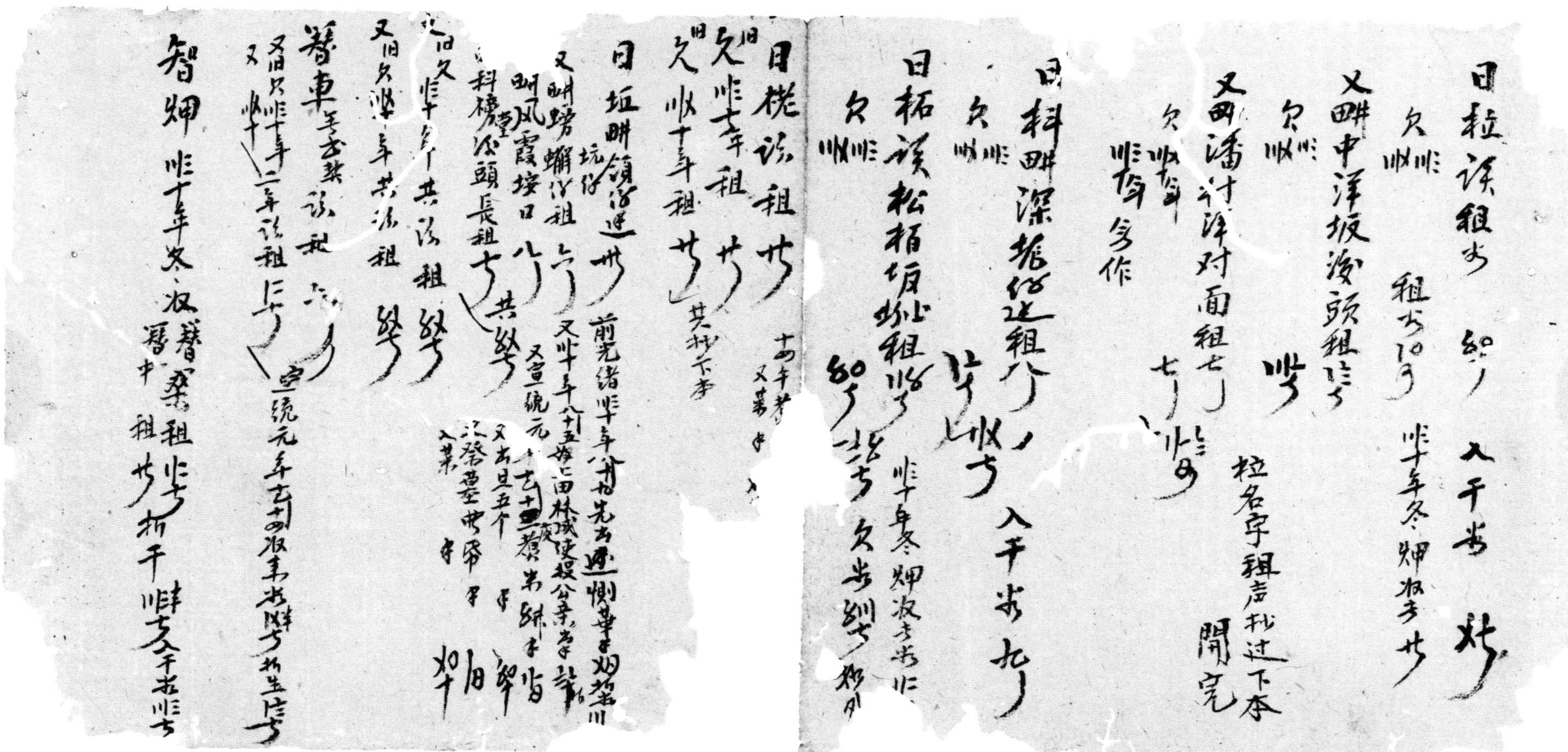

日粒该租谷50斤，入干谷40斤

欠三十三 三十四租谷100斤，三十三年冬㶣收去廿斤。

又畊中洋坂後頭租18斤。

欠三十三 三十四36斤。

又畊潘村洋对面租七斤，粒名字租声抄过下本，開完。

欠三十三 三十四年七斤，218。

三十三年，無作。

日科畊深壠仔邊租八斤。

欠三十三 三十四16斤、24斤，入干谷九斤。

日柘该松栢坂上坋租25斤。　三十三年冬㶣收去谷22斤。

欠三十三 三十四50斤、75斤，欠谷53斤，抄外。

日栳该租廿斤。十四年[　　]又菜錢[

旧欠三十三年租廿斤。

旧欠三十四年租廿斤，共抄下本。

日坵畊領仔邊卅斤。

前光绪三十三年八月十九先出□側華錢400，折谷□。

又三十一年八月十五為上田林成使投公亲出錢76。

又宣统元年十乙月十一夜煑米五升，錢210。又出旦

五个，錢50。又祭墓買帋，錢100。入菜錢40。

又畊螃蠏仔坑仔租六斤。

畊风霞垵口八斤。

[畊]科榜堂後頭長租十斤，共54斤。

又旧欠二十三年，共该租54斤。

又旧欠三十四年，共该租54斤。

簪車，無书契，该租□斤。

又旧欠三十三年，

又三十四十，二年该租12斤。宣统元年十乙月十四收来谷14斤半，折生18斤。

智㶣三十三年冬收 簪桑租22斤，簪中租廿斤，折干33斤半，入干谷33斤。

FYXB012　賬簿散件 024　423×204mm

又来彩二斤 〡斤當彩附、〨十茄麥柳的、〨十大萝
一盆的、廿旦〡介的、斗毛干、廿赤清的、廿
又樝油二斤〨十計共開去貨、壹仟捌佰五十六文
非十年二月廿百側華再撥公親煮共〤的、〦〤又叶(?)
又南、〢〡〦旦〢〤不的、廿共開〤叁佰四拾四文
內數銷明

出借登記
一日樹欠昨年冬租母[illegible]
一日橋欠昨年冬租母伐〤〨干 利未詀(?)
一日楼欠昨年冬租母利伐〢〤〩
一日柳欠昨年冬租母利伐〤〩日
一日樣(?)欠昨年冬租母利伐〢〣〩
一日柱欠昨年冬租母利伐〤〨干 抄过下本注銷
一栖嬬 供去母利伐〤〩
〇一体華兄弟供去母利伐〢〨〤 內銷明
〇一惠華供去母利伐〢〣〩 內查實母伐〤〢〩 至非十年加利〤〡杪(?)〩(?) 合母利〢〣日

又米粉二斤，128˙，畓粉一升，錢56˙，茄麦糊的錢56˙，又薯

一盆，的錢40˙，旦八个，的錢80˙，毛干錢40˙，赤清的錢40˙，

又楂油二兩，24。计共開去货錢壹仟捌佰五十六文。

三十三年六月廿一日，侧華再投公親袁米二升，的錢124，又叶錢100，

又肉錢100，旦二个，的錢廿，共開錢叁佰四拾四文。

内數銷明。

出借登记：

一日樹欠三十一年冬租母利錢[

一日橋欠三十一年冬租母錢1515，利未加。

一日栳欠三十一年冬租母利錢614。

一日榔欠三十一年冬租母利錢614。

一日槮欠三十一年冬租母利錢171。

一日柆欠三十一年冬租母利錢1535，抄过下本，注銷。

一楠嬸借去母利錢273。

〇一体華兄弟借去母利錢706，内銷明。

〇一惠華借去母利錢191，内查实母利錢147，至三十三年加利錢合母

利191，抄内開。

FYXB012 賬簿散件025 175×248mm

一[illegible]

一迁取借去母伐柒佰文 寫契

一标炯借去母伐叁佰玖拾柒文

一元昌借去母伐壹仟文 寫契

一迁遊借去母伐叁佰玖拾文 契未書

一振謅借去母伐肆佰玖拾叁文

一迁寶借去母伐陸佰贰拾文

……………（前殘）

一廷取借去母錢柒佰文，寫契。

一[振]烱借去母錢叁佰玖拾柒文。

一元昌借去母錢壹仟文，寫契。

一廷遊借去母錢叁佰玖拾文，契未書。

一振誯借去母錢肆佰玖拾叁文。

一廷實借去母錢陸佰弍拾文。

母錢捌佰零伍文另扒弄實十八年租柒拾斤扣對外實
欠租錢伍佰柒拾肆文又扒本年租代扣去請公分陸拾文實入
利錢玖佰貳拾壹文另扒榮聚母錢肆佰肆拾壹文扒弄首肉
錢[illegible]白首尚長兩錢肆佰陸拾文

榮聚年收廷實租錢壹仟肆伯玖拾伍文除外弄
欠首肉價壹仟零三十五文自扣租捌拾伍斤
拆錢柒伯伍拾柒文又粃分三十五文弄外欠肉分柒
伯零五文　□伯肆拾肆文弄該補肉價捌佰
捌拾七

FYXB012　賬簿散件026　198×247mm

母錢捌佰零伍文，另扒廷實十八年租柒拾斤，扣糧外实
欠租錢伍佰柒拾肆文，又扒本年利錢扣去請公錢陸拾文，实入
利錢玖佰弍拾壹文，另扒荣發母錢肆佰肆拾壹文，
首尚長衆錢肆佰陸拾文。

荣發無收廷實租錢壹仟肆佰玖拾伍文，除外衆
欠首肉錢壹仟零三十五文，自扣租捌拾伍斤，
折錢柒佰伍拾柒文，又糧錢三十五文，筭外欠肉錢柒
伯零五文，⌈　　⌋伯肆拾肆文，衆該補肉錢捌佰
捌拾柒⌈

FYXB012　賬簿散件027　454×248mm

一収廷啟租六十弍斤
一収宗欽租六十斤（田仔頭田價扑衆，除本年廿文）
一収啟榮租乙十斤
一収廷忠租谷二十斤
一収啟明租壹十九斤
一収啟子租谷壹拾斤
一収李陽便平坑仔山租本捌拾文
共収租捌佰陸十弍斤，拼價錢陸仟捌佰零玖文，又収東埔租錢捌佰
文
収坑仔……
……子租錢捌拾文
一總……
収白……

一収啟德租六十斤
一収啟前租壹十三斤
一収廷章租谷弍十斤
一収廷祥租弍十七斤
一収廷士租壹十弍斤
一収廷莊租谷伍斤

一太……
収租谷登記

一収廷葉租伍拾斤
一収東埔租錢捌佰文
一収宗峰租捌拾伍斤
一収性財租六十斤
一収廷喜租乙十斤
一収元昌租柒十斤
一収廷灼租壹佰斤

一収廷章租壹拾伍斤
一収啟騰租肆拾伍斤
一振計収租伍拾斤
一収啟儀租二十斤
一収啟都租乙百八十六斤
一収成垦租六十斤
一収廷實租壹佰七十斤乎另扎

一收廷取租六十弍斤。
一收啓德租六十斤。
一收宗鉥租六十斤，候来年再入，田仔頭價粮無收。
一收啓前租壹十三斤。
一收啓荣租乙十斤。
一收廷章租谷弍十斤。
一收廷忠租谷二十斤。
一收廷科租弍十乙斤。
一收啓明租壹十九斤。
一收廷士租壹十弍斤。
一收啓子租谷壹拾斤。
一收廷遊租谷伍斤。
一收李陽使垂坑仔山租錢捌拾文。
共收租捌百陸十弍斤，折價錢陸仟捌佰零玖文，又收東埔租錢捌佰
文，收坑仔[ ]仔租錢捌拾文。
一捴[

二[
收租谷登記：
一收廷葉租伍拾斤。
一收廷章租壹拾伍斤。
一收東埔租錢捌佰文。
一收啓騰租肆拾伍斤。
一收荣發租捌拾伍斤。
一收振計租伍拾斤。
一收性財租六十斤。
一收玉秀啓儀租二十斤。
一收廷喜租七十斤。
一收啓都租乙百八十六斤。
一收元昌租柒十斤。
一收成垦租六十斤。
一收廷灼租壹佰斤。
一收廷實租七十斤衆另扒。

FYXB012　賬簿散件 028　519×248mm

……利谷登記

一收主□□利谷三百……

一收登芃利谷乙百八……

一收振亨炯利谷乙百……

一收元昌利谷三百文

一收振謁利谷乙百四十……

又收盛昱利谷五十……

一收登□利谷二百二十……

一收主訓利谷二百一十……

一收主猿利谷二百……

一收主實利谷六百……

一收主取利谷二……

一登子利谷二百……

一登崇利谷乙百五十五文　又收主謹利谷乙百六十八文

一收主章利谷乙百三十文　又收登曙利谷三十八文

一收主知利谷乙百五十五文　又收主遊利二十七文

一收啟昱利谷乙十六文再命價　又收登朋利谷乙百零五文

一收主士利谷五十二文　又收登子利谷三十三文

一登前利谷五十二文　又主章利谷乙百二十文

收利錢登记：

一收廷葉利錢三百[

一收啓芃利錢乙百八十[

一收振亨灼利錢乙百乙[

一收元昌利錢三百文[

一收振諿利錢乙百四十[

□收成垦利錢五[

一收啓□利錢六百二十[

一收廷訓利錢二百一十文[

一收廷捷利錢二百[

一收廷實利錢六百三[

一收廷取利錢二[

一啓子利錢二百乙[

一啓栄利錢乙百五十九文。

一收廷章利錢乙百三十文。

一收廷知利錢乙百五十五文。

一收成垦利錢乙十六文，再入田價。

一收廷士利錢五十二文。

一啓前利錢五十二文。

又收廷謹利錢乙百六十八文。

又收啓曙利錢三十八文。

又收廷遊利二十七文。

又收啓明利錢乙百零九文。

又收啓子利錢三十三文。

又廷章利錢乙百二十文。

FYXB012　賬簿散件 029　558×248mm

一啓春該田仔頭厝门口租陸拾斤

一　収租登記

一収啓騰进魁租叁拾伍斤　又収啓光租八十五斤

一収振計租伍拾斤　又収进棠租伍十斤

一収性財租陸拾斤　又収啓儀租二十斤

一収进喜租柒拾斤　又収啓都發坑[illegible]

一収元昌租肆拾[illegible]

一収进章租拾伍斤

一収进灼租壹百斤

一収进取租肆拾斤

一収啓进春租陸拾斤

[illegible]収祖公柒百[illegible]

又収京埔竹林條[illegible]

柒百陸拾文算共該租[illegible]　内除成豆壹拾[illegible]

柒仟肆佰玖拾文　其算[illegible]

首人啓蒲

牢猪乙隻烹熟出骨[illegible]

斤拾壹两算折生肉壹[illegible]

帥生張時價捌拾乙[illegible]

零肆拾伍文

又收東埔竹林租錢［
柒百陸拾文算，共該租錢［
柒仟肆佰玖拾文內除成垦［　［壹拾陸［
其算□每人听［
首人啓蒲　歷年宰猪秤肉［
宰猪乙隻，烹熟出骨除［
斤拾壹兩算，折生肉壹［
觔生，依時價捌拾［
零肆拾伍文。

一□收租谷柒百柒［
一收啓春租陸拾斤。［
一收廷取租肆拾斤。［
一收廷灼租壹百斤。［
一收廷章租拾伍斤。［
一收元昌租肆拾斤。　［
一收廷喜租柒拾斤。　又收啓都該坑［
一收性財租陸拾斤。　又收啓俣租二十斤。
一收振計租伍拾斤。　又收廷葉租伍十斤。
一收啓騰、廷起租叁拾伍斤。　又收啓芃租八十五斤。
一收租登记：
一啓春該田仔頭厝门口租陸拾斤。

FYXB012　賬簿散件030　198×247mm

借母賬

一啟章借去母錢肆仟零叁文

一啟曙借去母錢肆伯零叁文

一榮岑借去母錢陸伯壹拾文　入母錢肆伯肆拾壹文

实借母錢壹佰陸拾玖文

一拜擬借去母錢叁伯玖拾柒文　再入田併

一振謂借去母錢肆伯玖拾叁文　再入螃蠏仔田價剩錢讓他

又新借利錢壹百四十八文

一具實借去母錢陸伯貳拾文

一啟春借去母錢壹伯柒拾叁文　再入田併

借母錢

一啟章借去母錢肆佰零叁文。

一啟曙借去母錢肆伯零叁文。

一荣發借去母錢陸佰壹拾文，入母錢肆佰肆拾壹文，实借母錢壹佰陸拾玖文，再入田價。

一廷捷借去母錢叁伯玖拾柒文。

一振謅借去母錢肆伯玖拾叁文，再入蝣蠏仔田價，利錢讓他，

又新借利錢壹百四十八文。

一廷實借去母錢陸佰弍拾文。

一啟春借去母錢壹伯柒拾叁文，再入田價。

FYXB012 賬簿散件031 272×247mm

祖坟數一本共柒拾張

祖坟数一本，共柒拾張。